Association frequency tables:
Three-mora *Kanji*, *Hiragana*, and *Katakana* words

水野りか 編

水野りか
柳谷啓子
清河幸子
川上正浩 著

連想語頻度表

—3モーラの漢字・ひらがな・カタカナ表記語—

CD-ROM付き

ナカニシヤ出版

目　　次

【付録 CD-ROM ご利用上の注意】

◉本書付録 CD-ROM 内容の著作権は編者および執筆者に帰属します。

◉付録 CD-ROM 内に収録されているプログラム，データの使用は，すべてユーザー自身の責任において使用することとし，その使用の正当性や妥当性を問わず，ユーザーが受けたいかなる損害についても，編者，執筆者および発行元であるナカニシヤ出版は，一切の責任を負いません。

◉本 CD-ROM に収録または添付されているいかなる記述も，ユーザーのパソコン環境での動作を保証するものではありません。

◉本 CD-ROM 内に収録されているプログラムやデータの一部または全部を，編者，執筆者および発行元であるナカニシヤ出版に対する書面による許諾を得ずに複製，複写，転載，翻訳，改変，転用すること，および，放送や通信ネットワークで送信，配布することを固く禁じます。

◉Microsoft，Excel は米国 Microsoft Corporation の米国およびその他の国における登録商標または商標です。その他，記載されている社名及び商品名はそれぞれ各社が商標または登録商標として使用している場合があります。

解　　説

1　連想語頻度表作成の背景

心理学実験，例えば，プライミング実験や虚記憶の実験では，刺激語とその連想語が刺激とされることが多い。そのため，多くの研究者が梅本堯夫著（1969）「連想基準表」（東京大学出版会）を利用したり，事前に簡単な予備調査を行ったりして刺激を選定してきた。しかし，先の文献は既に絶版であり，また，1960年代の大学生の連想語は現在の大学生のものとやや異なる感がある。さらに，予備調査はあくまでも予備調査であるため比較的少数でかつ限られた範囲の大学生が対象とされる場合が多く，結果の信頼性は必ずしも高いとは言えない。

そこで筆者らは改めて大規模な調査を実施し，新しい連想語データベースを作成しようと考えた。そして，不要な係数を掲載してデータベースを煩雑にするよりもむしろ，できるだけローデータに近いシンプルな形のデータを提供し，各研究者が独自の指標を算出したり，特定の特性で連想語を抽出したりできるようにしようと考えた。

本書が，刺激の選定を行う実験系心理学者のみならず，心理アセスメントを行う臨床系の心理学者や，知識工学や情報工学を専門とする工学者，心理言語学系の言語学者，連想語の文化・時代・性差などの分析を行う社会学者等，数多くの領域の研究者にご活用いただければ幸いである。

2　調査方法

1）調査対象者

東京，名古屋，大阪，広島の大学生を調査の対象とした。漢字，ひらがな，カタカナ刺激語の調査間での重複を許し，漢字刺激語の連想語調査313名（男性145名，女性168名），ひらがな刺激語の連想語調査320名（男性166名，女性154名），カタカナ刺激語の連想語調査301名（男性168名，女性133名）の，延べ934名を対象にした。

2）調査時期

調査は2008年5月から2010年2月にかけて実施された。

表 1　刺激語一覧

番号	漢字	ひらがな	カタカナ
1	赤字	あくび	アニメ
2	悪魔	あぐら	アルミ
3	育児	あそび	イチゴ
4	田舎	あたま	インク
5	移民	いかだ	オイル
6	映画	いとこ	オゾン
7	英語	いのち	カエル
8	汚染	いるか	カジノ
9	親子	いろり	カメラ
10	絵画	いわし	ガラス
11	会議	うどん	カルタ
12	介護	うろこ	カルテ
13	価格	うわさ	カレー
14	科学	えくぼ	ギフト
15	火災	えほん	キムチ
16	家族	おかず	クイズ
17	活字	おじぎ	グラム
18	家庭	おとこ	グルメ
19	画面	おどり	ゲスト
20	看護	おなか	コアラ
21	管理	おばけ	コイン
22	記憶	おまけ	コスト
23	気温	おむつ	コラム
24	機械	おやつ	コント
25	危険	おんな	コンビ
26	犠牲	おんぶ	コンロ
27	季節	かかと	サウナ
28	着物	かたち	サンゴ
29	議論	かばん	ジャズ
30	勤務	からす	シャツ
31	空気	からだ	シルク
32	苦労	きずな	スコア
33	検査	きのこ	スパイ
34	権利	くさり	スリル
35	講義	くじら	ソファ
36	国語	くるま	タイヤ
37	個人	けじめ	タイル
38	古典	けむり	タオル
39	言葉	けんか	ダンス
40	雇用	こころ	チーズ
41	娯楽	こたつ	チラシ
42	財布	ごはん	ツアー
43	散歩	さかな	テスト
44	資格	さくら	テニス
45	時間	しぐさ	テラス
46	刺激	しつけ	テレビ
47	試験	しにせ	テント
48	資源	しるし	トマト
49	思考	すいか	ドラマ
50	仕事	せりふ	ドレス
51	自信	そうじ	ナイフ
52	視線	たすき	ネオン
53	自然	たたみ	ノイズ
54	時代	たばこ	ノルマ
55	資本	たまご	パーマ
56	市民	だるま	バイク
57	指紋	だんご	バイト
58	自由	たんす	パイプ
59	深夜	たんぼ	バケツ
60	心理	つくえ	パズル
61	神話	つばさ	バトン
62	数字	つばめ	バナナ
63	頭脳	つぼみ	パンダ
64	政治	とうふ	ピアノ
65	世界	となり	ビール
66	石油	とんぼ	ビデオ
67	世代	におい	ピンチ
68	線路	にきび	プール
69	素材	のれん	ブラシ
70	対話	はがき	プラス
71	知識	はかま	プラン
72	手紙	はかり	ブリキ
73	電気	はさみ	ベルト
74	電池	はしか	ベンチ
75	電話	はしご	ボート
76	道具	はだし	ボトル
77	道路	はなし	ポンプ
78	都会	はんこ	マイク
79	時計	ひずみ	マグマ
80	名前	ひたい	マスク
81	夫婦	ひよこ	マニア
82	福祉	ふすま	ミイラ
83	腐敗	ふとん	ミシン
84	文化	ふもと	ミルク
85	弁護	ほたる	メダカ
86	帽子	まくら	メダル
87	保存	まつげ	メロン
88	未来	まつり	モグラ
89	名刺	まぶた	モデル
90	名簿	まわし	モラル
91	野菜	むかし	ライブ
92	幼児	めがね	ラジオ
93	預金	もうけ	ラテン
94	予算	やかん	ランチ
95	世論	やけど	ランプ
96	理解	ゆかた	リスク
97	歴史	ゆとり	レモン
98	録画	りんご	ロビー
99	論理	わいろ	ワイン
100	話題	わさび	ワルツ

3）刺激語

刺激語の一覧を表 1 に示す。漢字刺激語は 2 文字 3 モーラ，ひらがな刺激語とカタカナ刺激語は 3 文字 3 モーラの名詞とし，天野・近藤（2003）からできるだけ出現頻度が高く具体性の高いものを各 100 語，計 300 語選定した。

4）手続き

調査は Web を介して行われた。端末のある講義室で 20 名～ 100 名の集団を対象として調査が実施された。調査は漢字，ひらがな，カタカナ刺激語ごとに行われたが，いずれの刺激語の調査も手続きは以下の通りであった。

初期画面（図 1）にアクセスし，「調査開始」ボタンをクリックすると，解説と氏名，性別，年齢を記入するフェイスシート（図 2）が全画面表示で呈示された。これ以降は調査中に他の画面を見たり操作したりできないよう，ツールバーが削除され大きさが変更できないよう設定されていた。

この画面を黙読させながら，以下の教示を行った。

「画面の上に単語が 1 つ呈示されます。その単語から思い浮かぶ言葉を，その下の 4 つの空欄に記入していってください。記入する言葉は，どんな言葉でも構いません。1 つの空欄に記入したら，Tab キーを押せば，次の空欄にカーソルを移すことができます。時間は 4 つで 20 秒です。必ずしも 4 つ全部記入しなくても構いませんが，最低でも 1 つは記入してください。残り時間は画面の上の空欄の■の数でわかります。1 秒につき 1 つずつ■が減っていき，20 秒でなくなります。すると画面が切り替わり，次の単語が呈示されますので，記入し遅れないように注意してください。無論，20秒より前に書き終えた場合は「次へ」ボタンをクリックして次の単語へ進んでいただいてかまいません。

尚，書く言葉は原則として名詞とします。形容詞や動詞は避けてください。回答は極力漢字に変換してください。英語に訳すだけの回答は禁止します。」

以上の教示が終わった後，フェイスシートに必要事項を記入することを求め，「練習開始」ボタンのクリックにより練習を開始させた。

練習は3試行であった。練習試行の画面には4つの空欄の上に制限時間やTabキーの使い方の説明が書かれていたが（図3），本番用の画面からはその説明は省かれていた（図5）。手続きの詳細は上述の教示の通りであった。

練習が終了すると，本番の説明画面が呈示され（図4），「本番に進む」ボタンをクリックすると本番が開始された。本番は，3つのセッションに分かれており，セッション間に3分ほどの休憩を設けられるようにした。セッション内の刺激語の呈示順序はランダムで，セッションの呈示順序は被調査者間でカウンターバラ

図1　初期画面

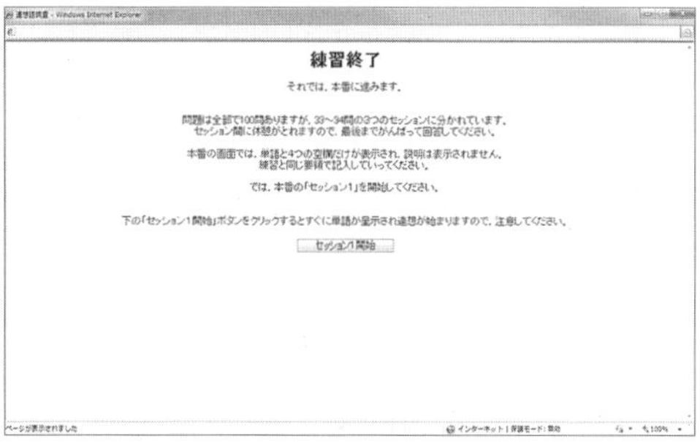

図4　練習終了画面

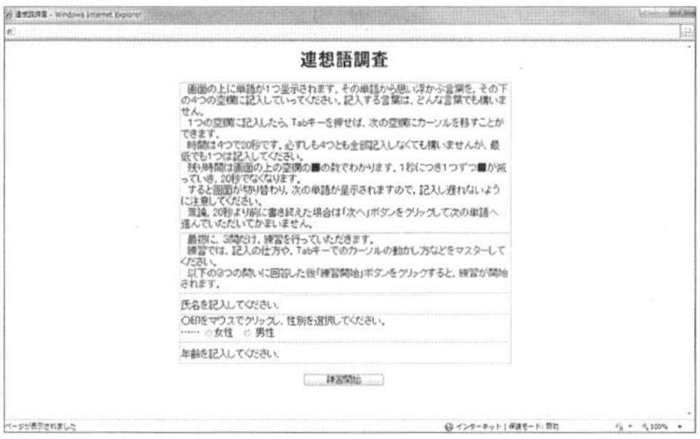

図2　フェイスシート

図5　本番試行画面

図3　練習試行画面

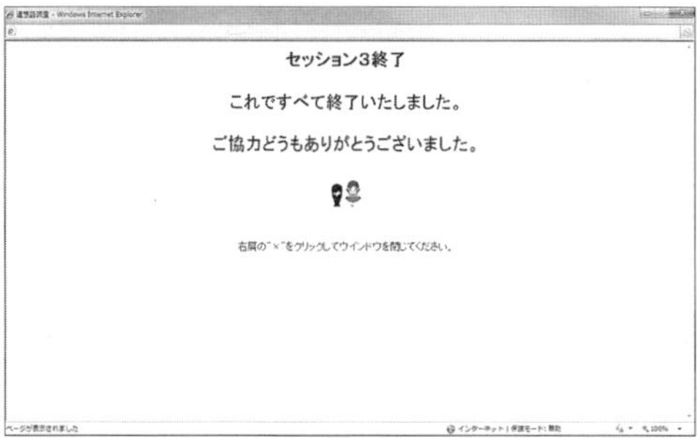

図6　本番終了画面

ンスした。本番試行の手続きも，画面上に制限時間や Tab キーの説明がないこと以外は練習試行と同じであった（図 5)。3 セッションすべてを行うと調査終了となった（図 6)。

3　連想語の整理方法

分析の対象は，連想語彙表（梅本, 1969）に準じ，第 1 連想語のみとした。第 1 連想語について種々のテキストマイニング・ソフトウエアによって品詞分類を試みたが，特に，副詞的名詞（e.g., 今日)，サ変形動名詞（e.g., 心配)，形動名詞（e.g., 有名)，サ変・ザ変名詞（e.g., 変化)，転成名詞 1（e.g., 遠く)，転成名詞 2（e.g., 美しさ)，形容動詞（e.g., 大変，苦手，無限，永遠)，等々の名詞の分類に関しては，ソフトウエアによって分類結果が大きく異なった。また，言語学的にも判断が難しいものが多いことがわかり，著者らで改めて分類基準を設定することは困難だと結論するに至った。そこで，名詞としての分類は，原則，最も実績のあるテキストマイニング・ソフトウエア Trustia（JustSystems）の分類によるものを採用した。例外を含めた分類方法・方針の概要は以下の通りである。

1）Trustia が名詞と判断したものをすべて名詞として扱う。

a. 判断の困難であった「きれい」，「好き」，「嫌い」，「嫌」，「良し」等は名詞に含まれる。

b. 判断の困難であった「大変」，「大変さ」等は名詞に含まれない。

c. 代名詞は名詞に含まれない。

d.「理解不能」，「深夜徘徊」，「団塊世代」等，複合語のうち 1 つの名詞として出力されたものは 1 名詞として扱う。

2）Trustia の判断に従わない場合

a. Trustia では名詞として処理されているものでも，それ単独（漢字一語）で用いられることのない語については，判断できないので，「書き損じ」として削除する（e.g.,「広」，「狭」，「豊」，「守」)。

b. Trustia では名詞として処理されているものでも，カタカナ表記の英語について，形容詞とみなされるものについては削除する（e.g.,「ポジティブ」，「クール」)。

c. Trustia が二語以上に分けて処理していたものでも，一語としてまとまりがあると認められる場合には，まとめた上で，有効回答とする（e.g.,「団塊の世代」，「アダムとイブ」，「机上の空論」)。

3）その他

a. 変換ミスが疑われる場合も，有効回答とする。ただし，変換ミスが疑われる回答でも（例えば「苦労」を刺激語とした時の「疲労」と「披露」という連想語のうちの「披露」)，その語が固有の意味を持つ場合は，変換ミスか否かを主観的に判断することを避け，別の語として扱う（e.g.,「モデル」を刺激語とした時の「体型」と「体系」，「介護」を刺激語とした時の「介抱」と「解放」)。

b. 一部がひらがなもしくはカタカナ混じりの書き損じの時は，同音の表記違いとして扱う（e.g.,「オーストラリア」と「オーストラりあ」,「人間」と「人ゲン」)。

c. 変換ミスもしくは書き損じで実在しない語になっており，なおかつ，同じ音の語が1つしか有効回答内にない場合には，その語の表記違いとして扱う（e.g.,「8等身」→「8頭身」)。

d. 同音異義語があり，それと同じ音についてひらがな表記されている場合には，まとめず，分けておく（e.g.,「かみ」，「紙」，「神」)。

e. 日本語を英語にしただけ，あるいは，英語を日本語にしただけの回答も有効とする（e.g.,「記憶」を刺激語とした時の「メモリー」，「科学」を刺激語とした時の「サイエンス」，「キツネ」を刺激語とした時の「FOX」)。

f. 固有名詞は，回答数が1でほとんど知られていない地元の地名や個人名の場合は削除するが，その他の場合はすべて有効回答に含める。地名については一般的と判断されるもののみ回答数が1でも含める（e.g.,「パンダ」を刺激語とした場合の「四川省」→残す。「メロン」を刺激語とした場合の「磐田」→外す)。

4　結果の見方

結果は，以下の順で記載してある。

1）全体のまとめ

a. 連想語種類数，有効回答数（男・女・全体）
b. 連想強度（平均・*SD*）
c. 上位10連想語連想強度（平均・*SD*）
d. 1位連想語（回答者数：男・女・全体・連想強度）
e. 2位連想語（回答者数：男・女・全体・連想強度）
f. 3位連想語（回答者数：男女全体・連想強度）

連想強度とは，当該連想語の回答者数を調査対象者総数で割った値である。最初の「まとめ」には，上位3位までの連想語と回答者数（男・女・全体）・連想強度が書かれており，複数の表記語がある場合（e.g.,「灯り」，「明かり」）は連想語がひらがな（カタカナ）の太字で書かれているが（e.g.,「あかり」)，複数の表記語までは記載されていない。2つめの「まとめ_複数表記列挙」には，上位3位までの連想語と回答者数（男・女・全体）・連想強度に加え，複数の表記語があった場合は全表記語，その回答者数（男・女・全体）・連想強度が斜体で記載されている。

2）各刺激語のまとめ

a. 連想語

b. ふりがな

c. 回答者数（男女全体）

d. 連想強度（全体）

e. 文字数

f. モーラ数

g. 複数表記の場合は，その表記語と c, d, e

連想語種類数からは，その刺激語がどの程度多様な連想語を引き出したかがわかる。

回答者数と連想強度は，高連想語，低連想語を選択する場合等に利用できる。

連想語種類数と上位 10 連想語連想強度を見れば，連想強度の平均からはわからない上位連想語への連想者数の偏り，たとえば連想語数が多くかつ上位連想語の回答者数はさほど多くないとか，連想語数が多くても上位連想語の回答者数ばかりが著しく多いといった情報を知ることができる。

文字数およびモーラ数は，認知実験等の刺激選択において，連想語の文字数やモーラ数を統制したい場合（刺激語と同じにする，等）に参照されたい。

複数表記語とその連想者数からは，その連想語が通常どう表記されることが多いかを知ることができる。

5 Excel ファイルの概要

データは，漢字，ひらがな，カタカナの刺激語別に漢字 .xls, ひらがな .xls，カタカナ .xls として CD に保存されている。各ファイルには，本書に記載されている「まとめ」(1 シート目),「まとめ _ 複数表記列挙」(2 シート目)，各刺激語の表（100 シート）に加え，各刺激語の表の直前のシート（3 シート目）に,「連想強度範囲内抽出」という，指定範囲内の連想強度の連想語を，すべての刺激について一覧にすることのできるマクロを搭載したシートを加えた (図 7)。このシートは，例えばプライミング実験などで，プライムの刺激語に対し，一定範囲内の

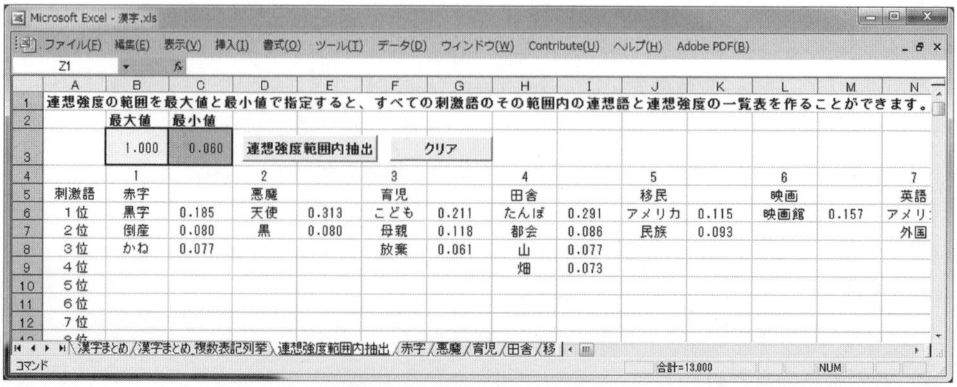

図 7　連想強度範囲内抽出シートの抽出結果の例

高い連想強度のターゲットと一定範囲内の低い連想強度のターゲットを選定するような場合に役に立つはずである。

マクロを使用するためには，MS Excel 2003 なら，「ツール」→「オプション」の「セキュリティ」のタグを選択し，「マクロのセキュリティ」ボタンをクリックし，レベルを「中」に設定しておく（低でもマクロは有効になるがセキュリティ上お薦めしない）。このレベルでは，ファイルを開く時点で，マクロを有効にするか無効にするかを聞いてくるので，「有効にする」をクリックしてファイルを開けばよい。

MS Excel 2007 なら，左最上部のマークをクリックしてメニューの下の「Excel のオプション」ボタンをクリックし，「セキュリティセンター」タグの下の方の「セキュリティセンターの設定」ボタンをクリックする。その左メニューの「マクロの設定」を選び，「警告を表示してすべてのマクロを無効にする」にチェックを入れておく（「すべてのマクロを有効にする」にチェックを入れてもマクロは有効になるがセキュリティ上お薦めしない）。こうしておけば，ファイルを開いた後，上のメニューと下の表の間に「セキュリティの警告：マクロが無効にされました。」の横に「オプション」ボタンが現れるので，これをクリックして開いたセキュリティオプションの中の「このコンテンツを有効にする」にチェックを入れて「OK」をクリックすればよい。

MS Excel 2010 なら，「ファイル」をクリックして出るメニューの中の「ヘルプ」の下の「オプション」をクリックして「Excel のオプション」画面を出し，左のメニューの中の「セキュリティセンター」をクリックしてから右下に現れる「セキュリティセンターの設定」ボタンをクリックする。左のメニューにある「マクロの設定」の中の「警告を表示してすべてのマクロを無効にする」にチェックを入れておく（「すべてのマクロを有効にする」にチェックを入れてもマクロは有効になるがセキュリティ上お薦めしない）。その上で，ファイルを開いた後，上のメニューと下の表の間の「セキュリティの警告：マクロが無効にされました。」の横の「コンテンツの有効化」ボタンをクリックすれば，マクロが使えるようになる。

「連想強度範囲内抽出」の次の各シートには，各刺激語の連想語，フリガナ，男性・女性・全体の連想頻度，全体の連想強度，文字数，モーラ数が書かれている。連想語の中の複数表記語およびその連想頻度，連想強度，文字数は，書籍ではひらがな（カタカナ）表記された連想語の下に書かれているが，ファイルではその右に並べて書かれているので注意されたい。

引用文献

天野成昭・近藤公久（2003）．日本語の語彙特性　第 2 期　三省堂

梅本堯夫（1969）．連想基準表　東京大学出版会

まとめ

番号	刺激語	フリガナ	連想語種類数	有効回答数（313 名中）			連想強度		上位 10 連想語連想強度	
				男性	女性	全体	平均	*SD*	平均	*SD*
1	赤字	アカジ	73	145	157	302	0.013	0.026	0.059	0.049
2	悪魔	アクマ	82	136	160	296	0.012	0.036	0.061	0.091
3	育児	イクジ	55	136	155	291	0.017	0.033	0.066	0.057
4	田舎	イナカ	91	141	165	306	0.011	0.033	0.065	0.084
5	移民	イミン	104	143	157	300	0.009	0.016	0.049	0.031
6	映画	エイガ	86	129	149	278	0.010	0.019	0.046	0.040
7	英語	エイゴ	80	137	162	299	0.012	0.024	0.058	0.049
8	汚染	オセン	67	139	158	297	0.014	0.040	0.070	0.088
9	親子	オヤコ	74	144	166	310	0.013	0.022	0.058	0.035
10	絵画	カイガ	84	142	164	306	0.012	0.023	0.062	0.038
11	会議	カイギ	111	141	161	302	0.009	0.020	0.050	0.052
12	介護	カイゴ	61	147	162	309	0.016	0.051	0.075	0.112
13	価格	カカク	78	139	162	301	0.012	0.027	0.061	0.058
14	科学	カガク	109	145	161	306	0.009	0.019	0.049	0.050
15	火災	カサイ	66	142	162	304	0.015	0.031	0.071	0.053
16	家族	カゾク	82	136	166	302	0.012	0.018	0.053	0.026
17	活字	カツジ	70	140	153	293	0.013	0.029	0.066	0.054
18	家庭	カテイ	71	140	164	304	0.014	0.035	0.064	0.080
19	画面	ガメン	66	141	157	298	0.014	0.047	0.071	0.107
20	看護	カンゴ	50	144	165	309	0.020	0.055	0.081	0.107
21	管理	カンリ	114	141	162	303	0.008	0.011	0.038	0.013
22	記憶	キオク	91	141	161	302	0.011	0.021	0.052	0.048
23	気温	キオン	59	128	146	274	0.015	0.023	0.058	0.030
24	機械	キカイ	96	140	156	296	0.010	0.019	0.051	0.040
25	危険	キケン	125	135	157	292	0.007	0.012	0.037	0.026
26	犠牲	ギセイ	106	137	151	288	0.009	0.022	0.050	0.058
27	季節	キセツ	32	144	157	301	0.030	0.105	0.089	0.180
28	着物	キモノ	65	139	158	297	0.015	0.028	0.062	0.052
29	議論	ギロン	91	138	160	298	0.010	0.024	0.057	0.056
30	勤務	キンム	53	145	161	306	0.018	0.054	0.080	0.107
31	空気	クウキ	70	133	150	283	0.013	0.041	0.064	0.096
32	苦労	クロウ	112	138	155	293	0.008	0.018	0.050	0.043
33	検査	ケンサ	98	141	162	303	0.010	0.019	0.051	0.042
34	権利	ケンリ	90	141	161	302	0.011	0.022	0.058	0.041
35	講義	コウギ	64	141	160	301	0.015	0.043	0.072	0.093
36	国語	コクゴ	67	147	165	312	0.015	0.023	0.057	0.037
37	個人	コジン	90	144	168	312	0.011	0.019	0.055	0.028
38	古典	コテン	79	140	164	304	0.012	0.031	0.064	0.068
39	言葉	コトバ	95	140	154	294	0.010	0.016	0.047	0.028
40	雇用	コヨウ	78	142	162	304	0.012	0.028	0.058	0.061
41	娯楽	ゴラク	86	143	159	302	0.011	0.020	0.057	0.030
42	財布	サイフ	40	146	160	306	0.024	0.107	0.085	0.209
43	散歩	サンポ	57	140	157	297	0.017	0.055	0.076	0.119
44	資格	シカク	92	142	162	304	0.011	0.017	0.053	0.026
45	時間	ジカン	90	138	150	288	0.010	0.030	0.052	0.080
46	刺激	シゲキ	131	130	144	274	0.007	0.010	0.035	0.023
47	試験	シケン	84	141	162	303	0.012	0.026	0.058	0.060
48	資源	シゲン	75	145	161	306	0.013	0.024	0.059	0.042
49	思考	シコウ	86	137	154	291	0.011	0.024	0.059	0.047
50	仕事	シゴト	95	133	152	285	0.010	0.016	0.049	0.026
51	自信	ジシン	125	129	154	283	0.007	0.013	0.039	0.033
52	視線	シセン	95	131	149	280	0.009	0.037	0.058	0.106
53	自然	シゼン	72	146	162	308	0.014	0.029	0.066	0.053
54	時代	ジダイ	85	139	158	297	0.011	0.019	0.050	0.038
55	資本	シホン	62	144	163	307	0.016	0.045	0.075	0.095
56	市民	シミン	98	139	155	294	0.010	0.015	0.042	0.028
57	指紋	シモン	63	146	164	310	0.016	0.034	0.070	0.062
58	自由	ジユウ	118	136	160	296	0.008	0.013	0.042	0.025
59	深夜	シンヤ	92	140	157	297	0.010	0.019	0.053	0.035

※連想語太字は複数表記語

番号	刺激語	1位連想語回答者数					2位連想語回答者数					3位連想語回答者数				
		連想語	男性	女性	全体	連想強度	連想語	男性	女性	全体	連想強度	連想語	男性	女性	全体	連想強度
1	赤字	黒字	23	35	58	0.185	倒産	16	9	25	0.080	**かね**	11	13	24	0.077
2	悪魔	天使	41	57	98	0.313	黒	5	20	25	0.080	地獄	10	7	17	0.054
3	育児	**こども**	29	37	66	0.211	母親	20	17	37	0.118	放棄	9	10	19	0.061
4	田舎	**たんぼ**	35	56	91	0.291	都会	12	15	27	0.086	山	9	15	24	0.077
5	移民	アメリカ	21	15	36	0.115	民族	9	20	29	0.093	難民	10	7	17	0.054
6	映画	映画館	17	32	49	0.157	スクリーン	3	12	15	0.048	ポップコーン	4	9	13	0.042
7	英語	アメリカ	27	29	56	0.179	外国	11	22	33	0.105	単語	8	10	18	0.058
8	汚染	環境	45	43	88	0.281	大気	23	30	53	0.169	空気	8	12	20	0.064
9	親子	家族	23	23	46	0.147	絆	13	11	24	0.077	**こども**	11	9	20	0.064
10	絵画	芸術	24	22	46	0.147	美術館	10	19	29	0.093	ゴッホ	12	11	23	0.073
11	会議	会社	27	31	58	0.185	議論	16	12	28	0.089	話し合い	3	11	14	0.045
12	介護	老人	63	55	118	0.377	福祉	23	20	43	0.137	**としより**	5	13	18	0.058
13	価格	高騰	23	29	52	0.166	値段	22	30	52	0.166	**かね**	11	11	22	0.070
14	科学	理科	19	34	53	0.169	実験	10	23	33	0.105	進歩	9	7	16	0.051
15	火災	火	25	31	56	0.179	火事	23	21	44	0.141	消防車	15	16	31	0.099
16	家族	家庭	14	14	28	0.089	家	16	10	26	0.083	親	10	16	26	0.083
17	活字	文字	28	26	54	0.173	本	16	19	35	0.112	漢字	13	22	35	0.112
18	家庭	家族	42	48	90	0.288	家	10	9	19	0.061	崩壊	8	9	17	0.054
19	画面	パソコン	35	54	89	0.284	**てれび**	41	40	81	0.259	液晶	8	10	18	0.058
20	看護	病院	50	62	112	0.358	**かんごし**	24	29	53	0.169	ナース	10	7	17	0.054
21	管理	管理人	5	13	18	0.058	会社	9	6	15	0.048	責任	8	7	15	0.048
22	記憶	脳	27	29	56	0.179	思い出	10	15	25	0.080	過去	7	7	14	0.045
23	気温	上昇	13	24	37	0.118	温度	14	17	31	0.099	温暖化	10	12	22	0.070
24	機械	工場	19	26	45	0.144	ロボット	15	15	30	0.096	**ぱそこん**	7	11	18	0.058
25	危険	**がけ**	14	14	28	0.089	事故	11	14	25	0.080	安全	7	6	13	0.042
26	犠牲	戦争	28	37	65	0.208	生贄	16	7	23	0.073	人	10	8	18	0.058
27	季節	春	87	99	186	0.594	四季	16	8	24	0.077	春夏秋冬	6	16	22	0.070
28	着物	日本	27	32	59	0.188	和服	15	16	31	0.099	**ゆかた**	14	13	27	0.086
29	議論	会議	22	33	55	0.176	討論	13	26	39	0.125	国会	17	12	29	0.093
30	勤務	仕事	41	56	97	0.310	会社	35	39	74	0.236	労働	16	17	33	0.105
31	空気	酸素	57	47	104	0.332	透明	5	18	23	0.073	汚染	9	10	19	0.061
32	苦労	仕事	19	32	51	0.163	努力	13	6	19	0.061	疲労	7	11	18	0.058
33	検査	病院	20	30	50	0.160	調査	17	7	24	0.077	健康	6	10	16	0.051
34	権利	義務	18	19	37	0.118	**じんけん**	18	17	35	0.112	自由	16	16	32	0.102
35	講義	授業	40	44	84	0.268	大学	37	33	70	0.224	先生	3	15	18	0.058
36	国語	漢字	20	28	48	0.153	日本語	11	12	23	0.073	日本	13	7	20	0.064
37	個人	**ひとり**	12	20	32	0.102	**ひと**	18	12	30	0.096	自分	16	10	26	0.083
38	古典	国語	29	47	76	0.243	文学	13	21	34	0.109	昔	8	8	16	0.051
39	言葉	言語	19	14	33	0.105	会話	13	13	26	0.083	日本語	10	8	18	0.058
40	雇用	会社	38	31	69	0.220	仕事	12	19	31	0.099	アルバイト	8	5	13	0.042
41	娯楽	遊び	17	21	38	0.121	ゲーム	16	11	27	0.086	趣味	10	14	24	0.077
42	財布	**かね**	97	116	213	0.681	**かわ**	6	4	10	0.032	**さつ**	6	3	9	0.029
43	散歩	**いぬ**	49	72	121	0.387	公園	28	23	51	0.163	道	10	12	22	0.070
44	資格	試験	10	19	29	0.093	取得	9	17	26	0.083	免許	16	8	24	0.077
45	時間	時計	38	49	87	0.278	大切	8	6	14	0.045	**かね**	9	4	13	0.042
46	刺激	痛み	12	15	27	0.086	反応	10	9	19	0.061	針	8	5	13	0.042
47	試験	テスト	35	33	68	0.217	勉強	11	19	30	0.096	学校	9	6	15	0.048
48	資源	**ごみ**	15	27	42	0.134	石油	26	14	40	0.128	リサイクル	14	12	26	0.083
49	思考	考え	17	26	43	0.137	**かいろ**	17	19	36	0.115	脳	14	21	35	0.112
50	仕事	会社	14	14	28	0.089	**かね**	18	7	25	0.080	給料	10	14	24	0.077
51	自信	過剰	15	25	40	0.128	喪失	6	9	15	0.048	勇気	4	10	14	0.045
52	視線	**め**	43	68	111	0.355	人	13	10	23	0.073	目線	6	8	14	0.045
53	自然	森	26	36	62	0.198	木	12	19	31	0.099	緑	13	14	27	0.086
54	時代	歴史	22	23	45	0.144	江戸	17	10	27	0.086	戦国	10	7	17	0.054
55	資本	**かね**	45	45	90	0.288	主義	30	36	66	0.211	会社	10	9	19	0.061
56	市民	**ひと**	18	15	33	0.105	国民	11	13	24	0.077	一般	8	7	15	0.048
57	指紋	指	32	36	68	0.217	警察	18	21	39	0.125	事件	12	18	30	0.096
58	自由	女神	15	11	26	0.083	**あめりか**	16	8	24	0.077	権利	12	10	22	0.070
59	深夜	夜	20	22	42	0.134	コンビニ	15	12	27	0.086	テレビ	11	12	23	0.073

番号	刺激語	フリガナ	連想語種類数	有効回答数（313 名中）			連想強度		上位 10 連想語連想強度	
				男性	女性	全体	平均	*SD*	平均	*SD*
60	心理	シンリ	74	143	159	302	0.013	0.025	0.060	0.046
61	神話	シンワ	83	145	164	309	0.012	0.028	0.064	0.060
62	数字	スウジ	70	143	160	303	0.014	0.051	0.073	0.123
63	頭脳	ズノウ	77	145	157	302	0.013	0.023	0.059	0.039
64	政治	セイジ	92	140	154	294	0.010	0.018	0.052	0.029
65	世界	セカイ	101	126	149	275	0.009	0.020	0.047	0.051
66	石油	セキユ	59	141	154	295	0.016	0.029	0.063	0.046
67	世代	セダイ	81	143	159	302	0.012	0.021	0.057	0.033
68	線路	センロ	39	144	161	305	0.025	0.127	0.088	0.250
69	素材	ソザイ	125	140	165	305	0.008	0.014	0.044	0.031
70	対話	タイワ	79	140	164	304	0.012	0.029	0.068	0.059
71	知識	チシキ	92	143	156	299	0.010	0.017	0.052	0.025
72	手紙	テガミ	90	138	150	288	0.010	0.015	0.047	0.019
73	電気	デンキ	115	138	146	284	0.008	0.008	0.029	0.013
74	電池	デンチ	82	139	157	296	0.012	0.020	0.054	0.033
75	電話	デンワ	79	142	153	295	0.012	0.036	0.059	0.093
76	道具	ドウグ	111	138	149	287	0.008	0.013	0.041	0.022
77	道路	ドウロ	62	141	163	304	0.016	0.037	0.071	0.070
78	都会	トカイ	70	143	160	303	0.014	0.046	0.074	0.107
79	時計	トケイ	47	139	163	302	0.021	0.073	0.083	0.146
80	名前	ナマエ	84	137	156	293	0.011	0.022	0.059	0.041
81	夫婦	フウフ	71	146	165	311	0.014	0.025	0.063	0.041
82	福祉	フクシ	77	144	163	307	0.013	0.031	0.066	0.066
83	腐敗	フハイ	101	128	139	267	0.008	0.010	0.036	0.006
84	文化	ブンカ	110	141	161	302	0.009	0.015	0.048	0.030
85	弁護	ベンゴ	62	139	157	296	0.015	0.051	0.073	0.114
86	帽子	ボウシ	77	139	152	291	0.012	0.022	0.058	0.036
87	保存	ホゾン	84	143	160	303	0.012	0.023	0.055	0.049
88	未来	ミライ	88	146	156	302	0.011	0.024	0.058	0.053
89	名刺	メイシ	52	145	160	305	0.019	0.039	0.074	0.066
90	名簿	メイボ	74	144	164	308	0.013	0.047	0.071	0.115
91	野菜	ヤサイ	72	143	163	306	0.014	0.025	0.060	0.045
92	幼児	ヨウジ	62	133	155	288	0.015	0.041	0.071	0.084
93	預金	ヨキン	24	143	161	304	0.040	0.081	0.092	0.108
94	予算	ヨサン	86	144	161	305	0.011	0.035	0.060	0.094
95	世論	ヨロン	91	144	160	304	0.011	0.022	0.055	0.049
96	理解	リカイ	120	138	152	290	0.008	0.010	0.034	0.020
97	歴史	レキシ	92	140	157	297	0.010	0.015	0.048	0.020
98	録画	ロクガ	37	141	165	306	0.026	0.087	0.086	0.158
99	論理	ロンリ	133	140	153	293	0.007	0.009	0.033	0.011
100	話題	ワダイ	77	140	159	299	0.012	0.027	0.064	0.051

※連想語太字は複数表記語

番号	刺激語	1位連想語回答者数					2位連想語回答者数					3位連想語回答者数				
		連想語	男性	女性	全体	連想強度	連想語	男性	女性	全体	連想強度	連想語	男性	女性	全体	連想強度
60	心理	**こころ**	22	35	57	0.182	心理学	13	15	28	0.089	学科	10	8	18	0.058
61	神話	**ぎりしゃ**	28	34	62	0.198	神	21	22	43	0.137	伝説	15	13	28	0.089
62	数字	数学	63	67	130	0.415	算数	13	13	26	0.083	計算	7	16	23	0.073
63	頭脳	明晰	18	25	43	0.137	頭	18	16	34	0.109	天才	13	11	24	0.077
64	政治	政治家	11	27	38	0.121	国会	11	14	25	0.080	経済	7	11	18	0.058
65	世界	地球	32	26	58	0.185	平和	4	14	18	0.058	国	7	9	16	0.051
66	石油	高騰	26	26	52	0.166	アラブ	14	19	33	0.105	ガソリン	12	20	32	0.102
67	世代	交代	14	25	39	0.125	団塊	23	9	32	0.102	若者	9	13	22	0.070
68	線路	電車	118	132	250	0.799	路線	3	2	5	0.016	バス	2	2	4	0.013
69	素材	木	17	17	34	0.109	天然	9	15	24	0.077	材料	15	7	22	0.070
70	対話	**ひと**	23	32	55	0.176	会話	20	26	46	0.147	相手	18	22	40	0.128
71	知識	勉強	12	18	30	0.096	脳	14	9	23	0.073	豊富	5	18	23	0.073
72	手紙	紙	13	13	26	0.083	ポスト	6	14	20	0.064	郵便	11	8	19	0.061
73	電気	光	7	12	19	0.061	**あかり**	4	9	13	0.042	電池	9	1	10	0.032
74	電池	充電	11	22	33	0.105	電気	18	11	29	0.093	**たんさん**	14	9	23	0.073
75	電話	**けいたい**	51	49	100	0.319	携帯電話	8	13	21	0.067	会話	9	7	16	0.051
76	道具	便利	15	9	24	0.077	**どらえもん**	6	14	20	0.064	**はさみ**	6	13	19	0.061
77	道路	車	32	46	78	0.249	道	22	15	37	0.118	工事	11	18	29	0.093
78	都会	東京	55	58	113	0.361	ビル	15	20	35	0.112	田舎	12	18	30	0.096
79	時計	時間	66	85	151	0.482	**はり**	17	20	37	0.118	**うで**	17	14	31	0.099
80	名前	自分	20	19	39	0.125	**みょうじ**	11	27	38	0.121	人	16	11	27	0.086
81	夫婦	結婚	24	29	53	0.169	円満	11	12	23	0.073	愛	10	10	20	0.064
82	福祉	介護	28	37	65	0.208	老人	23	18	41	0.131	社会	22	17	39	0.125
83	腐敗	食べ物	5	10	15	0.048	肉	8	5	13	0.042	豆腐	4	9	13	0.042
84	文化	国	13	16	29	0.093	日本	12	16	28	0.089	歴史	12	10	22	0.070
85	弁護	弁護士	46	63	109	0.348	裁判	38	29	67	0.214	被告	6	3	9	0.029
86	帽子	頭	31	12	43	0.137	**むぎわら**	9	21	30	0.096	夏	8	18	26	0.083
87	保存	冷蔵庫	21	24	45	0.144	冷凍	17	21	38	0.121	データ	18	14	32	0.102
88	未来	過去	28	28	56	0.179	将来	11	24	35	0.112	希望	14	14	28	0.089
89	名刺	名前	30	38	68	0.217	会社	20	22	42	0.134	交換	16	19	35	0.112
90	名簿	名前	51	68	119	0.380	学校	21	20	41	0.131	出席	11	14	25	0.080
91	野菜	**にんじん**	34	22	56	0.179	健康	12	12	24	0.077	**みどり**	10	12	22	0.070
92	幼児	**こども**	38	41	79	0.252	幼稚園	32	31	63	0.201	**あかちゃん**	7	12	19	0.061
93	預金	銀行	45	49	94	0.300	通帳	27	40	67	0.214	**かね**	35	27	62	0.198
94	予算	**かね**	44	57	101	0.323	国会	13	9	22	0.070	国家	9	4	13	0.042
95	世論	調査	18	33	51	0.163	政治	18	22	40	0.128	世間	8	7	15	0.048
96	理解	勉強	13	14	27	0.086	不能	9	5	14	0.045	脳	5	5	10	0.032
97	歴史	日本史	11	17	28	0.089	社会	7	15	22	0.070	時代	10	10	20	0.064
98	録画	ビデオ	75	87	162	0.518	テレビ	24	27	51	0.163	映像	6	3	9	0.029
99	論理	理論	9	9	18	0.058	哲学	9	5	14	0.045	理屈	4	9	13	0.042
100	話題	会話	30	21	51	0.163	**てれび**	13	20	33	0.105	流行	19	12	31	0.099

番号	刺激語	1位連想語	回答者数			連想強度	2位連想語	回答者数			連想強度	3位連想語	回答者数			連想強度
			男性	女性	全体			男性	女性	全体			男性	女性	全体	
1	赤字	黒字	23	35	58	0.185	倒産	16	9	25	0.080	かね	11	13	24	0.077
												お金	*6*	*13*	*19*	*0.061*
												金	*5*	*0*	*5*	*0.016*
2	悪魔	天使	41	57	98	0.313	黒	5	20	25	0.080	地獄	10	7	17	0.054
3	育児	こども	29	37	66	0.211	母親	20	17	37	0.118	放棄	9	10	19	0.061
		子供	*27*	*35*	*62*	*0.198*										
		子ども	*1*	*1*	*2*	*0.006*										
		こども	*1*	*1*	*2*	*0.006*										
4	田舎	たんぼ	35	56	91	0.291	都会	12	15	27	0.086	山	9	15	24	0.077
		田んぼ	*18*	*32*	*50*	*0.160*										
		田圃	*14*	*16*	*30*	*0.096*										
		たんぼ	*3*	*8*	*11*	*0.035*										
5	移民	アメリカ	21	15	36	0.115	民族	9	20	29	0.093	難民	10	7	17	0.054
6	映画	映画館	17	32	49	0.157	スクリーン	3	12	15	0.048	ポップコーン	4	9	13	0.042
7	英語	アメリカ	27	29	56	0.179	外国	11	22	33	0.105	単語	8	10	18	0.058
8	汚染	環境	45	43	88	0.281	大気	23	30	53	0.169	空気	8	12	20	0.064
9	親子	家族	23	23	46	0.147	絆	13	11	24	0.077	こども	11	9	20	0.064
												子供	*11*	*8*	*19*	*0.061*
												こども	*0*	*1*	*1*	*0.003*
10	絵画	芸術	24	22	46	0.147	美術館	10	19	29	0.093	ゴッホ	12	11	23	0.073
11	会議	会社	27	31	58	0.185	議論	16	12	28	0.089	話し合い	3	11	14	0.045
12	介護	老人	63	55	118	0.377	福祉	23	20	43	0.137	としより	5	13	18	0.058
												お年寄り	*1*	*9*	*10*	*0.032*
												年寄り	*4*	*4*	*8*	*0.026*
13	価格	高騰	23	29	52	0.166	値段	22	30	52	0.166	かね	11	11	22	0.070
												お金	*5*	*8*	*13*	*0.042*
												金	*6*	*3*	*9*	*0.029*
14	科学	理科	19	34	53	0.169	実験	10	23	33	0.105	進歩	9	7	16	0.051
15	火災	火	25	31	56	0.179	火事	23	21	44	0.141	消防車	15	16	31	0.099
16	家族	家庭	14	14	28	0.089	家	16	10	26	0.083	親	10	16	26	0.083
17	活字	文字	28	26	54	0.173	本	16	19	35	0.112	漢字	13	22	35	0.112
18	家庭	家族	42	48	90	0.288	家	10	9	19	0.061	崩壊	8	9	17	0.054
19	画面	パソコン	35	54	89	0.284	てれび	41	40	81	0.259	液晶	8	10	18	0.058
							テレビ	*40*	*40*	*80*	*0.256*					
							TV	*1*	*0*	*1*	*0.003*					
20	看護	病院	50	62	112	0.358	かんごし	24	29	53	0.169	ナース	10	7	17	0.054
							看護師	*22*	*26*	*48*	*0.153*					
							看護士	*2*	*3*	*5*	*0.016*					
21	管理	管理人	5	13	18	0.058	会社	9	6	15	0.048	責任	8	7	15	0.048
22	記憶	脳	27	29	56	0.179	思い出	10	15	25	0.080	過去	7	7	14	0.045
23	気温	上昇	13	24	37	0.118	温度	14	17	31	0.099	温暖化	10	12	22	0.070
24	機械	工場	19	26	45	0.144	ロボット	15	15	30	0.096	ぱそこん	7	11	18	0.058
												パソコン	*7*	*10*	*17*	*0.054*
												ぱそこん	*0*	*1*	*1*	*0.003*
25	危険	がけ	14	14	28	0.089	事故	11	14	25	0.080	安全	7	6	13	0.042
		崖	*14*	*13*	*27*	*0.086*										
		がけ	*0*	*1*	*1*	*0.003*										
26	犠牲	戦争	28	37	65	0.208	生贄	16	7	23	0.073	人	10	8	18	0.058
27	季節	春	87	99	186	0.594	四季	16	8	24	0.077	春夏秋冬	6	16	22	0.070
28	着物	日本	27	32	59	0.188	和服	15	16	31	0.099	ゆかた	14	13	27	0.086
												浴衣	*13*	*13*	*26*	*0.083*
												ゆかた	*1*	*0*	*1*	*0.003*
29	議論	会議	22	33	55	0.176	討論	13	26	39	0.125	国会	17	12	29	0.093
30	勤務	仕事	41	56	97	0.310	会社	35	39	74	0.236	労働	16	17	33	0.105
31	空気	酸素	57	47	104	0.332	透明	5	18	23	0.073	汚染	9	10	19	0.061
32	苦労	仕事	19	32	51	0.163	努力	13	6	19	0.061	疲労	7	11	18	0.058
33	検査	病院	20	30	50	0.160	調査	17	7	24	0.077	健康	6	10	16	0.051

番号	刺激語	1位連想語	回答者数			連想強度	2位連想語	回答者数			連想強度	3位連想語	回答者数			連想強度
			男性	女性	全体			男性	女性	全体			男性	女性	全体	
34	権利	義務	18	19	37	0.118	じんけん	18	17	35	0.112	自由	16	16	32	0.102
							人権	*17*	*17*	*34*	*0.109*					
							じんけん	*1*	*0*	*1*	*0.003*					
35	講義	授業	40	44	84	0.268	大学	37	33	70	0.224	先生	3	15	18	0.058
36	国語	漢字	20	28	48	0.153	日本語	11	12	23	0.073	日本	13	7	20	0.064
37	個人	ひとり	12	20	32	0.102	ひと	*18*	*12*	*30*	0.096	自分	16	10	26	0.083
		一人	*11*	*18*	*29*	*0.093*	*人*	*17*	*12*	*29*	*0.093*					
		ひとり	*0*	*2*	*2*	*0.006*	*ひと*	*1*	*0*	*1*	*0.003*					
		1人	*1*	*0*	*1*	*0.003*										
38	古典	国語	29	47	76	0.243	文学	13	21	34	0.109	昔	8	8	16	0.051
39	言葉	言語	19	14	33	0.105	会話	13	13	26	0.083	日本語	10	8	18	0.058
40	雇用	会社	38	31	69	0.220	仕事	12	19	31	0.099	アルバイト	8	5	13	0.042
41	娯楽	遊び	17	21	38	0.121	ゲーム	16	11	27	0.086	趣味	10	14	24	0.077
42	財布	かね	97	116	213	0.681	かわ	6	4	10	0.032	さつ	6	3	9	0.029
		お金	*51*	*83*	*134*	*0.428*	*革*	*4*	*2*	*6*	*0.019*	*お札*	*3*	*2*	*5*	*0.016*
		金	*46*	*33*	*79*	*0.252*	*皮*	*2*	*2*	*4*	*0.013*	*札*	*3*	*1*	*4*	*0.013*
43	散歩	いぬ	49	72	121	0.387	公園	28	23	51	0.163	道	10	12	22	0.070
		犬	*47*	*72*	*119*	*0.380*										
		いぬ	*1*	*0*	*1*	*0.003*										
		イヌ	*1*	*0*	*1*	*0.003*										
44	資格	試験	10	19	29	0.093	取得	9	17	26	0.083	免許	16	8	24	0.077
45	時間	時計	38	49	87	0.278	大切	8	6	14	0.045	かね	9	4	13	0.042
												金	*6*	*2*	*8*	*0.026*
												お金	*3*	*2*	*5*	*0.016*
46	刺激	痛み	12	15	27	0.086	反応	10	9	19	0.061	針	8	5	13	0.042
47	試験	テスト	35	33	68	0.217	勉強	11	19	30	0.096	学校	9	6	15	0.048
48	資源	ごみ	15	27	42	0.134	石油	26	14	40	0.128	リサイクル	14	12	26	0.083
		ゴミ	*14*	*15*	*29*	*0.093*										
		ごみ	*1*	*12*	*13*	*0.042*										
49	思考	考え	17	26	43	0.137	かいろ	17	19	36	0.115	脳	14	21	35	0.112
							回路	*16*	*19*	*35*	*0.112*					
							カイロ	*1*	*0*	*1*	*0.003*					
50	仕事	会社	14	14	28	0.089	かね	18	7	25	0.080	給料	10	14	24	0.077
							お金	*10*	*6*	*16*	*0.051*					
							金	*8*	*1*	*9*	*0.029*					
51	自信	過剰	15	25	40	0.128	喪失	6	9	15	0.048	勇気	4	10	14	0.045
52	視線	め	43	68	111	0.355	人	13	10	23	0.073	目線	6	8	14	0.045
		目	*42*	*67*	*109*	*0.348*										
		眼	*1*	*1*	*2*	*0.006*										
53	自然	森	26	36	62	0.198	木	12	19	31	0.099	緑	13	14	27	0.086
54	時代	歴史	22	23	45	0.144	江戸	17	10	27	0.086	戦国	10	7	17	0.054
55	資本	かね	45	45	90	0.288	主義	30	36	66	0.211	会社	10	9	19	0.061
		お金	*18*	*28*	*46*	*0.147*										
		金	*27*	*17*	*44*	*0.141*										
56	市民	ひと	18	15	33	0.105	国民	11	13	24	0.077	一般	8	7	15	0.048
		人	*17*	*15*	*32*	*0.102*										
		ひと	*1*	*0*	*1*	*0.003*										
57	指紋	指	32	36	68	0.217	警察	18	21	39	0.125	事件	12	18	30	0.096
58	自由	女神	15	11	26	0.083	あめりか	16	8	24	0.077	権利	12	10	22	0.070
							アメリカ	*16*	*7*	*23*	*0.073*					
							あめりか	*0*	*1*	*1*	*0.003*					
59	深夜	夜	20	22	42	0.134	コンビニ	15	12	27	0.086	テレビ	11	12	23	0.073
60	心理	こころ	22	35	57	0.182	心理学	13	15	28	0.089	学科	10	8	18	0.058
		心	*21*	*34*	*55*	*0.176*										
		こころ	*1*	*1*	*2*	*0.006*										
61	神話	ぎりしゃ	28	34	62	0.198	神	21	22	43	0.137	伝説	15	13	28	0.089
		ギリシャ	*23*	*33*	*56*	*0.179*										
		ギリシア	*4*	*1*	*5*	*0.016*										
		希臘	*1*	*0*	*1*	*0.003*										

番号	刺激語	1位連想語	回答者数			連想強度	2位連想語	回答者数			連想強度	3位連想語	回答者数			連想強度
			男性	女性	全体			男性	女性	全体			男性	女性	全体	
62	数字	数学	63	67	130	0.415	算数	13	13	26	0.083	計算	7	16	23	0.073
63	頭脳	明晰	18	25	43	0.137	頭	18	16	34	0.109	天才	13	11	24	0.077
64	政治	政治家	11	27	38	0.121	国会	11	14	25	0.080	経済	7	11	18	0.058
65	世界	地球	32	26	58	0.185	平和	4	14	18	0.058	国	7	9	16	0.051
66	石油	高騰	26	26	52	0.166	アラブ	14	19	33	0.105	ガソリン	12	20	32	0.102
67	世代	交代	14	25	39	0.125	団塊	23	9	32	0.102	若者	9	13	22	0.070
68	線路	電車	118	132	250	0.799	路線	3	2	5	0.016	バス	2	2	4	0.013
69	素材	木	17	17	34	0.109	天然	9	15	24	0.077	材料	15	7	22	0.070
70	対話	ひと	23	32	55	0.176	会話	20	26	46	0.147	相手	18	22	40	0.128
		人	22	32	54	0.173										
		ひと	1	0	1	0.003										
71	知識	勉強	12	18	30	0.096	脳	14	9	23	0.073	豊富	5	18	23	0.073
72	手紙	紙	13	13	26	0.083	ポスト	6	14	20	0.064	郵便	11	8	19	0.061
73	電気	光	7	12	19	0.061	あかり	4	9	13	0.042	電池	9	1	10	0.032
							明かり	4	8	12	0.038					
							灯り	0	1	1	0.003					
74	電池	充電	11	22	33	0.105	電気	18	11	29	0.093	たんさん	14	9	23	0.073
												単三	11	7	18	0.058
												単3	3	2	5	0.016
75	電話	けいたい	51	49	100	0.319	携帯電話	8	13	21	0.067	会話	9	7	16	0.051
		携帯	51	46	97	0.310										
		ケータイ	0	2	2	0.006										
		ケイタイ	0	1	1	0.003										
76	道具	便利	15	9	24	0.077	どらえもん	6	14	20	0.064	はさみ	6	13	19	0.061
							ドラえもん	6	11	17	0.054	はさみ	3	10	13	0.042
							どらえもん	0	2	2	0.006	ハサミ	1	3	4	0.013
							ドラエモン	0	1	1	0.003	鋏	2	0	2	0.006
77	道路	車	32	46	78	0.249	道	22	15	37	0.118	工事	11	18	29	0.093
78	都会	東京	55	58	113	0.361	ビル	15	20	35	0.112	田舎	12	18	30	0.096
79	時計	時間	66	85	151	0.482	はり	17	20	37	0.118	うで	17	14	31	0.099
							針	16	20	36	0.115	腕	17	13	30	0.096
							ハリ	1	0	1	0.003	うで	0	1	1	0.003
80	名前	自分	20	19	39	0.125	みょうじ	11	27	38	0.121	人	16	11	27	0.086
							苗字	10	25	35	0.112					
							名字	1	2	3	0.010					
81	夫婦	結婚	24	29	53	0.169	円満	11	12	23	0.073	愛	10	10	20	0.064
82	福祉	介護	28	37	65	0.208	老人	23	18	41	0.131	社会	22	17	39	0.125
83	腐敗	食べ物	5	10	15	0.048	肉	8	5	13	0.042	豆腐	4	9	13	0.042
84	文化	国	13	16	29	0.093	日本	12	16	28	0.089	歴史	12	10	22	0.070
85	弁護	弁護士	46	63	109	0.348	裁判	38	29	67	0.214	被告	6	3	9	0.029
86	帽子	頭	31	12	43	0.137	むぎわら	9	21	30	0.096	夏	8	18	26	0.083
							麦わら	8	17	25	0.080					
							むぎわら	1	2	3	0.010					
							麦藁	0	2	2	0.006					
87	保存	冷蔵庫	21	24	45	0.144	冷凍	17	21	38	0.121	データ	18	14	32	0.102
88	未来	過去	28	28	56	0.179	将来	11	24	35	0.112	希望	14	14	28	0.089
89	名刺	名前	30	38	68	0.217	会社	20	22	42	0.134	交換	16	19	35	0.112
90	名簿	名前	51	68	119	0.380	学校	21	20	41	0.131	出席	11	14	25	0.080
91	野菜	にんじん	34	22	56	0.179	健康	12	12	24	0.077	みどり	10	12	22	0.070
		にんじん	9	15	24	0.077						緑	10	11	21	0.067
		人参	16	4	20	0.064						みどり	0	1	1	0.003
		ニンジン	9	3	12	0.038										
92	幼児	こども	38	41	79	0.252	幼稚園	32	31	63	0.201	あかちゃん	7	12	19	0.061
		子供	36	39	75	0.240						赤ちゃん	7	11	18	0.058
		こども	2	2	4	0.013						あかちゃん	0	1	1	0.003
93	預金	銀行	45	49	94	0.300	通帳	27	40	67	0.214	かね	35	27	62	0.198
												お金	19	20	39	0.125
												金	16	7	23	0.073

番号	刺激語	1位連想語	回答者数			連想強度	2位連想語	回答者数			連想強度	3位連想語	回答者数			連想強度
			男性	女性	全体			男性	女性	全体			男性	女性	全体	
94	予算	かね	44	57	101	0.323	国会	13	9	22	0.070	国家	9	4	13	0.042
		お金	*22*	*42*	*64*	*0.204*										
		金	*22*	*15*	*37*	*0.118*										
95	世論	調査	18	33	51	0.163	政治	18	22	40	0.128	世間	8	7	15	0.048
96	理解	勉強	13	14	27	0.086	不能	9	5	14	0.045	脳	5	5	10	0.032
97	歴史	日本史	11	17	28	0.089	社会	7	15	22	0.070	時代	10	10	20	0.064
98	録画	ビデオ	75	87	162	0.518	テレビ	24	27	51	0.163	映像	6	3	9	0.029
99	論理	理論	9	9	18	0.058	哲学	9	5	14	0.045	理屈	4	9	13	0.042
100	話題	会話	30	21	51	0.163	てれび	13	20	33	0.105	流行	19	12	31	0.099
							テレビ	*13*	*19*	*32*	*0.102*					
							TV	*0*	*1*	*1*	*0.003*					

番号	刺激語	連想語種類数	有効回答数（320 名中）			連想強度		上位 10 連想語連想強度	
			男性	女性	全体	平均	*SD*	平均	*SD*
1	あくび	53	141	130	271	0.016	0.033	0.063	0.058
2	あぐら	66	156	152	308	0.014	0.031	0.066	0.058
3	あそび	88	157	153	310	0.011	0.025	0.059	0.057
4	あたま	78	160	146	306	0.012	0.027	0.062	0.053
5	いかだ	41	160	150	310	0.024	0.048	0.084	0.071
6	いとこ	64	151	143	294	0.014	0.043	0.068	0.097
7	いのち	74	150	144	294	0.012	0.022	0.056	0.038
8	いるか	36	162	149	311	0.027	0.082	0.087	0.144
9	いろり	76	148	140	288	0.012	0.030	0.058	0.070
10	いわし	33	159	152	311	0.029	0.141	0.090	0.254
11	うどん	68	158	142	300	0.014	0.024	0.060	0.040
12	うろこ	21	163	150	313	0.047	0.174	0.094	0.251
13	うわさ	91	148	138	286	0.010	0.021	0.051	0.045
14	えくぼ	46	154	143	297	0.020	0.062	0.076	0.121
15	えほん	50	156	146	302	0.019	0.080	0.080	0.171
16	おかず	63	156	149	305	0.015	0.055	0.070	0.130
17	おじぎ	50	158	148	306	0.019	0.057	0.079	0.112
18	おとこ	80	151	135	286	0.011	0.040	0.060	0.104
19	おどり	77	157	142	299	0.012	0.037	0.067	0.088
20	おなか	65	151	131	282	0.014	0.020	0.053	0.027
21	おばけ	61	144	134	278	0.014	0.035	0.065	0.068
22	おまけ	57	154	152	306	0.017	0.046	0.071	0.094
23	おむつ	24	164	148	312	0.041	0.127	0.093	0.189
24	おやつ	45	157	151	308	0.021	0.073	0.082	0.145
25	おんな	95	146	141	287	0.009	0.032	0.054	0.089
26	おんぶ	39	154	146	300	0.024	0.054	0.081	0.085
27	かかと	44	156	140	296	0.021	0.086	0.079	0.175
28	かたち	90	149	141	290	0.010	0.020	0.052	0.042
29	かばん	72	153	146	299	0.013	0.024	0.059	0.042
30	からす	33	148	140	288	0.027	0.087	0.083	0.148
31	からだ	92	163	149	312	0.011	0.015	0.048	0.015
32	きずな	46	140	152	292	0.020	0.057	0.074	0.109
33	きのこ	55	155	151	306	0.017	0.035	0.066	0.065
34	くさり	80	149	143	292	0.011	0.025	0.054	0.055
35	くじら	45	156	142	298	0.021	0.061	0.081	0.115
36	くるま	74	144	142	286	0.012	0.017	0.048	0.019
37	けじめ	123	152	144	296	0.008	0.009	0.032	0.011
38	けむり	47	158	147	305	0.020	0.053	0.080	0.096
39	けんか	86	145	144	289	0.011	0.016	0.048	0.025
40	こころ	84	150	143	293	0.011	0.018	0.056	0.017
41	こたつ	25	155	151	306	0.038	0.123	0.091	0.188
42	ごはん	73	156	145	301	0.013	0.027	0.063	0.052
43	さかな	75	157	149	306	0.013	0.043	0.063	0.109
44	さくら	40	152	151	303	0.024	0.087	0.083	0.167
45	しぐさ	76	147	139	286	0.012	0.024	0.060	0.044
46	しつけ	34	162	147	309	0.028	0.068	0.088	0.106
47	しにせ	77	139	136	275	0.011	0.026	0.055	0.059
48	しるし	97	155	148	303	0.010	0.018	0.051	0.032
49	すいか	37	159	151	310	0.026	0.098	0.087	0.180
50	せりふ	37	159	148	307	0.026	0.047	0.081	0.064
51	そうじ	58	158	151	309	0.017	0.051	0.070	0.111
52	たすき	43	161	150	311	0.023	0.067	0.084	0.125
53	たたみ	48	156	148	304	0.020	0.044	0.074	0.076
54	たばこ	64	158	153	311	0.015	0.036	0.063	0.077
55	たまご	64	153	146	299	0.015	0.037	0.064	0.078
56	だるま	65	145	142	287	0.014	0.025	0.057	0.043
57	だんご	65	155	146	301	0.014	0.024	0.057	0.038
58	たんす	68	160	144	304	0.014	0.034	0.066	0.070
59	たんぼ	50	161	150	311	0.019	0.053	0.079	0.102

※連想語太字は複数表記語

番号	刺激語	1位連想語回答者数				連想強度	2位連想語回答者数				連想強度	3位連想語回答者数				連想強度
		連想語	男性	女性	全体		連想語	男性	女性	全体		連想語	男性	女性	全体	
1	あくび	睡眠	27	28	55	0.172	**ねむけ**	26	27	53	0.166	**くち**	15	7	22	0.069
2	あぐら	**あし**	29	27	56	0.175	**おとこ**	27	26	53	0.166	**おとうさん**	3	22	25	0.078
3	あそび	**こども**	29	37	66	0.206	**ともだち**	13	14	27	0.084	ゲーム	15	11	26	0.081
4	あたま	脳	30	21	51	0.159	髪	20	23	43	0.134	髪の毛	14	20	34	0.106
5	いかだ	海	33	44	77	0.241	船	24	25	49	0.153	木	24	13	37	0.116
6	いとこ	親戚	55	49	104	0.325	はとこ	23	18	41	0.128	兄弟	12	10	22	0.069
7	いのち	大切	19	27	46	0.144	生命	20	12	32	0.100	赤ちゃん	7	11	18	0.056
8	いるか	**うみ**	74	77	151	0.472	水族館	21	27	48	0.150	哺乳類	16	22	38	0.119
9	いろり	火	41	38	79	0.247	昔	13	15	28	0.088	暖炉	11	9	20	0.063
10	いわし	**さかな**	135	125	260	0.813	海	5	4	9	0.028	つみれ	3	1	4	0.013
11	うどん	**めん**	22	23	45	0.141	**さぬき**	21	14	35	0.109	**そば**	12	11	23	0.072
12	うろこ	**さかな**	134	124	258	0.806	目	5	11	16	0.050	**りゅう**	9	3	12	0.038
13	うわさ	**ひと**	28	22	50	0.156	話	18	16	34	0.106	うそ	8	10	18	0.056
14	えくぼ	笑顔	51	71	122	0.381	顔	41	22	63	0.197	頬	6	9	15	0.047
15	えほん	**こども**	89	92	181	0.566	童話	10	8	18	0.056	絵	6	8	14	0.044
16	おかず	**ごはん**	68	72	140	0.438	食事	6	8	14	0.044	**べんとう**	2	12	14	0.044
17	おじぎ	礼儀	56	55	111	0.347	**あいさつ**	20	34	54	0.169	**れい**	36	15	51	0.159
18	おとこ	**おんな**	55	58	113	0.353	筋肉	13	3	16	0.050	性別	9	5	14	0.044
19	おどり	**まつり**	48	28	76	0.238	ダンス	37	32	69	0.216	盆踊り	15	13	28	0.088
20	おなか	腹痛	12	20	32	0.100	空腹	14	16	30	0.094	体	13	9	22	0.069
21	おばけ	**ゆうれい**	39	39	78	0.244	夜	16	13	29	0.091	**おばけやしき**	10	15	25	0.078
22	おまけ	**かし**	59	48	107	0.334	おもちゃ	8	21	29	0.091	**ふろく**	9	9	18	0.056
23	おむつ	**あかちゃん**	92	107	199	0.622	赤ん坊	20	21	41	0.128	子供	12	5	17	0.053
24	おやつ	**さんじ**	74	76	150	0.469	**かし**	28	27	55	0.172	子供	14	7	21	0.066
25	おんな	**おとこ**	46	52	98	0.306	化粧	4	11	15	0.047	性別	6	6	12	0.038
26	おんぶ	**こども**	44	43	87	0.272	**だっこ**	29	29	58	0.181	赤ちゃん	18	16	34	0.106
27	かかと	**あし**	92	92	184	0.575	**くつ**	6	10	16	0.050	**かかとおとし**	15	0	15	0.047
28	かたち	**まる**	13	27	40	0.125	**もの**	24	13	37	0.116	**しかく**	17	12	29	0.091
29	かばん	学校	28	22	50	0.156	学生	11	19	30	0.094	荷物	12	11	23	0.072
30	からす	黒	66	80	146	0.456	とり	45	28	73	0.228	**ごみ**	14	10	24	0.075
31	からだ	手	11	14	25	0.078	人間	6	14	20	0.063	**こころ**	9	9	18	0.056
32	きずな	**ともだち**	30	67	97	0.303	友情	44	37	81	0.253	仲間	9	7	16	0.050
33	きのこ	山	25	36	61	0.191	毒	34	24	58	0.181	森	11	10	21	0.066
34	くさり	鉄	39	26	65	0.203	金属	13	12	25	0.078	束縛	7	7	14	0.044
35	くじら	海	61	63	124	0.388	哺乳類	22	23	45	0.141	**しお**	14	17	31	0.097
36	くるま	タイヤ	12	17	29	0.091	**とよた**	15	6	21	0.066	免許	5	12	17	0.053
37	けじめ	**やくざ**	12	6	18	0.056	**おとこ**	8	4	12	0.038	責任	7	5	12	0.038
38	けむり	**たばこ**	51	36	87	0.272	火事	34	44	78	0.244	火	13	12	25	0.078
39	けんか	子供	15	13	28	0.088	男	8	17	25	0.078	友達	11	13	24	0.075
40	こころ	心臓	12	14	26	0.081	心理	10	14	24	0.075	**ひと**	17	5	22	0.069
41	こたつ	冬	98	97	195	0.609	みかん	20	27	47	0.147	**ねこ**	15	14	29	0.091
42	ごはん	**こめ**	31	27	58	0.181	白	17	16	33	0.103	朝	18	13	31	0.097
43	さかな	海	46	73	119	0.372	**うろこ**	9	8	17	0.053	**まぐろ**	10	2	12	0.038
44	さくら	春	84	94	178	0.556	花	6	12	18	0.056	ピンク	11	3	14	0.044
45	しぐさ	**くせ**	32	25	57	0.178	行動	15	8	23	0.072	女	10	13	23	0.072
46	しつけ	親	49	46	95	0.297	**こども**	35	26	61	0.191	犬	31	29	60	0.188
47	しにせ	**みせ**	33	29	62	0.194	昔	15	21	36	0.113	旅館	8	19	27	0.084
48	しるし	**みすちる**	20	17	37	0.116	目印	17	14	31	0.097	サイン	11	8	19	0.059
49	すいか	夏	95	96	191	0.597	種	9	9	18	0.056	海	7	9	16	0.050
50	せりふ	**だいほん**	41	38	79	0.247	ドラマ	19	23	42	0.131	舞台	13	15	28	0.088
51	そうじ	**ほうき**	55	68	123	0.384	掃除機	8	9	17	0.053	学校	7	7	14	0.044
52	たすき	リレー	63	70	133	0.416	**まらそん**	19	19	38	0.119	駅伝	26	9	35	0.109
53	たたみ	和室	38	47	85	0.266	日本	22	19	41	0.128	和風	15	14	29	0.091
54	たばこ	**けむり**	43	47	90	0.281	害	9	7	16	0.050	禁煙	8	6	14	0.044
55	たまご	**にわとり**	47	42	89	0.278	**とり**	17	7	24	0.075	黄身	9	14	23	0.072
56	だるま	赤	20	32	52	0.163	**め**	19	13	32	0.100	選挙	10	7	17	0.053
57	だんご	さんきょうだい	37	13	50	0.156	**さんしょく**	12	10	22	0.069	**はなみ**	5	17	22	0.069
58	たんす	服	45	37	82	0.256	家具	16	8	24	0.075	洋服	8	13	21	0.066
59	たんぼ	田舎	48	57	105	0.328	こめ	27	25	52	0.163	**いね**	21	17	38	0.119

番号	刺激語	連想語種類数	有効回答数（320 名中）			連想強度		上位 10 連想語連想強度	
			男性	女性	全体	平均	*SD*	平均	*SD*
60	つくえ	43	161	151	312	0.023	0.058	0.085	0.100
61	つばさ	27	157	142	299	0.035	0.108	0.087	0.170
62	つばめ	51	156	149	305	0.019	0.064	0.077	0.135
63	つぼみ	22	165	156	321	0.044	0.163	0.093	0.240
64	とうふ	61	148	144	292	0.015	0.044	0.070	0.094
65	となり	50	159	148	307	0.019	0.045	0.080	0.076
66	とんぼ	44	161	146	307	0.022	0.053	0.079	0.094
67	におい	74	140	139	279	0.012	0.025	0.053	0.052
68	にきび	58	162	145	307	0.016	0.039	0.068	0.078
69	のれん	66	156	148	304	0.014	0.041	0.066	0.093
70	はがき	40	163	150	313	0.024	0.061	0.084	0.104
71	はかま	65	162	149	311	0.015	0.031	0.066	0.057
72	はかり	74	165	145	310	0.013	0.023	0.060	0.037
73	はさみ	53	147	137	284	0.017	0.038	0.064	0.072
74	はしか	41	162	150	312	0.024	0.089	0.083	0.173
75	はしご	83	139	137	276	0.010	0.021	0.046	0.047
76	はだし	58	155	147	302	0.016	0.036	0.069	0.068
77	はなし	89	150	143	293	0.010	0.020	0.055	0.037
78	はんこ	68	161	151	312	0.014	0.033	0.065	0.067
79	ひずみ	114	148	135	283	0.008	0.015	0.040	0.038
80	ひたい	42	159	150	309	0.023	0.048	0.079	0.076
81	ひよこ	21	161	150	311	0.045	0.092	0.092	0.120
82	ふすま	59	152	144	296	0.016	0.027	0.059	0.043
83	ふとん	59	140	131	271	0.014	0.031	0.062	0.058
84	ふもと	31	161	149	310	0.031	0.128	0.089	0.222
85	ほたる	39	168	154	322	0.025	0.053	0.084	0.080
86	まくら	56	147	137	284	0.016	0.041	0.069	0.081
87	まつげ	39	152	146	298	0.024	0.047	0.078	0.070
88	まつり	78	160	148	308	0.012	0.041	0.062	0.106
89	まぶた	43	156	143	299	0.022	0.083	0.078	0.167
90	まわし	43	160	150	310	0.023	0.098	0.083	0.198
91	むかし	57	159	149	308	0.017	0.036	0.068	0.067
92	めがね	81	149	143	292	0.011	0.025	0.057	0.051
93	もうけ	49	163	152	315	0.020	0.073	0.084	0.151
94	やかん	43	155	144	299	0.022	0.051	0.076	0.089
95	やけど	51	148	139	287	0.018	0.049	0.069	0.098
96	ゆかた	28	167	155	322	0.036	0.104	0.093	0.163
97	ゆとり	60	160	151	311	0.016	0.077	0.079	0.183
98	りんご	48	145	133	278	0.018	0.053	0.069	0.106
99	わいろ	62	159	143	302	0.015	0.042	0.069	0.091
100	わさび	52	136	134	270	0.016	0.048	0.066	0.098

※連想語太字は複数表記語

番号	刺激語	1位連想語回答者数				連想強度	2位連想語回答者数				連想強度	3位連想語回答者数				連想強度
		連想語	男性	女性	全体		連想語	男性	女性	全体		連想語	男性	女性	全体	
60	つくえ	勉強	52	39	91	0.284	学校	34	31	65	0.203	**いす**	25	29	54	0.169
61	つばさ	**とり**	94	84	178	0.556	**はね**	25	20	45	0.141	空	11	7	18	0.056
62	つばめ	**とり**	76	65	141	0.441	巣	23	28	51	0.159	空	4	6	10	0.031
63	つぼみ	花	124	123	247	0.772	**こぶくろ**	16	11	27	0.084	桜	6	3	9	0.028
64	とうふ	白	42	56	98	0.306	大豆	31	20	51	0.159	豆	9	8	17	0.053
65	となり	**ととろ**	36	39	75	0.234	**きんじょ**	24	33	57	0.178	家	23	13	36	0.113
66	とんぼ	秋	41	50	91	0.284	虫	38	26	64	0.200	赤	17	24	41	0.128
67	におい	香水	25	37	62	0.194	鼻	13	10	23	0.072	花	9	8	17	0.053
68	にきび	顔	58	27	85	0.266	思春期	18	26	44	0.138	肌	9	13	22	0.069
69	のれん	**みせ**	56	47	103	0.322	居酒屋	21	9	30	0.094	布	8	8	16	0.050
70	はがき	年賀状	52	65	117	0.366	手紙	20	13	33	0.103	郵便	18	13	31	0.097
71	はかま	成人式	47	24	71	0.222	卒業式	0	28	28	0.088	剣道	12	8	20	0.063
72	はかり	**てんびん**	24	18	42	0.131	**おもり**	17	13	30	0.094	料理	9	19	28	0.088
73	はさみ	紙	39	45	84	0.263	切断	17	2	19	0.059	工作	12	7	19	0.059
74	はしか	病気	104	79	183	0.572	**こども**	12	15	27	0.084	**かぜ**	6	8	14	0.044
75	はしご	消防車	34	23	57	0.178	屋根	5	8	13	0.041	階段	6	6	12	0.038
76	はだし	**あし**	35	34	69	0.216	**げん**	28	27	55	0.172	子供	11	10	21	0.066
77	はなし	会話	24	14	38	0.119	昔	17	18	35	0.109	昔話	17	10	27	0.084
78	はんこ	印鑑	35	44	79	0.247	書類	12	16	28	0.088	名前	11	6	17	0.053
79	ひずみ	**ゆがみ**	18	28	46	0.144	地震	7	9	16	0.050	**ひび**	8	3	11	0.034
80	ひたい	**でこ**	34	41	75	0.234	顔	32	23	55	0.172	汗	19	21	40	0.125
81	ひよこ	**にわとり**	57	58	115	0.359	黄色	29	45	74	0.231	**とり**	34	16	50	0.156
82	ふすま	和室	22	27	49	0.153	**しょうじ**	16	22	38	0.119	**にほん**	8	13	21	0.066
83	ふとん	睡眠	42	23	65	0.203	**まくら**	19	20	39	0.122	羽毛	8	9	17	0.053
84	ふもと	**やま**	119	112	231	0.722	山頂	3	7	10	0.031	村	6	2	8	0.025
85	ほたる	**ひかり**	44	39	83	0.259	夏	17	36	53	0.166	墓	19	18	37	0.116
86	まくら	**ふとん**	36	39	75	0.234	睡眠	33	33	66	0.206	**べっど**	9	10	19	0.059
87	まつげ	**め**	50	27	77	0.241	マスカラ	6	43	49	0.153	顔	22	6	28	0.088
88	まつり	夏	58	58	116	0.363	花火	10	5	15	0.047	**おどり**	10	4	14	0.044
89	まぶた	**め**	91	85	176	0.550	瞳	11	6	17	0.053	二重	6	8	14	0.044
90	まわし	**すもう**	111	96	207	0.647	**おすもうさん**	2	8	10	0.031	**まつり**	1	8	9	0.028
91	むかし	**はなし**	31	39	70	0.219	昔話	22	28	50	0.156	過去	16	10	26	0.081
92	めがね	視力	24	24	48	0.150	目	22	17	39	0.122	レンズ	24	14	38	0.119
93	もうけ	**かね**	80	82	162	0.506	商売	16	12	28	0.088	利益	11	14	25	0.078
94	やかん	**ゆ**	46	57	103	0.322	沸騰	16	10	26	0.081	**ちゃ**	10	15	25	0.078
95	やけど	火	63	43	106	0.331	**けが**	17	16	33	0.103	**かじ**	17	15	32	0.100
96	ゆかた	夏	70	97	167	0.522	**まつり**	43	27	70	0.219	夏祭り	5	9	14	0.044
97	ゆとり	教育	97	95	192	0.600	余裕	3	8	11	0.034	ゆとり教育	4	5	9	0.028
98	りんご	赤	51	58	109	0.341	果物	32	20	52	0.163	青森	10	6	16	0.050
99	わいろ	**かね**	55	45	100	0.313	政治家	19	19	38	0.119	政治	8	13	21	0.066
100	わさび	**すし**	56	46	102	0.319	**みどり**	23	23	46	0.144	**さしみ**	9	13	22	0.069

番号	刺激語	1位連想語	回答者数			連想強度	2位連想語	回答者数			連想強度	3位連想語	回答者数			連想強度
			男性	女性	全体			男性	女性	全体			男性	女性	全体	
1	あくび	睡眠	27	28	55	0.172	ねむけ	26	27	53	0.166	くち	15	7	22	0.069
							眠気	26	26	52	0.163	口	15	6	21	0.066
							眠け	0	1	1	0.003	くち	0	1	1	0.003
2	あぐら	あし	29	27	56	0.175	おとこ	27	26	53	0.166	おとうさん	3	22	25	0.078
		足	27	25	52	0.163	男	27	25	52	0.163	お父さん	3	21	24	0.075
		あし	2	2	4	0.013	おとこ	0	1	1	0.003	おとうさん	0	1	1	0.003
3	あそび	こども	29	37	66	0.206	ともだち	13	14	27	0.084	ゲーム	15	11	26	0.081
		子供	29	36	65	0.203	友達	13	13	26	0.081					
		子ども	0	1	1	0.003	ともだち	0	1	1	0.003					
4	あたま	脳	30	21	51	0.159	髪	20	23	43	0.134	髪の毛	14	20	34	0.106
5	いかだ	海	33	44	77	0.241	船	24	25	49	0.153	木	24	13	37	0.116
6	いとこ	親戚	55	49	104	0.325	はとこ	23	18	41	0.128	兄弟	12	10	22	0.069
7	いのち	大切	19	27	46	0.144	生命	20	12	32	0.100	赤ちゃん	7	11	18	0.056
8	いるか	うみ	74	77	151	0.472	水族館	21	27	48	0.150	哺乳類	16	22	38	0.119
		海	72	77	149	0.466										
		うみ	2	0	2	0.006										
9	いろり	火	41	38	79	0.247	昔	13	15	28	0.088	暖炉	11	9	20	0.063
10	いわし	さかな	135	125	260	0.813	海	5	4	9	0.028	つみれ	3	1	4	0.013
		魚	133	124	257	0.803										
		さかな	2	1	3	0.009										
11	うどん	めん	22	23	45	0.141	さぬき	21	14	35	0.109	そば	12	11	23	0.072
		麺	21	22	43	0.134	讃岐	19	14	33	0.103	そば	11	9	20	0.063
		めん	1	1	2	0.006	さぬき	2	0	2	0.006	蕎麦	0	2	2	0.006
												ソバ	1	0	1	0.003
12	うろこ	さかな	134	124	258	0.806	目	5	11	16	0.050	りゅう	9	3	12	0.038
		魚	134	122	256	0.800						竜	5	2	7	0.022
		さかな	0	2	2	0.006						龍	4	1	5	0.016
13	うわさ	ひと	28	22	50	0.156	話	18	16	34	0.106	うそ	8	10	18	0.056
		人	27	22	49	0.153						嘘	7	10	17	0.053
		ひと	1	0	1	0.003						うそ	1	0	1	0.003
14	えくぼ	笑顔	51	71	122	0.381	顔	41	22	63	0.197	頬	6	9	15	0.047
15	えほん	こども	89	92	181	0.566	童話	10	8	18	0.056	絵	6	8	14	0.044
		子供	87	86	173	0.541										
		こども	2	3	5	0.016										
		子ども	0	2	2	0.006										
		子共	0	1	1	0.003										
16	おかず	ごはん	68	72	140	0.438	食事	6	8	14	0.044	べんとう	2	12	14	0.044
		ご飯	59	55	114	0.356						弁当	2	7	9	0.028
		ごはん	9	17	26	0.081						お弁当	0	5	5	0.016
17	おじぎ	礼儀	56	55	111	0.347	あいさつ	20	34	54	0.169	れい	36	15	51	0.159
							挨拶	13	26	39	0.122	礼	29	14	43	0.134
							あいさつ	7	8	15	0.047	お礼	7	1	8	0.025
18	おとこ	おんな	55	58	113	0.353	筋肉	13	3	16	0.050	性別	9	5	14	0.044
		女	50	52	102	0.319										
		おんな	5	6	11	0.034										
19	おどり	まつり	48	28	76	0.238	ダンス	37	32	69	0.216	盆踊り	15	13	28	0.088
		祭り	46	27	73	0.228										
		祭	1	1	2	0.006										
		まつり	1	0	1	0.003										
20	おなか	腹痛	12	20	32	0.100	空腹	14	16	30	0.094	体	13	9	22	0.069
21	おばけ	ゆうれい	39	39	78	0.244	夜	16	13	29	0.091	おばけやしき	10	15	25	0.078
		幽霊	39	37	76	0.238						お化け屋敷	10	12	22	0.069
		ゆうれい	0	2	2	0.006						おばけ屋敷	0	2	2	0.006
												おばけやしき	0	1	1	0.003
22	おまけ	かし	59	48	107	0.334	おもちゃ	8	21	29	0.091	ふろく	9	9	18	0.056
		お菓子	50	42	92	0.288						ふろく	4	6	10	0.031
		菓子	6	2	8	0.025						付録	5	3	8	0.025
		おかし	3	3	6	0.019										
		御菓子	0	1	1	0.003										

番号	刺激語	1位連想語	回答者数			連想強度	2位連想語	回答者数			連想強度	3位連想語	回答者数			連想強度
			男性	女性	全体			男性	女性	全体			男性	女性	全体	
23	おむつ	あかちゃん	92	107	199	0.622	赤ん坊	20	21	41	0.128	子供	12	5	17	0.053
		赤ちゃん	89	104	193	0.603										
		あかちゃん	3	3	6	0.019										
24	おやつ	さんじ	74	76	150	0.469	かし	28	27	55	0.172	子供	14	7	21	0.066
		三時	44	34	78	0.244	お菓子	24	25	49	0.153					
		3時	30	42	72	0.225	菓子	4	2	6	0.019					
25	おんな	おとこ	46	52	98	0.306	化粧	4	11	15	0.047	性別	6	6	12	0.038
		男	41	47	88	0.275										
		おとこ	5	5	10	0.031										
26	おんぶ	こども	44	43	87	0.272	だっこ	29	29	58	0.181	赤ちゃん	18	16	34	0.106
		子供	44	41	85	0.266	抱っこ	16	16	32	0.100					
		こども	0	2	2	0.006	だっこ	13	13	26	0.081					
27	かかと	あし	92	92	184	0.575	くつ	6	10	16	0.050	かかとおとし	15	0	15	0.047
		足	89	87	176	0.550	靴	6	9	15	0.047	かかと落とし	12	0	12	0.038
		あし	3	5	8	0.025	くつ	0	1	1	0.003	かかとおとし	2	0	2	0.006
												踵落とし	1	0	1	0.003
28	かたち	まる	13	27	40	0.125	もの	24	13	37	0.116	しかく	17	12	29	0.091
		丸	13	23	36	0.113	物	16	9	25	0.078	四角	16	12	28	0.088
		まる	0	4	4	0.013	もの	7	4	11	0.034	四画	1	0	1	0.003
							モノ	1	0	1	0.003					
29	かばん	学校	28	22	50	0.156	学生	11	19	30	0.094	荷物	12	11	23	0.072
30	からす	黒	66	80	146	0.456	とり	45	28	73	0.228	ごみ	14	10	24	0.075
							鳥	37	24	61	0.191	ゴミ	12	8	20	0.063
							トリ	5	4	9	0.028	ごみ	2	2	4	0.013
							とり	3	0	3	0.009					
31	からだ	手	11	14	25	0.078	人間	6	14	20	0.063	こころ	9	9	18	0.056
												心	6	7	13	0.041
												こころ	3	2	5	0.016
32	きずな	ともだち	30	67	97	0.303	友情	44	37	81	0.253	仲間	9	7	16	0.050
		友達	30	66	96	0.300										
		ともだち	0	1	1	0.003										
33	きのこ	山	25	36	61	0.191	毒	34	24	58	0.181	森	11	10	21	0.066
34	くさり	鉄	39	26	65	0.203	金属	13	12	25	0.078	束縛	7	7	14	0.044
35	くじら	海	61	63	124	0.388	哺乳類	22	23	45	0.141	しお	14	17	31	0.097
												潮	11	14	25	0.078
												塩	2	3	5	0.016
												汐	1	0	1	0.003
36	くるま	タイヤ	12	17	29	0.091	とよた	15	6	21	0.066	免許	5	12	17	0.053
							トヨタ	11	4	15	0.047					
							豊田	4	1	5	0.016					
							TOYOTA	0	1	1	0.003					
37	けじめ	やくざ	12	6	18	0.056	おとこ	8	4	12	0.038	責任	7	5	12	0.038
		ヤクザ	7	4	11	0.034	男	7	4	11	0.034					
		やくざ	5	2	7	0.022	おとこ	1	0	1	0.003					
38	けむり	たばこ	51	36	87	0.272	火事	34	44	78	0.244	火	13	12	25	0.078
		たばこ	18	17	35	0.109										
		タバコ	23	7	30	0.094										
		煙草	10	12	22	0.069										
39	けんか	子供	15	13	28	0.088	男	8	17	25	0.078	友達	11	13	24	0.075
40	こころ	心臓	12	14	26	0.081	心理	10	14	24	0.075	ひと	17	5	22	0.069
												人	16	5	21	0.066
												ひと	1	0	1	0.003
41	こたつ	冬	98	97	195	0.609	みかん	20	27	47	0.147	ねこ	15	14	29	0.091
							みかん	16	23	39	0.122	猫	13	13	26	0.081
							ミカン	3	2	5	0.016	ねこ	2	1	3	0.009
							蜜柑	1	2	3	0.009					
42	ごはん	こめ	31	27	58	0.181	白	17	16	33	0.103	朝	18	13	31	0.097
		米	30	23	54	0.169										
		お米	1	3	4	0.013										

番号	刺激語	1位連想語	回答者数			連想強度	2位連想語	回答者数			連想強度	3位連想語	回答者数			連想強度
			男性	女性	全体			男性	女性	全体			男性	女性	全体	
43	さかな	海	46	73	119	0.372	うろこ	9	8	17	0.053	まぐろ	10	2	12	0.038
							鱗	8	5	13	0.041	マグロ	6	2	8	0.025
							うろこ	1	3	4	0.013	鮪	2	0	2	0.006
												まぐろ	2	0	2	0.006
44	さくら	春	84	94	178	0.556	花	6	12	18	0.056	ピンク	11	3	14	0.044
45	しぐさ	くせ	32	25	57	0.178	行動	15	8	23	0.072	女	10	13	23	0.072
		癖	28	24	52	0.163										
		くせ	4	1	5	0.016										
46	しつけ	親	49	46	95	0.297	こども	35	26	61	0.191	犬	31	29	60	0.188
							子供	33	23	56	0.175					
							子ども	1	2	3	0.009					
							こども	1	1	2	0.006					
47	しにせ	みせ	33	29	62	0.194	昔	15	21	36	0.113	旅館	8	19	27	0.084
		店	29	22	51	0.159										
		お店	4	7	11	0.034										
48	しるし	みすちる	20	17	37	0.116	目印	17	14	31	0.097	サイン	11	8	19	0.059
		ミスチル	18	17	35	0.109										
		みすちる	2	0	2	0.006										
49	すいか	夏	95	96	191	0.597	種	9	9	18	0.056	海	7	9	16	0.050
50	せりふ	だいほん	41	38	79	0.247	ドラマ	19	23	42	0.131	舞台	13	15	28	0.088
		台本	40	38	78	0.244										
		ダイホン	1	0	1	0.003										
51	そうじ	ほうき	55	68	123	0.384	掃除機	8	9	17	0.053	学校	7	7	14	0.044
		ほうき	34	42	76	0.238										
		箒	20	25	45	0.141										
		帚	1	0	1	0.003										
		ホウキ	0	1	1	0.003										
52	たすき	リレー	63	70	133	0.416	まらそん	19	19	38	0.119	駅伝	26	9	35	0.109
							マラソン	18	19	37	0.116					
							まらそん	1	0	1	0.003					
53	たたみ	和室	38	47	85	0.266	日本	22	19	41	0.128	和風	15	14	29	0.091
54	たばこ	けむり	43	47	90	0.281	害	9	7	16	0.050	禁煙	8	6	14	0.044
		煙	41	46	87	0.272										
		けむり	2	1	3	0.009										
55	たまご	にわとり	47	42	89	0.278	とり	17	7	24	0.075	黄身	9	14	23	0.072
		鶏	39	36	75	0.234	鳥	15	6	21	0.066					
		にわとり	6	5	11	0.034	とり	1	1	2	0.006					
		ニワトリ	2	1	3	0.009	トリ	1	0	1	0.003					
56	だるま	赤	20	32	52	0.163	め	19	13	32	0.100	選挙	10	7	17	0.053
							目	18	13	31	0.097					
							眼	1	0	1	0.003					
57	だんご	さんきょうだい	37	13	50	0.156	さんしょく	12	10	22	0.069	はなみ	5	17	22	0.069
		三兄弟	26	5	31	0.097	三色	10	5	15	0.047	花見	3	17	20	0.063
		3兄弟	10	7	17	0.053	3色	2	5	7	0.022	お花見	1	0	1	0.003
		さん兄弟	1	1	2	0.006						花み	1	0	1	0.003
58	たんす	服	45	37	82	0.256	家具	16	8	24	0.075	洋服	8	13	21	0.066
59	たんぼ	田舎	48	57	105	0.328	こめ	27	25	52	0.163	いね	21	17	38	0.119
							米	25	21	46	0.144	稲	20	17	37	0.116
							お米	1	4	5	0.016	イネ	1	0	1	0.003
							コメ	1	0	1	0.003					
60	つくえ	勉強	52	39	91	0.284	学校	34	31	65	0.203	いす	25	29	54	0.169
												椅子	19	15	34	0.106
												イス	4	12	16	0.050
												いす	2	2	4	0.013
61	つばさ	とり	94	84	178	0.556	はね	25	20	45	0.141	空	11	7	18	0.056
		鳥	88	82	170	0.531	羽	24	20	44	0.138					
		トリ	5	2	7	0.022	はね	1	0	1	0.003					
		とり	1	0	1	0.003										

番号	刺激語	1位連想語	回答者数			連想強度	2位連想語	回答者数			連想強度	3位連想語	回答者数			連想強度
			男性	女性	全体			男性	女性	全体			男性	女性	全体	
62	つばめ	とり	76	65	141	0.441	巣	23	28	51	0.159	空	4	6	10	0.031
		鳥	*73*	*61*	*134*	*0.419*										
		トリ	*3*	*2*	*5*	*0.016*										
		とり	*0*	*2*	*2*	*0.006*										
63	つぼみ	花	124	123	247	0.772	こぶくろ	16	11	27	0.084	桜	6	3	9	0.028
							コブクロ	*13*	*10*	*23*	*0.072*					
							こぶくろ	*3*	*1*	*4*	*0.013*					
64	とうふ	白	42	56	98	0.306	大豆	31	20	51	0.159	豆	9	8	17	0.053
65	となり	ととろ	36	39	75	0.234	きんじょ	24	33	57	0.178	家	23	13	36	0.113
		トトロ	*36*	*38*	*74*	*0.231*	*近所*	*24*	*32*	*56*	*0.175*					
		ととろ	*0*	*1*	*1*	*0.003*	*ご近所*	*0*	*1*	*1*	*0.003*					
66	とんぼ	秋	41	50	91	0.284	虫	38	26	64	0.200	赤	17	24	41	0.128
67	におい	香水	25	37	62	0.194	鼻	13	10	23	0.072	花	9	8	17	0.053
68	にきび	顔	58	27	85	0.266	思春期	18	26	44	0.138	肌	9	13	22	0.069
69	のれん	みせ	56	47	103	0.322	居酒屋	21	9	30	0.094	布	8	8	16	0.050
		店	*49*	*33*	*82*	*0.256*										
		お店	*7*	*14*	*21*	*0.066*										
70	はがき	年賀状	52	65	117	0.366	手紙	20	13	33	0.103	郵便	18	13	31	0.097
71	はかま	成人式	47	24	71	0.222	卒業式	0	28	28	0.088	剣道	12	8	20	0.063
72	はかり	てんびん	24	18	42	0.131	おもり	17	13	30	0.094	料理	9	19	28	0.088
		天秤	*22*	*18*	*40*	*0.125*	*おもり*	*10*	*5*	*15*	*0.047*					
		てんびん	*2*	*0*	*2*	*0.006*	*重り*	*4*	*7*	*11*	*0.034*					
							錘	*3*	*1*	*4*	*0.013*					
73	はさみ	紙	39	45	84	0.263	切断	17	2	19	0.059	工作	12	7	19	0.059
74	はしか	病気	104	79	183	0.572	こども	12	15	27	0.084	かぜ	6	8	14	0.044
							子供	*12*	*14*	*26*	*0.081*	*風邪*	*4*	*7*	*11*	*0.034*
							こども	*0*	*1*	*1*	*0.003*	*風*	*2*	*1*	*3*	*0.009*
75	はしご	消防車	34	23	57	0.178	屋根	5	8	13	0.041	階段	6	6	12	0.038
76	はだし	あし	35	34	69	0.216	げん	28	27	55	0.172	子供	11	10	21	0.066
		足	*33*	*31*	*64*	*0.200*	*ゲン*	*27*	*24*	*51*	*0.159*					
		あし	*2*	*3*	*5*	*0.016*	*げん*	*1*	*3*	*4*	*0.013*					
77	はなし	会話	24	14	38	0.119	昔	17	18	35	0.109	昔話	17	10	27	0.084
78	はんこ	印鑑	35	44	79	0.247	書類	12	16	28	0.088	名前	11	6	17	0.053
79	ひずみ	ゆがみ	18	28	46	0.144	地震	7	9	16	0.050	ひび	8	3	11	0.034
		歪み	*15*	*20*	*35*	*0.109*						*ひび*	*4*	*2*	*6*	*0.019*
		ゆがみ	*3*	*8*	*11*	*0.034*						*ヒビ*	*4*	*1*	*5*	*0.016*
80	ひたい	でこ	34	41	75	0.234	顔	32	23	55	0.172	汗	19	21	40	0.125
		おでこ	*19*	*35*	*54*	*0.169*										
		でこ	*12*	*3*	*15*	*0.047*										
		デコ	*3*	*3*	*6*	*0.019*										
81	ひよこ	にわとり	57	58	115	0.359	黄色	29	45	74	0.231	とり	34	16	50	0.156
		鶏	*47*	*36*	*83*	*0.259*						*鳥*	*31*	*15*	*46*	*0.144*
		にわとり	*7*	*20*	*27*	*0.084*						*トリ*	*2*	*1*	*3*	*0.009*
		ニワトリ	*3*	*2*	*5*	*0.016*						*とり*	*1*	*0*	*1*	*0.003*
82	ふすま	和室	22	27	49	0.153	しょうじ	16	22	38	0.119	にほん	8	13	21	0.066
							障子	*14*	*21*	*35*	*0.109*	*日本*	*8*	*12*	*20*	*0.063*
							しょうじ	*2*	*1*	*3*	*0.009*	*ニホン*	*0*	*1*	*1*	*0.003*
83	ふとん	睡眠	42	23	65	0.203	まくら	19	20	39	0.122	羽毛	8	9	17	0.053
							枕	*15*	*12*	*27*	*0.084*					
							まくら	*4*	*8*	*12*	*0.038*					
84	ふもと	やま	119	112	231	0.722	山頂	3	7	10	0.031	村	6	2	8	0.025
		山	*118*	*112*	*230*	*0.719*										
		やま	*1*	*0*	*1*	*0.003*										
85	ほたる	ひかり	44	39	83	0.259	夏	17	36	53	0.166	墓	19	18	37	0.116
		光	*43*	*39*	*82*	*0.256*										
		ひかり	*1*	*0*	*1*	*0.003*										
86	まくら	ふとん	36	39	75	0.234	睡眠	33	33	66	0.206	べっど	9	10	19	0.059
		布団	*35*	*36*	*71*	*0.222*						*ベッド*	*7*	*8*	*15*	*0.047*
		ふとん	*1*	*3*	*4*	*0.013*						*ベット*	*2*	*2*	*4*	*0.013*

番号	刺激語	1位連想語	回答者数			連想強度	2位連想語	回答者数			連想強度	3位連想語	回答者数			連想強度
			男性	女性	全体			男性	女性	全体			男性	女性	全体	
87	まつげ	め	50	27	77	0.241	マスカラ	6	43	49	0.153	顔	22	6	28	0.088
		目	47	27	74	0.231										
		め	2	0	2	0.006										
		眼	1	0	1	0.003										
88	まつり	夏	58	58	116	0.363	花火	10	5	15	0.047	おどり	10	4	14	0.044
												踊り	8	4	12	0.038
												おどり	2	0	2	0.006
89	まぶた	め	91	85	176	0.550	瞳	11	6	17	0.053	二重	6	8	14	0.044
		目	89	84	173	0.541										
		眼	1	1	2	0.006										
		め	1	0	1	0.003										
90	まわし	すもう	111	96	207	0.647	おすもうさん	2	8	10	0.031	まつり	1	8	9	0.028
		相撲	110	91	201	0.628	お相撲さん	2	7	9	0.028	祭り	1	7	8	0.025
		すもう	1	4	5	0.016	おすもうさん	0	1	1	0.003	まつり	0	1	1	0.003
		お相撲	0	1	1	0.003										
91	むかし	はなし	31	39	70	0.219	昔話	22	28	50	0.156	過去	16	10	26	0.081
		話	29	39	68	0.213										
		お話	1	0	1	0.003										
		はなし	1	0	1	0.003										
92	めがね	視力	24	24	48	0.150	目	22	17	39	0.122	レンズ	24	14	38	0.119
93	もうけ	かね	80	82	162	0.506	商売	16	12	28	0.088	利益	11	14	25	0.078
		金	58	39	97	0.303										
		お金	22	43	65	0.203										
94	やかん	ゆ	46	57	103	0.322	沸騰	16	10	26	0.081	ちゃ	10	15	25	0.078
		お湯	37	48	85	0.266						お茶	10	14	24	0.075
		湯	9	9	18	0.056						茶	0	1	1	0.003
95	やけど	火	63	43	106	0.331	けが	17	16	33	0.103	かじ	17	15	32	0.100
							怪我	11	13	24	0.075	火事	17	14	31	0.097
							けが	6	3	9	0.028	かじ	0	1	1	0.003
96	ゆかた	夏	70	97	167	0.522	まつり	43	27	70	0.219	夏祭り	5	9	14	0.044
							祭り	40	24	64	0.200					
							お祭り	1	2	3	0.009					
							祭	1	1	2	0.006					
							まつり	1	0	1	0.003					
97	ゆとり	教育	97	95	192	0.600	余裕	3	8	11	0.034	ゆとり教育	4	5	9	0.028
98	りんご	赤	51	58	109	0.341	果物	32	20	52	0.163	青森	10	6	16	0.050
99	わいろ	かね	55	45	100	0.313	政治家	19	19	38	0.119	政治	8	13	21	0.066
		金	30	21	51	0.159										
		お金	25	24	49	0.153										
100	わさび	すし	56	46	102	0.319	みどり	23	23	46	0.144	さしみ	9	13	22	0.069
		寿司	41	33	74	0.231	緑	22	23	45	0.141	刺身	9	10	19	0.059
		すし	13	7	20	0.063	みどり	1	0	1	0.003	さしみ	0	2	2	0.006
		お寿司	2	6	8	0.025						お刺身	0	1	1	0.003

番号	刺激語	連想語種類数	有効回答数（301 名中）			連想強度		上位 10 連想語連想強度	
			男性	女性	全体	平均	*SD*	平均	*SD*
1	アニメ	56	159	125	284	0.017	0.038	0.070	0.069
2	アルミ	63	164	130	294	0.016	0.033	0.071	0.059
3	イチゴ	53	145	93	238	0.015	0.045	0.061	0.095
4	インク	53	158	122	280	0.018	0.038	0.067	0.072
5	オイル	60	161	125	286	0.016	0.053	0.074	0.119
6	オゾン	45	164	132	296	0.022	0.041	0.075	0.062
7	カエル	46	156	127	283	0.020	0.049	0.076	0.087
8	カジノ	47	160	129	289	0.020	0.043	0.077	0.069
9	カメラ	61	157	124	281	0.015	0.039	0.062	0.083
10	ガラス	63	147	114	261	0.014	0.045	0.063	0.102
11	カルタ	43	160	124	284	0.022	0.082	0.079	0.164
12	カルテ	26	168	132	300	0.038	0.108	0.093	0.163
13	カレー	61	136	113	249	0.014	0.040	0.056	0.090
14	ギフト	52	160	125	285	0.018	0.061	0.077	0.127
15	キムチ	19	134	103	237	0.041	0.139	0.076	0.190
16	クイズ	55	155	122	277	0.017	0.038	0.070	0.070
17	グラム	62	162	122	284	0.015	0.036	0.065	0.073
18	グルメ	69	145	117	262	0.013	0.032	0.058	0.069
19	ゲスト	57	150	118	268	0.016	0.035	0.065	0.067
20	コアラ	32	160	127	287	0.030	0.066	0.086	0.100
21	コイン	63	162	130	292	0.015	0.047	0.070	0.107
22	コスト	64	161	121	282	0.015	0.035	0.068	0.069
23	コラム	81	156	119	275	0.011	0.032	0.061	0.077
24	コント	28	154	123	277	0.033	0.088	0.085	0.136
25	コンビ	43	157	132	289	0.022	0.050	0.081	0.081
26	コンロ	36	160	124	284	0.026	0.075	0.083	0.130
27	サウナ	41	131	92	223	0.018	0.036	0.060	0.055
28	サンゴ	23	164	127	291	0.042	0.137	0.092	0.202
29	ジャズ	42	155	127	282	0.022	0.088	0.079	0.174
30	シャツ	53	153	121	274	0.017	0.033	0.060	0.061
31	シルク	52	156	123	279	0.018	0.039	0.065	0.073
32	スコア	38	166	127	293	0.026	0.043	0.077	0.059
33	スパイ	101	156	123	279	0.009	0.016	0.043	0.034
34	スリル	57	156	118	274	0.016	0.033	0.067	0.058
35	ソファ	48	143	103	246	0.017	0.045	0.063	0.087
36	タイヤ	31	154	121	275	0.029	0.092	0.082	0.155
37	タイル	61	158	118	276	0.015	0.046	0.072	0.098
38	タオル	49	147	113	260	0.018	0.037	0.065	0.064
39	ダンス	83	151	116	267	0.011	0.021	0.048	0.049
40	チーズ	62	159	115	274	0.015	0.034	0.063	0.066
41	チラシ	40	160	124	284	0.024	0.077	0.083	0.144
42	ツアー	37	163	132	295	0.026	0.101	0.088	0.187
43	テスト	62	164	126	290	0.016	0.032	0.066	0.060
44	テニス	61	157	129	286	0.016	0.034	0.069	0.064
45	テラス	96	159	129	288	0.010	0.018	0.051	0.037
46	テレビ	81	156	116	272	0.011	0.014	0.039	0.023
47	テント	38	161	125	286	0.025	0.108	0.084	0.207
48	トマト	29	148	100	248	0.028	0.085	0.076	0.137
49	ドラマ	72	157	125	282	0.013	0.040	0.063	0.095
50	ドレス	70	162	124	286	0.014	0.026	0.059	0.048
51	ナイフ	62	152	94	246	0.013	0.026	0.052	0.051
52	ネオン	71	162	124	286	0.013	0.030	0.065	0.058
53	ノイズ	54	161	124	285	0.018	0.050	0.077	0.100
54	ノルマ	56	164	126	290	0.017	0.042	0.075	0.077
55	パーマ	53	162	118	280	0.018	0.039	0.071	0.068
56	バイク	67	151	122	273	0.014	0.023	0.057	0.036
57	バイト	61	160	123	283	0.015	0.042	0.074	0.083
58	パイプ	63	158	123	281	0.015	0.025	0.061	0.034
59	バケツ	48	157	126	283	0.020	0.071	0.077	0.146

※連想語太字は複数表記語

番号	刺激語	1位連想語回答者数					2位連想語回答者数					3位連想語回答者数				
		連想語	男性	女性	全体	連想強度	連想語	男性	女性	全体	連想強度	連想語	男性	女性	全体	連想強度
1	アニメ	**てれび**	34	33	67	0.223	**まんが**	21	23	44	0.146	**おたく**	19	17	36	0.120
2	アルミ	缶	32	30	62	0.206	銀	12	23	35	0.116	**きんぞく**	23	8	31	0.103
3	イチゴ	赤	46	27	73	0.243	**くだもの**	43	29	72	0.239	春	4	4	8	0.027
4	インク	**くろ**	42	30	72	0.239	**ぺん**	22	21	43	0.143	**ぷりんたー**	15	5	20	0.066
5	オイル	**あぶら**	63	57	120	0.399	車	26	11	37	0.123	ガソリン	13	6	19	0.063
6	オゾン	破壊	20	33	53	0.176	地球	26	23	49	0.163	層	23	20	43	0.143
7	カエル	**みどり**	38	52	90	0.299	**おたまじゃくし**	23	13	36	0.120	**りょうせいるい**	26	9	35	0.116
8	カジノ	**ぎゃんぶる**	34	32	66	0.219	**かね**	28	25	53	0.176	ラスベガス	15	12	27	0.090
9	カメラ	写真	44	43	87	0.289	レンズ	16	11	27	0.090	撮影	14	8	22	0.073
10	ガラス	透明	46	46	92	0.306	窓	37	22	59	0.196	破片	4	5	9	0.030
11	カルタ	**しょうがつ**	86	78	164	0.545	遊び	13	1	14	0.047	百人一首	7	7	14	0.047
12	カルテ	病院	59	81	140	0.465	医者	72	27	99	0.329	診断	3	4	7	0.023
13	カレー	インド	58	36	94	0.312	**ごはん**	1	10	11	0.037	香辛料	5	5	10	0.033
14	ギフト	**おくりもの**	68	57	125	0.415	プレゼント	20	27	47	0.156	**せいぼ**	13	4	17	0.056
15	キムチ	韓国	102	83	185	0.615	赤	8	8	16	0.053	鍋	4	5	9	0.030
16	クイズ	**もんだい**	39	26	65	0.216	**ばんぐみ**	21	26	47	0.156	テレビ	18	15	33	0.110
17	グラム	**おもさ**	50	29	79	0.262	単位	18	9	27	0.090	**はかり**	8	15	23	0.076
18	グルメ	料理	38	29	67	0.223	**たべもの**	18	20	38	0.126	食事	18	11	29	0.096
19	ゲスト	**きゃく**	40	28	68	0.226	**てれび**	26	14	40	0.133	番組	12	12	24	0.080
20	コアラ	**おーすとらりあ**	47	44	91	0.302	動物	41	30	71	0.236	動物園	16	9	25	0.083
21	コイン	**かね**	52	59	111	0.369	硬貨	15	7	22	0.073	ゲーム	7	13	20	0.066
22	コスト	削減	34	26	60	0.199	**かね**	22	32	54	0.179	費用	23	11	34	0.113
23	コラム	新聞	41	39	80	0.266	雑誌	18	15	33	0.110	本	7	9	16	0.053
24	コント	**わらい**	72	52	124	0.412	**まんざい**	35	34	69	0.229	芸人	20	18	38	0.126
25	コンビ	漫才	38	29	67	0.223	**おわらい**	26	30	56	0.186	**ふたり**	24	24	48	0.159
26	コンロ	**ひ**	59	56	115	0.382	ガス	44	34	78	0.259	鍋	13	7	20	0.066
27	サウナ	温泉	20	21	41	0.136	汗	17	21	38	0.126	**ふろ**	24	12	36	0.120
28	サンゴ	**うみ**	97	94	191	0.635	沖縄	45	20	65	0.216	**さんごしょう**	7	4	11	0.037
29	ジャズ	音楽	97	75	172	0.571	ダンス	8	12	20	0.066	サックス	11	4	15	0.050
30	シャツ	白	27	40	67	0.223	服	18	9	27	0.090	**わいしゃつ**	13	7	20	0.066
31	シルク	絹	40	38	78	0.259	布	18	14	32	0.106	ロード	15	6	21	0.070
32	スコア	**ぼーりんぐ**	22	30	52	0.173	得点	33	15	48	0.159	点数	26	17	43	0.143
33	スパイ	映画	18	20	38	0.126	7	21	2	23	0.076	敵	9	4	13	0.043
34	スリル	恐怖	28	21	49	0.163	危険	26	23	49	0.163	**じぇっとこーすたー**	16	17	33	0.110
35	ソファ	**いす**	49	40	89	0.296	リビング	15	13	28	0.093	家具	13	14	27	0.090
36	タイヤ	車	80	74	154	0.512	黒	18	15	33	0.110	ゴム	18	6	24	0.080
37	タイル	**ふろ**	53	46	99	0.329	床	25	16	41	0.136	**ふろば**	12	10	22	0.073
38	タオル	**ふろ**	31	21	52	0.173	布	27	19	46	0.153	汗	28	14	42	0.140
39	ダンス	**おどり**	32	21	53	0.176	社交	13	7	20	0.066	音楽	9	10	19	0.063
40	チーズ	**ねずみ**	41	31	72	0.239	牛乳	14	14	28	0.093	乳製品	14	9	23	0.076
41	チラシ	広告	76	66	142	0.472	**しんぶん**	20	19	39	0.130	紙	20	16	36	0.120
42	ツアー	旅行	111	75	186	0.618	バス	7	12	19	0.063	ガイド	5	7	12	0.040
43	テスト	試験	32	31	63	0.209	**がっこう**	20	16	36	0.120	勉強	8	20	28	0.093
44	テニス	ボール	23	31	54	0.179	スポーツ	31	21	52	0.173	ラケット	22	11	33	0.110
45	テラス	庭	22	15	37	0.123	外	17	11	28	0.093	カフェ	9	13	22	0.073
46	テレビ	番組	13	15	28	0.093	映像	14	5	19	0.063	**どらま**	6	6	12	0.040
47	テント	**きゃんぷ**	109	93	202	0.671	山	7	3	10	0.033	三角	4	4	8	0.027
48	トマト	赤	71	51	122	0.405	**やさい**	48	26	74	0.246	赤色	5	3	8	0.027
49	ドラマ	**てれび**	56	43	99	0.329	月9	9	10	19	0.063	連続	7	10	17	0.056
50	ドレス	**ぱーてぃー**	25	32	57	0.189	服	14	5	19	0.063	結婚式	9	10	19	0.063
51	ナイフ	刃物	36	21	57	0.189	殺人	13	6	19	0.063	凶器	11	8	19	0.063
52	ネオン	光	28	26	54	0.179	夜	24	23	47	0.156	**まち**	15	11	26	0.086
53	ノイズ	雑音	47	30	77	0.256	**おと**	37	34	71	0.236	騒音	23	24	47	0.156
54	ノルマ	達成	34	42	76	0.252	仕事	26	16	42	0.140	課題	22	7	29	0.096
55	パーマ	髪	42	18	60	0.199	美容院	17	42	59	0.196	天然	15	6	21	0.070
56	バイク	**のりもの**	24	16	40	0.133	**にりん**	23	9	32	0.106	事故	9	9	18	0.060
57	バイト	**かね**	50	34	84	0.279	給料	24	15	39	0.130	仕事	24	12	36	0.120
58	パイプ	**てつ**	28	14	42	0.140	オルガン	7	17	24	0.080	管	14	9	23	0.076
59	バケツ	**みず**	81	66	147	0.488	青	10	13	23	0.076	掃除	11	9	20	0.066

番号	刺激語	連想語種類数	有効回答数（301 名中）			連想強度		上位 10 連想語連想強度	
			男性	女性	全体	平均	*SD*	平均	*SD*
60	パズル	86	153	114	267	0.010	0.018	0.044	0.036
61	バトン	50	162	116	278	0.018	0.069	0.072	0.147
62	バナナ	34	160	127	287	0.028	0.069	0.085	0.111
63	パンダ	27	160	130	290	0.036	0.066	0.091	0.084
64	ピアノ	62	155	124	279	0.015	0.039	0.069	0.081
65	ビール	48	154	126	280	0.019	0.035	0.066	0.058
66	ビデオ	44	152	124	276	0.021	0.034	0.070	0.043
67	ピンチ	58	155	116	271	0.016	0.040	0.068	0.081
68	プール	39	157	122	279	0.024	0.055	0.080	0.089
69	ブラシ	37	161	123	284	0.026	0.054	0.084	0.081
70	プラス	58	154	121	275	0.016	0.050	0.071	0.109
71	プラン	36	162	132	294	0.027	0.098	0.089	0.177
72	ブリキ	42	161	125	286	0.023	0.086	0.083	0.168
73	ベルト	51	149	117	266	0.017	0.040	0.064	0.076
74	ベンチ	40	147	113	260	0.022	0.066	0.074	0.122
75	ボート	43	154	123	277	0.021	0.040	0.074	0.060
76	ボトル	51	166	130	296	0.019	0.033	0.070	0.048
77	ポンプ	64	160	124	284	0.015	0.062	0.068	0.152
78	マイク	63	162	127	289	0.015	0.032	0.068	0.058
79	マグマ	37	144	114	258	0.023	0.061	0.074	0.104
80	マスク	45	158	127	285	0.021	0.082	0.081	0.167
81	マニア	48	162	122	284	0.020	0.060	0.074	0.122
82	ミイラ	45	162	123	285	0.021	0.061	0.078	0.115
83	ミシン	49	153	115	268	0.018	0.037	0.071	0.059
84	ミルク	36	162	123	285	0.026	0.072	0.086	0.122
85	メダカ	48	160	120	280	0.019	0.058	0.077	0.114
86	メダル	34	165	129	294	0.029	0.085	0.089	0.144
87	メロン	45	151	120	271	0.020	0.041	0.068	0.071
88	モグラ	34	159	127	286	0.028	0.071	0.085	0.116
89	モデル	70	153	118	271	0.013	0.027	0.059	0.052
90	モラル	85	156	125	281	0.011	0.027	0.059	0.063
91	ライブ	65	157	119	276	0.014	0.039	0.064	0.087
92	ラジオ	67	156	119	275	0.014	0.021	0.056	0.029
93	ラテン	61	163	125	288	0.016	0.029	0.066	0.046
94	ランチ	64	164	129	293	0.015	0.056	0.074	0.132
95	ランプ	62	157	113	270	0.014	0.034	0.064	0.067
96	リスク	83	155	114	269	0.011	0.043	0.056	0.118
97	レモン	41	141	105	246	0.020	0.061	0.068	0.115
98	ロビー	67	161	119	280	0.014	0.040	0.059	0.094
99	ワイン	52	167	120	287	0.018	0.056	0.076	0.114
100	ワルツ	51	156	123	279	0.018	0.048	0.073	0.092

※連想語太字は複数表記語

番号	刺激語	1位連想語回答者数					2位連想語回答者数					3位連想語回答者数				
		連想語	男性	女性	全体	連想強度	連想語	男性	女性	全体	連想強度	連想語	男性	女性	全体	連想強度
60	パズル	ピース	19	24	43	0.143	ゲーム	10	6	16	0.053	難解	9	4	13	0.043
61	バトン	**りれー**	91	56	147	0.488	運動会	14	8	22	0.073	棒	4	6	10	0.033
62	バナナ	**きいろ**	56	55	111	0.369	果物	34	17	51	0.169	**さる**	16	15	31	0.103
63	パンダ	中国	46	21	67	0.223	**しろくろ**	36	27	63	0.209	白	19	30	49	0.163
64	ピアノ	音楽	44	36	80	0.266	**けんばん**	21	20	41	0.136	楽器	21	9	30	0.100
65	ビール	**さけ**	39	26	65	0.216	**あわ**	12	21	33	0.110	飲み物	13	6	19	0.063
66	ビデオ	録画	21	19	40	0.133	レンタル	18	21	39	0.130	テレビ	20	17	37	0.123
67	ピンチ	危険	31	32	63	0.209	チャンス	33	23	56	0.186	危機	27	19	46	0.153
68	プール	**みず**	44	35	79	0.262	夏	34	30	64	0.213	水泳	24	11	35	0.116
69	ブラシ	歯	47	34	81	0.269	**はぶらし**	26	19	45	0.150	掃除	29	7	36	0.120
70	プラス	マイナス	64	49	113	0.375	思考	10	16	26	0.086	**たしざん**	10	8	18	0.060
71	プラン	**けいかく**	93	69	162	0.538	旅行	36	43	79	0.262	予定	6	5	11	0.037
72	ブリキ	**おもちゃ**	90	77	167	0.555	玩具	17	7	24	0.080	木	12	10	22	0.073
73	ベルト	ズボン	41	35	76	0.252	**かわ**	27	12	39	0.130	腰	18	10	28	0.093
74	ベンチ	公園	59	57	116	0.385	**いす**	35	23	58	0.193	青	7	6	13	0.043
75	ボート	**ふね**	31	25	56	0.186	海	27	13	40	0.133	湖	17	22	39	0.130
76	ボトル	ペットボトル	35	21	56	0.186	**さけ**	15	14	29	0.096	飲み物	12	13	25	0.083
77	ポンプ	**みず**	86	64	150	0.498	空気	10	5	15	0.050	消防車	10	0	10	0.033
78	マイク	カラオケ	33	25	58	0.193	歌	18	24	42	0.140	**おと**	21	8	29	0.096
79	マグマ	火山	53	55	108	0.359	溶岩	26	4	30	0.100	**あか**	16	10	26	0.086
80	マスク	風邪	82	85	167	0.555	白	5	10	15	0.050	映画	9	3	12	0.040
81	マニア	**おたく**	70	55	125	0.415	アニメ	12	11	23	0.076	秋葉原	8	13	21	0.070
82	ミイラ	**えじぷと**	75	43	118	0.392	包帯	16	19	35	0.116	**ぴらみっど**	18	10	28	0.093
83	ミシン	裁縫	39	24	63	0.209	布	15	19	34	0.113	**いと**	17	15	32	0.106
84	ミルク	牛	55	38	93	0.309	牛乳	52	41	93	0.309	**しろ**	15	15	30	0.100
85	メダカ	**さかな**	57	38	95	0.316	学校	49	30	79	0.262	**かわ**	13	9	22	0.073
86	メダル	金	72	63	135	0.449	オリンピック	40	32	72	0.239	スロット	12	1	13	0.043
87	メロン	**くだもの**	46	29	75	0.249	**みどり**	17	21	38	0.126	夕張	13	5	18	0.060
88	モグラ	土	57	60	117	0.389	**どうぶつ**	23	19	42	0.140	穴	24	15	39	0.130
89	モデル	雑誌	26	30	56	0.186	美人	19	13	32	0.106	女性	18	3	21	0.070
90	モラル	常識	26	34	60	0.199	道徳	22	23	45	0.150	マナー	8	7	15	0.050
91	ライブ	音楽	49	42	91	0.302	歌	17	10	27	0.090	バンド	15	2	17	0.056
92	ラジオ	電波	25	8	33	0.110	体操	15	10	25	0.083	音楽	9	15	24	0.080
93	ラテン	音楽	22	26	48	0.159	アメリカ	18	20	38	0.126	ダンス	9	19	28	0.093
94	ランチ	**ひる**	69	63	132	0.439	昼食	24	11	35	0.116	**ごはん**	9	6	15	0.050
95	ランプ	**あかり**	33	31	64	0.213	火	31	13	44	0.146	**ひかり**	17	13	30	0.100
96	リスク	危険	66	52	118	0.392	リターン	10	0	10	0.033	危機	5	2	7	0.023
97	レモン	**きいろ**	59	54	113	0.375	果物	28	12	40	0.133	酸味	16	7	23	0.076
98	ロビー	ホテル	52	46	98	0.326	人文	6	8	14	0.047	玄関	9	3	12	0.040
99	ワイン	赤	66	48	114	0.379	**さけ**	28	11	39	0.130	**ぶどう**	17	12	29	0.096
100	ワルツ	音楽	61	28	89	0.296	ダンス	22	30	52	0.173	踊り	18	9	27	0.090

番号	刺激語	1位連想語	回答者数			連想強度	2位連想語	回答者数			連想強度	3位連想語	回答者数			連想強度
			男性	女性	全体			男性	女性	全体			男性	女性	全体	
1	アニメ	てれび	34	33	67	0.223	まんが	21	23	44	0.146	おたく	19	17	36	0.120
		テレビ	33	33	66	0.219	漫画	11	14	25	0.083	オタク	16	17	33	0.110
		TV	1	0	1	0.003	マンガ	9	9	18	0.060	お宅	2	0	2	0.007
							まんが	1	0	1	0.003	ヲタク	1	0	1	0.003
2	アルミ	缶	32	30	62	0.206	銀	12	23	35	0.116	きんぞく	23	8	31	0.103
												金属	22	8	30	0.100
												きんぞく	1	0	1	0.003
3	イチゴ	赤	46	27	73	0.243	くだもの	43	29	72	0.239	春	4	4	8	0.027
							果物	42	28	70	0.233					
							くだもの	1	1	2	0.007					
4	インク	くろ	42	30	72	0.239	ぺん	22	21	43	0.143	ぷりんたー	15	5	20	0.066
		黒	42	29	71	0.236	ペン	21	21	42	0.140	プリンター	12	4	16	0.053
		くろ	0	1	1	0.003	ぺん	1	0	1	0.003	プリンタ	3	1	4	0.013
5	オイル	あぶら	63	57	120	0.399	車	26	11	37	0.123	ガソリン	13	6	19	0.063
		油	60	56	116	0.385										
		あぶら	2	1	3	0.010										
		アブラ	1	0	1	0.003										
6	オゾン	破壊	20	33	53	0.176	地球	26	23	49	0.163	層	23	20	43	0.143
7	カエル	みどり	38	52	90	0.299	おたまじゃくし	23	13	36	0.120	りょうせいるい	26	9	35	0.116
		緑	37	50	87	0.289	おたまじゃくし	16	10	26	0.086	両生類	24	7	31	0.103
		みどり	1	2	3	0.010	オタマジャクシ	7	2	9	0.030	両性類	2	2	4	0.013
							御玉杓子	0	1	1	0.003					
8	カジノ	ぎゃんぶる	34	32	66	0.219	かね	28	25	53	0.176	ラスベガス	15	12	27	0.090
		ギャンブル	33	32	65	0.216	お金	14	20	34	0.113					
		ぎゃんぶる	1	0	1	0.003	金	14	5	19	0.063					
9	カメラ	写真	44	43	87	0.289	レンズ	16	11	27	0.090	撮影	14	8	22	0.073
10	ガラス	透明	46	46	92	0.306	窓	37	22	59	0.196	破片	4	5	9	0.030
11	カルタ	しょうがつ	86	78	164	0.545	遊び	13	1	14	0.047	百人一首	7	7	14	0.047
		正月	77	56	133	0.442										
		お正月	9	22	31	0.103										
12	カルテ	病院	59	81	140	0.465	医者	72	27	99	0.329	診断	3	4	7	0.023
13	カレー	インド	58	36	94	0.312	ごはん	1	10	11	0.037	香辛料	5	5	10	0.033
							ご飯	1	7	8	0.027					
							ごはん	0	3	3	0.010					
14	ギフト	おくりもの	68	57	125	0.415	プレゼント	20	27	47	0.156	せいぼ	13	4	17	0.056
		贈り物	65	56	121	0.402						お歳暮	12	4	16	0.053
		送り物	1	0	1	0.003						歳暮	1	0	1	0.003
		送りもの	1	0	1	0.003										
		おくりもの	1	0	1	0.003										
		贈物	0	1	1	0.003										
15	キムチ	韓国	102	83	185	0.615	赤	8	8	16	0.053	鍋	4	5	9	0.030
16	クイズ	もんだい	39	26	65	0.216	ばんぐみ	21	26	47	0.156	テレビ	18	15	33	0.110
		問題	38	26	64	0.213	番組	21	25	46	0.153					
		もんだい	1	0	1	0.003	番組み	0	1	1	0.003					
17	グラム	おもさ	50	29	79	0.262	単位	18	9	27	0.090	はかり	8	15	23	0.076
		重さ	49	29	78	0.259						秤	3	5	8	0.027
		おもさ	1	0	1	0.003						はかり	2	6	8	0.027
												測り	2	1	3	0.010
												量り	1	2	3	0.010
												計り	0	1	1	0.003
18	グルメ	料理	38	29	67	0.223	たべもの	18	20	38	0.126	食事	18	11	29	0.096
							食べ物	18	19	37	0.123					
							食べもの	0	1	1	0.003					
19	ゲスト	きゃく	40	28	68	0.226	てれび	26	14	40	0.133	番組	12	12	24	0.080
		客	34	23	57	0.189	テレビ	25	14	39	0.130					
		お客	6	5	11	0.037	TV	1	0	1	0.003					
20	コアラ	おーすとらりあ	47	44	91	0.302	動物	41	30	71	0.236	動物園	16	9	25	0.083
		オーストラリア	46	44	90	0.299										
		オーストらりあ	1	0	1	0.003										

番号	刺激語	1位連想語	回答者数			連想強度	2位連想語	回答者数			連想強度	3位連想語	回答者数			連想強度
			男性	女性	全体			男性	女性	全体			男性	女性	全体	
21	コイン	かね	52	59	111	0.369	硬貨	15	7	22	0.073	ゲーム	7	13	20	0.066
		お金	33	45	78	0.259										
		金	19	13	32	0.106										
		おかね	0	1	1	0.003										
22	コスト	削減	34	26	60	0.199	かね	22	32	54	0.179	費用	23	11	34	0.113
							お金	10	25	35	0.116					
							金	12	7	19	0.063					
23	コラム	新聞	41	39	80	0.266	雑誌	18	15	33	0.110	本	7	9	16	0.053
24	コント	わらい	72	52	124	0.412	まんざい	35	34	69	0.229	芸人	20	18	38	0.126
		お笑い	64	47	111	0.369	漫才	35	33	68	0.226					
		笑	4	2	6	0.020	まんざい	0	1	1	0.003					
		笑い	4	2	6	0.020										
		おわらい	0	1	1	0.003										
25	コンビ	漫才	38	29	67	0.223	おわらい	26	30	56	0.186	ふたり	24	24	48	0.159
							お笑い	25	30	55	0.183	二人	18	15	33	0.110
							おわらい	1	0	1	0.003	2人	6	7	13	0.043
												ふたり	0	2	2	0.007
26	コンロ	ひ	59	56	115	0.382	ガス	44	34	78	0.259	鍋	13	7	20	0.066
		火	59	55	114	0.379										
		ひ	0	1	1	0.003										
27	サウナ	温泉	20	21	41	0.136	汗	17	21	38	0.126	ふろ	24	12	36	0.120
												風呂	23	9	32	0.106
												お風呂	1	3	4	0.013
28	サンゴ	うみ	97	94	191	0.635	沖縄	45	20	65	0.216	さんごしょう	7	4	11	0.037
		海	96	93	189	0.628						サンゴ礁	5	3	8	0.027
		うみ	1	1	2	0.007						珊瑚礁	2	1	3	0.010
29	ジャズ	音楽	97	75	172	0.571	ダンス	8	12	20	0.066	サックス	11	4	15	0.050
30	シャツ	白	27	40	67	0.223	服	18	9	27	0.090	わいしゃつ	13	7	20	0.066
												ワイシャツ	6	5	11	0.037
												Yシャツ	7	2	9	0.030
31	シルク	絹	40	38	78	0.259	布	18	14	32	0.106	ロード	15	6	21	0.070
32	スコア	ぼーりんぐ	22	30	52	0.173	得点	33	15	48	0.159	点数	26	17	43	0.143
		ボーリング	17	30	47	0.156										
		ボウリング	5	0	5	0.017										
33	スパイ	映画	18	20	38	0.126	7	21	2	23	0.076	敵	9	4	13	0.043
34	スリル	恐怖	28	21	49	0.163	危険	26	23	49	0.163	じぇっとこーすたー	16	17	33	0.110
												ジェットコースター	16	16	32	0.106
												ジェツトコースター	0	1	1	0.003
35	ソファ	いす	49	40	89	0.296	リビング	15	13	28	0.093	家具	13	14	27	0.090
		イス	24	27	51	0.169										
		椅子	24	7	31	0.103										
		いす	1	6	7	0.023										
36	タイヤ	車	80	74	154	0.512	黒	18	15	33	0.110	ゴム	18	6	24	0.080
37	タイル	ふろ	53	46	99	0.329	床	25	16	41	0.136	ふろば	12	10	22	0.073
		風呂	44	16	60	0.199						風呂場	11	6	17	0.056
		お風呂	9	30	39	0.130						お風呂場	1	4	5	0.017
38	タオル	ふろ	31	21	52	0.173	布	27	19	46	0.153	汗	28	14	42	0.140
		風呂	25	9	34	0.113										
		お風呂	6	12	18	0.060										
39	ダンス	おどり	32	21	53	0.176	社交	13	7	20	0.066	音楽	9	10	19	0.063
		踊り	31	21	52	0.173										
		おどり	1	0	1	0.003										
40	チーズ	ねずみ	41	31	72	0.239	牛乳	14	14	28	0.093	乳製品	14	9	23	0.076
		ネズミ	25	17	42	0.140										
		ねずみ	12	12	24	0.080										
		鼠	4	2	6	0.020										
41	チラシ	広告	76	66	142	0.472	しんぶん	20	19	39	0.130	紙	20	16	36	0.120
							新聞	20	18	38	0.126					
							しんぶん	0	1	1	0.003					

番号	刺激語	1位連想語	回答者数			連想強度	2位連想語	回答者数			連想強度	3位連想語	回答者数			連想強度
			男性	女性	全体			男性	女性	全体			男性	女性	全体	
42	ツアー	旅行	111	75	186	0.618	バス	7	12	19	0.063	ガイド	5	7	12	0.040
43	テスト	試験	32	31	63	0.209	がっこう	20	16	36	0.120	勉強	8	20	28	0.093
							学校	*19*	*16*	*35*	*0.116*					
							がっこう	*1*	*0*	*1*	*0.003*					
44	テニス	ボール	23	31	54	0.179	スポーツ	31	21	52	0.173	ラケット	22	11	33	0.110
45	テラス	庭	22	15	37	0.123	外	17	11	28	0.093	カフェ	9	13	22	0.073
46	テレビ	番組	13	15	28	0.093	映像	14	5	19	0.063	どらま	6	6	12	0.040
												ドラマ	*5*	*6*	*11*	*0.037*
												どらま	*1*	*0*	*1*	*0.003*
47	テント	きゃんぷ	109	93	202	0.671	山	7	3	10	0.033	三角	4	4	8	0.027
		キャンプ	*108*	*93*	*201*	*0.668*										
		きゃんぷ	*1*	*0*	*1*	*0.003*										
48	トマト	赤	71	51	122	0.405	やさい	48	26	74	0.246	赤色	5	3	8	0.027
							野菜	*47*	*26*	*73*	*0.243*					
							やさい	*1*	*0*	*1*	*0.003*					
49	ドラマ	てれび	56	43	99	0.329	月9	9	10	19	0.063	連続	7	10	17	0.056
		テレビ	*55*	*42*	*97*	*0.322*										
		TV	*1*	*0*	*1*	*0.003*										
		てれび	*0*	*1*	*1*	*0.003*										
50	ドレス	ぱーてぃー	25	32	57	0.189	服	14	5	19	0.063	結婚式	9	10	19	0.063
		パーティー	*19*	*22*	*41*	*0.136*										
		パーティ	*6*	*9*	*15*	*0.050*										
		パーティー	*0*	*1*	*1*	*0.003*										
51	ナイフ	刃物	36	21	57	0.189	殺人	13	6	19	0.063	凶器	11	8	19	0.063
52	ネオン	光	28	26	54	0.179	夜	24	23	47	0.156	まち	15	11	26	0.086
												街	*11*	*10*	*21*	*0.070*
												町	*4*	*1*	*5*	*0.017*
53	ノイズ	雑音	47	30	77	0.256	おと	37	34	71	0.236	騒音	23	24	47	0.156
							音	*37*	*33*	*70*	*0.233*					
							おと	*0*	*1*	*1*	*0.003*					
54	ノルマ	達成	34	42	76	0.252	仕事	26	16	42	0.140	課題	22	7	29	0.096
55	パーマ	髪	42	18	60	0.199	美容院	17	42	59	0.196	天然	15	6	21	0.070
56	バイク	のりもの	24	16	40	0.133	にりん	23	9	32	0.106	事故	9	9	18	0.060
		乗り物	*24*	*15*	*39*	*0.130*	*二輪*	*20*	*7*	*27*	*0.090*					
		乗りもの	*0*	*1*	*1*	*0.003*	*2輪*	*3*	*2*	*5*	*0.017*					
57	バイト	かね	50	34	84	0.279	給料	24	15	39	0.130	仕事	24	12	36	0.120
		お金	*26*	*25*	*51*	*0.169*										
		金	*23*	*8*	*31*	*0.103*										
		かね	*1*	*1*	*2*	*0.007*										
58	パイプ	てつ	28	14	42	0.140	オルガン	7	17	24	0.080	管	14	9	23	0.076
		鉄	*27*	*14*	*41*	*0.136*										
		てつ	*1*	*0*	*1*	*0.003*										
59	バケツ	みず	81	66	147	0.488	青	10	13	23	0.076	掃除	11	9	20	0.066
		水	*79*	*66*	*145*	*0.482*										
		みず	*2*	*0*	*2*	*0.007*										
60	パズル	ピース	19	24	43	0.143	ゲーム	10	6	16	0.053	難解	9	4	13	0.043
61	バトン	りれー	91	56	147	0.488	運動会	14	8	22	0.073	棒	4	6	10	0.033
		リレー	*88*	*56*	*144*	*0.478*										
		りれー	*2*	*0*	*2*	*0.007*										
		りれ	*1*	*0*	*1*	*0.003*										
62	バナナ	きいろ	56	55	111	0.369	果物	34	17	51	0.169	さる	16	15	31	0.103
		黄色	*56*	*53*	*109*	*0.362*						*猿*	*7*	*9*	*16*	*0.053*
		きいろ	*0*	*2*	*2*	*0.007*						*さる*	*6*	*5*	*11*	*0.037*
												サル	*3*	*1*	*4*	*0.013*
63	パンダ	中国	46	21	67	0.223	しろくろ	36	27	63	0.209	白	19	30	49	0.163
							白黒	*35*	*27*	*62*	*0.206*					
							シロクロ	*1*	*0*	*1*	*0.003*					

番号	刺激語	1位連想語	回答者数			連想強度	2位連想語	回答者数			連想強度	3位連想語	回答者数			連想強度
			男性	女性	全体			男性	女性	全体			男性	女性	全体	
64	ピアノ	音楽	44	36	80	0.266	けんばん	21	20	41	0.136	楽器	21	9	30	0.100
							鍵盤	*20*	*18*	*38*	*0.126*					
							けん盤	*1*	*1*	*2*	*0.007*					
							ケンバン	*0*	*1*	*1*	*0.003*					
65	ビール	さけ	39	26	65	0.216	あわ	12	21	33	0.110	飲み物	13	6	19	0.063
		酒	*30*	*16*	*46*	*0.153*	*泡*	*11*	*21*	*32*	*0.106*					
		お酒	*9*	*10*	*19*	*0.063*	*あわ*	*1*	*0*	*1*	*0.003*					
66	ビデオ	録画	21	19	40	0.133	レンタル	18	21	39	0.130	テレビ	20	17	37	0.123
67	ピンチ	危険	31	32	63	0.209	チャンス	33	23	56	0.186	危機	27	19	46	0.153
68	プール	みず	44	35	79	0.262	夏	34	30	64	0.213	水泳	24	11	35	0.116
		水	*43*	*35*	*78*	*0.259*										
		みず	*1*	*0*	*1*	*0.003*										
69	ブラシ	歯	47	34	81	0.269	はぶらし	26	19	45	0.150	掃除	29	7	36	0.120
							歯ブラシ	*24*	*19*	*43*	*0.143*					
							はぶらし	*1*	*0*	*1*	*0.003*					
							ハブラシ	*1*	*0*	*1*	*0.003*					
70	プラス	マイナス	64	49	113	0.375	思考	10	16	26	0.086	たしざん	10	8	18	0.060
												足し算	*9*	*8*	*17*	*0.056*
												足算	*1*	*0*	*1*	*0.003*
71	プラン	けいかく	93	69	162	0.538	旅行	36	43	79	0.262	予定	6	5	11	0.037
		計画	*92*	*69*	*161*	*0.535*										
		けいかく	*1*	*0*	*1*	*0.003*										
72	ブリキ	おもちゃ	90	77	167	0.555	玩具	17	7	24	0.080	木	12	10	22	0.073
		おもちゃ	*89*	*74*	*163*	*0.542*										
		オモチャ	*1*	*2*	*3*	*0.010*										
		おもちや	*0*	*1*	*1*	*0.003*										
73	ベルト	ズボン	41	35	76	0.252	かわ	27	12	39	0.130	腰	18	10	28	0.093
							革	*17*	*8*	*25*	*0.083*					
							皮	*10*	*4*	*14*	*0.047*					
74	ベンチ	公園	59	57	116	0.385	いす	35	23	58	0.193	青	7	6	13	0.043
							イス	*19*	*16*	*35*	*0.116*					
							椅子	*13*	*5*	*18*	*0.060*					
							いす	*3*	*2*	*5*	*0.017*					
75	ボート	ふね	31	25	56	0.186	海	27	13	40	0.133	湖	17	22	39	0.130
		船	*30*	*24*	*54*	*0.179*										
		ふね	*1*	*0*	*1*	*0.003*										
		舟	*0*	*1*	*1*	*0.003*										
76	ボトル	ペットボトル	35	21	56	0.186	さけ	15	14	29	0.096	飲み物	12	13	25	0.083
							酒	*9*	*7*	*16*	*0.053*					
							お酒	*6*	*7*	*13*	*0.043*					
77	ポンプ	みず	86	64	150	0.498	空気	10	5	15	0.050	消防車	10	0	10	0.033
		水	*85*	*64*	*149*	*0.495*										
		みず	*1*	*0*	*1*	*0.003*										
78	マイク	カラオケ	33	25	58	0.193	歌	18	24	42	0.140	おと	21	8	29	0.096
												音	*20*	*8*	*28*	*0.093*
												おと	*1*	*0*	*1*	*0.003*
79	マグマ	火山	53	55	108	0.359	溶岩	26	4	30	0.100	あか	16	10	26	0.086
												赤	*16*	*9*	*25*	*0.083*
												あか	*0*	*1*	*1*	*0.003*
80	マスク	風邪	82	85	167	0.555	白	5	10	15	0.050	映画	9	3	12	0.040
81	マニア	おたく	70	55	125	0.415	アニメ	12	11	23	0.076	秋葉原	8	13	21	0.070
		オタク	*46*	*28*	*74*	*0.246*										
		おたく	*20*	*26*	*46*	*0.153*										
		ヲタク	*2*	*1*	*3*	*0.010*										
		お宅	*2*	*0*	*2*	*0.007*										
82	ミイラ	えじぷと	75	43	118	0.392	包帯	16	19	35	0.116	ぴらみっど	18	10	28	0.093
		エジプト	*74*	*43*	*117*	*0.389*						*ピラミッド*	*18*	*9*	*27*	*0.090*
		えじぷと	*1*	*0*	*1*	*0.003*						*ピラミッと*	*0*	*1*	*1*	*0.003*

番号	刺激語	1位連想語	回答者数			連想強度	2位連想語	回答者数			連想強度	3位連想語	回答者数			連想強度
			男性	女性	全体			男性	女性	全体			男性	女性	全体	
83	ミシン	裁縫	39	24	63	0.209	布	15	19	34	0.113	いと	17	15	32	0.106
												糸	*17*	*14*	*31*	*0.103*
												いと	*0*	*1*	*1*	*0.003*
84	ミルク	牛	55	38	93	0.309	牛乳	52	41	93	0.309	しろ	15	15	30	0.100
												白	*14*	*15*	*29*	*0.096*
												しろ	*1*	*0*	*1*	*0.003*
85	メダカ	さかな	57	38	95	0.316	学校	49	30	79	0.262	かわ	13	9	22	0.073
		魚	*56*	*38*	*94*	*0.312*						*川*	*12*	*9*	*21*	*0.070*
		さかな	*1*	*0*	*1*	*0.003*						*河*	*1*	*0*	*1*	*0.003*
86	メダル	金	72	63	135	0.449	オリンピック	40	32	72	0.239	スロット	12	1	13	0.043
87	メロン	くだもの	46	29	75	0.249	みどり	17	21	38	0.126	夕張	13	5	18	0.060
		果物	*45*	*29*	*74*	*0.246*	*緑*	*16*	*19*	*35*	*0.116*					
		くだもの	*1*	*0*	*1*	*0.003*	*みどり*	*1*	*2*	*3*	*0.010*					
88	モグラ	土	57	60	117	0.389	どうぶつ	23	19	42	0.140	穴	24	15	39	0.130
							動物	*23*	*17*	*40*	*0.133*					
							どうぶつ	*0*	*2*	*2*	*0.007*					
89	モデル	雑誌	26	30	56	0.186	美人	19	13	32	0.106	女性	18	3	21	0.070
90	モラル	常識	26	34	60	0.199	道徳	22	23	45	0.150	マナー	8	7	15	0.050
91	ライブ	音楽	49	42	91	0.302	歌	17	10	27	0.090	バンド	15	2	17	0.056
92	ラジオ	電波	25	8	33	0.110	体操	15	10	25	0.083	音楽	9	15	24	0.080
93	ラテン	音楽	22	26	48	0.159	アメリカ	18	20	38	0.126	ダンス	9	19	28	0.093
94	ランチ	ひる	69	63	132	0.439	昼食	24	11	35	0.116	ごはん	9	6	15	0.050
		昼	*57*	*35*	*92*	*0.306*						*ご飯*	*7*	*4*	*11*	*0.037*
		お昼	*10*	*26*	*36*	*0.120*						*ごはん*	*2*	*2*	*4*	*0.013*
		ヒル	*2*	*2*	*4*	*0.013*										
95	ランプ	あかり	33	31	64	0.213	火	31	13	44	0.146	ひかり	17	13	30	0.100
		明かり	*23*	*21*	*44*	*0.146*						*光*	*16*	*13*	*29*	*0.096*
		灯り	*7*	*10*	*17*	*0.056*						*ひかり*	*1*	*0*	*1*	*0.003*
		あかり	*3*	*0*	*3*	*0.010*										
96	リスク	危険	66	52	118	0.392	リターン	10	0	10	0.033	危機	5	2	7	0.023
97	レモン	きいろ	59	54	113	0.375	果物	28	12	40	0.133	酸味	16	7	23	0.076
		黄色	*58*	*53*	*111*	*0.369*										
		きいろ	*1*	*0*	*1*	*0.003*										
		き色	*0*	*1*	*1*	*0.003*										
98	ロビー	ホテル	52	46	98	0.326	人文	6	8	14	0.047	玄関	9	3	12	0.040
99	ワイン	赤	66	48	114	0.379	さけ	28	11	39	0.130	ぶどう	17	12	29	0.096
							酒	*18*	*6*	*24*	*0.080*	*ブドウ*	*8*	*9*	*17*	*0.056*
							お酒	*9*	*5*	*14*	*0.047*	*葡萄*	*5*	*1*	*6*	*0.020*
							さけ	*1*	*0*	*1*	*0.003*	*ぶどう*	*4*	*2*	*6*	*0.020*
100	ワルツ	音楽	61	28	89	0.296	ダンス	22	30	52	0.173	踊り	18	9	27	0.090

I 漢字編

1	赤字	フリガナ	男性	女性	全体	連想強度	文字数	モーラ数
1	黒字	クロジ	23	35	58	0.185	2	3
2	倒産	トウサン	16	9	25	0.080	2	4
3	かね	カネ	11	13	24	0.077	2	2
	お金		*6*	*13*	*19*	*0.061*	*2*	*3*
	金		*5*	*0*	*5*	*0.016*	*1*	*2*
4	借金	シャッキン	7	10	17	0.054	2	4
5	会社	カイシャ	8	6	14	0.045	2	3
6	予算	ヨサン	6	8	14	0.045	2	3
7	経営	ケイエイ	4	6	10	0.032	2	4
8	日本	ニホン	7	1	8	0.026	2	3
9	決算	ケッサン	5	3	8	0.026	2	4
10	マイナス	マイナス	5	1	6	0.019	4	4
11	家計	カケイ	2	4	6	0.019	2	3
12	損	ソン	4	1	5	0.016	1	2
13	テスト	テスト	3	2	5	0.016	3	3
14	経済	ケイザイ	1	4	5	0.016	2	4
15	決済	ケッサイ	1	4	5	0.016	2	4
16	国債	コクサイ	1	4	5	0.016	2	4
17	危険	キケン	3	1	4	0.013	2	3
18	破産	ハサン	2	2	4	0.013	2	3
19	負債	フサイ	3	0	3	0.010	2	3
20	企業	キギョウ	2	1	3	0.010	2	3
21	あか	アカ	1	2	3	0.010*	2	2
	赤		*0*	*2*	*2*	*0.006*	*1*	*2*
	あか		*1*	*0*	*1*	*0.003*	*2*	*2*
22	国	クニ	1	2	3	0.010	1	2
23	困難	コンナン	1	2	3	0.010	2	4
24	赤十字	セキジュウジ	1	2	3	0.010	3	5
25	不足	フソク	0	3	3	0.010	2	3
26	赤点	アカテン	2	0	2	0.006	2	4
27	重要	ジュウヨウ	2	0	2	0.006	2	4
28	貧乏	ビンボウ	2	0	2	0.006	2	4
29	金欠	キンケツ	1	1	2	0.006	2	4
30	出費	シュッピ	1	1	2	0.006	2	3
31	不景気	フケイキ	1	1	2	0.006	3	4
32	財政	ザイセイ	0	2	2	0.006	2	4
33	支出	シシュツ	0	2	2	0.006	2	3
34	貿易	ボウエキ	0	2	2	0.006	2	4
35	店	ミセ	0	2	2	0.006	1	2
36	赤丸	アカマル	1	0	1	0.003	2	4
37	覚悟	カクゴ	1	0	1	0.003	2	3
38	家計簿	カケイボ	1	0	1	0.003	3	4
39	下降	カコウ	1	0	1	0.003	2	3
40	給料	キュウリョウ	1	0	1	0.003	2	4
41	銀行	ギンコウ	1	0	1	0.003	2	4
42	嫌悪	ケンオ	1	0	1	0.003	2	3
43	最悪	サイアク	1	0	1	0.003	2	4
44	債務	サイム	1	0	1	0.003	2	3
45	事業	ジギョウ	1	0	1	0.003	2	3
46	失格	シッカク	1	0	1	0.003	2	4
47	収益	シュウエキ	1	0	1	0.003	2	4
48	損害	ソンガイ	1	0	1	0.003	2	4
49	低下	テイカ	1	0	1	0.003	2	3
50	ピンチ	ピンチ	1	0	1	0.003	3	3
51	不況	フキョウ	1	0	1	0.003	2	3
52	問題	モンダイ	1	0	1	0.003	2	4
53	利益	リエキ	1	0	1	0.003	2	3
54	家	イエ	0	1	1	0.003	1	2
55	今	イマ	0	1	1	0.003	1	2
56	売上	ウリアゲ	0	1	1	0.003	2	4
57	悲しさ	カナシサ	0	1	1	0.003	3	4
58	恐怖	キョウフ	0	1	1	0.003	2	3
59	金銭	キンセン	0	1	1	0.003	2	4
60	苦痛	クツウ	0	1	1	0.003	2	3
61	苦労	クロウ	0	1	1	0.003	2	3
62	死	シ	0	1	1	0.003	1	1
63	出血	シュッケツ	0	1	1	0.003	2	4
64	政治	セイジ	0	1	1	0.003	2	3
65	損失	ソンシツ	0	1	1	0.003	2	4
66	大切	タイセツ	0	1	1	0.003	2	4
67	電化製品	デンカセイヒン	0	1	1	0.003	4	7
68	破たん	ハタン	0	1	1	0.003	3	3
69	バブル	バブル	0	1	1	0.003	3	3
70	繁盛	ハンジョウ	0	1	1	0.003	2	4
71	火の車	ヒノクルマ	0	1	1	0.003	3	5
72	閉店	ヘイテン	0	1	1	0.003	2	4
73	補正	ホセイ	0	1	1	0.003	2	3
	合計		145	157	302			

＊小数点以下4桁が四捨五入されているので，表記の異なる語の連想強度を合算しても，まとめ語の連想強度と一致しない場合がある。

2	悪魔	フリガナ	男性	女性	全体	連想強度	文字数	モーラ数
1	天使	テンシ	41	57	98	0.313	2	3
2	黒	クロ	5	20	25	0.080	1	2
3	地獄	ジゴク	10	7	17	0.054	2	3
4	小悪魔	コアクマ	4	7	11	0.035	3	4
5	悪	アク	3	8	11	0.035	1	2
6	恐怖	キョウフ	5	3	8	0.026	2	3
7	デビル	デビル	4	2	6	0.019	3	3
8	しっぽ	シッポ	2	4	6	0.019	3	3
	尻尾		*1*	*2*	*3*	*0.010*	*2*	*3*
	しっぽ		*1*	*2*	*3*	*0.010*	*3*	*3*
9	誘惑	ユウワク	4	1	5	0.016	2	4
10	羽	ハネ	1	4	5	0.016	1	2
11	神話	シンワ	4	0	4	0.013	2	3
12	闇	ヤミ	2	2	4	0.013	1	2
13	悪者	ワルモノ	1	3	4	0.013	2	4
14	神	カミ	2	1	3	0.010	1	2
15	吸血鬼	キュウケツキ	2	1	3	0.010	3	5
16	やり	ヤリ	1	2	3	0.010	2	2
	槍		*1*	*1*	*2*	*0.006*	*1*	*2*
	やり		*0*	*1*	*1*	*0.003*	*2*	*2*
17	心	ココロ	1	2	3	0.010	1	3
18	いたずら	イタズラ	2	0	2	0.006	4	4
	悪戯		*1*	*0*	*1*	*0.003*	*2*	*4*
	イタズラ		*1*	*0*	*1*	*0.003*	*4*	*4*
19	角	ツノ	2	0	2	0.006	1	2
20	キリスト教	キリストキョウ	2	0	2	0.006	5	6
21	サタン	サタン	2	0	2	0.006	3	3
22	宗教	シュウキョウ	2	0	2	0.006	2	4
23	デーモン	デーモン	2	0	2	0.006	4	4
24	敵	テキ	2	0	2	0.006	1	2
25	デビルマン	デビルマン	2	0	2	0.006	5	5
26	まんが	マンガ	2	0	2	0.006	3	3
	漫画		*1*	*0*	*1*	*0.003*	*2*	*3*
	マンガ		*1*	*0*	*1*	*0.003*	*3*	*3*
27	十字架	ジュウジカ	1	1	2	0.006	3	4
28	夢	ユメ	1	1	2	0.006	1	2
29	意地悪	イジワル	0	2	2	0.006	3	4
30	自分	ジブン	0	2	2	0.006	2	3
31	のろい	ノロイ	0	2	2	0.006	3	3
	呪		*0*	*1*	*1*	*0.003*	*1*	*3*
	呪い		*0*	*1*	*1*	*0.003*	*2*	*3*
32	魔王	マオウ	0	2	2	0.006	2	3
33	映画	エイガ	1	0	1	0.003	2	3
34	エクソシスト	エクソシスト	1	0	1	0.003	6	6
35	儀式	ギシキ	1	0	1	0.003	2	3
36	混沌	コントン	1	0	1	0.003	2	4
37	殺戮	サツリク	1	0	1	0.003	2	4
38	死	シ	1	0	1	0.003	1	1
39	試験	シケン	1	0	1	0.003	2	3
40	邪悪	ジャアク	1	0	1	0.003	2	3
41	すごろく	スゴロク	1	0	1	0.003	4	4
42	政治家	セイジカ	1	0	1	0.003	3	4
43	中世	チュウセイ	1	0	1	0.003	2	4
44	使い魔	ツカイマ	1	0	1	0.003	3	4
45	ドラキュラ	ドラキュラ	1	0	1	0.003	5	4
46	臭い	ニオイ	1	0	1	0.003	2	3
47	人間	ニンゲン	1	0	1	0.003	2	4
48	被害	ヒガイ	1	0	1	0.003	2	3
49	卑怯	ヒキョウ	1	0	1	0.003	2	3
50	人	ヒト	1	0	1	0.003	1	2
51	ベルゼブブ	ベルゼブブ	1	0	1	0.003	5	5
52	微笑み	ホホエミ	1	0	1	0.003	3	4
53	魔女	マジョ	1	0	1	0.003	2	2
54	女神	メガミ	1	0	1	0.003	2	3
55	ヤハウェイ	ヤハウェイ	1	0	1	0.003	5	4
56	ヨーロッパ	ヨーロッパ	1	0	1	0.003	5	5
57	赤ちゃん	アカチャン	0	1	1	0.003	4	4
58	悪行	アクギョウ	0	1	1	0.003	2	4
59	アメリカ	アメリカ	0	1	1	0.003	4	4
60	笑顔	エガオ	0	1	1	0.003	2	3
61	鬼	オニ	0	1	1	0.003	1	2
62	怪物	カイブツ	0	1	1	0.003	2	4
63	危険	キケン	0	1	1	0.003	2	3
64	キリスト	キリスト	0	1	1	0.003	4	4
65	子供	コドモ	0	1	1	0.003	2	3
66	怖さ	コワサ	0	1	1	0.003	2	3
67	囁き	ササヤキ	0	1	1	0.003	2	4
68	殺人	サツジン	0	1	1	0.003	2	4
69	神秘	シンピ	0	1	1	0.003	2	3
70	心理的	シンリテキ	0	1	1	0.003	3	5
71	西洋	セイヨウ	0	1	1	0.003	2	4
72	ちから	チカラ	0	1	1	0.003	3	3
73	杖	ツエ	0	1	1	0.003	1	2
74	罪	ツミ	0	1	1	0.003	1	2
75	人殺し	ヒトゴロシ	0	1	1	0.003	3	5
76	憑依	ヒョウイ	0	1	1	0.003	2	3
77	卑劣	ヒレツ	0	1	1	0.003	2	3
78	魔法	マホウ	0	1	1	0.003	2	3
79	魔物	マモノ	0	1	1	0.003	2	3
80	夜	ヨル	0	1	1	0.003	1	2
81	冷酷	レイコク	0	1	1	0.003	2	4
82	悪さ	ワルサ	0	1	1	0.003	2	3
	合計		136	160	296			

3	育児	フリガナ	男性	女性	全体	連想強度	文字数	モーラ数
1	こども	コドモ	29	37	66	0.211	3	3
	子供		*27*	*35*	*62*	*0.198*	*2*	*3*
	子ども		*1*	*1*	*2*	*0.006*	*3*	*3*
	こども		*1*	*1*	*2*	*0.006*	*3*	*3*
2	母親	ハハオヤ	20	17	37	0.118	2	4
3	放棄	ホウキ	9	10	19	0.061	2	3
4	母	ハハ	5	10	15	0.048	1	2
5	親	オヤ	6	8	14	0.045	1	2
6	休暇	キュウカ	5	9	14	0.045	2	3
7	教育	キョウイク	10	3	13	0.042	2	4
8	幼児	ヨウジ	7	3	10	0.032	2	3
9	子育て	コソダテ	5	4	9	0.029	3	4
10	あかちゃん	アカチャン	2	7	9	0.029	5	4
	赤ちゃん		*1*	*7*	*8*	*0.026*	*4*	*4*
	あかちゃん		*1*	*0*	*1*	*0.003*	*5*	*4*
11	保育	ホイク	6	1	7	0.022	2	3
12	苦労	クロウ	3	2	5	0.016	2	3
13	お母さん	オカアサン	2	3	5	0.016	4	5
14	幼稚園	ヨウチエン	2	3	5	0.016	3	5
15	出産	シュッサン	1	4	5	0.016	2	4
16	保育園	ホイクエン	2	2	4	0.013	3	5
17	家庭	カテイ	3	0	3	0.010	2	3
18	介護	カイゴ	2	1	3	0.010	2	3
19	かぞく	カゾク	1	2	3	0.010	3	3
	家族		*1*	*1*	*2*	*0.006*	*2*	*3*
	かぞく		*0*	*1*	*1*	*0.003*	*3*	*3*
20	ノイローゼ	ノイローゼ	1	2	3	0.010	5	5
21	結婚	ケッコン	2	0	2	0.006	2	4
22	育児休暇	イクジキュウカ	1	1	2	0.006	4	6
23	困難	コンナン	1	1	2	0.006	2	4
24	授乳	ジュニュウ	1	1	2	0.006	2	3
25	成長	セイチョウ	1	1	2	0.006	2	4
26	疲労	ヒロウ	1	1	2	0.006	2	3
27	保育士	ホイクシ	0	2	2	0.006	3	4
28	赤子	アカゴ	1	0	1	0.003	2	3
29	慰謝料	イシャリョウ	1	0	1	0.003	3	4
30	児童	ジドウ	1	0	1	0.003	2	3
31	女性	ジョセイ	1	0	1	0.003	2	3
32	ストレス	ストレス	1	0	1	0.003	4	4
33	奮闘	フントウ	1	0	1	0.003	2	4
34	モンスターペアレンツ	モンスターペアレンツ	1	0	1	0.003	10	10
35	問題	モンダイ	1	0	1	0.003	2	4
36	愛	アイ	0	1	1	0.003	1	2
37	愛情	アイジョウ	0	1	1	0.003	2	4
38	エプロン	エプロン	0	1	1	0.003	4	4
39	おむつ	オムツ	0	1	1	0.003	3	3
40	親子	オヤコ	0	1	1	0.003	2	3
41	女	オンナ	0	1	1	0.003	1	3
42	家事	カジ	0	1	1	0.003	2	2
43	義務	ギム	0	1	1	0.003	2	2
44	子育て支援	コソダテシエン	0	1	1	0.003	5	7
45	生活	セイカツ	0	1	1	0.003	2	4
46	多忙	タボウ	0	1	1	0.003	2	3
47	疲れ	ツカレ	0	1	1	0.003	2	3
48	妻	ツマ	0	1	1	0.003	1	2
49	悩み	ナヤミ	0	1	1	0.003	2	3
50	発達	ハッタツ	0	1	1	0.003	2	4
51	ベビーカー	ベビーカー	0	1	1	0.003	5	5
52	保育所	ホイクジョ	0	1	1	0.003	3	4
53	母乳	ボニュウ	0	1	1	0.003	2	3
54	やりがい	ヤリガイ	0	1	1	0.003	4	4
55	両親	リョウシン	0	1	1	0.003	2	4
	合計		136	155	291			

4	田舎	フリガナ	男性	女性	全体	連想強度	文字数	モーラ数
1	たんぼ	タンボ	35	56	91	0.291	3	3
	田んぼ		*18*	*32*	*50*	*0.160*	*3*	*3*
	田圃		*14*	*16*	*30*	*0.096*	*2*	*3*
	たんぼ		*3*	*8*	*11*	*0.035*	*3*	*3*
2	都会	トカイ	12	15	27	0.086	2	3
3	山	ヤマ	9	15	24	0.077	1	2
4	畑	ハタケ	14	9	23	0.073	1	3
5	自然	シゼン	6	5	11	0.035	2	3
6	田	タ	5	3	8	0.026	1	1
7	地元	ジモト	3	4	7	0.022	2	3
8	森	モリ	2	4	6	0.019	1	2
9	故郷	フルサト	2	2	4	0.013	2	4
10	実家	ジッカ	1	3	4	0.013	2	3
11	きれい	キレイ	2	1	3	0.010	3	3
	きれい		*2*	*0*	*2*	*0.006*	*3*	*3*
	綺麗		*0*	*1*	*1*	*0.003*	*2*	*3*
12	祖母	ソボ	2	1	3	0.010	2	2
13	農村	ノウソン	2	1	3	0.010	2	4
14	緑	ミドリ	2	1	3	0.010	1	3
15	おばあちゃん	オバアチャン	1	2	3	0.010	6	5
16	空気	クウキ	1	2	3	0.010	2	3
17	岐阜	ギフ	2	0	2	0.006	2	2
18	広大	コウダイ	2	0	2	0.006	2	4
19	田園	デンエン	2	0	2	0.006	2	4
20	過疎	カソ	1	1	2	0.006	2	2
21	祖父	ソフ	1	1	2	0.006	2	2
22	地方	チホウ	1	1	2	0.006	2	3
23	農家	ノウカ	1	1	2	0.006	2	3
24	のどか	ノドカ	1	1	2	0.006	3	3
25	アットホーム	アットホーム	1	0	1	0.003	6	6
26	池	イケ	1	0	1	0.003	1	2
27	田舎道	イナカミチ	1	0	1	0.003	3	5
28	稲狩り	イネカリ	1	0	1	0.003	3	4
29	海	ウミ	1	0	1	0.003	1	2
30	沿線	エンセン	1	0	1	0.003	2	4
31	温和	オンワ	1	0	1	0.003	2	3
32	木	キ	1	0	1	0.003	1	1
33	九州	キュウシュウ	1	0	1	0.003	2	4
34	気楽	キラク	1	0	1	0.003	2	3
35	後退	コウタイ	1	0	1	0.003	2	4
36	御所	ゴショ	1	0	1	0.003	2	2
37	米	コメ	1	0	1	0.003	1	2
38	最高	サイコウ	1	0	1	0.003	2	4
39	殺人事件	サツジンジケン	1	0	1	0.003	4	7
40	蝉	セミ	1	0	1	0.003	1	2
41	知多	チタ	1	0	1	0.003	2	2
42	Tシャツ	ティーシャツ	1	0	1	0.003	4	4
43	田園風景	デンエンフウケイ	1	0	1	0.003	4	8
44	東北	トウホク	1	0	1	0.003	2	4
45	お年寄り	オトシヨリ	1	0	1	0.003	4	5
46	夏	ナツ	1	0	1	0.003	1	2
47	ノスタルジア	ノスタルジア	1	0	1	0.003	6	6
48	野原	ノハラ	1	0	1	0.003	2	3
49	畑仕事	ハタケシゴト	1	0	1	0.003	3	6
50	美女	ビジョ	1	0	1	0.003	2	2
51	暇	ヒマ	1	0	1	0.003	1	2
52	風景	フウケイ	1	0	1	0.003	2	4
53	風車	フウシャ	1	0	1	0.003	2	3
54	美浜町	ミハマチョウ	1	0	1	0.003	3	5
55	無	ム	1	0	1	0.003	1	1
56	黄土色	オウドイロ	0	1	1	0.003	3	5
57	小川	オガワ	0	1	1	0.003	2	3
58	おじいさん	オジイサン	0	1	1	0.003	5	5
59	おじいちゃん	オジイチャン	0	1	1	0.003	6	5
60	解放感	カイホウカン	0	1	1	0.003	3	6
61	蛙	カエル	0	1	1	0.003	1	3
62	鹿児島	カゴシマ	0	1	1	0.003	3	4
63	片田舎	カタイナカ	0	1	1	0.003	3	5
64	北関東	キタカントウ	0	1	1	0.003	3	6
65	汚さ	キタナサ	0	1	1	0.003	2	4
66	暮らし	クラシ	0	1	1	0.003	3	3
67	こたつ	コタツ	0	1	1	0.003	3	3
68	自転車	ジテンシャ	0	1	1	0.003	3	4
69	自分	ジブン	0	1	1	0.003	2	3
70	好き	スキ	0	1	1	0.003	2	2
71	隅	スミ	0	1	1	0.003	1	2
72	静寂	セイジャク	0	1	1	0.003	2	4
73	田畑	タハタ	0	1	1	0.003	2	3
74	とうもろこし	トウモロコシ	0	1	1	0.003	6	6
75	土手	ドテ	0	1	1	0.003	2	2
76	トラック	トラック	0	1	1	0.003	4	4
77	夏休み	ナツヤスミ	0	1	1	0.003	3	5
78	農業	ノウギョウ	0	1	1	0.003	2	4
79	農作物	ノウサクモツ	0	1	1	0.003	3	6
80	農場	ノウジョウ	0	1	1	0.003	2	4
81	花	ハナ	0	1	1	0.003	1	2
82	貧困	ヒンコン	0	1	1	0.003	2	4
83	貧乏	ビンボウ	0	1	1	0.003	2	4
84	風情	フゼイ	0	1	1	0.003	2	3
85	味噌	ミソ	0	1	1	0.003	2	2
86	道	ミチ	0	1	1	0.003	1	2
87	宮崎	ミヤザキ	0	1	1	0.003	2	4
88	昔	ムカシ	0	1	1	0.003	1	3
89	無人島	ムジントウ	0	1	1	0.003	3	5
90	野菜	ヤサイ	0	1	1	0.003	2	3
91	山奥	ヤマオク	0	1	1	0.003	2	4
	合計		141	165	306			

5	移民	フリガナ	男性	女性	全体	連想強度	文字数	モーラ数
1	アメリカ	アメリカ	21	15	36	0.115	4	4
2	民族	ミンゾク	9	20	29	0.093	2	4
3	難民	ナンミン	10	7	17	0.054	2	4
4	モンゴル	モンゴル	8	6	14	0.045	4	4
5	移住	イジュウ	5	8	13	0.042	2	3
6	人	ヒト	3	9	12	0.038	1	2
7	外国	ガイコク	6	5	11	0.035	2	4
8	移動	イドウ	6	4	10	0.032	2	3
9	アフリカ	アフリカ	2	4	6	0.019	4	4
10	戦争	センソウ	0	6	6	0.019	2	4
11	差別	サベツ	3	2	5	0.016	2	3
12	国	クニ	2	3	5	0.016	1	2
13	引っ越し	ヒッコシ	2	2	4	0.013	4	4
14	遊牧民	ユウボクミン	2	2	4	0.013	3	6
15	こくじん	コクジン	3	0	3	0.010	4	4
	黒人		*2*	*0*	*2*	*0.006*	*2*	*4*
	こくじん		*1*	*0*	*1*	*0.003*	*4*	*4*
16	フランス	フランス	3	0	3	0.010	4	4
17	住民	ジュウミン	2	1	3	0.010	2	4
18	植民地	ショクミンチ	2	1	3	0.010	3	5
19	先住民	センジュウミン	2	1	3	0.010	3	6
20	ブラジル	ブラジル	2	1	3	0.010	4	4
21	インディアン	インディアン	1	2	3	0.010	6	5
22	海外	カイガイ	1	2	3	0.010	2	4
23	テント	テント	1	2	3	0.010	3	3
24	中国	チュウゴク	0	3	3	0.010	2	4
25	貧困	ヒンコン	0	3	3	0.010	2	4
26	歴史	レキシ	0	3	3	0.010	2	3
27	異国	イコク	2	0	2	0.006	2	3
28	外人	ガイジン	2	0	2	0.006	2	4
29	在日	ザイニチ	2	0	2	0.006	2	4
30	渡来人	トライジン	2	0	2	0.006	3	5
31	避難	ヒナン	2	0	2	0.006	2	3
32	欧米	オウベイ	1	1	2	0.006	2	4
33	外国人	ガイコクジン	1	1	2	0.006	3	6
34	国家	コッカ	1	1	2	0.006	2	3
35	人民	ジンミン	1	1	2	0.006	2	4
36	大陸	タイリク	1	1	2	0.006	2	4
37	他国民	タコクミン	1	1	2	0.006	3	5
38	渡来	トライ	1	1	2	0.006	2	3
39	亡命	ボウメイ	1	1	2	0.006	2	4
40	遊牧	ユウボク	1	1	2	0.006	2	4
41	アフガン	アフガン	1	0	1	0.003	4	4
42	アメリカ人	アメリカジン	1	0	1	0.003	5	6
43	移民船	イミンセン	1	0	1	0.003	3	5
44	北朝鮮	キタチョウセン	1	0	1	0.003	3	6
45	ゲルマン人	ゲルマンジン	1	0	1	0.003	5	6
46	ゲルマン民族	ゲルマンミンゾク	1	0	1	0.003	6	8
47	原住民	ゲンジュウミン	1	0	1	0.003	3	6
48	広大	コウダイ	1	0	1	0.003	2	4
49	災害	サイガイ	1	0	1	0.003	2	4
50	地震	ジシン	1	0	1	0.003	2	3
51	市民	シミン	1	0	1	0.003	2	3
52	生活	セイカツ	1	0	1	0.003	2	4
53	先住	センジュウ	1	0	1	0.003	2	4
54	他国	タコク	1	0	1	0.003	2	3
55	多数	タスウ	1	0	1	0.003	2	3
56	旅	タビ	1	0	1	0.003	1	2
57	弾圧	ダンアツ	1	0	1	0.003	2	4
58	追放	ツイホウ	1	0	1	0.003	2	4
59	逃亡	トウボウ	1	0	1	0.003	2	4
60	内戦	ナイセン	1	0	1	0.003	2	4
61	迫害	ハクガイ	1	0	1	0.003	2	4
62	始まり	ハジマリ	1	0	1	0.003	3	4
63	被害者	ヒガイシャ	1	0	1	0.003	3	4
64	不安定	フアンテイ	1	0	1	0.003	3	5
65	文化	ブンカ	1	0	1	0.003	2	3
66	村	ムラ	1	0	1	0.003	1	2
67	ユダヤ	ユダヤ	1	0	1	0.003	3	3
68	ラクダ	ラクダ	1	0	1	0.003	3	3
69	アジア	アジア	0	1	1	0.003	3	3
70	移住民族	イジュウミンゾク	0	1	1	0.003	4	7
71	移転	イテン	0	1	1	0.003	2	3
72	異民族	イミンゾク	0	1	1	0.003	3	5
73	開拓	カイタク	0	1	1	0.003	2	4
74	過去	カコ	0	1	1	0.003	2	2
75	カンボジア	カンボジア	0	1	1	0.003	5	5
76	強制	キョウセイ	0	1	1	0.003	2	4
77	苦労	クロウ	0	1	1	0.003	2	3
78	ゲル	ゲル	0	1	1	0.003	2	2
79	故郷	コキョウ	0	1	1	0.003	2	3
80	国外	コクガイ	0	1	1	0.003	2	4
81	砂漠	サバク	0	1	1	0.003	2	3
82	住居	ジュウキョ	0	1	1	0.003	2	3
83	集団	シュウダン	0	1	1	0.003	2	4
84	出エジプト	シュツエジプト	0	1	1	0.003	5	6
85	人種	ジンシュ	0	1	1	0.003	2	3
86	人類	ジンルイ	0	1	1	0.003	2	4
87	専属民	センゾクミン	0	1	1	0.003	3	6
88	ソ連	ソレン	0	1	1	0.003	2	3
89	タイ	タイ	0	1	1	0.003	2	2
90	大移動	ダイイドウ	0	1	1	0.003	3	5
91	多国籍	タコクセキ	0	1	1	0.003	3	5
92	地域	チイキ	0	1	1	0.003	2	3
93	中国人	チュウゴクジン	0	1	1	0.003	3	6
94	奴隷	ドレイ	0	1	1	0.003	2	3
95	南蛮人	ナンバンジン	0	1	1	0.003	3	6
96	畑	ハタケ	0	1	1	0.003	1	3
97	不自由	フジユウ	0	1	1	0.003	3	4
98	米国	ベイコク	0	1	1	0.003	2	4
99	放浪	ホウロウ	0	1	1	0.003	2	4
100	ホームレス	ホームレス	0	1	1	0.003	5	5
101	牧場	ボクジョウ	0	1	1	0.003	2	4
102	牧草	ボクソウ	0	1	1	0.003	2	4
103	ヨーロッパ	ヨーロッパ	0	1	1	0.003	5	5
104	ロシア	ロシア	0	1	1	0.003	3	3
	合計		143	157	300			

6	映画	フリガナ	男性	女性	全体	連想強度	文字数	モーラ数
1	映画館	エイガカン	17	32	49	0.157	3	5
2	スクリーン	スクリーン	3	12	15	0.048	5	5
3	ポップコーン	ポップコーン	4	9	13	0.042	6	6
4	監督	カントク	6	6	12	0.038	2	4
5	娯楽	ゴラク	7	4	11	0.035	2	3
6	かんしょう	カンショウ	4	7	11	0.035	5	4
	鑑賞		*3*	*6*	*9*	*0.029*	*2*	*4*
	観賞		*1*	*1*	*2*	*0.006*	*2*	*4*
7	洋画	ヨウガ	7	3	10	0.032	2	3
8	ハリウッド	ハリウッド	3	6	9	0.029	5	5
9	映像	エイゾウ	5	2	7	0.022	2	4
10	俳優	ハイユウ	5	2	7	0.022	2	4
11	ホラー	ホラー	3	4	7	0.022	3	3
12	邦画	ホウガ	5	1	6	0.019	2	3
13	画面	ガメン	3	3	6	0.019	2	3
14	感動	カンドウ	3	2	5	0.016	2	4
15	暗闇	クラヤミ	2	2	4	0.013	2	4
16	デート	デート	2	2	4	0.013	3	3
17	はりーぽったー	ハリーポッター	2	2	4	0.013	7	7
	ハリーポッター		*2*	*1*	*3*	*0.010*	*7*	*7*
	ハリイーポッター		*0*	*1*	*1*	*0.003*	*8*	*8*
18	アメリカ	アメリカ	3	0	3	0.010	4	4
19	恋人	コイビト	3	0	3	0.010	2	4
20	テレビ	テレビ	3	0	3	0.010	3	3
21	動画	ドウガ	3	0	3	0.010	2	3
22	文化	ブンカ	3	0	3	0.010	2	3
23	大画面	ダイガメン	1	2	3	0.010	3	5
24	恋愛	レンアイ	1	2	3	0.010	2	4
25	アクション	アクション	1	1	2	0.006	5	4
26	暗がり	クラガリ	1	1	2	0.006	3	4
27	最新作	サイシンサク	1	1	2	0.006	3	6
28	シアター	シアター	1	1	2	0.006	4	4
29	上映	ジョウエイ	1	1	2	0.006	2	4
30	女優	ジョユウ	1	1	2	0.006	2	3
31	新作	シンサク	1	1	2	0.006	2	4
32	DVD	ディーブイディー	1	1	2	0.006	3	6
33	日本	ニホン	1	1	2	0.006	2	3
34	フィルム	フィルム	1	1	2	0.006	4	3
35	夜	ヨル	1	1	2	0.006	1	2
36	レオン	レオン	1	1	2	0.006	3	3
37	アニメ	アニメ	0	2	2	0.006	3	3
38	劇場	ゲキジョウ	0	2	2	0.006	2	4
39	有名	ユウメイ	0	2	2	0.006	2	4
40	椅子	イス	1	0	1	0.003	2	2
41	お金	オカネ	1	0	1	0.003	2	3
42	外国	ガイコク	1	0	1	0.003	2	4
43	カンフー	カンフー	1	0	1	0.003	4	4
44	苦痛	クツウ	1	0	1	0.003	2	3
45	芸術	ゲイジュツ	1	0	1	0.003	2	4
46	原作	ゲンサク	1	0	1	0.003	2	4
47	見物	ケンブツ	1	0	1	0.003	2	4
48	興奮	コウフン	1	0	1	0.003	2	4
49	時代劇	ジダイゲキ	1	0	1	0.003	3	5
50	視聴	シチョウ	1	0	1	0.003	2	3
51	シネマ	シネマ	1	0	1	0.003	3	3
52	主役	シュヤク	1	0	1	0.003	2	3
53	睡眠	スイミン	1	0	1	0.003	2	4
54	大作	タイサク	1	0	1	0.003	2	4
55	土曜	ドヨウ	1	0	1	0.003	2	3
56	ムービー	ムービー	1	0	1	0.003	4	4
57	料金	リョウキン	1	0	1	0.003	2	4
58	歴史	レキシ	1	0	1	0.003	2	3
59	映研	エイケン	0	1	1	0.003	2	4
60	英語	エイゴ	0	1	1	0.003	2	3
61	エンドロール	エンドロール	0	1	1	0.003	6	6
62	おもろしろさ	オモロシロサ	0	1	1	0.003	6	6
63	会場	カイジョウ	0	1	1	0.003	2	4
64	カップル	カップル	0	1	1	0.003	4	4
65	暗さ	クラサ	0	1	1	0.003	2	3
66	劇場版	ゲキジョウバン	0	1	1	0.003	3	6
67	券	ケン	0	1	1	0.003	1	2
68	最新	サイシン	0	1	1	0.003	2	4
69	四角	シカク	0	1	1	0.003	2	3
70	西部	セイブ	0	1	1	0.003	2	3
71	1000円	センエン	0	1	1	0.003	5	4
72	1800円	センハッピャクエン	0	1	1	0.003	5	8
73	建物	タテモノ	0	1	1	0.003	2	4
74	楽しさ	タノシサ	0	1	1	0.003	3	4
75	チケット	チケット	0	1	1	0.003	4	4
76	ドラマ	ドラマ	0	1	1	0.003	3	3
77	日曜	ニチヨウ	0	1	1	0.003	2	4
78	迫力	ハクリョク	0	1	1	0.003	2	4
79	ビデオ	ビデオ	0	1	1	0.003	3	3
80	ヒューマン	ヒューマン	0	1	1	0.003	5	4
81	評論家	ヒョウロンカ	0	1	1	0.003	3	5
82	真っ暗	マックラ	0	1	1	0.003	3	4
83	モノクロ	モノクロ	0	1	1	0.003	4	4
84	予告	ヨコク	0	1	1	0.003	2	3
85	流行	リュウコウ	0	1	1	0.003	2	4
86	ロードショー	ロードショー	0	1	1	0.003	6	5
	合計		129	149	278			

7	英語	フリガナ	男性	女性	全体	連想強度	文字数	モーラ数
1	アメリカ	アメリカ	27	29	56	0.179	4	4
2	外国	ガイコク	11	22	33	0.105	2	4
3	単語	タンゴ	8	10	18	0.058	2	3
4	外人	ガイジン	8	7	15	0.048	2	4
5	外国語	ガイコクゴ	6	9	15	0.048	3	5
6	勉強	ベンキョウ	7	7	14	0.045	2	4
7	イギリス	イギリス	6	5	11	0.035	4	4
8	外国人	ガイコクジン	3	5	8	0.026	3	6
9	日本語	ニホンゴ	5	1	6	0.019	3	4
10	授業	ジュギョウ	3	3	6	0.019	2	3
11	会話	カイワ	2	4	6	0.019	2	3
12	海外	カイガイ	5	0	5	0.016	2	4
13	先生	センセイ	4	1	5	0.016	2	4
14	英会話	エイカイワ	3	2	5	0.016	3	5
15	中学校	チュウガッコウ	1	3	4	0.013	3	6
16	言語	ゲンゴ	3	0	3	0.010	2	3
17	学校	ガッコウ	2	1	3	0.010	2	4
18	アルファベット	アルファベット	1	2	3	0.010	7	6
19	外来語	ガイライゴ	1	2	3	0.010	3	5
20	共通語	キョウツウゴ	1	2	3	0.010	3	5
21	とーいっく	トーイック	1	2	3	0.010	5	5
	トイック		*1*	*0*	*1*	*0.003*	*4*	*4*
	トーイック		*0*	*1*	*1*	*0.003*	*5*	*5*
	TOEIC		*0*	*1*	*1*	*0.003*	*5*	*5*
22	教科書	キョウカショ	0	3	3	0.010	3	4
23	国際	コクサイ	0	3	3	0.010	2	4
24	教師	キョウシ	2	0	2	0.006	2	3
25	中学	チュウガク	2	0	2	0.006	2	4
26	難解	ナンカイ	2	0	2	0.006	2	4
27	異文化	イブンカ	1	1	2	0.006	3	4
28	教科	キョウカ	1	1	2	0.006	2	3
29	語学	ゴガク	1	1	2	0.006	2	3
30	国語	コクゴ	1	1	2	0.006	2	3
31	世界	セカイ	1	1	2	0.006	2	3
32	映画	エイガ	0	2	2	0.006	2	3
33	世界共通	セカイキョウツウ	0	2	2	0.006	4	7
34	苦手	ニガテ	0	2	2	0.006	2	3
35	異国	イコク	1	0	1	0.003	2	3
36	嫌	イヤ	1	0	1	0.003	1	2
37	イングリッシュ	イングリッシュ	1	0	1	0.003	7	6
38	学問	ガクモン	1	0	1	0.003	2	4
39	技能	ギノウ	1	0	1	0.003	2	3
40	嫌い	キライ	1	0	1	0.003	2	3
41	国	クニ	1	0	1	0.003	1	2
42	言葉	コトバ	1	0	1	0.003	2	3
43	子供	コドモ	1	0	1	0.003	2	3
44	数学	スウガク	1	0	1	0.003	2	4
45	第二言語	ダイニゲンゴ	1	0	1	0.003	4	6
46	対話	タイワ	1	0	1	0.003	2	3
47	パソコン	パソコン	1	0	1	0.003	4	4
48	発音	ハツオン	1	0	1	0.003	2	4
49	ヒアリング	ヒアリング	1	0	1	0.003	5	5
50	不必要	フヒツヨウ	1	0	1	0.003	3	5
51	フレッシュマン	フレッシュマン	1	0	1	0.003	7	6
52	リスニング	リスニング	1	0	1	0.003	5	5
53	A	エイ	0	1	1	0.003	1	2
54	エービーシー	エービーシー	0	1	1	0.003	6	6
55	５教科	ゴキョウカ	0	1	1	0.003	3	4
56	学習	ガクシュウ	0	1	1	0.003	2	4
57	教育	キョウイク	0	1	1	0.003	2	4
58	高校	コウコウ	0	1	1	0.003	2	4
59	国際語	コクサイゴ	0	1	1	0.003	3	5
60	国際力	コクサイリョク	0	1	1	0.003	3	6
61	コミュニケーション	コミュニケーション	0	1	1	0.003	9	7
62	習得	シュウトク	0	1	1	0.003	2	4
63	受験	ジュケン	0	1	1	0.003	2	3
64	少年	ショウネン	0	1	1	0.003	2	4
65	センター試験	センターシケン	0	1	1	0.003	6	7
66	単位	タンイ	0	1	1	0.003	2	3
67	知恵	チエ	0	1	1	0.003	2	2
68	知的	チテキ	0	1	1	0.003	2	3
69	中学生	チュウガクセイ	0	1	1	0.003	3	6
70	テスト	テスト	0	1	1	0.003	3	3
71	得意	トクイ	0	1	1	0.003	2	3
72	難問	ナンモン	0	1	1	0.003	2	4
73	話	ハナシ	0	1	1	0.003	1	3
74	ビジネス	ビジネス	0	1	1	0.003	4	4
75	筆記体	ヒッキタイ	0	1	1	0.003	3	5
76	必要	ヒツヨウ	0	1	1	0.003	2	4
77	難しさ	ムズカシサ	0	1	1	0.003	3	5
78	横文字	ヨコモジ	0	1	1	0.003	3	4
79	流暢	リュウチョウ	0	1	1	0.003	2	4
80	ローマ字	ローマジ	0	1	1	0.003	4	4
	合計		137	162	299			

8	汚染	フリガナ	男性	女性	全体	連想強度	文字数	モーラ数
1	環境	カンキョウ	45	43	88	0.281	2	4
2	大気	タイキ	23	30	53	0.169	2	3
3	空気	クウキ	8	12	20	0.064	2	3
4	川	カワ	7	10	17	0.054	1	2
5	水	ミズ	4	9	13	0.042	1	2
6	汚れ	ヨゴレ	3	3	6	0.019	2	3
7	海	ウミ	1	5	6	0.019	1	2
8	公害	コウガイ	3	2	5	0.016	2	4
9	ごみ	ゴミ	1	4	5	0.016	2	2
	ゴミ		*1*	*3*	*4*	*0.013*	*2*	*2*
	ごみ		*0*	*1*	*1*	*0.003*	*2*	*2*
10	地球	チキュウ	0	5	5	0.016	2	3
11	自然	シゼン	3	1	4	0.013	2	3
12	工場	コウジョウ	2	2	4	0.013	2	4
13	大気汚染	タイキオセン	1	3	4	0.013	4	6
14	環境汚染	カンキョウオセン	2	1	3	0.010	4	7
15	環境破壊	カンキョウハカイ	1	2	3	0.010	4	7
16	人間	ニンゲン	1	2	3	0.010	2	4
17	油	アブラ	2	0	2	0.006	1	3
18	中国	チュウゴク	2	0	2	0.006	2	4
19	四日市	ヨッカイチ	2	0	2	0.006	3	5
20	感染	カンセン	1	1	2	0.006	2	4
21	泥	ドロ	1	1	2	0.006	1	2
22	へどろ	ヘドロ	1	1	2	0.006	3	3
	ヘドロ		*1*	*0*	*1*	*0.003*	*3*	*3*
	へどろ		*0*	*1*	*1*	*0.003*	*3*	*3*
23	環境問題	カンキョウモンダイ	0	2	2	0.006	4	8
24	空缶	アキカン	1	0	1	0.003	2	4
25	悪化	アッカ	1	0	1	0.003	2	3
26	煙突	エントツ	1	0	1	0.003	2	4
27	汚濁	オダク	1	0	1	0.003	2	3
28	海上	カイジョウ	1	0	1	0.003	2	4
29	化学	カガク	1	0	1	0.003	2	3
30	核汚染	カクオセン	1	0	1	0.003	3	5
31	気体	キタイ	1	0	1	0.003	2	3
32	下水	ゲスイ	1	0	1	0.003	2	3
33	コイン	コイン	1	0	1	0.003	3	3
34	工業	コウギョウ	1	0	1	0.003	2	4
35	米	コメ	1	0	1	0.003	1	2
36	最悪	サイアク	1	0	1	0.003	2	4
37	自然破壊	シゼンハカイ	1	0	1	0.003	4	6
38	地球温暖化	チキュウオンダンカ	1	0	1	0.003	5	8
39	ドブ	ドブ	1	0	1	0.003	2	2
40	二酸化炭素	ニサンカタンソ	1	0	1	0.003	5	7
41	脳	ノウ	1	0	1	0.003	1	2
42	被害	ヒガイ	1	0	1	0.003	2	3
43	不潔	フケツ	1	0	1	0.003	2	3
44	腐敗	フハイ	1	0	1	0.003	2	3
45	ポルーション	ポルーション	1	0	1	0.003	6	5
46	町	マチ	1	0	1	0.003	1	2
47	水俣病	ミナマタビョウ	1	0	1	0.003	3	6
48	問題	モンダイ	1	0	1	0.003	2	4
49	悪	アク	0	1	1	0.003	1	2
50	害	ガイ	0	1	1	0.003	1	2
51	ガス	ガス	0	1	1	0.003	2	2
52	河川	カセン	0	1	1	0.003	2	3
53	感染病	カンセンビョウ	0	1	1	0.003	3	6
54	木	キ	0	1	1	0.003	1	1
55	汚さ	キタナサ	0	1	1	0.003	2	4
56	空気汚染	クウキオセン	0	1	1	0.003	4	6
57	こげ茶	コゲチャ	0	1	1	0.003	3	3
58	魚	サカナ	0	1	1	0.003	1	3
59	資源	シゲン	0	1	1	0.003	2	3
60	社会問題	シャカイモンダイ	0	1	1	0.003	4	7
61	人口	ジンコウ	0	1	1	0.003	2	4
62	水銀	スイギン	0	1	1	0.003	2	4
63	水質	スイシツ	0	1	1	0.003	2	4
64	世界	セカイ	0	1	1	0.003	2	3
65	洗剤	センザイ	0	1	1	0.003	2	4
66	腐臭	フシュウ	0	1	1	0.003	2	3
67	物質	ブッシツ	0	1	1	0.003	2	4
	合計		139	158	297			

9	親子	フリガナ	男性	女性	全体	連想強度	文字数	モーラ数
1	家族	カゾク	23	23	46	0.147	2	3
2	絆	キズナ	13	11	24	0.077	1	3
3	こども	コドモ	11	9	20	0.064	3	3
	子供		*11*	*8*	*19*	*0.061*	*2*	*3*
	こども		*0*	*1*	*1*	*0.003*	*3*	*3*
4	どんぶり	ドンブリ	7	11	18	0.058	4	4
	丼		*6*	*5*	*11*	*0.035*	*1*	*4*
	どんぶり		*1*	*4*	*5*	*0.016*	*4*	*4*
	丼ぶり		*0*	*1*	*1*	*0.003*	*3*	*4*
	ドンブリ		*0*	*1*	*1*	*0.003*	*4*	*4*
5	関係	カンケイ	5	11	16	0.051	2	4
6	父	チチ	7	5	12	0.038	1	2
7	親子丼	オヤコドン	7	5	12	0.038	3	5
8	母	ハハ	4	8	12	0.038	1	2
9	仲良し	ナカヨシ	2	10	12	0.038	3	4
10	親	オヤ	6	3	9	0.029	1	2
11	愛	アイ	3	5	8	0.026	1	2
12	信頼	シンライ	3	4	7	0.022	2	4
13	血縁	ケツエン	5	1	6	0.019	2	4
14	母親	ハハオヤ	4	2	6	0.019	2	4
15	兄弟	キョウダイ	3	2	5	0.016	2	4
16	会話	カイワ	1	4	5	0.016	2	3
17	愛情	アイジョウ	1	3	4	0.013	2	4
18	血	チ	1	3	4	0.013	1	1
19	子	コ	3	0	3	0.010	1	1
20	だんらん	ダンラン	2	1	3	0.010	4	4
	団らん		*1*	*1*	*2*	*0.006*	*3*	*4*
	団欒		*1*	*0*	*1*	*0.003*	*2*	*4*
21	公園	コウエン	2	1	3	0.010	2	4
22	おかあさん	オカアサン	1	2	3	0.010	5	5
	おかあさん		*1*	*1*	*2*	*0.006*	*5*	*5*
	お母さん		*0*	*1*	*1*	*0.003*	*4*	*5*
23	家庭	カテイ	1	2	3	0.010	2	3
24	夫婦	フウフ	1	2	3	0.010	2	3
25	仲	ナカ	0	3	3	0.010	1	2
26	血縁関係	ケツエンカンケイ	2	0	2	0.006	4	8
27	生活	セイカツ	2	0	2	0.006	2	4
28	父親	チチオヤ	2	0	2	0.006	2	4
29	お父さん	オトウサン	1	1	2	0.006	4	5
30	血族	ケツゾク	1	1	2	0.006	2	4
31	親密	シンミツ	1	1	2	0.006	2	4
32	信頼関係	シンライカンケイ	1	1	2	0.006	4	8
33	母子	ボシ	1	1	2	0.006	2	2
34	息子	ムスコ	1	1	2	0.006	2	3
35	遺伝	イデン	0	2	2	0.006	2	3
36	鴨	カモ	0	2	2	0.006	1	2
37	自分	ジブン	0	2	2	0.006	2	3
38	鳥	トリ	0	2	2	0.006	1	2
39	両親	リョウシン	0	2	2	0.006	2	4
40	親父	オヤジ	1	0	1	0.003	2	3
41	喧嘩	ケンカ	1	0	1	0.003	2	3
42	人類	ジンルイ	1	0	1	0.003	2	4
43	スポーツ	スポーツ	1	0	1	0.003	4	4
44	他人	タニン	1	0	1	0.003	2	3
45	卵丼	タマゴドン	1	0	1	0.003	2	5
46	繋がり	ツナガリ	1	0	1	0.003	3	4
47	人間	ニンゲン	1	0	1	0.003	2	4
48	人	ヒト	1	0	1	0.003	1	2
49	父子	フシ	1	0	1	0.003	2	2
50	不条理	フジョウリ	1	0	1	0.003	3	4
51	へその緒	ヘソノオ	1	0	1	0.003	4	4
52	暴力	ボウリョク	1	0	1	0.003	2	4
53	面会	メンカイ	1	0	1	0.003	2	4
54	遊園地	ユウエンチ	1	0	1	0.003	3	5
55	類似	ルイジ	1	0	1	0.003	2	3
56	温かさ	アタタカサ	0	1	1	0.003	3	5
57	アヒル	アヒル	0	1	1	0.003	3	3
58	家	イエ	0	1	1	0.003	1	2
59	親子どんぶり	オヤコドンブリ	0	1	1	0.003	6	7
60	おんぶ	オンブ	0	1	1	0.003	3	3
61	温和	オンワ	0	1	1	0.003	2	3
62	カルガモ	カルガモ	0	1	1	0.003	4	4
63	血液	ケツエキ	0	1	1	0.003	2	4
64	３人	サンニン	0	1	1	0.003	2	4
65	大切	タイセツ	0	1	1	0.003	2	4
66	抱っこ	ダッコ	0	1	1	0.003	3	3
67	血筋	チスジ	0	1	1	0.003	2	3
68	手	テ	0	1	1	0.003	1	1
69	トマト	トマト	0	1	1	0.003	3	3
70	鶏	ニワトリ	0	1	1	0.003	1	4
71	話	ハナシ	0	1	1	0.003	1	3
72	父母	フボ	0	1	1	0.003	2	2
73	養子	ヨウシ	0	1	1	0.003	2	3
74	良さ	ヨサ	0	1	1	0.003	2	2
	合計		144	166	310			

10	絵画	フリガナ	男性	女性	全体	連想強度	文字数	モーラ数
1	芸術	ゲイジュツ	24	22	46	0.147	2	4
2	美術館	ビジュツカン	10	19	29	0.093	3	5
3	ゴッホ	ゴッホ	12	11	23	0.073	3	3
4	美術	ビジュツ	9	13	22	0.070	2	3
5	ピカソ	ピカソ	12	9	21	0.067	3	3
6	絵	エ	7	7	14	0.045	1	1
7	画家	ガカ	5	6	11	0.035	2	2
8	油絵	アブラエ	4	6	10	0.032	2	4
9	えのぐ	エノグ	4	5	9	0.029	3	3
	絵の具		*3*	*5*	*8*	*0.026*	*3*	*3*
	絵具		*1*	*0*	*1*	*0.003*	*2*	*3*
10	モナリザ	モナリザ	4	4	8	0.026	4	4
11	モネ	モネ	3	5	8	0.026	2	2
12	高価	コウカ	3	3	6	0.019	2	3
13	価値	カチ	3	0	3	0.010	2	2
14	色	イロ	2	1	3	0.010	1	2
15	ダリ	ダリ	2	1	3	0.010	2	2
16	ルネッサンス	ルネッサンス	1	2	3	0.010	6	6
17	鑑賞	カンショウ	0	3	3	0.010	2	4
18	展覧会	テンランカイ	0	3	3	0.010	3	6
19	絵画	カイガ	2	0	2	0.006	2	3
20	名画	メイガ	2	0	2	0.006	2	3
21	イラスト	イラスト	1	1	2	0.006	4	4
22	芸術家	ゲイジュツカ	1	1	2	0.006	3	5
23	個展	コテン	1	1	2	0.006	2	3
24	作品	サクヒン	1	1	2	0.006	2	4
25	高値	タカネ	1	1	2	0.006	2	3
26	展示	テンジ	1	1	2	0.006	2	3
27	博覧会	ハクランカイ	1	1	2	0.006	3	6
28	美	ビ	1	1	2	0.006	1	1
29	美しさ	ウツクシサ	0	2	2	0.006	3	5
30	鉛筆	エンピツ	0	2	2	0.006	2	4
31	感動	カンドウ	0	2	2	0.006	2	4
32	綺麗	キレイ	0	2	2	0.006	2	3
33	図工	ズコウ	0	2	2	0.006	2	3
34	鮮やか	アザヤカ	1	0	1	0.003	3	4
35	印象	インショウ	1	0	1	0.003	2	4
36	浮世絵	ウキヨエ	1	0	1	0.003	3	4
37	海	ウミ	1	0	1	0.003	1	2
38	画廊	ガロウ	1	0	1	0.003	2	3
39	貴重	キチョウ	1	0	1	0.003	2	3
40	貴重品	キチョウヒン	1	0	1	0.003	3	5
41	クレヨン	クレヨン	1	0	1	0.003	4	4
42	芸術品	ゲイジュツヒン	1	0	1	0.003	3	6
43	豪奢	ゴウシャ	1	0	1	0.003	2	3
44	ゴーギャン	ゴーギャン	1	0	1	0.003	5	4
45	コレクション	コレクション	1	0	1	0.003	6	5
46	楽しさ	タノシサ	1	0	1	0.003	3	4
47	ダビンチ	ダビンチ	1	0	1	0.003	4	4
48	彫刻	チョウコク	1	0	1	0.003	2	4
49	独自	ドクジ	1	0	1	0.003	2	3
50	ヒマワリ	ヒマワリ	1	0	1	0.003	4	4
51	筆	フデ	1	0	1	0.003	1	2
52	フランス	フランス	1	0	1	0.003	4	4
53	モディリアーニ	モディリアーニ	1	0	1	0.003	7	6
54	山	ヤマ	1	0	1	0.003	1	2
55	洋画	ヨウガ	1	0	1	0.003	2	3
56	理解不能	リカイフノウ	1	0	1	0.003	4	6
57	ルーブル	ルーブル	1	0	1	0.003	4	4
58	レオナルド	レオナルド	1	0	1	0.003	5	5
59	愛	アイ	0	1	1	0.003	1	2
60	馬	ウマ	0	1	1	0.003	1	2
61	絵描き	エカキ	0	1	1	0.003	3	3
62	思い出	オモイデ	0	1	1	0.003	3	4
63	教室	キョウシツ	0	1	1	0.003	2	4
64	果物	クダモノ	0	1	1	0.003	2	4
65	高額	コウガク	0	1	1	0.003	2	4
66	高尚	コウショウ	0	1	1	0.003	2	4
67	才能	サイノウ	0	1	1	0.003	2	4
68	作者	サクシャ	0	1	1	0.003	2	3
69	世界	セカイ	0	1	1	0.003	2	3
70	繊細	センサイ	0	1	1	0.003	2	4
71	先生	センセイ	0	1	1	0.003	2	4
72	テレビ	テレビ	0	1	1	0.003	3	3
73	虹	ニジ	0	1	1	0.003	1	2
74	バッハ	バッハ	0	1	1	0.003	3	3
75	美術品	ビジュツヒン	0	1	1	0.003	3	5
76	風景	フウケイ	0	1	1	0.003	2	4
77	フェルメール	フェルメール	0	1	1	0.003	6	5
78	文化	ブンカ	0	1	1	0.003	2	3
79	漫画	マンガ	0	1	1	0.003	2	3
80	ミレー	ミレー	0	1	1	0.003	3	3
81	モナ	モナ	0	1	1	0.003	2	2
82	ラッセン	ラッセン	0	1	1	0.003	4	4
83	レオナルドダビンチ	レオナルドダビンチ	0	1	1	0.003	9	9
84	レンブラント	レンブラント	0	1	1	0.003	6	6
	合計		142	164	306			

11	会議	フリガナ	男性	女性	全体	連想強度	文字数	モーラ数
1	会社	カイシャ	27	31	58	0.185	2	3
2	議論	ギロン	16	12	28	0.089	2	3
3	話し合い	ハナシアイ	3	11	14	0.045	4	5
4	討論	トウロン	7	6	13	0.042	2	4
5	国会	コッカイ	7	4	11	0.035	2	4
6	会議室	カイギシツ	3	5	8	0.026	3	5
7	議会	ギカイ	1	6	7	0.022	2	3
8	社長	シャチョウ	4	3	7	0.022	2	3
9	仕事	シゴト	1	5	6	0.019	2	3
10	机	ツクエ	1	5	6	0.019	1	3
11	重要	ジュウヨウ	3	2	5	0.016	2	4
12	重役	ジュウヤク	3	1	4	0.013	2	4
13	資料	シリョウ	2	2	4	0.013	2	3
14	部屋	ヘヤ	1	3	4	0.013	2	2
15	会話	カイワ	2	1	3	0.010	2	3
16	企業	キギョウ	2	1	3	0.010	2	3
17	政治	セイジ	2	1	3	0.010	2	3
18	遅刻	チコク	1	2	3	0.010	2	3
19	話	ハナシ	1	2	3	0.010	1	3
20	大人数	オオニンズウ	0	3	3	0.010	3	6
21	大人	オトナ	0	3	3	0.010	2	3
22	お茶	オチャ	0	3	3	0.010	2	2
23	円卓	エンタク	2	0	2	0.006	2	4
24	国連	コクレン	2	0	2	0.006	2	4
25	重大	ジュウダイ	2	0	2	0.006	2	4
26	秘密	ヒミツ	2	0	2	0.006	2	3
27	部長	ブチョウ	2	0	2	0.006	2	3
28	学校	ガッコウ	1	1	2	0.006	2	4
29	決定	ケッテイ	1	1	2	0.006	2	4
30	首脳	シュノウ	1	1	2	0.006	2	3
31	退屈	タイクツ	1	1	2	0.006	2	4
32	対話	タイワ	1	1	2	0.006	2	3
33	人	ヒト	1	1	2	0.006	1	2
34	プレゼン	プレゼン	1	1	2	0.006	4	4
35	国家	コッカ	0	2	2	0.006	2	3
36	ながつくえ	ナガツクエ	0	2	2	0.006	5	5
	長机		*0*	*1*	*1*	*0.003*	*2*	*5*
	長つくえ		*0*	*1*	*1*	*0.003*	*4*	*5*
37	アメリカ	アメリカ	1	0	1	0.003	4	4
38	椅子	イス	1	0	1	0.003	2	2
39	運営	ウンエイ	1	0	1	0.003	2	4
40	おえらいさん	オエライサン	1	0	1	0.003	6	6
41	大勢	オオゼイ	1	0	1	0.003	2	4
42	おじさん	オジサン	1	0	1	0.003	4	4
43	汚職	オショク	1	0	1	0.003	2	3
44	会社員	カイシャイン	1	0	1	0.003	3	5
45	開発	カイハツ	1	0	1	0.003	2	4
46	家族	カゾク	1	0	1	0.003	2	3
47	家族会議	カゾクカイギ	1	0	1	0.003	4	6
48	過熱	カネツ	1	0	1	0.003	2	3
49	議題	ギダイ	1	0	1	0.003	2	3
50	協議	キョウギ	1	0	1	0.003	2	3
51	教室	キョウシツ	1	0	1	0.003	2	4
52	軍	グン	1	0	1	0.003	1	2
53	厳格	ゲンカク	1	0	1	0.003	2	4
54	国会議事堂	コッカイギジドウ	1	0	1	0.003	5	8
55	困難	コンナン	1	0	1	0.003	2	4
56	サミット	サミット	1	0	1	0.003	4	4
57	サラリーマン	サラリーマン	1	0	1	0.003	6	6
58	時間	ジカン	1	0	1	0.003	2	3
59	集会	シュウカイ	1	0	1	0.003	2	4
60	集合	シュウゴウ	1	0	1	0.003	2	4
61	出席	シュッセキ	1	0	1	0.003	2	4
62	商工	ショウコウ	1	0	1	0.003	2	4
63	説明	セツメイ	1	0	1	0.003	2	4
64	談合	ダンゴウ	1	0	1	0.003	2	4
65	長時間	チョウジカン	1	0	1	0.003	3	5
66	提案	テイアン	1	0	1	0.003	2	4
67	テーブル	テーブル	1	0	1	0.003	4	4
68	内閣総理大臣	ナイカクソウリダイジン	1	0	1	0.003	6	11
69	人々	ヒトビト	1	0	1	0.003	2	4
70	不眠	フミン	1	0	1	0.003	2	3
71	舞踊	ブヨウ	1	0	1	0.003	2	3
72	論議	ロンギ	1	0	1	0.003	2	3
73	話題	ワダイ	1	0	1	0.003	2	3
74	赤	アカ	0	1	1	0.003	1	2
75	朝	アサ	0	1	1	0.003	1	2
76	意見	イケン	0	1	1	0.003	2	3
77	円	エン	0	1	1	0.003	1	2
78	円形	エンケイ	0	1	1	0.003	2	4
79	会談	カイダン	0	1	1	0.003	2	4
80	議員	ギイン	0	1	1	0.003	2	3
81	議事録	ギジロク	0	1	1	0.003	3	4
82	形式	ケイシキ	0	1	1	0.003	2	4
83	ケース	ケース	0	1	1	0.003	3	3
84	喧嘩	ケンカ	0	1	1	0.003	2	3
85	厳粛	ゲンシュク	0	1	1	0.003	2	4
86	抗議	コウギ	0	1	1	0.003	2	3
87	口論	コウロン	0	1	1	0.003	2	4
88	コーヒー	コーヒー	0	1	1	0.003	4	4
89	国際	コクサイ	0	1	1	0.003	2	4
90	参加	サンカ	0	1	1	0.003	2	3
91	事件	ジケン	0	1	1	0.003	2	3
92	市長	シチョウ	0	1	1	0.003	2	3
93	事務	ジム	0	1	1	0.003	2	2
94	社員	シャイン	0	1	1	0.003	2	3
95	社会	シャカイ	0	1	1	0.003	2	3
96	集団	シュウダン	0	1	1	0.003	2	4
97	終了	シュウリョウ	0	1	1	0.003	2	4
98	出勤	シュッキン	0	1	1	0.003	2	4
99	スーツ	スーツ	0	1	1	0.003	3	3
100	政府	セイフ	0	1	1	0.003	2	3
101	世界会議	セカイカイギ	0	1	1	0.003	4	6
102	定例	テイレイ	0	1	1	0.003	2	4
103	テレビ	テレビ	0	1	1	0.003	3	3
104	長さ	ナガサ	0	1	1	0.003	2	3
105	場	バ	0	1	1	0.003	1	1
106	筆記用具	ヒッキヨウグ	0	1	1	0.003	4	6
107	ブレスト	ブレスト	0	1	1	0.003	4	4
108	丸テーブル	マルテーブル	0	1	1	0.003	5	6
109	密室	ミッシツ	0	1	1	0.003	2	4
110	面倒	メンドウ	0	1	1	0.003	2	4
111	役人	ヤクニン	0	1	1	0.003	2	4
	合計		141	161	302			

12	介護	フリガナ	男性	女性	全体	連想強度	文字数	モーラ数
1	老人	ロウジン	63	55	118	0.377	2	4
2	福祉	フクシ	23	20	43	0.137	2	3
3	としより	トシヨリ	5	13	18	0.058	4	4
	お年寄り		*1*	*9*	*10*	*0.032*	*4*	*5*
	年寄り		*4*	*4*	*8*	*0.026*	*3*	*4*
4	病院	ビョウイン	7	5	12	0.038	2	4
5	看護	カンゴ	9	1	10	0.032	2	3
6	保険	ホケン	3	7	10	0.032	2	3
7	高齢者	コウレイシャ	2	6	8	0.026	3	5
8	ヘルパー	ヘルパー	2	4	6	0.019	4	4
9	老後	ロウゴ	2	4	6	0.019	2	3
10	医療	イリョウ	2	2	4	0.013	2	3
11	かんごし	カンゴシ	2	2	4	0.013	4	4
	看護師		*2*	*1*	*3*	*0.010*	*3*	*4*
	看護士		*0*	*1*	*1*	*0.003*	*3*	*4*
12	犬	イヌ	1	3	4	0.013	1	2
13	かいごし	カイゴシ	1	3	4	0.013	4	4
	介護士		*1*	*2*	*3*	*0.010*	*3*	*4*
	介護師		*0*	*1*	*1*	*0.003*	*3*	*4*
14	おじいさん	オジイサン	0	4	4	0.013	5	5
15	老人ホーム	ロウジンホーム	2	1	3	0.010	5	7
16	家	イエ	1	2	3	0.010	1	2
17	介護福祉士	カイゴフクシシ	2	0	2	0.006	5	7
18	施設	シセツ	1	1	2	0.006	2	3
19	必要	ヒツヨウ	1	1	2	0.006	2	4
20	資格	シカク	0	2	2	0.006	2	3
21	世話	セワ	0	2	2	0.006	2	2
22	人	ヒト	0	2	2	0.006	1	2
23	べっど	ベッド	0	2	2	0.006	3	3
	ベッド		*0*	*1*	*1*	*0.003*	*3*	*3*
	ベット		*0*	*1*	*1*	*0.003*	*3*	*3*
24	おばあちゃん	オバアチャン	1	0	1	0.003	6	5
25	介抱	カイホウ	1	0	1	0.003	2	4
26	解放	カイホウ	1	0	1	0.003	2	4
27	看護婦	カンゴフ	1	0	1	0.003	3	4
28	救助	キュウジョ	1	0	1	0.003	2	3
29	車いす	クルマイス	1	0	1	0.003	3	5
30	厚生労働省	コウセイロウドウショウ	1	0	1	0.003	5	10
31	職業	ショクギョウ	1	0	1	0.003	2	4
32	祖父	ソフ	1	0	1	0.003	2	2
33	ナース	ナース	1	0	1	0.003	3	3
34	婆	ババ	1	0	1	0.003	1	2
35	母親	ハハオヤ	1	0	1	0.003	2	4
36	バリアフリー	バリアフリー	1	0	1	0.003	6	6
37	病気	ビョウキ	1	0	1	0.003	2	3
38	プライオリティー	プライオリティー	1	0	1	0.003	8	7
39	弁護	ベンゴ	1	0	1	0.003	2	3
40	弁護士	ベンゴシ	1	0	1	0.003	3	4
41	ボランティア	ボランティア	1	0	1	0.003	6	5
42	おじいちゃん	オジイチャン	0	1	1	0.003	6	5
43	叔母	オバ	0	1	1	0.003	2	2
44	おむつ	オムツ	0	1	1	0.003	3	3
45	介護福祉センター	カイゴフクシセンター	0	1	1	0.003	8	10
46	介護ホーム	カイゴホーム	0	1	1	0.003	5	6
47	介助	カイジョ	0	1	1	0.003	2	3
48	救助犬	キュウジョケン	0	1	1	0.003	3	5
49	苦労	クロウ	0	1	1	0.003	2	3
50	高年齢	コウネンレイ	0	1	1	0.003	3	6
51	在宅	ザイタク	0	1	1	0.003	2	4
52	自宅	ジタク	0	1	1	0.003	2	3
53	将来	ショウライ	0	1	1	0.003	2	4
54	人間	ニンゲン	0	1	1	0.003	2	4
55	寝たきり	ネタキリ	0	1	1	0.003	4	4
56	年配	ネンパイ	0	1	1	0.003	2	4
57	肌色	ハダイロ	0	1	1	0.003	2	4
58	ホームヘルパー	ホームヘルパー	0	1	1	0.003	7	7
59	守り	マモリ	0	1	1	0.003	2	3
60	問題	モンダイ	0	1	1	0.003	2	4
61	優しさ	ヤサシサ	0	1	1	0.003	3	4
	合計		147	162	309			

13	価格	フリガナ	男性	女性	全体	連想強度	文字数	モーラ数
1	高騰	コウトウ	23	29	52	0.166	2	4
2	値段	ネダン	22	30	52	0.166	2	3
3	かね	カネ	11	11	22	0.070	2	2
	お金		*5*	*8*	*13*	*0.042*	*2*	*3*
	金		*6*	*3*	*9*	*0.029*	*1*	*2*
4	商品	ショウヒン	10	7	17	0.054	2	4
5	上昇	ジョウショウ	3	8	11	0.035	2	4
6	価値	カチ	6	3	9	0.029	2	2
7	物価	ブッカ	2	7	9	0.029	2	3
8	変動	ヘンドウ	3	4	7	0.022	2	4
9	みせ	ミセ	4	2	6	0.019	2	2
	店		*3*	*2*	*5*	*0.016*	*1*	*2*
	お店		*1*	*0*	*1*	*0.003*	*2*	*3*
10	破壊	ハカイ	3	2	5	0.016	2	3
11	沸騰	フットウ	1	4	5	0.016	2	4
12	値下げ	ネサゲ	3	1	4	0.013	3	3
13	安価	アンカ	2	2	4	0.013	2	3
14	破格	ハカク	1	3	4	0.013	2	3
15	ガソリン	ガソリン	3	0	3	0.010	4	4
16	高値	タカネ	3	0	3	0.010	2	3
17	需要	ジュヨウ	2	1	3	0.010	2	3
18	もの	モノ	2	1	3	0.010	2	2
	もの		*1*	*1*	*2*	*0.006*	*2*	*2*
	物		*1*	*0*	*1*	*0.003*	*1*	*2*
19	プライス	プライス	1	2	3	0.010	4	4
20	割引	ワリビキ	1	2	3	0.010	2	4
21	経済	ケイザイ	0	3	3	0.010	2	4
22	市場	シジョウ	2	0	2	0.006	2	3
23	食品	ショクヒン	2	0	2	0.006	2	4
24	セール	セール	2	0	2	0.006	3	3
25	相場	ソウバ	2	0	2	0.006	2	3
26	値上がり	ネアガリ	2	0	2	0.006	4	4
27	買い物	カイモノ	1	1	2	0.006	3	4
28	金銭	キンセン	1	1	2	0.006	2	4
29	高等	コウトウ	1	1	2	0.006	2	4
30	値引き	ネビキ	1	1	2	0.006	3	3
31	安定	アンテイ	0	2	2	0.006	2	4
32	競争	キョウソウ	0	2	2	0.006	2	4
33	高低	コウテイ	0	2	2	0.006	2	4
34	消費税	ショウヒゼイ	0	2	2	0.006	3	5
35	スーパー	スーパー	0	2	2	0.006	4	4
36	値上げ	ネアゲ	0	2	2	0.006	3	3
37	安さ	ヤスサ	0	2	2	0.006	2	3
38	円	エン	1	0	1	0.003	1	2
39	お値打ち	オネウチ	1	0	1	0.003	4	4
40	価格破壊	カカクハカイ	1	0	1	0.003	4	6
41	カルテル	カルテル	1	0	1	0.003	4	4
42	為替	カワセ	1	0	1	0.003	2	3
43	激安	ゲキヤス	1	0	1	0.003	2	4
44	原油	ゲンユ	1	0	1	0.003	2	3
45	高価格	コウカカク	1	0	1	0.003	3	5
46	上下	ジョウゲ	1	0	1	0.003	2	3
47	商店	ショウテン	1	0	1	0.003	2	4
48	食糧	ショクリョウ	1	0	1	0.003	2	4
49	設定	セッテイ	1	0	1	0.003	2	4
50	デフレ	デフレ	1	0	1	0.003	3	3
51	電気製品	デンキセイヒン	1	0	1	0.003	4	7
52	特化	トッカ	1	0	1	0.003	2	3
53	ネット	ネット	1	0	1	0.003	3	3
54	物品	ブッピン	1	0	1	0.003	2	4
55	プライスレス	プライスレス	1	0	1	0.003	6	6
56	ホームページ	ホームページ	1	0	1	0.003	6	6
57	売り物	ウリモノ	0	1	1	0.003	3	4
58	お菓子	オカシ	0	1	1	0.003	3	3
59	価格帯	カカクタイ	0	1	1	0.003	3	5
60	株	カブ	0	1	1	0.003	1	2
61	可変的	カヘンテキ	0	1	1	0.003	3	5
62	規格	キカク	0	1	1	0.003	2	3
63	希望	キボウ	0	1	1	0.003	2	3
64	決定	ケッテイ	0	1	1	0.003	2	4
65	高価	コウカ	0	1	1	0.003	2	3
66	地面	ジメン	0	1	1	0.003	2	3
67	商売	ショウバイ	0	1	1	0.003	2	4
68	政治	セイジ	0	1	1	0.003	2	3
69	石油	セキユ	0	1	1	0.003	2	3
70	大切	タイセツ	0	1	1	0.003	2	4
71	ダウン	ダウン	0	1	1	0.003	3	3
72	高売り	タカウリ	0	1	1	0.003	3	4
73	高さ	タカサ	0	1	1	0.003	2	3
74	低価格	テイカカク	0	1	1	0.003	3	5
75	バーゲン	バーゲン	0	1	1	0.003	4	4
76	付加価値	フカカチ	0	1	1	0.003	4	4
77	変化	ヘンカ	0	1	1	0.003	2	3
78	野菜	ヤサイ	0	1	1	0.003	2	3
	合計		139	162	301			

14	科学	フリガナ	男性	女性	全体	連想強度	文字数	モーラ数
1	理科	リカ	19	34	53	0.169	2	2
2	実験	ジッケン	10	23	33	0.105	2	4
3	進歩	シンポ	9	7	16	0.051	2	3
4	化学	カガク	6	3	9	0.029	2	3
5	技術	ギジュツ	5	4	9	0.029	2	3
6	科学者	カガクシャ	5	3	8	0.026	3	4
7	未来	ミライ	4	3	7	0.022	2	3
8	電気	デンキ	5	1	6	0.019	2	3
9	サイエンス	サイエンス	2	4	6	0.019	5	5
10	科学館	カガクカン	3	2	5	0.016	3	5
11	心	ココロ	3	2	5	0.016	1	3
12	発達	ハッタツ	3	2	5	0.016	2	4
13	研究	ケンキュウ	1	4	5	0.016	2	4
14	人間	ニンゲン	3	1	4	0.013	2	4
15	理系	リケイ	2	2	4	0.013	2	3
16	物理	ブツリ	1	3	4	0.013	2	3
17	学者	ガクシャ	3	0	3	0.010	2	3
18	発展	ハッテン	2	1	3	0.010	2	4
19	自然	シゼン	1	2	3	0.010	2	3
20	授業	ジュギョウ	1	2	3	0.010	2	3
21	地球	チキュウ	1	2	3	0.010	2	3
22	白衣	ハクイ	1	2	3	0.010	2	3
23	現代	ゲンダイ	2	0	2	0.006	2	4
24	最先端	サイセンタン	2	0	2	0.006	3	6
25	雑誌	ザッシ	2	0	2	0.006	2	3
26	薬品	ヤクヒン	2	0	2	0.006	2	4
27	機械	キカイ	1	1	2	0.006	2	3
28	元素	ゲンソ	1	1	2	0.006	2	3
29	行動科学	コウドウカガク	1	1	2	0.006	4	7
30	試験管	シケンカン	1	1	2	0.006	3	5
31	自然科学	シゼンカガク	1	1	2	0.006	4	6
32	進化	シンカ	1	1	2	0.006	2	3
33	テクノロジー	テクノロジー	1	1	2	0.006	6	6
34	変化	ヘンカ	1	1	2	0.006	2	3
35	ロボット	ロボット	1	1	2	0.006	4	4
36	宇宙	ウチュウ	0	2	2	0.006	2	3
37	解明	カイメイ	0	2	2	0.006	2	4
38	ガリレオ	ガリレオ	0	2	2	0.006	4	4
39	数学	スウガク	0	2	2	0.006	2	4
40	数字	スウジ	0	2	2	0.006	2	3
41	生命	セイメイ	0	2	2	0.006	2	4
42	水	ミズ	0	2	2	0.006	1	2
43	未知	ミチ	0	2	2	0.006	2	2
44	難しさ	ムズカシサ	0	2	2	0.006	3	5
45	医学	イガク	1	0	1	0.003	2	3
46	化学科	カガクカ	1	0	1	0.003	3	4
47	科学技術	カガクギジュツ	1	0	1	0.003	4	6
48	学校	ガッコウ	1	0	1	0.003	2	4
49	科目	カモク	1	0	1	0.003	2	3
50	基礎	キソ	1	0	1	0.003	2	2
51	教師	キョウシ	1	0	1	0.003	2	3
52	近代	キンダイ	1	0	1	0.003	2	4
53	原子記号	ゲンシキゴウ	1	0	1	0.003	4	6
54	現象	ゲンショウ	1	0	1	0.003	2	4
55	元素記号	ゲンソキゴウ	1	0	1	0.003	4	6
56	顕微鏡	ケンビキョウ	1	0	1	0.003	3	5
57	行動	コウドウ	1	0	1	0.003	2	4
58	根拠	コンキョ	1	0	1	0.003	2	3
59	時代	ジダイ	1	0	1	0.003	2	3
60	受験	ジュケン	1	0	1	0.003	2	3
61	将来	ショウライ	1	0	1	0.003	2	4
62	人類	ジンルイ	1	0	1	0.003	2	4
63	大学	ダイガク	1	0	1	0.003	2	4
64	テスト	テスト	1	0	1	0.003	3	3
65	ナチス	ナチス	1	0	1	0.003	3	3
66	認知	ニンチ	1	0	1	0.003	2	3
67	ノーベル賞	ノーベルショウ	1	0	1	0.003	5	6
68	バイオ	バイオ	1	0	1	0.003	3	3
69	博士	ハカセ	1	0	1	0.003	2	3
70	発見	ハッケン	1	0	1	0.003	2	4
71	発明	ハツメイ	1	0	1	0.003	2	4
72	犯罪	ハンザイ	1	0	1	0.003	2	4
73	反応	ハンノウ	1	0	1	0.003	2	4
74	ビーカー	ビーカー	1	0	1	0.003	4	4
75	非科学的	ヒカガクテキ	1	0	1	0.003	4	6
76	分野	ブンヤ	1	0	1	0.003	2	3
77	夢	ユメ	1	0	1	0.003	1	2
78	楽	ラク	1	0	1	0.003	1	2
79	理解	リカイ	1	0	1	0.003	2	3
80	理論	リロン	1	0	1	0.003	2	3
81	歴史	レキシ	1	0	1	0.003	2	3
82	論理	ロンリ	1	0	1	0.003	2	3
83	エジソン	エジソン	0	1	1	0.003	4	4
84	音	オト	0	1	1	0.003	1	2
85	音楽	オンガク	0	1	1	0.003	2	4
86	化学的	カガクテキ	0	1	1	0.003	3	5
87	学問	ガクモン	0	1	1	0.003	2	4
88	客観的	キャッカンテキ	0	1	1	0.003	3	6
89	空想	クウソウ	0	1	1	0.003	2	4
90	研究室	ケンキュウシツ	0	1	1	0.003	3	6
91	現実的	ゲンジツテキ	0	1	1	0.003	3	6
92	社会	シャカイ	0	1	1	0.003	2	3
93	神秘	シンピ	0	1	1	0.003	2	3
94	心理学	シンリガク	0	1	1	0.003	3	5
95	生物	セイブツ	0	1	1	0.003	2	4
96	知的	チテキ	0	1	1	0.003	2	3
97	茶色	チャイロ	0	1	1	0.003	2	3
98	中学	チュウガク	0	1	1	0.003	2	4
99	謎	ナゾ	0	1	1	0.003	1	2
100	二酸化炭素	ニサンカタンソ	0	1	1	0.003	5	7
101	21世紀	ニジュウイッセイキ	0	1	1	0.003	4	8
102	博物館	ハクブツカン	0	1	1	0.003	3	6
103	部活	ブカツ	0	1	1	0.003	2	3
104	不思議	フシギ	0	1	1	0.003	3	3
105	文明	ブンメイ	0	1	1	0.003	2	4
106	勉強	ベンキョウ	0	1	1	0.003	2	4
107	便利	ベンリ	0	1	1	0.003	2	3
108	めがね	メガネ	0	1	1	0.003	3	3
109	文部科学省	モンブカガクショウ	0	1	1	0.003	5	8
	合計		145	161	306			

15	火災	フリガナ	男性	女性	全体	連想強度	文字数	モーラ数
1	火	ヒ	25	31	56	0.179	1	1
2	火事	カジ	23	21	44	0.141	2	2
3	消防車	ショウボウシャ	15	16	31	0.099	3	5
4	災害	サイガイ	15	7	22	0.070	2	4
5	炎	ホノオ	10	6	16	0.051	1	3
6	家	イエ	8	4	12	0.038	1	2
7	地震	ジシン	8	3	11	0.035	2	3
8	消防	ショウボウ	8	2	10	0.032	2	4
9	保険	ホケン	4	6	10	0.032	2	3
10	ほうちき	ホウチキ	1	8	9	0.029	4	4
	報知器		*0*	*5*	*5*	*0.016*	*3*	*4*
	報知機		*1*	*3*	*4*	*0.013*	*3*	*4*
11	避難	ヒナン	1	6	7	0.022	2	3
12	消防士	ショウボウシ	1	3	4	0.013	3	5
13	放火	ホウカ	1	3	4	0.013	2	3
14	危険	キケン	0	4	4	0.013	2	3
15	家事	カジ	2	1	3	0.010	2	2
16	水	ミズ	2	0	2	0.006	1	2
17	救急車	キュウキュウシャ	1	1	2	0.006	3	5
18	警報	ケイホウ	1	1	2	0.006	2	4
19	事件	ジケン	1	1	2	0.006	2	3
20	事故	ジコ	1	1	2	0.006	2	2
21	発生	ハッセイ	1	1	2	0.006	2	4
22	消火	ショウカ	0	2	2	0.006	2	3
23	消火器	ショウカキ	0	2	2	0.006	3	4
24	ビル	ビル	0	2	2	0.006	2	2
25	防災	ボウサイ	0	2	2	0.006	2	4
26	赤	アカ	1	0	1	0.003	1	2
27	火災報知機	カサイホウチキ	1	0	1	0.003	5	7
28	災難	サイナン	1	0	1	0.003	2	4
29	自然	シゼン	1	0	1	0.003	2	3
30	死人	シニン	1	0	1	0.003	2	3
31	損失	ソンシツ	1	0	1	0.003	2	4
32	建物	タテモノ	1	0	1	0.003	2	4
33	賠償	バイショウ	1	0	1	0.003	2	4
34	発火	ハッカ	1	0	1	0.003	2	3
35	日	ヒ	1	0	1	0.003	1	1
36	被害	ヒガイ	1	0	1	0.003	2	3
37	悲惨	ヒサン	1	0	1	0.003	2	3
38	防止	ボウシ	1	0	1	0.003	2	3
39	熱さ	アツサ	0	1	1	0.003	2	3
40	駅ビル	エキビル	0	1	1	0.003	3	4
41	炎上	エンジョウ	0	1	1	0.003	2	4
42	ガス	ガス	0	1	1	0.003	2	2
43	犠牲	ギセイ	0	1	1	0.003	2	3
44	恐怖	キョウフ	0	1	1	0.003	2	3
45	現場	ゲンバ	0	1	1	0.003	2	3
46	神戸	コウベ	0	1	1	0.003	2	3
47	怖さ	コワサ	0	1	1	0.003	2	3
48	死	シ	0	1	1	0.003	1	1
49	死者	シシャ	0	1	1	0.003	2	2
50	地震雷火事親父	ジシンカミナリカジオヤジ	0	1	1	0.003	7	12
51	消防署	ショウボウショ	0	1	1	0.003	3	5
52	震災	シンサイ	0	1	1	0.003	2	4
53	森林	シンリン	0	1	1	0.003	2	4
54	大惨事	ダイサンジ	0	1	1	0.003	3	5
55	探知機	タンチキ	0	1	1	0.003	3	4
56	鎮火	チンカ	0	1	1	0.003	2	3
57	飛び火	トビヒ	0	1	1	0.003	3	3
58	発見	ハッケン	0	1	1	0.003	2	4
59	悲観	ヒカン	0	1	1	0.003	2	3
60	悲劇	ヒゲキ	0	1	1	0.003	2	3
61	被災	ヒサイ	0	1	1	0.003	2	3
62	避難訓練	ヒナンクンレン	0	1	1	0.003	4	7
63	崩壊	ホウカイ	0	1	1	0.003	2	4
64	防犯ベル	ボウハンベル	0	1	1	0.003	4	6
65	無	ム	0	1	1	0.003	1	1
66	災い	ワザワイ	0	1	1	0.003	2	4
	合計		142	162	304			

16	家族	フリガナ	男性	女性	全体	連想強度	文字数	モーラ数
1	家庭	カテイ	14	14	28	0.089	2	3
2	家	イエ	16	10	26	0.083	1	2
3	親	オヤ	10	16	26	0.083	1	2
4	父	チチ	11	11	22	0.070	1	2
5	母	ハハ	10	5	15	0.048	1	2
6	だんらん	ダンラン	4	10	14	0.045	4	4
	団欒		*2*	*7*	*9*	*0.029*	*2*	*4*
	団らん		*2*	*3*	*5*	*0.016*	*3*	*4*
7	両親	リョウシン	5	5	10	0.032	2	4
8	たいせつ	タイセツ	1	9	10	0.032	4	4
	大切		*1*	*8*	*9*	*0.029*	*2*	*4*
	たいせつ		*0*	*1*	*1*	*0.003*	*4*	*4*
9	絆	キズナ	4	3	7	0.022	1	3
10	兄弟	キョウダイ	3	4	7	0.022	2	4
11	母親	ハハオヤ	4	2	6	0.019	2	4
12	こども	コドモ	3	3	6	0.019	3	3
	子供		*2*	*3*	*5*	*0.016*	*2*	*3*
	子ども		*1*	*0*	*1*	*0.003*	*3*	*3*
13	信頼	シンライ	2	4	6	0.019	2	4
14	核家族	カクカゾク	2	4	6	0.019	3	5
15	愛	アイ	2	4	6	0.019	1	2
16	人	ヒト	3	2	5	0.016	1	2
17	大事	ダイジ	1	4	5	0.016	2	3
18	あたたかさ	アタタカサ	0	5	5	0.016	5	5
	温かさ		*0*	*4*	*4*	*0.013*	*3*	*5*
	あたたかさ		*0*	*1*	*1*	*0.003*	*5*	*5*
19	親子	オヤコ	3	1	4	0.013	2	3
20	夫婦	フウフ	2	2	4	0.013	2	3
21	核	カク	1	2	3	0.010	1	2
22	必要	ヒツヨウ	1	2	3	0.010	2	4
23	犬	イヌ	0	3	3	0.010	1	2
24	妹	イモウト	2	0	2	0.006	1	4
25	集団	シュウダン	2	0	2	0.006	2	4
26	父親	チチオヤ	2	0	2	0.006	2	4
27	お母さん	オカアサン	1	1	2	0.006	4	5
28	血縁	ケツエン	1	1	2	0.006	2	4
29	自分	ジブン	1	1	2	0.006	2	3
30	写真	シャシン	1	1	2	0.006	2	3
31	宝物	タカラモノ	1	1	2	0.006	2	5
32	父母	フボ	1	1	2	0.006	2	2
33	４人	ヨニン	1	1	2	0.006	2	3
34	お父さん	オトウサン	0	2	2	0.006	4	5
35	オレンジ	オレンジ	0	2	2	0.006	4	4
36	温和	オンワ	0	2	2	0.006	2	3
37	会話	カイワ	0	2	2	0.006	2	3
38	人間	ニンゲン	0	2	2	0.006	2	4
39	ぬくもり	ヌクモリ	0	2	2	0.006	4	4
	温もり		*0*	*1*	*1*	*0.003*	*3*	*4*
	ぬくもり		*0*	*1*	*1*	*0.003*	*4*	*4*
40	憩い	イコイ	1	0	1	0.003	2	3
41	氏	ウジ	1	0	1	0.003	1	2
42	円満	エンマン	1	0	1	0.003	2	4
43	おねいちゃん	オネイチャン	1	0	1	0.003	6	5
44	おやじ	オヤジ	1	0	1	0.003	3	3
45	家族会議	カゾクカイギ	1	0	1	0.003	4	6
46	葛藤	カットウ	1	0	1	0.003	2	4
47	元気	ゲンキ	1	0	1	0.003	2	3
48	子	コ	1	0	1	0.003	1	1
49	構成	コウセイ	1	0	1	0.003	2	4
50	個人	コジン	1	0	1	0.003	2	3
51	社会	シャカイ	1	0	1	0.003	2	3
52	親類	シンルイ	1	0	1	0.003	2	4
53	世帯	セタイ	1	0	1	0.003	2	3
54	他人	タニン	1	0	1	0.003	2	3
55	断絶	ダンゼツ	1	0	1	0.003	2	4
56	団体	ダンタイ	1	0	1	0.003	2	4
57	茶の間	チャノマ	1	0	1	0.003	3	3
58	つながり	ツナガリ	1	0	1	0.003	4	4
59	仲間	ナカマ	1	0	1	0.003	2	3
60	身内	ミウチ	1	0	1	0.003	2	3
61	一緒	イッショ	0	1	1	0.003	2	3
62	いつも	イツモ	0	1	1	0.003	3	3
63	援助	エンジョ	0	1	1	0.003	2	3
64	会議	カイギ	0	1	1	0.003	2	3
65	買い物	カイモノ	0	1	1	0.003	3	4
66	家族構成	カゾクコウセイ	0	1	1	0.003	4	7
67	関係	カンケイ	0	1	1	0.003	2	4
68	ケア	ケア	0	1	1	0.003	2	2
69	血縁関係	ケツエンカンケイ	0	1	1	0.003	4	8
70	実家	ジッカ	0	1	1	0.003	2	3
71	食卓	ショクタク	0	1	1	0.003	2	4
72	親戚	シンセキ	0	1	1	0.003	2	4
73	大家族	ダイカゾク	0	1	1	0.003	3	5
74	宝	タカラ	0	1	1	0.003	1	3
75	暖	ダン	0	1	1	0.003	1	2
76	血	チ	0	1	1	0.003	1	1
77	なか	ナカ	0	1	1	0.003	2	2
78	扶養	フヨウ	0	1	1	0.003	2	3
79	不和	フワ	0	1	1	0.003	2	2
80	変化	ヘンカ	0	1	1	0.003	2	3
81	崩壊	ホウカイ	0	1	1	0.003	2	4
82	やさしさ	ヤサシサ	0	1	1	0.003	4	4
	合計		136	166	302			

17	活字	フリガナ	男性	女性	全体	連想強度	文字数	モーラ数
1	文字	モジ	28	26	54	0.173	2	2
2	本	ホン	16	19	35	0.112	1	2
3	漢字	カンジ	13	22	35	0.112	2	3
4	新聞	シンブン	20	13	33	0.105	2	4
5	字	ジ	6	5	11	0.035	1	1
6	印刷	インサツ	2	9	11	0.035	2	4
7	小説	ショウセツ	7	3	10	0.032	2	4
8	パソコン	パソコン	3	5	8	0.026	4	4
9	国語	コクゴ	6	0	6	0.019	2	3
10	言葉	コトバ	2	3	5	0.016	2	3
11	日本語	ニホンゴ	1	4	5	0.016	3	4
12	読書	ドクショ	3	1	4	0.013	2	3
13	習字	シュウジ	2	2	4	0.013	2	3
14	新聞紙	シンブンシ	1	3	4	0.013	3	5
15	中毒	チュウドク	0	4	4	0.013	2	4
16	文庫本	ブンコボン	2	1	3	0.010	3	5
17	ひらがな	ヒラガナ	1	2	3	0.010	4	4
18	黒	クロ	1	1	2	0.006	1	2
19	書体	ショタイ	1	1	2	0.006	2	3
20	文学	ブンガク	1	1	2	0.006	2	4
21	辞典	ジテン	0	2	2	0.006	2	3
22	文章	ブンショウ	0	2	2	0.006	2	4
23	音韻	オンイン	1	0	1	0.003	2	4
24	学生	ガクセイ	1	0	1	0.003	2	4
25	活版	カッパン	1	0	1	0.003	2	4
26	現代人	ゲンダイジン	1	0	1	0.003	3	6
27	ゴシック	ゴシック	1	0	1	0.003	4	4
28	作家	サッカ	1	0	1	0.003	2	3
29	辞書	ジショ	1	0	1	0.003	2	2
30	喋り	シャベリ	1	0	1	0.003	2	3
31	手記	シュキ	1	0	1	0.003	2	2
32	出版	シュッパン	1	0	1	0.003	2	4
33	センス	センス	1	0	1	0.003	3	3
34	タイプライター	タイプライター	1	0	1	0.003	7	7
35	脱字	ダツジ	1	0	1	0.003	2	3
36	達筆	タッピツ	1	0	1	0.003	2	4
37	手	テ	1	0	1	0.003	1	1
38	電車	デンシャ	1	0	1	0.003	2	3
39	図書	トショ	1	0	1	0.003	2	2
40	日本	ニホン	1	0	1	0.003	2	3
41	人間	ニンゲン	1	0	1	0.003	2	4
42	フォント	フォント	1	0	1	0.003	4	3
43	ブログ	ブログ	1	0	1	0.003	3	3
44	憂鬱	ユウウツ	1	0	1	0.003	2	4
45	ローマ	ローマ	1	0	1	0.003	3	3
46	ワープロ	ワープロ	1	0	1	0.003	4	4
47	赤色	アカイロ	0	1	1	0.003	2	4
48	意味	イミ	0	1	1	0.003	2	2
49	鉛筆	エンピツ	0	1	1	0.003	2	4
50	活字離れ	カツジバナレ	0	1	1	0.003	4	6
51	活発	カッパツ	0	1	1	0.003	2	4
52	活版印刷	カッパンインサツ	0	1	1	0.003	4	8
53	活用	カツヨウ	0	1	1	0.003	2	4
54	行書	ギョウショ	0	1	1	0.003	2	3
55	携帯	ケイタイ	0	1	1	0.003	2	4
56	作文	サクブン	0	1	1	0.003	2	4
57	じたい	ジタイ	0	1	1	0.003	3	3
58	書	ショ	0	1	1	0.003	1	1
59	書道	ショドウ	0	1	1	0.003	2	3
60	書物	ショモツ	0	1	1	0.003	2	3
61	新書	シンショ	0	1	1	0.003	2	3
62	生活	セイカツ	0	1	1	0.003	2	4
63	整調	セイチョウ	0	1	1	0.003	2	4
64	縦	タテ	0	1	1	0.003	1	2
65	中毒者	チュウドクシャ	0	1	1	0.003	3	5
66	筆	フデ	0	1	1	0.003	1	2
67	文書	ブンショ	0	1	1	0.003	2	3
68	難しさ	ムズカシサ	0	1	1	0.003	3	5
69	理解	リカイ	0	1	1	0.003	2	3
70	ワード	ワード	0	1	1	0.003	3	3
	合計		140	153	293			

18	家庭	フリガナ	男性	女性	全体	連想強度	文字数	モーラ数
1	家族	カゾク	42	48	90	0.288	2	3
2	家	イエ	10	9	19	0.061	1	2
3	崩壊	ホウカイ	8	9	17	0.054	2	4
4	円満	エンマン	3	13	16	0.051	2	4
5	親	オヤ	8	5	13	0.042	1	2
6	父	チチ	6	6	12	0.038	1	2
7	子供	コドモ	2	7	9	0.029	2	3
8	両親	リョウシン	3	5	8	0.026	2	4
9	あたたかさ	アタタカサ	0	8	8	0.026	5	5
	温かさ		*0*	*6*	*6*	*0.019*	*3*	*5*
	あたたかさ		*0*	*2*	*2*	*0.006*	*5*	*5*
10	母親	ハハオヤ	6	1	7	0.022	2	4
11	だんらん	ダンラン	2	4	6	0.019	4	4
	団らん		*1*	*3*	*4*	*0.013*	*3*	*4*
	団欒		*1*	*1*	*2*	*0.006*	*2*	*4*
12	母	ハハ	4	1	5	0.016	1	2
13	夫婦	フウフ	3	2	5	0.016	2	3
14	親子	オヤコ	2	2	4	0.013	2	3
15	あい	アイ	1	2	3	0.010	2	2
	愛		*0*	*2*	*2*	*0.006*	*1*	*2*
	アイ		*1*	*0*	*1*	*0.003*	*2*	*2*
16	お母さん	オカアサン	1	2	3	0.010	4	5
17	環境	カンキョウ	1	2	3	0.010	2	4
18	ごみ	ゴミ	1	2	3	0.010	2	2
	ゴミ		*1*	*1*	*2*	*0.006*	*2*	*2*
	ごみ		*0*	*1*	*1*	*0.003*	*2*	*2*
19	母子	ボシ	1	2	3	0.010	2	2
20	料理	リョウリ	1	2	3	0.010	2	3
21	犬	イヌ	0	3	3	0.010	1	2
22	裁判所	サイバンショ	0	3	3	0.010	3	5
23	居場所	イバショ	2	0	2	0.006	3	3
24	結婚	ケッコン	2	0	2	0.006	2	4
25	裁判	サイバン	2	0	2	0.006	2	4
26	平和	ヘイワ	2	0	2	0.006	2	3
27	安らぎ	ヤスラギ	2	0	2	0.006	3	4
28	核家族	カクカゾク	1	1	2	0.006	3	5
29	宝	タカラ	1	1	2	0.006	1	3
30	父親	チチオヤ	1	1	2	0.006	2	4
31	暴力	ボウリョク	1	1	2	0.006	2	4
32	菜園	サイエン	0	2	2	0.006	2	4
33	DV	ディーブイ	0	2	2	0.006	2	4
34	夕食	ユウショク	0	2	2	0.006	2	4
35	憩い	イコイ	1	0	1	0.003	2	3
36	家庭科	カテイカ	1	0	1	0.003	3	4
37	家庭裁判所	カテイサイバンショ	1	0	1	0.003	5	8
38	家庭崩壊	カテイホウカイ	1	0	1	0.003	4	7
39	カレー	カレー	1	0	1	0.003	3	3
40	絆	キズナ	1	0	1	0.003	1	3
41	キッチン	キッチン	1	0	1	0.003	4	4
42	妻子	サイシ	1	0	1	0.003	2	3
43	裁縫	サイホウ	1	0	1	0.003	2	4
44	幸せ	シアワセ	1	0	1	0.003	2	4
45	仕事	シゴト	1	0	1	0.003	2	3
46	大切	タイセツ	1	0	1	0.003	2	4
47	他人	タニン	1	0	1	0.003	2	3
48	妻	ツマ	1	0	1	0.003	1	2
49	日常	ニチジョウ	1	0	1	0.003	2	4
50	配慮	ハイリョ	1	0	1	0.003	2	3
51	平穏	ヘイオン	1	0	1	0.003	2	4
52	母子家庭	ボシカテイ	1	0	1	0.003	4	5
53	野菜	ヤサイ	1	0	1	0.003	2	3
54	豊	ユタカ	1	0	1	0.003	1	3
55	ローン	ローン	1	0	1	0.003	3	3
56	安心	アンシン	0	1	1	0.003	2	4
57	安全	アンゼン	0	1	1	0.003	2	4
58	医学	イガク	0	1	1	0.003	2	3
59	お父さん	オトウサン	0	1	1	0.003	4	5
60	オレンジ	オレンジ	0	1	1	0.003	4	4
61	温和	オンワ	0	1	1	0.003	2	3
62	兄弟	キョウダイ	0	1	1	0.003	2	4
63	心	ココロ	0	1	1	0.003	1	3
64	ご飯	ゴハン	0	1	1	0.003	2	3
65	事情	ジジョウ	0	1	1	0.003	2	3
66	自宅	ジタク	0	1	1	0.003	2	3
67	実家	ジッカ	0	1	1	0.003	2	3
68	増減	ゾウゲン	0	1	1	0.003	2	4
69	被服	ヒフク	0	1	1	0.003	2	3
70	父母	フボ	0	1	1	0.003	2	2
71	問題	モンダイ	0	1	1	0.003	2	4
	合計		140	164	304			

19	画面	フリガナ	男性	女性	全体	連想強度	文字数	モーラ数
1	パソコン	パソコン	35	54	89	0.284	4	4
2	てれび	テレビ	41	40	81	0.259	3	3
	テレビ		*40*	*40*	*80*	*0.256*	*3*	*3*
	TV		*1*	*0*	*1*	*0.003*	*2*	*3*
3	液晶	エキショウ	8	10	18	0.058	2	4
4	映像	エイゾウ	8	5	13	0.042	2	4
5	絵	エ	5	0	5	0.016	1	1
6	ディスプレイ	ディスプレイ	4	0	4	0.013	6	5
7	四角	シカク	0	4	4	0.013	2	3
8	モニター	モニター	3	0	3	0.010	4	4
9	機械	キカイ	2	1	3	0.010	2	3
10	黒	クロ	1	2	3	0.010	1	2
11	インチ	インチ	2	0	2	0.006	3	3
12	平面	ヘイメン	2	0	2	0.006	2	4
13	色	イロ	1	1	2	0.006	1	2
14	映画	エイガ	1	1	2	0.006	2	3
15	拡大	カクダイ	1	1	2	0.006	2	4
16	画質	ガシツ	1	1	2	0.006	2	3
17	きれい	キレイ	1	1	2	0.006	3	3
	綺麗		*1*	*0*	*1*	*0.003*	*2*	*3*
	きれい		*0*	*1*	*1*	*0.003*	*3*	*3*
18	コンピュータ	コンピュータ	1	1	2	0.006	6	5
19	視覚	シカク	1	1	2	0.006	2	3
20	視力	シリョク	1	1	2	0.006	2	3
21	スクリーン	スクリーン	1	1	2	0.006	5	5
22	呈示	テイジ	1	1	2	0.006	2	3
23	デジタル	デジタル	1	1	2	0.006	4	4
24	光	ヒカリ	1	1	2	0.006	1	3
25	表示	ヒョウジ	1	1	2	0.006	2	3
26	録画	ロクガ	1	1	2	0.006	2	3
27	ワイド	ワイド	1	1	2	0.006	3	3
28	大きさ	オオキサ	0	2	2	0.006	3	4
29	携帯	ケイタイ	0	2	2	0.006	2	4
30	解像度	カイゾウド	1	0	1	0.003	3	5
31	画像	ガゾウ	1	0	1	0.003	2	3
32	眼科	ガンカ	1	0	1	0.003	2	3
33	技術	ギジュツ	1	0	1	0.003	2	3
34	高画質	コウガシツ	1	0	1	0.003	3	5
35	視線	シセン	1	0	1	0.003	2	3
36	写真	シャシン	1	0	1	0.003	2	3
37	大画面	ダイガメン	1	0	1	0.003	3	5
38	対象	タイショウ	1	0	1	0.003	2	4
39	2次元	ニジゲン	1	0	1	0.003	3	4
40	平坦	ヘイタン	1	0	1	0.003	2	4
41	見た目	ミタメ	1	0	1	0.003	3	3
42	目	メ	1	0	1	0.003	1	1
43	目視	モクシ	1	0	1	0.003	2	3
44	目前	モクゼン	1	0	1	0.003	2	4
45	明るさ	アカルサ	0	1	1	0.003	3	4
46	携帯電話	ケイタイデンワ	0	1	1	0.003	4	7
47	ゲーム	ゲーム	0	1	1	0.003	3	3
48	情報手段	ジョウホウシュダン	0	1	1	0.003	4	7
49	消滅	ショウメツ	0	1	1	0.003	2	4
50	視力低下	シリョクテイカ	0	1	1	0.003	4	6
51	図面	ズメン	0	1	1	0.003	2	3
52	操作	ソウサ	0	1	1	0.003	2	3
53	大	ダイ	0	1	1	0.003	1	2
54	注目	チュウモク	0	1	1	0.003	2	4
55	長方形	チョウホウケイ	0	1	1	0.003	3	6
56	停止	テイシ	0	1	1	0.003	2	3
57	動画	ドウガ	0	1	1	0.003	2	3
58	入力	ニュウリョク	0	1	1	0.003	2	4
59	ピクセル	ピクセル	0	1	1	0.003	4	4
60	PC	ピーシー	0	1	1	0.003	2	4
61	疲労	ヒロウ	0	1	1	0.003	2	3
62	ブラウザ	ブラウザ	0	1	1	0.003	4	4
63	窓	マド	0	1	1	0.003	1	2
64	右下	ミギシタ	0	1	1	0.003	2	4
65	緑	ミドリ	0	1	1	0.003	1	3
66	文字	モジ	0	1	1	0.003	2	2
	合計		141	157	298			

20	看護	フリガナ	男性	女性	全体	連想強度	文字数	モーラ数
1	病院	ビョウイン	50	62	112	0.358	2	4
2	かんごし	カンゴシ	24	29	53	0.169	4	4
	看護師		*22*	*26*	*48*	*0.153*	*3*	*4*
	看護士		*2*	*3*	*5*	*0.016*	*3*	*4*
3	ナース	ナース	10	7	17	0.054	3	3
4	医療	イリョウ	10	5	15	0.048	2	3
5	看護婦	カンゴフ	5	10	15	0.048	3	4
6	介護	カイゴ	10	1	11	0.035	2	3
7	学校	ガッコウ	5	5	10	0.032	2	4
8	老人	ロウジン	4	4	8	0.026	2	4
9	病気	ビョウキ	2	4	6	0.019	2	3
10	女	オンナ	2	3	5	0.016	1	3
11	福祉	フクシ	2	3	5	0.016	2	3
12	白衣	ハクイ	2	2	4	0.013	2	3
13	医者	イシャ	1	3	4	0.013	2	2
14	女性	ジョセイ	2	1	3	0.010	2	3
15	白	シロ	1	2	3	0.010	1	2
16	患者	カンジャ	1	1	2	0.006	2	3
17	資格	シカク	1	1	2	0.006	2	3
18	病人	ビョウニン	0	2	2	0.006	2	4
19	育児	イクジ	1	0	1	0.003	2	3
20	学科	ガッカ	1	0	1	0.003	2	3
21	看護学校	カンゴガッコウ	1	0	1	0.003	4	7
22	看病	カンビョウ	1	0	1	0.003	2	4
23	救助	キュウジョ	1	0	1	0.003	2	3
24	師	シ	1	0	1	0.003	1	1
25	施設	シセツ	1	0	1	0.003	2	3
26	職業	ショクギョウ	1	0	1	0.003	2	4
27	助け	タスケ	1	0	1	0.003	2	3
28	必要	ヒツヨウ	1	0	1	0.003	2	4
29	ホームヘルパー	ホームヘルパー	1	0	1	0.003	7	7
30	保険	ホケン	1	0	1	0.003	2	3
31	薄桃色	ウスモモイロ	0	1	1	0.003	3	6
32	お年寄り	オトシヨリ	0	1	1	0.003	4	5
33	親	オヤ	0	1	1	0.003	1	2
34	看護婦さん	カンゴフサン	0	1	1	0.003	5	6
35	薬	クスリ	0	1	1	0.003	1	3
36	苦労	クロウ	0	1	1	0.003	2	3
37	怪我	ケガ	0	1	1	0.003	2	2
38	高齢者	コウレイシャ	0	1	1	0.003	3	5
39	国公立	コッコウリツ	0	1	1	0.003	3	6
40	しょくじ	ショクジ	0	1	1	0.003	4	3
41	世話	セワ	0	1	1	0.003	2	2
42	注射	チュウシャ	0	1	1	0.003	2	3
43	病棟	ビョウトウ	0	1	1	0.003	2	4
44	疲労	ヒロウ	0	1	1	0.003	2	3
45	ベッド	ベッド	0	1	1	0.003	3	3
46	ヘルパー	ヘルパー	0	1	1	0.003	4	4
47	保護	ホゴ	0	1	1	0.003	2	2
48	優しさ	ヤサシサ	0	1	1	0.003	3	4
49	老後	ロウゴ	0	1	1	0.003	2	3
50	労働	ロウドウ	0	1	1	0.003	2	4
	合計		144	165	309			

21	管理	フリガナ	男性	女性	全体	連想強度	文字数	モーラ数
1	管理人	カンリニン	5	13	18	0.058	3	5
2	会社	カイシャ	9	6	15	0.048	2	3
3	責任	セキニン	8	7	15	0.048	2	4
4	かぎ	カギ	1	14	15	0.048	2	2
	鍵		*1*	*12*	*13*	*0.042*	*1*	*2*
	かぎ		*0*	*2*	*2*	*0.006*	*2*	*2*
5	マンション	マンション	4	10	14	0.045	5	4
6	職	ショク	10	0	10	0.032	1	2
7	管理職	カンリショク	4	6	10	0.032	3	5
8	人	ヒト	4	4	8	0.026	1	2
9	管理者	カンリシャ	4	3	7	0.022	3	4
10	仕事	シゴト	4	3	7	0.022	2	3
11	栄養	エイヨウ	2	5	7	0.022	2	4
12	健康	ケンコウ	2	5	7	0.022	2	4
13	社会	シャカイ	6	0	6	0.019	2	3
14	衛生	エイセイ	3	3	6	0.019	2	4
15	自己管理	ジコカンリ	3	2	5	0.016	4	5
16	かね	カネ	2	3	5	0.016	2	2
	お金		*1*	*3*	*4*	*0.013*	*2*	*3*
	金		*1*	*0*	*1*	*0.003*	*1*	*2*
17	統制	トウセイ	3	1	4	0.013	2	4
18	義務	ギム	2	2	4	0.013	2	2
19	保管	ホカン	1	3	4	0.013	2	3
20	大切	タイセツ	3	0	3	0.010	2	4
21	部長	ブチョウ	3	0	3	0.010	2	3
22	営業	エイギョウ	1	2	3	0.010	2	4
23	警備	ケイビ	1	2	3	0.010	2	3
24	倉庫	ソウコ	1	2	3	0.010	2	3
25	事務	ジム	0	3	3	0.010	2	2
26	体調	タイチョウ	0	3	3	0.010	2	4
27	衛星	エイセイ	2	0	2	0.006	2	4
28	拘束	コウソク	2	0	2	0.006	2	4
29	上司	ジョウシ	2	0	2	0.006	2	3
30	設備	セツビ	2	0	2	0.006	2	3
31	パスワード	パスワード	2	0	2	0.006	5	5
32	ビル	ビル	2	0	2	0.006	2	2
33	栄養士	エイヨウシ	1	1	2	0.006	3	5
34	管轄	カンカツ	1	1	2	0.006	2	4
35	監督	カントク	1	1	2	0.006	2	4
36	管理会社	カンリガイシャ	1	1	2	0.006	4	6
37	経営	ケイエイ	1	1	2	0.006	2	4
38	自己	ジコ	1	1	2	0.006	2	2
39	職業	ショクギョウ	1	1	2	0.006	2	4
40	制御	セイギョ	1	1	2	0.006	2	3
41	整理	セイリ	1	1	2	0.006	2	3
42	体制	タイセイ	1	1	2	0.006	2	4
43	データ	データ	1	1	2	0.006	3	3
44	パソコン	パソコン	1	1	2	0.006	4	4
45	保存	ホゾン	1	1	2	0.006	2	3
46	アパート	アパート	0	2	2	0.006	4	4
47	安全	アンゼン	0	2	2	0.006	2	4
48	支配	シハイ	0	2	2	0.006	2	3
49	自分	ジブン	0	2	2	0.006	2	3
50	事務所	ジムショ	0	2	2	0.006	3	3
51	不足	フソク	0	2	2	0.006	2	3
52	ホームページ	ホームページ	0	2	2	0.006	6	6
53	物	モノ	0	2	2	0.006	1	2
54	インターネット	インターネット	1	0	1	0.003	7	7
55	エレベーター	エレベーター	1	0	1	0.003	6	6
56	大家	オオヤ	1	0	1	0.003	2	3
57	会計	カイケイ	1	0	1	0.003	2	4
58	紙	カミ	1	0	1	0.003	1	2
59	画面	ガメン	1	0	1	0.003	2	3
60	監視	カンシ	1	0	1	0.003	2	3
61	管理官	カンリカン	1	0	1	0.003	3	5
62	管理室	カンリシツ	1	0	1	0.003	3	5
63	貴重	キチョウ	1	0	1	0.003	2	3
64	教員	キョウイン	1	0	1	0.003	2	4
65	銀行	ギンコウ	1	0	1	0.003	2	4
66	警備員	ケイビイン	1	0	1	0.003	3	5
67	健康管理	ケンコウカンリ	1	0	1	0.003	4	7
68	現代	ゲンダイ	1	0	1	0.003	2	4
69	社長	シャチョウ	1	0	1	0.003	2	3
70	職場	ショクバ	1	0	1	0.003	2	3
71	所有	ショユウ	1	0	1	0.003	2	3
72	人権	ジンケン	1	0	1	0.003	2	4
73	ずさん	ズサン	1	0	1	0.003	3	3
74	整頓	セイトン	1	0	1	0.003	2	4
75	責任者	セキニンシャ	1	0	1	0.003	3	5
76	束縛	ソクバク	1	0	1	0.003	2	4
77	中間管理職	チュウカンカンリショク	1	0	1	0.003	5	9
78	帳簿	チョウボ	1	0	1	0.003	2	3
79	統率	トウソツ	1	0	1	0.003	2	4
80	トップ	トップ	1	0	1	0.003	3	3
81	人間	ニンゲン	1	0	1	0.003	2	4
82	品質	ヒンシツ	1	0	1	0.003	2	4
83	者	モノ	1	0	1	0.003	1	2
84	育成	イクセイ	0	1	1	0.003	2	4
85	影響	エイキョウ	0	1	1	0.003	2	4
86	大家さん	オオヤサン	0	1	1	0.003	4	5
87	大人	オトナ	0	1	1	0.003	2	3
88	親	オヤ	0	1	1	0.003	1	2
89	係長	カカリチョウ	0	1	1	0.003	2	5
90	カメラ	カメラ	0	1	1	0.003	3	3
91	危険物	キケンブツ	0	1	1	0.003	3	5
92	禁固	キンコ	0	1	1	0.003	2	3
93	経済	ケイザイ	0	1	1	0.003	2	4
94	警察	ケイサツ	0	1	1	0.003	2	4
95	財布	サイフ	0	1	1	0.003	2	3
96	支出	シシュツ	0	1	1	0.003	2	3
97	社会学	シャカイガク	0	1	1	0.003	3	5
98	自由	ジユウ	0	1	1	0.003	2	3
99	重要	ジュウヨウ	0	1	1	0.003	2	4
100	情報	ジョウホウ	0	1	1	0.003	2	4
101	制度	セイド	0	1	1	0.003	2	3
102	整備	セイビ	0	1	1	0.003	2	3
103	セキュリティー	セキュリティー	0	1	1	0.003	7	5
104	大事	ダイジ	0	1	1	0.003	2	3
105	大切さ	タイセツサ	0	1	1	0.003	3	5
106	必要	ヒツヨウ	0	1	1	0.003	2	4
107	ペット	ペット	0	1	1	0.003	3	3
108	部屋	ヘヤ	0	1	1	0.003	2	2
109	保険	ホケン	0	1	1	0.003	2	3
110	本	ホン	0	1	1	0.003	1	2
111	守り事	マモリゴト	0	1	1	0.003	3	5
112	見張り	ミハリ	0	1	1	0.003	3	3
113	リーダー	リーダー	0	1	1	0.003	4	4
114	忘れ物	ワスレモノ	0	1	1	0.003	3	5
	合計		141	162	303			

22	記憶	フリガナ	男性	女性	全体	連想強度	文字数	モーラ数
1	脳	ノウ	27	29	56	0.179	1	2
2	思い出	オモイデ	10	15	25	0.080	3	4
3	過去	カコ	7	7	14	0.045	2	2
4	頭	アタマ	5	9	14	0.045	1	3
5	曖昧	アイマイ	7	5	12	0.038	2	4
6	海馬	カイバ	1	11	12	0.038	2	3
7	喪失	ソウシツ	2	7	9	0.029	2	4
8	認知	ニンチ	3	4	7	0.022	2	3
9	忘却	ボウキャク	3	4	7	0.022	2	4
10	短期	タンキ	4	2	6	0.019	2	3
11	短期記憶	タンキキオク	3	3	6	0.019	4	6
12	頭脳	ズノウ	2	4	6	0.019	2	3
13	記録	キロク	5	0	5	0.016	2	3
14	記憶喪失	キオクソウシツ	3	2	5	0.016	4	7
15	暗記	アンキ	1	4	5	0.016	2	3
16	記憶力	キオクリョク	1	4	5	0.016	3	5
17	障害	ショウガイ	1	3	4	0.013	2	4
18	昔	ムカシ	1	3	4	0.013	1	3
19	人	ヒト	3	0	3	0.010	1	2
20	メモリー	メモリー	3	0	3	0.010	4	4
21	追憶	ツイオク	2	1	3	0.010	2	4
22	テスト	テスト	2	1	3	0.010	3	3
23	勉強	ベンキョウ	2	1	3	0.010	2	4
24	物忘れ	モノワスレ	1	2	3	0.010	3	5
25	シナプス	シナプス	2	0	2	0.006	4	4
26	力	チカラ	2	0	2	0.006	1	3
27	知識	チシキ	2	0	2	0.006	2	3
28	覚え	オボエ	1	1	2	0.006	2	3
29	昨日	キノウ	1	1	2	0.006	2	3
30	情報	ジョウホウ	1	1	2	0.006	2	4
31	長期	チョウキ	1	1	2	0.006	2	3
32	人間	ニンゲン	1	1	2	0.006	2	4
33	保存	ホゾン	1	1	2	0.006	2	3
34	文字	モジ	1	1	2	0.006	2	2
35	夢	ユメ	1	1	2	0.006	1	2
36	永遠	エイエン	0	2	2	0.006	2	4
37	学習	ガクシュウ	0	2	2	0.006	2	4
38	認知心理	ニンチシンリ	0	2	2	0.006	4	6
39	能力	ノウリョク	0	2	2	0.006	2	4
40	明日	アシタ	1	0	1	0.003	2	3
41	印象	インショウ	1	0	1	0.003	2	4
42	欠片	カケラ	1	0	1	0.003	2	3
43	感覚記憶	カンカクキオク	1	0	1	0.003	4	7
44	記憶術	キオクジュツ	1	0	1	0.003	3	5
45	嫌悪	ケンオ	1	0	1	0.003	2	3
46	子供	コドモ	1	0	1	0.003	2	3
47	思考	シコウ	1	0	1	0.003	2	3
48	自由	ジユウ	1	0	1	0.003	2	3
49	受験	ジュケン	1	0	1	0.003	2	3
50	人格	ジンカク	1	0	1	0.003	2	4
51	神経	シンケイ	1	0	1	0.003	2	4
52	心理	シンリ	1	0	1	0.003	2	3
53	心理学	シンリガク	1	0	1	0.003	3	5
54	大切	タイセツ	1	0	1	0.003	2	4
55	単語	タンゴ	1	0	1	0.003	2	3
56	日本史	ニホンシ	1	0	1	0.003	3	4
57	脳トレ	ノウトレ	1	0	1	0.003	3	4
58	脳内	ノウナイ	1	0	1	0.003	2	4
59	脳みそ	ノウミソ	1	0	1	0.003	3	4
60	引き出し	ヒキダシ	1	0	1	0.003	4	4
61	風化	フウカ	1	0	1	0.003	2	3
62	未来	ミライ	1	0	1	0.003	2	3
63	メカニズム	メカニズム	1	0	1	0.003	5	5
64	メタ認知	メタニンチ	1	0	1	0.003	4	5
65	メモリーカード	メモリーカード	1	0	1	0.003	7	7
66	物事	モノゴト	1	0	1	0.003	2	4
67	容量	ヨウリョウ	1	0	1	0.003	2	4
68	イメージ	イメージ	0	1	1	0.003	4	4
69	隠蔽	インペイ	0	1	1	0.003	2	4
70	奥底	オクソコ	0	1	1	0.003	2	4
71	覚え方	オボエカタ	0	1	1	0.003	3	5
72	回路	カイロ	0	1	1	0.003	2	3
73	家族	カゾク	0	1	1	0.003	2	3
74	経験	ケイケン	0	1	1	0.003	2	4
75	経路	ケイロ	0	1	1	0.003	2	3
76	再生	サイセイ	0	1	1	0.003	2	4
77	時間	ジカン	0	1	1	0.003	2	3
78	試行	シコウ	0	1	1	0.003	2	3
79	推測	スイソク	0	1	1	0.003	2	4
80	潜在意識	センザイイシキ	0	1	1	0.003	4	7
81	前頭葉	ゼントウヨウ	0	1	1	0.003	3	6
82	貯蓄	チョチク	0	1	1	0.003	2	3
83	ニューロン	ニューロン	0	1	1	0.003	5	4
84	パソコン	パソコン	0	1	1	0.003	4	4
85	不鮮明	フセンメイ	0	1	1	0.003	3	5
86	緑	ミドリ	0	1	1	0.003	1	3
87	無	ム	0	1	1	0.003	1	1
88	無限	ムゲン	0	1	1	0.003	2	3
89	メモリースティック	メモリースティック	0	1	1	0.003	9	8
90	幼稚園	ヨウチエン	0	1	1	0.003	3	5
91	ロボット	ロボット	0	1	1	0.003	4	4
	合計		141	161	302			

23	気温	フリガナ	男性	女性	全体	連想強度	文字数	モーラ数
1	上昇	ジョウショウ	13	24	37	0.118	2	4
2	温度	オンド	14	17	31	0.099	2	3
3	温暖化	オンダンカ	10	12	22	0.070	3	5
4	温度計	オンドケイ	6	12	18	0.058	3	5
5	湿度	シツド	7	9	16	0.051	2	3
6	夏	ナツ	11	4	15	0.048	1	2
7	季節	キセツ	7	5	12	0.038	2	3
8	天気予報	テンキヨホウ	7	4	11	0.035	4	6
9	温暖	オンダン	6	5	11	0.035	2	4
10	天気	テンキ	3	6	9	0.029	2	3
11	地球	チキュウ	5	1	6	0.019	2	3
12	変化	ヘンカ	2	4	6	0.019	2	3
13	あたたかさ	アタタカサ	1	5	6	0.019	5	5
	温かさ		*0*	*4*	*4*	*0.013*	*3*	*5*
	暖かさ		*1*	*1*	*2*	*0.006*	*3*	*5*
14	あつさ	アツサ	0	5	5	0.016	3	3
	暑さ		*0*	*4*	*4*	*0.013*	*2*	*3*
	熱さ		*0*	*1*	*1*	*0.003*	*2*	*3*
15	気候	キコウ	3	1	4	0.013	2	3
16	摂氏	セッシ	3	1	4	0.013	2	3
17	最高	サイコウ	1	3	4	0.013	2	4
18	湿気	シッケ	1	3	4	0.013	2	3
19	多治見	タジミ	2	1	3	0.010	3	3
20	異常	イジョウ	2	0	2	0.006	2	3
21	高温	コウオン	2	0	2	0.006	2	4
22	最高気温	サイコウキオン	2	0	2	0.006	4	7
23	猛暑	モウショ	2	0	2	0.006	2	3
24	外	ソト	1	1	2	0.006	1	2
25	体温	タイオン	1	1	2	0.006	2	4
26	室温	シツオン	0	2	2	0.006	2	4
27	太陽	タイヨウ	0	2	2	0.006	2	4
28	調節	チョウセツ	0	2	2	0.006	2	4
29	予報	ヨホウ	0	2	2	0.006	2	3
30	雨	アメ	1	0	1	0.003	1	2
31	エルニーニョ	エルニーニョ	1	0	1	0.003	6	5
32	寒冷	カンレイ	1	0	1	0.003	2	4
33	気圧	キアツ	1	0	1	0.003	2	3
34	空気	クウキ	1	0	1	0.003	2	3
35	国	クニ	1	0	1	0.003	1	2
36	四季	シキ	1	0	1	0.003	2	2
37	体感	タイカン	1	0	1	0.003	2	4
38	台風	タイフウ	1	0	1	0.003	2	4
39	地球温暖化	チキュウオンダンカ	1	0	1	0.003	5	8
40	天候	テンコウ	1	0	1	0.003	2	4
41	度	ド	1	0	1	0.003	1	1
42	熱	ネツ	1	0	1	0.003	1	2
43	熱帯	ネッタイ	1	0	1	0.003	2	4
44	皮膚	ヒフ	1	0	1	0.003	2	2
45	百葉箱	ヒャクヨウバコ	1	0	1	0.003	3	6
46	亜熱帯	アネッタイ	0	1	1	0.003	3	5
47	クーラー	クーラー	0	1	1	0.003	4	4
48	高低	コウテイ	0	1	1	0.003	2	4
49	差	サ	0	1	1	0.003	1	1
50	自然	シゼン	0	1	1	0.003	2	3
51	地域	チイキ	0	1	1	0.003	2	3
52	チューリップ	チューリップ	0	1	1	0.003	6	5
53	低下	テイカ	0	1	1	0.003	2	3
54	場所	バショ	0	1	1	0.003	2	2
55	春	ハル	0	1	1	0.003	1	2
56	氷点下	ヒョウテンカ	0	1	1	0.003	3	5
57	変動	ヘンドウ	0	1	1	0.003	2	4
58	北海道	ホッカイドウ	0	1	1	0.003	3	6
59	山	ヤマ	0	1	1	0.003	1	2
	合計		128	146	274			

24	機械	フリガナ	男性	女性	全体	連想強度	文字数	モーラ数
1	工場	コウジョウ	19	26	45	0.144	2	4
2	ロボット	ロボット	15	15	30	0.096	4	4
3	ぱそこん	パソコン	7	11	18	0.058	4	4
	パソコン		*7*	*10*	*17*	*0.054*	*4*	*4*
	ぱそこん		*0*	*1*	*1*	*0.003*	*4*	*4*
4	精密	セイミツ	8	8	16	0.051	2	4
5	便利	ベンリ	6	5	11	0.035	2	3
6	自動	ジドウ	8	1	9	0.029	2	3
7	工業	コウギョウ	4	4	8	0.026	2	4
8	鉄	テツ	4	4	8	0.026	1	2
9	電気	デンキ	2	5	7	0.022	2	3
10	こんぴゅーた	コンピュータ	0	7	7	0.022	6	5
	コンピュータ		*0*	*5*	*5*	*0.016*	*6*	*5*
	コンピューター		*0*	*2*	*2*	*0.006*	*7*	*6*
11	車	クルマ	4	2	6	0.019	1	3
12	工学	コウガク	4	2	6	0.019	2	4
13	科学	カガク	2	3	5	0.016	2	3
14	おんち	オンチ	1	4	5	0.016	3	3
	オンチ		*1*	*2*	*3*	*0.010*	*3*	*3*
	音痴		*0*	*2*	*2*	*0.006*	*2*	*3*
15	故障	コショウ	0	5	5	0.016	2	3
16	歯車	ハグルマ	3	1	4	0.013	2	4
17	ハイテク	ハイテク	1	3	4	0.013	4	4
18	油	アブラ	2	1	3	0.010	1	3
19	作業	サギョウ	2	1	3	0.010	2	3
20	動力	ドウリョク	2	1	3	0.010	2	4
21	金属	キンゾク	1	2	3	0.010	2	4
22	操作	ソウサ	1	2	3	0.010	2	3
23	ガンダム	ガンダム	2	0	2	0.006	4	4
24	人間	ニンゲン	2	0	2	0.006	2	4
25	飛行機	ヒコウキ	2	0	2	0.006	3	4
26	人工	ジンコウ	1	1	2	0.006	2	4
27	掃除機	ソウジキ	1	1	2	0.006	3	4
28	電話	デンワ	1	1	2	0.006	2	3
29	発明	ハツメイ	1	1	2	0.006	2	4
30	複雑	フクザツ	1	1	2	0.006	2	4
31	構造	コウゾウ	0	2	2	0.006	2	4
32	重機	ジュウキ	0	2	2	0.006	2	3
33	テレビ	テレビ	0	2	2	0.006	3	3
34	ドラえもん	ドラエモン	0	2	2	0.006	5	5
35	人	ヒト	0	2	2	0.006	1	2
36	印刷	インサツ	1	0	1	0.003	2	4
37	女	オンナ	1	0	1	0.003	1	3
38	会社	カイシャ	1	0	1	0.003	2	3
39	学科	ガッカ	1	0	1	0.003	2	3
40	体	カラダ	1	0	1	0.003	1	3
41	ギア	ギア	1	0	1	0.003	2	2
42	機会	キカイ	1	0	1	0.003	2	3
43	機械的	キカイテキ	1	0	1	0.003	3	5
44	黒	クロ	1	0	1	0.003	1	2
45	ゲーム	ゲーム	1	0	1	0.003	3	3
46	高性能	コウセイノウ	1	0	1	0.003	3	6
47	鋼鉄	コウテツ	1	0	1	0.003	2	4
48	高度	コウド	1	0	1	0.003	2	3
49	人力	ジンリキ	1	0	1	0.003	2	4
50	製造	セイゾウ	1	0	1	0.003	2	4
51	設計	セッケイ	1	0	1	0.003	2	4
52	洗濯機	センタクキ	1	0	1	0.003	3	5
53	電池	デンチ	1	0	1	0.003	2	3
54	電動	デンドウ	1	0	1	0.003	2	4
55	電力	デンリョク	1	0	1	0.003	2	4
56	ハードウェア	ハードウェア	1	0	1	0.003	6	5
57	バイク	バイク	1	0	1	0.003	3	3
58	破壊	ハカイ	1	0	1	0.003	2	3
59	爆発	バクハツ	1	0	1	0.003	2	4
60	部品	ブヒン	1	0	1	0.003	2	3
61	文明	ブンメイ	1	0	1	0.003	2	4
62	兵器	ヘイキ	1	0	1	0.003	2	3
63	ボルト	ボルト	1	0	1	0.003	3	3
64	マシーン	マシーン	1	0	1	0.003	4	4
65	無機質	ムキシツ	1	0	1	0.003	3	4
66	無生物	ムセイブツ	1	0	1	0.003	3	5
67	裕福	ユウフク	1	0	1	0.003	2	4
68	労働	ロウドウ	1	0	1	0.003	2	4
69	運転	ウンテン	0	1	1	0.003	2	4
70	エンジニア	エンジニア	0	1	1	0.003	5	5
71	オーディオ	オーディオ	0	1	1	0.003	5	4
72	同じ	オナジ	0	1	1	0.003	2	3
73	開発	カイハツ	0	1	1	0.003	2	4
74	硬さ	カタサ	0	1	1	0.003	2	3
75	稼働	カドウ	0	1	1	0.003	2	3
76	危険	キケン	0	1	1	0.003	2	3
77	銀色	ギンイロ	0	1	1	0.003	2	4
78	工作	コウサク	0	1	1	0.003	2	4
79	細かさ	コマカサ	0	1	1	0.003	3	4
80	産業	サンギョウ	0	1	1	0.003	2	4
81	仕事	シゴト	0	1	1	0.003	2	3
82	システム	システム	0	1	1	0.003	4	4
83	正確	セイカク	0	1	1	0.003	2	4
84	性能	セイノウ	0	1	1	0.003	2	4
85	整備	セイビ	0	1	1	0.003	2	3
86	設備	セツビ	0	1	1	0.003	2	3
87	調整	チョウセイ	0	1	1	0.003	2	4
88	冷たさ	ツメタサ	0	1	1	0.003	3	4
89	電子	デンシ	0	1	1	0.003	2	3
90	ドイツ	ドイツ	0	1	1	0.003	3	3
91	流れ	ナガレ	0	1	1	0.003	2	3
92	苦手	ニガテ	0	1	1	0.003	2	3
93	ねじ	ネジ	0	1	1	0.003	2	2
94	鋼	ハガネ	0	1	1	0.003	1	3
95	レンチ	レンチ	0	1	1	0.003	3	3
96	綿	ワタ	0	1	1	0.003	1	2
	合計		140	156	296			

25	危険	フリガナ	男性	女性	全体	連想強度	文字数	モーラ数
1	がけ	ガケ	14	14	28	0.089	2	2
	崖		*14*	*13*	*27*	*0.086*	*1*	*2*
	がけ		*0*	*1*	*1*	*0.003*	*2*	*2*
2	事故	ジコ	11	14	25	0.080	2	2
3	安全	アンゼン	7	6	13	0.042	2	4
4	爆弾	バクダン	7	3	10	0.032	2	4
5	工事	コウジ	1	8	9	0.029	2	3
6	工事現場	コウジゲンバ	4	4	8	0.026	4	6
7	山	ヤマ	4	3	7	0.022	1	2
8	黄色	キイロ	2	4	6	0.019	2	3
9	くるま	クルマ	3	2	5	0.016	3	3
	車		*3*	*1*	*4*	*0.013*	*1*	*3*
	くるま		*0*	*1*	*1*	*0.003*	*3*	*3*
10	けが	ケガ	3	2	5	0.016	2	2
	怪我		*1*	*2*	*3*	*0.010*	*2*	*2*
	けが		*2*	*0*	*2*	*0.006*	*2*	*2*
11	看板	カンバン	2	3	5	0.016	2	4
12	道路	ドウロ	1	4	5	0.016	2	3
13	危機	キキ	2	2	4	0.013	2	2
14	熊	クマ	2	2	4	0.013	1	2
15	死	シ	2	2	4	0.013	1	1
16	信号	シンゴウ	2	2	4	0.013	2	4
17	命	イノチ	1	3	4	0.013	1	3
18	運転	ウンテン	3	0	3	0.010	2	4
19	落下	ラッカ	3	0	3	0.010	2	3
20	恐怖	キョウフ	2	1	3	0.010	2	3
21	夜道	ヨミチ	2	1	3	0.010	2	3
22	交通事故	コウツウジコ	0	3	3	0.010	4	6
23	場所	バショ	0	3	3	0.010	2	2
24	ガソリン	ガソリン	2	0	2	0.006	4	4
25	災害	サイガイ	2	0	2	0.006	2	4
26	地震	ジシン	2	0	2	0.006	2	3
27	地雷	ジライ	2	0	2	0.006	2	3
28	リスク	リスク	2	0	2	0.006	3	3
29	赤	アカ	1	1	2	0.006	1	2
30	火事	カジ	1	1	2	0.006	2	2
31	ガス	ガス	1	1	2	0.006	2	2
32	危惧	キグ	1	1	2	0.006	2	2
33	禁止	キンシ	1	1	2	0.006	2	3
34	工場	コウジョウ	1	1	2	0.006	2	4
35	事件	ジケン	1	1	2	0.006	2	3
36	仕事	シゴト	1	1	2	0.006	2	3
37	立入禁止	タチイリキンシ	1	1	2	0.006	4	7
38	武器	ブキ	1	1	2	0.006	2	2
39	防止	ボウシ	1	1	2	0.006	2	3
40	安心	アンシン	0	2	2	0.006	2	4
41	がけ崩れ	ガケクズレ	0	2	2	0.006	4	5
42	交通	コウツウ	0	2	2	0.006	2	4
43	子供	コドモ	0	2	2	0.006	2	3
44	注意	チュウイ	0	2	2	0.006	2	3
45	毒	ドク	0	2	2	0.006	1	2
46	人間	ニンゲン	0	2	2	0.006	2	4
47	はし	ハシ	0	2	2	0.006	2	2
	橋		*0*	*1*	*1*	*0.003*	*1*	*2*
	はし		*0*	*1*	*1*	*0.003*	*2*	*2*
48	蜂	ハチ	0	2	2	0.006	1	2
49	火	ヒ	0	2	2	0.006	1	1
50	引火	インカ	1	0	1	0.003	2	3
51	海	ウミ	1	0	1	0.003	1	2
52	液体	エキタイ	1	0	1	0.003	2	4
53	乙	オツ	1	0	1	0.003	1	2
54	回避	カイヒ	1	0	1	0.003	2	3
55	火災	カサイ	1	0	1	0.003	2	3
56	川	カワ	1	0	1	0.003	1	2
57	岩壁	ガンペキ	1	0	1	0.003	2	4
58	黄	キ	1	0	1	0.003	1	1
59	危険物	キケンブツ	1	0	1	0.003	3	5
60	危険分子	キケンブンシ	1	0	1	0.003	4	6
61	恐竜	キョウリュウ	1	0	1	0.003	2	4
62	劇薬	ゲキヤク	1	0	1	0.003	2	4
63	建築	ケンチク	1	0	1	0.003	2	4
64	現場	ゲンバ	1	0	1	0.003	2	3
65	察知	サッチ	1	0	1	0.003	2	3
66	サリン	サリン	1	0	1	0.003	3	3
67	頭上	ズジョウ	1	0	1	0.003	2	3
68	生死	セイシ	1	0	1	0.003	2	3
69	絶壁	ゼッペキ	1	0	1	0.003	2	4
70	立ち入り	タチイリ	1	0	1	0.003	4	4
71	谷	タニ	1	0	1	0.003	1	2
72	溜池	タメイケ	1	0	1	0.003	2	4
73	吊り橋	ツリバシ	1	0	1	0.003	3	4
74	鉄骨	テッコツ	1	0	1	0.003	2	4
75	電線	デンセン	1	0	1	0.003	2	4
76	通り魔	トオリマ	1	0	1	0.003	3	4
77	爆発	バクハツ	1	0	1	0.003	2	4
78	刃物	ハモノ	1	0	1	0.003	2	3
79	犯罪	ハンザイ	1	0	1	0.003	2	4
80	人	ヒト	1	0	1	0.003	1	2
81	表示	ヒョウジ	1	0	1	0.003	2	3
82	ヘルメット	ヘルメット	1	0	1	0.003	5	5
83	曲がり道	マガリミチ	1	0	1	0.003	4	5
84	薬品	ヤクヒン	1	0	1	0.003	2	4
85	夜	ヨル	1	0	1	0.003	1	2
86	池	イケ	0	1	1	0.003	1	2
87	危険地帯	キケンチタイ	0	1	1	0.003	4	6
88	暗闇	クラヤミ	0	1	1	0.003	2	4
89	ゴミ	ゴミ	0	1	1	0.003	2	2
90	怖さ	コワサ	0	1	1	0.003	2	3
91	サイン	サイン	0	1	1	0.003	3	3
92	殺人	サツジン	0	1	1	0.003	2	4
93	自己	ジコ	0	1	1	0.003	2	2
94	人物	ジンブツ	0	1	1	0.003	2	4
95	立て札	タテフダ	0	1	1	0.003	3	4
96	探検	タンケン	0	1	1	0.003	2	4
97	地域	チイキ	0	1	1	0.003	2	3
98	痴漢	チカン	0	1	1	0.003	2	3
99	地帯	チタイ	0	1	1	0.003	2	3
100	綱渡り	ツナワタリ	0	1	1	0.003	3	5
101	テロ	テロ	0	1	1	0.003	2	2
102	転落	テンラク	0	1	1	0.003	2	4
103	逃走	トウソウ	0	1	1	0.003	2	4
104	飛び出し	トビダシ	0	1	1	0.003	4	4
105	トラ	トラ	0	1	1	0.003	2	2
106	トラック	トラック	0	1	1	0.003	4	4
107	乗り物	ノリモノ	0	1	1	0.003	3	4
108	針	ハリ	0	1	1	0.003	1	2
109	びっくりマーク	ビックリマーク	0	1	1	0.003	7	7
110	避難	ヒナン	0	1	1	0.003	2	3
111	標識	ヒョウシキ	0	1	1	0.003	2	4
112	物騒	ブッソウ	0	1	1	0.003	2	4
113	踏切	フミキリ	0	1	1	0.003	2	4
114	冒険	ボウケン	0	1	1	0.003	2	4

115	麻薬	マヤク	0	1	1	0.003	2	3
116	道	ミチ	0	1	1	0.003	1	2
117	緑	ミドリ	0	1	1	0.003	1	3
118	身震い	ミブルイ	0	1	1	0.003	3	4
119	森	モリ	0	1	1	0.003	1	2
120	薬物	ヤクブツ	0	1	1	0.003	2	4
121	用水	ヨウスイ	0	1	1	0.003	2	4
122	予知	ヨチ	0	1	1	0.003	2	2
123	ライオン	ライオン	0	1	1	0.003	4	4
124	硫酸	リュウサン	0	1	1	0.003	2	4
125	ワニ	ワニ	0	1	1	0.003	2	2
	合計		135	157	292			

26	犠牲	フリガナ	男性	女性	全体	連想強度	文字数	モーラ数
1	戦争	センソウ	28	37	65	0.208	2	4
2	生贄	イケニエ	16	7	23	0.073	2	4
3	人	ヒト	10	8	18	0.058	1	2
4	死	シ	6	7	13	0.042	1	1
5	事故	ジコ	3	6	9	0.029	2	2
6	自分	ジブン	4	3	7	0.022	2	3
7	命	イノチ	4	2	6	0.019	1	3
8	犠牲者	ギセイシャ	1	5	6	0.019	3	4
9	災害	サイガイ	1	5	6	0.019	2	4
10	人間	ニンゲン	4	1	5	0.016	2	4
11	死者	シシャ	3	2	5	0.016	2	2
12	自己	ジコ	3	1	4	0.013	2	2
13	地震	ジシン	3	1	4	0.013	2	3
14	被害者	ヒガイシャ	1	3	4	0.013	3	4
15	事件	ジケン	0	4	4	0.013	2	3
16	死亡	シボウ	3	0	3	0.010	2	3
17	テロ	テロ	2	1	3	0.010	2	2
18	必要	ヒツヨウ	2	1	3	0.010	2	4
19	牛	ウシ	1	2	3	0.010	1	2
20	奴隷	ドレイ	1	2	3	0.010	2	3
21	被害	ヒガイ	1	2	3	0.010	2	3
22	死体	シタイ	1	1	2	0.006	2	3
23	代償	ダイショウ	1	1	2	0.006	2	4
24	人柱	ヒトバシラ	1	1	2	0.006	2	5
25	正義	セイギ	0	2	2	0.006	2	3
26	動物	ドウブツ	0	2	2	0.006	2	4
27	ヒーロー	ヒーロー	0	2	2	0.006	4	4
28	足	アシ	1	0	1	0.003	1	2
29	運命	ウンメイ	1	0	1	0.003	2	4
30	SF	エスエフ	1	0	1	0.003	2	4
31	送りバント	オクリバント	1	0	1	0.003	5	6
32	犠牲フライ	ギセイフライ	1	0	1	0.003	5	6
33	偽善	ギゼン	1	0	1	0.003	2	3
34	怪我	ケガ	1	0	1	0.003	2	2
35	殺人	サツジン	1	0	1	0.003	2	4
36	仕方	シカタ	1	0	1	0.003	2	3
37	時間	ジカン	1	0	1	0.003	2	3
38	自己満足	ジコマンゾク	1	0	1	0.003	4	6
39	自殺	ジサツ	1	0	1	0.003	2	3
40	自然	シゼン	1	0	1	0.003	2	3
41	自爆	ジバク	1	0	1	0.003	2	3
42	勝利	ショウリ	1	0	1	0.003	2	3
43	食糧	ショクリョウ	1	0	1	0.003	2	4
44	生物	セイブツ	1	0	1	0.003	2	4
45	損	ソン	1	0	1	0.003	1	2
46	弔い	トムライ	1	0	1	0.003	2	4
47	友	トモ	1	0	1	0.003	1	2
48	仲間	ナカマ	1	0	1	0.003	2	3
49	涙	ナミダ	1	0	1	0.003	1	3
50	バント	バント	1	0	1	0.003	3	3
51	悲観	ヒカン	1	0	1	0.003	2	3
52	悲劇	ヒゲキ	1	0	1	0.003	2	3
53	必然	ヒツゼン	1	0	1	0.003	2	4
54	必要悪	ヒツヨウアク	1	0	1	0.003	3	6
55	不可欠	フカケツ	1	0	1	0.003	3	4
56	フライ	フライ	1	0	1	0.003	3	3
57	兵士	ヘイシ	1	0	1	0.003	2	3
58	マダラ	マダラ	1	0	1	0.003	3	3
59	身代わり	ミガワリ	1	0	1	0.003	4	4
60	者	モノ	1	0	1	0.003	1	2
61	モルモット	モルモット	1	0	1	0.003	5	5
62	野球	ヤキュウ	1	0	1	0.003	2	3
63	勇者	ユウシャ	1	0	1	0.003	2	3
64	リスク	リスク	1	0	1	0.003	3	3
65	愛	アイ	0	1	1	0.003	1	2
66	蟻	アリ	0	1	1	0.003	1	2
67	いじめ	イジメ	0	1	1	0.003	3	3
68	加害者	カガイシャ	0	1	1	0.003	3	4
69	覚悟	カクゴ	0	1	1	0.003	2	3
70	獲得	カクトク	0	1	1	0.003	2	4
71	火事	カジ	0	1	1	0.003	2	2
72	体	カラダ	0	1	1	0.003	1	3
73	看護	カンゴ	0	1	1	0.003	2	3
74	キリスト	キリスト	0	1	1	0.003	4	4
75	愚民	グミン	0	1	1	0.003	2	3
76	国家	コッカ	0	1	1	0.003	2	3
77	子供	コドモ	0	1	1	0.003	2	3
78	残酷	ザンコク	0	1	1	0.003	2	4
79	自然災害	シゼンサイガイ	0	1	1	0.003	4	7
80	死人	シニン	0	1	1	0.003	2	3
81	弱者	ジャクシャ	0	1	1	0.003	2	3
82	自由	ジユウ	0	1	1	0.003	2	3
83	宿命	シュクメイ	0	1	1	0.003	2	4
84	殉職	ジュンショク	0	1	1	0.003	2	4
85	勝者	ショウシャ	0	1	1	0.003	2	3
86	人民	ジンミン	0	1	1	0.003	2	4
87	生活	セイカツ	0	1	1	0.003	2	4
88	精神	セイシン	0	1	1	0.003	2	4
89	責任	セキニン	0	1	1	0.003	2	4
90	他者	タシャ	0	1	1	0.003	2	2
91	血	チ	0	1	1	0.003	1	1
92	中国	チュウゴク	0	1	1	0.003	2	4
93	朝鮮	チョウセン	0	1	1	0.003	2	4
94	天災	テンサイ	0	1	1	0.003	2	4
95	忍耐	ニンタイ	0	1	1	0.003	2	4
96	被災者	ヒサイシャ	0	1	1	0.003	3	4
97	美談	ビダン	0	1	1	0.003	2	3
98	羊	ヒツジ	0	1	1	0.003	1	3
99	人質	ヒトジチ	0	1	1	0.003	2	4
100	風習	フウシュウ	0	1	1	0.003	2	4
101	保護	ホゴ	0	1	1	0.003	2	2
102	捕虜	ホリョ	0	1	1	0.003	2	2
103	周り	マワリ	0	1	1	0.003	2	3
104	無罪	ムザイ	0	1	1	0.003	2	3
105	無残	ムザン	0	1	1	0.003	2	3
106	優しさ	ヤサシサ	0	1	1	0.003	3	4
	合計		137	151	288			

27	季節	フリガナ	男性	女性	全体	連想強度	文字数	モーラ数
1	春	ハル	87	99	186	0.594	1	2
2	四季	シキ	16	8	24	0.077	2	2
3	春夏秋冬	シュンカシュウトウ	6	16	22	0.070	4	7
4	夏	ナツ	11	8	19	0.061	1	2
5	秋	アキ	7	5	12	0.038	1	2
6	変化	ヘンカ	2	3	5	0.016	2	3
7	日本	ニホン	3	1	4	0.013	2	3
8	冬	フユ	0	4	4	0.013	1	2
9	季語	キゴ	1	1	2	0.006	2	2
10	移り変わり	ウツリカワリ	1	0	1	0.003	5	6
11	気候	キコウ	1	0	1	0.003	2	3
12	紅葉	コウヨウ	1	0	1	0.003	2	4
13	桜	サクラ	1	0	1	0.003	1	3
14	旬	シュン	1	0	1	0.003	1	2
15	スイカ	スイカ	1	0	1	0.003	3	3
16	バカンス	バカンス	1	0	1	0.003	4	4
17	節目	フシメ	1	0	1	0.003	2	3
18	風情	フゼイ	1	0	1	0.003	2	3
19	４つ	ヨッツ	1	0	1	0.003	2	3
20	ローテーション	ローテーション	1	0	1	0.003	7	6
21	温かさ	アタタカサ	0	1	1	0.003	3	5
22	変わり目	カワリメ	0	1	1	0.003	4	4
23	気温	キオン	0	1	1	0.003	2	3
24	栗	クリ	0	1	1	0.003	1	2
25	限定	ゲンテイ	0	1	1	0.003	2	4
26	川柳	センリュウ	0	1	1	0.003	2	4
27	多彩	タサイ	0	1	1	0.003	2	3
28	食べ物	タベモノ	0	1	1	0.003	3	4
29	入学	ニュウガク	0	1	1	0.003	2	4
30	花	ハナ	0	1	1	0.003	1	2
31	服	フク	0	1	1	0.003	1	2
32	みかん	ミカン	0	1	1	0.003	3	3
	合計		144	157	301			

28	着物	フリガナ	男性	女性	全体	連想強度	文字数	モーラ数
1	日本	ニホン	27	32	59	0.188	2	3
2	和服	ワフク	15	16	31	0.099	2	3
3	ゆかた	ユカタ	14	13	27	0.086	3	3
	浴衣		*13*	*13*	*26*	*0.083*	*2*	*3*
	ゆかた		*1*	*0*	*1*	*0.003*	*3*	*3*
4	和	ワ	7	10	17	0.054	1	1
5	帯	オビ	5	11	16	0.051	1	2
6	成人式	セイジンシキ	4	7	11	0.035	3	6
7	和風	ワフウ	2	8	10	0.032	2	3
8	京都	キョウト	3	5	8	0.026	2	3
9	服	フク	5	2	7	0.022	1	2
10	昔	ムカシ	3	4	7	0.022	1	3
11	夏	ナツ	4	2	6	0.019	1	2
12	女性	ジョセイ	3	3	6	0.019	2	3
13	着付け	キツケ	2	4	6	0.019	3	3
14	衣服	イフク	4	1	5	0.016	2	3
15	女	オンナ	2	3	5	0.016	1	3
16	十二単	ジュウニヒトエ	3	1	4	0.013	3	6
17	成人	セイジン	1	3	4	0.013	2	4
18	高価	コウカ	3	0	3	0.010	2	3
19	祭り	マツリ	2	1	3	0.010	2	3
20	伝統	デントウ	1	2	3	0.010	2	4
21	袴	ハカマ	1	2	3	0.010	1	3
22	振袖	フリソデ	1	2	3	0.010	2	4
23	洋服	ヨウフク	1	2	3	0.010	2	4
24	はれぎ	ハレギ	0	3	3	0.010	3	3
	晴れ着		*0*	*2*	*2*	*0.006*	*3*	*3*
	晴着		*0*	*1*	*1*	*0.003*	*2*	*3*
25	江戸時代	エドジダイ	2	0	2	0.006	4	5
26	高級	コウキュウ	2	0	2	0.006	2	4
27	古風	コフウ	1	1	2	0.006	2	3
28	美人	ビジン	0	2	2	0.006	2	3
29	文化	ブンカ	0	2	2	0.006	2	3
30	歴史	レキシ	0	2	2	0.006	2	3
31	衣類	イルイ	1	0	1	0.003	2	3
32	色	イロ	1	0	1	0.003	1	2
33	上着	ウワギ	1	0	1	0.003	2	3
34	生地	キジ	1	0	1	0.003	2	2
35	着付け教室	キツケキョウシツ	1	0	1	0.003	5	7
36	絹	キヌ	1	0	1	0.003	1	2
37	結婚式	ケッコンシキ	1	0	1	0.003	3	6
38	最高	サイコウ	1	0	1	0.003	2	4
39	茶道	サドウ	1	0	1	0.003	2	3
40	時代	ジダイ	1	0	1	0.003	2	3
41	裾	スソ	1	0	1	0.003	1	2
42	染料	センリョウ	1	0	1	0.003	2	4
43	着衣	チャクイ	1	0	1	0.003	2	3
44	日本人	ニホンジン	1	0	1	0.003	3	5
45	日本文化	ニホンブンカ	1	0	1	0.003	4	6
46	派手	ハデ	1	0	1	0.003	2	2
47	花火	ハナビ	1	0	1	0.003	2	3
48	春	ハル	1	0	1	0.003	1	2
49	古着	フルギ	1	0	1	0.003	2	3
50	巫女	ミコ	1	0	1	0.003	2	2
51	和服美人	ワフクビジン	1	0	1	0.003	4	6
52	江戸	エド	0	1	1	0.003	2	2
53	お正月	オショウガツ	0	1	1	0.003	3	5
54	過去	カコ	0	1	1	0.003	2	2
55	綺麗さ	キレイサ	0	1	1	0.003	3	4
56	下駄	ゲタ	0	1	1	0.003	2	2
57	呉服	ゴフク	0	1	1	0.003	2	3
58	清楚	セイソ	0	1	1	0.003	2	3
59	着用	チャクヨウ	0	1	1	0.003	2	4
60	日本独特	ニホンドクトク	0	1	1	0.003	4	7
61	半襟	ハンエリ	0	1	1	0.003	2	4
62	左前	ヒダリマエ	0	1	1	0.003	2	5
63	舞妓さん	マイコサン	0	1	1	0.003	4	5
64	四つ身	ヨツミ	0	1	1	0.003	3	3
65	和心	ワゴコロ	0	1	1	0.003	2	4
	合計		139	158	297			

29	議論	フリガナ	男性	女性	全体	連想強度	文字数	モーラ数
1	会議	カイギ	22	33	55	0.176	2	3
2	討論	トウロン	13	26	39	0.125	2	4
3	国会	コッカイ	17	12	29	0.093	2	4
4	はなしあい	ハナシアイ	2	11	13	0.042	5	5
	話し合い		*2*	*10*	*12*	*0.038*	*4*	*5*
	話合い		*0*	*1*	*1*	*0.003*	*3*	*5*
5	はくねつ	ハクネツ	7	4	11	0.035	4	4
	白熱		*7*	*3*	*10*	*0.032*	*2*	*4*
	はくねつ		*0*	*1*	*1*	*0.003*	*4*	*4*
6	政治	セイジ	5	2	7	0.022	2	3
7	ディベート	ディベート	4	2	6	0.019	5	4
8	意見	イケン	3	3	6	0.019	2	3
9	論争	ロンソウ	3	3	6	0.019	2	4
10	口論	コウロン	5	0	5	0.016	2	4
11	人	ヒト	4	1	5	0.016	1	2
12	議会	ギカイ	3	2	5	0.016	2	3
13	議題	ギダイ	2	3	5	0.016	2	3
14	話	ハナシ	3	1	4	0.013	1	3
15	喧嘩	ケンカ	1	3	4	0.013	2	3
16	会話	カイワ	2	1	3	0.010	2	3
17	戦い	タタカイ	2	1	3	0.010	2	4
18	必要	ヒツヨウ	2	1	3	0.010	2	4
19	論議	ロンギ	2	1	3	0.010	2	3
20	争い	アラソイ	1	2	3	0.010	2	4
21	ディスカッション	ディスカッション	1	2	3	0.010	8	6
22	会議室	カイギシツ	2	0	2	0.006	3	5
23	講義	コウギ	2	0	2	0.006	2	3
24	テレビ	テレビ	2	0	2	0.006	3	3
25	議員	ギイン	1	1	2	0.006	2	3
26	人間	ニンゲン	1	1	2	0.006	2	4
27	話題	ワダイ	1	1	2	0.006	2	3
28	課題	カダイ	0	2	2	0.006	2	3
29	机	ツクエ	0	2	2	0.006	1	3
30	反対	ハンタイ	0	2	2	0.006	2	4
31	みずかけろん	ミズカケロン	0	2	2	0.006	6	6
	水掛け論		*0*	*1*	*1*	*0.003*	*4*	*6*
	水かけ論		*0*	*1*	*1*	*0.003*	*4*	*6*
32	朝	アサ	1	0	1	0.003	1	2
33	委員会	イインカイ	1	0	1	0.003	3	5
34	異議	イギ	1	0	1	0.003	2	2
35	円卓	エンタク	1	0	1	0.003	2	4
36	学級会	ガッキュウカイ	1	0	1	0.003	3	6
37	過熱	カネツ	1	0	1	0.003	2	3
38	教授	キョウジュ	1	0	1	0.003	2	3
39	苦	ク	1	0	1	0.003	1	1
40	空論	クウロン	1	0	1	0.003	2	4
41	結果	ケッカ	1	0	1	0.003	2	3
42	政治家	セイジカ	1	0	1	0.003	3	4
43	政府	セイフ	1	0	1	0.003	2	3
44	対話	タイワ	1	0	1	0.003	2	3
45	談義	ダンギ	1	0	1	0.003	2	3
46	テーブル	テーブル	1	0	1	0.003	4	4
47	哲学	テツガク	1	0	1	0.003	2	4
48	反発	ハンパツ	1	0	1	0.003	2	4
49	反論	ハンロン	1	0	1	0.003	2	4
50	複数	フクスウ	1	0	1	0.003	2	4
51	並行	ヘイコウ	1	0	1	0.003	2	4
52	平行線	ヘイコウセン	1	0	1	0.003	3	6
53	部屋	ヘヤ	1	0	1	0.003	2	2
54	無駄	ムダ	1	0	1	0.003	2	2
55	面接	メンセツ	1	0	1	0.003	2	4
56	論述	ロンジュツ	1	0	1	0.003	2	4
57	相手	アイテ	0	1	1	0.003	2	3
58	言い合い	イイアイ	0	1	1	0.003	4	4
59	勢い	イキオイ	0	1	1	0.003	2	4
60	大勢	オオゼイ	0	1	1	0.003	2	4
61	大人数	オオニンズウ	0	1	1	0.003	3	6
62	会社	カイシャ	0	1	1	0.003	2	3
63	語り	カタリ	0	1	1	0.003	2	3
64	学校	ガッコウ	0	1	1	0.003	2	4
65	議長	ギチョウ	0	1	1	0.003	2	3
66	国	クニ	0	1	1	0.003	1	2
67	激烈	ゲキレツ	0	1	1	0.003	2	4
68	交差	コウサ	0	1	1	0.003	2	3
69	公論	コウロン	0	1	1	0.003	2	4
70	声	コエ	0	1	1	0.003	1	2
71	国際	コクサイ	0	1	1	0.003	2	4
72	国家	コッカ	0	1	1	0.003	2	3
73	国会議事堂	コッカイギジドウ	0	1	1	0.003	5	8
74	言葉	コトバ	0	1	1	0.003	2	3
75	賛否	サンピ	0	1	1	0.003	2	3
76	集団	シュウダン	0	1	1	0.003	2	4
77	政界	セイカイ	0	1	1	0.003	2	4
78	大学	ダイガク	0	1	1	0.003	2	4
79	対決	タイケツ	0	1	1	0.003	2	4
80	多様	タヨウ	0	1	1	0.003	2	3
81	長期	チョウキ	0	1	1	0.003	2	3
82	提唱	テイショウ	0	1	1	0.003	2	4
83	党議	トウギ	0	1	1	0.003	2	3
84	討議	トウギ	0	1	1	0.003	2	3
85	内容	ナイヨウ	0	1	1	0.003	2	4
86	深緑	フカミドリ	0	1	1	0.003	2	5
87	法	ホウ	0	1	1	0.003	1	2
88	問題	モンダイ	0	1	1	0.003	2	4
89	与党	ヨトウ	0	1	1	0.003	2	3
90	論文	ロンブン	0	1	1	0.003	2	4
91	論理	ロンリ	0	1	1	0.003	2	3
	合計		138	160	298			

30	勤務	フリガナ	男性	女性	全体	連想強度	文字数	モーラ数
1	仕事	シゴト	41	56	97	0.310	2	3
2	会社	カイシャ	35	39	74	0.236	2	3
3	労働	ロウドウ	16	17	33	0.105	2	4
4	時間	ジカン	7	6	13	0.042	2	3
5	電車	デンシャ	5	3	8	0.026	2	3
6	夜勤	ヤキン	4	4	8	0.026	2	3
7	通勤	ツウキン	0	5	5	0.016	2	4
8	社会	シャカイ	3	1	4	0.013	2	3
9	バイト	バイト	3	1	4	0.013	3	3
10	残業	ザンギョウ	2	2	4	0.013	2	4
11	社会人	シャカイジン	1	3	4	0.013	3	5
12	サラリーマン	サラリーマン	2	1	3	0.010	6	6
13	職業	ショクギョウ	2	0	2	0.006	2	4
14	アルバイト	アルバイト	1	1	2	0.006	5	5
15	給料	キュウリョウ	1	1	2	0.006	2	4
16	出勤	シュッキン	1	1	2	0.006	2	4
17	態度	タイド	1	1	2	0.006	2	3
18	パート	パート	1	1	2	0.006	3	3
19	職場	ショクバ	0	2	2	0.006	2	3
20	８時間	ハチジカン	0	2	2	0.006	3	5
21	親父	オヤジ	1	0	1	0.003	2	3
22	皆勤賞	カイキンショウ	1	0	1	0.003	3	6
23	会社員	カイシャイン	1	0	1	0.003	3	5
24	勤怠	キンタイ	1	0	1	0.003	2	4
25	勤務時間	キンムジカン	1	0	1	0.003	4	6
26	勤務態度	キンムタイド	1	0	1	0.003	4	6
27	激務	ゲキム	1	0	1	0.003	2	3
28	事務	ジム	1	0	1	0.003	2	2
29	市役所	シヤクショ	1	0	1	0.003	3	4
30	職務	ショクム	1	0	1	0.003	2	3
31	正確	セイカク	1	0	1	0.003	2	4
32	怠慢	タイマン	1	0	1	0.003	2	4
33	父	チチ	1	0	1	0.003	1	2
34	通常	ツウジョウ	1	0	1	0.003	2	4
35	必然	ヒツゼン	1	0	1	0.003	2	4
36	有給休暇	ユウキュウキュウカ	1	0	1	0.003	4	7
37	夜	ヨル	1	0	1	0.003	1	2
38	リーマン	リーマン	1	0	1	0.003	4	4
39	離任	リニン	1	0	1	0.003	2	3
40	朝	アサ	0	1	1	0.003	1	2
41	大人	オトナ	0	1	1	0.003	2	3
42	義務	ギム	0	1	1	0.003	2	2
43	勤務先	キンムサキ	0	1	1	0.003	3	5
44	警備	ケイビ	0	1	1	0.003	2	3
45	雇用	コヨウ	0	1	1	0.003	2	3
46	社員	シャイン	0	1	1	0.003	2	3
47	深夜	シンヤ	0	1	1	0.003	2	3
48	遂行	スイコウ	0	1	1	0.003	2	4
49	体系	タイケイ	0	1	1	0.003	2	4
50	通勤手当	ツウキンテアテ	0	1	1	0.003	4	7
51	真面目	マジメ	0	1	1	0.003	3	3
52	夜間	ヤカン	0	1	1	0.003	2	3
53	労働者	ロウドウシャ	0	1	1	0.003	3	5
	合計		145	161	306			

31	空気	フリガナ	男性	女性	全体	連想強度	文字数	モーラ数
1	酸素	サンソ	57	47	104	0.332	2	3
2	透明	トウメイ	5	18	23	0.073	2	4
3	汚染	オセン	9	10	19	0.061	2	3
4	必要	ヒツヨウ	5	9	14	0.045	2	4
5	大気	タイキ	5	7	12	0.038	2	3
6	呼吸	コキュウ	3	5	8	0.026	2	3
7	二酸化炭素	ニサンカタンソ	3	5	8	0.026	5	7
8	窒素	チッソ	2	3	5	0.016	2	3
9	地球	チキュウ	2	2	4	0.013	2	3
10	自然	シゼン	2	2	4	0.013	2	3
11	息	イキ	1	3	4	0.013	1	2
12	環境	カンキョウ	3	0	3	0.010	2	4
13	風	カゼ	2	1	3	0.010	1	2
14	空	ソラ	2	1	3	0.010	1	2
15	水	ミズ	2	1	3	0.010	1	2
16	新鮮	シンセン	0	3	3	0.010	2	4
17	せいじょう	セイジョウ	0	3	3	0.010	5	4
	せいじょう		*0*	*2*	*2*	*0.006*	*5*	*4*
	清浄		*0*	*1*	*1*	*0.003*	*2*	*4*
18	きれい	キレイ	1	1	2	0.006	3	3
	きれい		*1*	*0*	*1*	*0.003*	*3*	*3*
	綺麗		*0*	*1*	*1*	*0.003*	*2*	*3*
19	重力	ジュウリョク	1	1	2	0.006	2	4
20	生活	セイカツ	1	1	2	0.006	2	4
21	風船	フウセン	1	1	2	0.006	2	4
22	雰囲気	フンイキ	1	1	2	0.006	3	4
23	清浄機	セイジョウキ	0	2	2	0.006	3	5
24	不可欠	フカケツ	0	2	2	0.006	3	4
25	陰湿	インシツ	1	0	1	0.003	2	4
26	エアー	エアー	1	0	1	0.003	3	3
27	王	オウ	1	0	1	0.003	1	2
28	温和	オンワ	1	0	1	0.003	2	3
29	影	カゲ	1	0	1	0.003	1	2
30	ガス	ガス	1	0	1	0.003	2	2
31	感染	カンセン	1	0	1	0.003	2	4
32	木	キ	1	0	1	0.003	1	1
33	気圧	キアツ	1	0	1	0.003	2	3
34	空中	クウチュウ	1	0	1	0.003	2	4
35	混在	コンザイ	1	0	1	0.003	2	4
36	湿度	シツド	1	0	1	0.003	2	3
37	重要	ジュウヨウ	1	0	1	0.003	2	4
38	森林	シンリン	1	0	1	0.003	2	4
39	生命	セイメイ	1	0	1	0.003	2	4
40	世界	セカイ	1	0	1	0.003	2	3
41	大事	ダイジ	1	0	1	0.003	2	3
42	通話	ツウワ	1	0	1	0.003	2	3
43	人間	ニンゲン	1	0	1	0.003	2	4
44	人	ヒト	1	0	1	0.003	1	2
45	不可視	フカシ	1	0	1	0.003	3	3
46	無色	ムショク	1	0	1	0.003	2	3
47	無料	ムリョウ	1	0	1	0.003	2	3
48	理科	リカ	1	0	1	0.003	2	2
49	冷気	レイキ	1	0	1	0.003	2	3
50	当たり前	アタリマエ	0	1	1	0.003	4	5
51	温暖	オンダン	0	1	1	0.003	2	4
52	快楽	カイラク	0	1	1	0.003	2	4
53	会話	カイワ	0	1	1	0.003	2	3
54	彼氏	カレシ	0	1	1	0.003	2	3
55	気温	キオン	0	1	1	0.003	2	3
56	きれいさ	キレイサ	0	1	1	0.003	4	4
57	空気洗浄機	クウキセンジョウキ	0	1	1	0.003	5	8
58	自転車	ジテンシャ	0	1	1	0.003	3	4
59	自由	ジユウ	0	1	1	0.003	2	3
60	白	シロ	0	1	1	0.003	1	2
61	清潔	セイケツ	0	1	1	0.003	2	4
62	存在	ソンザイ	0	1	1	0.003	2	4
63	場	バ	0	1	1	0.003	1	1
64	敏感	ビンカン	0	1	1	0.003	2	4
65	マイナスイオン	マイナスイオン	0	1	1	0.003	7	7
66	水色	ミズイロ	0	1	1	0.003	2	4
67	無	ム	0	1	1	0.003	1	1
68	山	ヤマ	0	1	1	0.003	1	2
69	よどみ	ヨドミ	0	1	1	0.003	3	3
70	読み	ヨミ	0	1	1	0.003	2	2
	合計		133	150	283			

32	苦労	フリガナ	男性	女性	全体	連想強度	文字数	モーラ数
1	仕事	シゴト	19	32	51	0.163	2	3
2	努力	ドリョク	13	6	19	0.061	2	3
3	疲労	ヒロウ	7	11	18	0.058	2	3
4	労働	ロウドウ	11	6	17	0.054	2	4
5	人生	ジンセイ	8	5	13	0.042	2	4
6	親	オヤ	6	5	11	0.035	1	2
7	貧乏	ビンボウ	4	7	11	0.035	2	4
8	疲れ	ツカレ	3	3	6	0.019	2	3
9	ストレス	ストレス	2	4	6	0.019	4	4
10	苦痛	クツウ	3	2	5	0.016	2	3
11	汗	アセ	2	3	5	0.016	1	2
12	バイト	バイト	4	0	4	0.013	3	3
13	かね	カネ	2	2	4	0.013	2	2
	お金		*2*	*1*	*3*	*0.010*	*2*	*3*
	金		*0*	*1*	*1*	*0.003*	*1*	*2*
14	母	ハハ	1	2	3	0.010	1	2
15	母親	ハハオヤ	1	2	3	0.010	2	4
16	サラリーマン	サラリーマン	2	0	2	0.006	6	6
17	必要	ヒツヨウ	2	0	2	0.006	2	4
18	勉強	ベンキョウ	2	0	2	0.006	2	4
19	楽	ラク	2	0	2	0.006	1	2
20	関係	カンケイ	1	1	2	0.006	2	4
21	苦労話	クロウバナシ	1	1	2	0.006	3	6
22	心労	シンロウ	1	1	2	0.006	2	4
23	父	チチ	1	1	2	0.006	1	2
24	辛さ	ツラサ	1	1	2	0.006	2	3
25	悩み	ナヤミ	1	1	2	0.006	2	3
26	人間	ニンゲン	1	1	2	0.006	2	4
27	話	ハナシ	1	1	2	0.006	1	3
28	人	ヒト	1	1	2	0.006	1	2
29	道	ミチ	1	1	2	0.006	1	2
30	過去	カコ	0	2	2	0.006	2	2
31	家事	カジ	0	2	2	0.006	2	2
32	困難	コンナン	0	2	2	0.006	2	4
33	社会	シャカイ	0	2	2	0.006	2	3
34	しんどさ	シンドサ	0	2	2	0.006	4	4
35	両親	リョウシン	0	2	2	0.006	2	4
36	会社	カイシャ	1	0	1	0.003	2	3
37	過労死	カロウシ	1	0	1	0.003	3	4
38	苦	ク	1	0	1	0.003	1	1
39	苦渋	クジュウ	1	0	1	0.003	2	3
40	玄人	クロウト	1	0	1	0.003	2	4
41	苦労人	クロウニン	1	0	1	0.003	3	5
42	結果	ケッカ	1	0	1	0.003	2	3
43	現在	ゲンザイ	1	0	1	0.003	2	4
44	小じわ	コジワ	1	0	1	0.003	3	3
45	坂道	サカミチ	1	0	1	0.003	2	4
46	挫折	ザセツ	1	0	1	0.003	2	3
47	四苦八苦	シクハック	1	0	1	0.003	4	5
48	下積み	シタヅミ	1	0	1	0.003	3	4
49	社会問題	シャカイモンダイ	1	0	1	0.003	4	7
50	受験	ジュケン	1	0	1	0.003	2	3
51	睡眠	スイミン	1	0	1	0.003	2	4
52	責務	セキム	1	0	1	0.003	2	3
53	父親	チチオヤ	1	0	1	0.003	2	4
54	中間管理職	チュウカンカンリショク	1	0	1	0.003	5	9
55	手相	テソウ	1	0	1	0.003	2	3
56	とり越し苦労	トリコシクロウ	1	0	1	0.003	6	7
57	徒労	トロウ	1	0	1	0.003	2	3
58	労い	ネギライ	1	0	1	0.003	2	4
59	農民	ノウミン	1	0	1	0.003	2	4
60	悲観	ヒカン	1	0	1	0.003	2	3
61	披露	ヒロウ	1	0	1	0.003	2	3
62	不快	フカイ	1	0	1	0.003	2	3
63	不幸	フコウ	1	0	1	0.003	2	3
64	母子家庭	ボシカテイ	1	0	1	0.003	4	5
65	骨	ホネ	1	0	1	0.003	1	2
66	山	ヤマ	1	0	1	0.003	1	2
67	レポート	レポート	1	0	1	0.003	4	4
68	練炭	レンタン	1	0	1	0.003	2	4
69	老後	ロウゴ	1	0	1	0.003	2	3
70	おかあさん	オカアサン	0	1	1	0.003	5	5
71	おばさん	オバサン	0	1	1	0.003	4	4
72	親不孝	オヤフコウ	0	1	1	0.003	3	5
73	女	オンナ	0	1	1	0.003	1	3
74	会社員	カイシャイン	0	1	1	0.003	3	5
75	学生	ガクセイ	0	1	1	0.003	2	4
76	壁	カベ	0	1	1	0.003	1	2
77	過労	カロウ	0	1	1	0.003	2	3
78	気苦労	キグロウ	0	1	1	0.003	3	4
79	気づかれ	キヅカレ	0	1	1	0.003	4	4
80	勤労	キンロウ	0	1	1	0.003	2	4
81	苦心	クシン	0	1	1	0.003	2	3
82	苦難	クナン	0	1	1	0.003	2	3
83	苦労性	クロウショウ	0	1	1	0.003	3	5
84	幸福	コウフク	0	1	1	0.003	2	4
85	高齢者	コウレイシャ	0	1	1	0.003	3	5
86	孤児	コジ	0	1	1	0.003	2	2
87	災難	サイナン	0	1	1	0.003	2	4
88	時間	ジカン	0	1	1	0.003	2	3
89	失敗	シッパイ	0	1	1	0.003	2	4
90	しわ	シワ	0	1	1	0.003	2	2
91	身体	シンタイ	0	1	1	0.003	2	4
92	心配	シンパイ	0	1	1	0.003	2	4
93	性格	セイカク	0	1	1	0.003	2	4
94	生活	セイカツ	0	1	1	0.003	2	4
95	大切	タイセツ	0	1	1	0.003	2	4
96	達成感	タッセイカン	0	1	1	0.003	3	6
97	茶色	チャイロ	0	1	1	0.003	2	3
98	通学	ツウガク	0	1	1	0.003	2	4
99	取り越し	トリコシ	0	1	1	0.003	4	4
100	涙	ナミダ	0	1	1	0.003	1	3
101	人情	ニンジョウ	0	1	1	0.003	2	4
102	必至	ヒッシ	0	1	1	0.003	2	3
103	疲労困憊	ヒロウコンパイ	0	1	1	0.003	4	7
104	貧困	ヒンコン	0	1	1	0.003	2	4
105	部活	ブカツ	0	1	1	0.003	2	3
106	腹痛	フクツウ	0	1	1	0.003	2	4
107	負担	フタン	0	1	1	0.003	2	3
108	不憫	フビン	0	1	1	0.003	2	3
109	骨折り	ホネオリ	0	1	1	0.003	3	4
110	労	ロウ	0	1	1	0.003	1	2
111	労働者	ロウドウシャ	0	1	1	0.003	3	5
112	若者	ワカモノ	0	1	1	0.003	2	4
	合計		138	155	293			

33	検査	フリガナ	男性	女性	全体	連想強度	文字数	モーラ数
1	病院	ビョウイン	20	30	50	0.160	2	4
2	調査	チョウサ	17	7	24	0.077	2	3
3	健康	ケンコウ	6	10	16	0.051	2	4
4	身体	シンタイ	6	10	16	0.051	2	4
5	テスト	テスト	5	6	11	0.035	3	3
6	血液	ケツエキ	4	6	10	0.032	2	4
7	尿	ニョウ	5	4	9	0.029	1	2
8	視力	シリョク	3	5	8	0.026	2	3
9	心理	シンリ	1	7	8	0.026	2	3
10	病気	ビョウキ	6	1	7	0.022	2	3
11	実験	ジッケン	4	3	7	0.022	2	4
12	クレペリン	クレペリン	6	0	6	0.019	5	5
13	体	カラダ	3	3	6	0.019	1	3
14	検尿	ケンニョウ	3	3	6	0.019	2	4
15	尿検査	ニョウケンサ	2	4	6	0.019	3	5
16	結果	ケッカ	1	5	6	0.019	2	3
17	入院	ニュウイン	1	4	5	0.016	2	4
18	精密	セイミツ	1	3	4	0.013	2	4
19	注射	チュウシャ	1	2	3	0.010	2	3
20	妊娠	ニンシン	1	2	3	0.010	2	4
21	ガン	ガン	2	0	2	0.006	2	2
22	機械	キカイ	2	0	2	0.006	2	3
23	検問	ケンモン	2	0	2	0.006	2	4
24	診断	シンダン	2	0	2	0.006	2	4
25	医者	イシャ	1	1	2	0.006	2	2
26	ぎょうちゅう	ギョウチュウ	1	1	2	0.006	6	4
	ギョウ虫		*1*	*0*	*1*	*0.003*	*4*	*4*
	ギョウチュウ		*0*	*1*	*1*	*0.003*	*6*	*4*
27	恐怖	キョウフ	1	1	2	0.006	2	3
28	警察	ケイサツ	1	1	2	0.006	2	4
29	身体測定	シンタイソクテイ	1	1	2	0.006	4	8
30	精密検査	セイミツケンサ	1	1	2	0.006	4	7
31	適正	テキセイ	1	1	2	0.006	2	4
32	品質	ヒンシツ	1	1	2	0.006	2	4
33	学校	ガッコウ	0	2	2	0.006	2	4
34	服装	フクソウ	0	2	2	0.006	2	4
35	赤	アカ	1	0	1	0.003	1	2
36	ウィルス	ウィルス	1	0	1	0.003	4	3
37	恐怖心	キョウフシン	1	0	1	0.003	3	5
38	緊張	キンチョウ	1	0	1	0.003	2	4
39	薬	クスリ	1	0	1	0.003	1	3
40	クロ	クロ	1	0	1	0.003	2	2
41	検閲	ケンエツ	1	0	1	0.003	2	4
42	検品	ケンピン	1	0	1	0.003	2	4
43	検便	ケンベン	1	0	1	0.003	2	4
44	試験	シケン	1	0	1	0.003	2	3
45	食品	ショクヒン	1	0	1	0.003	2	4
46	人体	ジンタイ	1	0	1	0.003	2	4
47	身長	シンチョウ	1	0	1	0.003	2	4
48	身長計	シンチョウケイ	1	0	1	0.003	3	6
49	心電図	シンデンズ	1	0	1	0.003	3	5
50	性格検査	セイカクケンサ	1	0	1	0.003	4	7
51	測定	ソクテイ	1	0	1	0.003	2	4
52	血	チ	1	0	1	0.003	1	1
53	腸	チョウ	1	0	1	0.003	1	2
54	定期	テイキ	1	0	1	0.003	2	3
55	定期検査	テイキケンサ	1	0	1	0.003	4	6
56	糖尿病	トウニョウビョウ	1	0	1	0.003	3	6
57	ひん尿	ヒンニョウ	1	0	1	0.003	3	4
58	便	ベン	1	0	1	0.003	1	2
59	保健室	ホケンシツ	1	0	1	0.003	3	5
60	街角	マチカド	1	0	1	0.003	2	4
61	面倒	メンドウ	1	0	1	0.003	2	4
62	理科系	リカケイ	1	0	1	0.003	3	4
63	臨床	リンショウ	1	0	1	0.003	2	4
64	牛	ウシ	0	1	1	0.003	1	2
65	X線	エックスセン	0	1	1	0.003	2	6
66	オリンピック	オリンピック	0	1	1	0.003	6	6
67	科学	カガク	0	1	1	0.003	2	3
68	菌	キン	0	1	1	0.003	1	2
69	健康診断	ケンコウシンダン	0	1	1	0.003	4	8
70	検査官	ケンサカン	0	1	1	0.003	3	5
71	検査事項	ケンサジコウ	0	1	1	0.003	4	6
72	検事	ケンジ	0	1	1	0.003	2	3
73	抗体	コウタイ	0	1	1	0.003	2	4
74	採血	サイケツ	0	1	1	0.003	2	4
75	事故米	ジコマイ	0	1	1	0.003	3	4
76	しつこさ	シツコサ	0	1	1	0.003	4	4
77	視力検査	シリョクケンサ	0	1	1	0.003	4	6
78	審査	シンサ	0	1	1	0.003	2	3
79	身体検査	シンタイケンサ	0	1	1	0.003	4	7
80	信用	シンヨウ	0	1	1	0.003	2	4
81	心理検査	シンリケンサ	0	1	1	0.003	4	6
82	水質	スイシツ	0	1	1	0.003	2	4
83	性格	セイカク	0	1	1	0.003	2	4
84	絶食	ゼッショク	0	1	1	0.003	2	4
85	体重	タイジュウ	0	1	1	0.003	2	4
86	体調	タイチョウ	0	1	1	0.003	2	4
87	知識	チシキ	0	1	1	0.003	2	3
88	知能	チノウ	0	1	1	0.003	2	3
89	適性	テキセイ	0	1	1	0.003	2	4
90	人間ドッグ	ニンゲンドッグ	0	1	1	0.003	5	7
91	妊娠検査	ニンシンケンサ	0	1	1	0.003	4	7
92	白衣	ハクイ	0	1	1	0.003	2	3
93	反応	ハンノウ	0	1	1	0.003	2	4
94	BCG	ビーシージー	0	1	1	0.003	3	6
95	日にち	ヒニチ	0	1	1	0.003	3	3
96	保険	ホケン	0	1	1	0.003	2	3
97	麻薬	マヤク	0	1	1	0.003	2	3
98	眼	メ	0	1	1	0.003	1	1
	合計		141	162	303			

34	権利	フリガナ	男性	女性	全体	連想強度	文字数	モーラ数
1	義務	ギム	18	19	37	0.118	2	2
2	じんけん	ジンケン	18	17	35	0.112	4	4
	人権		*17*	*17*	*34*	*0.109*	*2*	*4*
	じんけん		*1*	*0*	*1*	*0.003*	*4*	*4*
3	自由	ジユウ	16	16	32	0.102	2	3
4	主張	シュチョウ	14	12	26	0.083	2	3
5	国民	コクミン	3	12	15	0.048	2	4
6	法律	ホウリツ	2	7	9	0.029	2	4
7	個人	コジン	6	2	8	0.026	2	3
8	人	ヒト	3	5	8	0.026	1	2
9	人間	ニンゲン	3	4	7	0.022	2	4
10	平等	ビョウドウ	3	3	6	0.019	2	4
11	はくだつ	ハクダツ	4	1	5	0.016	4	4
	剥奪		*3*	*1*	*4*	*0.013*	*2*	*4*
	はく奪		*1*	*0*	*1*	*0.003*	*3*	*4*
12	選挙	センキョ	4	0	4	0.013	2	3
13	国	クニ	2	2	4	0.013	1	2
14	自分	ジブン	1	3	4	0.013	2	3
15	社会	シャカイ	1	3	4	0.013	2	3
16	権力	ケンリョク	3	0	3	0.010	2	4
17	政治	セイジ	2	1	3	0.010	2	3
18	地位	チイ	2	1	3	0.010	2	2
19	市民	シミン	1	2	3	0.010	2	3
20	憲法	ケンポウ	0	3	3	0.010	2	4
21	尊重	ソンチョウ	0	3	3	0.010	2	4
22	国家	コッカ	2	0	2	0.006	2	3
23	プライバシー	プライバシー	2	0	2	0.006	6	6
24	獲得	カクトク	1	1	2	0.006	2	4
25	権限	ケンゲン	1	1	2	0.006	2	4
26	子供	コドモ	1	1	2	0.006	2	3
27	戦争	センソウ	1	1	2	0.006	2	4
28	著作権	チョサクケン	1	1	2	0.006	3	5
29	フランス	フランス	1	1	2	0.006	4	4
30	市民権	シミンケン	0	2	2	0.006	3	5
31	侵害	シンガイ	0	2	2	0.006	2	4
32	必要	ヒツヨウ	0	2	2	0.006	2	4
33	悪魔	アクマ	1	0	1	0.003	2	3
34	王	オウ	1	0	1	0.003	1	2
35	革命	カクメイ	1	0	1	0.003	2	4
36	金	キン	1	0	1	0.003	1	2
37	権威	ケンイ	1	0	1	0.003	2	3
38	強欲	ゴウヨク	1	0	1	0.003	2	4
39	個人的人権	コジンテキジンケン	1	0	1	0.003	5	9
40	財産	ザイサン	1	0	1	0.003	2	4
41	参政	サンセイ	1	0	1	0.003	2	4
42	社会権	シャカイケン	1	0	1	0.003	3	5
43	社長	シャチョウ	1	0	1	0.003	2	3
44	取得	シュトク	1	0	1	0.003	2	3
45	肖像権	ショウゾウケン	1	0	1	0.003	3	6
46	章典	ショウテン	1	0	1	0.003	2	4
47	所持	ショジ	1	0	1	0.003	2	2
48	人権団体	ジンケンダンタイ	1	0	1	0.003	4	8
49	生活	セイカツ	1	0	1	0.003	2	4
50	全員	ゼンイン	1	0	1	0.003	2	4
51	選挙権	センキョケン	1	0	1	0.003	3	5
52	存続	ソンゾク	1	0	1	0.003	2	4
53	力	チカラ	1	0	1	0.003	1	3
54	迫害	ハクガイ	1	0	1	0.003	2	4
55	民主主義	ミンシュシュギ	1	0	1	0.003	4	5
56	無常	ムジョウ	1	0	1	0.003	2	3
57	労働者	ロウドウシャ	1	0	1	0.003	3	5
58	意見	イケン	0	1	1	0.003	2	3
59	偉人	イジン	0	1	1	0.003	2	3
60	受身	ウケミ	0	1	1	0.003	2	3
61	王様	オウサマ	0	1	1	0.003	2	4
62	大人	オトナ	0	1	1	0.003	2	3
63	親	オヤ	0	1	1	0.003	1	2
64	規則	キソク	0	1	1	0.003	2	3
65	基本的人権	キホンテキジンケン	0	1	1	0.003	5	9
66	義務教育	ギムキョウイク	0	1	1	0.003	4	6
67	脅威	キョウイ	0	1	1	0.003	2	3
68	行使	コウシ	0	1	1	0.003	2	3
69	告発	コクハツ	0	1	1	0.003	2	4
70	最低限	サイテイゲン	0	1	1	0.003	3	6
71	裁判	サイバン	0	1	1	0.003	2	4
72	裁判所	サイバンショ	0	1	1	0.003	3	5
73	譲渡	ジョウト	0	1	1	0.003	2	3
74	条約	ジョウヤク	0	1	1	0.003	2	4
75	人民	ジンミン	0	1	1	0.003	2	4
76	生存	セイゾン	0	1	1	0.003	2	4
77	生存権	セイゾンケン	0	1	1	0.003	3	6
78	絶対的	ゼッタイテキ	0	1	1	0.003	3	6
79	選択	センタク	0	1	1	0.003	2	4
80	総理	ソウリ	0	1	1	0.003	2	3
81	総理大臣	ソウリダイジン	0	1	1	0.003	4	7
82	束縛	ソクバク	0	1	1	0.003	2	4
83	大切	タイセツ	0	1	1	0.003	2	4
84	投票	トウヒョウ	0	1	1	0.003	2	4
85	土地	トチ	0	1	1	0.003	2	2
86	人々	ヒトビト	0	1	1	0.003	2	4
87	暴力	ボウリョク	0	1	1	0.003	2	4
88	保障	ホショウ	0	1	1	0.003	2	3
89	皆	ミナ	0	1	1	0.003	1	2
90	優位	ユウイ	0	1	1	0.003	2	3
	合計		141	161	302			

35	講義	フリガナ	男性	女性	全体	連想強度	文字数	モーラ数
1	授業	ジュギョウ	40	44	84	0.268	2	3
2	大学	ダイガク	37	33	70	0.224	2	4
3	先生	センセイ	3	15	18	0.058	2	4
4	勉強	ベンキョウ	6	6	12	0.038	2	4
5	教授	キョウジュ	6	3	9	0.029	2	3
6	学校	ガッコウ	4	5	9	0.029	2	4
7	退屈	タイクツ	3	4	7	0.022	2	4
8	講師	コウシ	4	1	5	0.016	2	3
9	睡眠	スイミン	4	1	5	0.016	2	4
10	教室	キョウシツ	2	3	5	0.016	2	4
11	睡魔	スイマ	1	3	4	0.013	2	3
12	講義室	コウギシツ	3	0	3	0.010	3	5
13	学問	ガクモン	2	1	3	0.010	2	4
14	知識	チシキ	2	1	3	0.010	2	3
15	部屋	ヘヤ	2	1	3	0.010	2	2
16	出席	シュッセキ	2	0	2	0.006	2	4
17	履修	リシュウ	2	0	2	0.006	2	3
18	休講	キュウコウ	1	1	2	0.006	2	4
19	議論	ギロン	1	1	2	0.006	2	3
20	時間	ジカン	1	1	2	0.006	2	3
21	話	ハナシ	1	1	2	0.006	1	3
22	必要	ヒツヨウ	1	1	2	0.006	2	4
23	会議	カイギ	0	2	2	0.006	2	3
24	学習	ガクシュウ	0	2	2	0.006	2	4
25	集中	シュウチュウ	0	2	2	0.006	2	4
26	聴講	チョウコウ	0	2	2	0.006	2	4
27	ノート	ノート	0	2	2	0.006	3	3
28	意見	イケン	1	0	1	0.003	2	3
29	教員	キョウイン	1	0	1	0.003	2	4
30	公演	コウエン	1	0	1	0.003	2	4
31	公聴	コウチョウ	1	0	1	0.003	2	4
32	混雑	コンザツ	1	0	1	0.003	2	4
33	困難	コンナン	1	0	1	0.003	2	4
34	多種多様	タシュタヨウ	1	0	1	0.003	4	5
35	単位	タンイ	1	0	1	0.003	2	3
36	テスト	テスト	1	0	1	0.003	3	3
37	暇	ヒマ	1	0	1	0.003	1	2
38	プレゼン	プレゼン	1	0	1	0.003	4	4
39	傍聴	ボウチョウ	1	0	1	0.003	2	4
40	面倒	メンドウ	1	0	1	0.003	2	4
41	今	イマ	0	1	1	0.003	1	2
42	鉛筆	エンピツ	0	1	1	0.003	2	4
43	学生	ガクセイ	0	1	1	0.003	2	4
44	90分	キュウジュップン	0	1	1	0.003	3	6
45	教師	キョウシ	0	1	1	0.003	2	3
46	興味	キョウミ	0	1	1	0.003	2	3
47	権利	ケンリ	0	1	1	0.003	2	3
48	国家	コッカ	0	1	1	0.003	2	3
49	試験	シケン	0	1	1	0.003	2	3
50	重要	ジュウヨウ	0	1	1	0.003	2	4
51	塾	ジュク	0	1	1	0.003	1	2
52	受講	ジュコウ	0	1	1	0.003	2	3
53	心理	シンリ	0	1	1	0.003	2	3
54	生徒	セイト	0	1	1	0.003	2	3
55	長時間	チョウジカン	0	1	1	0.003	3	5
56	聴衆	チョウシュウ	0	1	1	0.003	2	4
57	つまらなさ	ツマラナサ	0	1	1	0.003	5	5
58	討論	トウロン	0	1	1	0.003	2	4
59	内容	ナイヨウ	0	1	1	0.003	2	4
60	夏休み	ナツヤスミ	0	1	1	0.003	3	5
61	話し合い	ハナシアイ	0	1	1	0.003	4	5
62	人	ヒト	0	1	1	0.003	1	2
63	マナー	マナー	0	1	1	0.003	3	3
64	レクチャー	レクチャー	0	1	1	0.003	5	4
	合計		141	160	301			

36	国語	フリガナ	男性	女性	全体	連想強度	文字数	モーラ数
1	漢字	カンジ	20	28	48	0.153	2	3
2	日本語	ニホンゴ	11	12	23	0.073	3	4
3	日本	ニホン	13	7	20	0.064	2	3
4	古典	コテン	9	8	17	0.054	2	3
5	勉強	ベンキョウ	6	9	15	0.048	2	4
6	学校	ガッコウ	9	4	13	0.042	2	4
7	言葉	コトバ	4	9	13	0.042	2	3
8	文章	ブンショウ	4	8	12	0.038	2	4
9	教科	キョウカ	8	1	9	0.029	2	3
10	算数	サンスウ	4	5	9	0.029	2	4
11	本	ホン	1	8	9	0.029	1	2
12	小学校	ショウガッコウ	5	3	8	0.026	3	6
13	数学	スウガク	4	4	8	0.026	2	4
14	授業	ジュギョウ	3	5	8	0.026	2	3
15	英語	エイゴ	4	2	6	0.019	2	3
16	先生	センセイ	3	3	6	0.019	2	4
17	テスト	テスト	2	3	5	0.016	3	3
18	文法	ブンポウ	2	3	5	0.016	2	4
19	文学	ブンガク	1	4	5	0.016	2	4
20	言語	ゲンゴ	3	1	4	0.013	2	3
21	読書	ドクショ	2	2	4	0.013	2	3
22	文	ブン	1	3	4	0.013	1	2
23	現代文	ゲンダイブン	3	0	3	0.010	3	6
24	古文	コブン	2	1	3	0.010	2	3
25	学問	ガクモン	1	2	3	0.010	2	4
26	小説	ショウセツ	1	2	3	0.010	2	4
27	科目	カモク	2	0	2	0.006	2	3
28	漢文	カンブン	1	1	2	0.006	2	4
29	教科書	キョウカショ	1	1	2	0.006	3	4
30	社会	シャカイ	1	1	2	0.006	2	3
31	母国語	ボコクゴ	1	1	2	0.006	3	4
32	文字	モジ	1	1	2	0.006	2	2
33	理科	リカ	1	1	2	0.006	2	2
34	万葉集	マンヨウシュウ	0	2	2	0.006	3	6
35	エージェント	エージェント	1	0	1	0.003	6	5
36	教え	オシエ	1	0	1	0.003	2	3
37	外国語	ガイコクゴ	1	0	1	0.003	3	5
38	簡単	カンタン	1	0	1	0.003	2	4
39	教師	キョウシ	1	0	1	0.003	2	3
40	語彙	ゴイ	1	0	1	0.003	2	2
41	高得点	コウトクテン	1	0	1	0.003	3	6
42	自国	ジコク	1	0	1	0.003	2	3
43	ジャパン	ジャパン	1	0	1	0.003	4	3
44	常識	ジョウシキ	1	0	1	0.003	2	4
45	太宰治	ダザイオサム	1	0	1	0.003	3	6
46	短歌	タンカ	1	0	1	0.003	2	3
47	夏目漱石	ナツメソウセキ	1	0	1	0.003	4	7
48	赤	アカ	0	1	1	0.003	1	2
49	音読	オンドク	0	1	1	0.003	2	4
50	学習	ガクシュウ	0	1	1	0.003	2	4
51	教員	キョウイン	0	1	1	0.003	2	4
52	５教科	ゴキョウカ	0	1	1	0.003	3	4
53	心	ココロ	0	1	1	0.003	1	3
54	詩	シ	0	1	1	0.003	1	1
55	小学生	ショウガクセイ	0	1	1	0.003	3	6
56	人文	ジンブン	0	1	1	0.003	2	4
57	中国語	チュウゴクゴ	0	1	1	0.003	3	5
58	長文読解	チョウブンドッカイ	0	1	1	0.003	4	8
59	得意	トクイ	0	1	1	0.003	2	3
60	読解	ドッカイ	0	1	1	0.003	2	4
61	文系	ブンケイ	0	1	1	0.003	2	4
62	文章問題	ブンショウモンダイ	0	1	1	0.003	4	8
63	母国	ボコク	0	1	1	0.003	2	3
64	黙読	モクドク	0	1	1	0.003	2	4
65	物語	モノガタリ	0	1	1	0.003	2	5
66	読み書き	ヨミカキ	0	1	1	0.003	4	4
67	歴史	レキシ	0	1	1	0.003	2	3
	合計		147	165	312			

37	個人	フリガナ	男性	女性	全体	連想強度	文字数	モーラ数
1	ひとり	ヒトリ	12	20	32	0.102	3	3
	一人		11	18	29	0.093	2	3
	ひとり		0	2	2	0.006	3	3
	1人		1	0	1	0.003	2	3
2	ひと	ヒト	18	12	30	0.096	2	2
	人		17	12	29	0.093	1	2
	ひと		1	0	1	0.003	2	2
3	自分	ジブン	16	10	26	0.083	2	3
4	情報	ジョウホウ	7	10	17	0.054	2	4
5	自由	ジユウ	8	7	15	0.048	2	3
6	個性	コセイ	5	8	13	0.042	2	3
7	権利	ケンリ	7	4	11	0.035	2	3
8	プライバシー	プライバシー	5	6	11	0.035	6	6
9	人間	ニンゲン	7	3	10	0.032	2	4
10	集団	シュウダン	5	3	8	0.026	2	4
11	主義	シュギ	2	5	7	0.022	2	2
12	パーソナリティ	パーソナリティ	4	2	6	0.019	7	6
13	孤独	コドク	2	4	6	0.019	2	3
14	自己	ジコ	2	3	5	0.016	2	2
15	団体	ダンタイ	2	3	5	0.016	2	4
16	他人	タニン	1	4	5	0.016	2	3
17	尊重	ソンチョウ	2	2	4	0.013	2	4
18	名前	ナマエ	2	2	4	0.013	2	3
19	あいでんてぃてぃ	アイデンティティ	2	1	3	0.010	8	6
	アイデンティティ		2	0	2	0.006	8	6
	アイデンティティー		0	1	1	0.003	9	7
20	個別	コベツ	1	2	3	0.010	2	3
21	人権	ジンケン	1	2	3	0.010	2	4
22	特定	トクテイ	1	2	3	0.010	2	4
23	独立	ドクリツ	1	2	3	0.010	2	4
24	大勢	タイセイ	2	0	2	0.006	2	4
25	パーソナル	パーソナル	2	0	2	0.006	5	5
26	趣味	シュミ	1	1	2	0.006	2	2
27	責任	セキニン	1	1	2	0.006	2	4
28	タクシー	タクシー	1	1	2	0.006	4	4
29	単体	タンタイ	1	1	2	0.006	2	4
30	仲間	ナカマ	1	1	2	0.006	2	3
31	パソコン	パソコン	1	1	2	0.006	4	4
32	プライベート	プライベート	1	1	2	0.006	6	6
33	面談	メンダン	1	1	2	0.006	2	4
34	経営	ケイエイ	0	2	2	0.006	2	4
35	個人主義	コジンシュギ	0	2	2	0.006	4	5
36	個人情報	コジンジョウホウ	0	2	2	0.006	4	7
37	主観	シュカン	0	2	2	0.006	2	3
38	能力	ノウリョク	0	2	2	0.006	2	4
39	アメリカ	アメリカ	1	0	1	0.003	4	4
40	意志	イシ	1	0	1	0.003	2	2
41	葛藤	カットウ	1	0	1	0.003	2	4
42	気楽	キラク	1	0	1	0.003	2	3
43	記録	キロク	1	0	1	0.003	2	3
44	個	コ	1	0	1	0.003	1	1
45	個人情報保護法	コジンジョウホウホゴホウ	1	0	1	0.003	7	11
46	孤立	コリツ	1	0	1	0.003	2	3
47	様々	サマザマ	1	0	1	0.003	2	4
48	自分勝手	ジブンカッテ	1	0	1	0.003	4	6
49	社会	シャカイ	1	0	1	0.003	2	3
50	主張	シュチョウ	1	0	1	0.003	2	3
51	全体	ゼンタイ	1	0	1	0.003	2	4
52	匿名	トクメイ	1	0	1	0.003	2	4
53	ニート	ニート	1	0	1	0.003	3	3
54	部屋	ヘヤ	1	0	1	0.003	2	2
55	名刺	メイシ	1	0	1	0.003	2	3
56	メドレー	メドレー	1	0	1	0.003	4	4
57	約束	ヤクソク	1	0	1	0.003	2	4
58	意見	イケン	0	1	1	0.003	2	3
59	内	ウチ	0	1	1	0.003	1	2
60	カラー	カラー	0	1	1	0.003	3	3
61	考え	カンガエ	0	1	1	0.003	2	4
62	偶像	グウゾウ	0	1	1	0.003	2	4
63	携帯	ケイタイ	0	1	1	0.003	2	4
64	公開	コウカイ	0	1	1	0.003	2	4
65	行動	コウドウ	0	1	1	0.003	2	4
66	紺	コン	0	1	1	0.003	1	2
67	懇談	コンダン	0	1	1	0.003	2	4
68	自意識過剰	ジイシキカジョウ	0	1	1	0.003	5	7
69	自身	ジシン	0	1	1	0.003	2	3
70	思想	シソウ	0	1	1	0.003	2	3
71	私的	シテキ	0	1	1	0.003	2	3
72	重要	ジュウヨウ	0	1	1	0.003	2	4
73	証明	ショウメイ	0	1	1	0.003	2	4
74	人格	ジンカク	0	1	1	0.003	2	4
75	心理学	シンリガク	0	1	1	0.003	3	5
76	性格	セイカク	0	1	1	0.003	2	4
77	成績表	セイセキヒョウ	0	1	1	0.003	3	6
78	知識	チシキ	0	1	1	0.003	2	3
79	自己中	ジコチュウ	0	1	1	0.003	3	4
80	十色	ジュッショク	0	1	1	0.003	2	4
81	独創	ドクソウ	0	1	1	0.003	2	4
82	友達	トモダチ	0	1	1	0.003	2	4
83	秘密	ヒミツ	0	1	1	0.003	2	3
84	プレー	プレー	0	1	1	0.003	3	3
85	別	ベツ	0	1	1	0.003	1	2
86	保護	ホゴ	0	1	1	0.003	2	2
87	本	ホン	0	1	1	0.003	1	2
88	妄想	モウソウ	0	1	1	0.003	2	4
89	問題	モンダイ	0	1	1	0.003	2	4
90	わがまま	ワガママ	0	1	1	0.003	4	4
	合計		144	168	312			

38	古典	フリガナ	男性	女性	全体	連想強度	文字数	モーラ数
1	国語	コクゴ	29	47	76	0.243	2	3
2	文学	ブンガク	13	21	34	0.109	2	4
3	昔	ムカシ	8	8	16	0.051	1	3
4	古文	コブン	5	9	14	0.045	2	3
5	歴史	レキシ	9	4	13	0.042	2	3
6	紫式部	ムラサキシキブ	7	6	13	0.042	3	7
7	授業	ジュギョウ	7	5	12	0.038	2	3
8	漢文	カンブン	6	5	11	0.035	2	4
9	辞書	ジショ	3	3	6	0.019	2	2
10	古語	コゴ	2	4	6	0.019	2	2
11	源氏物語	ゲンジモノガタリ	3	2	5	0.016	4	8
12	勉強	ベンキョウ	3	2	5	0.016	2	4
13	日本	ニホン	2	3	5	0.016	2	3
14	高校	コウコウ	3	1	4	0.013	2	4
15	教科書	キョウカショ	2	2	4	0.013	3	4
16	漢字	カンジ	1	3	4	0.013	2	3
17	平安時代	ヘイアンジダイ	1	2	3	0.010	4	7
18	枕草子	マクラノソウシ	0	3	3	0.010	3	7
19	古事記	コジキ	2	0	2	0.006	3	3
20	和歌	ワカ	2	0	2	0.006	2	2
21	学習	ガクシュウ	1	1	2	0.006	2	4
22	過去	カコ	1	1	2	0.006	2	2
23	現代文	ゲンダイブン	1	1	2	0.006	3	6
24	清少納言	セイショウナゴン	1	1	2	0.006	4	7
25	文化	ブンカ	1	1	2	0.006	2	3
26	落語	ラクゴ	1	1	2	0.006	2	3
27	本	ホン	0	2	2	0.006	1	2
28	飛鳥	アスカ	1	0	1	0.003	2	3
29	ギター	ギター	1	0	1	0.003	3	3
30	クラシック	クラシック	1	0	1	0.003	5	5
31	クラシック音楽	クラシックオンガク	1	0	1	0.003	7	9
32	芸術	ゲイジュツ	1	0	1	0.003	2	4
33	言語	ゲンゴ	1	0	1	0.003	2	3
34	古今和歌集	コキンワカシュウ	1	0	1	0.003	5	7
35	古典的条件付け	コテンテキジョウケンヅケ	1	0	1	0.003	7	11
36	古典文学	コテンブンガク	1	0	1	0.003	4	7
37	三国志	サンゴクシ	1	0	1	0.003	3	5
38	辞典	ジテン	1	0	1	0.003	2	3
39	常識	ジョウシキ	1	0	1	0.003	2	4
40	センター	センター	1	0	1	0.003	4	4
41	漱石	ソウセキ	1	0	1	0.003	2	4
42	展覧会	テンランカイ	1	0	1	0.003	3	6
43	得意	トクイ	1	0	1	0.003	2	3
44	納言	ナゴン	1	0	1	0.003	2	3
45	ハムラビ	ハムラビ	1	0	1	0.003	4	4
46	福沢諭吉	フクザワユキチ	1	0	1	0.003	4	7
47	舞踊	ブヨウ	1	0	1	0.003	2	3
48	文法	ブンポウ	1	0	1	0.003	2	4
49	勉学	ベンガク	1	0	1	0.003	2	4
50	昔話	ムカシバナシ	1	0	1	0.003	2	6
51	紫	ムラサキ	1	0	1	0.003	1	4
52	物語	モノガタリ	1	0	1	0.003	2	5
53	老子	ロウシ	1	0	1	0.003	2	3
54	芥川	アクタガワ	0	1	1	0.003	2	5
55	医学	イガク	0	1	1	0.003	2	3
56	翁	オキナ	0	1	1	0.003	1	3
57	おののこまち	オノノコマチ	0	1	1	0.003	6	6
58	音楽	オンガク	0	1	1	0.003	2	4
59	学校	ガッコウ	0	1	1	0.003	2	4
60	活用	カツヨウ	0	1	1	0.003	2	4
61	漢詩	カンシ	0	1	1	0.003	2	3
62	源氏	ゲンジ	0	1	1	0.003	2	3
63	現代	ゲンダイ	0	1	1	0.003	2	4
64	古代	コダイ	0	1	1	0.003	2	3
65	自由	ジユウ	0	1	1	0.003	2	3
66	条件付け	ジョウケンヅケ	0	1	1	0.003	4	6
67	神話	シンワ	0	1	1	0.003	2	3
68	先生	センセイ	0	1	1	0.003	2	4
69	単語	タンゴ	0	1	1	0.003	2	3
70	徒然草	ツレヅレグサ	0	1	1	0.003	3	6
71	姫	ヒメ	0	1	1	0.003	1	2
72	不可能	フカノウ	0	1	1	0.003	3	4
73	複雑	フクザツ	0	1	1	0.003	2	4
74	古さ	フルサ	0	1	1	0.003	2	3
75	平安	ヘイアン	0	1	1	0.003	2	4
76	平家物語	ヘイケモノガタリ	0	1	1	0.003	4	8
77	マッチョ	マッチョ	0	1	1	0.003	4	3
78	万葉集	マンヨウシュウ	0	1	1	0.003	3	6
79	難しさ	ムズカシサ	0	1	1	0.003	3	5
	合計		140	164	304			

39	言葉	フリガナ	男性	女性	全体	連想強度	文字数	モーラ数
1	言語	ゲンゴ	19	14	33	0.105	2	3
2	会話	カイワ	13	13	26	0.083	2	3
3	日本語	ニホンゴ	10	8	18	0.058	3	4
4	コミュニケーション	コミュニケーション	5	10	15	0.048	9	7
5	口	クチ	5	7	12	0.038	1	2
6	人	ヒト	6	4	10	0.032	1	2
7	大切	タイセツ	4	6	10	0.032	2	4
8	文字	モジ	4	5	9	0.029	2	2
9	文化	ブンカ	4	4	8	0.026	2	3
10	声	コエ	4	2	6	0.019	1	2
11	人間	ニンゲン	3	3	6	0.019	2	4
12	英語	エイゴ	2	3	5	0.016	2	3
13	国語	コクゴ	2	3	5	0.016	2	3
14	話	ハナシ	1	4	5	0.016	1	3
15	気持ち	キモチ	3	1	4	0.013	3	3
16	愛	アイ	2	2	4	0.013	1	2
17	ことばづかい	コトバヅカイ	2	2	4	0.013	6	6
	ことばづかい		*1*	*1*	*2*	*0.006*	*6*	*6*
	言葉づかい		*1*	*0*	*1*	*0.003*	*5*	*6*
	言葉遣い		*0*	*1*	*1*	*0.003*	*4*	*6*
18	対話	タイワ	2	2	4	0.013	2	3
19	外国語	ガイコクゴ	1	3	4	0.013	3	5
20	辞書	ジショ	1	3	4	0.013	2	2
21	暴力	ボウリョク	3	0	3	0.010	2	4
22	遊び	アソビ	2	1	3	0.010	2	3
23	単語	タンゴ	2	1	3	0.010	2	3
24	伝言	デンゴン	0	3	3	0.010	2	4
25	言霊	コトダマ	2	0	2	0.006	2	4
26	世界	セカイ	2	0	2	0.006	2	3
27	道具	ドウグ	2	0	2	0.006	2	3
28	本	ホン	2	0	2	0.006	1	2
29	意志	イシ	1	1	2	0.006	2	2
30	スクールデイズ	スクールデイズ	1	1	2	0.006	7	7
31	魂	タマシイ	1	1	2	0.006	1	4
32	友達	トモダチ	1	1	2	0.006	2	4
33	刃物	ハモノ	1	1	2	0.006	2	3
34	武器	ブキ	1	1	2	0.006	2	2
35	不思議	フシギ	1	1	2	0.006	3	3
36	方言	ホウゲン	1	1	2	0.006	2	4
37	理解	リカイ	1	1	2	0.006	2	3
38	合言葉	アイコトバ	0	2	2	0.006	3	5
39	意味	イミ	0	2	2	0.006	2	2
40	国	クニ	0	2	2	0.006	1	2
41	詩	シ	0	2	2	0.006	1	1
42	大事	ダイジ	0	2	2	0.006	2	3
43	伝達	デンタツ	0	2	2	0.006	2	4
44	愛情	アイジョウ	1	0	1	0.003	2	4
45	命	イノチ	1	0	1	0.003	1	3
46	感情	カンジョウ	1	0	1	0.003	2	4
47	凶器	キョウキ	1	0	1	0.003	2	3
48	空気	クウキ	1	0	1	0.003	2	3
49	交流	コウリュウ	1	0	1	0.003	2	4
50	心	ココロ	1	0	1	0.003	1	3
51	色紙	シキシ	1	0	1	0.003	2	3
52	自殺	ジサツ	1	0	1	0.003	2	3
53	手段	シュダン	1	0	1	0.003	2	3
54	常用	ジョウヨウ	1	0	1	0.003	2	4
55	スピーチ	スピーチ	1	0	1	0.003	4	4
56	地域	チイキ	1	0	1	0.003	2	3
57	知性	チセイ	1	0	1	0.003	2	3
58	手紙	テガミ	1	0	1	0.003	2	3
59	ノコギリ	ノコギリ	1	0	1	0.003	4	4
60	葉っぱ	ハッパ	1	0	1	0.003	3	3
61	花	ハナ	1	0	1	0.003	1	2
62	光	ヒカリ	1	0	1	0.003	1	3
63	必要	ヒツヨウ	1	0	1	0.003	2	4
64	表現	ヒョウゲン	1	0	1	0.003	2	4
65	文章	ブンショウ	1	0	1	0.003	2	4
66	若者	ワカモノ	1	0	1	0.003	2	4
67	あいさつ	アイサツ	0	1	1	0.003	4	4
68	相手	アイテ	0	1	1	0.003	2	3
69	曖昧	アイマイ	0	1	1	0.003	2	4
70	あや	アヤ	0	1	1	0.003	2	2
71	嘘	ウソ	0	1	1	0.003	1	2
72	江戸時代	エドジダイ	0	1	1	0.003	4	5
73	外国	ガイコク	0	1	1	0.003	2	4
74	感謝	カンシャ	0	1	1	0.003	2	3
75	傷	キズ	0	1	1	0.003	1	2
76	敬語	ケイゴ	0	1	1	0.003	2	3
77	国際	コクサイ	0	1	1	0.003	2	4
78	五十音	ゴジュウオン	0	1	1	0.003	3	5
79	言葉のあや	コトバノアヤ	0	1	1	0.003	5	6
80	実験	ジッケン	0	1	1	0.003	2	4
81	失語	シツゴ	0	1	1	0.003	2	3
82	聖書	セイショ	0	1	1	0.003	2	3
83	多数	タスウ	0	1	1	0.003	2	3
84	多様	タヨウ	0	1	1	0.003	2	3
85	弾丸	ダンガン	0	1	1	0.003	2	4
86	つながり	ツナガリ	0	1	1	0.003	4	4
87	伝道	デンドウ	0	1	1	0.003	2	4
88	慰め	ナグサメ	0	1	1	0.003	2	4
89	葉	ハ	0	1	1	0.003	1	1
90	発言	ハツゲン	0	1	1	0.003	2	4
91	必要不可欠	ヒツヨウフカケツ	0	1	1	0.003	5	8
92	母語	ボゴ	0	1	1	0.003	2	2
93	枕詞	マクラコトバ	0	1	1	0.003	2	6
94	緑	ミドリ	0	1	1	0.003	1	3
95	連想	レンソウ	0	1	1	0.003	2	4
	合計		140	154	294			

40	雇用	フリガナ	男性	女性	全体	連想強度	文字数	モーラ数
1	会社	カイシャ	38	31	69	0.220	2	3
2	仕事	シゴト	12	19	31	0.099	2	3
3	アルバイト	アルバイト	8	5	13	0.042	5	5
4	解雇	カイコ	7	5	12	0.038	2	3
5	労働	ロウドウ	6	5	11	0.035	2	4
6	保険	ホケン	3	8	11	0.035	2	3
7	就職	シュウショク	6	3	9	0.029	2	4
8	バイト	バイト	5	4	9	0.029	3	3
9	社会	シャカイ	3	6	9	0.029	2	3
10	社長	シャチョウ	2	5	7	0.022	2	3
11	終身	シュウシン	4	2	6	0.019	2	4
12	機会	キカイ	3	4	7	0.022	2	3
13	賃金	チンギン	4	1	5	0.016	2	4
14	企業	キギョウ	2	3	5	0.016	2	3
15	派遣	ハケン	2	3	5	0.016	2	3
16	問題	モンダイ	1	4	5	0.016	2	4
17	労働者	ロウドウシャ	1	4	5	0.016	3	5
18	社員	シャイン	3	1	4	0.013	2	3
19	機関	キカン	1	3	4	0.013	2	3
20	採用	サイヨウ	0	4	4	0.013	2	4
21	雇用機会均等法	コヨウキカイキントウホウ	2	1	3	0.010	7	12
22	男女	ダンジョ	2	1	3	0.010	2	3
23	面接	メンセツ	1	2	3	0.010	2	4
24	サラリーマン	サラリーマン	2	0	2	0.006	6	6
25	人事	ジンジ	2	0	2	0.006	2	3
26	正社員	セイシャイン	2	0	2	0.006	3	5
27	制度	セイド	1	1	2	0.006	2	3
28	機会均等法	キカイキントウホウ	0	2	2	0.006	5	9
29	勤務	キンム	0	2	2	0.006	2	3
30	けいたい	ケイタイ	0	2	2	0.006	4	4
	形体		*0*	*1*	*1*	*0.003*	*2*	*4*
	形態		*0*	*1*	*1*	*0.003*	*2*	*4*
31	法律	ホウリツ	0	2	2	0.006	2	4
32	雇い主	ヤトイヌシ	0	2	2	0.006	3	5
33	管理	カンリ	1	0	1	0.003	2	3
34	金	キン	1	0	1	0.003	1	2
35	景気	ケイキ	1	0	1	0.003	2	3
36	契約	ケイヤク	1	0	1	0.003	2	4
37	試験	シケン	1	0	1	0.003	2	3
38	失業	シツギョウ	1	0	1	0.003	2	4
39	資本	シホン	1	0	1	0.003	2	3
40	終身雇用	シュウシンコヨウ	1	0	1	0.003	4	7
41	状態	ジョウタイ	1	0	1	0.003	2	4
42	大卒	ダイソツ	1	0	1	0.003	2	4
43	男女雇用機会均等法	ダンジョコヨウキカイキントウホウ	1	0	1	0.003	9	15
44	男性	ダンセイ	1	0	1	0.003	2	4
45	手当	テアテ	1	0	1	0.003	2	3
46	ニート	ニート	1	0	1	0.003	3	3
47	人間	ニンゲン	1	0	1	0.003	2	4
48	年功序列	ネンコウジョレツ	1	0	1	0.003	4	7
49	能力	ノウリョク	1	0	1	0.003	2	4
50	パート	パート	1	0	1	0.003	3	3
51	氷河期	ヒョウガキ	1	0	1	0.003	3	4
52	外国人	ガイコクジン	0	1	1	0.003	3	6
53	期間	キカン	0	1	1	0.003	2	3
54	給料	キュウリョウ	0	1	1	0.003	2	4
55	金銭	キンセン	0	1	1	0.003	2	4
56	勤労	キンロウ	0	1	1	0.003	2	4
57	雇用機関	コヨウキカン	0	1	1	0.003	4	6
58	雇用主	コヨウヌシ	0	1	1	0.003	3	5
59	雇用保険	コヨウホケン	0	1	1	0.003	4	6
60	困難	コンナン	0	1	1	0.003	2	4
61	最低賃金	サイテイチンギン	0	1	1	0.003	4	8
62	裁判	サイバン	0	1	1	0.003	2	4
63	指示	シジ	0	1	1	0.003	2	2
64	社会人	シャカイジン	0	1	1	0.003	3	5
65	従業員	ジュウギョウイン	0	1	1	0.003	3	6
66	人権	ジンケン	0	1	1	0.003	2	4
67	増加	ゾウカ	0	1	1	0.003	2	3
68	促進	ソクシン	0	1	1	0.003	2	4
69	対策	タイサク	0	1	1	0.003	2	4
70	男女均等	ダンジョキントウ	0	1	1	0.003	4	7
71	非正規	ヒセイキ	0	1	1	0.003	3	4
72	人	ヒト	0	1	1	0.003	1	2
73	日雇い	ヒヤトイ	0	1	1	0.003	3	4
74	店	ミセ	0	1	1	0.003	1	2
75	役員	ヤクイン	0	1	1	0.003	2	4
76	用事	ヨウジ	0	1	1	0.003	2	3
77	リストラ	リストラ	0	1	1	0.003	4	4
78	若者	ワカモノ	0	1	1	0.003	2	4
	合計		142	162	304			

41	娯楽	フリガナ	男性	女性	全体	連想強度	文字数	モーラ数
1	遊び	アソビ	17	21	38	0.121	2	3
2	ゲーム	ゲーム	16	11	27	0.086	3	3
3	趣味	シュミ	10	14	24	0.077	2	2
4	テレビ	テレビ	7	13	20	0.064	3	3
5	映画	エイガ	5	9	14	0.045	2	3
6	パチンコ	パチンコ	7	6	13	0.042	4	4
7	温泉	オンセン	0	12	12	0.038	2	4
8	カラオケ	カラオケ	5	6	11	0.035	4	4
9	遊園地	ユウエンチ	9	1	10	0.032	3	5
10	施設	シセツ	4	6	10	0.032	2	3
11	楽しさ	タノシサ	0	8	8	0.026	3	4
12	音楽	オンガク	1	5	6	0.019	2	4
13	ギャンブル	ギャンブル	4	1	5	0.016	5	4
14	まんが	マンガ	3	1	4	0.013	3	3
	マンガ		*2*	*0*	*2*	*0.006*	*3*	3
	漫画		*1*	*1*	*2*	*0.006*	*2*	*3*
15	競馬	ケイバ	2	1	3	0.010	2	*3*
16	楽しみ	タノシミ	2	1	3	0.010	3	4
17	風俗	フウゾク	2	1	3	0.010	2	4
18	遊戯	ユウギ	2	1	3	0.010	2	3
19	ばくち	バクチ	1	2	3	0.010	3	3
	博打		*1*	*1*	*2*	*0.006*	*2*	*3*
	ばくち		*0*	*1*	*1*	*0.003*	*3*	*3*
20	まーじゃん	マージャン	0	3	3	0.010	5	4
	マージャン		*0*	*2*	*2*	*0.006*	*5*	*4*
	麻雀		*0*	*1*	*1*	*0.003*	*2*	*4*
21	快楽	カイラク	2	0	2	0.006	2	4
22	ゲームセンター	ゲームセンター	2	0	2	0.006	7	7
23	サッカー	サッカー	2	0	2	0.006	4	4
24	スポーツ	スポーツ	2	0	2	0.006	4	4
25	道楽	ドウラク	2	0	2	0.006	2	4
26	アミューズメント	アミューズメント	1	1	2	0.006	8	7
27	さけ	サケ	1	1	2	0.006	2	2
	酒		*1*	*0*	*1*	*0.003*	*1*	*2*
	お酒		*0*	*1*	*1*	*0.003*	*2*	*3*
28	自由	ジユウ	1	1	2	0.006	2	3
29	読書	ドクショ	1	1	2	0.006	2	3
30	人	ヒト	1	1	2	0.006	1	2
31	ボーリング	ボーリング	1	1	2	0.006	5	5
32	漫才	マンザイ	1	1	2	0.006	2	4
33	旅行	リョコウ	1	1	2	0.006	2	3
34	享楽	キョウラク	0	2	2	0.006	2	4
35	東京事変	トウキョウジヘン	0	2	2	0.006	4	7
36	楽	ラク	0	2	2	0.006	1	2
37	アイドル	アイドル	1	0	1	0.003	4	4
38	アニメ	アニメ	1	0	1	0.003	3	3
39	憩	イコイ	1	0	1	0.003	1	3
40	オセロ	オセロ	1	0	1	0.003	3	3
41	賭け事	カケゴト	1	0	1	0.003	3	4
42	カジノ	カジノ	1	0	1	0.003	3	3
43	歌舞伎	カブキ	1	0	1	0.003	3	3
44	京都	キョウト	1	0	1	0.003	2	3
45	興奮	コウフン	1	0	1	0.003	2	4
46	コメディ	コメディ	1	0	1	0.003	4	3
47	娯楽施設	ゴラクシセツ	1	0	1	0.003	4	6
48	ゴルフ	ゴルフ	1	0	1	0.003	3	3
49	雑誌	ザッシ	1	0	1	0.003	2	3
50	散歩	サンポ	1	0	1	0.003	2	3
51	刺激	シゲキ	1	0	1	0.003	2	3
52	嗜好	シコウ	1	0	1	0.003	2	3
53	酒池肉林	シュチニクリン	1	0	1	0.003	4	6
54	小説	ショウセツ	1	0	1	0.003	2	4
55	テニス	テニス	1	0	1	0.003	3	3
56	テレビゲーム	テレビゲーム	1	0	1	0.003	6	6
57	伝統	デントウ	1	0	1	0.003	2	4
58	賭博	トバク	1	0	1	0.003	2	3
59	成金	ナリキン	1	0	1	0.003	2	4
60	卑猥	ヒワイ	1	0	1	0.003	2	3
61	文化	ブンカ	1	0	1	0.003	2	3
62	本	ホン	1	0	1	0.003	1	2
63	落語	ラクゴ	1	0	1	0.003	2	3
64	笑	ワライ	1	0	1	0.003	1	3
65	アミューズメントパーク	アミューズメントパーク	0	1	1	0.003	11	10
66	囲碁	イゴ	0	1	1	0.003	2	2
67	うさ晴らし	ウサバラシ	0	1	1	0.003	5	5
68	おもちゃ	オモチャ	0	1	1	0.003	4	3
69	金	カネ	0	1	1	0.003	1	2
70	カフェ	カフェ	0	1	1	0.003	3	2
71	玩具	ガング	0	1	1	0.003	2	3
72	鑑賞	カンショウ	0	1	1	0.003	2	4
73	芸術	ゲイジュツ	0	1	1	0.003	2	4
74	ゲーセン	ゲーセン	0	1	1	0.003	4	4
75	幸せ	シアワセ	0	1	1	0.003	2	4
76	三味線	シャミセン	0	1	1	0.003	3	4
77	大切	タイセツ	0	1	1	0.003	2	4
78	日曜	ニチヨウ	0	1	1	0.003	2	4
79	能	ノウ	0	1	1	0.003	1	2
80	バラエティ	バラエティ	0	1	1	0.003	5	4
81	武道	ブドウ	0	1	1	0.003	2	3
82	遊具	ユウグ	0	1	1	0.003	2	3
83	裕福	ユウフク	0	1	1	0.003	2	4
84	愉快	ユカイ	0	1	1	0.003	2	3
85	余暇	ヨカ	0	1	1	0.003	2	2
86	レジャー	レジャー	0	1	1	0.003	4	3
	合計		143	159	302			

42	財布	フリガナ	男性	女性	全体	連想強度	文字数	モーラ数
1	かね	カネ	97	116	213	0.681	2	2
	お金		51	83	134	0.428	2	3
	金		46	33	79	0.252	1	2
2	かわ	カワ	6	4	10	0.032	2	2
	革		4	2	6	0.019	1	2
	皮		2	2	4	0.013	1	2
3	さつ	サツ	6	3	9	0.029	2	2
	お札		3	2	5	0.016	2	3
	札		3	1	4	0.013	1	2
4	現金	ゲンキン	3	3	6	0.019	2	4
5	びとん	ビトン	4	1	5	0.016	3	3
	ヴィトン		2	1	3	0.010	4	3
	ビトン		1	0	1	0.003	3	3
	びとん		1	0	1	0.003	3	3
6	紛失	フンシツ	3	2	5	0.016	2	4
7	ブランド	ブランド	2	3	5	0.016	4	4
8	紐	ヒモ	1	4	5	0.016	1	2
9	小銭	コゼニ	2	2	4	0.013	2	3
10	必要	ヒツヨウ	0	3	3	0.010	2	4
11	空	カラ	2	0	2	0.006	1	2
12	紙幣	シヘイ	2	0	2	0.006	2	3
13	窃盗	セットウ	2	0	2	0.006	2	4
14	大切	タイセツ	2	0	2	0.006	2	4
15	空っぽ	カラッポ	1	1	2	0.006	3	4
16	金銭	キンセン	1	1	2	0.006	2	4
17	スリ	スリ	1	1	2	0.006	2	2
18	中身	ナカミ	1	1	2	0.006	2	3
19	硬貨	コウカ	0	2	2	0.006	2	3
20	貯金	チョキン	0	2	2	0.006	2	3
21	長財布	ナガサイフ	0	2	2	0.006	3	5
22	円	エン	1	0	1	0.003	1	2
23	おしゃれ	オシャレ	1	0	1	0.003	4	3
24	折りたたみ	オリタタミ	1	0	1	0.003	5	5
25	貨幣	カヘイ	1	0	1	0.003	2	3
26	少量	ショウリョウ	1	0	1	0.003	2	4
27	盗難	トウナン	1	0	1	0.003	2	4
28	貧乏	ビンボウ	1	0	1	0.003	2	4
29	ポケット	ポケット	1	0	1	0.003	4	4
30	無一文	ムイチモン	1	0	1	0.003	3	5
31	無銭	ムセン	1	0	1	0.003	2	3
32	カード	カード	0	1	1	0.003	3	3
33	がま口	ガマグチ	0	1	1	0.003	3	4
34	黄色	キイロ	0	1	1	0.003	2	3
35	貴重品	キチョウヒン	0	1	1	0.003	3	5
36	財布のひも	サイフノヒモ	0	1	1	0.003	5	6
37	損失	ソンシツ	0	1	1	0.003	2	4
38	大事	ダイジ	0	1	1	0.003	2	3
39	盗人	ヌスット	0	1	1	0.003	2	4
40	レシート	レシート	0	1	1	0.003	4	4
	合計		146	160	306			

43	散歩	フリガナ	男性	女性	全体	連想強度	文字数	モーラ数
1	いぬ	イヌ	49	72	121	0.387	2	2
	犬		*47*	*72*	*119*	*0.380*	*1*	*2*
	いぬ		*1*	*0*	*1*	*0.003*	*2*	*2*
	イヌ		*1*	*0*	*1*	*0.003*	*2*	*2*
2	公園	コウエン	28	23	51	0.163	2	4
3	道	ミチ	10	12	22	0.070	1	2
4	ととろ	トトロ	7	9	16	0.051	3	3
	トトロ		*7*	*7*	*14*	*0.045*	*3*	*3*
	ととろ		*0*	*2*	*2*	*0.006*	*3*	*3*
5	徒歩	トホ	7	3	10	0.032	2	2
6	朝	アサ	1	4	5	0.016	1	2
7	歩行	ホコウ	3	1	4	0.013	2	3
8	健康	ケンコウ	2	1	3	0.010	2	4
9	趣味	シュミ	2	1	3	0.010	2	2
10	外	ソト	2	1	3	0.010	1	2
11	晴れ	ハレ	1	2	3	0.010	2	2
12	ペット	ペット	1	2	3	0.010	3	3
13	気分	キブン	2	0	2	0.006	2	3
14	庭	ニワ	2	0	2	0.006	1	2
15	歩道	ホドウ	2	0	2	0.006	2	3
16	運動	ウンドウ	1	1	2	0.006	2	4
17	おじいさん	オジイサン	1	1	2	0.006	5	5
18	散策	サンサク	1	1	2	0.006	2	4
19	散歩道	サンポミチ	1	1	2	0.006	3	5
20	並木道	ナミキミチ	1	1	2	0.006	3	5
21	田舎	イナカ	1	0	1	0.003	2	3
22	ウォーキング	ウォーキング	1	0	1	0.003	6	5
23	闊歩	カッポ	1	0	1	0.003	2	3
24	休息	キュウソク	1	0	1	0.003	2	4
25	靴	クツ	1	0	1	0.003	1	2
26	ジョギング	ジョギング	1	0	1	0.003	5	4
27	太陽	タイヨウ	1	0	1	0.003	2	4
28	動物	ドウブツ	1	0	1	0.003	2	4
29	暇	ヒマ	1	0	1	0.003	1	2
30	疲労	ヒロウ	1	0	1	0.003	2	3
31	平和	ヘイワ	1	0	1	0.003	2	3
32	緑	ミドリ	1	0	1	0.003	1	3
33	森	モリ	1	0	1	0.003	1	2
34	山	ヤマ	1	0	1	0.003	1	2
35	ルソー	ルソー	1	0	1	0.003	3	3
36	老人	ロウジン	1	0	1	0.003	2	4
37	おじいちゃん	オジイチャン	0	1	1	0.003	6	5
38	お年寄り	オトシヨリ	0	1	1	0.003	4	4
39	外出	ガイシュツ	0	1	1	0.003	2	4
40	家族	カゾク	0	1	1	0.003	2	3
41	河原	カワラ	0	1	1	0.003	2	3
42	近所	キンジョ	0	1	1	0.003	2	3
43	草色	クサイロ	0	1	1	0.003	2	4
44	小春日和	コハルビヨリ	0	1	1	0.003	4	6
45	娯楽	ゴラク	0	1	1	0.003	2	3
46	早朝	ソウチョウ	0	1	1	0.003	2	4
47	田んぼ	タンボ	0	1	1	0.003	3	3
48	タンポポ	タンポポ	0	1	1	0.003	4	4
49	土手	ドテ	0	1	1	0.003	2	2
50	徘徊	ハイカイ	0	1	1	0.003	2	4
51	春	ハル	0	1	1	0.003	1	2
52	人	ヒト	0	1	1	0.003	1	2
53	昼	ヒル	0	1	1	0.003	1	2
54	広場	ヒロバ	0	1	1	0.003	2	3
55	山道	ヤマミチ	0	1	1	0.003	2	4
56	遊歩道	ユウホドウ	0	1	1	0.003	3	5
57	陽だまり	ヒダマリ	0	1	1	0.003	4	4
	合計		140	157	297			

44	資格	フリガナ	男性	女性	全体	連想強度	文字数	モーラ数
1	試験	シケン	10	19	29	0.093	2	3
2	取得	シュトク	9	17	26	0.083	2	3
3	免許	メンキョ	16	8	24	0.077	2	3
4	就職	シュウショク	12	7	19	0.061	2	4
5	えいご	エイゴ	9	9	18	0.058	3	3
	英語		*8*	*9*	*17*	*0.054*	*2*	*3*
	えいご		*1*	*0*	*1*	*0.003*	*3*	*3*
6	英検	エイケン	5	10	15	0.048	2	4
7	検定	ケンテイ	4	9	13	0.042	2	4
8	勉強	ベンキョウ	3	7	10	0.032	2	4
9	国家	コッカ	5	1	6	0.019	2	3
10	必要	ヒツヨウ	3	3	6	0.019	2	4
11	国家資格	コッカシカク	3	2	5	0.016	4	6
12	秘書検定	ヒショケンテイ	0	5	5	0.016	4	6
13	仕事	シゴト	2	2	4	0.013	2	3
14	有利	ユウリ	2	2	4	0.013	2	3
15	英語検定	エイゴケンテイ	1	3	4	0.013	4	7
16	漢字	カンジ	1	3	4	0.013	2	3
17	権利	ケンリ	1	3	4	0.013	2	3
18	秘書	ヒショ	1	3	4	0.013	2	2
19	公務員	コウムイン	3	0	3	0.010	3	5
20	大学	ダイガク	3	0	3	0.010	2	4
21	漢字検定	カンジケンテイ	2	1	3	0.010	4	7
22	教師	キョウシ	2	1	3	0.010	2	3
23	パソコン	パソコン	2	1	3	0.010	4	4
24	受験	ジュケン	0	3	3	0.010	2	3
25	技術	ギジュツ	2	0	2	0.006	2	3
26	特許	トッキョ	2	0	2	0.006	2	3
27	弁護士	ベンゴシ	2	0	2	0.006	3	4
28	便利	ベンリ	2	0	2	0.006	2	3
29	臨床心理士	リンショウシンリシ	2	0	2	0.006	5	8
30	医者	イシャ	1	1	2	0.006	2	2
31	学校	ガッコウ	1	1	2	0.006	2	4
32	漢検	カンケン	1	1	2	0.006	2	4
33	車	クルマ	1	1	2	0.006	1	3
34	講座	コウザ	1	1	2	0.006	2	3
35	習得	シュウトク	1	1	2	0.006	2	4
36	得	トク	1	1	2	0.006	1	2
37	特技	トクギ	1	1	2	0.006	2	3
38	能力	ノウリョク	1	1	2	0.006	2	4
39	将来	ショウライ	0	2	2	0.006	2	4
40	大切	タイセツ	0	2	2	0.006	2	4
41	認定	ニンテイ	0	2	2	0.006	2	4
42	ユーキャン	ユーキャン	0	2	2	0.006	5	4
43	栄誉	エイヨ	1	0	1	0.003	2	3
44	皆伝	カイデン	1	0	1	0.003	2	4
45	学生	ガクセイ	1	0	1	0.003	2	4
46	危険物	キケンブツ	1	0	1	0.003	3	5
47	技能	ギノウ	1	0	1	0.003	2	3
48	教員	キョウイン	1	0	1	0.003	2	4
49	合格	ゴウカク	1	0	1	0.003	2	4
50	高卒	コウソツ	1	0	1	0.003	2	4
51	個人	コジン	1	0	1	0.003	2	3
52	国家公務員	コッカコウムイン	1	0	1	0.003	5	8
53	国家試験	コッカシケン	1	0	1	0.003	4	6
54	実力	ジツリョク	1	0	1	0.003	2	4
55	自動車	ジドウシャ	1	0	1	0.003	3	4
56	社会	シャカイ	1	0	1	0.003	2	3
57	人格	ジンカク	1	0	1	0.003	2	4
58	税理士	ゼイリシ	1	0	1	0.003	3	4
59	大学生	ダイガクセイ	1	0	1	0.003	3	6
60	力	チカラ	1	0	1	0.003	1	3
61	電気	デンキ	1	0	1	0.003	2	3
62	派遣	ハケン	1	0	1	0.003	2	3
63	必須	ヒッス	1	0	1	0.003	2	3
64	人	ヒト	1	0	1	0.003	1	2
65	名義	メイギ	1	0	1	0.003	2	3
66	面接	メンセツ	1	0	1	0.003	2	4
67	医療事務	イリョウジム	0	1	1	0.003	4	5
68	会得	エトク	0	1	1	0.003	2	3
69	獲得	カクトク	0	1	1	0.003	2	4
70	価値	カチ	0	1	1	0.003	2	2
71	糧	カテ	0	1	1	0.003	1	2
72	金	カネ	0	1	1	0.003	1	2
73	キャリア	キャリア	0	1	1	0.003	4	3
74	検定試験	ケンテイシケン	0	1	1	0.003	4	7
75	困難	コンナン	0	1	1	0.003	2	4
76	事務	ジム	0	1	1	0.003	2	2
77	受験生	ジュケンセイ	0	1	1	0.003	3	5
78	証明書	ショウメイショ	0	1	1	0.003	3	5
79	職業	ショクギョウ	0	1	1	0.003	2	4
80	スキル	スキル	0	1	1	0.003	3	3
81	専門	センモン	0	1	1	0.003	2	4
82	大事	ダイジ	0	1	1	0.003	2	3
83	段	ダン	0	1	1	0.003	1	2
84	手数料	テスウリョウ	0	1	1	0.003	3	5
85	努力	ドリョク	0	1	1	0.003	2	3
86	入試	ニュウシ	0	1	1	0.003	2	3
87	秘書技能検定	ヒショギノウケンテイ	0	1	1	0.003	6	9
88	保育士	ホイクシ	0	1	1	0.003	3	4
89	自ら	ミズカラ	0	1	1	0.003	2	4
90	有権者	ユウケンシャ	0	1	1	0.003	3	5
91	楽	ラク	0	1	1	0.003	1	2
92	ワープロ	ワープロ	0	1	1	0.003	4	4
	合計		142	162	304			

45	時間	フリガナ	男性	女性	全体	連想強度	文字数	モーラ数
1	時計	トケイ	38	49	87	0.278	2	3
2	大切	タイセツ	8	6	14	0.045	2	4
3	かね	カネ	9	4	13	0.042	2	2
	金		6	2	8	0.026	1	2
	お金		3	2	5	0.016	2	3
4	有限	ユウゲン	8	3	11	0.035	2	4
5	制限	セイゲン	1	10	11	0.035	2	4
6	過去	カコ	4	2	6	0.019	2	2
7	貴重	キチョウ	3	3	6	0.019	2	3
8	時	トキ	4	1	5	0.016	1	2
9	平等	ビョウドウ	3	2	5	0.016	2	4
10	厳守	ゲンシュ	2	3	5	0.016	2	3
11	無限	ムゲン	2	3	5	0.016	2	3
12	一日	イチニチ	1	4	5	0.016	2	4
13	授業	ジュギョウ	0	5	5	0.016	2	3
14	未来	ミライ	3	1	4	0.013	2	3
15	経過	ケイカ	2	2	4	0.013	2	3
16	24	ニジュウヨン	2	2	4	0.013	2	5
17	約束	ヤクソク	2	2	4	0.013	2	4
18	時間割	ジカンワリ	1	3	4	0.013	3	5
19	砂時計	スナドケイ	2	1	3	0.010	3	5
20	電車	デンシャ	2	1	3	0.010	2	3
21	にじゅうよじかん	ニジュウヨジカン	2	1	3	0.010	8	7
	24時間		1	1	2	0.006	4	7
	二十四時間		1	0	1	0.003	5	7
22	学校	ガッコウ	1	2	3	0.010	2	4
23	分	フン	1	2	3	0.010	1	2
24	命	イノチ	1	1	2	0.006	1	3
25	概念	ガイネン	1	1	2	0.006	2	4
26	空間	クウカン	1	1	2	0.006	2	4
27	重要	ジュウヨウ	1	1	2	0.006	2	4
28	余裕	ヨユウ	1	1	2	0.006	2	3
29	浪費	ロウヒ	1	1	2	0.006	2	3
30	正確	セイカク	0	2	2	0.006	2	4
31	流れ	ナガレ	0	2	2	0.006	2	3
32	1	イチ	1	0	1	0.003	1	2
33	一瞬	イッシュン	1	0	1	0.003	2	4
34	延長	エンチョウ	1	0	1	0.003	2	4
35	川	カワ	1	0	1	0.003	1	2
36	観念論	カンネンロン	1	0	1	0.003	3	6
37	機会	キカイ	1	0	1	0.003	2	3
38	期限	キゲン	1	0	1	0.003	2	3
39	時刻	ジコク	1	0	1	0.003	2	3
40	時刻表	ジコクヒョウ	1	0	1	0.003	3	5
41	自由	ジユウ	1	0	1	0.003	2	3
42	スタンド	スタンド	1	0	1	0.003	4	4
43	ストップ	ストップ	1	0	1	0.003	4	4
44	大事	ダイジ	1	0	1	0.003	2	3
45	タイム	タイム	1	0	1	0.003	3	3
46	タイムマシン	タイムマシン	1	0	1	0.003	6	6
47	短縮	タンシュク	1	0	1	0.003	2	4
48	2時	ニジ	1	0	1	0.003	2	2
49	年月	ネンゲツ	1	0	1	0.003	2	4
50	必要	ヒツヨウ	1	0	1	0.003	2	4
51	暇	ヒマ	1	0	1	0.003	1	2
52	病院	ビョウイン	1	0	1	0.003	2	4
53	秒針	ビョウシン	1	0	1	0.003	2	4
54	普遍	フヘン	1	0	1	0.003	2	3
55	変動	ヘンドウ	1	0	1	0.003	2	4
56	放火	ホウカ	1	0	1	0.003	2	3
57	本	ホン	1	0	1	0.003	1	2
58	無駄	ムダ	1	0	1	0.003	2	2
59	有意義	ユウイギ	1	0	1	0.003	3	4
60	抑圧	ヨクアツ	1	0	1	0.003	2	4
61	リミット	リミット	1	0	1	0.003	4	4
62	労働	ロウドウ	1	0	1	0.003	2	4
63	朝	アサ	0	1	1	0.003	1	2
64	今	イマ	0	1	1	0.003	1	2
65	永久	エイキュウ	0	1	1	0.003	2	4
66	思い出	オモイデ	0	1	1	0.003	3	4
67	確実	カクジツ	0	1	1	0.003	2	4
68	規則	キソク	0	1	1	0.003	2	3
69	休憩	キュウケイ	0	1	1	0.003	2	4
70	現在	ゲンザイ	0	1	1	0.003	2	4
71	拘束	コウソク	0	1	1	0.003	2	4
72	固形	コケイ	0	1	1	0.003	2	3
73	娯楽	ゴラク	0	1	1	0.003	2	3
74	時間切れ	ジカンギレ	0	1	1	0.003	4	5
75	時間帯	ジカンタイ	0	1	1	0.003	3	5
76	時代	ジダイ	0	1	1	0.003	2	3
77	人生	ジンセイ	0	1	1	0.003	2	4
78	制約	セイヤク	0	1	1	0.003	2	4
79	節約	セツヤク	0	1	1	0.003	2	4
80	束縛	ソクバク	0	1	1	0.003	2	4
81	遅刻	チコク	0	1	1	0.003	2	3
82	停止	テイシ	0	1	1	0.003	2	3
83	友達	トモダチ	0	1	1	0.003	2	4
84	長さ	ナガサ	0	1	1	0.003	2	3
85	配分	ハイブン	0	1	1	0.003	2	4
86	鳩時計	ハトドケイ	0	1	1	0.003	3	5
87	針	ハリ	0	1	1	0.003	1	2
88	秒	ビョウ	0	1	1	0.003	1	2
89	待ち合わせ	マチアワセ	0	1	1	0.003	5	5
90	門限	モンゲン	0	1	1	0.003	2	4
	合計		138	150	288			

46	刺激	フリガナ	男性	女性	全体	連想強度	文字数	モーラ数
1	痛み	イタミ	12	15	27	0.086	2	3
2	反応	ハンノウ	10	9	19	0.061	2	4
3	針	ハリ	8	5	13	0.042	1	2
4	感覚	カンカク	4	9	13	0.042	2	4
5	脳	ノウ	4	5	9	0.029	1	2
6	ていじ	テイジ	6	1	7	0.022	3	3
	呈示		4	0	4	0.013	2	3
	提示		2	1	3	0.010	2	3
7	痛覚	ツウカク	5	2	7	0.022	2	4
8	実験	ジッケン	3	3	6	0.019	2	4
9	反射	ハンシャ	2	3	5	0.016	2	3
10	快感	カイカン	3	1	4	0.013	2	4
11	必要	ヒツヨウ	2	2	4	0.013	2	4
12	興奮	コウフン	2	1	3	0.010	2	4
13	神経	シンケイ	2	1	3	0.010	2	4
14	心理学	シンリガク	2	1	3	0.010	3	5
15	注射	チュウシャ	2	1	3	0.010	2	3
16	人	ヒト	2	1	3	0.010	1	2
17	弁別	ベンベツ	2	1	3	0.010	2	4
18	苦痛	クツウ	1	2	3	0.010	2	3
19	におい	ニオイ	1	2	3	0.010	3	3
	におい		1	0	1	0.003	3	3
	臭		0	1	1	0.003	1	3
	臭い		0	1	1	0.003	2	3
20	はち	ハチ	1	2	3	0.010	2	2
	蜂		1	1	2	0.006	1	2
	ハチ		0	1	1	0.003	2	2
21	痛さ	イタサ	0	3	3	0.010	2	3
22	細胞	サイボウ	2	0	2	0.006	2	4
23	電気	デンキ	2	0	2	0.006	2	3
24	快楽	カイラク	1	1	2	0.006	2	4
25	攻撃	コウゲキ	1	1	2	0.006	2	4
26	香辛料	コウシンリョウ	1	1	2	0.006	3	6
27	視覚	シカク	1	1	2	0.006	2	3
28	刺激臭	シゲキシュウ	1	1	2	0.006	3	5
29	シゲキックス	シゲキックス	1	1	2	0.006	6	6
30	成長	セイチョウ	1	1	2	0.006	2	4
31	伝達	デンタツ	1	1	2	0.006	2	4
32	認知	ニンチ	1	1	2	0.006	2	3
33	皮膚	ヒフ	1	1	2	0.006	2	2
34	味覚	ミカク	1	1	2	0.006	2	3
35	欲求	ヨッキュウ	1	1	2	0.006	2	4
36	しげきいき	シゲキイキ	0	2	2	0.006	5	5
	刺激閾		0	1	1	0.003	3	5
	刺激域		0	1	1	0.003	3	5
37	食べ物	タベモノ	0	2	2	0.006	3	4
38	痛感	ツウカン	0	2	2	0.006	2	4
39	唐辛子	トウガラシ	0	2	2	0.006	3	5
40	とげ	トゲ	0	2	2	0.006	2	2
	棘		0	1	1	0.003	1	2
	とげ		0	1	1	0.003	2	2
41	レモン	レモン	0	2	2	0.006	3	3
42	味	アジ	1	0	1	0.003	1	2
43	アドレナリン	アドレナリン	1	0	1	0.003	6	6
44	アンモニア	アンモニア	1	0	1	0.003	5	5
45	飲料水	インリョウスイ	1	0	1	0.003	3	6
46	梅	ウメ	1	0	1	0.003	1	2
47	エスニック	エスニック	1	0	1	0.003	5	5
48	カーチェイス	カーチェイス	1	0	1	0.003	6	5
49	快適	カイテキ	1	0	1	0.003	2	4
50	辛子	カラシ	1	0	1	0.003	2	3
51	感動	カンドウ	1	0	1	0.003	2	4
52	気持ち	キモチ	1	0	1	0.003	3	3
53	興味	キョウミ	1	0	1	0.003	2	3
54	激痛	ゲキツウ	1	0	1	0.003	2	4
55	五感	ゴカン	1	0	1	0.003	2	3
56	地震	ジシン	1	0	1	0.003	2	3
57	舌	シタ	1	0	1	0.003	1	2
58	条件刺激	ジョウケンシゲキ	1	0	1	0.003	4	7
59	触覚	ショッカク	1	0	1	0.003	2	4
60	新鮮	シンセン	1	0	1	0.003	2	4
61	接触	セッショク	1	0	1	0.003	2	4
62	先行	センコウ	1	0	1	0.003	2	4
63	存在	ソンザイ	1	0	1	0.003	2	4
64	退屈	タイクツ	1	0	1	0.003	2	4
65	脱せいし	ダツセイシ	1	0	1	0.003	4	5
66	炭酸	タンサン	1	0	1	0.003	2	4
67	調査	チョウサ	1	0	1	0.003	2	3
68	パルス	パルス	1	0	1	0.003	3	3
69	光	ヒカリ	1	0	1	0.003	1	3
70	非日常	ヒニチジョウ	1	0	1	0.003	3	5
71	ファッション	ファッション	1	0	1	0.003	6	4
72	プライミング	プライミング	1	0	1	0.003	6	6
73	風呂	フロ	1	0	1	0.003	2	2
74	平凡	ヘイボン	1	0	1	0.003	2	4
75	冒険	ボウケン	1	0	1	0.003	2	4
76	麻酔	マスイ	1	0	1	0.003	2	3
77	的	マト	1	0	1	0.003	1	2
78	要因	ヨウイン	1	0	1	0.003	2	4
79	欲	ヨク	1	0	1	0.003	1	2
80	夜	ヨル	1	0	1	0.003	1	2
81	ライバル	ライバル	1	0	1	0.003	4	4
82	愛	アイ	0	1	1	0.003	1	2
83	赤	アカ	0	1	1	0.003	1	2
84	遊び	アソビ	0	1	1	0.003	2	3
85	アルコール	アルコール	0	1	1	0.003	5	5
86	アンモニウム	アンモニウム	0	1	1	0.003	6	6
87	意欲	イヨク	0	1	1	0.003	2	3
88	覚せい剤	カクセイザイ	0	1	1	0.003	4	6
89	活性化	カッセイカ	0	1	1	0.003	3	5
90	辛さ	カラサ	0	1	1	0.003	2	3
91	カレー	カレー	0	1	1	0.003	3	3
92	強烈	キョウレツ	0	1	1	0.003	2	4
93	激臭	ゲキシュウ	0	1	1	0.003	2	4
94	サボテン	サボテン	0	1	1	0.003	4	4
95	酸味	サンミ	0	1	1	0.003	2	3
96	ジェットコースター	ジェットコースター	0	1	1	0.003	9	8
97	シナプス	シナプス	0	1	1	0.003	4	4
98	受動	ジュドウ	0	1	1	0.003	2	3
99	受容器	ジュヨウキ	0	1	1	0.003	3	4
100	衝撃	ショウゲキ	0	1	1	0.003	2	4
101	触感	ショッカン	0	1	1	0.003	2	4
102	ショック	ショック	0	1	1	0.003	4	3
103	心理	シンリ	0	1	1	0.003	2	3
104	スリル	スリル	0	1	1	0.003	3	3
105	生活	セイカツ	0	1	1	0.003	2	4
106	対応	タイオウ	0	1	1	0.003	2	4
107	体験	タイケン	0	1	1	0.003	2	4
108	太陽	タイヨウ	0	1	1	0.003	2	4
109	他人	タニン	0	1	1	0.003	2	3
110	たばこ	タバコ	0	1	1	0.003	3	3
111	違い	チガイ	0	1	1	0.003	2	3

112	聴覚	チョウカク	0	1	1	0.003	2	4
113	つぼ	ツボ	0	1	1	0.003	2	2
114	強さ	ツヨサ	0	1	1	0.003	2	3
115	適刺激	テキシゲキ	0	1	1	0.003	3	5
116	ＴＶ	テレビ	0	1	1	0.003	2	4
117	電流	デンリュウ	0	1	1	0.003	2	4
118	毒	ドク	0	1	1	0.003	1	2
119	年頃	トシゴロ	0	1	1	0.003	2	4
120	友達	トモダチ	0	1	1	0.003	2	4
121	脳波	ノウハ	0	1	1	0.003	2	3
122	肌	ハダ	0	1	1	0.003	1	2
123	鼻	ハナ	0	1	1	0.003	1	2
124	反射刺激	ハンシャシゲキ	0	1	1	0.003	4	6
125	病院	ビョウイン	0	1	1	0.003	2	4
126	物質	ブッシツ	0	1	1	0.003	2	4
127	ホルモン	ホルモン	0	1	1	0.003	4	4
128	みらい	ミライ	0	1	1	0.003	3	3
129	目	メ	0	1	1	0.003	1	1
130	薬品	ヤクヒン	0	1	1	0.003	2	4
131	欲望	ヨクボウ	0	1	1	0.003	2	4
	合計		130	144	274			

47	試験	フリガナ	男性	女性	全体	連想強度	文字数	モーラ数
1	テスト	テスト	35	33	68	0.217	3	3
2	勉強	ベンキョウ	11	19	30	0.096	2	4
3	学校	ガッコウ	9	6	15	0.048	2	4
4	期末	キマツ	5	8	13	0.042	2	3
5	受験	ジュケン	7	5	12	0.038	2	3
6	入試	ニュウシ	3	8	11	0.035	2	3
7	鉛筆	エンピツ	2	8	10	0.032	2	4
8	時間	ジカン	3	5	8	0.026	2	3
9	大学	ダイガク	3	4	7	0.022	2	4
10	合格	ゴウカク	1	5	6	0.019	2	4
11	問題	モンダイ	3	2	5	0.016	2	4
12	緊張	キンチョウ	0	5	5	0.016	2	4
13	期末試験	キマツシケン	3	1	4	0.013	4	6
14	点数	テンスウ	3	1	4	0.013	2	4
15	追試	ツイシ	2	2	4	0.013	2	3
16	センター試験	センターシケン	1	3	4	0.013	6	7
17	会場	カイジョウ	2	1	3	0.010	2	4
18	結果	ケッカ	2	1	3	0.010	2	3
19	筆記	ヒッキ	2	1	3	0.010	2	3
20	徹夜	テツヤ	1	2	3	0.010	2	3
21	成績	セイセキ	0	3	3	0.010	2	4
22	難しさ	ムズカシサ	0	3	3	0.010	3	5
23	赤点	アカテン	2	0	2	0.006	2	4
24	学力	ガクリョク	2	0	2	0.006	2	4
25	高校	コウコウ	2	0	2	0.006	2	4
26	定期	テイキ	2	0	2	0.006	2	3
27	開始	カイシ	1	1	2	0.006	2	3
28	学生	ガクセイ	1	1	2	0.006	2	4
29	カンニング	カンニング	1	1	2	0.006	5	5
30	苦痛	クツウ	1	1	2	0.006	2	3
31	国家試験	コッカシケン	1	1	2	0.006	4	6
32	試練	シレン	1	1	2	0.006	2	3
33	中間	チュウカン	1	1	2	0.006	2	4
34	苦手	ニガテ	1	1	2	0.006	2	3
35	入学	ニュウガク	1	1	2	0.006	2	4
36	模試	モシ	1	1	2	0.006	2	2
37	検査	ケンサ	0	2	2	0.006	2	3
38	困難	コンナン	0	2	2	0.006	2	4
39	センター	センター	0	2	2	0.006	4	4
40	アルコール	アルコール	1	0	1	0.003	5	5
41	嫌	イヤ	1	0	1	0.003	1	2
42	延期	エンキ	1	0	1	0.003	2	3
43	会社	カイシャ	1	0	1	0.003	2	3
44	課題	カダイ	1	0	1	0.003	2	3
45	壁	カベ	1	0	1	0.003	1	2
46	教室	キョウシツ	1	0	1	0.003	2	4
47	恐怖	キョウフ	1	0	1	0.003	2	3
48	車	クルマ	1	0	1	0.003	1	3
49	嫌悪	ケンオ	1	0	1	0.003	2	3
50	国家	コッカ	1	0	1	0.003	2	3
51	再試験	サイシケン	1	0	1	0.003	3	5
52	実力	ジツリョク	1	0	1	0.003	2	4
53	授業	ジュギョウ	1	0	1	0.003	2	3
54	小学校	ショウガッコウ	1	0	1	0.003	3	6
55	心理	シンリ	1	0	1	0.003	2	3
56	前期	ゼンキ	1	0	1	0.003	2	3
57	中学	チュウガク	1	0	1	0.003	2	4
58	中学生	チュウガクセイ	1	0	1	0.003	3	6
59	難題	ナンダイ	1	0	1	0.003	2	4
60	日常	ニチジョウ	1	0	1	0.003	2	4
61	入学試験	ニュウガクシケン	1	0	1	0.003	4	7
62	人	ヒト	1	0	1	0.003	1	2
63	面倒	メンドウ	1	0	1	0.003	2	4
64	憂鬱	ユウウツ	1	0	1	0.003	2	4
65	一夜漬け	イチヤヅケ	0	1	1	0.003	4	5
66	学習	ガクシュウ	0	1	1	0.003	2	4
67	紙	カミ	0	1	1	0.003	1	2
68	苦しみ	クルシミ	0	1	1	0.003	3	4
69	合否	ゴウヒ	0	1	1	0.003	2	3
70	資格	シカク	0	1	1	0.003	2	3
71	実験	ジッケン	0	1	1	0.003	2	4
72	重圧	ジュウアツ	0	1	1	0.003	2	4
73	受験票	ジュケンヒョウ	0	1	1	0.003	3	5
74	測定	ソクテイ	0	1	1	0.003	2	4
75	単位	タンイ	0	1	1	0.003	2	3
76	力	チカラ	0	1	1	0.003	1	3
77	努力	ドリョク	0	1	1	0.003	2	3
78	難易度	ナンイド	0	1	1	0.003	3	4
79	ノート	ノート	0	1	1	0.003	3	3
80	筆記用具	ヒッキヨウグ	0	1	1	0.003	4	6
81	不要	フヨウ	0	1	1	0.003	2	3
82	プリント	プリント	0	1	1	0.003	4	4
83	持ち込み	モチコミ	0	1	1	0.003	4	4
84	0点	レイテン	0	1	1	0.003	2	4
	合計		141	162	303			

48	資源	フリガナ	男性	女性	全体	連想強度	文字数	モーラ数
1	ごみ	ゴミ	15	27	42	0.134	2	2
	ゴミ		*14*	*15*	*29*	*0.093*	*2*	*2*
	ごみ		*1*	*12*	*13*	*0.042*	*2*	*2*
2	石油	セキユ	26	14	40	0.128	2	3
3	リサイクル	リサイクル	14	12	26	0.083	5	5
4	有限	ユウゲン	11	5	16	0.051	2	4
5	大切	タイセツ	8	8	16	0.051	2	4
6	木	キ	7	4	11	0.035	1	1
7	紙	カミ	4	7	11	0.035	1	2
8	自然	シゼン	3	6	9	0.029	2	3
9	水	ミズ	2	5	7	0.022	1	2
10	エネルギー	エネルギー	2	4	6	0.019	5	5
11	環境	カンキョウ	2	4	6	0.019	2	4
12	金	キン	4	1	5	0.016	1	2
13	枯渇	コカツ	4	1	5	0.016	2	3
14	ペットボトル	ペットボトル	2	3	5	0.016	6	6
15	重要	ジュウヨウ	1	4	5	0.016	2	4
16	貴重	キチョウ	4	0	4	0.013	2	3
17	森	モリ	2	2	4	0.013	1	2
18	エコ	エコ	1	3	4	0.013	2	2
19	地球	チキュウ	0	4	4	0.013	2	3
20	財産	ザイサン	3	0	3	0.010	2	4
21	再利用	サイリヨウ	2	1	3	0.010	3	5
22	森林	シンリン	2	1	3	0.010	2	4
23	天然	テンネン	1	2	3	0.010	2	4
24	源	ミナモト	1	2	3	0.010	1	4
25	アルミ	アルミ	2	0	2	0.006	3	3
26	ガソリン	ガソリン	2	0	2	0.006	4	4
27	限界	ゲンカイ	2	0	2	0.006	2	4
28	原油	ゲンユ	2	0	2	0.006	2	3
29	材料	ザイリョウ	1	1	2	0.006	2	4
30	大事	ダイジ	1	1	2	0.006	2	3
31	輸入	ユニュウ	1	1	2	0.006	2	3
32	限り	カギリ	0	2	2	0.006	2	3
33	活用	カツヨウ	0	2	2	0.006	2	4
34	廃品回収	ハイヒンカイシュウ	0	2	2	0.006	4	8
35	必要	ヒツヨウ	0	2	2	0.006	2	4
36	物資	ブッシ	0	2	2	0.006	2	3
37	むだづかい	ムダヅカイ	0	2	2	0.006	5	5
	無駄遣い		*0*	*1*	*1*	*0.003*	*4*	*5*
	無駄づかい		*0*	*1*	*1*	*0.003*	*5*	*5*
38	有効	ユウコウ	0	2	2	0.006	2	4
39	エコロジー	エコロジー	1	0	1	0.003	5	5
40	金属	キンゾク	1	0	1	0.003	2	4
41	現象	ゲンショウ	1	0	1	0.003	2	4
42	鉱山	コウザン	1	0	1	0.003	2	4
43	再生	サイセイ	1	0	1	0.003	2	4
44	産油国	サンユコク	1	0	1	0.003	3	5
45	資源ごみ	シゲンゴミ	1	0	1	0.003	4	5
46	消失	ショウシツ	1	0	1	0.003	2	4
47	地下	チカ	1	0	1	0.003	2	2
48	鉄	テツ	1	0	1	0.003	1	2
49	袋	フクロ	1	0	1	0.003	1	3
50	不足	フソク	1	0	1	0.003	2	3
51	文化	ブンカ	1	0	1	0.003	2	3
52	アフリカ	アフリカ	0	1	1	0.003	4	4
53	回収	カイシュウ	0	1	1	0.003	2	4
54	獲得	カクトク	0	1	1	0.003	2	4
55	化石燃料	カセキネンリョウ	0	1	1	0.003	4	7
56	環境破壊	カンキョウハカイ	0	1	1	0.003	4	7
57	木々	キギ	0	1	1	0.003	2	2
58	限度	ゲンド	0	1	1	0.003	2	3
59	原料	ゲンリョウ	0	1	1	0.003	2	4
60	鉱物	コウブツ	0	1	1	0.003	2	4
61	ごみ問題	ゴミモンダイ	0	1	1	0.003	4	6
62	削減	サクゲン	0	1	1	0.003	2	4
63	資源削減	シゲンサクゲン	0	1	1	0.003	4	7
64	資産	シサン	0	1	1	0.003	2	3
65	新聞紙	シンブンシ	0	1	1	0.003	3	5
66	世界	セカイ	0	1	1	0.003	2	3
67	節約	セツヤク	0	1	1	0.003	2	4
68	存在	ソンザイ	0	1	1	0.003	2	4
69	大切さ	タイセツサ	0	1	1	0.003	3	5
70	発生	ハッセイ	0	1	1	0.003	2	4
71	必要不可欠	ヒツヨウフカケツ	0	1	1	0.003	5	8
72	プラスチック	プラスチック	0	1	1	0.003	6	6
73	無駄	ムダ	0	1	1	0.003	2	2
74	有効利用	ユウコウリヨウ	0	1	1	0.003	4	7
75	利用	リヨウ	0	1	1	0.003	2	3
	合計		145	161	306			

49	思考	フリガナ	男性	女性	全体	連想強度	文字数	モーラ数
1	考え	カンガエ	17	26	43	0.137	2	4
2	かいろ	カイロ	17	19	36	0.115	3	3
	回路		*16*	*19*	*35*	*0.112*	*2*	*3*
	カイロ		*1*	*0*	*1*	*0.003*	*3*	*3*
3	脳	ノウ	14	21	35	0.112	1	2
4	頭	アタマ	10	16	26	0.083	1	3
5	停止	テイシ	5	8	13	0.042	2	3
6	能力	ノウリョク	6	3	9	0.029	2	4
7	錯誤	サクゴ	2	5	7	0.022	2	3
8	論理	ロンリ	4	2	6	0.019	2	3
9	思考回路	シコウカイロ	3	3	6	0.019	4	6
10	知識	チシキ	4	1	5	0.016	2	3
11	考察	コウサツ	2	2	4	0.013	2	4
12	複雑	フクザツ	2	2	4	0.013	2	4
13	頭脳	ズノウ	3	0	3	0.010	2	3
14	おもい	オモイ	2	1	3	0.010	3	3
	思い		*2*	*0*	*2*	*0.006*	*2*	*3*
	想い		*0*	*1*	*1*	*0.003*	*2*	*3*
15	個人	コジン	2	1	3	0.010	2	3
16	思想	シソウ	2	1	3	0.010	2	3
17	哲学	テツガク	2	1	3	0.010	2	4
18	にんげん	ニンゲン	2	1	3	0.010	4	4
	人間		*2*	*0*	*2*	*0.006*	*2*	*4*
	人ゲン		*0*	*1*	*1*	*0.003*	*3*	*4*
19	意見	イケン	0	3	3	0.010	2	3
20	思惑	オモワク	2	0	2	0.006	2	4
21	将棋	ショウギ	2	0	2	0.006	2	3
22	考える人	カンガエルヒト	1	1	2	0.006	4	7
23	心	ココロ	1	1	2	0.006	1	3
24	自分	ジブン	1	1	2	0.006	2	3
25	考え方	カンガエカタ	0	2	2	0.006	3	6
26	記憶	キオク	0	2	2	0.006	2	3
27	気持ち	キモチ	0	2	2	0.006	3	3
28	プラス	プラス	0	2	2	0.006	3	3
29	葦	アシ	1	0	1	0.003	1	2
30	アホ	アホ	1	0	1	0.003	2	2
31	イメージ	イメージ	1	0	1	0.003	4	4
32	解	カイ	1	0	1	0.003	1	2
33	過程	カテイ	1	0	1	0.003	2	3
34	感覚	カンカク	1	0	1	0.003	2	4
35	言語	ゲンゴ	1	0	1	0.003	2	3
36	検討	ケントウ	1	0	1	0.003	2	4
37	行動	コウドウ	1	0	1	0.003	2	4
38	考慮	コウリョ	1	0	1	0.003	2	3
39	国語	コクゴ	1	0	1	0.003	2	3
40	個性	コセイ	1	0	1	0.003	2	3
41	個別	コベツ	1	0	1	0.003	2	3
42	思考停止	シコウテイシ	1	0	1	0.003	4	6
43	使命	シメイ	1	0	1	0.003	2	3
44	趣向	シュコウ	1	0	1	0.003	2	3
45	神経	シンケイ	1	0	1	0.003	2	4
46	真剣	シンケン	1	0	1	0.003	2	4
47	慎重	シンチョウ	1	0	1	0.003	2	4
48	心理学	シンリガク	1	0	1	0.003	3	5
49	生活	セイカツ	1	0	1	0.003	2	4
50	創造	ソウゾウ	1	0	1	0.003	2	4
51	想像	ソウゾウ	1	0	1	0.003	2	4
52	短絡的思考	タンラクテキシコウ	1	0	1	0.003	5	9
53	天才	テンサイ	1	0	1	0.003	2	4
54	内的	ナイテキ	1	0	1	0.003	2	4
55	悩み	ナヤミ	1	0	1	0.003	2	3
56	認知	ニンチ	1	0	1	0.003	2	3
57	人	ヒト	1	0	1	0.003	1	2
58	ひらめき	ヒラメキ	1	0	1	0.003	4	4
59	フィーリング	フィーリング	1	0	1	0.003	6	5
60	アイデア	アイデア	0	1	1	0.003	4	4
61	暗記	アンキ	0	1	1	0.003	2	3
62	ガリレオ	ガリレオ	0	1	1	0.003	4	4
63	考え事	カンガエゴト	0	1	1	0.003	3	6
64	検査	ケンサ	0	1	1	0.003	2	3
65	混乱	コンラン	0	1	1	0.003	2	4
66	試行	シコウ	0	1	1	0.003	2	3
67	重要	ジュウヨウ	0	1	1	0.003	2	4
68	授業	ジュギョウ	0	1	1	0.003	2	3
69	ショート	ショート	0	1	1	0.003	4	3
70	思慮	シリョ	0	1	1	0.003	2	2
71	心理	シンリ	0	1	1	0.003	2	3
72	像	ゾウ	0	1	1	0.003	1	2
73	知恵	チエ	0	1	1	0.003	2	2
74	力	チカラ	0	1	1	0.003	1	3
75	テスト	テスト	0	1	1	0.003	3	3
76	転回	テンカイ	0	1	1	0.003	2	4
77	反射	ハンシャ	0	1	1	0.003	2	3
78	判断	ハンダン	0	1	1	0.003	2	4
79	普段	フダン	0	1	1	0.003	2	3
80	勉学	ベンガク	0	1	1	0.003	2	4
81	勉強	ベンキョウ	0	1	1	0.003	2	4
82	矛盾	ムジュン	0	1	1	0.003	2	3
83	問題	モンダイ	0	1	1	0.003	2	4
84	モンテスキュー	モンテスキュー	0	1	1	0.003	7	6
85	理論	リロン	0	1	1	0.003	2	3
86	ルソー	ルソー	0	1	1	0.003	3	3
	合計		137	154	291			

50	仕事	フリガナ	男性	女性	全体	連想強度	文字数	モーラ数
1	会社	カイシャ	14	14	28	0.089	2	3
2	かね	カネ	18	7	25	0.080	2	2
	お金		*10*	*6*	*16*	*0.051*	*2*	*3*
	金		*8*	*1*	*9*	*0.029*	*1*	*2*
3	給料	キュウリョウ	10	14	24	0.077	2	4
4	労働	ロウドウ	11	10	21	0.067	2	4
5	勤務	キンム	6	8	14	0.045	2	3
6	サラリーマン	サラリーマン	4	6	10	0.032	6	6
7	義務	ギム	2	7	9	0.029	2	2
8	残業	ザンギョウ	4	4	8	0.026	2	4
9	苦労	クロウ	4	4	8	0.026	2	3
10	大人	オトナ	3	4	7	0.022	2	3
11	パソコン	パソコン	1	5	6	0.019	4	4
12	バイト	バイト	3	2	5	0.016	3	3
13	就職	シュウショク	2	3	5	0.016	2	4
14	疲労	ヒロウ	3	1	4	0.013	2	3
15	責任	セキニン	1	3	4	0.013	2	4
16	事務	ジム	1	3	4	0.013	2	2
17	企業	キギョウ	2	1	3	0.010	2	3
18	父	チチ	2	1	3	0.010	1	2
19	生活	セイカツ	1	2	3	0.010	2	4
20	父親	チチオヤ	1	2	3	0.010	2	4
21	社会	シャカイ	1	2	3	0.010	2	3
22	多忙	タボウ	1	2	3	0.010	2	3
23	やりがい	ヤリガイ	0	3	3	0.010	4	4
24	仲間	ナカマ	2	0	2	0.006	2	3
25	ニート	ニート	2	0	2	0.006	3	3
26	人生	ジンセイ	2	0	2	0.006	2	4
27	苦痛	クツウ	1	1	2	0.006	2	3
28	上司	ジョウシ	1	1	2	0.006	2	3
29	職場	ショクバ	1	1	2	0.006	2	3
30	ストレス	ストレス	1	1	2	0.006	4	4
31	賃金	チンギン	1	1	2	0.006	2	4
32	ビル	ビル	1	1	2	0.006	2	2
33	親	オヤ	0	2	2	0.006	1	2
34	汗	アセ	1	0	1	0.003	1	2
35	OL	オーエル	1	0	1	0.003	2	4
36	男	オトコ	1	0	1	0.003	1	3
37	お父さん	オトウサン	1	0	1	0.003	4	5
38	学習	ガクシュウ	1	0	1	0.003	2	4
39	糧	カテ	1	0	1	0.003	1	2
40	丘陵	キュウリョウ	1	0	1	0.003	2	4
41	軽蔑	ケイベツ	1	0	1	0.003	2	4
42	懸命	ケンメイ	1	0	1	0.003	2	4
43	雑用	ザツヨウ	1	0	1	0.003	2	4
44	社員	シャイン	1	0	1	0.003	2	3
45	職	ショク	1	0	1	0.003	1	2
46	職員	ショクイン	1	0	1	0.003	2	4
47	職業	ショクギョウ	1	0	1	0.003	2	4
48	組織	ソシキ	1	0	1	0.003	2	3
49	タイピング	タイピング	1	0	1	0.003	5	5
50	単調	タンチョウ	1	0	1	0.003	2	4
51	肉体	ニクタイ	1	0	1	0.003	2	4
52	二十歳	ハタチ	1	0	1	0.003	3	3
53	ビジネス	ビジネス	1	0	1	0.003	4	4
54	フリーター	フリーター	1	0	1	0.003	5	5
55	報酬	ホウシュウ	1	0	1	0.003	2	4
56	真面目	マジメ	1	0	1	0.003	3	3
57	面倒	メンドウ	1	0	1	0.003	2	4
58	儲け	モウケ	1	0	1	0.003	2	3
59	夜	ヨル	1	0	1	0.003	1	2
60	アルバイト	アルバイト	0	1	1	0.003	5	5
61	生きがい	イキガイ	0	1	1	0.003	4	4
62	飲食店	インショクテン	0	1	1	0.003	3	6
63	夫	オット	0	1	1	0.003	1	3
64	オフィス	オフィス	0	1	1	0.003	4	3
65	我慢	ガマン	0	1	1	0.003	2	3
66	過労	カロウ	0	1	1	0.003	2	3
67	過労死	カロウシ	0	1	1	0.003	3	4
68	キャリアウーマン	キャリアウーマン	0	1	1	0.003	8	7
69	休憩	キュウケイ	0	1	1	0.003	2	4
70	警察官	ケイサツカン	0	1	1	0.003	3	6
71	雇用	コヨウ	0	1	1	0.003	2	3
72	困難	コンナン	0	1	1	0.003	2	4
73	仕事場	シゴトバ	0	1	1	0.003	3	4
74	社会人	シャカイジン	0	1	1	0.003	3	5
75	収入	シュウニュウ	0	1	1	0.003	2	4
76	塾	ジュク	0	1	1	0.003	1	2
77	生涯	ショウガイ	0	1	1	0.003	2	4
78	昇格	ショウカク	0	1	1	0.003	2	4
79	書類	ショルイ	0	1	1	0.003	2	3
80	しんどさ	シンドサ	0	1	1	0.003	4	4
81	先生	センセイ	0	1	1	0.003	2	4
82	体験	タイケン	0	1	1	0.003	2	4
83	男性	ダンセイ	0	1	1	0.003	2	4
84	電車	デンシャ	0	1	1	0.003	2	3
85	能率	ノウリツ	0	1	1	0.003	2	4
86	必殺	ヒッサツ	0	1	1	0.003	2	4
87	必要	ヒツヨウ	0	1	1	0.003	2	4
88	部下	ブカ	0	1	1	0.003	2	2
89	福祉	フクシ	0	1	1	0.003	2	3
90	保育士	ホイクシ	0	1	1	0.003	3	4
91	文字	モジ	0	1	1	0.003	2	2
92	夜勤	ヤキン	0	1	1	0.003	2	3
93	ライフワーク	ライフワーク	0	1	1	0.003	6	6
94	労働者	ロウドウシャ	0	1	1	0.003	3	5
95	労働力	ロウドウリョク	0	1	1	0.003	3	6
	合計		133	152	285			

51	自信	フリガナ	男性	女性	全体	連想強度	文字数	モーラ数
1	過剰	カジョウ	15	25	40	0.128	2	3
2	喪失	ソウシツ	6	9	15	0.048	2	4
3	勇気	ユウキ	4	10	14	0.045	2	3
4	自分	ジブン	7	6	13	0.042	2	3
5	過信	カシン	5	4	9	0.029	2	3
6	自信家	ジシンカ	4	4	8	0.026	3	4
7	心	ココロ	5	1	6	0.019	1	3
8	気持ち	キモチ	3	3	6	0.019	3	3
9	自己	ジコ	1	5	6	0.019	2	2
10	努力	ドリョク	5	0	5	0.016	2	3
11	自信過剰	ジシンカジョウ	0	5	5	0.016	4	6
12	信頼	シンライ	3	1	4	0.013	2	4
13	確信	カクシン	2	2	4	0.013	2	4
14	やる気	ヤルキ	1	3	4	0.013	3	3
15	希望	キボウ	0	4	4	0.013	2	3
16	ナルシスト	ナルシスト	0	4	4	0.013	5	5
17	満々	マンマン	0	4	4	0.013	2	4
18	テスト	テスト	3	0	3	0.010	3	3
19	未来	ミライ	3	0	3	0.010	2	3
20	練習	レンシュウ	3	0	3	0.010	2	4
21	経験	ケイケン	2	1	3	0.010	2	4
22	力	チカラ	2	1	3	0.010	1	3
23	勝利	ショウリ	1	2	3	0.010	2	3
24	プライド	プライド	1	2	3	0.010	4	4
25	自慢	ジマン	2	0	2	0.006	2	3
26	必要	ヒツヨウ	1	1	2	0.006	2	4
27	人	ヒト	1	1	2	0.006	1	2
28	誇り	ホコリ	1	1	2	0.006	2	3
29	余裕	ヨユウ	1	1	2	0.006	2	3
30	自意識過剰	ジイシキカジョウ	0	2	2	0.006	5	7
31	自己中	ジコチュウ	0	2	2	0.006	3	4
32	消失	ショウシツ	0	2	2	0.006	2	4
33	特技	トクギ	0	2	2	0.006	2	3
34	人間	ニンゲン	0	2	2	0.006	2	4
35	アイドル	アイドル	1	0	1	0.003	4	4
36	内側	ウチガワ	1	0	1	0.003	2	4
37	栄冠	エイカン	1	0	1	0.003	2	4
38	皆無	カイム	1	0	1	0.003	2	3
39	確実	カクジツ	1	0	1	0.003	2	4
40	活気	カッキ	1	0	1	0.003	2	3
41	活躍	カツヤク	1	0	1	0.003	2	4
42	過程	カテイ	1	0	1	0.003	2	3
43	可能性	カノウセイ	1	0	1	0.003	3	5
44	完全	カンゼン	1	0	1	0.003	2	4
45	技術	ギジュツ	1	0	1	0.003	2	3
46	ギター	ギター	1	0	1	0.003	3	3
47	強度	キョウド	1	0	1	0.003	2	3
48	虚栄心	キョエイシン	1	0	1	0.003	3	5
49	銀行	ギンコウ	1	0	1	0.003	2	4
50	傲慢	ゴウマン	1	0	1	0.003	2	4
51	克己	コッキ	1	0	1	0.003	2	3
52	試合	シアイ	1	0	1	0.003	2	3
53	試験	シケン	1	0	1	0.003	2	3
54	自己暗示	ジコアンジ	1	0	1	0.003	4	5
55	仕事	シゴト	1	0	1	0.003	2	3
56	自尊	ジソン	1	0	1	0.003	2	3
57	自負	ジフ	1	0	1	0.003	2	2
58	自分勝手	ジブンカッテ	1	0	1	0.003	4	6
59	自慢話	ジマンバナシ	1	0	1	0.003	3	6
60	信念	シンネン	1	0	1	0.003	2	4
61	全て	スベテ	1	0	1	0.003	2	3
62	成功	セイコウ	1	0	1	0.003	2	4
63	先輩	センパイ	1	0	1	0.003	2	4
64	大会	タイカイ	1	0	1	0.003	2	4
65	大事	ダイジ	1	0	1	0.003	2	3
66	怠慢	タイマン	1	0	1	0.003	2	4
67	体力	タイリョク	1	0	1	0.003	2	4
68	戦い	タタカイ	1	0	1	0.003	2	4
69	蓄積	チクセキ	1	0	1	0.003	2	4
70	強気	ツヨキ	1	0	1	0.003	2	3
71	強み	ツヨミ	1	0	1	0.003	2	3
72	得意	トクイ	1	0	1	0.003	2	3
73	敗北	ハイボク	1	0	1	0.003	2	4
74	馬鹿	バカ	1	0	1	0.003	2	2
75	不動	フドウ	1	0	1	0.003	2	3
76	慢心	マンシン	1	0	1	0.003	2	4
77	魅力	ミリョク	1	0	1	0.003	2	3
78	無	ム	1	0	1	0.003	1	1
79	無謀	ムボウ	1	0	1	0.003	2	3
80	モチベーション	モチベーション	1	0	1	0.003	7	6
81	夢	ユメ	1	0	1	0.003	1	2
82	安心	アンシン	0	1	1	0.003	2	4
83	意地	イジ	0	1	1	0.003	2	2
84	男	オトコ	0	1	1	0.003	1	3
85	外向的	ガイコウテキ	0	1	1	0.003	3	6
86	過去	カコ	0	1	1	0.003	2	2
87	勝	カチ	0	1	1	0.003	1	2
88	感情	カンジョウ	0	1	1	0.003	2	4
89	勘違い	カンチガイ	0	1	1	0.003	3	5
90	黄色	キイロ	0	1	1	0.003	2	3
91	虚栄	キョエイ	0	1	1	0.003	2	3
92	気力	キリョク	0	1	1	0.003	2	3
93	緊張	キンチョウ	0	1	1	0.003	2	4
94	権力	ケンリョク	0	1	1	0.003	2	4
95	構成概念	コウセイガイネン	0	1	1	0.003	4	8
96	行動	コウドウ	0	1	1	0.003	2	4
97	心意気	ココロイキ	0	1	1	0.003	3	5
98	子供	コドモ	0	1	1	0.003	2	3
99	根拠	コンキョ	0	1	1	0.003	2	3
100	コンプレックス	コンプレックス	0	1	1	0.003	7	7
101	作品	サクヒン	0	1	1	0.003	2	4
102	自画自賛	ジガジサン	0	1	1	0.003	4	5
103	思考	シコウ	0	1	1	0.003	2	3
104	実力	ジツリョク	0	1	1	0.003	2	4
105	社長	シャチョウ	0	1	1	0.003	2	3
106	勝負	ショウブ	0	1	1	0.003	2	3
107	性格	セイカク	0	1	1	0.003	2	4
108	専門家	センモンカ	0	1	1	0.003	3	5
109	損失	ソンシツ	0	1	1	0.003	2	4
110	体重	タイジュウ	0	1	1	0.003	2	4
111	態度	タイド	0	1	1	0.003	2	3
112	高飛車	タカビシャ	0	1	1	0.003	3	4
113	達成動機	タッセイドウキ	0	1	1	0.003	4	7
114	強さ	ツヨサ	0	1	1	0.003	2	3
115	脳	ノウ	0	1	1	0.003	1	2
116	ヒーロー	ヒーロー	0	1	1	0.003	4	4
117	不安	フアン	0	1	1	0.003	2	3
118	付加	フカ	0	1	1	0.003	2	2
119	不可欠	フカケツ	0	1	1	0.003	3	4
120	不信	フシン	0	1	1	0.003	2	3
121	舞台	ブタイ	0	1	1	0.003	2	3
122	ポジティブ	ポジティブ	0	1	1	0.003	5	4
123	モデル	モデル	0	1	1	0.003	3	3
124	森	モリ	0	1	1	0.003	1	2
125	予習	ヨシュウ	0	1	1	0.003	2	3
	合計		129	154	283			

52	視線	フリガナ	男性	女性	全体	連想強度	文字数	モーラ数
1	め	メ	43	68	111	0.355	1	1
	目		*42*	*67*	*109*	*0.348*	*1*	*1*
	眼		*1*	*1*	*2*	*0.006*	*1*	*1*
2	人	ヒト	13	10	23	0.073	1	2
3	目線	メセン	6	8	14	0.045	2	3
4	他人	タニン	4	5	9	0.029	2	3
5	恐怖	キョウフ	4	3	7	0.022	2	3
6	相手	アイテ	3	1	4	0.013	2	3
7	まなざし	マナザシ	2	2	4	0.013	4	4
	眼差し		*2*	*1*	*3*	*0.010*	*3*	*4*
	まなざし		*0*	*1*	*1*	*0.003*	*4*	*4*
8	アイコンタクト	アイコンタクト	2	1	3	0.010	7	7
9	めがね	メガネ	2	1	3	0.010	3	3
	眼鏡		*1*	*1*	*2*	*0.006*	*2*	*3*
	メガネ		*1*	*0*	*1*	*0.003*	*3*	*3*
10	恋	コイ	1	2	3	0.010	1	2
11	視覚	シカク	1	2	3	0.010	2	3
12	緊張	キンチョウ	2	0	2	0.006	2	4
13	嫌悪	ケンオ	2	0	2	0.006	2	3
14	電車	デンシャ	2	0	2	0.006	2	3
15	不快	フカイ	2	0	2	0.006	2	3
16	恋愛	レンアイ	2	0	2	0.006	2	4
17	視界	シカイ	1	1	2	0.006	2	3
18	視力	シリョク	1	1	2	0.006	2	3
19	注目	チュウモク	1	1	2	0.006	2	4
20	熱	ネツ	1	1	2	0.006	1	2
21	嫌味	イヤミ	0	2	2	0.006	2	3
22	芸能人	ゲイノウジン	0	2	2	0.006	3	6
23	集中	シュウチュウ	0	2	2	0.006	2	4
24	威圧	イアツ	1	0	1	0.003	2	3
25	嫌	イヤ	1	0	1	0.003	1	2
26	閲覧	エツラン	1	0	1	0.003	2	4
27	演技	エンギ	1	0	1	0.003	2	3
28	同じ	オナジ	1	0	1	0.003	2	3
29	カメラ	カメラ	1	0	1	0.003	3	3
30	眼光	ガンコウ	1	0	1	0.003	2	4
31	危険	キケン	1	0	1	0.003	2	3
32	脚光	キャッコウ	1	0	1	0.003	2	4
33	凝視	ギョウシ	1	0	1	0.003	2	3
34	興味	キョウミ	1	0	1	0.003	2	3
35	個人差	コジンサ	1	0	1	0.003	3	4
36	コンタクト	コンタクト	1	0	1	0.003	5	5
37	自意識過剰	ジイシキカジョウ	1	0	1	0.003	5	7
38	視線恐怖症	シセンキョウフショウ	1	0	1	0.003	5	8
39	生物	セイブツ	1	0	1	0.003	2	4
40	空	ソラ	1	0	1	0.003	1	2
41	対人恐怖	タイジンキョウフ	1	0	1	0.003	4	7
42	対人恐怖症	タイジンキョウフショウ	1	0	1	0.003	5	9
43	知覚	チカク	1	0	1	0.003	2	3
44	直線	チョクセン	1	0	1	0.003	2	4
45	転校	テンコウ	1	0	1	0.003	2	4
46	トイレ	トイレ	1	0	1	0.003	3	3
47	動線	ドウセン	1	0	1	0.003	2	4
48	肉眼	ニクガン	1	0	1	0.003	2	4
49	睨み	ニラミ	1	0	1	0.003	2	3
50	認知	ニンチ	1	0	1	0.003	2	3
51	評判	ヒョウバン	1	0	1	0.003	2	4
52	複数	フクスウ	1	0	1	0.003	2	4
53	物理	ブツリ	1	0	1	0.003	2	3
54	緑色	ミドリイロ	1	0	1	0.003	2	5
55	無視	ムシ	1	0	1	0.003	2	2
56	目つき	メツキ	1	0	1	0.003	3	3
57	物	モノ	1	0	1	0.003	1	2
58	有名人	ユウメイジン	1	0	1	0.003	3	6
59	指	ユビ	1	0	1	0.003	1	2
60	いじめ	イジメ	0	1	1	0.003	3	3
61	痛さ	イタサ	0	1	1	0.003	2	3
62	上	ウエ	0	1	1	0.003	1	2
63	後ろ	ウシロ	0	1	1	0.003	2	3
64	会話	カイワ	0	1	1	0.003	2	3
65	顔	カオ	0	1	1	0.003	1	2
66	感覚	カンカク	0	1	1	0.003	2	4
67	監視	カンシ	0	1	1	0.003	2	3
68	眼力	ガンリキ	0	1	1	0.003	2	4
69	釘付け	クギヅケ	0	1	1	0.003	3	4
70	苦痛	クツウ	0	1	1	0.003	2	3
71	交差	コウサ	0	1	1	0.003	2	3
72	光線	コウセン	0	1	1	0.003	2	4
73	コミュニケーション	コミュニケーション	0	1	1	0.003	9	7
74	先	サキ	0	1	1	0.003	1	2
75	殺気	サッキ	0	1	1	0.003	2	3
76	察知	サッチ	0	1	1	0.003	2	3
77	サングラス	サングラス	0	1	1	0.003	5	5
78	刺激	シゲキ	0	1	1	0.003	2	3
79	視線恐怖	シセンキョウフ	0	1	1	0.003	4	6
80	視野	シヤ	0	1	1	0.003	2	2
81	周囲	シュウイ	0	1	1	0.003	2	3
82	ストーカー	ストーカー	0	1	1	0.003	5	5
83	他者	タシャ	0	1	1	0.003	2	2
84	人間	ニンゲン	0	1	1	0.003	2	4
85	熱視線	ネッシセン	0	1	1	0.003	3	5
86	針	ハリ	0	1	1	0.003	1	2
87	ビーチ	ビーチ	0	1	1	0.003	3	3
88	敏感	ビンカン	0	1	1	0.003	2	4
89	前	マエ	0	1	1	0.003	1	2
90	周り	マワリ	0	1	1	0.003	2	3
91	目視	モクシ	0	1	1	0.003	2	3
92	モデル	モデル	0	1	1	0.003	3	3
93	矢	ヤ	0	1	1	0.003	1	1
94	乱視	ランシ	0	1	1	0.003	2	3
95	露骨	ロコツ	0	1	1	0.003	2	3
	合計		131	149	280			

53	自然	フリガナ	男性	女性	全体	連想強度	文字数	モーラ数
1	森	モリ	26	36	62	0.198	1	2
2	木	キ	12	19	31	0.099	1	1
3	緑	ミドリ	13	14	27	0.086	1	3
4	環境	カンキョウ	9	9	18	0.058	2	4
5	破壊	ハカイ	8	9	17	0.054	2	3
6	森林	シンリン	9	7	16	0.051	2	4
7	山	ヤマ	9	6	15	0.048	1	2
8	海	ウミ	4	4	8	0.026	1	2
9	公園	コウエン	3	4	7	0.022	2	4
10	田舎	イナカ	3	3	6	0.019	2	3
11	川	カワ	3	2	5	0.016	1	2
12	人工	ジンコウ	1	4	5	0.016	2	4
13	保護	ホゴ	2	2	4	0.013	2	2
14	災害	サイガイ	1	3	4	0.013	2	4
15	動物	ドウブツ	1	3	4	0.013	2	4
16	植物	ショクブツ	2	1	3	0.010	2	4
17	地球	チキュウ	2	1	3	0.010	2	3
18	きれい	キレイ	1	2	3	0.010	3	3
19	ナチュラル	ナチュラル	1	2	3	0.010	5	4
20	大地	ダイチ	0	3	3	0.010	2	3
21	アフリカ	アフリカ	2	0	2	0.006	4	4
22	大自然	ダイシゼン	2	0	2	0.006	3	5
23	野生	ヤセイ	2	0	2	0.006	2	3
24	雄大	ユウダイ	2	0	2	0.006	2	4
25	空気	クウキ	1	1	2	0.006	2	3
26	人口	ジンコウ	1	1	2	0.006	2	4
27	鳥	トリ	1	1	2	0.006	1	2
28	平和	ヘイワ	1	1	2	0.006	2	3
29	ゆたか	ユタカ	1	1	2	0.006	3	3
	豊		*1*	*0*	*1*	*0.003*	*1*	*3*
	豊か		*0*	*1*	*1*	*0.003*	*2*	*3*
30	偉大	イダイ	0	2	2	0.006	2	3
31	世界	セカイ	0	2	2	0.006	2	3
32	花	ハナ	0	2	2	0.006	1	2
33	汚染	オセン	1	0	1	0.003	2	3
34	科学	カガク	1	0	1	0.003	2	3
35	火災	カサイ	1	0	1	0.003	2	3
36	管理	カンリ	1	0	1	0.003	2	3
37	気	キ	1	0	1	0.003	1	1
38	起源	キゲン	1	0	1	0.003	2	3
39	巨大	キョダイ	1	0	1	0.003	2	3
40	草	クサ	1	0	1	0.003	1	2
41	草花	クサバナ	1	0	1	0.003	2	4
42	ゲーテ	ゲーテ	1	0	1	0.003	3	3
43	広大	コウダイ	1	0	1	0.003	2	4
44	ジャングル	ジャングル	1	0	1	0.003	5	4
45	爽快	ソウカイ	1	0	1	0.003	2	4
46	滝	タキ	1	0	1	0.003	1	2
47	超越	チョウエツ	1	0	1	0.003	2	4
48	パワー	パワー	1	0	1	0.003	3	3
49	美	ビ	1	0	1	0.003	1	1
50	風景	フウケイ	1	0	1	0.003	2	4
51	風車	フウシャ	1	0	1	0.003	2	3
52	不自然	フシゼン	1	0	1	0.003	3	4
53	北海道	ホッカイドウ	1	0	1	0.003	3	6
54	水	ミズ	1	0	1	0.003	1	2
55	虫	ムシ	1	0	1	0.003	1	2
56	安堵	アンド	0	1	1	0.003	2	3
57	神	カミ	0	1	1	0.003	1	2
58	体	カラダ	0	1	1	0.003	1	3
59	環境破壊	カンキョウハカイ	0	1	1	0.003	4	7
60	季節	キセツ	0	1	1	0.003	2	3
61	原料	ゲンリョウ	0	1	1	0.003	2	4
62	資源	シゲン	0	1	1	0.003	2	3
63	自然派	シゼンハ	0	1	1	0.003	3	4
64	樹木	ジュモク	0	1	1	0.003	2	3
65	壮大	ソウダイ	0	1	1	0.003	2	4
66	大切	タイセツ	0	1	1	0.003	2	4
67	たんぼ	タンボ	0	1	1	0.003	3	3
68	天然	テンネン	0	1	1	0.003	2	4
69	都会	トカイ	0	1	1	0.003	2	3
70	屋久島	ヤクシマ	0	1	1	0.003	3	4
71	野菜	ヤサイ	0	1	1	0.003	2	3
72	有限	ユウゲン	0	1	1	0.003	2	4
	合計		146	162	308			

54	時代	フリガナ	男性	女性	全体	連想強度	文字数	モーラ数
1	歴史	レキシ	22	23	45	0.144	2	3
2	江戸	エド	17	10	27	0.086	2	2
3	戦国	センゴク	10	7	17	0.054	2	4
4	平成	ヘイセイ	6	7	13	0.042	2	4
5	昔	ムカシ	4	8	12	0.038	1	3
6	変化	ヘンカ	4	7	11	0.035	2	3
7	昭和	ショウワ	6	4	10	0.032	2	3
8	背景	ハイケイ	4	4	8	0.026	2	4
9	過去	カコ	2	6	8	0.026	2	2
10	錯誤	サクゴ	1	6	7	0.022	2	3
11	今	イマ	3	3	6	0.019	1	2
12	中島みゆき	ナカジマミユキ	3	3	6	0.019	5	7
13	流行	リュウコウ	2	4	6	0.019	2	4
14	時代劇	ジダイゲキ	5	0	5	0.016	3	5
15	江戸時代	エドジダイ	3	2	5	0.016	4	5
16	世代	セダイ	2	3	5	0.016	2	3
17	現代	ゲンダイ	2	2	4	0.013	2	4
18	時間	ジカン	2	2	4	0.013	2	3
19	文化	ブンカ	2	2	4	0.013	2	3
20	流れ	ナガレ	1	3	4	0.013	2	3
21	年代	ネンダイ	0	4	4	0.013	2	4
22	人	ヒト	3	0	3	0.010	1	2
23	平安	ヘイアン	3	0	3	0.010	2	4
24	縄文	ジョウモン	1	2	3	0.010	2	4
25	進化	シンカ	1	2	3	0.010	2	3
26	劇	ゲキ	0	3	3	0.010	1	2
27	戦国時代	センゴクジダイ	0	3	3	0.010	4	7
28	さむらい	サムライ	2	0	2	0.006	4	4
	侍		*1*	*0*	*1*	*0.003*	*1*	*4*
	サムライ		*1*	*0*	*1*	*0.003*	*4*	*4*
29	平安時代	ヘイアンジダイ	2	0	2	0.006	4	7
30	社会	シャカイ	1	1	2	0.006	2	3
31	世界	セカイ	1	1	2	0.006	2	3
32	戦争	センソウ	1	1	2	0.006	2	4
33	時	トキ	1	1	2	0.006	1	2
34	室町時代	ムロマチジダイ	1	1	2	0.006	4	7
35	明治	メイジ	1	1	2	0.006	2	3
36	嵐	アラシ	0	2	2	0.006	1	3
37	ジェネレーションギャップ	ジェネレーションギャップ	0	2	2	0.006	12	9
38	海賊	カイゾク	1	0	1	0.003	2	4
39	回転	カイテン	1	0	1	0.003	2	4
40	刀	カタナ	1	0	1	0.003	1	3
41	仮定	カテイ	1	0	1	0.003	2	3
42	ギャップ	ギャップ	1	0	1	0.003	4	3
43	携帯	ケイタイ	1	0	1	0.003	2	4
44	激動	ゲキドウ	1	0	1	0.003	2	4
45	元号	ゲンゴウ	1	0	1	0.003	2	4
46	光陰	コウイン	1	0	1	0.003	2	4
47	三国	サンゴク	1	0	1	0.003	2	4
48	ジェネレーション	ジェネレーション	1	0	1	0.003	8	6
49	時代考証	ジダイコウショウ	1	0	1	0.003	4	7
50	時代錯誤	ジダイサクゴ	1	0	1	0.003	4	6
51	新時代	シンジダイ	1	0	1	0.003	3	5
52	奈良	ナラ	1	0	1	0.003	2	2
53	日本	ニホン	1	0	1	0.003	2	3
54	日本史	ニホンシ	1	0	1	0.003	3	4
55	年月	ネンゲツ	1	0	1	0.003	2	4
56	平和	ヘイワ	1	0	1	0.003	2	3
57	ミレニアム	ミレニアム	1	0	1	0.003	5	5
58	移り変わり	ウツリカワリ	0	1	1	0.003	5	6
59	懐古	カイコ	0	1	1	0.003	2	3
60	家族	カゾク	0	1	1	0.003	2	3
61	教科書	キョウカショ	0	1	1	0.003	3	4
62	経過	ケイカ	0	1	1	0.003	2	3
63	剣	ケン	0	1	1	0.003	1	2
64	原始時代	ゲンシジダイ	0	1	1	0.003	4	6
65	昨今	サッコン	0	1	1	0.003	2	4
66	状況	ジョウキョウ	0	1	1	0.003	2	4
67	縄文時代	ジョウモンジダイ	0	1	1	0.003	4	7
68	スピード	スピード	0	1	1	0.003	4	4
69	青春	セイシュン	0	1	1	0.003	2	4
70	大正	タイショウ	0	1	1	0.003	2	4
71	タイムマシーン	タイムマシーン	0	1	1	0.003	7	7
72	茶色	チャイロ	0	1	1	0.003	2	3
73	テレビ	テレビ	0	1	1	0.003	3	3
74	天皇	テンノウ	0	1	1	0.003	2	4
75	到来	トウライ	0	1	1	0.003	2	4
76	年	トシ	0	1	1	0.003	1	2
77	波	ナミ	0	1	1	0.003	1	2
78	年号	ネンゴウ	0	1	1	0.003	2	4
79	年齢	ネンレイ	0	1	1	0.003	2	4
80	白亜	ハクア	0	1	1	0.003	2	3
81	幕府	バクフ	0	1	1	0.003	2	3
82	変革	ヘンカク	0	1	1	0.003	2	4
83	未来	ミライ	0	1	1	0.003	2	3
84	余生	ヨセイ	0	1	1	0.003	2	3
85	若さ	ワカサ	0	1	1	0.003	2	3
	合計		139	158	297			

55	資本	フリガナ	男性	女性	全体	連想強度	文字数	モーラ数
1	かね	カネ	45	45	90	0.288	2	2
	お金		*18*	*28*	*46*	*0.147*	*2*	*3*
	金		*27*	*17*	*44*	*0.141*	*1*	*2*
2	主義	シュギ	30	36	66	0.211	2	2
3	会社	カイシャ	10	9	19	0.061	2	3
4	資本主義	シホンシュギ	5	10	15	0.048	4	5
5	社会	シャカイ	9	4	13	0.042	2	3
6	資本金	シホンキン	2	6	8	0.026	3	5
7	経済	ケイザイ	5	2	7	0.022	2	4
8	株	カブ	3	4	7	0.022	1	2
9	資本家	シホンカ	1	4	5	0.016	3	4
10	体	カラダ	3	1	4	0.013	1	3
11	アメリカ	アメリカ	0	4	4	0.013	4	4
12	政治	セイジ	0	4	4	0.013	2	3
13	資金	シキン	3	0	3	0.010	2	3
14	日本	ニホン	3	0	3	0.010	2	3
15	財産	ザイサン	1	2	3	0.010	2	4
16	投資	トウシ	1	2	3	0.010	2	3
17	かねもち	カネモチ	0	3	3	0.010	4	4
	金持ち		*0*	*2*	*2*	*0.006*	*3*	*4*
	お金持ち		*0*	*1*	*1*	*0.003*	*4*	*5*
18	資源	シゲン	2	0	2	0.006	2	3
19	図書館	トショカン	2	0	2	0.006	3	4
20	本	ホン	1	1	2	0.006	1	2
21	もと	モト	1	1	2	0.006	2	2
	基		*1*	*0*	*1*	*0.003*	*1*	*2*
	元		*0*	*1*	*1*	*0.003*	*1*	*2*
22	元手	モトデ	1	1	2	0.006	2	3
23	株式会社	カブシキガイシャ	1	0	1	0.003	4	7
24	現金	ゲンキン	1	0	1	0.003	2	4
25	公務員	コウムイン	1	0	1	0.003	3	5
26	国家	コッカ	1	0	1	0.003	2	3
27	財政	ザイセイ	1	0	1	0.003	2	4
28	社長	シャチョウ	1	0	1	0.003	2	3
29	大企業	ダイキギョウ	1	0	1	0.003	3	5
30	データ	データ	1	0	1	0.003	3	3
31	哲学	テツガク	1	0	1	0.003	2	4
32	投資家	トウシカ	1	0	1	0.003	3	4
33	西側	ニシガワ	1	0	1	0.003	2	4
34	必要	ヒツヨウ	1	0	1	0.003	2	4
35	肥満	ヒマン	1	0	1	0.003	2	3
36	貿易	ボウエキ	1	0	1	0.003	2	4
37	マルクス	マルクス	1	0	1	0.003	4	4
38	裕福	ユウフク	1	0	1	0.003	2	4
39	家	イエ	0	1	1	0.003	1	2
40	運営	ウンエイ	0	1	1	0.003	2	4
41	金儲け	カネモウケ	0	1	1	0.003	3	5
42	株主	カブヌシ	0	1	1	0.003	2	4
43	元金	ガンキン	0	1	1	0.003	2	4
44	基金	キキン	0	1	1	0.003	2	3
45	基本	キホン	0	1	1	0.003	2	3
46	銀行	ギンコウ	0	1	1	0.003	2	4
47	金銭	キンセン	0	1	1	0.003	2	4
48	国	クニ	0	1	1	0.003	1	2
49	経営	ケイエイ	0	1	1	0.003	2	4
50	経営者	ケイエイシャ	0	1	1	0.003	3	5
51	高級	コウキュウ	0	1	1	0.003	2	4
52	資産	シサン	0	1	1	0.003	2	3
53	社会資本	シャカイシホン	0	1	1	0.003	4	6
54	頼り	タヨリ	0	1	1	0.003	2	3
55	提供	テイキョウ	0	1	1	0.003	2	4
56	凍結	トウケツ	0	1	1	0.003	2	4
57	始まり	ハジマリ	0	1	1	0.003	3	4
58	民主	ミンシュ	0	1	1	0.003	2	3
59	融資	ユウシ	0	1	1	0.003	2	3
60	利益	リエキ	0	1	1	0.003	2	3
61	労働	ロウドウ	0	1	1	0.003	2	4
62	労働者	ロウドウシャ	0	1	1	0.003	3	5
	合計		144	163	307			

56	市民	フリガナ	男性	女性	全体	連想強度	文字数	モーラ数
1	ひと	ヒト	18	15	33	0.105	2	2
	人		*17*	*15*	*32*	*0.102*	*1*	*2*
	ひと		*1*	*0*	*1*	*0.003*	*2*	*2*
2	国民	コクミン	11	13	24	0.077	2	4
3	一般	イッパン	8	7	15	0.048	2	4
4	権利	ケンリ	4	8	12	0.038	2	3
5	人間	ニンゲン	3	9	12	0.038	2	4
6	まち	マチ	6	4	10	0.032	2	2
	町		*5*	*3*	*8*	*0.026*	*1*	*2*
	街		*1*	*1*	*2*	*0.006*	*1*	*2*
7	平等	ビョウドウ	5	3	8	0.026	2	4
8	革命	カクメイ	4	3	7	0.022	2	4
9	市長	シチョウ	3	3	6	0.019	2	3
10	自分	ジブン	3	3	6	0.019	2	3
11	税金	ゼイキン	3	3	6	0.019	2	4
12	球場	キュウジョウ	2	4	6	0.019	2	4
13	国	クニ	2	4	6	0.019	1	2
14	市	シ	4	1	5	0.016	1	1
15	一般人	イッパンジン	3	2	5	0.016	3	6
16	市民権	シミンケン	1	4	5	0.016	3	5
17	住民	ジュウミン	1	4	5	0.016	2	4
18	団体	ダンタイ	2	2	4	0.013	2	4
19	平和	ヘイワ	2	2	4	0.013	2	3
20	会館	カイカン	1	3	4	0.013	2	4
21	市役所	シヤクショ	0	4	4	0.013	3	4
22	愚民	グミン	2	1	3	0.010	2	3
23	政治	セイジ	2	1	3	0.010	2	3
24	町民	チョウミン	2	1	3	0.010	2	4
25	プール	プール	2	1	3	0.010	3	3
26	平民	ヘイミン	2	1	3	0.010	2	4
27	県民	ケンミン	1	2	3	0.010	2	4
28	病院	ビョウイン	1	2	3	0.010	2	4
29	社会	シャカイ	0	3	3	0.010	2	3
30	選挙	センキョ	0	3	3	0.010	2	3
31	一揆	イッキ	2	0	2	0.006	2	3
32	集団	シュウダン	2	0	2	0.006	2	4
33	大衆	タイシュウ	2	0	2	0.006	2	4
34	日本	ニホン	2	0	2	0.006	2	3
35	大勢	オオゼイ	1	1	2	0.006	2	4
36	行政	ギョウセイ	1	1	2	0.006	2	4
37	都市	トシ	1	1	2	0.006	2	2
38	民衆	ミンシュウ	1	1	2	0.006	2	4
39	野球	ヤキュウ	1	1	2	0.006	2	3
40	公民館	コウミンカン	0	2	2	0.006	3	6
41	投票	トウヒョウ	0	2	2	0.006	2	4
42	フランス	フランス	0	2	2	0.006	4	4
43	安全	アンゼン	1	0	1	0.003	2	4
44	一般市民	イッパンシミン	1	0	1	0.003	4	7
45	大人数	オオニンズウ	1	0	1	0.003	3	6
46	お隣さん	オトナリサン	1	0	1	0.003	4	6
47	オンブズマン	オンブズマン	1	0	1	0.003	6	6
48	犠牲	ギセイ	1	0	1	0.003	2	3
49	義務	ギム	1	0	1	0.003	2	2
50	区役所	クヤクショ	1	0	1	0.003	3	4
51	公園	コウエン	1	0	1	0.003	2	4
52	古代	コダイ	1	0	1	0.003	2	3
53	国家	コッカ	1	0	1	0.003	2	3
54	財産	ザイサン	1	0	1	0.003	2	4
55	市民球場	シミンキュウジョウ	1	0	1	0.003	4	7
56	市民税	シミンゼイ	1	0	1	0.003	3	5
57	弱者	ジャクシャ	1	0	1	0.003	2	3
58	戦争	センソウ	1	0	1	0.003	2	4
59	地域	チイキ	1	0	1	0.003	2	3
60	人々	ヒトビト	1	0	1	0.003	2	4
61	貧困	ヒンコン	1	0	1	0.003	2	4
62	フランス革命	フランスカクメイ	1	0	1	0.003	6	8
63	プロ	プロ	1	0	1	0.003	2	2
64	暴動	ボウドウ	1	0	1	0.003	2	4
65	民主制	ミンシュセイ	1	0	1	0.003	3	5
66	無罪	ムザイ	1	0	1	0.003	2	3
67	無能	ムノウ	1	0	1	0.003	2	3
68	世論	ヨロン	1	0	1	0.003	2	3
69	隣人	リンジン	1	0	1	0.003	2	4
70	労働	ロウドウ	1	0	1	0.003	2	4
71	アパート	アパート	0	1	1	0.003	4	4
72	アメリカ	アメリカ	0	1	1	0.003	4	4
73	意見	イケン	0	1	1	0.003	2	3
74	一員	イチイン	0	1	1	0.003	2	4
75	運動	ウンドウ	0	1	1	0.003	2	4
76	栄誉賞	エイヨショウ	0	1	1	0.003	3	5
77	家族	カゾク	0	1	1	0.003	2	3
78	活動	カツドウ	0	1	1	0.003	2	4
79	黄緑	キミドリ	0	1	1	0.003	2	4
80	決定権	ケッテイケン	0	1	1	0.003	3	6
81	個人	コジン	0	1	1	0.003	2	3
82	個人主義	コジンシュギ	0	1	1	0.003	4	5
83	市井	シセイ	0	1	1	0.003	2	3
84	市町村	シチョウソン	0	1	1	0.003	3	5
85	住所	ジュウショ	0	1	1	0.003	2	3
86	住人	ジュウニン	0	1	1	0.003	2	4
87	人口	ジンコウ	0	1	1	0.003	2	4
88	世界	セカイ	0	1	1	0.003	2	3
89	善良	ゼンリョウ	0	1	1	0.003	2	4
90	大会	タイカイ	0	1	1	0.003	2	4
91	男女	ダンジョ	0	1	1	0.003	2	3
92	時計	トケイ	0	1	1	0.003	2	3
93	広場	ヒロバ	0	1	1	0.003	2	3
94	貧乏	ビンボウ	0	1	1	0.003	2	4
95	府民	フミン	0	1	1	0.003	2	3
96	文化	ブンカ	0	1	1	0.003	2	3
97	保険	ホケン	0	1	1	0.003	2	3
98	民間	ミンカン	0	1	1	0.003	2	4
	合計		139	155	294			

57	指紋	フリガナ	男性	女性	全体	連想強度	文字数	モーラ数
1	指	ユビ	32	36	68	0.217	1	2
2	警察	ケイサツ	18	21	39	0.125	2	4
3	事件	ジケン	12	18	30	0.096	2	3
4	犯罪	ハンザイ	12	7	19	0.061	2	4
5	手	テ	7	10	17	0.054	1	1
6	犯人	ハンニン	4	8	12	0.038	2	4
7	検査	ケンサ	8	2	10	0.032	2	3
8	調査	チョウサ	3	5	8	0.026	2	3
9	証拠	ショウコ	2	6	8	0.026	2	3
10	個人	コジン	3	4	7	0.022	2	3
11	認証	ニンショウ	3	4	7	0.022	2	4
12	照合	ショウゴウ	4	2	6	0.019	2	4
13	捜査	ソウサ	4	2	6	0.019	2	3
14	採取	サイシュ	1	5	6	0.019	2	3
15	刑事	ケイジ	3	2	5	0.016	2	3
16	個別	コベツ	3	1	4	0.013	2	3
17	鑑識	カンシキ	1	2	3	0.010	2	4
18	検証	ケンショウ	0	3	3	0.010	2	4
19	鑑定	カンテイ	1	1	2	0.006	2	4
20	センサー	センサー	1	1	2	0.006	4	4
21	ひと	ヒト	1	1	2	0.006	2	2
	ひと		*1*	*0*	*1*	*0.003*	*2*	*2*
	人		*0*	*1*	*1*	*0.003*	*1*	*2*
22	携帯	ケイタイ	0	2	2	0.006	2	4
23	採集	サイシュウ	0	2	2	0.006	2	4
24	自分	ジブン	0	2	2	0.006	2	3
25	人間	ニンゲン	0	2	2	0.006	2	4
26	跡	アト	1	0	1	0.003	1	2
27	油	アブラ	1	0	1	0.003	1	3
28	渦	ウズ	1	0	1	0.003	1	2
29	渦巻き	ウズマキ	1	0	1	0.003	3	4
30	円	エン	1	0	1	0.003	1	2
31	科学捜査	カガクソウサ	1	0	1	0.003	4	6
32	鍵	カギ	1	0	1	0.003	1	2
33	監察官	カンサツカン	1	0	1	0.003	3	6
34	個々	ココ	1	0	1	0.003	2	2
35	個性	コセイ	1	0	1	0.003	2	3
36	痕跡	コンセキ	1	0	1	0.003	2	4
37	十字	ジュウジ	1	0	1	0.003	2	3
38	しわ	シワ	1	0	1	0.003	2	2
39	探偵	タンテイ	1	0	1	0.003	2	4
40	手形	テガタ	1	0	1	0.003	2	3
41	特定	トクテイ	1	0	1	0.003	2	4
42	特有	トクユウ	1	0	1	0.003	2	4
43	認識	ニンシキ	1	0	1	0.003	2	4
44	判別	ハンベツ	1	0	1	0.003	2	4
45	複雑	フクザツ	1	0	1	0.003	2	4
46	普遍	フヘン	1	0	1	0.003	2	3
47	法律	ホウリツ	1	0	1	0.003	2	4
48	模様	モヨウ	1	0	1	0.003	2	3
49	印鑑	インカン	0	1	1	0.003	2	4
50	科学	カガク	0	1	1	0.003	2	3
51	鏡	カガミ	0	1	1	0.003	1	3
52	確実	カクジツ	0	1	1	0.003	2	4
53	家紋	カモン	0	1	1	0.003	2	3
54	警官	ケイカン	0	1	1	0.003	2	4
55	検出	ケンシュツ	0	1	1	0.003	2	4
56	現場検証	ゲンバケンショウ	0	1	1	0.003	4	7
57	個人特定	コジントクテイ	0	1	1	0.003	4	7
58	識別	シキベツ	0	1	1	0.003	2	4
59	十人十色	ジュウニントイロ	0	1	1	0.003	4	7
60	声紋	セイモン	0	1	1	0.003	2	4
61	手がかり	テガカリ	0	1	1	0.003	4	4
62	登録	トウロク	0	1	1	0.003	2	4
63	紫	ムラサキ	0	1	1	0.003	1	4
	合計		146	164	310			

58	自由	フリガナ	男性	女性	全体	連想強度	文字数	モーラ数
1	女神	メガミ	15	11	26	0.083	2	3
2	あめりか	アメリカ	16	8	24	0.077	4	4
	アメリカ		*16*	*7*	*23*	*0.073*	*4*	*4*
	あめりか		*0*	*1*	*1*	*0.003*	*4*	*4*
3	権利	ケンリ	12	10	22	0.070	2	3
4	解放	カイホウ	4	8	12	0.038	2	4
5	とり	トリ	4	5	9	0.029	2	2
	鳥		*3*	*5*	*8*	*0.026*	*1*	*2*
	トリ		*1*	*0*	*1*	*0.003*	*2*	*2*
6	責任	セキニン	3	6	9	0.029	2	4
7	フリーダム	フリーダム	5	3	8	0.026	5	5
8	平等	ビョウドウ	4	3	7	0.022	2	4
9	時間	ジカン	2	5	7	0.022	2	3
10	空	ソラ	1	6	7	0.022	1	2
11	平和	ヘイワ	3	3	6	0.019	2	3
12	暇	ヒマ	2	4	6	0.019	1	2
13	束縛	ソクバク	3	2	5	0.016	2	4
14	鳩	ハト	1	4	5	0.016	1	2
15	個人	コジン	2	2	4	0.013	2	3
16	楽	ラク	2	2	4	0.013	1	2
17	自由の女神	ジユウノメガミ	1	3	4	0.013	5	7
18	フリー	フリー	3	0	3	0.010	3	3
19	革命	カクメイ	2	1	3	0.010	2	4
20	人	ヒト	2	1	3	0.010	1	2
21	大学	ダイガク	1	2	3	0.010	2	4
22	奔放	ホンポウ	1	2	3	0.010	2	4
23	正義	セイギ	2	0	2	0.006	2	3
24	遊び	アソビ	1	1	2	0.006	2	3
25	義務	ギム	1	1	2	0.006	2	2
26	拘束	コウソク	1	1	2	0.006	2	4
27	子供	コドモ	1	1	2	0.006	2	3
28	睡眠	スイミン	1	1	2	0.006	2	4
29	制限	セイゲン	1	1	2	0.006	2	4
30	世界	セカイ	1	1	2	0.006	2	3
31	翼	ツバサ	1	1	2	0.006	1	3
32	動物	ドウブツ	1	1	2	0.006	2	4
33	人間	ニンゲン	1	1	2	0.006	2	4
34	無	ム	1	1	2	0.006	1	1
35	余暇	ヨカ	1	1	2	0.006	2	2
36	希望	キボウ	0	2	2	0.006	2	3
37	休日	キュウジツ	0	2	2	0.006	2	4
38	主義	シュギ	0	2	2	0.006	2	2
39	羽	ハネ	0	2	2	0.006	1	2
40	一人暮らし	ヒトリグラシ	0	2	2	0.006	5	6
41	不自由	フジユウ	0	2	2	0.006	3	4
42	休み	ヤスミ	0	2	2	0.006	2	3
43	愛	アイ	1	0	1	0.003	1	2
44	安全	アンゼン	1	0	1	0.003	2	4
45	嘘	ウソ	1	0	1	0.003	1	2
46	運動	ウンドウ	1	0	1	0.003	2	4
47	謳歌	オウカ	1	0	1	0.003	2	3
48	学生	ガクセイ	1	0	1	0.003	2	4
49	合衆国	ガッシュウコク	1	0	1	0.003	3	6
50	神様	カミサマ	1	0	1	0.003	2	4
51	がむしゃら	ガムシャラ	1	0	1	0.003	5	4
52	気楽	キラク	1	0	1	0.003	2	3
53	国	クニ	1	0	1	0.003	1	2
54	研究	ケンキュウ	1	0	1	0.003	2	4
55	言論	ゲンロン	1	0	1	0.003	2	4
56	心	ココロ	1	0	1	0.003	1	3
57	孤独	コドク	1	0	1	0.003	2	3
58	再生	サイセイ	1	0	1	0.003	2	4
59	自由人	ジユウジン	1	0	1	0.003	3	5
60	自由度	ジユウド	1	0	1	0.003	3	4
61	自由民権運動	ジユウミンケンウンドウ	1	0	1	0.003	6	11
62	存在	ソンザイ	1	0	1	0.003	2	4
63	大正	タイショウ	1	0	1	0.003	2	4
64	楽しみ	タノシミ	1	0	1	0.003	3	4
65	弾圧	ダンアツ	1	0	1	0.003	2	4
66	逃避	トウヒ	1	0	1	0.003	2	3
67	ニート	ニート	1	0	1	0.003	3	3
68	日本人	ニホンジン	1	0	1	0.003	3	5
69	願い	ネガイ	1	0	1	0.003	2	3
70	米国	ベイコク	1	0	1	0.003	2	4
71	放課	ホウカ	1	0	1	0.003	2	3
72	放浪	ホウロウ	1	0	1	0.003	2	4
73	ラーメン	ラーメン	1	0	1	0.003	4	4
74	理想	リソウ	1	0	1	0.003	2	3
75	歴史	レキシ	1	0	1	0.003	2	3
76	家	イエ	0	1	1	0.003	1	2
77	生き方	イキカタ	0	1	1	0.003	3	4
78	意思	イシ	0	1	1	0.003	2	2
79	今	イマ	0	1	1	0.003	1	2
80	解放感	カイホウカン	0	1	1	0.003	3	6
81	買い物	カイモノ	0	1	1	0.003	3	4
82	勝手	カッテ	0	1	1	0.003	2	3
83	カップヌードル	カップヌードル	0	1	1	0.003	7	7
84	気楽さ	キラクサ	0	1	1	0.003	3	4
85	ゲーム	ゲーム	0	1	1	0.003	3	3
86	行動	コウドウ	0	1	1	0.003	2	4
87	コーラ	コーラ	0	1	1	0.003	3	3
88	国旗	コッキ	0	1	1	0.003	2	3
89	混沌	コントン	0	1	1	0.003	2	4
90	社会	シャカイ	0	1	1	0.003	2	3
91	自由行動	ジユウコウドウ	0	1	1	0.003	4	7
92	自由民主党	ジユウミンシュトウ	0	1	1	0.003	5	8
93	白	シロ	0	1	1	0.003	1	2
94	人権	ジンケン	0	1	1	0.003	2	4
95	人生	ジンセイ	0	1	1	0.003	2	4
96	好き	スキ	0	1	1	0.003	2	2
97	好き勝手	スキカッテ	0	1	1	0.003	4	5
98	生活	セイカツ	0	1	1	0.003	2	4
99	選択	センタク	0	1	1	0.003	2	4
100	尊重	ソンチョウ	0	1	1	0.003	2	4
101	天国	テンゴク	0	1	1	0.003	2	4
102	逃亡	トウボウ	0	1	1	0.003	2	4
103	ドリンク	ドリンク	0	1	1	0.003	4	4
104	ニューヨーク	ニューヨーク	0	1	1	0.003	6	5
105	白色	ハクショク	0	1	1	0.003	2	4
106	漠然	バクゼン	0	1	1	0.003	2	4
107	箱庭	ハコニワ	0	1	1	0.003	2	4
108	一人	ヒトリ	0	1	1	0.003	2	3
109	広場	ヒロバ	0	1	1	0.003	2	3
110	不便	フベン	0	1	1	0.003	2	3
111	フリーター	フリーター	0	1	1	0.003	5	5
112	暴動	ボウドウ	0	1	1	0.003	2	4
113	法律	ホウリツ	0	1	1	0.003	2	4
114	身柄	ミガラ	0	1	1	0.003	2	3
115	民主主義	ミンシュシュギ	0	1	1	0.003	4	5
116	民主党	ミンシュトウ	0	1	1	0.003	3	5
117	楽園	ラクエン	0	1	1	0.003	2	4
118	ルール	ルール	0	1	1	0.003	3	3
	合計		136	160	296			

59	深夜	フリガナ	男性	女性	全体	連想強度	文字数	モーラ数
1	夜	ヨル	20	22	42	0.134	1	2
2	コンビニ	コンビニ	15	12	27	0.086	4	4
3	テレビ	テレビ	11	12	23	0.073	3	3
4	徘徊	ハイカイ	6	7	13	0.042	2	4
5	番組	バングミ	5	8	13	0.042	2	4
6	睡眠	スイミン	7	4	11	0.035	2	4
7	夜中	ヨナカ	3	8	11	0.035	2	3
8	夜更かし	ヨフカシ	7	2	9	0.029	4	4
9	アニメ	アニメ	6	3	9	0.029	3	3
10	危険	キケン	2	5	7	0.022	2	3
11	徹夜	テツヤ	4	1	5	0.016	2	3
12	深夜番組	シンヤバングミ	3	2	5	0.016	4	7
13	放送	ホウソウ	1	4	5	0.016	2	4
14	黒	クロ	3	1	4	0.013	1	2
15	夜遊び	ヨアソビ	2	2	4	0.013	3	4
16	暗さ	クラサ	0	4	4	0.013	2	3
17	アルバイト	アルバイト	2	1	3	0.010	5	5
18	深夜徘徊	シンヤハイカイ	2	1	3	0.010	4	7
19	早朝	ソウチョウ	2	1	3	0.010	2	4
20	就寝	シュウシン	1	2	3	0.010	2	4
21	2時	ニジ	1	2	3	0.010	2	2
22	暗闇	クラヤミ	0	3	3	0.010	2	4
23	星	ホシ	0	3	3	0.010	1	2
24	真夜中	マヨナカ	0	3	3	0.010	3	4
25	0時	レイジ	0	3	3	0.010	2	3
26	漆黒	シッコク	2	0	2	0.006	2	4
27	闇	ヤミ	2	0	2	0.006	1	2
28	街灯	ガイトウ	1	1	2	0.006	2	4
29	恐怖	キョウフ	1	1	2	0.006	2	3
30	警察	ケイサツ	1	1	2	0.006	2	4
31	ラジオ	ラジオ	1	1	2	0.006	3	3
32	カップラーメン	カップラーメン	0	2	2	0.006	7	7
33	残業	ザンギョウ	0	2	2	0.006	2	4
34	月	ツキ	0	2	2	0.006	1	2
35	寝不足	ネブソク	0	2	2	0.006	3	4
36	夜食	ヤショク	0	2	2	0.006	2	3
37	朝	アサ	1	0	1	0.003	1	2
38	朝日	アサヒ	1	0	1	0.003	2	3
39	家	イエ	1	0	1	0.003	1	2
40	一夜ずけ	イチヤズケ	1	0	1	0.003	4	5
41	丑三つ時	ウシミツドキ	1	0	1	0.003	4	6
42	危機一髪	キキイッパツ	1	0	1	0.003	4	6
43	車	クルマ	1	0	1	0.003	1	3
44	ゲーム	ゲーム	1	0	1	0.003	3	3
45	刺激	シゲキ	1	0	1	0.003	2	3
46	仕事	シゴト	1	0	1	0.003	2	3
47	静か	シズカ	1	0	1	0.003	2	3
48	自由	ジユウ	1	0	1	0.003	2	3
49	熟睡	ジュクスイ	1	0	1	0.003	2	4
50	手当	テアテ	1	0	1	0.003	2	3
51	電話ボックス	デンワボックス	1	0	1	0.003	6	7
52	特急	トッキュウ	1	0	1	0.003	2	4
53	二十四時	ニジュウヨジ	1	0	1	0.003	4	5
54	ネット	ネット	1	0	1	0.003	3	3
55	バイト	バイト	1	0	1	0.003	3	3
56	バス	バス	1	0	1	0.003	2	2
57	ファミレス	ファミレス	1	0	1	0.003	5	4
58	勉強	ベンキョウ	1	0	1	0.003	2	4
59	暴走	ボウソウ	1	0	1	0.003	2	4
60	暴走族	ボウソウゾク	1	0	1	0.003	3	6
61	本	ホン	1	0	1	0.003	1	2
62	夜間	ヤカン	1	0	1	0.003	2	3
63	夜更け	ヨフケ	1	0	1	0.003	3	3
64	労働	ロウドウ	1	0	1	0.003	2	4
65	若者	ワカモノ	1	0	1	0.003	2	4
66	秋	アキ	0	1	1	0.003	1	2
67	遊び	アソビ	0	1	1	0.003	2	3
68	安心	アンシン	0	1	1	0.003	2	4
69	大人	オトナ	0	1	1	0.003	2	3
70	気温	キオン	0	1	1	0.003	2	3
71	帰宅	キタク	0	1	1	0.003	2	3
72	クラブ	クラブ	0	1	1	0.003	3	3
73	公園	コウエン	0	1	1	0.003	2	4
74	酒	サケ	0	1	1	0.003	1	2
75	散歩	サンポ	0	1	1	0.003	2	3
76	時間	ジカン	0	1	1	0.003	2	3
77	12時	ジュウニジ	0	1	1	0.003	3	4
78	深夜放送	シンヤホウソウ	0	1	1	0.003	4	7
79	通販	ツウハン	0	1	1	0.003	2	4
80	夏休み	ナツヤスミ	0	1	1	0.003	3	5
81	日没	ニチボツ	0	1	1	0.003	2	4
82	眠気	ネムケ	0	1	1	0.003	2	3
83	眠さ	ネムサ	0	1	1	0.003	2	3
84	眠たさ	ネムタサ	0	1	1	0.003	3	4
85	眠り	ネムリ	0	1	1	0.003	2	3
86	バイク	バイク	0	1	1	0.003	3	3
87	花火	ハナビ	0	1	1	0.003	2	3
88	昼	ヒル	0	1	1	0.003	1	2
89	ふくろう	フクロウ	0	1	1	0.003	4	4
90	町	マチ	0	1	1	0.003	1	2
91	ミッドナイト	ミッドナイト	0	1	1	0.003	6	6
92	ラーメン	ラーメン	0	1	1	0.003	4	4
	合計		140	157	297			

60	心理	フリガナ	男性	女性	全体	連想強度	文字数	モーラ数
1	こころ	ココロ	22	35	57	0.182	3	3
	心		21	34	55	0.176	1	3
	こころ		1	1	2	0.006	3	3
2	心理学	シンリガク	13	15	28	0.089	3	5
3	学科	ガッカ	10	8	18	0.058	2	3
4	学問	ガクモン	7	10	17	0.054	2	4
5	大学	ダイガク	9	5	14	0.045	2	4
6	テスト	テスト	4	8	12	0.038	3	3
7	臨床	リンショウ	6	5	11	0.035	2	4
8	人	ヒト	5	6	11	0.035	1	2
9	実験	ジッケン	6	4	10	0.032	2	4
10	人間	ニンゲン	5	5	10	0.032	2	4
11	認知	ニンチ	5	5	10	0.032	2	3
12	勉強	ベンキョウ	2	6	8	0.026	2	4
13	カウンセラー	カウンセラー	4	2	6	0.019	6	6
14	学	ガク	3	2	5	0.016	1	2
15	学校	ガッコウ	3	2	5	0.016	2	4
16	気持ち	キモチ	2	2	4	0.013	3	3
17	授業	ジュギョウ	1	3	4	0.013	2	3
18	心理学科	シンリガッカ	3	0	3	0.010	4	6
19	脳	ノウ	2	1	3	0.010	1	2
20	科学	カガク	1	2	3	0.010	2	3
21	実習	ジッシュウ	2	0	2	0.006	2	4
22	統計	トウケイ	2	0	2	0.006	2	4
23	認知心理学	ニンチシンリガク	2	0	2	0.006	5	8
24	学習	ガクシュウ	1	1	2	0.006	2	4
25	行動	コウドウ	1	1	2	0.006	2	4
26	ころきうむ	コロキウム	1	1	2	0.006	5	5
	コロキュウム		1	0	1	0.003	6	5
	コロキウム		0	1	1	0.003	5	5
27	中部	チュウブ	1	1	2	0.006	2	3
28	パーソナリティ	パーソナリティ	1	1	2	0.006	7	6
29	学者	ガクシャ	0	2	2	0.006	2	3
30	解析	カイセキ	1	0	1	0.003	2	4
31	化学	カガク	1	0	1	0.003	2	3
32	教授	キョウジュ	1	0	1	0.003	2	3
33	空気	クウキ	1	0	1	0.003	2	3
34	健康	ケンコウ	1	0	1	0.003	2	4
35	現在	ゲンザイ	1	0	1	0.003	2	4
36	行動科学	コウドウカガク	1	0	1	0.003	4	7
37	個人	コジン	1	0	1	0.003	2	3
38	詐欺	サギ	1	0	1	0.003	2	2
39	実験心理	ジッケンシンリ	1	0	1	0.003	4	7
40	真相	シンソウ	1	0	1	0.003	2	4
41	心理学概論	シンリガクガイロン	1	0	1	0.003	5	9
42	相談	ソウダン	1	0	1	0.003	2	4
43	悩み	ナヤミ	1	0	1	0.003	2	3
44	ぱーそなるすぺーす	パーソナルスペース	1	0	1	0.003	9	9
45	パソコン	パソコン	1	0	1	0.003	4	4
46	不明瞭	フメイリョウ	1	0	1	0.003	3	5
47	崩壊	ホウカイ	1	0	1	0.003	2	4
48	臨床心理学	リンショウシンリガク	1	0	1	0.003	5	9
49	相手	アイテ	0	1	1	0.003	2	3
50	今	イマ	0	1	1	0.003	1	2
51	鬱	ウツ	0	1	1	0.003	1	2
52	占い	ウラナイ	0	1	1	0.003	2	4
53	奥深さ	オクブカサ	0	1	1	0.003	3	5
54	カウンセリング	カウンセリング	0	1	1	0.003	7	7
55	学生	ガクセイ	0	1	1	0.003	2	4
56	学部	ガクブ	0	1	1	0.003	2	3
57	科目	カモク	0	1	1	0.003	2	3
58	考え	カンガエ	0	1	1	0.003	2	4
59	教育	キョウイク	0	1	1	0.003	2	4
60	検査	ケンサ	0	1	1	0.003	2	3
61	コミュニケーション	コミュニケーション	0	1	1	0.003	9	7
62	錯覚	サッカク	0	1	1	0.003	2	4
63	ジェンダー	ジェンダー	0	1	1	0.003	5	4
64	深層	シンソウ	0	1	1	0.003	2	4
65	進路	シンロ	0	1	1	0.003	2	3
66	専攻	センコウ	0	1	1	0.003	2	4
67	想像	ソウゾウ	0	1	1	0.003	2	4
68	統計学	トウケイガク	0	1	1	0.003	3	6
69	謎	ナゾ	0	1	1	0.003	1	2
70	難解	ナンカイ	0	1	1	0.003	2	4
71	不安定	フアンテイ	0	1	1	0.003	3	5
72	分析	ブンセキ	0	1	1	0.003	2	4
73	補助	ホジョ	0	1	1	0.003	2	2
74	ラベンダー色	ラベンダーイロ	0	1	1	0.003	6	7
	合計		143	159	302			

61	神話	フリガナ	男性	女性	全体	連想強度	文字数	モーラ数
1	ぎりしゃ	ギリシャ	28	34	62	0.198	4	3
	ギリシャ		*23*	*33*	*56*	*0.179*	*4*	*3*
	ギリシア		*4*	*1*	*5*	*0.016*	*4*	*4*
	希臘		*1*	*0*	*1*	*0.003*	*2*	*3*
2	神	カミ	21	22	43	0.137	1	2
3	伝説	デンセツ	15	13	28	0.089	2	4
4	かみさま	カミサマ	4	14	18	0.058	4	4
	神様		*4*	*13*	*17*	*0.054*	*2*	*4*
	神さま		*0*	*1*	*1*	*0.003*	*3*	*4*
5	昔話	ムカシバナシ	3	9	12	0.038	2	6
6	キリスト	キリスト	6	4	10	0.032	4	4
7	昔	ムカシ	2	8	10	0.032	1	3
8	おとぎ話	オトギバナシ	2	5	7	0.022	4	6
9	本	ホン	4	2	6	0.019	1	2
10	嘘	ウソ	4	1	5	0.016	1	2
11	物語	モノガタリ	3	2	5	0.016	2	5
12	宗教	シュウキョウ	2	3	5	0.016	2	4
13	北欧	ホクオウ	3	1	4	0.013	2	4
14	ゼウス	ゼウス	2	2	4	0.013	3	3
15	エジプト	エジプト	2	1	3	0.010	4	4
16	空想	クウソウ	2	1	3	0.010	2	4
17	キリスト教	キリストキョウ	1	2	3	0.010	5	6
18	神秘	シンピ	1	2	3	0.010	2	3
19	悪魔	アクマ	2	0	2	0.006	2	3
20	クー・フーリン	クー・フーリン	2	0	2	0.006	7	6
21	幻想	ゲンソウ	2	0	2	0.006	2	4
22	はなし	ハナシ	2	0	2	0.006	3	3
	話		*1*	*0*	*1*	*0.003*	*1*	*3*
	お話		*1*	*0*	*1*	*0.003*	*2*	*4*
23	ヨーロッパ	ヨーロッパ	2	0	2	0.006	5	5
24	アテネ	アテネ	1	1	2	0.006	3	3
25	言い伝え	イイツタエ	1	1	2	0.006	4	5
26	逸話	イツワ	1	1	2	0.006	2	3
27	外国	ガイコク	1	1	2	0.006	2	4
28	聖書	セイショ	1	1	2	0.006	2	3
29	作り話	ツクリバナシ	1	1	2	0.006	3	6
30	童話	ドウワ	1	1	2	0.006	2	3
31	作り物	ツクリモノ	0	2	2	0.006	3	5
32	アポロン	アポロン	1	0	1	0.003	4	4
33	ヴァルキリー	ヴァルキリー	1	0	1	0.003	6	5
34	噂	ウワサ	1	0	1	0.003	1	3
35	オロチ	オロチ	1	0	1	0.003	3	3
36	紙	カミ	1	0	1	0.003	1	2
37	神々	カミガミ	1	0	1	0.003	2	4
38	ギリシャ神話	ギリシャシンワ	1	0	1	0.003	6	6
39	筋肉	キンニク	1	0	1	0.003	2	4
40	ぐう話	グウワ	1	0	1	0.003	3	3
41	ケルト	ケルト	1	0	1	0.003	3	3
42	ケルト神話	ケルトシンワ	1	0	1	0.003	5	6
43	崇高	スウコウ	1	0	1	0.003	2	4
44	世界	セカイ	1	0	1	0.003	2	3
45	想像	ソウゾウ	1	0	1	0.003	2	4
46	ツァラトゥストラ	ツァラトゥストラ	1	0	1	0.003	8	6
47	塔	トウ	1	0	1	0.003	1	2
48	謎	ナゾ	1	0	1	0.003	1	2
49	人	ヒト	1	0	1	0.003	1	2
50	不思議	フシギ	1	0	1	0.003	3	3
51	腐敗	フハイ	1	0	1	0.003	2	3
52	北欧神話	ホクオウシンワ	1	0	1	0.003	4	7
53	錬金術	レンキンジュツ	1	0	1	0.003	3	6
54	ローマ	ローマ	1	0	1	0.003	3	3
55	アダム	アダム	0	1	1	0.003	3	3
56	アニメ	アニメ	0	1	1	0.003	3	3
57	イエス	イエス	0	1	1	0.003	3	3
58	イソップ	イソップ	0	1	1	0.003	4	4
59	意味深長	イミシンチョウ	0	1	1	0.003	4	6
60	絵本	エホン	0	1	1	0.003	2	3
61	ケルベロス	ケルベロス	0	1	1	0.003	5	5
62	古代	コダイ	0	1	1	0.003	2	3
63	小説	ショウセツ	0	1	1	0.003	2	4
64	神聖	シンセイ	0	1	1	0.003	2	4
65	先住民	センジュウミン	0	1	1	0.003	3	6
66	尊敬	ソンケイ	0	1	1	0.003	2	4
67	大戦	タイセン	0	1	1	0.003	2	4
68	鶴	ツル	0	1	1	0.003	1	2
69	天使	テンシ	0	1	1	0.003	2	3
70	伝統	デントウ	0	1	1	0.003	2	4
71	日本	ニホン	0	1	1	0.003	2	3
72	人魚	ニンギョ	0	1	1	0.003	2	3
73	ピグマリオン	ピグマリオン	0	1	1	0.003	6	6
74	文化	ブンカ	0	1	1	0.003	2	3
75	魅力的	ミリョクテキ	0	1	1	0.003	3	5
76	女神	メガミ	0	1	1	0.003	2	3
77	メロス	メロス	0	1	1	0.003	3	3
78	桃太郎	モモタロウ	0	1	1	0.003	3	5
79	大和猛尊	ヤマトタケルノミコト	0	1	1	0.003	4	10
80	ユニコーン	ユニコーン	0	1	1	0.003	5	5
81	リンゴ	リンゴ	0	1	1	0.003	3	3
82	ルネッサンス	ルネッサンス	0	1	1	0.003	6	6
83	歴史	レキシ	0	1	1	0.003	2	3
	合計		145	164	309			

62	数字	フリガナ	男性	女性	全体	連想強度	文字数	モーラ数
1	数学	スウガク	63	67	130	0.415	2	4
2	算数	サンスウ	13	13	26	0.083	2	4
3	計算	ケイサン	7	16	23	0.073	2	4
4	数	カズ	6	6	12	0.038	1	2
5	無限	ムゲン	5	6	11	0.035	2	3
6	いち	イチ	4	7	11	0.035	2	2
	一		*3*	*2*	*5*	*0.016*	*1*	*2*
	1		*1*	*4*	*5*	*0.016*	*1*	*2*
	いち		*0*	*1*	*1*	*0.003*	*2*	*2*
7	番号	バンゴウ	2	3	5	0.016	2	4
8	アラビア	アラビア	4	0	4	0.013	4	4
9	かね	カネ	3	0	3	0.010	2	2
	お金		*2*	*0*	*2*	*0.006*	*2*	*3*
	金		*1*	*0*	*1*	*0.003*	*1*	*2*
10	時計	トケイ	2	1	3	0.010	2	3
11	ローマ	ローマ	2	1	3	0.010	3	3
12	桁	ケタ	0	3	3	0.010	1	2
13	羅列	ラレツ	0	3	3	0.010	2	3
14	インド	インド	2	0	2	0.006	3	3
15	素数	ソスウ	2	0	2	0.006	2	3
16	足し算	タシザン	2	0	2	0.006	3	4
17	文字	モジ	2	0	2	0.006	2	2
18	ピタゴラス	ピタゴラス	1	1	2	0.006	5	5
19	記号	キゴウ	0	2	2	0.006	2	3
20	時間	ジカン	0	2	2	0.006	2	3
21	電卓	デンタク	0	2	2	0.006	2	4
22	はち	ハチ	0	2	2	0.006	2	2
	八		*0*	*1*	*1*	*0.003*	*1*	*2*
	8		*0*	*1*	*1*	*0.003*	*1*	*2*
23	値	アタイ	1	0	1	0.003	1	3
24	英語	エイゴ	1	0	1	0.003	2	3
25	英字	エイジ	1	0	1	0.003	2	3
26	価格	カカク	1	0	1	0.003	2	3
27	掛け算	カケザン	1	0	1	0.003	3	4
28	完成数	カンセイスウ	1	0	1	0.003	3	6
29	規則制	キソクセイ	1	0	1	0.003	3	5
30	ギリシャ	ギリシャ	1	0	1	0.003	4	3
31	銀行	ギンコウ	1	0	1	0.003	2	4
32	グラフ	グラフ	1	0	1	0.003	3	3
33	経済	ケイザイ	1	0	1	0.003	2	4
34	国語	コクゴ	1	0	1	0.003	2	3
35	証明	ショウメイ	1	0	1	0.003	2	4
36	頭痛	ズツウ	1	0	1	0.003	2	3
37	ゼロ	ゼロ	1	0	1	0.003	2	2
38	多数	タスウ	1	0	1	0.003	2	3
39	難解	ナンカイ	1	0	1	0.003	2	4
40	苦手	ニガテ	1	0	1	0.003	2	3
41	プログラム	プログラム	1	0	1	0.003	5	5
42	分数	ブンスウ	1	0	1	0.003	2	4
43	勉強	ベンキョウ	1	0	1	0.003	2	4
44	文字列	モジレツ	1	0	1	0.003	3	4
45	四	ヨン	1	0	1	0.003	1	2
46	赤字	アカジ	0	1	1	0.003	2	3
47	アラビア数字	アラビアスウジ	0	1	1	0.003	6	7
48	アルファベット	アルファベット	0	1	1	0.003	7	6
49	暗号	アンゴウ	0	1	1	0.003	2	4
50	売り上げ	ウリアゲ	0	1	1	0.003	4	4
51	エジプト	エジプト	0	1	1	0.003	4	4
52	カウント	カウント	0	1	1	0.003	4	4
53	確率	カクリツ	0	1	1	0.003	2	4
54	形	カタチ	0	1	1	0.003	1	3
55	学校	ガッコウ	0	1	1	0.003	2	4
56	漢字	カンジ	0	1	1	0.003	2	3
57	漢数字	カンスウジ	0	1	1	0.003	3	5
58	幾何学	キカガク	0	1	1	0.003	3	4
59	奇数	キスウ	0	1	1	0.003	2	3
60	系列	ケイレツ	0	1	1	0.003	2	4
61	五	ゴ	0	1	1	0.003	1	1
62	3	サン	0	1	1	0.003	1	2
63	心配	シンパイ	0	1	1	0.003	2	4
64	数式	スウシキ	0	1	1	0.003	2	4
65	数値	スウチ	0	1	1	0.003	2	3
66	デジタル	デジタル	0	1	1	0.003	4	4
67	無量大数	ムリョウタイスウ	0	1	1	0.003	4	7
68	指	ユビ	0	1	1	0.003	1	2
69	理屈	リクツ	0	1	1	0.003	2	3
70	理数系	リスウケイ	0	1	1	0.003	3	5
	合計		143	160	303			

63	頭脳	フリガナ	男性	女性	全体	連想強度	文字数	モーラ数
1	明晰	メイセキ	18	25	43	0.137	2	4
2	頭	アタマ	18	16	34	0.109	1	3
3	天才	テンサイ	13	11	24	0.077	2	4
4	脳	ノウ	15	8	23	0.073	1	2
5	勉強	ベンキョウ	6	6	12	0.038	2	4
6	パン	パン	6	5	11	0.035	2	2
7	思考	シコウ	8	2	10	0.032	2	3
8	あいきゅー	アイキュー	2	8	10	0.032	5	4
	IQ		*2*	*7*	*9*	*0.029*	*2*	*4*
	アイキュー		*0*	*1*	*1*	*0.003*	*5*	*4*
9	知識	チシキ	5	4	9	0.029	2	3
10	脳みそ	ノウミソ	2	6	8	0.026	3	4
11	ちのう	チノウ	5	2	7	0.022	3	3
	知能		*5*	*1*	*6*	*0.019*	*2*	*3*
	ちのう		*0*	*1*	*1*	*0.003*	*3*	*3*
12	テスト	テスト	2	4	6	0.019	3	3
13	人	ヒト	4	1	5	0.016	1	2
14	煩悩	ボンノウ	2	2	4	0.013	2	4
15	コナン	コナン	1	3	4	0.013	3	3
16	かしこさ	カシコサ	0	4	4	0.013	4	4
	賢さ		*0*	*2*	*2*	*0.006*	*2*	*4*
	かしこさ		*0*	*2*	*2*	*0.006*	*4*	*4*
17	記憶	キオク	0	4	4	0.013	2	3
18	優秀	ユウシュウ	0	4	4	0.013	2	4
19	クイズ	クイズ	3	0	3	0.010	3	3
20	才能	サイノウ	2	1	3	0.010	2	4
21	人間	ニンゲン	2	1	3	0.010	2	4
22	ゲーム	ゲーム	0	3	3	0.010	3	3
23	電脳	デンノウ	2	0	2	0.006	2	4
24	灰色	ハイイロ	2	0	2	0.006	2	4
25	ひらめき	ヒラメキ	2	0	2	0.006	4	4
26	ロボット	ロボット	2	0	2	0.006	4	4
27	ニューロン	ニューロン	1	1	2	0.006	5	4
28	パズル	パズル	1	1	2	0.006	3	3
29	明快	メイカイ	1	1	2	0.006	2	4
30	学力	ガクリョク	0	2	2	0.006	2	4
31	考え	カンガエ	0	2	2	0.006	2	4
32	秀才	シュウサイ	0	2	2	0.006	2	4
33	脳トレ	ノウトレ	0	2	2	0.006	3	4
34	能力	ノウリョク	0	2	2	0.006	2	4
35	明白	メイハク	0	2	2	0.006	2	4
36	右脳	ウノウ	1	0	1	0.003	2	3
37	大人	オトナ	1	0	1	0.003	2	3
38	解析	カイセキ	1	0	1	0.003	2	4
39	回転	カイテン	1	0	1	0.003	2	4
40	解明	カイメイ	1	0	1	0.003	2	4
41	感覚	カンカク	1	0	1	0.003	2	4
42	計算	ケイサン	1	0	1	0.003	2	4
43	シナプス	シナプス	1	0	1	0.003	4	4
44	自分	ジブン	1	0	1	0.003	2	3
45	しわ	シワ	1	0	1	0.003	2	2
46	心理	シンリ	1	0	1	0.003	2	3
47	頭がい骨	ズガイコツ	1	0	1	0.003	4	5
48	生物	セイブツ	1	0	1	0.003	2	4
49	知性	チセイ	1	0	1	0.003	2	3
50	知能指数	チノウシスウ	1	0	1	0.003	4	6
51	痴呆	チホウ	1	0	1	0.003	2	3
52	電子頭脳	デンシズノウ	1	0	1	0.003	4	6
53	パワー	パワー	1	0	1	0.003	3	3
54	プレイ	プレイ	1	0	1	0.003	3	3
55	明解	メイカイ	1	0	1	0.003	2	4
56	IQテスト	アイキューテスト	0	1	1	0.003	5	7
57	硬さ	カタサ	0	1	1	0.003	2	3
58	活性	カッセイ	0	1	1	0.003	2	4
59	賢明	ケンメイ	0	1	1	0.003	2	4
60	コンピュータ	コンピュータ	0	1	1	0.003	6	5
61	試験	シケン	0	1	1	0.003	2	3
62	身体	シンタイ	0	1	1	0.003	2	4
63	頭脳明晰	ズノウメイセキ	0	1	1	0.003	4	7
64	成績	セイセキ	0	1	1	0.003	2	4
65	聡明	ソウメイ	0	1	1	0.003	2	4
66	測定	ソクテイ	0	1	1	0.003	2	4
67	大学	ダイガク	0	1	1	0.003	2	4
68	知恵	チエ	0	1	1	0.003	2	2
69	知的	チテキ	0	1	1	0.003	2	3
70	東大生	トウダイセイ	0	1	1	0.003	3	6
71	パソコン	パソコン	0	1	1	0.003	4	4
72	病気	ビョウキ	0	1	1	0.003	2	3
73	複雑	フクザツ	0	1	1	0.003	2	4
74	ブレイン	ブレイン	0	1	1	0.003	4	4
75	難しさ	ムズカシサ	0	1	1	0.003	3	5
76	良さ	ヨサ	0	1	1	0.003	2	2
77	理解	リカイ	0	1	1	0.003	2	3
	合計		145	157	302			

64	政治	フリガナ	男性	女性	全体	連想強度	文字数	モーラ数
1	政治家	セイジカ	11	27	38	0.121	3	4
2	国会	コッカイ	11	14	25	0.080	2	4
3	経済	ケイザイ	7	11	18	0.058	2	4
4	国	クニ	9	7	16	0.051	1	2
5	汚職	オショク	9	6	15	0.048	2	3
6	総理大臣	ソウリダイジン	7	5	12	0.038	4	7
7	総理	ソウリ	6	4	10	0.032	2	3
8	政府	セイフ	5	5	10	0.032	2	3
9	社会	シャカイ	4	6	10	0.032	2	3
10	内閣	ナイカク	3	6	9	0.029	2	4
11	金	カネ	6	1	7	0.022	1	2
12	腐敗	フハイ	5	2	7	0.022	2	3
13	議員	ギイン	2	5	7	0.022	2	3
14	世論	セロン	1	4	5	0.016	2	3
15	悪	アク	3	1	4	0.013	1	2
16	選挙	センキョ	2	2	4	0.013	2	3
17	日本	ニホン	2	1	3	0.010	2	3
18	福田	フクダ	2	1	3	0.010	2	3
19	衆議院	シュウギイン	0	3	3	0.010	3	5
20	与党	ヨトウ	0	3	3	0.010	2	3
21	外交	ガイコウ	2	0	2	0.006	2	4
22	国家	コッカ	2	0	2	0.006	2	3
23	不透明	フトウメイ	2	0	2	0.006	3	5
24	問題	モンダイ	2	0	2	0.006	2	4
25	麻生	アソウ	1	1	2	0.006	2	3
26	小泉さん	コイズミサン	1	1	2	0.006	4	6
27	国民	コクミン	1	1	2	0.006	2	4
28	ねじれ	ネジレ	1	1	2	0.006	3	3
29	不信	フシン	1	1	2	0.006	2	3
30	賄賂	ワイロ	1	1	2	0.006	2	3
31	大人	オトナ	0	2	2	0.006	2	3
32	議会	ギカイ	0	2	2	0.006	2	3
33	人	ヒト	0	2	2	0.006	1	2
34	悪政	アクセイ	1	0	1	0.003	2	4
35	アメリカ	アメリカ	1	0	1	0.003	4	4
36	家	イエ	1	0	1	0.003	1	2
37	裏切り	ウラギリ	1	0	1	0.003	3	4
38	おじさん	オジサン	1	0	1	0.003	4	4
39	概論	ガイロン	1	0	1	0.003	2	4
40	官僚	カンリョウ	1	0	1	0.003	2	4
41	危険	キケン	1	0	1	0.003	2	3
42	議論	ギロン	1	0	1	0.003	2	3
43	金融	キンユウ	1	0	1	0.003	2	4
44	糞	クソ	1	0	1	0.003	1	2
45	国会議員	コッカイギイン	1	0	1	0.003	4	7
46	国会議事堂	コッカイギジドウ	1	0	1	0.003	5	8
47	残念	ザンネン	1	0	1	0.003	2	4
48	自民党	ジミントウ	1	0	1	0.003	3	5
49	政権	セイケン	1	0	1	0.003	2	4
50	政治学	セイジガク	1	0	1	0.003	3	5
51	世界	セカイ	1	0	1	0.003	2	3
52	大衆	タイシュウ	1	0	1	0.003	2	4
53	堕落	ダラク	1	0	1	0.003	2	3
54	テスト	テスト	1	0	1	0.003	3	3
55	内閣総理大臣	ナイカクソウリダイジン	1	0	1	0.003	6	11
56	腐食	フショク	1	0	1	0.003	2	3
57	不動	フドウ	1	0	1	0.003	2	3
58	不明	フメイ	1	0	1	0.003	2	3
59	法律	ホウリツ	1	0	1	0.003	2	4
60	無関心	ムカンシン	1	0	1	0.003	3	5
61	無能	ムノウ	1	0	1	0.003	2	3
62	役人	ヤクニン	1	0	1	0.003	2	4
63	厄介	ヤッカイ	1	0	1	0.003	2	4
64	世	ヨ	1	0	1	0.003	1	1
65	悪人	アクニン	0	1	1	0.003	2	4
66	天下り	アマクダリ	0	1	1	0.003	3	5
67	いんちき	インチキ	0	1	1	0.003	4	4
68	男	オトコ	0	1	1	0.003	1	3
69	改革	カイカク	0	1	1	0.003	2	4
70	会社	カイシャ	0	1	1	0.003	2	3
71	憲法	ケンポウ	0	1	1	0.003	2	4
72	困難	コンナン	0	1	1	0.003	2	4
73	裁判所	サイバンショ	0	1	1	0.003	3	5
74	社民党	シャミントウ	0	1	1	0.003	3	5
75	首相	シュショウ	0	1	1	0.003	2	3
76	せんじょう	センジョウ	0	1	1	0.003	5	4
77	戦争	センソウ	0	1	1	0.003	2	4
78	月	ツキ	0	1	1	0.003	1	2
79	党首	トウシュ	0	1	1	0.003	2	3
80	独裁政治	ドクサイセイジ	0	1	1	0.003	4	7
81	永田町	ナガタチョウ	0	1	1	0.003	3	5
82	人間	ニンゲン	0	1	1	0.003	2	4
83	灰色	ハイイロ	0	1	1	0.003	2	4
84	犯罪	ハンザイ	0	1	1	0.003	2	4
85	不正	フセイ	0	1	1	0.003	2	3
86	文化	ブンカ	0	1	1	0.003	2	3
87	まつりごと	マツリゴト	0	1	1	0.003	5	5
88	民主	ミンシュ	0	1	1	0.003	2	3
89	民主党	ミンシュトウ	0	1	1	0.003	3	5
90	難しさ	ムズカシサ	0	1	1	0.003	3	5
91	郵政民営化	ユウセイミンエイカ	0	1	1	0.003	5	9
92	理論	リロン	0	1	1	0.003	2	3
	合計		140	154	294			

65	世界	フリガナ	男性	女性	全体	連想強度	文字数	モーラ数
1	地球	チキュウ	32	26	58	0.185	2	3
2	平和	ヘイワ	4	14	18	0.058	2	3
3	国	クニ	7	9	16	0.051	1	2
4	アメリカ	アメリカ	7	5	12	0.038	4	4
5	広大	コウダイ	6	6	12	0.038	2	4
6	戦争	センソウ	2	5	7	0.022	2	4
7	日本	ニホン	3	3	6	0.019	2	3
8	旅行	リョコウ	3	3	6	0.019	2	3
9	地図	チズ	1	5	6	0.019	2	2
10	広さ	ヒロサ	0	6	6	0.019	2	3
11	人	ヒト	3	2	5	0.016	1	2
12	外国	ガイコク	3	2	5	0.016	2	4
13	海	ウミ	1	4	5	0.016	1	2
14	崩壊	ホウカイ	2	2	4	0.013	2	4
15	地球儀	チキュウギ	1	3	4	0.013	3	4
16	海外	カイガイ	0	4	4	0.013	2	4
17	国際	コクサイ	1	2	3	0.010	2	4
18	世界史	セカイシ	1	2	3	0.010	3	4
19	多文化	タブンカ	2	0	2	0.006	3	4
20	人類	ジンルイ	2	0	2	0.006	2	4
21	征服	セイフク	1	1	2	0.006	2	4
22	世界征服	セカイセイフク	1	1	2	0.006	4	7
23	神	カミ	1	1	2	0.006	1	2
24	国家	コッカ	1	1	2	0.006	2	3
25	ナベアツ	ナベアツ	1	1	2	0.006	4	4
26	宇宙	ウチュウ	0	2	2	0.006	2	3
27	オリンピック	オリンピック	0	2	2	0.006	6	6
28	共通語	キョウツウゴ	0	2	2	0.006	3	5
29	終焉	シュウエン	0	2	2	0.006	2	4
30	世の中	ヨノナカ	0	2	2	0.006	3	4
31	争い	アラソイ	1	0	1	0.003	2	4
32	一周	イッシュウ	1	0	1	0.003	2	4
33	居場所	イバショ	1	0	1	0.003	3	3
34	汚染	オセン	1	0	1	0.003	2	3
35	仮想	カソウ	1	0	1	0.003	2	3
36	画面	ガメン	1	0	1	0.003	2	3
37	環境	カンキョウ	1	0	1	0.003	2	4
38	球体	キュウタイ	1	0	1	0.003	2	4
39	金	キン	1	0	1	0.003	1	2
40	経済	ケイザイ	1	0	1	0.003	2	4
41	権力	ケンリョク	1	0	1	0.003	2	4
42	個人	コジン	1	0	1	0.003	2	3
43	国境	コッキョウ	1	0	1	0.003	2	4
44	差別	サベツ	1	0	1	0.003	2	3
45	三千	サンゼン	1	0	1	0.003	2	4
46	時間	ジカン	1	0	1	0.003	2	3
47	自国	ジコク	1	0	1	0.003	2	3
48	自分	ジブン	1	0	1	0.003	2	3
49	車掌	シャショウ	1	0	1	0.003	2	3
50	人種	ジンシュ	1	0	1	0.003	2	3
51	政治	セイジ	1	0	1	0.003	2	3
52	世界一周	セカイイッシュウ	1	0	1	0.003	4	7
53	世界大戦	セカイタイセン	1	0	1	0.003	4	7
54	世界地図	セカイチズ	1	0	1	0.003	4	5
55	大戦	タイセン	1	0	1	0.003	2	4
56	大陸	タイリク	1	0	1	0.003	2	4
57	旅	タビ	1	0	1	0.003	1	2
58	秩序	チツジョ	1	0	1	0.003	2	3
59	葉	ハ	1	0	1	0.003	1	1
60	飛行機	ヒコウキ	1	0	1	0.003	3	4
61	悲鳴	ヒメイ	1	0	1	0.003	2	3
62	腐敗	フハイ	1	0	1	0.003	2	3
63	文化	ブンカ	1	0	1	0.003	2	3
64	名所	メイショ	1	0	1	0.003	2	3
65	闇	ヤミ	1	0	1	0.003	1	2
66	輪廻	リンネ	1	0	1	0.003	2	3
67	歴史	レキシ	1	0	1	0.003	2	3
68	連合	レンゴウ	1	0	1	0.003	2	4
69	ロシア	ロシア	1	0	1	0.003	3	3
70	輪	ワ	1	0	1	0.003	1	1
71	アジア	アジア	0	1	1	0.003	3	3
72	インターネット	インターネット	0	1	1	0.003	7	7
73	英語	エイゴ	0	1	1	0.003	2	3
74	円	エン	0	1	1	0.003	1	2
75	回転	カイテン	0	1	1	0.003	2	4
76	各国	カッコク	0	1	1	0.003	2	4
77	寛大	カンダイ	0	1	1	0.003	2	4
78	韓国	カンコク	0	1	1	0.003	2	4
79	丸	マル	0	1	1	0.003	1	2
80	気球	キキュウ	0	1	1	0.003	2	3
81	共通	キョウツウ	0	1	1	0.003	2	4
82	言語	ゲンゴ	0	1	1	0.003	2	3
83	孤独	コドク	0	1	1	0.003	2	3
84	混沌	コントン	0	1	1	0.003	2	4
85	残酷	ザンコク	0	1	1	0.003	2	4
86	情勢	ジョウセイ	0	1	1	0.003	2	4
87	人間	ニンゲン	0	1	1	0.003	2	4
88	絶景	ゼッケイ	0	1	1	0.003	2	4
89	大きさ	オオキサ	0	1	1	0.003	3	4
90	地震	ジシン	0	1	1	0.003	2	3
91	そら	ソラ	0	1	1	0.003	2	2
92	中心	チュウシン	0	1	1	0.003	2	4
93	土地	トチ	0	1	1	0.003	2	2
94	島	シマ	0	1	1	0.003	1	2
95	不思議	フシギ	0	1	1	0.003	3	3
96	平等	ビョウドウ	0	1	1	0.003	2	4
97	民族	ミンゾク	0	1	1	0.003	2	4
98	夢	ユメ	0	1	1	0.003	1	2
99	無限	ムゲン	0	1	1	0.003	2	3
100	輸送	ユソウ	0	1	1	0.003	2	3
101	陸上	リクジョウ	0	1	1	0.003	2	4
	合計		126	149	275			

66	石油	フリガナ	男性	女性	全体	連想強度	文字数	モーラ数
1	高騰	コウトウ	26	26	52	0.166	2	4
2	アラブ	アラブ	14	19	33	0.105	3	3
3	ガソリン	ガソリン	12	20	32	0.102	4	4
4	資源	シゲン	7	10	17	0.054	2	3
5	油	アブラ	4	9	13	0.042	1	3
6	王	オウ	8	4	12	0.038	1	2
7	サウジアラビア	サウジアラビア	7	3	10	0.032	7	7
8	中東	チュウトウ	7	3	10	0.032	2	4
9	危機	キキ	5	5	10	0.032	2	2
10	石油王	セキユオウ	2	7	9	0.029	3	5
11	車	クルマ	5	3	8	0.026	1	3
12	価格	カカク	3	4	7	0.022	2	3
13	すとーぶ	ストーブ	1	5	6	0.019	4	4
	ストーブ		*1*	*4*	*5*	*0.016*	*4*	*4*
	すとーぶ		*0*	*1*	*1*	*0.003*	*4*	*4*
14	原油	ゲンユ	5	0	5	0.016	2	3
15	枯渇	コカツ	4	0	4	0.013	2	3
16	オイルショック	オイルショック	3	1	4	0.013	7	6
17	高価	コウカ	2	2	4	0.013	2	3
18	石炭	セキタン	0	4	4	0.013	2	4
19	かね	カネ	3	0	3	0.010	2	2
	金		*2*	*0*	*2*	*0.006*	*1*	*2*
	お金		*1*	*0*	*1*	*0.003*	*2*	*3*
20	高額	コウガク	2	0	2	0.006	2	4
21	高値	タカネ	2	0	2	0.006	2	3
22	有限	ユウゲン	2	0	2	0.006	2	4
23	エジプト	エジプト	1	1	2	0.006	4	4
24	ガソリンスタンド	ガソリンスタンド	1	1	2	0.006	8	8
25	金持ち	カネモチ	1	1	2	0.006	3	4
26	自動車	ジドウシャ	1	1	2	0.006	3	4
27	上昇	ジョウショウ	1	1	2	0.006	2	4
28	大切	タイセツ	1	1	2	0.006	2	4
29	値上がり	ネアガリ	1	1	2	0.006	4	4
30	油田	ユデン	1	1	2	0.006	2	3
31	値上げ	ネアゲ	0	2	2	0.006	3	3
32	アジア	アジア	1	0	1	0.003	3	3
33	イラン	イラン	1	0	1	0.003	3	3
34	オイル	オイル	1	0	1	0.003	3	3
35	価格上昇	カカクジョウショウ	1	0	1	0.003	4	7
36	シェル	シェル	1	0	1	0.003	3	2
37	重要	ジュウヨウ	1	0	1	0.003	2	4
38	天然	テンネン	1	0	1	0.003	2	4
39	灯油	トウユ	1	0	1	0.003	2	3
40	動力	ドウリョク	1	0	1	0.003	2	4
41	アフリカ	アフリカ	0	1	1	0.003	4	4
42	アラビア	アラビア	0	1	1	0.003	4	4
43	海	ウミ	0	1	1	0.003	1	2
44	海外	カイガイ	0	1	1	0.003	2	4
45	外国	ガイコク	0	1	1	0.003	2	4
46	開発	カイハツ	0	1	1	0.003	2	4
47	ガス	ガス	0	1	1	0.003	2	2
48	キューバ	キューバ	0	1	1	0.003	4	3
49	黒さ	クロサ	0	1	1	0.003	2	3
50	工場	コウジョウ	0	1	1	0.003	2	4
51	サウジ	サウジ	0	1	1	0.003	3	3
52	サラダ油	サラダユ	0	1	1	0.003	4	4
53	産油国	サンユコク	0	1	1	0.003	3	5
54	地面	ジメン	0	1	1	0.003	2	3
55	社会問題	シャカイモンダイ	0	1	1	0.003	4	7
56	燃料	ネンリョウ	0	1	1	0.003	2	4
57	蜂蜜色	ハチミツイロ	0	1	1	0.003	3	6
58	必要	ヒツヨウ	0	1	1	0.003	2	4
59	裕福	ユウフク	0	1	1	0.003	2	4
	合計		141	154	295			

67	世代	フリガナ	男性	女性	全体	連想強度	文字数	モーラ数
1	交代	コウタイ	14	25	39	0.125	2	4
2	団塊	ダンカイ	23	9	32	0.102	2	4
3	若者	ワカモノ	9	13	22	0.070	2	4
4	親	オヤ	9	10	19	0.061	1	2
5	時代	ジダイ	8	5	13	0.042	2	3
6	親子	オヤコ	7	6	13	0.042	2	3
7	こども	コドモ	7	5	12	0.038	3	3
	子供		*7*	*4*	*11*	*0.035*	*2*	*3*
	こども		*0*	*1*	*1*	*0.003*	*3*	*3*
8	ギャップ	ギャップ	2	9	11	0.035	4	3
9	年齢	ネンレイ	4	6	10	0.032	2	4
10	家族	カゾク	3	4	7	0.022	2	3
11	年代	ネンダイ	3	2	5	0.016	2	4
12	人	ヒト	1	4	5	0.016	1	2
13	流行	リュウコウ	1	4	5	0.016	2	4
14	団塊の世代	ダンカイノセダイ	3	1	4	0.013	5	8
15	大人	オトナ	2	2	4	0.013	2	3
16	ゆとり	ユトリ	2	2	4	0.013	3	3
17	変化	ヘンカ	1	3	4	0.013	2	3
18	未来	ミライ	1	3	4	0.013	2	3
19	歴史	レキシ	1	3	4	0.013	2	3
20	ジェネレーションギャップ	ジェネレーションギャップ	0	4	4	0.013	12	9
21	今	イマ	2	1	3	0.010	1	2
22	10代	ジュウダイ	2	1	3	0.010	3	4
23	父	チチ	1	2	3	0.010	1	2
24	孫	マゴ	1	2	3	0.010	1	2
25	核家族	カクカゾク	0	3	3	0.010	3	5
26	老人	ロウジン	2	0	2	0.006	2	4
27	老若男女	ロウニャクナンニョ	2	0	2	0.006	4	7
28	格差	カクサ	1	1	2	0.006	2	3
29	世代交代	セダイコウタイ	1	1	2	0.006	4	7
30	祖父	ソフ	1	1	2	0.006	2	2
31	両親	リョウシン	1	1	2	0.006	2	4
32	現代	ゲンダイ	0	2	2	0.006	2	4
33	段階	ダンカイ	0	2	2	0.006	2	4
34	団塊世代	ダンカイセダイ	0	2	2	0.006	4	7
35	歳	トシ	0	2	2	0.006	1	2
36	移行	イコウ	1	0	1	0.003	2	3
37	歌	ウタ	1	0	1	0.003	1	2
38	おやじ	オヤジ	1	0	1	0.003	3	3
39	家系	カケイ	1	0	1	0.003	2	3
40	家計	カケイ	1	0	1	0.003	2	3
41	携帯	ケイタイ	1	0	1	0.003	2	4
42	血統	ケットウ	1	0	1	0.003	2	4
43	後退	コウタイ	1	0	1	0.003	2	4
44	皇帝	コウテイ	1	0	1	0.003	2	4
45	差	サ	1	0	1	0.003	1	1
46	差異	サイ	1	0	1	0.003	2	2
47	ジェネレーション	ジェネレーション	1	0	1	0.003	8	6
48	ジェンダー	ジェンダー	1	0	1	0.003	5	4
49	次世代	ジセダイ	1	0	1	0.003	3	4
50	子孫	シソン	1	0	1	0.003	2	3
51	社会	シャカイ	1	0	1	0.003	2	3
52	就職	シュウショク	1	0	1	0.003	2	4
53	昭和	ショウワ	1	0	1	0.003	2	3
54	世代別	セダイベツ	1	0	1	0.003	3	5
55	違い	チガイ	1	0	1	0.003	2	3
56	父親	チチオヤ	1	0	1	0.003	2	4
57	超越	チョウエツ	1	0	1	0.003	2	4
58	年寄り	トシヨリ	1	0	1	0.003	3	4
59	20代	ニジュウダイ	1	0	1	0.003	3	5
60	二世	ニセイ	1	0	1	0.003	2	3
61	父子	フシ	1	0	1	0.003	2	2
62	文化	ブンカ	1	0	1	0.003	2	3
63	漫画	マンガ	1	0	1	0.003	2	3
64	一	イチ	0	1	1	0.003	1	2
65	おじいさん	オジイサン	0	1	1	0.003	5	5
66	親世代	オヤセダイ	0	1	1	0.003	3	5
67	価値	カチ	0	1	1	0.003	2	2
68	芸能人	ゲイノウジン	0	1	1	0.003	3	6
69	血縁	ケツエン	0	1	1	0.003	2	4
70	抗体	コウタイ	0	1	1	0.003	2	4
71	時間	ジカン	0	1	1	0.003	2	3
72	昭和生まれ	ショウワウマレ	0	1	1	0.003	5	6
73	政治家	セイジカ	0	1	1	0.003	3	4
74	祖父母	ソフボ	0	1	1	0.003	3	3
75	祖母	ソボ	0	1	1	0.003	2	2
76	第三世代	ダイサンセダイ	0	1	1	0.003	4	7
77	団らん	ダンラン	0	1	1	0.003	3	4
78	調査	チョウサ	0	1	1	0.003	2	3
79	昔	ムカシ	0	1	1	0.003	1	3
80	洋服	ヨウフク	0	1	1	0.003	2	4
81	若さ	ワカサ	0	1	1	0.003	2	3
	合計		143	159	302			

68	線路	フリガナ	男性	女性	全体	連想強度	文字数	モーラ数
1	電車	デンシャ	118	132	250	0.799	2	3
2	路線	ロセン	3	2	5	0.016	2	3
3	バス	バス	2	2	4	0.013	2	2
4	新幹線	シンカンセン	0	3	3	0.010	3	6
5	踏み切り	フミキリ	0	3	3	0.010	4	4
6	汽車	キシャ	2	0	2	0.006	2	2
7	鉄道	テツドウ	2	0	2	0.006	2	4
8	事故	ジコ	1	1	2	0.006	2	2
9	スタンドバイミー	スタンドバイミー	1	1	2	0.006	8	8
10	脱線	ダッセン	1	1	2	0.006	2	4
11	道	ミチ	1	1	2	0.006	1	2
12	石	イシ	1	0	1	0.003	1	2
13	一本	イッポン	1	0	1	0.003	2	4
14	運命	ウンメイ	1	0	1	0.003	2	4
15	駅	エキ	1	0	1	0.003	1	2
16	横断	オウダン	1	0	1	0.003	2	4
17	置石	オキイシ	1	0	1	0.003	2	4
18	近鉄	キンテツ	1	0	1	0.003	2	4
19	自殺	ジサツ	1	0	1	0.003	2	3
20	人身事故	ジンシンジコ	1	0	1	0.003	4	6
21	中央線	チュウオウセン	1	0	1	0.003	3	6
22	東海道	トウカイドウ	1	0	1	0.003	3	6
23	道路	ドウロ	1	0	1	0.003	2	3
24	名鉄	メイテツ	1	0	1	0.003	2	4
25	歌	ウタ	0	1	1	0.003	1	2
26	小田急線	オダキュウセン	0	1	1	0.003	4	6
27	金属	キンゾク	0	1	1	0.003	2	4
28	子供	コドモ	0	1	1	0.003	2	3
29	前進	ゼンシン	0	1	1	0.003	2	4
30	地下鉄	チカテツ	0	1	1	0.003	3	4
31	茶色	チャイロ	0	1	1	0.003	2	3
32	鉄	テツ	0	1	1	0.003	1	2
33	夏	ナツ	0	1	1	0.003	1	2
34	灰色	ハイイロ	0	1	1	0.003	2	4
35	走り	ハシリ	0	1	1	0.003	2	3
36	迷子	マイゴ	0	1	1	0.003	2	3
37	マグロ	マグロ	0	1	1	0.003	3	3
38	列車	レッシャ	0	1	1	0.003	2	3
39	路面図	ロメンズ	0	1	1	0.003	3	4
	合計		144	161	305			

69	素材	フリガナ	男性	女性	全体	連想強度	文字数	モーラ数
1	木	キ	17	17	34	0.109	1	1
2	天然	テンネン	9	15	24	0.077	2	4
3	材料	ザイリョウ	15	7	22	0.070	2	4
4	木材	モクザイ	9	5	14	0.045	2	4
5	もと	モト	4	6	10	0.032	2	2
	元		*3*	*3*	*6*	*0.019*	*1*	*2*
	素		*1*	*2*	*3*	*0.010*	*1*	*2*
	基		*0*	*1*	*1*	*0.003*	*1*	*2*
6	原料	ゲンリョウ	2	5	7	0.022	2	4
7	自然	シゼン	1	6	7	0.022	2	3
8	布	ヌノ	1	6	7	0.022	1	2
9	紙	カミ	0	7	7	0.022	1	2
10	綿	ワタ	0	7	7	0.022	1	2
11	野菜	ヤサイ	4	2	6	0.019	2	3
12	ほーむぺーじ	ホームページ	1	5	6	0.019	6	6
	ホームページ		*1*	*4*	*5*	*0.016*	*6*	*6*
	HP		*0*	*1*	*1*	*0.003*	*2*	*6*
13	新鮮	シンセン	5	0	5	0.016	2	4
14	服	フク	1	4	5	0.016	1	2
15	材質	ザイシツ	3	1	4	0.013	2	4
16	生地	キジ	0	4	4	0.013	2	2
17	武器	ブキ	3	0	3	0.010	2	2
18	コットン	コットン	1	2	3	0.010	4	4
19	麻	アサ	0	3	3	0.010	1	2
20	絹	キヌ	0	3	3	0.010	1	2
21	加工	カコウ	2	0	2	0.006	2	3
22	合成	ゴウセイ	2	0	2	0.006	2	4
23	材木	ザイモク	2	0	2	0.006	2	4
24	資源	シゲン	2	0	2	0.006	2	3
25	食糧	ショクリョウ	2	0	2	0.006	2	4
26	鉄	テツ	2	0	2	0.006	1	2
27	料理	リョウリ	2	0	2	0.006	2	3
28	画像	ガゾウ	1	1	2	0.006	2	3
29	原材料	ゲンザイリョウ	1	1	2	0.006	3	6
30	食材	ショクザイ	1	1	2	0.006	2	4
31	大事	ダイジ	1	1	2	0.006	2	3
32	ナイロン	ナイロン	1	1	2	0.006	4	4
33	プラスチック	プラスチック	1	1	2	0.006	6	6
34	店	ミセ	1	1	2	0.006	1	2
35	物	モノ	1	1	2	0.006	1	2
36	アイコン	アイコン	0	2	2	0.006	4	4
37	活用	カツヨウ	0	2	2	0.006	2	4
38	そざいや	ソザイヤ	0	2	2	0.006	4	4
	素材屋		*0*	*1*	*1*	*0.003*	*3*	*4*
	そざいや		*0*	*1*	*1*	*0.003*	*4*	*4*
39	素質	ソシツ	0	2	2	0.006	2	3
40	灰汁	アク	1	0	1	0.003	2	2
41	アトリエ	アトリエ	1	0	1	0.003	4	4
42	安全	アンゼン	1	0	1	0.003	2	4
43	市場	イチバ	1	0	1	0.003	2	3
44	逸材	イツザイ	1	0	1	0.003	2	4
45	田舎	イナカ	1	0	1	0.003	2	3
46	旨み	ウマミ	1	0	1	0.003	2	3
47	エレメント	エレメント	1	0	1	0.003	5	5
48	カーボン	カーボン	1	0	1	0.003	4	4
49	角材	カクザイ	1	0	1	0.003	2	4
50	皮	カワ	1	0	1	0.003	1	2
51	完成品	カンセイヒン	1	0	1	0.003	3	6
52	機械	キカイ	1	0	1	0.003	2	3
53	機材	キザイ	1	0	1	0.003	2	3
54	基礎	キソ	1	0	1	0.003	2	2
55	キャラセット	キャラセット	1	0	1	0.003	6	5
56	クッション	クッション	1	0	1	0.003	5	4
57	研究	ケンキュウ	1	0	1	0.003	2	4
58	高価	コウカ	1	0	1	0.003	2	3
59	工具	コウグ	1	0	1	0.003	2	3
60	工場	コウジョウ	1	0	1	0.003	2	4
61	構造	コウゾウ	1	0	1	0.003	2	4
62	ご飯	ゴハン	1	0	1	0.003	2	3
63	米	コメ	1	0	1	0.003	1	2
64	作成	サクセイ	1	0	1	0.003	2	4
65	産地	サンチ	1	0	1	0.003	2	3
66	上級	ジョウキュウ	1	0	1	0.003	2	4
67	商品	ショウヒン	1	0	1	0.003	2	4
68	職人	ショクニン	1	0	1	0.003	2	4
69	製品	セイヒン	1	0	1	0.003	2	4
70	石油	セキユ	1	0	1	0.003	2	3
71	セルロース	セルロース	1	0	1	0.003	5	5
72	空	ソラ	1	0	1	0.003	1	2
73	卵	タマゴ	1	0	1	0.003	1	3
74	炭素	タンソ	1	0	1	0.003	2	3
75	道具	ドウグ	1	0	1	0.003	2	3
76	人参	ニンジン	1	0	1	0.003	2	4
77	人	ヒト	1	0	1	0.003	1	2
78	フリー	フリー	1	0	1	0.003	3	3
79	マテリアル	マテリアル	1	0	1	0.003	5	5
80	源	ミナモト	1	0	1	0.003	1	4
81	物作り	モノヅクリ	1	0	1	0.003	3	5
82	アクリル	アクリル	0	1	1	0.003	4	4
83	居酒屋	イザカヤ	0	1	1	0.003	3	4
84	糸	イト	0	1	1	0.003	1	2
85	衣類	イルイ	0	1	1	0.003	2	3
86	ウレタン	ウレタン	0	1	1	0.003	4	4
87	改良	カイリョウ	0	1	1	0.003	2	4
88	かべ	カベ	0	1	1	0.003	2	2
89	かべがみ	カベガミ	0	1	1	0.003	4	4
90	かわいさ	カワイサ	0	1	1	0.003	4	4
91	管理	カンリ	0	1	1	0.003	2	3
92	貴重	キチョウ	0	1	1	0.003	2	3
93	毛糸	ケイト	0	1	1	0.003	2	3
94	軽量	ケイリョウ	0	1	1	0.003	2	4
95	厳選	ゲンセン	0	1	1	0.003	2	4
96	工作	コウサク	0	1	1	0.003	2	4
97	ゴム	ゴム	0	1	1	0.003	2	2
98	小麦	コムギ	0	1	1	0.003	2	3
99	根本	コンポン	0	1	1	0.003	2	4
100	サイト	サイト	0	1	1	0.003	3	3
101	質	シツ	0	1	1	0.003	1	2
102	質感	シツカン	0	1	1	0.003	2	4
103	品	シナ	0	1	1	0.003	1	2
104	食品	ショクヒン	0	1	1	0.003	2	4
105	食物	ショクモツ	0	1	1	0.003	2	4
106	シルク	シルク	0	1	1	0.003	3	3
107	新鮮さ	シンセンサ	0	1	1	0.003	3	5
108	新素材	シンソザイ	0	1	1	0.003	3	5
109	繊維	センイ	0	1	1	0.003	2	3
110	素材感	ソザイカン	0	1	1	0.003	3	5
111	大切	タイセツ	0	1	1	0.003	2	4
112	食べ物	タベモノ	0	1	1	0.003	3	4
113	デコメ	デコメ	0	1	1	0.003	3	3
114	天然素材	テンネンソザイ	0	1	1	0.003	4	7
115	肌色	ハダイロ	0	1	1	0.003	2	4

116	反発	ハンパツ	0	1	1	0.003	2	4
117	布団	フトン	0	1	1	0.003	2	3
118	ポリエチレン	ポリエチレン	0	1	1	0.003	6	6
119	麦	ムギ	0	1	1	0.003	1	2
120	無印	ムジルシ	0	1	1	0.003	2	4
121	無添加	ムテンカ	0	1	1	0.003	3	4
122	メール	メール	0	1	1	0.003	3	3
123	木工	モッコウ	0	1	1	0.003	2	4
124	木綿	モメン	0	1	1	0.003	2	3
125	良さ	ヨサ	0	1	1	0.003	2	2
	合計		140	165	305			

70	対話	フリガナ	男性	女性	全体	連想強度	文字数	モーラ数
1	ひと	ヒト	23	32	55	0.176	2	2
	人		*22*	*32*	*54*	*0.173*	*1*	*2*
	ひと		*1*	*0*	*1*	*0.003*	*2*	*2*
2	会話	カイワ	20	26	46	0.147	2	3
3	相手	アイテ	18	22	40	0.128	2	3
4	コミュニケーション	コミュニケーション	8	6	14	0.045	9	7
5	人間	ニンゲン	9	5	14	0.045	2	4
6	話	ハナシ	5	8	13	0.042	1	3
7	友達	トモダチ	3	8	11	0.035	2	4
8	ふたり	フタリ	3	5	8	0.026	3	3
	二人		*3*	*2*	*5*	*0.016*	*2*	*3*
	2人		*0*	*2*	*2*	*0.006*	*2*	*3*
	ふたり		*0*	*1*	*1*	*0.003*	*3*	*3*
9	対人	タイジン	4	2	6	0.019	2	4
10	友人	ユウジン	3	2	5	0.016	2	4
11	交流	コウリュウ	2	2	4	0.013	2	4
12	言葉	コトバ	2	2	4	0.013	2	3
13	他人	タニン	2	2	4	0.013	2	3
14	話し合い	ハナシアイ	2	2	4	0.013	4	5
15	電話	デンワ	2	1	3	0.010	2	3
16	喧嘩	ケンカ	2	0	2	0.006	2	3
17	相談	ソウダン	2	0	2	0.006	2	4
18	インタビュー	インタビュー	1	1	2	0.006	6	5
19	解決	カイケツ	1	1	2	0.006	2	4
20	対談	タイダン	1	1	2	0.006	2	4
21	必要	ヒツヨウ	1	1	2	0.006	2	4
22	面接	メンセツ	1	1	2	0.006	2	4
23	手話	シュワ	0	2	2	0.006	2	2
24	初対面	ショタイメン	0	2	2	0.006	3	5
25	意見	イケン	1	0	1	0.003	2	3
26	英会話	エイカイワ	1	0	1	0.003	3	5
27	音声	オンセイ	1	0	1	0.003	2	4
28	会談	カイダン	1	0	1	0.003	2	4
29	カウンセリング	カウンセリング	1	0	1	0.003	7	7
30	神	カミ	1	0	1	0.003	1	2
31	口	クチ	1	0	1	0.003	1	2
32	ゲーテ	ゲーテ	1	0	1	0.003	3	3
33	個人	コジン	1	0	1	0.003	2	3
34	雑談	ザツダン	1	0	1	0.003	2	4
35	小説	ショウセツ	1	0	1	0.003	2	4
36	情報	ジョウホウ	1	0	1	0.003	2	4
37	声優	セイユウ	1	0	1	0.003	2	4
38	先生	センセイ	1	0	1	0.003	2	4
39	対面	タイメン	1	0	1	0.003	2	4
40	他者	タシャ	1	0	1	0.003	2	2
41	難航	ナンコウ	1	0	1	0.003	2	4
42	ニート	ニート	1	0	1	0.003	3	3
43	二者	ニシャ	1	0	1	0.003	2	2
44	反対	ハンタイ	1	0	1	0.003	2	4
45	独り言	ヒトリゴト	1	0	1	0.003	3	5
46	複数	フクスウ	1	0	1	0.003	2	4
47	母子	ボシ	1	0	1	0.003	2	2
48	目線	メセン	1	0	1	0.003	2	3
49	話題	ワダイ	1	0	1	0.003	2	3
50	圧力	アツリョク	0	1	1	0.003	2	4
51	一対一	イッタイイチ	0	1	1	0.003	3	6
52	英語	エイゴ	0	1	1	0.003	2	3
53	会議	カイギ	0	1	1	0.003	2	3
54	鏡	カガミ	0	1	1	0.003	1	3
55	機会	キカイ	0	1	1	0.003	2	3
56	キャッチボール	キャッチボール	0	1	1	0.003	7	6
57	議論	ギロン	0	1	1	0.003	2	3
58	傾聴	ケイチョウ	0	1	1	0.003	2	4
59	声	コエ	0	1	1	0.003	1	2
60	困難	コンナン	0	1	1	0.003	2	4
61	自分	ジブン	0	1	1	0.003	2	3
62	喋り	シャベリ	0	1	1	0.003	2	3
63	ソクラテス	ソクラテス	0	1	1	0.003	5	5
64	対人関係	タイジンカンケイ	0	1	1	0.003	4	8
65	多人数	タニンズウ	0	1	1	0.003	3	5
66	談笑	ダンショウ	0	1	1	0.003	2	4
67	談話室	ダンワシツ	0	1	1	0.003	3	5
68	お茶	オチャ	0	1	1	0.003	2	2
69	チャット	チャット	0	1	1	0.003	4	3
70	机	ツクエ	0	1	1	0.003	1	3
71	伝達	デンタツ	0	1	1	0.003	2	4
72	仲間	ナカマ	0	1	1	0.003	2	3
73	人間関係	ニンゲンカンケイ	0	1	1	0.003	4	8
74	疲労	ヒロウ	0	1	1	0.003	2	3
75	向かい合い	ムカイアイ	0	1	1	0.003	5	5
76	面会	メンカイ	0	1	1	0.003	2	4
77	友人関係	ユウジンカンケイ	0	1	1	0.003	4	8
78	理解	リカイ	0	1	1	0.003	2	3
79	練習	レンシュウ	0	1	1	0.003	2	4
	合計		140	164	304			

71	知識	フリガナ	男性	女性	全体	連想強度	文字数	モーラ数
1	勉強	ベンキョウ	12	18	30	0.096	2	4
2	脳	ノウ	14	9	23	0.073	1	2
3	豊富	ホウフ	5	18	23	0.073	2	3
4	本	ホン	10	11	21	0.067	1	2
5	頭	アタマ	8	11	19	0.061	1	3
6	頭脳	ズノウ	6	7	13	0.042	2	3
7	知恵	チエ	6	5	11	0.035	2	2
8	学力	ガクリョク	5	3	8	0.026	2	4
9	記憶	キオク	3	5	8	0.026	2	3
10	学習	ガクシュウ	1	7	8	0.026	2	4
11	知能	チノウ	3	4	7	0.022	2	3
12	経験	ケイケン	2	3	5	0.016	2	4
13	まめ	マメ	2	3	5	0.016	2	2
	豆		*1*	*3*	*4*	*0.013*	*1*	*2*
	マメ		*1*	*0*	*1*	*0.003*	*2*	*2*
14	豆知識	マメチシキ	2	3	5	0.016	3	5
15	博士	ハカセ	3	1	4	0.013	2	3
16	必要	ヒツヨウ	2	2	4	0.013	2	4
17	学校	ガッコウ	1	3	4	0.013	2	4
18	博学	ハクガク	1	3	4	0.013	2	4
19	雑学	ザツガク	3	0	3	0.010	2	4
20	教科書	キョウカショ	2	1	3	0.010	3	4
21	辞書	ジショ	2	1	3	0.010	2	2
22	図書館	トショカン	2	1	3	0.010	3	4
23	博識	ハクシキ	2	1	3	0.010	2	4
24	蓄積	チクセキ	1	2	3	0.010	2	4
25	能力	ノウリョク	1	2	3	0.010	2	4
26	教養	キョウヨウ	0	3	3	0.010	2	4
27	泉	イズミ	2	0	2	0.006	1	3
28	学問	ガクモン	2	0	2	0.006	2	4
29	うんちく	ウンチク	1	1	2	0.006	4	4
30	天才	テンサイ	1	1	2	0.006	2	4
31	勉学	ベンガク	1	1	2	0.006	2	4
32	歴史	レキシ	1	1	2	0.006	2	3
33	才能	サイノウ	0	2	2	0.006	2	4
34	悪魔	アクマ	1	0	1	0.003	2	3
35	アニメ	アニメ	1	0	1	0.003	3	3
36	イギリス	イギリス	1	0	1	0.003	4	4
37	偉人	イジン	1	0	1	0.003	2	3
38	化学者	カガクシャ	1	0	1	0.003	3	4
39	賢さ	カシコサ	1	0	1	0.003	2	4
40	糧	カテ	1	0	1	0.003	1	2
41	可能性	カノウセイ	1	0	1	0.003	3	5
42	薬	クスリ	1	0	1	0.003	1	3
43	見識	ケンシキ	1	0	1	0.003	2	4
44	賢者	ケンジャ	1	0	1	0.003	2	3
45	語彙	ゴイ	1	0	1	0.003	2	2
46	言葉	コトバ	1	0	1	0.003	2	3
47	自己	ジコ	1	0	1	0.003	2	2
48	情報	ジョウホウ	1	0	1	0.003	2	4
49	書籍	ショセキ	1	0	1	0.003	2	3
50	書物	ショモツ	1	0	1	0.003	2	3
51	新聞	シンブン	1	0	1	0.003	2	4
52	石版	セキバン	1	0	1	0.003	2	4
53	探偵	タンテイ	1	0	1	0.003	2	4
54	知	チ	1	0	1	0.003	1	1
55	力	チカラ	1	0	1	0.003	1	3
56	知識オタク	チシキオタク	1	0	1	0.003	5	6
57	知性	チセイ	1	0	1	0.003	2	3
58	貯蔵	チョゾウ	1	0	1	0.003	2	3
59	知力	チリョク	1	0	1	0.003	2	3
60	罪	ツミ	1	0	1	0.003	1	2
61	積み重ね	ツミカサネ	1	0	1	0.003	4	5
62	テレビ	テレビ	1	0	1	0.003	3	3
63	図書	トショ	1	0	1	0.003	2	2
64	人間	ニンゲン	1	0	1	0.003	2	4
65	認知	ニンチ	1	0	1	0.003	2	3
66	人	ヒト	1	0	1	0.003	1	2
67	武器	ブキ	1	0	1	0.003	2	2
68	魔法	マホウ	1	0	1	0.003	2	3
69	無限	ムゲン	1	0	1	0.003	2	3
70	暗記	アンキ	0	1	1	0.003	2	3
71	大人	オトナ	0	1	1	0.003	2	3
72	学者	ガクシャ	0	1	1	0.003	2	3
73	活用	カツヨウ	0	1	1	0.003	2	4
74	勤勉	キンベン	0	1	1	0.003	2	4
75	見聞	ケンブン	0	1	1	0.003	2	4
76	常識	ジョウシキ	0	1	1	0.003	2	4
77	常識人	ジョウシキジン	0	1	1	0.003	3	6
78	神秘	シンピ	0	1	1	0.003	2	3
79	全て	スベテ	0	1	1	0.003	2	3
80	成長	セイチョウ	0	1	1	0.003	2	4
81	先生	センセイ	0	1	1	0.003	2	4
82	堆積	タイセキ	0	1	1	0.003	2	4
83	大切	タイセツ	0	1	1	0.003	2	4
84	蓄え	タクワエ	0	1	1	0.003	2	4
85	知的	チテキ	0	1	1	0.003	2	3
86	読書	ドクショ	0	1	1	0.003	2	3
87	年配	ネンパイ	0	1	1	0.003	2	4
88	文化	ブンカ	0	1	1	0.003	2	3
89	文章	ブンショウ	0	1	1	0.003	2	4
90	無知	ムチ	0	1	1	0.003	2	2
91	明白	メイハク	0	1	1	0.003	2	4
92	レベル	レベル	0	1	1	0.003	3	3
	合計		143	156	299			

72	手紙	フリガナ	男性	女性	全体	連想強度	文字数	モーラ数
1	紙	カミ	13	13	26	0.083	1	2
2	ポスト	ポスト	6	14	20	0.064	3	3
3	郵便	ユウビン	11	8	19	0.061	2	4
4	文字	モジ	11	7	18	0.058	2	2
5	メール	メール	12	4	16	0.051	3	3
6	切手	キッテ	5	6	11	0.035	2	3
7	文通	ブンツウ	4	6	10	0.032	2	4
8	びんせん	ビンセン	3	7	10	0.032	4	4
	便せん		*2*	*5*	*7*	*0.022*	*3*	*4*
	便箋		*1*	*2*	*3*	*0.010*	*2*	*4*
9	えんぴつ	エンピツ	5	4	9	0.029	4	4
	鉛筆		*5*	*3*	*8*	*0.026*	*2*	*4*
	えんぴつ		*0*	*1*	*1*	*0.003*	*4*	*4*
10	手書き	テガキ	5	3	8	0.026	3	3
11	ラブレター	ラブレター	4	4	8	0.026	5	5
12	封筒	フウトウ	1	7	8	0.026	2	4
13	はがき	ハガキ	4	2	6	0.019	3	3
	葉書		*2*	*1*	*3*	*0.010*	*2*	*3*
	ハガキ		*1*	*1*	*2*	*0.006*	*3*	*3*
	葉書き		*1*	*0*	*1*	*0.003*	*3*	*3*
14	言葉	コトバ	1	4	5	0.016	2	3
15	相手	アイテ	2	2	4	0.013	2	3
16	ペン	ペン	2	2	4	0.013	2	2
17	郵便局	ユウビンキョク	1	3	4	0.013	3	6
18	映画	エイガ	2	1	3	0.010	2	3
19	気持ち	キモチ	2	1	3	0.010	3	3
20	レター	レター	2	1	3	0.010	3	3
21	友達	トモダチ	0	3	3	0.010	2	4
22	レターセット	レターセット	0	3	3	0.010	6	6
23	遠距離恋愛	エンキョリレンアイ	2	0	2	0.006	5	8
24	おもい	オモイ	2	0	2	0.006	3	3
	思い		*1*	*0*	*1*	*0.003*	*2*	*3*
	想い		*1*	*0*	*1*	*0.003*	*2*	*3*
25	心	ココロ	2	0	2	0.006	1	3
26	古風	コフウ	2	0	2	0.006	2	3
27	字	ジ	2	0	2	0.006	1	1
28	通信	ツウシン	2	0	2	0.006	2	4
29	遠距離	エンキョリ	1	1	2	0.006	3	4
30	恋	コイ	1	1	2	0.006	1	2
31	伝達	デンタツ	1	1	2	0.006	2	4
32	年賀状	ネンガジョウ	1	1	2	0.006	3	5
33	拝啓	ハイケイ	1	1	2	0.006	2	4
34	筆記	ヒッキ	1	1	2	0.006	2	3
35	恋愛	レンアイ	1	1	2	0.006	2	4
36	宛名	アテナ	0	2	2	0.006	2	3
37	歌	ウタ	0	2	2	0.006	1	2
38	書き方	カキカタ	0	2	2	0.006	3	4
39	文	フミ	0	2	2	0.006	1	2
40	メッセージ	メッセージ	0	2	2	0.006	5	5
41	やぎ	ヤギ	0	2	2	0.006	2	2
	山羊		*0*	*1*	*1*	*0.003*	*2*	*2*
	ヤギ		*0*	*1*	*1*	*0.003*	*2*	*2*
42	インク	インク	1	0	1	0.003	3	3
43	エアメール	エアメール	1	0	1	0.003	5	5
44	お母さん	オカアサン	1	0	1	0.003	4	5
45	お詫び状	オワビジョウ	1	0	1	0.003	4	5
46	記入	キニュウ	1	0	1	0.003	2	3
47	恋文	コイブミ	1	0	1	0.003	2	4
48	直筆	ジキヒツ	1	0	1	0.003	2	4
49	手記	シュキ	1	0	1	0.003	2	2
50	暑中見舞い	ショチュウミマイ	1	0	1	0.003	5	6
51	白	シロ	1	0	1	0.003	1	2
52	送付	ソウフ	1	0	1	0.003	2	3
53	疎通	ソツウ	1	0	1	0.003	2	3
54	便	タヨリ	1	0	1	0.003	1	3
55	手	テ	1	0	1	0.003	1	1
56	電子メール	デンシメール	1	0	1	0.003	5	6
57	人間関係	ニンゲンカンケイ	1	0	1	0.003	4	8
58	配送	ハイソウ	1	0	1	0.003	2	4
59	配達	ハイタツ	1	0	1	0.003	2	4
60	筆跡	ヒッセキ	1	0	1	0.003	2	4
61	文章	ブンショウ	1	0	1	0.003	2	4
62	まごころ	マゴコロ	1	0	1	0.003	4	4
63	昔	ムカシ	1	0	1	0.003	1	3
64	連絡	レンラク	1	0	1	0.003	2	4
65	秋	アキ	0	1	1	0.003	1	2
66	遺書	イショ	0	1	1	0.003	2	2
67	置手紙	オキテガミ	0	1	1	0.003	3	5
68	親	オヤ	0	1	1	0.003	1	2
69	開封	カイフウ	0	1	1	0.003	2	4
70	結婚	ケッコン	0	1	1	0.003	2	4
71	恋人	コイビト	0	1	1	0.003	2	4
72	交換	コウカン	0	1	1	0.003	2	4
73	古代的	コダイテキ	0	1	1	0.003	3	5
74	コミュニケーション	コミュニケーション	0	1	1	0.003	9	7
75	実家	ジッカ	0	1	1	0.003	2	3
76	自筆	ジヒツ	0	1	1	0.003	2	3
77	住所	ジュウショ	0	1	1	0.003	2	3
78	送料	ソウリョウ	0	1	1	0.003	2	4
79	大切	タイセツ	0	1	1	0.003	2	4
80	誕生日	タンジョウビ	0	1	1	0.003	3	5
81	伝言	デンゴン	0	1	1	0.003	2	4
82	届	トドケ	0	1	1	0.003	1	3
83	長さ	ナガサ	0	1	1	0.003	2	3
84	白色	ハクショク	0	1	1	0.003	2	4
85	肌色	ハダイロ	0	1	1	0.003	2	4
86	初恋	ハツコイ	0	1	1	0.003	2	4
87	風情	フゼイ	0	1	1	0.003	2	3
88	文面	ブンメン	0	1	1	0.003	2	4
89	万年筆	マンネンヒツ	0	1	1	0.003	3	6
90	郵送	ユウソウ	0	1	1	0.003	2	4
	合計		138	150	288			

73	電気	フリガナ	男性	女性	全体	連想強度	文字数	モーラ数
1	光	ヒカリ	7	12	19	0.061	1	3
2	あかり	アカリ	4	9	13	0.042	3	3
	明かり		4	8	12	0.038	3	3
	灯り		0	1	1	0.003	2	3
3	電池	デンチ	9	1	10	0.032	2	3
4	雷	カミナリ	5	3	8	0.026	1	4
5	静電気	セイデンキ	3	5	8	0.026	3	5
6	家電	カデン	4	3	7	0.022	2	3
7	電力	デンリョク	4	3	7	0.022	2	4
8	電球	デンキュウ	1	6	7	0.022	2	4
9	発電	ハツデン	3	3	6	0.019	2	4
10	蛍光灯	ケイコウトウ	2	4	6	0.019	3	6
11	エネルギー	エネルギー	1	5	6	0.019	5	5
12	黄色	キイロ	1	5	6	0.019	2	3
13	機械	キカイ	3	2	5	0.016	2	3
14	ピカチュウ	ピカチュウ	3	2	5	0.016	5	4
15	料金	リョウキン	2	3	5	0.016	2	4
16	ガス	ガス	1	4	5	0.016	2	2
17	エジソン	エジソン	4	0	4	0.013	4	4
18	家	イエ	3	1	4	0.013	1	2
19	感電	カンデン	3	1	4	0.013	2	4
20	工事	コウジ	3	1	4	0.013	2	3
21	かね	カネ	2	2	4	0.013	2	2
	金		2	1	3	0.010	1	2
	お金		0	1	1	0.003	2	3
22	発電所	ハツデンショ	2	2	4	0.013	3	5
23	節約	セツヤク	0	4	4	0.013	2	4
24	家庭	カテイ	3	0	3	0.010	2	3
25	電子	デンシ	3	0	3	0.010	2	3
26	回路	カイロ	2	1	3	0.010	2	3
27	資源	シゲン	2	1	3	0.010	2	3
28	電圧	デンアツ	2	1	3	0.010	2	4
29	危険	キケン	1	2	3	0.010	2	3
30	充電	ジュウデン	1	2	3	0.010	2	4
31	必要	ヒツヨウ	1	2	3	0.010	2	4
32	便利	ベンリ	1	2	3	0.010	2	3
33	明るさ	アカルサ	0	3	3	0.010	3	4
34	コンセント	コンセント	0	3	3	0.010	5	5
35	水道	スイドウ	0	3	3	0.010	2	4
36	科学	カガク	2	0	2	0.006	2	3
37	太陽光発電	タイヨウコウハツデン	2	0	2	0.006	5	10
38	麻痺	マヒ	2	0	2	0.006	2	2
39	稲妻	イナズマ	1	1	2	0.006	2	4
40	会社	カイシャ	1	1	2	0.006	2	3
41	工学	コウガク	1	1	2	0.006	2	4
42	照明	ショウメイ	1	1	2	0.006	2	4
43	生活	セイカツ	1	1	2	0.006	2	4
44	電化製品	デンカセイヒン	1	1	2	0.006	4	7
45	電気ショック	デンキショック	1	1	2	0.006	6	6
46	電気代	デンキダイ	1	1	2	0.006	3	5
47	電灯	デントウ	1	1	2	0.006	2	4
48	パソコン	パソコン	1	1	2	0.006	4	4
49	ボルト	ボルト	1	1	2	0.006	3	3
50	節電	セツデン	0	2	2	0.006	2	4
51	夜	ヨル	0	2	2	0.006	1	2
52	ワット	ワット	0	2	2	0.006	3	3
53	依存	イゾン	1	0	1	0.003	2	3
54	エレキ	エレキ	1	0	1	0.003	3	3
55	エレキテル	エレキテル	1	0	1	0.003	5	5
56	科学館	カガクカン	1	0	1	0.003	3	5
57	火力	カリョク	1	0	1	0.003	2	3
58	機会	キカイ	1	0	1	0.003	2	3
59	共有	キョウユウ	1	0	1	0.003	2	4
60	グループ	グループ	1	0	1	0.003	4	4
61	携帯電話	ケイタイデンワ	1	0	1	0.003	4	7
62	現代	ゲンダイ	1	0	1	0.003	2	4
63	コイル	コイル	1	0	1	0.003	3	3
64	工業	コウギョウ	1	0	1	0.003	2	4
65	磁石	ジシャク	1	0	1	0.003	2	3
66	自動車	ジドウシャ	1	0	1	0.003	3	4
67	使用	シヨウ	1	0	1	0.003	2	3
68	水力	スイリョク	1	0	1	0.003	2	4
69	扇風機	センプウキ	1	0	1	0.003	3	5
70	ソーラー	ソーラー	1	0	1	0.003	4	4
71	帯電	タイデン	1	0	1	0.003	2	4
72	力	チカラ	1	0	1	0.003	1	3
73	中国電力	チュウゴクデンリョク	1	0	1	0.003	4	8
74	中部電力	チュウブデンリョク	1	0	1	0.003	4	7
75	テレビ	テレビ	1	0	1	0.003	3	3
76	電気椅子	デンキイス	1	0	1	0.003	4	5
77	電車	デンシャ	1	0	1	0.003	2	3
78	電柱	デンチュウ	1	0	1	0.003	2	4
79	電流	デンリュウ	1	0	1	0.003	2	4
80	必需品	ヒツジュヒン	1	0	1	0.003	3	5
81	風力	フウリョク	1	0	1	0.003	2	4
82	物理	ブツリ	1	0	1	0.003	2	3
83	プラス	プラス	1	0	1	0.003	3	3
84	文明	ブンメイ	1	0	1	0.003	2	4
85	街	マチ	1	0	1	0.003	1	2
86	流通	リュウツウ	1	0	1	0.003	2	4
87	料理	リョウリ	1	0	1	0.003	2	3
88	アンペア	アンペア	0	1	1	0.003	4	4
89	暗黙	アンモク	0	1	1	0.003	2	4
90	イルカ	イルカ	0	1	1	0.003	3	3
91	エコ	エコ	0	1	1	0.003	2	2
92	温水器	オンスイキ	0	1	1	0.003	3	5
93	家具	カグ	0	1	1	0.003	2	2
94	家電製品	カデンセイヒン	0	1	1	0.003	4	7
95	関西	カンサイ	0	1	1	0.003	2	4
96	関西電力	カンサイデンリョク	0	1	1	0.003	4	8
97	機器	キキ	0	1	1	0.003	2	2
98	クーラー	クーラー	0	1	1	0.003	4	4
99	交換	コウカン	0	1	1	0.003	2	4
100	コード	コード	0	1	1	0.003	3	3
101	刺激	シゲキ	0	1	1	0.003	2	3
102	痺れ	シビレ	0	1	1	0.003	2	3
103	重要	ジュウヨウ	0	1	1	0.003	2	4
104	消灯	ショウトウ	0	1	1	0.003	2	4
105	スイッチ	スイッチ	0	1	1	0.003	4	4
106	生活費	セイカツヒ	0	1	1	0.003	3	5
107	製品	セイヒン	0	1	1	0.003	2	4
108	設備	セツビ	0	1	1	0.003	2	3
109	大切	タイセツ	0	1	1	0.003	2	4
110	太陽	タイヨウ	0	1	1	0.003	2	4
111	停電	テイデン	0	1	1	0.003	2	4
112	電気製品	デンキセイヒン	0	1	1	0.003	4	7
113	店	ミセ	0	1	1	0.003	1	2
114	ライト	ライト	0	1	1	0.003	3	3
115	流動	リュウドウ	0	1	1	0.003	2	4
	合計		138	146	284			

74	電池	フリガナ	男性	女性	全体	連想強度	文字数	モーラ数
1	充電	ジュウデン	11	22	33	0.105	2	4
2	電気	デンキ	18	11	29	0.093	2	3
3	たんさん	タンサン	14	9	23	0.073	4	4
	単三		*11*	*7*	*18*	*0.058*	*2*	*4*
	単3		*3*	*2*	*5*	*0.016*	*2*	*4*
4	アルカリ	アルカリ	15	8	23	0.073	4	4
5	乾電池	カンデンチ	11	11	22	0.070	3	5
6	携帯	ケイタイ	3	8	11	0.035	2	4
7	消耗	ショウモウ	5	5	10	0.032	2	4
8	機械	キカイ	2	4	6	0.019	2	3
9	交換	コウカン	2	4	6	0.019	2	4
10	バッテリー	バッテリー	2	3	5	0.016	5	5
11	消耗品	ショウモウヒン	3	1	4	0.013	3	6
12	太陽	タイヨウ	3	1	4	0.013	2	4
13	動力	ドウリョク	3	1	4	0.013	2	4
14	マンガン	マンガン	3	1	4	0.013	4	4
15	リモコン	リモコン	3	1	4	0.013	4	4
16	使い捨て	ツカイステ	1	3	4	0.013	4	5
17	時計	トケイ	0	4	4	0.013	2	3
18	ゲーム	ゲーム	3	0	3	0.010	3	3
19	電力	デンリョク	3	0	3	0.010	2	4
20	ミニ四駆	ミニヨンク	3	0	3	0.010	4	5
21	エネルギー	エネルギー	2	1	3	0.010	5	5
22	リチウム	リチウム	2	1	3	0.010	4	4
23	懐中電灯	カイチュウデントウ	1	2	3	0.010	4	8
24	パック	パック	1	2	3	0.010	3	3
25	モーター	モーター	1	2	3	0.010	4	4
26	残量	ザンリョウ	0	3	3	0.010	2	4
27	消費	ショウヒ	0	3	3	0.010	2	3
28	プラス	プラス	0	3	3	0.010	3	3
29	科学	カガク	2	0	2	0.006	2	3
30	ライト	ライト	2	0	2	0.006	3	3
31	缶	カン	1	1	2	0.006	1	2
32	資源	シゲン	1	1	2	0.006	2	3
33	単三電池	タンサンデンチ	1	1	2	0.006	4	7
34	電流	デンリュウ	1	1	2	0.006	2	4
35	有限	ユウゲン	1	1	2	0.006	2	4
36	携帯電話	ケイタイデンワ	0	2	2	0.006	4	7
37	水銀	スイギン	0	2	2	0.006	2	4
38	水素	スイソ	0	2	2	0.006	2	3
39	燃料	ネンリョウ	0	2	2	0.006	2	4
40	光	ヒカリ	0	2	2	0.006	1	3
41	プラスマイナス	プラスマイナス	0	2	2	0.006	7	7
42	池	イケ	1	0	1	0.003	1	2
43	ウォークマン	ウォークマン	1	0	1	0.003	6	5
44	おもちゃ	オモチャ	1	0	1	0.003	4	3
45	回復	カイフク	1	0	1	0.003	2	4
46	家電	カデン	1	0	1	0.003	2	3
47	雷	カミナリ	1	0	1	0.003	1	4
48	ゲーム機	ゲームキ	1	0	1	0.003	4	4
49	さび	サビ	1	0	1	0.003	2	2
50	炭酸	タンサン	1	0	1	0.003	2	4
51	長持ち	ナガモチ	1	0	1	0.003	3	4
52	熱	ネツ	1	0	1	0.003	1	2
53	発電	ハツデン	1	0	1	0.003	2	4
54	便利	ベンリ	1	0	1	0.003	2	3
55	放電	ホウデン	1	0	1	0.003	2	4
56	リサイクル	リサイクル	1	0	1	0.003	5	5
57	アルカリ電池	アルカリデンチ	0	1	1	0.003	6	7
58	アルミ	アルミ	0	1	1	0.003	3	3
59	一組	ヒトクミ	0	1	1	0.003	2	4
60	液	エキ	0	1	1	0.003	1	2
61	液漏れ	エキモレ	0	1	1	0.003	3	4
62	MD	エムディー	0	1	1	0.003	2	4
63	おーでぃお	オーディオ	0	1	1	0.003	5	4
64	極	キョク	0	1	1	0.003	1	2
65	切れ	キレ	0	1	1	0.003	2	2
66	工業	コウギョウ	0	1	1	0.003	2	4
67	個体	コタイ	0	1	1	0.003	2	3
68	３本	サンボン	0	1	1	0.003	2	4
69	寿命	ジュミョウ	0	1	1	0.003	2	3
70	太陽電池	タイヨウデンチ	0	1	1	0.003	4	7
71	単４	タンヨン	0	1	1	0.003	2	4
72	力	チカラ	0	1	1	0.003	1	3
73	貯蓄	チョチク	0	1	1	0.003	2	3
74	電化製品	デンカセイヒン	0	1	1	0.003	4	7
75	電気器具	デンキキグ	0	1	1	0.003	4	5
76	電子機器	デンシキキ	0	1	1	0.003	4	5
77	電子辞書	デンシジショ	0	1	1	0.003	4	5
78	電池切れ	デンチギレ	0	1	1	0.003	4	5
79	電池バック	デンチバック	0	1	1	0.003	5	6
80	必要	ヒツヨウ	0	1	1	0.003	2	4
81	100円ショップ	ヒャクエンショップ	0	1	1	0.003	8	7
82	ラジコン	ラジコン	0	1	1	0.003	4	4
	合計		139	157	296			

75	電話	フリガナ	男性	女性	全体	連想強度	文字数	モーラ数
1	けいたい	ケイタイ	51	49	100	0.319	4	4
	携帯		*51*	*46*	*97*	*0.310*	*2*	*4*
	ケータイ		*0*	*2*	*2*	*0.006*	*4*	*4*
	ケイタイ		*0*	*1*	*1*	*0.003*	*4*	*4*
2	携帯電話	ケイタイデンワ	8	13	21	0.067	4	7
3	会話	カイワ	9	7	16	0.051	2	3
4	ベル	ベル	3	6	9	0.029	2	2
5	黒	クロ	6	2	8	0.026	1	2
6	通話	ツウワ	4	3	7	0.022	2	3
7	声	コエ	2	5	7	0.022	1	2
8	長電話	ナガデンワ	1	6	7	0.022	3	5
9	料金	リョウキン	4	2	6	0.019	2	4
10	国際	コクサイ	3	2	5	0.016	2	4
11	番号	バンゴウ	3	2	5	0.016	2	4
12	相手	アイテ	1	4	5	0.016	2	3
13	回線	カイセン	3	1	4	0.013	2	4
14	電波	デンパ	3	0	3	0.010	2	3
15	電話線	デンワセン	3	0	3	0.010	3	5
16	家	イエ	1	2	3	0.010	1	2
17	黒電話	クロデンワ	1	2	3	0.010	3	5
18	話	ハナシ	1	2	3	0.010	1	3
19	メール	メール	1	2	3	0.010	3	3
20	お金	オカネ	2	0	2	0.006	2	3
21	つながり	ツナガリ	2	0	2	0.006	4	4
	繋がり		*1*	*0*	*1*	*0.003*	*3*	*4*
	つながり		*1*	*0*	*1*	*0.003*	*4*	*4*
22	電気	デンキ	2	0	2	0.006	2	3
23	電線	デンセン	2	0	2	0.006	2	4
24	便利	ベンリ	2	0	2	0.006	2	3
25	うぃるこむ	ウィルコム	1	1	2	0.006	5	4
	ウィルコム		*1*	*0*	*1*	*0.003*	*5*	*4*
	WILLCOM		*0*	*1*	*1*	*0.003*	*7*	*4*
26	NTT	エヌティティ	1	1	2	0.006	3	4
27	機械	キカイ	1	1	2	0.006	2	3
28	恋人	コイビト	1	1	2	0.006	2	4
29	公衆	コウシュウ	1	1	2	0.006	2	4
30	コール	コール	1	1	2	0.006	3	3
31	コミュニケーション	コミュニケーション	1	1	2	0.006	9	7
32	受話器	ジュワキ	1	1	2	0.006	3	3
33	代金	ダイキン	1	1	2	0.006	2	4
34	テレビ	テレビ	1	1	2	0.006	3	3
35	友達	トモダチ	0	2	2	0.006	2	4
36	友人	ユウジン	0	2	2	0.006	2	4
37	以心伝心	イシンデンシン	1	0	1	0.003	4	7
38	いたずら	イタズラ	1	0	1	0.003	4	4
39	糸	イト	1	0	1	0.003	1	2
40	糸電話	イトデンワ	1	0	1	0.003	3	5
41	公衆電話	コウシュウデンワ	1	0	1	0.003	4	7
42	呼応	コオウ	1	0	1	0.003	2	3
43	子供	コドモ	1	0	1	0.003	2	3
44	ダイヤル	ダイヤル	1	0	1	0.003	4	4
45	対話	タイワ	1	0	1	0.003	2	3
46	他人	タニン	1	0	1	0.003	2	3
47	通信手段	ツウシンシュダン	1	0	1	0.003	4	7
48	長話	ナガバナシ	1	0	1	0.003	2	5
49	人	ヒト	1	0	1	0.003	1	2
50	連絡	レンラク	1	0	1	0.003	2	4
51	イギリス人	イギリスジン	0	1	1	0.003	5	6
52	うるささ	ウルササ	0	1	1	0.003	4	4
53	音	オト	0	1	1	0.003	1	2
54	会社	カイシャ	0	1	1	0.003	2	3
55	家族	カゾク	0	1	1	0.003	2	3
56	昨日	キノウ	0	1	1	0.003	2	3
57	近距離	キンキョリ	0	1	1	0.003	3	4
58	黒色	クロイロ	0	1	1	0.003	2	4
59	時間	ジカン	0	1	1	0.003	2	3
60	10円	ジュウエン	0	1	1	0.003	3	4
61	重要物	ジュウヨウブツ	0	1	1	0.003	3	6
62	深夜	シンヤ	0	1	1	0.003	2	3
63	鈴	スズ	0	1	1	0.003	1	2
64	相談	ソウダン	0	1	1	0.003	2	4
65	着信	チャクシン	0	1	1	0.003	2	4
66	長時間	チョウジカン	0	1	1	0.003	3	5
67	通信	ツウシン	0	1	1	0.003	2	4
68	TEL	テル	0	1	1	0.003	3	2
69	電話代	デンワダイ	0	1	1	0.003	3	5
70	ネットワーク	ネットワーク	0	1	1	0.003	6	6
71	必需品	ヒツジュヒン	0	1	1	0.003	3	5
72	必要	ヒツヨウ	0	1	1	0.003	2	4
73	ボタン	ボタン	0	1	1	0.003	3	3
74	毎日	マイニチ	0	1	1	0.003	2	4
75	間違い	マチガイ	0	1	1	0.003	3	4
76	耳	ミミ	0	1	1	0.003	1	2
77	有線	ユウセン	0	1	1	0.003	2	4
78	呼び出し音	ヨビダシオン	0	1	1	0.003	5	6
79	留守	ルス	0	1	1	0.003	2	2
	合計		142	153	295			

76	道具	フリガナ	男性	女性	全体	連想強度	文字数	モーラ数
1	便利	ベンリ	15	9	24	0.077	2	3
2	どらえもん	ドラエモン	6	14	20	0.064	5	5
	ドラえもん		*6*	*11*	*17*	*0.054*	*5*	*5*
	どらえもん		*0*	*2*	*2*	*0.006*	*5*	*5*
	ドラエモン		*0*	*1*	*1*	*0.003*	*5*	*5*
3	はさみ	ハサミ	6	13	19	0.061	3	3
	はさみ		*3*	*10*	*13*	*0.042*	*3*	*3*
	ハサミ		*1*	*3*	*4*	*0.013*	*3*	*3*
	鋏		*2*	*0*	*2*	*0.006*	*1*	*3*
4	工具	コウグ	12	4	16	0.051	2	3
5	使用	シヨウ	5	11	16	0.051	2	3
6	かなづち	カナヅチ	9	0	9	0.029	4	4
	かなづち		*5*	*0*	*5*	*0.016*	*4*	*4*
	金づち		*3*	*0*	*3*	*0.010*	*3*	*4*
	かなずち		*1*	*0*	*1*	*0.003*	*4*	*4*
7	人間	ニンゲン	4	4	8	0.026	2	4
8	火	ヒ	4	3	7	0.022	1	1
9	手	テ	3	2	5	0.016	1	1
10	ペンチ	ペンチ	2	3	5	0.016	3	3
11	物	モノ	2	3	5	0.016	1	2
12	利用	リヨウ	2	3	5	0.016	2	3
13	鉛筆	エンピツ	3	1	4	0.013	2	4
14	ハンマー	ハンマー	3	1	4	0.013	4	4
15	遊び	アソビ	2	2	4	0.013	2	3
16	工事	コウジ	2	2	4	0.013	2	3
17	必要	ヒツヨウ	2	2	4	0.013	2	4
18	遊具	ユウグ	0	4	4	0.013	2	3
19	手段	シュダン	1	2	3	0.010	2	3
20	どこでもドア	ドコデモドア	1	2	3	0.010	6	6
21	武器	ブキ	1	2	3	0.010	2	2
22	大工	ダイク	0	3	3	0.010	2	3
23	玩具	ガング	2	0	2	0.006	2	3
24	ツール	ツール	2	0	2	0.006	3	3
25	箱	ハコ	2	0	2	0.006	1	2
26	ペン	ペン	2	0	2	0.006	2	2
27	アイテム	アイテム	1	1	2	0.006	4	4
28	機械	キカイ	1	1	2	0.006	2	3
29	建築	ケンチク	1	1	2	0.006	2	4
30	公園	コウエン	1	1	2	0.006	2	4
31	作業	サギョウ	1	1	2	0.006	2	3
32	使い方	ツカイカタ	1	1	2	0.006	3	5
33	つり	ツリ	1	1	2	0.006	2	2
34	道具箱	ドウグバコ	1	1	2	0.006	3	5
35	ドライバー	ドライバー	1	1	2	0.006	5	5
36	ナイフ	ナイフ	1	1	2	0.006	3	3
37	人	ヒト	1	1	2	0.006	1	2
38	秘密	ヒミツ	1	1	2	0.006	2	3
39	おもちゃ	オモチャ	0	2	2	0.006	4	3
40	小道具	コドウグ	0	2	2	0.006	3	4
41	猿	サル	0	2	2	0.006	1	2
42	スコップ	スコップ	0	2	2	0.006	4	4
43	掃除	ソウジ	0	2	2	0.006	2	3
44	７つ道具	ナナツドウグ	0	2	2	0.006	4	6
45	パソコン	パソコン	0	2	2	0.006	4	4
46	開発	カイハツ	1	0	1	0.003	2	4
47	家具	カグ	1	0	1	0.003	2	2
48	刀	カタナ	1	0	1	0.003	1	3
49	金	カネ	1	0	1	0.003	1	2
50	原人	ゲンジン	1	0	1	0.003	2	4
51	公共	コウキョウ	1	0	1	0.003	2	4
52	言葉	コトバ	1	0	1	0.003	2	3
53	コンピュータ	コンピュータ	1	0	1	0.003	6	5
54	使用済	シヨウズミ	1	0	1	0.003	3	5
55	商売	ショウバイ	1	0	1	0.003	2	4
56	縄文	ジョウモン	1	0	1	0.003	2	4
57	進化	シンカ	1	0	1	0.003	2	3
58	生活	セイカツ	1	0	1	0.003	2	4
59	石器時代	セッキジダイ	1	0	1	0.003	4	6
60	創造	ソウゾウ	1	0	1	0.003	2	4
61	知識	チシキ	1	0	1	0.003	2	3
62	杖	ツエ	1	0	1	0.003	1	2
63	つるはし	ツルハシ	1	0	1	0.003	4	4
64	時計	トケイ	1	0	1	0.003	2	3
65	飛び	トビ	1	0	1	0.003	2	2
66	鈍器	ドンキ	1	0	1	0.003	2	3
67	日常	ニチジョウ	1	0	1	0.003	2	4
68	日用品	ニチヨウヒン	1	0	1	0.003	3	6
69	ねじ	ネジ	1	0	1	0.003	2	2
70	のこぎり	ノコギリ	1	0	1	0.003	4	4
71	のり	ノリ	1	0	1	0.003	2	2
72	箸	ハシ	1	0	1	0.003	1	2
73	文房具	ブンボウグ	1	0	1	0.003	3	5
74	文明	ブンメイ	1	0	1	0.003	2	4
75	箒	ホウキ	1	0	1	0.003	1	3
76	未来	ミライ	1	0	1	0.003	2	3
77	野球	ヤキュウ	1	0	1	0.003	2	3
78	用途	ヨウト	1	0	1	0.003	2	3
79	扱い	アツカイ	0	1	1	0.003	2	4
80	家	イエ	0	1	1	0.003	1	2
81	石	イシ	0	1	1	0.003	1	2
82	かなぐ	カナグ	0	1	1	0.003	3	3
83	鞄	カバン	0	1	1	0.003	1	3
84	鎌	カマ	0	1	1	0.003	1	2
85	木	キ	0	1	1	0.003	1	1
86	器具	キグ	0	1	1	0.003	2	2
87	金属	キンゾク	0	1	1	0.003	2	4
88	くぎ	クギ	0	1	1	0.003	2	2
89	古代	コダイ	0	1	1	0.003	2	3
90	子供	コドモ	0	1	1	0.003	2	3
91	コンパス	コンパス	0	1	1	0.003	4	4
92	時間	ジカン	0	1	1	0.003	2	3
93	準備	ジュンビ	0	1	1	0.003	2	3
94	図工	ズコウ	0	1	1	0.003	2	3
95	すりこぎ	スリコギ	0	1	1	0.003	4	4
96	石器	セッキ	0	1	1	0.003	2	3
97	掃除機	ソウジキ	0	1	1	0.003	3	4
98	頼り	タヨリ	0	1	1	0.003	2	3
99	知的	チテキ	0	1	1	0.003	2	3
100	使い道	ツカイミチ	0	1	1	0.003	3	5
101	手助け	テダスケ	0	1	1	0.003	3	4
102	動物	ドウブツ	0	1	1	0.003	2	4
103	泥棒	ドロボウ	0	1	1	0.003	2	4
104	農耕	ノウコウ	0	1	1	0.003	2	4
105	筆記用具	ヒッキヨウグ	0	1	1	0.003	4	6
106	秘密道具	ヒミツドウグ	0	1	1	0.003	4	6
107	便利さ	ベンリサ	0	1	1	0.003	3	4
108	包丁	ホウチョウ	0	1	1	0.003	2	4
109	ポケット	ポケット	0	1	1	0.003	4	4
110	ロープ	ロープ	0	1	1	0.003	3	3
111	ロッカー	ロッカー	0	1	1	0.003	4	4
	合計		138	149	287			

77	道路	フリガナ	男性	女性	全体	連想強度	文字数	モーラ数
1	車	クルマ	32	46	78	0.249	1	3
2	道	ミチ	22	15	37	0.118	1	2
3	工事	コウジ	11	18	29	0.093	2	3
4	コンクリート	コンクリート	9	8	17	0.054	6	6
5	交通	コウツウ	6	9	15	0.048	2	4
6	アスファルト	アスファルト	6	7	13	0.042	6	6
7	高速	コウソク	7	3	10	0.032	2	4
8	舗装	ホソウ	5	4	9	0.029	2	3
9	標識	ヒョウシキ	2	6	8	0.026	2	5
10	整備	セイビ	3	4	7	0.022	2	3
11	歩道	ホドウ	3	3	6	0.019	2	3
12	国道	コクドウ	3	2	5	0.016	2	4
13	税金	ゼイキン	3	1	4	0.013	2	4
14	信号	シンゴウ	2	2	4	0.013	2	4
15	道路公団	ドウロコウダン	3	0	3	0.010	4	7
16	高速道路	コウソクドウロ	2	1	3	0.010	4	7
17	黒	クロ	1	2	3	0.010	1	2
18	建設	ケンセツ	0	3	3	0.010	2	4
19	事故	ジコ	0	3	3	0.010	2	2
20	国土交通省	コクドコウツウショウ	2	0	2	0.006	5	10
21	国	クニ	1	1	2	0.006	1	2
22	自動車	ジドウシャ	0	2	2	0.006	3	5
23	修理	シュウリ	0	2	2	0.006	2	4
24	一般財源	イッパンザイゲン	1	0	1	0.003	4	8
25	お金	オカネ	1	0	1	0.003	2	3
26	公共	コウキョウ	1	0	1	0.003	2	5
27	交差点	コウサテン	1	0	1	0.003	3	5
28	交通事故	コウツウジコ	1	0	1	0.003	4	6
29	交通法	コウツウホウ	1	0	1	0.003	3	6
30	財源	ザイゲン	1	0	1	0.003	2	4
31	渋滞	ジュウタイ	1	0	1	0.003	2	5
32	蜃気楼	シンキロウ	1	0	1	0.003	3	5
33	線	セン	1	0	1	0.003	1	2
34	線路	センロ	1	0	1	0.003	2	3
35	通行	ツウコウ	1	0	1	0.003	2	4
36	道路交通法	ドウロコウツウホウ	1	0	1	0.003	5	9
37	特定財源	トクテイザイゲン	1	0	1	0.003	4	8
38	人	ヒト	1	0	1	0.003	1	2
39	歩行	ホコウ	1	0	1	0.003	2	3
40	街	マチ	1	0	1	0.003	1	2
41	連絡通路	レンラクツウロ	1	0	1	0.003	4	7
42	安全	アンゼン	0	1	1	0.003	2	4
43	案内	アンナイ	0	1	1	0.003	2	4
44	運転	ウンテン	0	1	1	0.003	2	4
45	横断	オウダン	0	1	1	0.003	2	4
46	危険	キケン	0	1	1	0.003	2	3
47	交通機関	コウツウキカン	0	1	1	0.003	4	7
48	国道1号線	コクドウイチゴウセン	0	1	1	0.003	5	10
49	寸断	スンダン	0	1	1	0.003	2	4
50	設備	セツビ	0	1	1	0.003	2	3
51	装備	ソウビ	0	1	1	0.003	2	3
52	近道	チカミチ	0	1	1	0.003	2	4
53	道路工事	ドウロコウジ	0	1	1	0.003	4	6
54	道路財源	ドウロザイゲン	0	1	1	0.003	4	7
55	二車線	ニシャセン	0	1	1	0.003	3	5
56	灰色	ハイイロ	0	1	1	0.003	2	4
57	ハイウェイ	ハイウェイ	0	1	1	0.003	5	5
58	バイク	バイク	0	1	1	0.003	3	3
59	封鎖	フウサ	0	1	1	0.003	2	3
60	便利	ベンリ	0	1	1	0.003	2	3
61	道幅	ミチハバ	0	1	1	0.003	2	4
62	わき道	ワキミチ	0	1	1	0.003	3	4
	合計		141	163	304			

78	都会	フリガナ	男性	女性	全体	連想強度	文字数	モーラ数
1	東京	トウキョウ	55	58	113	0.361	2	4
2	ビル	ビル	15	20	35	0.112	2	2
3	田舎	イナカ	12	18	30	0.096	2	3
4	まち	マチ	10	8	18	0.058	2	2
	街		*7*	*4*	*11*	*0.035*	*1*	*2*
	町		*3*	*4*	*7*	*0.022*	*1*	*2*
5	人	ヒト	5	8	13	0.042	1	2
6	ひとごみ	ヒトゴミ	2	6	8	0.026	4	4
	人ごみ		*1*	*4*	*5*	*0.016*	*3*	*4*
	人混み		*1*	*2*	*3*	*0.010*	*3*	*4*
7	高層ビル	コウソウビル	2	3	5	0.016	4	6
8	名古屋	ナゴヤ	4	0	4	0.013	3	3
9	車	クルマ	1	3	4	0.013	1	3
10	中心	チュウシン	2	1	3	0.010	2	4
11	電車	デンシャ	2	1	3	0.010	2	3
12	大	ダイ	2	0	2	0.006	1	2
13	都心	トシン	2	0	2	0.006	2	3
14	汚染	オセン	1	1	2	0.006	2	3
15	都市	トシ	1	1	2	0.006	2	2
16	流行	リュウコウ	1	1	2	0.006	2	4
17	大阪	オオサカ	0	2	2	0.006	2	4
18	騒音	ソウオン	0	2	2	0.006	2	4
19	広さ	ヒロサ	0	2	2	0.006	2	3
20	異臭	イシュウ	1	0	1	0.003	2	3
21	金持ち	カネモチ	1	0	1	0.003	3	4
22	金	カネ	1	0	1	0.003	1	2
23	高層	コウソウ	1	0	1	0.003	2	4
24	混雑	コンザツ	1	0	1	0.003	2	4
25	雑踏	ザットウ	1	0	1	0.003	2	4
26	砂漠	サバク	1	0	1	0.003	2	3
27	渋谷	シブヤ	1	0	1	0.003	2	3
28	人口	ジンコウ	1	0	1	0.003	2	4
29	神父	シンプ	1	0	1	0.003	2	3
30	先端	センタン	1	0	1	0.003	2	4
31	大都会	ダイトカイ	1	0	1	0.003	3	5
32	建物	タテモノ	1	0	1	0.003	2	4
33	憧憬	ドウケイ	1	0	1	0.003	2	4
34	ネオン	ネオン	1	0	1	0.003	3	3
35	熱	ネツ	1	0	1	0.003	1	2
36	発展	ハッテン	1	0	1	0.003	2	4
37	繁栄	ハンエイ	1	0	1	0.003	2	4
38	腐敗	フハイ	1	0	1	0.003	2	3
39	不必要	フヒツヨウ	1	0	1	0.003	3	5
40	便利	ベンリ	1	0	1	0.003	2	3
41	摩天楼	マテンロウ	1	0	1	0.003	3	5
42	ヤンキー	ヤンキー	1	0	1	0.003	4	4
43	裕福	ユウフク	1	0	1	0.003	2	4
44	有名	ユウメイ	1	0	1	0.003	2	4
45	若者	ワカモノ	1	0	1	0.003	2	4
46	家	イエ	0	1	1	0.003	1	2
47	駅	エキ	0	1	1	0.003	1	2
48	大勢	オオゼイ	0	1	1	0.003	2	4
49	オフィス	オフィス	0	1	1	0.003	4	3
50	買い物	カイモノ	0	1	1	0.003	3	4
51	危険	キケン	0	1	1	0.003	2	3
52	恐怖	キョウフ	0	1	1	0.003	2	3
53	暗闇	クラヤミ	0	1	1	0.003	2	4
54	煙	ケムリ	0	1	1	0.003	1	3
55	喧騒	ケンソウ	0	1	1	0.003	2	4
56	コンクリート	コンクリート	0	1	1	0.003	6	6
57	最新	サイシン	0	1	1	0.003	2	4
58	自転車	ジテンシャ	0	1	1	0.003	3	4
59	首都	シュト	0	1	1	0.003	2	2
60	人口過密	ジンコウカミツ	0	1	1	0.003	4	7
61	人口密度	ジンコウミツド	0	1	1	0.003	4	7
62	地下鉄	チカテツ	0	1	1	0.003	3	4
63	電気	デンキ	0	1	1	0.003	2	3
64	ドーナツ化現象	ドーナツカゲンショウ	0	1	1	0.003	7	9
65	NY	ニューヨーク	0	1	1	0.003	2	5
66	ネオンカラー	ネオンカラー	0	1	1	0.003	6	6
67	灰色	ハイイロ	0	1	1	0.003	2	4
68	繁華	ハンカ	0	1	1	0.003	2	3
69	光	ヒカリ	0	1	1	0.003	1	3
70	無関心	ムカンシン	0	1	1	0.003	3	5
	合計		143	160	303			

79	時計	フリガナ	男性	女性	全体	連想強度	文字数	モーラ数
1	時間	ジカン	66	85	151	0.482	2	3
2	はり	ハリ	17	20	37	0.118	2	2
	針		*16*	*20*	*36*	*0.115*	*1*	*2*
	ハリ		*1*	*0*	*1*	*0.003*	*2*	*2*
3	うで	ウデ	17	14	31	0.099	2	2
	腕		*17*	*13*	*30*	*0.096*	*1*	*2*
	うで		*0*	*1*	*1*	*0.003*	*2*	*2*
4	うでどけい	ウデドケイ	7	13	20	0.064	5	5
	腕時計		*7*	*12*	*19*	*0.061*	*3*	*5*
	うでどけい		*0*	*1*	*1*	*0.003*	*5*	*5*
5	時刻	ジコク	3	3	6	0.019	2	3
6	時	トキ	4	0	4	0.013	1	2
7	数字	スウジ	2	1	3	0.010	2	3
8	砂	スナ	2	1	3	0.010	1	2
9	短針	タンシン	2	1	3	0.010	2	4
10	めざまし	メザマシ	1	2	3	0.010	4	4
	目覚まし		*1*	*1*	*2*	*0.006*	*4*	*4*
	目ざまし		*0*	*1*	*1*	*0.003*	*4*	*4*
11	正確	セイカク	0	3	3	0.010	2	4
12	おじいさん	オジイサン	1	1	2	0.006	5	5
	お爺さん		*1*	*0*	*1*	*0.003*	*4*	*5*
	おじいさん		*0*	*1*	*1*	*0.003*	*5*	*5*
13	秒針	ビョウシン	1	1	2	0.006	2	4
14	一	イチ	1	0	1	0.003	1	2
15	ウォッチ	ウォッチ	1	0	1	0.003	4	3
16	懐中時計	カイチュウドケイ	1	0	1	0.003	4	7
17	過去	カコ	1	0	1	0.003	2	2
18	壁	カベ	1	0	1	0.003	1	2
19	金	キン	1	0	1	0.003	1	2
20	現在	ゲンザイ	1	0	1	0.003	2	4
21	十二時	ジュウニジ	1	0	1	0.003	3	4
22	常備	ジョウビ	1	0	1	0.003	2	3
23	砂時計	スナドケイ	1	0	1	0.003	3	5
24	性格	セイカク	1	0	1	0.003	2	4
25	塔	トウ	1	0	1	0.003	1	2
26	時計塔	トケイトウ	1	0	1	0.003	3	5
27	ブランド	ブランド	1	0	1	0.003	4	4
28	ミリタリー	ミリタリー	1	0	1	0.003	5	5
29	目覚まし時計	メザマシドケイ	1	0	1	0.003	6	7
30	懐中	カイチュウ	0	1	1	0.003	2	4
31	掛け時計	カケドケイ	0	1	1	0.003	4	5
32	クオーツ	クオーツ	0	1	1	0.003	4	4
33	高級	コウキュウ	0	1	1	0.003	2	4
34	時限	ジゲン	0	1	1	0.003	2	3
35	職人	ショクニン	0	1	1	0.003	2	4
36	世界	セカイ	0	1	1	0.003	2	3
37	世界共通	セカイキョウツウ	0	1	1	0.003	4	7
38	騒音	ソウオン	0	1	1	0.003	2	4
39	デジタル	デジタル	0	1	1	0.003	4	4
40	電子	デンシ	0	1	1	0.003	2	3
41	時計台	トケイダイ	0	1	1	0.003	3	5
42	柱	ハシラ	0	1	1	0.003	1	3
43	はと	ハト	0	1	1	0.003	2	2
44	振り子	フリコ	0	1	1	0.003	3	3
45	本	ホン	0	1	1	0.003	1	2
46	丸	マル	0	1	1	0.003	1	2
47	約束	ヤクソク	0	1	1	0.003	2	4
	合計		139	163	302			

80	名前	フリガナ	男性	女性	全体	連想強度	文字数	モーラ数
1	自分	ジブン	20	19	39	0.125	2	3
2	みょうじ	ミョウジ	11	27	38	0.121	4	3
	苗字		*10*	*25*	*35*	*0.112*	*2*	*3*
	名字		*1*	*2*	*3*	*0.010*	*2*	*3*
3	人	ヒト	16	11	27	0.086	1	2
4	個人	コジン	12	11	23	0.073	2	3
5	名刺	メイシ	10	6	16	0.051	2	3
6	氏名	シメイ	8	6	14	0.045	2	3
7	親	オヤ	4	5	9	0.029	1	2
8	固有名詞	コユウメイシ	4	3	7	0.022	4	6
9	名札	ナフダ	3	3	6	0.019	2	3
10	自己紹介	ジコショウカイ	0	6	6	0.019	4	6
11	人間	ニンゲン	4	1	5	0.016	2	4
12	名詞	メイシ	1	3	4	0.013	2	3
13	紹介	ショウカイ	1	3	4	0.013	2	4
14	自己	ジコ	2	1	3	0.010	2	2
15	漢字	カンジ	1	2	3	0.010	2	3
16	偽名	ギメイ	1	2	3	0.010	2	3
17	個別	コベツ	0	3	3	0.010	2	3
18	由来	ユライ	0	3	3	0.010	2	3
19	犬	イヌ	2	0	2	0.006	1	2
20	記号	キゴウ	2	0	2	0.006	2	3
21	個性	コセイ	2	0	2	0.006	2	3
22	識別	シキベツ	2	0	2	0.006	2	4
23	特徴	トクチョウ	2	0	2	0.006	2	4
24	戸籍	コセキ	1	1	2	0.006	2	3
25	存在	ソンザイ	1	1	2	0.006	2	4
26	必要	ヒツヨウ	1	1	2	0.006	2	4
27	命名	メイメイ	1	1	2	0.006	2	4
28	アイデンティティ	アイデンティティ	0	2	2	0.006	8	6
29	家族	カゾク	0	2	2	0.006	2	3
30	個人情報	コジンジョウホウ	0	2	2	0.006	4	7
31	子供	コドモ	0	2	2	0.006	2	3
32	指名	シメイ	0	2	2	0.006	2	3
33	愛	アイ	1	0	1	0.003	1	2
34	氏	ウジ	1	0	1	0.003	1	2
35	紙	カミ	1	0	1	0.003	1	2
36	銀	ギン	1	0	1	0.003	1	2
37	固有	コユウ	1	0	1	0.003	2	3
38	最初	サイショ	1	0	1	0.003	2	3
39	字	ジ	1	0	1	0.003	1	1
40	人脈	ジンミャク	1	0	1	0.003	2	4
41	性別	セイベツ	1	0	1	0.003	2	4
42	全国	ゼンコク	1	0	1	0.003	2	4
43	大事	ダイジ	1	0	1	0.003	2	3
44	代名詞	ダイメイシ	1	0	1	0.003	3	5
45	宝	タカラ	1	0	1	0.003	1	3
46	父親	チチオヤ	1	0	1	0.003	2	4
47	ニックネーム	ニックネーム	1	0	1	0.003	6	6
48	プレゼント	プレゼント	1	0	1	0.003	5	5
49	分別	ブンベツ	1	0	1	0.003	2	4
50	分類	ブンルイ	1	0	1	0.003	2	4
51	変更	ヘンコウ	1	0	1	0.003	2	4
52	ペンネーム	ペンネーム	1	0	1	0.003	5	5
53	本名	ホンミョウ	1	0	1	0.003	2	4
54	源氏名	ゲンジナ	1	0	1	0.003	3	4
55	名称	メイショウ	1	0	1	0.003	2	4
56	名簿	メイボ	1	0	1	0.003	2	3
57	文字	モジ	1	0	1	0.003	2	2
58	愛称	アイショウ	0	1	1	0.003	2	4
59	赤ちゃん	アカチャン	0	1	1	0.003	4	4
60	あだ名	アダナ	0	1	1	0.003	3	3
61	生き物	イキモノ	0	1	1	0.003	3	4
62	一生	イッショウ	0	1	1	0.003	2	4
63	縁	エン	0	1	1	0.003	1	2
64	画数	カクスウ	0	1	1	0.003	2	4
65	記入	キニュウ	0	1	1	0.003	2	3
66	個	コ	0	1	1	0.003	1	1
67	コード	コード	0	1	1	0.003	3	3
68	個人特定	コジントクテイ	0	1	1	0.003	4	7
69	個体識別	コタイシキベツ	0	1	1	0.003	4	7
70	住所	ジュウショ	0	1	1	0.003	2	3
71	重要	ジュウヨウ	0	1	1	0.003	2	4
72	熟考	ジュッコウ	0	1	1	0.003	2	4
73	出席	シュッセキ	0	1	1	0.003	2	4
74	小学校	ショウガッコウ	0	1	1	0.003	3	6
75	証明	ショウメイ	0	1	1	0.003	2	4
76	しるし	シルシ	0	1	1	0.003	3	3
77	姓名	セイメイ	0	1	1	0.003	2	4
78	大切	タイセツ	0	1	1	0.003	2	4
79	名	ナ	0	1	1	0.003	1	1
80	猫	ネコ	0	1	1	0.003	1	2
81	ひとつ	ヒトツ	0	1	1	0.003	3	3
82	ミドル	ミドル	0	1	1	0.003	3	3
83	身分	ミブン	0	1	1	0.003	2	3
84	物	モノ	0	1	1	0.003	1	2
	合計		137	156	293			

81	夫婦	フリガナ	男性	女性	全体	連想強度	文字数	モーラ数
1	結婚	ケッコン	24	29	53	0.169	2	4
2	円満	エンマン	11	12	23	0.073	2	4
3	愛	アイ	10	10	20	0.064	1	2
4	夫	オット	9	11	20	0.064	1	3
5	けんか	ケンカ	10	9	19	0.061	3	3
	喧嘩		*10*	*8*	*18*	*0.058*	*2*	*3*
	けんか		*0*	*1*	*1*	*0.003*	*3*	*3*
6	家族	カゾク	9	10	19	0.061	2	3
7	仲良し	ナカヨシ	6	8	14	0.045	3	4
8	離婚	リコン	8	2	10	0.032	2	3
9	おしどり	オシドリ	2	8	10	0.032	4	4
	おしどり		*1*	*5*	*6*	*0.019*	*4*	*4*
	鴛		*1*	*1*	*2*	*0.006*	*1*	*4*
	鴛鴦		*0*	*2*	*2*	*0.006*	*2*	*4*
10	男女	ダンジョ	4	5	9	0.029	2	3
11	漫才	マンザイ	6	2	8	0.026	2	4
12	男	オトコ	4	4	8	0.026	1	3
13	家庭	カテイ	4	3	7	0.022	2	3
14	二人	フタリ	3	4	7	0.022	2	3
15	茶碗	チャワン	1	6	7	0.022	2	3
16	子供	コドモ	2	3	5	0.016	2	3
17	妻	ツマ	0	5	5	0.016	1	2
18	絆	キズナ	2	1	3	0.010	1	3
19	人	ヒト	1	2	3	0.010	1	2
20	親	オヤ	2	0	2	0.006	1	2
21	旦那	ダンナ	2	0	2	0.006	2	3
22	女	オンナ	1	1	2	0.006	1	3
23	カップル	カップル	1	1	2	0.006	4	4
24	新婚	シンコン	1	1	2	0.006	2	4
25	めおと	メオト	1	1	2	0.006	3	3
26	おしどり夫婦	オシドリフウフ	0	2	2	0.006	6	7
27	ぜんざい	ゼンザイ	0	2	2	0.006	4	4
	善哉		*0*	*1*	*1*	*0.003*	*2*	*4*
	ぜんざい		*0*	*1*	*1*	*0.003*	*4*	*4*
28	両親	リョウシン	0	2	2	0.006	2	4
29	愛情	アイジョウ	1	0	1	0.003	2	4
30	永遠	エイエン	1	0	1	0.003	2	4
31	奥さん	オクサン	1	0	1	0.003	3	4
32	仮面	カメン	1	0	1	0.003	2	3
33	共同生活	キョウドウセイカツ	1	0	1	0.003	4	8
34	契約	ケイヤク	1	0	1	0.003	2	4
35	婚約者	コンヤクシャ	1	0	1	0.003	3	5
36	殺人	サツジン	1	0	1	0.003	2	4
37	生活	セイカツ	1	0	1	0.003	2	4
38	他人	タニン	1	0	1	0.003	2	3
39	父親	チチオヤ	1	0	1	0.003	2	4
40	つがい	ツガイ	1	0	1	0.003	3	3
41	妊娠	ニンシン	1	0	1	0.003	2	4
42	墓場	ハカバ	1	0	1	0.003	2	3
43	母	ハハ	1	0	1	0.003	1	2
44	母親	ハハオヤ	1	0	1	0.003	2	4
45	平等	ビョウドウ	1	0	1	0.003	2	4
46	不倫	フリン	1	0	1	0.003	2	3
47	別居	ベッキョ	1	0	1	0.003	2	3
48	水	ミズ	1	0	1	0.003	1	2
49	湯呑	ユノミ	1	0	1	0.003	2	3
50	老夫婦	ロウフウフ	1	0	1	0.003	3	5
51	一生	イッショウ	0	1	1	0.003	2	4
52	岩	イワ	0	1	1	0.003	1	2
53	延滞	エンタイ	0	1	1	0.003	2	4
54	お父さん	オトウサン	0	1	1	0.003	4	5
55	家事	カジ	0	1	1	0.003	2	2
56	既婚	キコン	0	1	1	0.003	2	3
57	結婚式	ケッコンシキ	0	1	1	0.003	3	6
58	幸福	コウフク	0	1	1	0.003	2	4
59	市役所	シヤクショ	0	1	1	0.003	3	4
60	生涯	ショウガイ	0	1	1	0.003	2	4
61	男性	ダンセイ	0	1	1	0.003	2	4
62	朝食	チョウショク	0	1	1	0.003	2	4
63	仲	ナカ	0	1	1	0.003	1	2
64	仲直り	ナカナオリ	0	1	1	0.003	3	5
65	二人三脚	ニニンサンキャク	0	1	1	0.003	4	7
66	一組	ヒトクミ	0	1	1	0.003	2	4
67	米英	ベイエイ	0	1	1	0.003	2	4
68	マンネリ	マンネリ	0	1	1	0.003	4	4
69	指輪	ユビワ	0	1	1	0.003	2	3
70	嫁	ヨメ	0	1	1	0.003	1	2
71	和合	ワゴウ	0	1	1	0.003	2	3
	合計		146	165	311			

82	福祉	フリガナ	男性	女性	全体	連想強度	文字数	モーラ数
1	介護	カイゴ	28	37	65	0.208	2	3
2	老人	ロウジン	23	18	41	0.131	2	4
3	社会	シャカイ	22	17	39	0.125	2	3
4	施設	シセツ	7	13	20	0.064	2	3
5	としより	トシヨリ	4	6	10	0.032	4	4
	年寄り		*3*	*2*	*5*	*0.016*	*3*	*4*
	お年寄り		*1*	*4*	*5*	*0.016*	*4*	*4*
6	ボランティア	ボランティア	4	4	8	0.026	6	5
7	医療	イリョウ	2	6	8	0.026	2	3
8	看護	カンゴ	3	3	6	0.019	2	3
9	大学	ダイガク	4	1	5	0.016	2	4
10	公共	コウキョウ	2	3	5	0.016	2	4
11	高齢者	コウレイシャ	1	4	5	0.016	3	5
12	バリアフリー	バリアフリー	3	1	4	0.013	6	6
13	病院	ビョウイン	2	2	4	0.013	2	4
14	大切	タイセツ	1	3	4	0.013	2	4
15	貢献	コウケン	3	0	3	0.010	2	4
16	障害者	ショウガイシャ	3	0	3	0.010	3	5
17	援助	エンジョ	2	1	3	0.010	2	3
18	国家	コッカ	1	2	3	0.010	2	3
19	人	ヒト	0	3	3	0.010	1	2
20	厚生	コウセイ	2	0	2	0.006	2	4
21	奉仕	ホウシ	2	0	2	0.006	2	3
22	保険	ホケン	2	0	2	0.006	2	3
23	障害	ショウガイ	1	1	2	0.006	2	4
24	センター	センター	1	1	2	0.006	4	4
25	人助け	ヒトダスケ	1	1	2	0.006	3	5
26	老人ホーム	ロウジンホーム	1	1	2	0.006	5	7
27	環境	カンキョウ	0	2	2	0.006	2	4
28	地域	チイキ	0	2	2	0.006	2	3
29	福祉国家	フクシコッカ	0	2	2	0.006	4	6
30	学科	ガッカ	1	0	1	0.003	2	3
31	活動	カツドウ	1	0	1	0.003	2	4
32	偽善	ギゼン	1	0	1	0.003	2	3
33	ケアマネ	ケアマネ	1	0	1	0.003	4	4
34	現代	ゲンダイ	1	0	1	0.003	2	4
35	サービス	サービス	1	0	1	0.003	4	4
36	重要	ジュウヨウ	1	0	1	0.003	2	4
37	少子	ショウシ	1	0	1	0.003	2	3
38	政策	セイサク	1	0	1	0.003	2	4
39	祖父	ソフ	1	0	1	0.003	2	2
40	対人	タイジン	1	0	1	0.003	2	4
41	助け	タスケ	1	0	1	0.003	2	3
42	必要	ヒツヨウ	1	0	1	0.003	2	4
43	福祉施設	フクシシセツ	1	0	1	0.003	4	6
44	福祉社会	フクシシャカイ	1	0	1	0.003	4	6
45	福祉大学	フクシダイガク	1	0	1	0.003	4	7
46	平和	ヘイワ	1	0	1	0.003	2	3
47	ユニセフ	ユニセフ	1	0	1	0.003	4	4
48	老人福祉	ロウジンフクシ	1	0	1	0.003	4	7
49	お金	オカネ	0	1	1	0.003	2	3
50	おばあちゃん	オバアチャン	0	1	1	0.003	6	5
51	学問	ガクモン	0	1	1	0.003	2	4
52	学校	ガッコウ	0	1	1	0.003	2	4
53	患者	カンジャ	0	1	1	0.003	2	3
54	国	クニ	0	1	1	0.003	1	2
55	車いす	クルマイス	0	1	1	0.003	3	5
56	高齢化	コウレイカ	0	1	1	0.003	3	5
57	困難	コンナン	0	1	1	0.003	2	4
58	作業所	サギョウジョ	0	1	1	0.003	3	4
59	資格	シカク	0	1	1	0.003	2	3
60	事業	ジギョウ	0	1	1	0.003	2	3
61	ジャージ	ジャージ	0	1	1	0.003	4	3
62	弱者	ジャクシャ	0	1	1	0.003	2	3
63	政治	セイジ	0	1	1	0.003	2	3
64	精神保健	セイシンホケン	0	1	1	0.003	4	7
65	制度	セイド	0	1	1	0.003	2	3
66	背丈	セタケ	0	1	1	0.003	2	3
67	専門学校	センモンガッコウ	0	1	1	0.003	4	8
68	祖母	ソボ	0	1	1	0.003	2	2
69	助け合い	タスケアイ	0	1	1	0.003	4	5
70	日本	ニホン	0	1	1	0.003	2	3
71	ヘルパー	ヘルパー	0	1	1	0.003	4	4
72	ホームヘルパー	ホームヘルパー	0	1	1	0.003	7	7
73	緑	ミドリ	0	1	1	0.003	1	3
74	問題	モンダイ	0	1	1	0.003	2	4
75	優しさ	ヤサシサ	0	1	1	0.003	3	4
76	臨床	リンショウ	0	1	1	0.003	2	4
77	老後	ロウゴ	0	1	1	0.003	2	3
	合計		144	163	307			

83	腐敗	フリガナ	男性	女性	全体	連想強度	文字数	モーラ数
1	食べ物	タベモノ	5	10	15	0.048	3	4
2	肉	ニク	8	5	13	0.042	1	2
3	豆腐	トウフ	4	9	13	0.042	2	3
4	政治	セイジ	6	6	12	0.038	2	3
5	死体	シタイ	4	8	12	0.038	2	3
6	ゾンビ	ゾンビ	9	2	11	0.035	3	3
7	負け	マケ	6	4	10	0.032	2	2
8	におい	ニオイ	3	7	10	0.032	3	3
	臭い		3	5	8	0.026	2	3
	におい		0	2	2	0.006	3	3
9	ごみ	ゴミ	4	5	9	0.029	2	2
	ゴミ		4	3	7	0.022	2	2
	ごみ		0	2	2	0.006	2	2
10	納豆	ナットウ	3	6	9	0.029	2	4
11	腐臭	フシュウ	4	3	7	0.022	2	3
12	なまもの	ナマモノ	1	4	5	0.016	4	4
	生モノ		1	1	2	0.006	3	4
	生もの		0	2	2	0.006	3	4
	生物		0	1	1	0.003	2	4
13	神話	シンワ	4	0	4	0.013	2	3
14	異臭	イシュウ	3	1	4	0.013	2	3
15	腐敗臭	フハイシュウ	3	1	4	0.013	3	5
16	食物	ショクモツ	2	2	4	0.013	2	4
17	夏	ナツ	2	2	4	0.013	1	2
18	政治家	セイジカ	3	0	3	0.010	3	4
19	敗北	ハイボク	3	0	3	0.010	2	4
20	菌	キン	2	1	3	0.010	1	2
21	社会	シャカイ	2	1	3	0.010	2	3
22	チーズ	チーズ	2	1	3	0.010	3	3
23	試合	シアイ	1	2	3	0.010	2	3
24	卵	タマゴ	1	2	3	0.010	1	3
25	りんご	リンゴ	1	4	5	0.016	3	3
	林檎		1	2	3	0.010	2	3
	りんご		0	1	1	0.003	3	3
	リンゴ		0	1	1	0.003	3	3
26	勝敗	ショウハイ	0	3	3	0.010	2	4
27	汚職	オショク	2	0	2	0.006	2	3
28	消費期限	ショウヒキゲン	2	0	2	0.006	4	6
29	日本	ニホン	2	0	2	0.006	2	3
30	腐肉	フニク	2	0	2	0.006	2	3
31	腐乱	フラン	2	0	2	0.006	2	3
32	女	オンナ	1	1	2	0.006	1	3
33	魚	サカナ	1	1	2	0.006	1	3
34	湿気	シッケ	1	1	2	0.006	2	3
35	賞味期限	ショウミキゲン	1	1	2	0.006	4	6
36	食品	ショクヒン	1	1	2	0.006	2	4
37	堕落	ダラク	1	1	2	0.006	2	3
38	なまごみ	ナマゴミ	1	1	2	0.006	4	4
	生ゴミ		1	0	1	0.003	3	4
	生ごみ		0	1	1	0.003	3	4
39	はっこう	ハッコウ	1	1	2	0.006	4	4
	醗酵		1	0	1	0.003	2	4
	発酵		0	1	1	0.003	2	4
40	汚染	オセン	0	2	2	0.006	2	3
41	屈辱	クツジョク	0	2	2	0.006	2	4
42	失敗	シッパイ	0	2	2	0.006	2	4
43	まち	マチ	0	2	2	0.006	2	2
	町		0	1	1	0.003	1	2
	街		0	1	1	0.003	1	2
44	悪臭	アクシュウ	1	0	1	0.003	2	4
45	官僚	カンリョウ	1	0	1	0.003	2	4
46	期限	キゲン	1	0	1	0.003	2	3
47	驚異	キョウイ	1	0	1	0.003	2	3
48	くさや	クサヤ	1	0	1	0.003	3	3
49	嫌悪	ケンオ	1	0	1	0.003	2	3
50	権力	ケンリョク	1	0	1	0.003	2	4
51	残念	ザンネン	1	0	1	0.003	2	4
52	自然	シゼン	1	0	1	0.003	2	3
53	死亡	シボウ	1	0	1	0.003	2	3
54	侵食	シンショク	1	0	1	0.003	2	4
55	人生	ジンセイ	1	0	1	0.003	2	4
56	新鮮	シンセン	1	0	1	0.003	2	4
57	政府	セイフ	1	0	1	0.003	2	3
58	怠惰	タイダ	1	0	1	0.003	2	3
59	戦い	タタカイ	1	0	1	0.003	2	4
60	土	ツチ	1	0	1	0.003	1	2
61	努力	ドリョク	1	0	1	0.003	2	3
62	涙	ナミダ	1	0	1	0.003	1	3
63	人間	ニンゲン	1	0	1	0.003	2	4
64	敗退	ハイタイ	1	0	1	0.003	2	4
65	不敗神話	フハイシンワ	1	0	1	0.003	4	6
66	文化	ブンカ	1	0	1	0.003	2	3
67	無敗	ムハイ	1	0	1	0.003	2	3
68	遺体	イタイ	0	1	1	0.003	2	3
69	嫌	イヤ	0	1	1	0.003	1	2
70	落ち葉	オチバ	0	1	1	0.003	3	3
71	買い物	カイモノ	0	1	1	0.003	3	4
72	カビ	カビ	0	1	1	0.003	2	2
73	腐り	クサリ	0	1	1	0.003	2	3
74	根性	コンジョウ	0	1	1	0.003	2	4
75	サッカー	サッカー	0	1	1	0.003	4	4
76	錆	サビ	0	1	1	0.003	1	2
77	惨敗	ザンパイ	0	1	1	0.003	2	4
78	死	シ	0	1	1	0.003	1	1
79	死臭	シシュウ	0	1	1	0.003	2	3
80	肢体	シタイ	0	1	1	0.003	2	3
81	勝負	ショウブ	0	1	1	0.003	2	3
82	勝利	ショウリ	0	1	1	0.003	2	3
83	女子	ジョシ	0	1	1	0.003	2	2
84	スラム街	スラムガイ	0	1	1	0.003	4	5
85	世界	セカイ	0	1	1	0.003	2	3
86	戦争	センソウ	0	1	1	0.003	2	4
87	投棄	トウキ	0	1	1	0.003	2	3
88	毒	ドク	0	1	1	0.003	1	2
89	廃棄	ハイキ	0	1	1	0.003	2	3
90	廃墟	ハイキョ	0	1	1	0.003	2	3
91	ハエ	ハエ	0	1	1	0.003	2	2
92	人	ヒト	0	1	1	0.003	1	2
93	腐食	フショク	0	1	1	0.003	2	3
94	ボクシング	ボクシング	0	1	1	0.003	5	5
95	物	モノ	0	1	1	0.003	1	2
96	野菜	ヤサイ	0	1	1	0.003	2	3
97	勇気	ユウキ	0	1	1	0.003	2	3
98	世の中	ヨノナカ	0	1	1	0.003	3	4
99	冷蔵庫	レイゾウコ	0	1	1	0.003	3	5
100	劣等感	レットウカン	0	1	1	0.003	3	6
101	連敗	レンパイ	0	1	1	0.003	2	4
	合計		128	139	267			

84	文化	フリガナ	男性	女性	全体	連想強度	文字数	モーラ数
1	国	クニ	13	16	29	0.093	1	2
2	日本	ニホン	12	16	28	0.089	2	3
3	歴史	レキシ	12	10	22	0.070	2	3
4	伝統	デントウ	8	13	21	0.067	2	4
5	文明	ブンメイ	5	7	12	0.038	2	4
6	社会	シャカイ	6	5	11	0.035	2	3
7	世界	セカイ	2	6	8	0.026	2	3
8	時代	ジダイ	6	1	7	0.022	2	3
9	遺産	イサン	3	3	6	0.019	2	3
10	国際	コクサイ	2	3	5	0.016	2	4
11	文化祭	ブンカサイ	1	4	5	0.016	3	5
12	外国	ガイコク	4	0	4	0.013	2	4
13	人間	ニンゲン	3	1	4	0.013	2	4
14	異文化	イブンカ	2	2	4	0.013	3	4
15	心理学	シンリガク	2	2	4	0.013	3	5
16	民族	ミンゾク	2	2	4	0.013	2	4
17	人類	ジンルイ	1	3	4	0.013	2	4
18	中国	チュウゴク	1	3	4	0.013	2	4
19	飛鳥	アスカ	3	0	3	0.010	2	3
20	音楽	オンガク	2	1	3	0.010	2	4
21	ことば	コトバ	2	1	3	0.010	3	3
	言葉		*2*	*0*	*2*	*0.006*	*2*	*3*
	ことば		*0*	*1*	*1*	*0.003*	*3*	*3*
22	交流	コウリュウ	1	2	3	0.010	2	4
23	相違	ソウイ	1	2	3	0.010	2	3
24	多様	タヨウ	1	2	3	0.010	2	3
25	地域	チイキ	1	2	3	0.010	2	3
26	人	ヒト	1	2	3	0.010	1	2
27	昔	ムカシ	0	3	3	0.010	1	3
28	異国	イコク	2	0	2	0.006	2	3
29	映画	エイガ	2	0	2	0.006	2	3
30	カルチャー	カルチャー	2	0	2	0.006	5	4
31	国語	コクゴ	2	0	2	0.006	2	3
32	海外	カイガイ	1	1	2	0.006	2	4
33	習慣	シュウカン	1	1	2	0.006	2	4
34	食	ショク	1	1	2	0.006	1	2
35	個別	コベツ	0	2	2	0.006	2	3
36	コミュニケーション	コミュニケーション	0	2	2	0.006	9	7
37	まつり	マツリ	0	2	2	0.006	3	3
	祭		*0*	*1*	*1*	*0.003*	*1*	*3*
	祭り		*0*	*1*	*1*	*0.003*	*2*	*3*
38	アキバ	アキバ	1	0	1	0.003	3	3
39	秋葉原	アキハバラ	1	0	1	0.003	3	5
40	飛鳥文化	アスカブンカ	1	0	1	0.003	4	6
41	安土桃山	アヅチモモヤマ	1	0	1	0.003	4	7
42	エスノセントリズム	エスノセントリズム	1	0	1	0.003	9	9
43	オタク	オタク	1	0	1	0.003	3	3
44	刀	カタナ	1	0	1	0.003	1	3
45	漢字	カンジ	1	0	1	0.003	2	3
46	教育	キョウイク	1	0	1	0.003	2	4
47	京都	キョウト	1	0	1	0.003	2	3
48	興味	キョウミ	1	0	1	0.003	2	3
49	繰り返し	クリカエシ	1	0	1	0.003	4	5
50	権利	ケンリ	1	0	1	0.003	2	3
51	個人	コジン	1	0	1	0.003	2	3
52	個性	コセイ	1	0	1	0.003	2	3
53	国家遺産	コッカイサン	1	0	1	0.003	4	6
54	固有	コユウ	1	0	1	0.003	2	3
55	様々	サマザマ	1	0	1	0.003	2	4
56	サムライ	サムライ	1	0	1	0.003	4	4
57	自然	シゼン	1	0	1	0.003	2	3
58	ショック	ショック	1	0	1	0.003	4	3
59	進化	シンカ	1	0	1	0.003	2	3
60	真髄	シンズイ	1	0	1	0.003	2	4
61	大学	ダイガク	1	0	1	0.003	2	4
62	大衆	タイシュウ	1	0	1	0.003	2	4
63	蓄積	チクセキ	1	0	1	0.003	2	4
64	伝承	デンショウ	1	0	1	0.003	2	4
65	特有	トクユウ	1	0	1	0.003	2	4
66	発明	ハツメイ	1	0	1	0.003	2	4
67	比較	ヒカク	1	0	1	0.003	2	3
68	文学	ブンガク	1	0	1	0.003	2	4
69	保存	ホゾン	1	0	1	0.003	2	3
70	メソポタミア	メソポタミア	1	0	1	0.003	6	6
71	アイヌ	アイヌ	0	1	1	0.003	3	3
72	アジア	アジア	0	1	1	0.003	3	3
73	アメリカ	アメリカ	0	1	1	0.003	4	4
74	異国民	イコクミン	0	1	1	0.003	3	5
75	偉人	イジン	0	1	1	0.003	2	3
76	折鶴	オリヅル	0	1	1	0.003	2	4
77	快挙	カイキョ	0	1	1	0.003	2	3
78	環境	カンキョウ	0	1	1	0.003	2	4
79	着物	キモノ	0	1	1	0.003	2	3
80	公民館	コウミンカン	0	1	1	0.003	3	6
81	国民	コクミン	0	1	1	0.003	2	4
82	財産	ザイサン	0	1	1	0.003	2	4
83	猿	サル	0	1	1	0.003	1	2
84	社会学	シャカイガク	0	1	1	0.003	3	5
85	宗教	シュウキョウ	0	1	1	0.003	2	4
86	授業	ジュギョウ	0	1	1	0.003	2	3
87	消失	ショウシツ	0	1	1	0.003	2	4
88	生活	セイカツ	0	1	1	0.003	2	4
89	生産	セイサン	0	1	1	0.003	2	4
90	成長	セイチョウ	0	1	1	0.003	2	4
91	尊重	ソンチョウ	0	1	1	0.003	2	4
92	大切	タイセツ	0	1	1	0.003	2	4
93	他国	タコク	0	1	1	0.003	2	3
94	多様性	タヨウセイ	0	1	1	0.003	3	5
95	地域別	チイキベツ	0	1	1	0.003	3	5
96	お茶	オチャ	0	1	1	0.003	2	2
97	茶色	チャイロ	0	1	1	0.003	2	3
98	デモクラシー	デモクラシー	0	1	1	0.003	6	6
99	独立	ドクリツ	0	1	1	0.003	2	4
100	図書館	トショカン	0	1	1	0.003	3	4
101	奈良	ナラ	0	1	1	0.003	2	2
102	能	ノウ	0	1	1	0.003	1	2
103	華	ハナ	0	1	1	0.003	1	2
104	服	フク	0	1	1	0.003	1	2
105	文化学	ブンカガク	0	1	1	0.003	3	5
106	文化論	ブンカロン	0	1	1	0.003	3	5
107	平安時代	ヘイアンジダイ	0	1	1	0.003	4	7
108	平安文化	ヘイアンブンカ	0	1	1	0.003	4	7
109	本	ホン	0	1	1	0.003	1	2
110	流行	リュウコウ	0	1	1	0.003	2	4
	合計		141	161	302			

85	弁護	フリガナ	男性	女性	全体	連想強度	文字数	モーラ数
1	弁護士	ベンゴシ	46	63	109	0.348	3	4
2	裁判	サイバン	38	29	67	0.214	2	4
3	被告	ヒコク	6	3	9	0.029	2	3
4	検事	ケンジ	4	5	9	0.029	2	3
5	法律	ホウリツ	2	7	9	0.029	2	4
6	法廷	ホウテイ	5	3	8	0.026	2	4
7	人	ヒト	3	4	7	0.022	1	2
8	事件	ジケン	3	1	4	0.013	2	3
9	弁護人	ベンゴニン	1	3	4	0.013	3	5
10	裁判所	サイバンショ	0	4	4	0.013	3	5
11	犯人	ハンニン	1	2	3	0.010	2	4
12	味方	ミカタ	1	2	3	0.010	2	3
13	被告人	ヒコクニン	0	3	3	0.010	3	5
14	検察	ケンサツ	2	0	2	0.006	2	4
15	犯罪	ハンザイ	2	0	2	0.006	2	4
16	法定	ホウテイ	2	0	2	0.006	2	4
17	金銭	キンセン	1	1	2	0.006	2	4
18	資格	シカク	1	1	2	0.006	2	3
19	擁護	ヨウゴ	1	1	2	0.006	2	3
20	助け	タスケ	0	2	2	0.006	2	3
21	老人	ロウジン	0	2	2	0.006	2	4
22	アメリカ	アメリカ	1	0	1	0.003	4	4
23	嘘	ウソ	1	0	1	0.003	1	2
24	援助	エンジョ	1	0	1	0.003	2	3
25	加害者	カガイシャ	1	0	1	0.003	3	4
26	金	カネ	1	0	1	0.003	1	2
27	看護	カンゴ	1	0	1	0.003	2	3
28	検察官	ケンサツカン	1	0	1	0.003	3	6
29	言葉	コトバ	1	0	1	0.003	2	3
30	死刑	シケイ	1	0	1	0.003	2	3
31	仕事	シゴト	1	0	1	0.003	2	3
32	囚人	シュウジン	1	0	1	0.003	2	4
33	職業	ショクギョウ	1	0	1	0.003	2	4
34	助っ人	スケット	1	0	1	0.003	3	4
35	戦い	タタカイ	1	0	1	0.003	2	4
36	罪	ツミ	1	0	1	0.003	1	2
37	弁解	ベンカイ	1	0	1	0.003	2	4
38	弁慶	ベンケイ	1	0	1	0.003	2	4
39	傍聴人	ボウチョウニン	1	0	1	0.003	3	6
40	見方	ミカタ	1	0	1	0.003	2	3
41	問題	モンダイ	1	0	1	0.003	2	4
42	汚職	オショク	0	1	1	0.003	2	3
43	会話	カイワ	0	1	1	0.003	2	3
44	救援	キュウエン	0	1	1	0.003	2	4
45	罪人	ザイニン	0	1	1	0.003	2	4
46	司法	シホウ	0	1	1	0.003	2	3
47	事務所	ジムショ	0	1	1	0.003	3	3
48	守護	シュゴ	0	1	1	0.003	2	2
49	白	シロ	0	1	1	0.003	1	2
50	説明	セツメイ	0	1	1	0.003	2	4
51	代理人	ダイリニン	0	1	1	0.003	3	5
52	犯罪者	ハンザイシャ	0	1	1	0.003	3	5
53	ヒーロー	ヒーロー	0	1	1	0.003	4	4
54	被害者	ヒガイシャ	0	1	1	0.003	3	4
55	フォロー	フォロー	0	1	1	0.003	4	3
56	福祉	フクシ	0	1	1	0.003	2	3
57	ヘルパー	ヘルパー	0	1	1	0.003	4	4
58	保護	ホゴ	0	1	1	0.003	2	2
59	補助	ホジョ	0	1	1	0.003	2	2
60	本	ホン	0	1	1	0.003	1	2
61	役割	ヤクワリ	0	1	1	0.003	2	4
62	有罪	ユウザイ	0	1	1	0.003	2	4
	合計		139	157	296			

86	帽子	フリガナ	男性	女性	全体	連想強度	文字数	モーラ数
1	頭	アタマ	31	12	43	0.137	1	3
2	むぎわら	ムギワラ	9	21	30	0.096	4	4
	麦わら		*8*	*17*	*25*	*0.080*	*3*	*4*
	むぎわら		*1*	*2*	*3*	*0.010*	*4*	*4*
	麦藁		*0*	*2*	*2*	*0.006*	*2*	*4*
3	夏	ナツ	8	18	26	0.083	1	2
4	むぎわらぼうし	ムギワラボウシ	6	12	18	0.058	7	7
	麦藁帽子		*3*	*6*	*9*	*0.029*	*4*	*7*
	麦わら帽子		*3*	*4*	*7*	*0.022*	*5*	*7*
	むぎわら帽子		*0*	*2*	*2*	*0.006*	*6*	*7*
5	キャップ	キャップ	10	3	13	0.042	4	3
6	太陽	タイヨウ	5	8	13	0.042	2	4
7	はっと	ハット	6	6	12	0.038	3	3
	ハット		*5*	*6*	*11*	*0.035*	*3*	*3*
	はっと		*1*	*0*	*1*	*0.003*	*3*	*3*
8	野球	ヤキュウ	9	2	11	0.035	2	3
9	ニット	ニット	5	3	8	0.026	3	3
10	おしゃれ	オシャレ	4	4	8	0.026	4	3
	おしゃれ		*2*	*4*	*6*	*0.019*	*4*	*3*
	お洒落		*2*	*0*	*2*	*0.006*	*3*	*3*
11	日よけ	ヒヨケ	2	5	7	0.022	3	3
12	日差し	ヒザシ	1	6	7	0.022	3	3
13	紫外線	シガイセン	1	4	5	0.016	3	5
14	つば	ツバ	1	4	5	0.016	2	2
	つば		*0*	*3*	*3*	*0.010*	*2*	*2*
	鍔		*1*	*0*	*1*	*0.003*	*1*	*2*
	ツバ		*0*	*1*	*1*	*0.003*	*2*	*2*
15	赤	アカ	2	2	4	0.013	1	2
16	ファッション	ファッション	2	2	4	0.013	6	4
17	日光	ニッコウ	2	1	3	0.010	2	4
18	服	フク	2	1	3	0.010	1	2
19	シルクハット	シルクハット	1	2	3	0.010	6	6
20	暑さ	アツサ	0	3	3	0.010	2	3
21	かぶりもの	カブリモノ	0	3	3	0.010	5	5
	かぶり物		*0*	*2*	*2*	*0.006*	*4*	*5*
	被り物		*0*	*1*	*1*	*0.003*	*3*	*5*
22	麦	ムギ	0	3	3	0.010	1	2
23	髪	カミ	2	0	2	0.006	1	2
24	人	ヒト	2	0	2	0.006	1	2
25	風	カゼ	1	1	2	0.006	1	2
26	対策	タイサク	0	2	2	0.006	2	4
27	衣服	イフク	1	0	1	0.003	2	3
28	衣類	イルイ	1	0	1	0.003	2	3
29	男	オトコ	1	0	1	0.003	1	3
30	カウボーイハット	カウボーイハット	1	0	1	0.003	8	8
31	飾り	カザリ	1	0	1	0.003	2	3
32	鬘	カツラ	1	0	1	0.003	1	3
33	小麦色	コムギイロ	1	0	1	0.003	3	5
34	ゴルフ	ゴルフ	1	0	1	0.003	3	3
35	散歩	サンポ	1	0	1	0.003	2	3
36	シャンプーハット	シャンプーハット	1	0	1	0.003	8	7
37	小学校	ショウガッコウ	1	0	1	0.003	3	6
38	選手	センシュ	1	0	1	0.003	2	3
39	装飾	ソウショク	1	0	1	0.003	2	4
40	装飾品	ソウショクヒン	1	0	1	0.003	3	6
41	装備	ソウビ	1	0	1	0.003	2	3
42	外	ソト	1	0	1	0.003	1	2
43	着帽	チャクボウ	1	0	1	0.003	2	4
44	テンガロン	テンガロン	1	0	1	0.003	5	5
45	日射病	ニッシャビョウ	1	0	1	0.003	3	5
46	ニット帽	ニットボウ	1	0	1	0.003	4	5
47	ハゲ	ハゲ	1	0	1	0.003	2	2
48	犯罪者	ハンザイシャ	1	0	1	0.003	3	5
49	犯人	ハンニン	1	0	1	0.003	2	4
50	服装	フクソウ	1	0	1	0.003	2	4
51	防止	ボウシ	1	0	1	0.003	2	3
52	保護	ホゴ	1	0	1	0.003	2	2
53	山高帽	ヤマタカボウ	1	0	1	0.003	3	6
54	赤とんぼ	アカトンボ	0	1	1	0.003	4	5
55	汗	アセ	0	1	1	0.003	1	2
56	田舎	イナカ	0	1	1	0.003	2	3
57	うさぎ	ウサギ	0	1	1	0.003	3	3
58	おばあちゃん	オバアチャン	0	1	1	0.003	6	5
59	毛糸	ケイト	0	1	1	0.003	2	3
60	コック	コック	0	1	1	0.003	3	3
61	子供	コドモ	0	1	1	0.003	2	3
62	女性	ジョセイ	0	1	1	0.003	2	3
63	女優帽子	ジョユウボウシ	0	1	1	0.003	4	6
64	シルク	シルク	0	1	1	0.003	3	3
65	セット	セット	0	1	1	0.003	3	3
66	空	ソラ	0	1	1	0.003	1	2
67	谷底	タニソコ	0	1	1	0.003	2	4
68	男子	ダンシ	0	1	1	0.003	2	3
69	鳥打帽	トリウチボウ	0	1	1	0.003	3	6
70	夏休み	ナツヤスミ	0	1	1	0.003	3	5
71	畑	ハタケ	0	1	1	0.003	1	3
72	日向	ヒナタ	0	1	1	0.003	2	3
73	日焼け	ヒヤケ	0	1	1	0.003	3	3
74	日焼け防止	ヒヤケボウシ	0	1	1	0.003	5	6
75	店	ミセ	0	1	1	0.003	1	2
76	洋服	ヨウフク	0	1	1	0.003	2	4
77	リボン	リボン	0	1	1	0.003	3	3
	合計		139	152	291			

87	保存	フリガナ	男性	女性	全体	連想強度	文字数	モーラ数
1	冷蔵庫	レイゾウコ	21	24	45	0.144	3	5
2	冷凍	レイトウ	17	21	38	0.121	2	4
3	データ	データ	18	14	32	0.102	3	3
4	パソコン	パソコン	12	7	19	0.061	4	4
5	しょくりょう	ショクリョウ	5	2	7	0.022	6	4
	食糧		*4*	*1*	*5*	*0.016*	*2*	*4*
	食料		*1*	*1*	*2*	*0.006*	*2*	*4*
6	記録	キロク	3	4	7	0.022	2	3
7	冷凍庫	レイトウコ	2	5	7	0.022	3	5
8	質量	シツリョウ	3	3	6	0.019	2	4
9	パック	パック	2	4	6	0.019	3	3
10	保管	ホカン	2	4	6	0.019	2	3
11	食べ物	タベモノ	3	2	5	0.016	3	4
12	記憶	キオク	2	3	5	0.016	2	3
13	食品	ショクヒン	0	5	5	0.016	2	4
14	コピー	コピー	2	2	4	0.013	3	3
15	冷蔵	レイゾウ	2	2	4	0.013	2	4
16	画像	ガゾウ	1	3	4	0.013	2	3
17	大切	タイセツ	1	3	4	0.013	2	4
18	はーどでぃすく	ハードディスク	1	3	4	0.013	7	6
	ハードディスク		*1*	*2*	*3*	*0.010*	*7*	*6*
	HDD		*0*	*1*	*1*	*0.003*	*3*	*6*
19	冷凍食品	レイトウショクヒン	1	3	4	0.013	4	8
20	めもり	メモリ	2	1	3	0.010	3	3
	メモリー		*2*	*0*	*2*	*0.006*	*4*	*4*
	メモリ		*0*	*1*	*1*	*0.003*	*3*	*3*
21	管理	カンリ	1	2	3	0.010	2	3
22	期間	キカン	1	2	3	0.010	2	3
23	携帯	ケイタイ	1	2	3	0.010	2	4
24	こんぴゅーた	コンピュータ	1	2	3	0.010	6	5
	コンピューター		*1*	*1*	*2*	*0.006*	*7*	*6*
	コンピュータ		*0*	*1*	*1*	*0.003*	*6*	*5*
25	ジップロック	ジップロック	1	2	3	0.010	6	6
26	食物	ショクモツ	1	2	3	0.010	2	4
27	タッパー	タッパー	1	2	3	0.010	4	4
28	上書き保存	ウワガキホゾン	2	0	2	0.006	5	7
29	概念	ガイネン	2	0	2	0.006	2	4
30	ゲーム	ゲーム	2	0	2	0.006	3	3
31	長持ち	ナガモチ	2	0	2	0.006	3	4
32	上書き	ウワガキ	1	1	2	0.006	3	4
33	かんぱん	カンパン	1	1	2	0.006	4	4
	カンパン		*1*	*0*	*1*	*0.003*	*4*	*4*
	かんぱん		*0*	*1*	*1*	*0.003*	*4*	*4*
34	食	ショク	1	1	2	0.006	1	2
35	賞味期限	ショウミキゲン	0	2	2	0.006	4	6
36	ファイル	ファイル	0	2	2	0.006	4	3
37	容器	ヨウキ	0	2	2	0.006	2	3
38	永久	エイキュウ	1	0	1	0.003	2	4
39	永久保存	エイキュウホゾン	1	0	1	0.003	4	7
40	液体	エキタイ	1	0	1	0.003	2	4
41	外部	ガイブ	1	0	1	0.003	2	3
42	記憶媒体	キオクバイタイ	1	0	1	0.003	4	7
43	薬	クスリ	1	0	1	0.003	1	3
44	氷	コオリ	1	0	1	0.003	1	3
45	種	シュ	1	0	1	0.003	1	1
46	消去	ショウキョ	1	0	1	0.003	2	3
47	食材	ショクザイ	1	0	1	0.003	2	4
48	所有	ショユウ	1	0	1	0.003	2	3
49	整理	セイリ	1	0	1	0.003	2	3
50	長期	チョウキ	1	0	1	0.003	2	3
51	貯蓄	チョチク	1	0	1	0.003	2	3
52	動画	ドウガ	1	0	1	0.003	2	3
53	文化	ブンカ	1	0	1	0.003	2	3
54	忘却	ボウキャク	1	0	1	0.003	2	4
55	保護	ホゴ	1	0	1	0.003	2	2
56	保存食	ホゾンショク	1	0	1	0.003	3	5
57	右クリック	ミギクリック	1	0	1	0.003	5	6
58	USB	ユーエスビー	1	0	1	0.003	3	6
59	容量	ヨウリョウ	1	0	1	0.003	2	4
60	冷凍保存	レイトウホゾン	1	0	1	0.003	4	7
61	レポート	レポート	1	0	1	0.003	4	4
62	録画	ロクガ	1	0	1	0.003	2	3
63	絵	エ	0	1	1	0.003	1	1
64	永遠	エイエン	0	1	1	0.003	2	4
65	エスディー	エスディー	0	1	1	0.003	5	4
66	解凍	カイトウ	0	1	1	0.003	2	4
67	環境	カンキョウ	0	1	1	0.003	2	4
68	貴重	キチョウ	0	1	1	0.003	2	3
69	原料	ゲンリョウ	0	1	1	0.003	2	4
70	サランラップ	サランラップ	0	1	1	0.003	6	6
71	ジャム	ジャム	0	1	1	0.003	3	2
72	真空パック	シンクウパック	0	1	1	0.003	5	7
73	大量	タイリョウ	0	1	1	0.003	2	4
74	貯蔵	チョゾウ	0	1	1	0.003	2	3
75	データフォルダ	データフォルダ	0	1	1	0.003	7	6
76	バックアップ	バックアップ	0	1	1	0.003	6	6
77	ビデオ	ビデオ	0	1	1	0.003	3	3
78	ファール	ファール	0	1	1	0.003	4	3
79	紛失	フンシツ	0	1	1	0.003	2	4
80	保持	ホジ	0	1	1	0.003	2	2
81	みそ	ミソ	0	1	1	0.003	2	2
82	密封	ミップウ	0	1	1	0.003	2	4
83	密閉	ミッペイ	0	1	1	0.003	2	4
84	予約	ヨヤク	0	1	1	0.003	2	3
	合計		143	160	303			

88	未来	フリガナ	男性	女性	全体	連想強度	文字数	モーラ数
1	過去	カコ	28	28	56	0.179	2	2
2	将来	ショウライ	11	24	35	0.112	2	4
3	希望	キボウ	14	14	28	0.089	2	3
4	予想	ヨソウ	11	3	14	0.045	2	3
5	どらえもん	ドラエモン	5	6	11	0.035	5	5
	ドラえもん		*4*	*6*	*10*	*0.032*	*5*	*5*
	ドラエモン		*1*	*0*	*1*	*0.003*	*5*	*5*
6	夢	ユメ	3	7	10	0.032	1	2
7	明日	アシタ	5	2	7	0.022	2	3
8	たいむましん	タイムマシン	4	3	7	0.022	6	6
	タイムマシーン		*2*	*2*	*4*	*0.013*	*7*	*7*
	タイムマシン		*2*	*1*	*3*	*0.010*	*6*	*6*
9	先	サキ	2	5	7	0.022	1	2
10	不安	フアン	3	2	5	0.016	2	3
11	未知	ミチ	1	4	5	0.016	2	2
12	宇宙	ウチュウ	0	5	5	0.016	2	3
13	永劫	エイゴウ	3	1	4	0.013	2	4
14	機械	キカイ	3	1	4	0.013	2	3
15	不明	フメイ	3	1	4	0.013	2	3
16	光	ヒカリ	2	2	4	0.013	1	3
17	現在	ゲンザイ	1	3	4	0.013	2	4
18	闇	ヤミ	3	0	3	0.010	1	2
19	自分	ジブン	2	1	3	0.010	2	3
20	時間	ジカン	1	2	3	0.010	2	3
21	地球	チキュウ	1	2	3	0.010	2	3
22	人	ヒト	1	2	3	0.010	1	2
23	予想図	ヨソウズ	0	3	3	0.010	3	4
24	黒	クロ	2	0	2	0.006	1	2
25	人生	ジンセイ	2	0	2	0.006	2	4
26	SF	エスエフ	1	1	2	0.006	2	4
27	こども	コドモ	1	1	2	0.006	3	3
	子供		*1*	*0*	*1*	*0.003*	*2*	*3*
	こども		*0*	*1*	*1*	*0.003*	*3*	*3*
28	社会	シャカイ	1	1	2	0.006	2	3
29	無限	ムゲン	1	1	2	0.006	2	3
30	ロボット	ロボット	1	1	2	0.006	4	4
31	明暗	メイアン	0	2	2	0.006	2	4
32	ロケット	ロケット	0	2	2	0.006	4	4
33	アトム	アトム	1	0	1	0.003	3	3
34	暗黒	アンコク	1	0	1	0.003	2	4
35	エネルギー	エネルギー	1	0	1	0.003	5	5
36	大人	オトナ	1	0	1	0.003	2	3
37	会社	カイシャ	1	0	1	0.003	2	3
38	科学技術	カガクギジュツ	1	0	1	0.003	4	6
39	要	カナメ	1	0	1	0.003	1	3
40	近未来	キンミライ	1	0	1	0.003	3	5
41	暗闇	クラヤミ	1	0	1	0.003	2	4
42	車	クルマ	1	0	1	0.003	1	3
43	猿	サル	1	0	1	0.003	1	2
44	地震	ジシン	1	0	1	0.003	2	3
45	衰退	スイタイ	1	0	1	0.003	2	4
46	絶望	ゼツボウ	1	0	1	0.003	2	4
47	電気自動車	デンキジドウシャ	1	0	1	0.003	5	7
48	道路	ドウロ	1	0	1	0.003	2	3
49	時	トキ	1	0	1	0.003	1	2
50	謎	ナゾ	1	0	1	0.003	1	2
51	名前	ナマエ	1	0	1	0.003	2	3
52	バーチャル	バーチャル	1	0	1	0.003	5	4
53	不確定	フカクテイ	1	0	1	0.003	3	5
54	不透明	フトウメイ	1	0	1	0.003	3	5
55	崩壊	ホウカイ	1	0	1	0.003	2	4
56	真っ暗	マックラ	1	0	1	0.003	3	4
57	道	ミチ	1	0	1	0.003	1	2
58	滅亡	メツボウ	1	0	1	0.003	2	4
59	憂鬱	ユウウツ	1	0	1	0.003	2	4
60	予測不可能	ヨソクフカノウ	1	0	1	0.003	5	7
61	予知	ヨチ	1	0	1	0.003	2	2
62	予定	ヨテイ	1	0	1	0.003	2	3
63	今	イマ	0	1	1	0.003	1	2
64	宇宙人	ウチュウジン	0	1	1	0.003	3	5
65	永遠	エイエン	0	1	1	0.003	2	4
66	栄光	エイコウ	0	1	1	0.003	2	4
67	親	オヤ	0	1	1	0.003	1	2
68	温暖化	オンダンカ	0	1	1	0.003	3	5
69	輝き	カガヤキ	0	1	1	0.003	2	4
70	家庭	カテイ	0	1	1	0.003	2	3
71	神	カミ	0	1	1	0.003	1	2
72	黄緑	キミドリ	0	1	1	0.003	2	4
73	結婚	ケッコン	0	1	1	0.003	2	4
74	現代	ゲンダイ	0	1	1	0.003	2	4
75	サイバー	サイバー	0	1	1	0.003	4	4
76	世紀	セイキ	0	1	1	0.003	2	3
77	想像	ソウゾウ	0	1	1	0.003	2	4
78	ソーラーカー	ソーラーカー	0	1	1	0.003	6	6
79	大学	ダイガク	0	1	1	0.003	2	4
80	楽しみ	タノシミ	0	1	1	0.003	3	4
81	電子化	デンシカ	0	1	1	0.003	3	4
82	虹	ニジ	0	1	1	0.003	1	2
83	日記	ニッキ	0	1	1	0.003	2	3
84	不可能	フカノウ	0	1	1	0.003	3	4
85	予想不可能	ヨソウフカノウ	0	1	1	0.003	5	7
86	予測	ヨソク	0	1	1	0.003	2	3
87	楽	ラク	0	1	1	0.003	1	2
88	リニア	リニア	0	1	1	0.003	3	3
	合計		146	156	302			

89	名刺	フリガナ	男性	女性	全体	連想強度	文字数	モーラ数
1	名前	ナマエ	30	38	68	0.217	2	3
2	会社	カイシャ	20	22	42	0.134	2	3
3	交換	コウカン	16	19	35	0.112	2	4
4	紙	カミ	17	16	33	0.105	1	2
5	サラリーマン	サラリーマン	7	5	12	0.038	6	6
6	社会人	シャカイジン	5	6	11	0.035	3	5
7	自己紹介	ジコショウカイ	6	3	9	0.029	4	6
8	あいさつ	アイサツ	5	3	8	0.026	4	4
	挨拶		*4*	*3*	*7*	*0.022*	*2*	*4*
	あいさつ		*1*	*0*	*1*	*0.003*	*4*	*4*
9	会社員	カイシャイン	6	1	7	0.022	3	5
10	社会	シャカイ	2	5	7	0.022	2	3
11	紹介	ショウカイ	3	3	6	0.019	2	4
12	大人	オトナ	3	1	4	0.013	2	3
13	個人	コジン	3	1	4	0.013	2	3
14	初対面	ショタイメン	2	2	4	0.013	3	5
15	カード	カード	1	3	4	0.013	3	3
16	仕事	シゴト	0	4	4	0.013	2	3
17	社員	シャイン	2	1	3	0.010	2	3
18	人	ヒト	2	1	3	0.010	1	2
19	ビジネス	ビジネス	1	2	3	0.010	4	4
20	自分	ジブン	1	1	2	0.006	2	3
21	身分	ミブン	1	1	2	0.006	2	3
22	礼儀	レイギ	1	1	2	0.006	2	3
23	印刷	インサツ	0	2	2	0.006	2	4
24	秘書	ヒショ	0	2	2	0.006	2	2
25	営業	エイギョウ	1	0	1	0.003	2	4
26	企業	キギョウ	1	0	1	0.003	2	3
27	ケース	ケース	1	0	1	0.003	3	3
28	自己	ジコ	1	0	1	0.003	2	2
29	就職	シュウショク	1	0	1	0.003	2	4
30	情報	ジョウホウ	1	0	1	0.003	2	4
31	接待	セッタイ	1	0	1	0.003	2	4
32	提示	テイジ	1	0	1	0.003	2	3
33	プロフィール	プロフィール	1	0	1	0.003	6	5
34	マナー	マナー	1	0	1	0.003	3	3
35	名刺交換	メイシコウカン	1	0	1	0.003	4	7
36	交流	コウリュウ	0	1	1	0.003	2	4
37	札	フダ	0	1	1	0.003	1	2
38	四角	シカク	0	1	1	0.003	2	3
39	自分自身	ジブンジシン	0	1	1	0.003	4	6
40	氏名	シメイ	0	1	1	0.003	2	3
41	職業	ショクギョウ	0	1	1	0.003	2	4
42	白	シロ	0	1	1	0.003	1	2
43	人名	ジンメイ	0	1	1	0.003	2	4
44	代理	ダイリ	0	1	1	0.003	2	3
45	知識	チシキ	0	1	1	0.003	2	3
46	取引	トリヒキ	0	1	1	0.003	2	4
47	人間関係	ニンゲンカンケイ	0	1	1	0.003	4	8
48	配布	ハイフ	0	1	1	0.003	2	3
49	馬刺し	バサシ	0	1	1	0.003	3	3
50	刃物	ハモノ	0	1	1	0.003	2	3
51	苗字	ミョウジ	0	1	1	0.003	2	3
52	役人	ヤクニン	0	1	1	0.003	2	4
	合計		145	160	305			

90	名簿	フリガナ	男性	女性	全体	連想強度	文字数	モーラ数
1	名前	ナマエ	51	68	119	0.380	2	3
2	学校	ガッコウ	21	20	41	0.131	2	4
3	出席	シュッセキ	11	14	25	0.080	2	4
4	クラス	クラス	5	5	10	0.032	3	3
5	生徒	セイト	3	6	9	0.029	2	3
6	人	ヒト	5	0	5	0.016	1	2
7	記入	キニュウ	3	1	4	0.013	2	3
8	氏名	シメイ	2	2	4	0.013	2	3
9	確認	カクニン	3	0	3	0.010	2	4
10	住所	ジュウショ	2	1	3	0.010	2	3
11	小学校	ショウガッコウ	2	1	3	0.010	3	6
12	リスト	リスト	2	1	3	0.010	3	3
13	個人情報	コジンジョウホウ	1	2	3	0.010	4	7
14	人名	ジンメイ	1	2	3	0.010	2	4
15	学級	ガッキュウ	0	3	3	0.010	2	4
16	先生	センセイ	0	3	3	0.010	2	4
17	教師	キョウシ	2	0	2	0.006	2	3
18	出欠	シュッケツ	2	0	2	0.006	2	4
19	情報	ジョウホウ	2	0	2	0.006	2	4
20	一覧	イチラン	1	1	2	0.006	2	4
21	学生	ガクセイ	1	1	2	0.006	2	4
22	プライバシー	プライバシー	1	1	2	0.006	6	6
23	羅列	ラレツ	1	1	2	0.006	2	3
24	管理	カンリ	0	2	2	0.006	2	3
25	点呼	テンコ	0	2	2	0.006	2	3
26	一覧表	イチランヒョウ	1	0	1	0.003	3	6
27	閻魔帳	エンマチョウ	1	0	1	0.003	3	5
28	紙	カミ	1	0	1	0.003	1	2
29	記号	キゴウ	1	0	1	0.003	2	3
30	記載	キサイ	1	0	1	0.003	2	3
31	記述	キジュツ	1	0	1	0.003	2	3
32	教員	キョウイン	1	0	1	0.003	2	4
33	教壇	キョウダン	1	0	1	0.003	2	4
34	クラスメイト	クラスメイト	1	0	1	0.003	6	6
35	個人	コジン	1	0	1	0.003	2	3
36	雇用	コヨウ	1	0	1	0.003	2	3
37	社員	シャイン	1	0	1	0.003	2	3
38	社会集団	シャカイシュウダン	1	0	1	0.003	4	7
39	市役所	シヤクショ	1	0	1	0.003	3	4
40	出席番号	シュッセキバンゴウ	1	0	1	0.003	4	8
41	人材	ジンザイ	1	0	1	0.003	2	4
42	卒業	ソツギョウ	1	0	1	0.003	2	4
43	手帳	テチョウ	1	0	1	0.003	2	3
44	入学	ニュウガク	1	0	1	0.003	2	4
45	判別	ハンベツ	1	0	1	0.003	2	4
46	表記	ヒョウキ	1	0	1	0.003	2	3
47	簿記	ボキ	1	0	1	0.003	2	2
48	青	アオ	0	1	1	0.003	1	2
49	閲覧	エツラン	0	1	1	0.003	2	4
50	学籍	ガクセキ	0	1	1	0.003	2	4
51	学籍番号	ガクセキバンゴウ	0	1	1	0.003	4	8
52	クラス名簿	クラスメイボ	0	1	1	0.003	5	6
53	クラブ	クラブ	0	1	1	0.003	3	3
54	高校	コウコウ	0	1	1	0.003	2	4
55	五十音	ゴジュウオン	0	1	1	0.003	3	5
56	個人名	コジンメイ	0	1	1	0.003	3	5
57	参加者	サンカシャ	0	1	1	0.003	3	4
58	事件	ジケン	0	1	1	0.003	2	3
59	自分	ジブン	0	1	1	0.003	2	3
60	出席簿	シュッセキボ	0	1	1	0.003	3	5
61	順	ジュン	0	1	1	0.003	1	2
62	順列	ジュンレツ	0	1	1	0.003	2	4
63	上司	ジョウシ	0	1	1	0.003	2	3
64	職員	ショクイン	0	1	1	0.003	2	4
65	組織	ソシキ	0	1	1	0.003	2	3
66	大切	タイセツ	0	1	1	0.003	2	4
67	男女	ダンジョ	0	1	1	0.003	2	3
68	担任	タンニン	0	1	1	0.003	2	4
69	電話	デンワ	0	1	1	0.003	2	3
70	入学式	ニュウガクシキ	0	1	1	0.003	3	6
71	売買	バイバイ	0	1	1	0.003	2	4
72	番号	バンゴウ	0	1	1	0.003	2	4
73	秘書	ヒショ	0	1	1	0.003	2	2
74	秘密	ヒミツ	0	1	1	0.003	2	3
	合計		144	164	308			

91	野菜	フリガナ	男性	女性	全体	連想強度	文字数	モーラ数
1	にんじん	ニンジン	34	22	56	0.179	4	4
	にんじん		9	15	24	0.077	4	4
	人参		16	4	20	0.064	2	4
	ニンジン		9	3	12	0.038	4	4
2	健康	ケンコウ	12	12	24	0.077	2	4
3	みどり	ミドリ	10	12	22	0.070	3	3
	緑		10	11	21	0.067	1	3
	みどり		0	1	1	0.003	3	3
4	栄養	エイヨウ	7	12	19	0.061	2	4
5	果物	クダモノ	10	5	15	0.048	2	4
6	トマト	トマト	4	8	12	0.038	3	3
7	きゅうり	キュウリ	5	6	11	0.035	4	3
	きゅうり		1	4	5	0.016	4	3
	胡瓜		3	1	4	0.013	2	3
	キュウリ		1	1	2	0.006	4	3
8	きゃべつ	キャベツ	5	6	11	0.035	4	3
	キャベツ		4	6	10	0.032	4	3
	きゃべつ		1	0	1	0.003	4	3
9	畑	ハタケ	5	5	10	0.032	1	3
10	しんせん	シンセン	2	7	9	0.029	4	4
	新鮮		1	7	8	0.026	2	4
	しんせん		1	0	1	0.003	4	4
11	緑黄色	リョクオウショク	2	7	9	0.029	3	6
12	ピーマン	ピーマン	2	5	7	0.022	4	4
13	ジュース	ジュース	0	6	6	0.019	4	3
14	だいこん	ダイコン	2	2	4	0.013	4	4
15	ベジタリアン	ベジタリアン	1	3	4	0.013	6	6
16	ヘルシー	ヘルシー	3	0	3	0.010	4	4
17	自然	シゼン	2	1	3	0.010	2	3
18	農薬	ノウヤク	2	1	3	0.010	2	4
19	無農薬	ムノウヤク	2	1	3	0.010	3	5
20	食べ物	タベモノ	1	2	3	0.010	3	4
21	農家	ノウカ	1	2	3	0.010	2	3
22	ビタミン	ビタミン	1	2	3	0.010	4	4
23	有機栽培	ユウキサイバイ	1	2	3	0.010	4	7
24	しょくもつ	ショクモツ	2	0	2	0.006	5	4
	食物		1	0	1	0.003	2	4
	しょくもつ		1	0	1	0.003	5	4
25	食糧	ショクリョウ	2	0	2	0.006	2	4
26	青梗菜	チンゲンサイ	2	0	2	0.006	3	6
27	レタス	レタス	2	0	2	0.006	3	3
28	嫌悪	ケンオ	1	1	2	0.006	2	3
29	大切	タイセツ	1	1	2	0.006	2	4
30	たまねぎ	タマネギ	1	1	2	0.006	4	4
	玉葱		1	0	1	0.003	2	4
	たまねぎ		0	1	1	0.003	4	4
31	なす	ナス	1	1	2	0.006	2	2
	なす		1	0	1	0.003	2	2
	ナス		0	1	1	0.003	2	2
32	農園	ノウエン	1	1	2	0.006	2	4
33	ベジタブル	ベジタブル	1	1	2	0.006	5	5
34	野菜ジュース	ヤサイジュース	1	1	2	0.006	6	6
35	有機野菜	ユウキヤサイ	1	1	2	0.006	4	6
36	生活	セイカツ	0	2	2	0.006	2	4
37	白菜	ハクサイ	0	2	2	0.006	2	4
38	青	アオ	1	0	1	0.003	1	2
39	赤	アカ	1	0	1	0.003	1	2
40	いちご	イチゴ	1	0	1	0.003	3	3
41	健康的	ケンコウテキ	1	0	1	0.003	3	6
42	穀物	コクモツ	1	0	1	0.003	2	4
43	収穫	シュウカク	1	0	1	0.003	2	4
44	植物	ショクブツ	1	0	1	0.003	2	4
45	地方	チホウ	1	0	1	0.003	2	3
46	中国	チュウゴク	1	0	1	0.003	2	4
47	葉	ハ	1	0	1	0.003	1	1
48	保存	ホゾン	1	0	1	0.003	2	3
49	輸入	ユニュウ	1	0	1	0.003	2	3
50	蓮根	レンコン	1	0	1	0.003	2	4
51	温野菜	オンヤサイ	0	1	1	0.003	3	5
52	家庭菜園	カテイサイエン	0	1	1	0.003	4	7
53	カラフル	カラフル	0	1	1	0.003	4	4
54	カロリー	カロリー	0	1	1	0.003	4	4
55	きのこ	キノコ	0	1	1	0.003	3	3
56	購入	コウニュウ	0	1	1	0.003	2	4
57	ごぼう	ゴボウ	0	1	1	0.003	3	3
58	菜園	サイエン	0	1	1	0.003	2	4
59	自家製	ジカセイ	0	1	1	0.003	3	4
60	食事	ショクジ	0	1	1	0.003	2	3
61	スイカ	スイカ	0	1	1	0.003	3	3
62	生物	セイブツ	0	1	1	0.003	2	4
63	ダイエット	ダイエット	0	1	1	0.003	5	5
64	土	ツチ	0	1	1	0.003	1	2
65	夏	ナツ	0	1	1	0.003	1	2
66	ネギ	ネギ	0	1	1	0.003	2	2
67	不足	フソク	0	1	1	0.003	2	3
68	ほうれん草	ホウレンソウ	0	1	1	0.003	5	6
69	モヤシ	モヤシ	0	1	1	0.003	3	3
70	有機	ユウキ	0	1	1	0.003	2	3
71	緑黄色野菜	リョクオウショクヤサイ	0	1	1	0.003	5	9
72	冷蔵庫	レイゾウコ	0	1	1	0.003	3	5
	合計		143	163	306			

92	幼児	フリガナ	男性	女性	全体	連想強度	文字数	モーラ数
1	こども	コドモ	38	41	79	0.252	3	3
	子供		*36*	*39*	*75*	*0.240*	*2*	*3*
	こども		*2*	*2*	*4*	*0.013*	*3*	*3*
2	幼稚園	ヨウチエン	32	31	63	0.201	3	5
3	あかちゃん	アカチャン	7	12	19	0.061	5	4
	赤ちゃん		*7*	*11*	*18*	*0.058*	*4*	*4*
	あかちゃん		*0*	*1*	*1*	*0.003*	*5*	*4*
4	保育園	ホイクエン	8	9	17	0.054	3	5
5	育児	イクジ	9	1	10	0.032	2	3
6	虐待	ギャクタイ	5	5	10	0.032	2	4
7	教育	キョウイク	4	5	9	0.029	2	4
8	母親	ハハオヤ	4	3	7	0.022	2	4
9	ミルク	ミルク	2	4	6	0.019	3	3
10	がき	ガキ	2	1	3	0.010	2	2
	餓鬼		*2*	*0*	*2*	*0.006*	*2*	*2*
	ガキ		*0*	*1*	*1*	*0.003*	*2*	*2*
11	保育	ホイク	2	1	3	0.010	2	3
12	遊び	アソビ	1	2	3	0.010	2	3
13	おもちゃ	オモチャ	1	2	3	0.010	4	3
14	公園	コウエン	1	2	3	0.010	2	4
15	児童	ジドウ	2	0	2	0.006	2	3
16	乳児	ニュウジ	1	1	2	0.006	2	3
17	無邪気	ムジャキ	1	1	2	0.006	3	3
18	養育	ヨウイク	1	1	2	0.006	2	4
19	親	オヤ	0	2	2	0.006	1	2
20	赤子	アカゴ	1	0	1	0.003	2	3
21	依存	イゾン	1	0	1	0.003	2	3
22	言語	ゲンゴ	1	0	1	0.003	2	3
23	健忘	ケンボウ	1	0	1	0.003	2	4
24	脆弱	ゼイジャク	1	0	1	0.003	2	4
25	胎児	タイジ	1	0	1	0.003	2	3
26	淡麗	タンレイ	1	0	1	0.003	2	4
27	二語文	ニゴブン	1	0	1	0.003	3	4
28	病院	ビョウイン	1	0	1	0.003	2	4
29	誘拐	ユウカイ	1	0	1	0.003	2	4
30	幼女	ヨウジョ	1	0	1	0.003	2	3
31	幼稚園児	ヨウチエンジ	1	0	1	0.003	4	6
32	愛着	アイチャク	0	1	1	0.003	2	4
33	赤ん坊	アカンボウ	0	1	1	0.003	3	5
34	育成	イクセイ	0	1	1	0.003	2	4
35	妹	イモウト	0	1	1	0.003	1	4
36	癒し	イヤシ	0	1	1	0.003	2	3
37	乳母車	ウバグルマ	0	1	1	0.003	3	5
38	うるささ	ウルササ	0	1	1	0.003	4	4
39	円	エン	0	1	1	0.003	1	2
40	園児	エンジ	0	1	1	0.003	2	3
41	大人	オトナ	0	1	1	0.003	2	3
42	かわいさ	カワイサ	0	1	1	0.003	4	4
43	かわいらしさ	カワイラシサ	0	1	1	0.003	6	6
44	玩具	ガング	0	1	1	0.003	2	3
45	教育テレビ	キョウイクテレビ	0	1	1	0.003	5	7
46	弱者	ジャクシャ	0	1	1	0.003	2	3
47	小	ショウ	0	1	1	0.003	1	2
48	白	シロ	0	1	1	0.003	1	2
49	素直	スナオ	0	1	1	0.003	2	3
50	スポンジ	スポンジ	0	1	1	0.003	4	4
51	対象	タイショウ	0	1	1	0.003	2	4
52	ハイハイ	ハイハイ	0	1	1	0.003	4	4
53	発育	ハツイク	0	1	1	0.003	2	4
54	母	ハハ	0	1	1	0.003	1	2
55	発達	ハッタツ	0	1	1	0.003	2	4
56	暴走	ボウソウ	0	1	1	0.003	2	4
57	保護	ホゴ	0	1	1	0.003	2	2
58	未熟	ミジュク	0	1	1	0.003	2	3
59	醜さ	ミニクサ	0	1	1	0.003	2	4
60	無垢	ムク	0	1	1	0.003	2	2
61	幼児体型	ヨウジタイケイ	0	1	1	0.003	4	7
62	らくがき	ラクガキ	0	1	1	0.003	4	4
	合計		133	155	288			

93	預金	フリガナ	男性	女性	全体	連想強度	文字数	モーラ数
1	銀行	ギンコウ	45	49	94	0.300	2	4
2	通帳	ツウチョウ	27	40	67	0.214	2	4
3	かね	カネ	35	27	62	0.198	2	2
	お金		*19*	*20*	*39*	*0.125*	*2*	*3*
	金		*16*	*7*	*23*	*0.073*	*1*	*2*
4	貯金	チョキン	15	19	34	0.109	2	3
5	郵便局	ユウビンキョク	4	7	11	0.035	3	6
6	残高	ザンダカ	4	3	7	0.022	2	4
7	定期	テイキ	2	2	4	0.013	2	3
8	口座	コウザ	1	3	4	0.013	2	3
9	将来	ショウライ	1	2	3	0.010	2	4
10	金持ち	カネモチ	1	1	2	0.006	3	4
11	現金	ゲンキン	1	1	2	0.006	2	4
12	必要	ヒツヨウ	1	1	2	0.006	2	4
13	安心	アンシン	1	0	1	0.003	2	4
14	信頼	シンライ	1	0	1	0.003	2	4
15	普通	フツウ	1	0	1	0.003	2	3
16	募金	ボキン	1	0	1	0.003	2	3
17	予備	ヨビ	1	0	1	0.003	2	2
18	利息	リソク	1	0	1	0.003	2	3
19	額	ガク	0	1	1	0.003	1	2
20	家庭	カテイ	0	1	1	0.003	2	3
21	講座	コウザ	0	1	1	0.003	2	3
22	時間	ジカン	0	1	1	0.003	2	3
23	郵便	ユウビン	0	1	1	0.003	2	4
24	老後	ロウゴ	0	1	1	0.003	2	3
	合計		143	161	304			

94	予算	フリガナ	男性	女性	全体	連想強度	文字数	モーラ数
1	かね	カネ	44	57	101	0.323	2	2
	お金		*22*	*42*	*64*	*0.204*	*2*	*3*
	金		*22*	*15*	*37*	*0.118*	*1*	*2*
2	国会	コッカイ	13	9	22	0.070	2	4
3	国家	コッカ	9	4	13	0.042	2	3
4	政治	セイジ	9	2	11	0.035	2	3
5	予算案	ヨサンアン	2	8	10	0.032	3	5
6	決算	ケッサン	3	6	9	0.029	2	4
7	赤字	アカジ	5	2	7	0.022	2	3
8	国	クニ	4	2	6	0.019	1	2
9	会議	カイギ	0	5	5	0.016	2	3
10	計算	ケイサン	0	5	5	0.016	2	4
11	国家予算	コッカヨサン	4	0	4	0.013	4	6
12	会社	カイシャ	3	1	4	0.013	2	3
13	買い物	カイモノ	3	1	4	0.013	3	4
14	金額	キンガク	2	2	4	0.013	2	4
15	会計	カイケイ	1	3	4	0.013	2	4
16	計画	ケイカク	1	3	4	0.013	2	4
17	削減	サクゲン	1	3	4	0.013	2	4
18	経費	ケイヒ	3	0	3	0.010	2	3
19	不足	フソク	3	0	3	0.010	2	3
20	経済	ケイザイ	2	1	3	0.010	2	4
21	見積もり	ミツモリ	1	2	3	0.010	4	4
22	案	アン	2	0	2	0.006	1	2
23	資金	シキン	2	0	2	0.006	2	3
24	政府	セイフ	2	0	2	0.006	2	3
25	税金	ゼイキン	1	1	2	0.006	2	4
26	成立	セイリツ	1	1	2	0.006	2	4
27	大切	タイセツ	1	1	2	0.006	2	4
28	達成	タッセイ	1	1	2	0.006	2	4
29	補正	ホセイ	1	1	2	0.006	2	3
30	オーバー	オーバー	0	2	2	0.006	4	4
31	衆議院	シュウギイン	0	2	2	0.006	3	5
32	出費	シュッピ	0	2	2	0.006	2	3
33	隠蔽	インペイ	1	0	1	0.003	2	4
34	カット	カット	1	0	1	0.003	3	3
35	期限	キゲン	1	0	1	0.003	2	3
36	金銭	キンセン	1	0	1	0.003	2	4
37	決定	ケッテイ	1	0	1	0.003	2	4
38	高価	コウカ	1	0	1	0.003	2	3
39	財源	ザイゲン	1	0	1	0.003	2	4
40	使用	シヨウ	1	0	1	0.003	2	3
41	推測	スイソク	1	0	1	0.003	2	4
42	数字	スウジ	1	0	1	0.003	2	3
43	兆	チョウ	1	0	1	0.003	1	2
44	貯金	チョキン	1	0	1	0.003	2	3
45	特定	トクテイ	1	0	1	0.003	2	4
46	灯	トモシビ	1	0	1	0.003	1	4
47	飲み会	ノミカイ	1	0	1	0.003	3	4
48	範囲内	ハンイナイ	1	0	1	0.003	3	5
49	費用	ヒヨウ	1	0	1	0.003	2	3
50	無駄	ムダ	1	0	1	0.003	2	2
51	目的	モクテキ	1	0	1	0.003	2	4
52	予算会議	ヨサンカイギ	1	0	1	0.003	4	6
53	委員会	イインカイ	0	1	1	0.003	3	5
54	1年	イチネン	0	1	1	0.003	2	4
55	売り上げ	ウリアゲ	0	1	1	0.003	4	4
56	おこづかい	オコヅカイ	0	1	1	0.003	5	5
57	拡大	カクダイ	0	1	1	0.003	2	4
58	黒字	クロジ	0	1	1	0.003	2	3
59	経費削減	ケイヒサクゲン	0	1	1	0.003	4	7
60	決済	ケッサイ	0	1	1	0.003	2	4
61	限度額	ゲンドガク	0	1	1	0.003	3	5
62	国債	コクサイ	0	1	1	0.003	2	4
63	困難	コンナン	0	1	1	0.003	2	4
64	採算	サイサン	0	1	1	0.003	2	4
65	残金	ザンキン	0	1	1	0.003	2	4
66	暫定	ザンテイ	0	1	1	0.003	2	4
67	資産	シサン	0	1	1	0.003	2	3
68	支出	シシュツ	0	1	1	0.003	2	3
69	上限	ジョウゲン	0	1	1	0.003	2	4
70	商売	ショウバイ	0	1	1	0.003	2	4
71	少なめ	スクナメ	0	1	1	0.003	3	4
72	政策	セイサク	0	1	1	0.003	2	4
73	生徒会	セイトカイ	0	1	1	0.003	3	5
74	増築	ゾウチク	0	1	1	0.003	2	4
75	超過	チョウカ	0	1	1	0.003	2	3
76	月	ツキ	0	1	1	0.003	1	2
77	積み立て	ツミタテ	0	1	1	0.003	4	4
78	内閣	ナイカク	0	1	1	0.003	2	4
79	値段	ネダン	0	1	1	0.003	2	3
80	範囲	ハンイ	0	1	1	0.003	2	3
81	不安	フアン	0	1	1	0.003	2	3
82	部活	ブカツ	0	1	1	0.003	2	3
83	編成	ヘンセイ	0	1	1	0.003	2	4
84	予定	ヨテイ	0	1	1	0.003	2	3
85	来年度	ライネンド	0	1	1	0.003	3	5
86	旅行	リョコウ	0	1	1	0.003	2	3
	合計		144	161	305			

95	世論	フリガナ	男性	女性	全体	連想強度	文字数	モーラ数
1	調査	チョウサ	18	33	51	0.163	2	3
2	政治	セイジ	18	22	40	0.128	2	3
3	世間	セケン	8	7	15	0.048	2	3
4	国民	コクミン	6	8	14	0.045	2	4
5	社会	シャカイ	7	6	13	0.042	2	3
6	マスコミ	マスコミ	7	2	9	0.029	4	4
7	世の中	ヨノナカ	3	6	9	0.029	3	4
8	意見	イケン	1	7	8	0.026	2	3
9	政治家	セイジカ	5	2	7	0.022	3	4
10	一般	イッパン	3	3	6	0.019	2	4
11	てれび	テレビ	3	3	6	0.019	3	3
	テレビ		*3*	*2*	*5*	*0.016*	*3*	*3*
	TV		*0*	*1*	*1*	*0.003*	*2*	*3*
12	民衆	ミンシュウ	2	3	5	0.016	2	4
13	国会	コッカイ	4	0	4	0.013	2	4
14	新聞	シンブン	3	1	4	0.013	2	4
15	人	ヒト	2	2	4	0.013	1	2
16	討論	トウロン	1	3	4	0.013	2	4
17	ニュース	ニュース	1	3	4	0.013	4	3
18	人間	ニンゲン	1	2	3	0.010	2	4
19	批判	ヒハン	1	2	3	0.010	2	3
20	世論調査	ヨロンチョウサ	1	2	3	0.010	4	6
21	時代	ジダイ	0	3	3	0.010	2	3
22	市民	シミン	0	3	3	0.010	2	3
23	国	クニ	2	0	2	0.006	1	2
24	評価	ヒョウカ	2	0	2	0.006	2	3
25	マスメディア	マスメディア	2	0	2	0.006	6	5
26	アンケート	アンケート	1	1	2	0.006	5	5
27	噂	ウワサ	1	1	2	0.006	1	3
28	会議	カイギ	1	1	2	0.006	2	3
29	経済	ケイザイ	1	1	2	0.006	2	4
30	声	コエ	1	1	2	0.006	1	2
31	世界	セカイ	1	1	2	0.006	2	3
32	話	ハナシ	1	1	2	0.006	1	3
33	反論	ハンロン	1	1	2	0.006	2	4
34	民主	ミンシュ	1	1	2	0.006	2	3
35	メディア	メディア	1	1	2	0.006	4	3
36	与党	ヨトウ	1	1	2	0.006	2	3
37	持論	ジロン	0	2	2	0.006	2	3
38	政府	セイフ	0	2	2	0.006	2	3
39	反映	ハンエイ	0	2	2	0.006	2	4
40	意義	イギ	1	0	1	0.003	2	2
41	一般大衆	イッパンタイシュウ	1	0	1	0.003	4	8
42	井戸端会議	イドバタカイギ	1	0	1	0.003	5	7
43	ウナギ	ウナギ	1	0	1	0.003	3	3
44	風あたり	カゼアタリ	1	0	1	0.003	4	5
45	客観	キャッカン	1	0	1	0.003	2	4
46	議論	ギロン	1	0	1	0.003	2	3
47	具体的	グタイテキ	1	0	1	0.003	3	5
48	現実	ゲンジツ	1	0	1	0.003	2	4
49	言論	ゲンロン	1	0	1	0.003	2	4
50	詐欺	サギ	1	0	1	0.003	2	2
51	賛否	サンピ	1	0	1	0.003	2	3
52	時事問題	ジジモンダイ	1	0	1	0.003	4	6
53	支持率	シジリツ	1	0	1	0.003	3	4
54	首相	シュショウ	1	0	1	0.003	2	3
55	庶民	ショミン	1	0	1	0.003	2	3
56	信憑性	シンピョウセイ	1	0	1	0.003	3	6
57	世相	セソウ	1	0	1	0.003	2	3
58	世評	セヒョウ	1	0	1	0.003	2	3
59	操作	ソウサ	1	0	1	0.003	2	3
60	大衆	タイシュウ	1	0	1	0.003	2	4
61	地域	チイキ	1	0	1	0.003	2	3
62	統一	トウイツ	1	0	1	0.003	2	4
63	討議	トウギ	1	0	1	0.003	2	3
64	内閣	ナイカク	1	0	1	0.003	2	4
65	内閣支持率	ナイカクシジリツ	1	0	1	0.003	5	8
66	繁栄	ハンエイ	1	0	1	0.003	2	4
67	反応	ハンノウ	1	0	1	0.003	2	4
68	評判	ヒョウバン	1	0	1	0.003	2	4
69	勃発	ボッパツ	1	0	1	0.003	2	4
70	民主主義	ミンシュシュギ	1	0	1	0.003	4	5
71	論議	ロンギ	1	0	1	0.003	2	3
72	曖昧	アイマイ	0	1	1	0.003	2	4
73	意識調査	イシキチョウサ	0	1	1	0.003	4	6
74	一般的	イッパンテキ	0	1	1	0.003	3	6
75	大人	オトナ	0	1	1	0.003	2	3
76	親	オヤ	0	1	1	0.003	1	2
77	過半数	カハンスウ	0	1	1	0.003	3	5
78	減少	ゲンショウ	0	1	1	0.003	2	4
79	現代	ゲンダイ	0	1	1	0.003	2	4
80	国勢	コクセイ	0	1	1	0.003	2	4
81	賛否両論	サンピリョウロン	0	1	1	0.003	4	7
82	主張	シュチョウ	0	1	1	0.003	2	3
83	情報	ジョウホウ	0	1	1	0.003	2	4
84	政権	セイケン	0	1	1	0.003	2	4
85	世代別	セダイベツ	0	1	1	0.003	3	5
86	対談	タイダン	0	1	1	0.003	2	4
87	毒	ドク	0	1	1	0.003	1	2
88	話し合い	ハナシアイ	0	1	1	0.003	4	5
89	反対	ハンタイ	0	1	1	0.003	2	4
90	無関心	ムカンシン	0	1	1	0.003	3	5
91	話題	ワダイ	0	1	1	0.003	2	3
	合計		144	160	304			

96	理解	フリガナ	男性	女性	全体	連想強度	文字数	モーラ数
1	勉強	ベンキョウ	13	14	27	0.086	2	4
2	不能	フノウ	9	5	14	0.045	2	3
3	脳	ノウ	5	5	10	0.032	1	2
4	解釈	カイシャク	3	7	10	0.032	2	4
5	知識	チシキ	6	3	9	0.029	2	3
6	頭	アタマ	4	4	8	0.026	1	3
7	親	オヤ	1	7	8	0.026	1	2
8	納得	ナットク	2	5	7	0.022	2	4
9	会話	カイワ	3	3	6	0.019	2	3
10	思考	シコウ	3	3	6	0.019	2	3
11	学習	ガクシュウ	2	4	6	0.019	2	4
12	数学	スウガク	1	5	6	0.019	2	4
13	信頼	シンライ	3	2	5	0.016	2	4
14	読解	ドッカイ	2	3	5	0.016	2	4
15	人	ヒト	2	3	5	0.016	1	2
16	力	チカラ	3	1	4	0.013	1	3
17	認識	ニンシキ	3	1	4	0.013	2	4
18	解読	カイドク	2	2	4	0.013	2	4
19	共感	キョウカン	2	2	4	0.013	2	4
20	相手	アイテ	1	3	4	0.013	2	3
21	理解者	リカイシャ	1	3	4	0.013	3	4
22	和解	ワカイ	1	3	4	0.013	2	3
23	人間	ニンゲン	3	0	3	0.010	2	4
24	言葉	コトバ	2	1	3	0.010	2	3
25	授業	ジュギョウ	2	1	3	0.010	2	3
26	頭脳	ズノウ	2	1	3	0.010	2	3
27	勉学	ベンガク	2	1	3	0.010	2	4
28	困難	コンナン	1	2	3	0.010	2	4
29	話し合い	ハナシアイ	1	2	3	0.010	4	5
30	理解力	リカイリョク	1	2	3	0.010	3	5
31	友達	トモダチ	0	3	3	0.010	2	4
32	考察	コウサツ	2	0	2	0.006	2	4
33	天才	テンサイ	2	0	2	0.006	2	4
34	解答	カイトウ	1	1	2	0.006	2	4
35	信用	シンヨウ	1	1	2	0.006	2	4
36	説明	セツメイ	1	1	2	0.006	2	4
37	不可能	フカノウ	1	1	2	0.006	3	4
38	無理	ムリ	1	1	2	0.006	2	2
39	安心	アンシン	0	2	2	0.006	2	4
40	異文化	イブンカ	0	2	2	0.006	3	4
41	協力	キョウリョク	0	2	2	0.006	2	4
42	心	ココロ	0	2	2	0.006	1	3
43	コミュニケーション	コミュニケーション	0	2	2	0.006	9	7
44	相互	ソウゴ	0	2	2	0.006	2	3
45	他人	タニン	0	2	2	0.006	2	3
46	意思疎通	イシソツウ	1	0	1	0.003	4	5
47	宇宙	ウチュウ	1	0	1	0.003	2	3
48	英語	エイゴ	1	0	1	0.003	2	3
49	解析	カイセキ	1	0	1	0.003	2	4
50	学業	ガクギョウ	1	0	1	0.003	2	4
51	学問	ガクモン	1	0	1	0.003	2	4
52	学力	ガクリョク	1	0	1	0.003	2	4
53	価値観	カチカン	1	0	1	0.003	3	4
54	共感的理解	キョウカンテキリカイ	1	0	1	0.003	5	9
55	共有	キョウユウ	1	0	1	0.003	2	4
56	許容	キョヨウ	1	0	1	0.003	2	3
57	クイズ	クイズ	1	0	1	0.003	3	3
58	苦労	クロウ	1	0	1	0.003	2	3
59	結合	ケツゴウ	1	0	1	0.003	2	4
60	恋人	コイビト	1	0	1	0.003	2	4
61	幸福	コウフク	1	0	1	0.003	2	4
62	国語	コクゴ	1	0	1	0.003	2	3
63	答え	コタエ	1	0	1	0.003	2	3
64	参考書	サンコウショ	1	0	1	0.003	3	5
65	試験	シケン	1	0	1	0.003	2	3
66	実験	ジッケン	1	0	1	0.003	2	4
67	手段	シュダン	1	0	1	0.003	2	3
68	正解	セイカイ	1	0	1	0.003	2	4
69	知恵	チエ	1	0	1	0.003	2	2
70	知能	チノウ	1	0	1	0.003	2	3
71	テスト	テスト	1	0	1	0.003	3	3
72	同感	ドウカン	1	0	1	0.003	2	4
73	難解	ナンカイ	1	0	1	0.003	2	4
74	難関	ナンカン	1	0	1	0.003	2	4
75	脳みそ	ノウミソ	1	0	1	0.003	3	4
76	話	ハナシ	1	0	1	0.003	1	3
77	平等	ビョウドウ	1	0	1	0.003	2	4
78	ひらめき	ヒラメキ	1	0	1	0.003	4	4
79	不足	フソク	1	0	1	0.003	2	3
80	不明	フメイ	1	0	1	0.003	2	3
81	平和	ヘイワ	1	0	1	0.003	2	3
82	本	ホン	1	0	1	0.003	1	2
83	本質	ホンシツ	1	0	1	0.003	2	4
84	無意味	ムイミ	1	0	1	0.003	3	3
85	やさしさ	ヤサシサ	1	0	1	0.003	4	4
86	友人	ユウジン	1	0	1	0.003	2	4
87	容易	ヨウイ	1	0	1	0.003	2	3
88	論理	ロンリ	1	0	1	0.003	2	3
89	憧れ	アコガレ	0	1	1	0.003	2	4
90	意志表示	イシヒョウジ	0	1	1	0.003	4	5
91	応用	オウヨウ	0	1	1	0.003	2	4
92	回答	カイトウ	0	1	1	0.003	2	4
93	家族	カゾク	0	1	1	0.003	2	3
94	考え	カンガエ	0	1	1	0.003	2	4
95	完璧	カンペキ	0	1	1	0.003	2	4
96	気持ち	キモチ	0	1	1	0.003	3	3
97	教科書	キョウカショ	0	1	1	0.003	3	4
98	苦しさ	クルシサ	0	1	1	0.003	3	4
99	講義	コウギ	0	1	1	0.003	2	3
100	高等	コウトウ	0	1	1	0.003	2	4
101	誤解	ゴカイ	0	1	1	0.003	2	3
102	懇願	コンガン	0	1	1	0.003	2	4
103	思想	シソウ	0	1	1	0.003	2	3
104	辞典	ジテン	0	1	1	0.003	2	3
105	受容	ジュヨウ	0	1	1	0.003	2	3
106	心理	シンリ	0	1	1	0.003	2	3
107	相互理解	ソウゴリカイ	0	1	1	0.003	4	6
108	他者	タシャ	0	1	1	0.003	2	2
109	調和	チョウワ	0	1	1	0.003	2	3
110	仲間	ナカマ	0	1	1	0.003	2	3
111	難題	ナンダイ	0	1	1	0.003	2	4
112	能力	ノウリョク	0	1	1	0.003	2	4
113	把握	ハアク	0	1	1	0.003	2	3
114	パートナー	パートナー	0	1	1	0.003	5	5
115	発見	ハッケン	0	1	1	0.003	2	4
116	二人	フタリ	0	1	1	0.003	2	3
117	包容力	ホウヨウリョク	0	1	1	0.003	3	6
118	周り	マワリ	0	1	1	0.003	2	3
119	理解不能	リカイフノウ	0	1	1	0.003	4	6
120	わかりあい	ワカリアイ	0	1	1	0.003	5	5
	合計		138	152	290			

97	歴史	フリガナ	男性	女性	全体	連想強度	文字数	モーラ数
1	日本史	ニホンシ	11	17	28	0.089	3	4
2	社会	シャカイ	7	15	22	0.070	2	3
3	時代	ジダイ	10	10	20	0.064	2	3
4	文化	ブンカ	7	7	14	0.045	2	3
5	地理	チリ	6	7	13	0.042	2	2
6	昔	ムカシ	3	10	13	0.042	1	3
7	過去	カコ	10	2	12	0.038	2	2
8	織田信長	オダノブナガ	2	8	10	0.032	4	6
9	戦争	センソウ	5	4	9	0.029	2	4
10	日本	ニホン	3	6	9	0.029	2	3
11	人	ヒト	7	1	8	0.026	1	2
12	人物	ジンブツ	4	4	8	0.026	2	4
13	偉人	イジン	3	4	7	0.022	2	3
14	教科書	キョウカショ	2	4	6	0.019	3	4
15	江戸	エド	3	2	5	0.016	2	2
16	世界史	セカイシ	1	4	5	0.016	3	4
17	勉強	ベンキョウ	3	0	3	0.010	2	4
18	世界	セカイ	2	1	3	0.010	2	3
19	戦国	センゴク	2	1	3	0.010	2	4
20	中国	チュウゴク	2	1	3	0.010	2	4
21	古典	コテン	1	2	3	0.010	2	3
22	戦い	タタカイ	1	2	3	0.010	2	4
23	年表	ネンピョウ	1	2	3	0.010	2	4
24	本	ホン	0	3	3	0.010	1	2
25	争い	アラソイ	2	0	2	0.006	2	4
26	国	クニ	2	0	2	0.006	1	2
27	繰り返し	クリカエシ	2	0	2	0.006	4	5
28	黒	クロ	2	0	2	0.006	1	2
29	有名人	ユウメイジン	2	0	2	0.006	3	6
30	戦	イクサ	1	1	2	0.006	1	3
31	偉大	イダイ	1	1	2	0.006	2	3
32	江戸時代	エドジダイ	1	1	2	0.006	4	5
33	ヒストリー	ヒストリー	1	1	2	0.006	5	5
34	文学	ブンガク	1	1	2	0.006	2	4
35	平安	ヘイアン	1	1	2	0.006	2	4
36	学問	ガクモン	0	2	2	0.006	2	4
37	記憶	キオク	0	2	2	0.006	2	3
38	聖徳太子	ショウトクタイシ	0	2	2	0.006	4	7
39	縄文	ジョウモン	0	2	2	0.006	2	4
40	伝統	デントウ	0	2	2	0.006	2	4
41	アメリカ	アメリカ	1	0	1	0.003	4	4
42	アレキサンドリア	アレキサンドリア	1	0	1	0.003	8	8
43	遺跡	イセキ	1	0	1	0.003	2	3
44	桶狭間	オケハザマ	1	0	1	0.003	3	5
45	革命	カクメイ	1	0	1	0.003	2	4
46	鎌倉	カマクラ	1	0	1	0.003	2	4
47	紙	カミ	1	0	1	0.003	1	2
48	軌跡	キセキ	1	0	1	0.003	2	3
49	教科	キョウカ	1	0	1	0.003	2	3
50	経験	ケイケン	1	0	1	0.003	2	4
51	侍	サムライ	1	0	1	0.003	1	4
52	自国	ジコク	1	0	1	0.003	2	3
53	失敗	シッパイ	1	0	1	0.003	2	4
54	昭和	ショウワ	1	0	1	0.003	2	3
55	人生	ジンセイ	1	0	1	0.003	2	4
56	人類	ジンルイ	1	0	1	0.003	2	4
57	戦国大名	センゴクダイミョウ	1	0	1	0.003	4	8
58	ダーウィン	ダーウィン	1	0	1	0.003	5	4
59	大切	タイセツ	1	0	1	0.003	2	4
60	宝	タカラ	1	0	1	0.003	1	3
61	著名人	チョメイジン	1	0	1	0.003	3	5
62	豊臣秀吉	トヨトミヒデヨシ	1	0	1	0.003	4	8
63	人間	ニンゲン	1	0	1	0.003	2	4
64	武士	ブシ	1	0	1	0.003	2	2
65	武将	ブショウ	1	0	1	0.003	2	3
66	普遍	フヘン	1	0	1	0.003	2	3
67	昔話	ムカシバナシ	1	0	1	0.003	2	6
68	輪廻	リンネ	1	0	1	0.003	2	3
69	赤茶色	アカチャイロ	0	1	1	0.003	3	5
70	檻	オリ	0	1	1	0.003	1	2
71	学校	ガッコウ	0	1	1	0.003	2	4
72	京都	キョウト	0	1	1	0.003	2	3
73	現在	ゲンザイ	0	1	1	0.003	2	4
74	古代	コダイ	0	1	1	0.003	2	3
75	古代文明	コダイブンメイ	0	1	1	0.003	4	7
76	時間	ジカン	0	1	1	0.003	2	3
77	社会科	シャカイカ	0	1	1	0.003	3	4
78	小説	ショウセツ	0	1	1	0.003	2	4
79	書物	ショモツ	0	1	1	0.003	2	3
80	西洋	セイヨウ	0	1	1	0.003	2	4
81	壮大	ソウダイ	0	1	1	0.003	2	4
82	大化の改新	タイカノカイシン	0	1	1	0.003	5	8
83	天皇	テンノウ	0	1	1	0.003	2	4
84	徳川家康	トクガワイエヤス	0	1	1	0.003	4	8
85	長さ	ナガサ	0	1	1	0.003	2	3
86	博物館	ハクブツカン	0	1	1	0.003	3	6
87	卑弥呼	ヒミコ	0	1	1	0.003	3	3
88	姫	ヒメ	0	1	1	0.003	1	2
89	古さ	フルサ	0	1	1	0.003	2	3
90	変化	ヘンカ	0	1	1	0.003	2	3
91	道	ミチ	0	1	1	0.003	1	2
92	紫式部	ムラサキシキブ	0	1	1	0.003	3	7
	合計		140	157	297			

98	録画	フリガナ	男性	女性	全体	連想強度	文字数	モーラ数
1	ビデオ	ビデオ	75	87	162	0.518	3	3
2	テレビ	テレビ	24	27	51	0.163	3	3
3	映像	エイゾウ	6	3	9	0.029	2	4
4	映画	エイガ	4	5	9	0.029	2	3
5	ドラマ	ドラマ	2	6	8	0.026	3	3
6	番組	バングミ	2	6	8	0.026	2	4
7	DVD	ディーブイディー	1	7	8	0.026	3	6
8	予約	ヨヤク	2	4	6	0.019	2	3
9	再生	サイセイ	2	3	5	0.016	2	4
10	はーどでぃすく	ハードディスク	1	3	4	0.013	7	6
	ハードディスク		*1*	*1*	*2*	*0.006*	*7*	*6*
	HDD		*0*	*2*	*2*	*0.006*	*3*	*6*
11	機械	キカイ	2	1	3	0.010	2	3
12	テープ	テープ	0	3	3	0.010	3	3
13	記録	キロク	2	0	2	0.006	2	3
14	ブルーレイ	ブルーレイ	2	0	2	0.006	5	5
15	ビデオテープ	ビデオテープ	1	1	2	0.006	6	6
16	便利	ベンリ	1	1	2	0.006	2	3
17	赤	アカ	0	2	2	0.006	1	2
18	試合	シアイ	1	0	1	0.003	2	3
19	失敗	シッパイ	1	0	1	0.003	2	4
20	し忘れ	シワスレ	1	0	1	0.003	3	4
21	ダビング10	ダビングテン	1	0	1	0.003	6	6
22	ディスク	ディスク	1	0	1	0.003	4	3
23	デジタルバーサタイルディスク	デジタルバーサタイルディスク	1	0	1	0.003	14	13
24	テレビ番組	テレビバングミ	1	0	1	0.003	5	7
25	電気	デンキ	1	0	1	0.003	2	3
26	動画	ドウガ	1	0	1	0.003	2	3
27	盗撮	トウサツ	1	0	1	0.003	2	4
28	楽	ラク	1	0	1	0.003	1	2
29	野球中継延長	ヤキュウチュウケイエンチョウ	1	0	1	0.003	6	11
30	レコーダー	レコーダー	1	0	1	0.003	5	5
31	レック	レック	1	0	1	0.003	3	3
32	アナログ	アナログ	0	1	1	0.003	4	4
33	アニメ	アニメ	0	1	1	0.003	3	3
34	記憶	キオク	0	1	1	0.003	2	3
35	機能	キノウ	0	1	1	0.003	2	3
36	ビデオデッキ	ビデオデッキ	0	1	1	0.003	6	6
37	保存	ホゾン	0	1	1	0.003	2	3
	合計		141	165	306			

99	論理	フリガナ	男性	女性	全体	連想強度	文字数	モーラ数
1	理論	リロン	9	9	18	0.058	2	3
2	哲学	テツガク	9	5	14	0.045	2	4
3	理屈	リクツ	4	9	13	0.042	2	3
4	思考	シコウ	4	6	10	0.032	2	3
5	言葉	コトバ	4	5	9	0.029	2	3
6	論文	ロンブン	4	5	9	0.029	2	4
7	科学	カガク	3	6	9	0.029	2	3
8	議論	ギロン	3	5	8	0.026	2	3
9	授業	ジュギョウ	4	3	7	0.022	2	3
10	考え	カンガエ	2	5	7	0.022	2	4
11	数学	スウガク	5	1	6	0.019	2	4
12	難解	ナンカイ	1	5	6	0.019	2	4
13	説明	セツメイ	2	3	5	0.016	2	4
14	本	ホン	4	0	4	0.013	1	2
15	記号	キゴウ	2	2	4	0.013	2	3
16	倫理	リンリ	2	2	4	0.013	2	3
17	学問	ガクモン	1	3	4	0.013	2	4
18	理解	リカイ	0	4	4	0.013	2	3
19	学者	ガクシャ	3	0	3	0.010	2	3
20	国語	コクゴ	3	0	3	0.010	2	3
21	社会	シャカイ	3	0	3	0.010	2	3
22	教授	キョウジュ	2	1	3	0.010	2	3
23	はなし	ハナシ	1	2	3	0.010	3	3
	話		*1*	*1*	*2*	*0.006*	*1*	*3*
	話し		*0*	*1*	*1*	*0.003*	*2*	*3*
24	公論	コウロン	2	0	2	0.006	2	4
25	はたん	ハタン	2	0	2	0.006	3	3
	破綻		*1*	*0*	*1*	*0.003*	*2*	*3*
	破たん		*1*	*0*	*1*	*0.003*	*3*	*3*
26	理系	リケイ	2	0	2	0.006	2	3
27	言い訳	イイワケ	1	1	2	0.006	3	4
28	意見	イケン	1	1	2	0.006	2	3
29	意味	イミ	1	1	2	0.006	2	2
30	教科	キョウカ	1	1	2	0.006	2	3
31	孔子	コウシ	1	1	2	0.006	2	3
32	口論	コウロン	1	1	2	0.006	2	4
33	順序	ジュンジョ	1	1	2	0.006	2	3
34	筋	スジ	1	1	2	0.006	1	2
35	スパイラル	スパイラル	1	1	2	0.006	5	5
36	セオリー	セオリー	1	1	2	0.006	4	4
37	道徳	ドウトク	1	1	2	0.006	2	4
38	討論	トウロン	1	1	2	0.006	2	4
39	難題	ナンダイ	1	1	2	0.006	2	4
40	人	ヒト	1	1	2	0.006	1	2
41	複雑	フクザツ	1	1	2	0.006	2	4
42	屁理屈	ヘリクツ	1	1	2	0.006	3	4
43	方程式	ホウテイシキ	1	1	2	0.006	3	6
44	理由	リユウ	1	1	2	0.006	2	3
45	レポート	レポート	1	1	2	0.006	4	4
46	論破	ロンパ	1	1	2	0.006	2	3
47	心理	シンリ	0	2	2	0.006	2	3
48	推論	スイロン	0	2	2	0.006	2	4
49	筋道	スジミチ	0	2	2	0.006	2	4
50	正論	セイロン	0	2	2	0.006	2	4
51	異常	イジョウ	1	0	1	0.003	2	3
52	解説	カイセツ	1	0	1	0.003	2	4
53	概念	ガイネン	1	0	1	0.003	2	4
54	学術	ガクジュツ	1	0	1	0.003	2	4
55	機械	キカイ	1	0	1	0.003	2	3
56	空論	クウロン	1	0	1	0.003	2	4
57	抗議	コウギ	1	0	1	0.003	2	3
58	ごたく	ゴタク	1	0	1	0.003	3	3
59	ことわり	コトワリ	1	0	1	0.003	4	4
60	困難	コンナン	1	0	1	0.003	2	4
61	志向	シコウ	1	0	1	0.003	2	3
62	試行	シコウ	1	0	1	0.003	2	3
63	芝刈り機	シバカリキ	1	0	1	0.003	4	5
64	自分	ジブン	1	0	1	0.003	2	3
65	証拠	ショウコ	1	0	1	0.003	2	3
66	人権	ジンケン	1	0	1	0.003	2	4
67	人生	ジンセイ	1	0	1	0.003	2	4
68	真理	シンリ	1	0	1	0.003	2	3
69	推理	スイリ	1	0	1	0.003	2	3
70	数理学	スウリガク	1	0	1	0.003	3	5
71	政治	セイジ	1	0	1	0.003	2	3
72	専門家	センモンカ	1	0	1	0.003	3	5
73	知識	チシキ	1	0	1	0.003	2	3
74	知能	チノウ	1	0	1	0.003	2	3
75	ディベート	ディベート	1	0	1	0.003	5	4
76	適切	テキセツ	1	0	1	0.003	2	4
77	人間	ニンゲン	1	0	1	0.003	2	4
78	話し合い	ハナシアイ	1	0	1	0.003	4	5
79	飛躍	ヒヤク	1	0	1	0.003	2	3
80	武器	ブキ	1	0	1	0.003	2	2
81	文章	ブンショウ	1	0	1	0.003	2	4
82	勉強	ベンキョウ	1	0	1	0.003	2	4
83	道筋	ミチスジ	1	0	1	0.003	2	4
84	理	リ	1	0	1	0.003	1	1
85	理科系	リカケイ	1	0	1	0.003	3	4
86	理性	リセイ	1	0	1	0.003	2	3
87	倫理観	リンリカン	1	0	1	0.003	3	5
88	連想	レンソウ	1	0	1	0.003	2	4
89	ロジック	ロジック	1	0	1	0.003	4	4
90	頭	アタマ	0	1	1	0.003	1	3
91	偉人	イジン	0	1	1	0.003	2	3
92	永遠	エイエン	0	1	1	0.003	2	4
93	会社	カイシャ	0	1	1	0.003	2	3
94	回路	カイロ	0	1	1	0.003	2	3
95	学	ガク	0	1	1	0.003	1	2
96	堅物	カタブツ	0	1	1	0.003	2	4
97	ガリレオ	ガリレオ	0	1	1	0.003	4	4
98	頑固	ガンコ	0	1	1	0.003	2	3
99	記号論理学	キゴウロンリガク	0	1	1	0.003	5	8
100	机上	キジョウ	0	1	1	0.003	2	3
101	空想	クウソウ	0	1	1	0.003	2	4
102	原理	ゲンリ	0	1	1	0.003	2	3
103	高校	コウコウ	0	1	1	0.003	2	4
104	国際	コクサイ	0	1	1	0.003	2	4
105	式	シキ	0	1	1	0.003	1	2
106	試験	シケン	0	1	1	0.003	2	3
107	施行	シコウ	0	1	1	0.003	2	3
108	時代	ジダイ	0	1	1	0.003	2	3
109	主張	シュチョウ	0	1	1	0.003	2	3
110	証明	ショウメイ	0	1	1	0.003	2	4
111	しんり	シンリ	0	1	1	0.003	3	3
112	心理学	シンリガク	0	1	1	0.003	3	5
113	大学	ダイガク	0	1	1	0.003	2	4
114	対話	タイワ	0	1	1	0.003	2	3
115	多様性	タヨウセイ	0	1	1	0.003	3	5
116	知的	チテキ	0	1	1	0.003	2	3
117	抽象的	チュウショウテキ	0	1	1	0.003	3	6
118	定義	テイギ	0	1	1	0.003	2	3

119	適合	テキゴウ	0	1	1	0.003	2	4
120	パズル	パズル	0	1	1	0.003	3	3
121	必要	ヒツヨウ	0	1	1	0.003	2	4
122	深緑	フカミドリ	0	1	1	0.003	2	5
123	武装	ブソウ	0	1	1	0.003	2	3
124	不倫	フリン	0	1	1	0.003	2	3
125	文	ブン	0	1	1	0.003	1	2
126	弁論	ベンロン	0	1	1	0.003	2	4
127	昔	ムカシ	0	1	1	0.003	1	3
128	難しさ	ムズカシサ	0	1	1	0.003	3	5
129	明快	メイカイ	0	1	1	0.003	2	4
130	文字	モジ	0	1	1	0.003	2	2
131	世論	ヨロン	0	1	1	0.003	2	3
132	理科	リカ	0	1	1	0.003	2	2
133	論理的	ロンリテキ	0	1	1	0.003	3	5
	合計		140	153	293			

100	話題	フリガナ	男性	女性	全体	連想強度	文字数	モーラ数
1	会話	カイワ	30	21	51	0.163	2	3
2	てれび	テレビ	13	20	33	0.105	3	3
	テレビ		*13*	*19*	*32*	*0.102*	*3*	*3*
	TV		*0*	*1*	*1*	*0.003*	*2*	*3*
3	流行	リュウコウ	19	12	31	0.099	2	4
4	話	ハナシ	10	19	29	0.093	1	3
5	ニュース	ニュース	8	13	21	0.067	4	3
6	友達	トモダチ	4	11	15	0.048	2	4
7	豊富	ホウフ	2	4	6	0.019	2	3
8	うわさ	ウワサ	2	4	6	0.019	3	3
	噂		*2*	*3*	*5*	*0.016*	*1*	*3*
	うわさ		*0*	*1*	*1*	*0.003*	*3*	*3*
9	テーマ	テーマ	3	1	4	0.013	3	3
10	新聞	シンブン	0	4	4	0.013	2	4
11	人気	ニンキ	2	1	3	0.010	2	3
12	沸騰	フットウ	2	1	3	0.010	2	4
13	空気	クウキ	1	2	3	0.010	2	3
14	雑誌	ザッシ	1	2	3	0.010	2	3
15	ドラマ	ドラマ	1	2	3	0.010	3	3
16	友人	ユウジン	1	2	3	0.010	2	4
17	提供	テイキョウ	0	3	3	0.010	2	4
18	映画	エイガ	2	0	2	0.006	2	3
19	芸能人	ゲイノウジン	2	0	2	0.006	3	6
20	情報	ジョウホウ	2	0	2	0.006	2	4
21	対話	タイワ	2	0	2	0.006	2	3
22	ブーム	ブーム	2	0	2	0.006	3	3
23	変更	ヘンコウ	2	0	2	0.006	2	4
24	課題	カダイ	1	1	2	0.006	2	3
25	言葉	コトバ	1	1	2	0.006	2	3
26	趣味	シュミ	1	1	2	0.006	2	2
27	騒然	ソウゼン	1	1	2	0.006	2	4
28	談笑	ダンショウ	1	1	2	0.006	2	4
29	ネタ	ネタ	1	1	2	0.006	2	2
30	人	ヒト	1	1	2	0.006	1	2
31	服	フク	1	1	2	0.006	1	2
32	恋愛	レンアイ	1	1	2	0.006	2	4
33	討論	トウロン	0	2	2	0.006	2	4
34	内容	ナイヨウ	0	2	2	0.006	2	4
35	はやり	ハヤリ	0	2	2	0.006	3	3
	流行り		*0*	*1*	*1*	*0.003*	*3*	*3*
	はやり		*0*	*1*	*1*	*0.003*	*3*	*3*
36	アキバ	アキバ	1	0	1	0.003	3	3
37	おしゃべり	オシャベリ	1	0	1	0.003	5	4
38	会談	カイダン	1	0	1	0.003	2	4
39	閑話休題	カンワキュウダイ	1	0	1	0.003	4	7
40	ゲーム	ゲーム	1	0	1	0.003	3	3
41	サッカー	サッカー	1	0	1	0.003	4	4
42	殺到	サットウ	1	0	1	0.003	2	4
43	羞恥心	シュウチシン	1	0	1	0.003	3	5
44	喪失	ソウシツ	1	0	1	0.003	2	4
45	大人気	ダイニンキ	1	0	1	0.003	3	5
46	出来事	デキゴト	1	0	1	0.003	3	4
47	人間関係	ニンゲンカンケイ	1	0	1	0.003	4	8
48	ネット	ネット	1	0	1	0.003	3	3
49	発想力	ハッソウリョク	1	0	1	0.003	3	6
50	発展	ハッテン	1	0	1	0.003	2	4
51	本	ホン	1	0	1	0.003	1	2
52	メディア	メディア	1	0	1	0.003	4	3
53	有名人	ユウメイジン	1	0	1	0.003	3	6
54	世論	ヨロン	1	0	1	0.003	2	3
55	笑	ワライ	1	0	1	0.003	1	3
56	今	イマ	0	1	1	0.003	1	2
57	おばさん	オバサン	0	1	1	0.003	4	4
58	女	オンナ	0	1	1	0.003	1	3
59	黄色	キイロ	0	1	1	0.003	2	3
60	議題	ギダイ	0	1	1	0.003	2	3
61	共通	キョウツウ	0	1	1	0.003	2	4
62	議論	ギロン	0	1	1	0.003	2	3
63	クラス	クラス	0	1	1	0.003	3	3
64	芸能	ゲイノウ	0	1	1	0.003	2	4
65	広範	コウハン	0	1	1	0.003	2	4
66	ゴシップ	ゴシップ	0	1	1	0.003	4	4
67	事件	ジケン	0	1	1	0.003	2	3
68	旬	シュン	0	1	1	0.003	1	2
69	スポット	スポット	0	1	1	0.003	4	4
70	中心	チュウシン	0	1	1	0.003	2	4
71	転換	テンカン	0	1	1	0.003	2	4
72	天気	テンキ	0	1	1	0.003	2	3
73	流れ	ナガレ	0	1	1	0.003	2	3
74	日常	ニチジョウ	0	1	1	0.003	2	4
75	ファッション	ファッション	0	1	1	0.003	6	4
76	持ち込み	モチコミ	0	1	1	0.003	4	4
77	有名	ユウメイ	0	1	1	0.003	2	4
	合計		140	159	299			

II
ひらがな編

1	あくび	フリガナ	男性	女性	全体	連想強度	文字数	モーラ数
1	睡眠	スイミン	27	28	55	0.172	2	4
2	ねむけ	ネムケ	26	27	53	0.166	3	3
	眠気		*26*	*26*	*52*	*0.163*	*2*	*3*
	眠け		*0*	*1*	*1*	*0.003*	*2*	*3*
3	くち	クチ	15	7	22	0.069	2	2
	口		*15*	*6*	*21*	*0.066*	*1*	*2*
	くち		*0*	*1*	*1*	*0.003*	*2*	*2*
4	睡眠不足	スイミンブソク	9	5	14	0.044	4	7
5	授業	ジュギョウ	7	6	13	0.041	2	3
6	睡魔	スイマ	7	5	12	0.038	2	3
7	なみだ	ナミダ	3	6	9	0.028	3	3
	涙		*2*	*6*	*8*	*0.025*	*1*	*3*
	なみだ		*1*	*0*	*1*	*0.003*	*3*	*3*
8	寝不足	ネブソク	2	7	9	0.028	3	4
9	人	ヒト	6	1	7	0.022	1	2
10	暇	ヒマ	1	5	6	0.019	1	2
11	退屈	タイクツ	5	0	5	0.016	2	4
12	朝	アサ	3	1	4	0.013	1	2
13	就寝	シュウシン	1	3	4	0.013	2	4
14	酸素	サンソ	1	2	3	0.009	2	3
15	人間	ニンゲン	1	2	3	0.009	2	4
16	昼寝	ヒルネ	1	2	3	0.009	2	3
17	息	イキ	2	0	2	0.006	1	2
18	のど	ノド	2	0	2	0.006	2	2
	喉		*1*	*0*	*1*	*0.003*	*1*	*2*
	のど		*1*	*0*	*1*	*0.003*	*2*	*2*
19	昼	ヒル	2	0	2	0.006	1	2
20	疲労	ヒロウ	2	0	2	0.006	2	3
21	布団	フトン	2	0	2	0.006	2	3
22	居眠り	イネムリ	1	1	2	0.006	3	4
23	顔	カオ	1	1	2	0.006	1	2
24	くしゃみ	クシャミ	1	1	2	0.006	4	3
25	せのび	セノビ	1	1	2	0.006	3	3
	せのび		*1*	*0*	*1*	*0.003*	*3*	*3*
	背伸び		*0*	*1*	*1*	*0.003*	*3*	*3*
26	寝起き	ネオキ	1	1	2	0.006	3	3
27	酸欠	サンケツ	0	2	2	0.006	2	4
28	夜	ヨル	0	2	2	0.006	1	2
29	女	オンナ	1	0	1	0.003	1	3
30	現象	ゲンショウ	1	0	1	0.003	2	4
31	講義	コウギ	1	0	1	0.003	2	3
32	午後	ゴゴ	1	0	1	0.003	2	2
33	睡眠欲	スイミンヨク	1	0	1	0.003	3	6
34	大魔王	ダイマオウ	1	0	1	0.003	3	5
35	伝染	デンセン	1	0	1	0.003	2	4
36	動物	ドウブツ	1	0	1	0.003	2	4
37	脳	ノウ	1	0	1	0.003	1	2
38	昼間	ヒルマ	1	0	1	0.003	2	3
39	夜中	ヨナカ	1	0	1	0.003	2	3
40	顎	アゴ	0	1	1	0.003	1	2
41	歌	ウタ	0	1	1	0.003	1	2
42	学校	ガッコウ	0	1	1	0.003	2	4
43	体	カラダ	0	1	1	0.003	1	3
44	空気	クウキ	0	1	1	0.003	2	3
45	子供	コドモ	0	1	1	0.003	2	3
46	食後	ショクゴ	0	1	1	0.003	2	3
47	睡眠欲求	スイミンヨッキュウ	0	1	1	0.003	4	8
48	二酸化炭素	ニサンカタンソ	0	1	1	0.003	5	7
49	眠さ	ネムサ	0	1	1	0.003	2	3
50	魔人	マジン	0	1	1	0.003	2	3
51	夢	ユメ	0	1	1	0.003	1	2
52	余裕	ヨユウ	0	1	1	0.003	2	3
53	陸上競技	リクジョウキョウギ	0	1	1	0.003	4	7
	合計		141	130	271			

2	あぐら	フリガナ	男性	女性	全体	連想強度	文字数	モーラ数
1	あし	アシ	29	27	56	0.175	2	2
	足		27	25	52	0.163	1	2
	あし		2	2	4	0.013	2	2
2	おとこ	オトコ	27	26	53	0.166	3	3
	男		27	25	52	0.163	1	3
	おとこ		0	1	1	0.003	3	3
3	おとうさん	オトウサン	3	22	25	0.078	5	5
	お父さん		3	21	24	0.075	4	5
	おとうさん		0	1	1	0.003	5	5
4	おやじ	オヤジ	15	6	21	0.066	3	3
	おやじ		9	2	11	0.034	3	3
	親父		6	2	8	0.025	2	3
	オヤジ		0	2	2	0.006	3	3
5	父	チチ	5	8	13	0.041	1	2
6	らく	ラク	6	6	12	0.038	2	2
	楽		6	5	11	0.034	1	2
	らく		0	1	1	0.003	2	2
7	正座	セイザ	6	3	9	0.028	2	3
8	姿勢	シセイ	4	4	8	0.025	2	3
9	座り方	スワリカタ	4	3	7	0.022	3	5
10	座布団	ザブトン	4	2	6	0.019	3	4
11	畳	タタミ	3	3	6	0.019	1	3
12	父親	チチオヤ	1	5	6	0.019	2	4
13	家	イエ	5	0	5	0.016	1	2
14	リラックス	リラックス	3	2	5	0.016	5	5
15	男性	ダンセイ	2	3	5	0.016	2	4
16	座敷	ザシキ	3	0	3	0.009	2	3
17	いす	イス	2	1	3	0.009	2	2
	椅子		1	1	2	0.006	2	2
	イス		1	0	1	0.003	2	2
18	体制	タイセイ	1	0	1	0.003	2	4
19	態勢	タイセイ	1	0	1	0.003	2	4
20	行儀	ギョウギ	1	2	3	0.009	2	3
21	休憩	キュウケイ	2	0	2	0.006	2	4
22	座	ザ	2	0	2	0.006	1	1
23	しびれ	シビレ	2	0	2	0.006	3	3
24	部屋	ヘヤ	1	1	2	0.006	2	2
25	ぼうず	ボウズ	1	1	2	0.006	3	3
	坊主		1	0	1	0.003	2	3
	ボーズ		0	1	1	0.003	3	3
26	おっさん	オッサン	0	2	2	0.006	4	4
	おっさん		0	1	1	0.003	4	4
	オッサン		0	1	1	0.003	4	4
27	下品	ゲヒン	0	2	2	0.006	2	3
28	大人	オトナ	1	0	1	0.003	2	3
29	おとん	オトン	1	0	1	0.003	3	3
30	鬼	オニ	1	0	1	0.003	1	2
31	体	カラダ	1	0	1	0.003	1	3
32	剣道	ケンドウ	1	0	1	0.003	2	4
33	座イス	ザイス	1	0	1	0.003	3	3
34	座禅	ザゼン	1	0	1	0.003	2	3
35	自然体	シゼンタイ	1	0	1	0.003	3	5
36	地べた	ジベタ	1	0	1	0.003	3	3
37	自由	ジユウ	1	0	1	0.003	2	3
38	柔道	ジュウドウ	1	0	1	0.003	2	4
39	女子高生	ジョシコウセイ	1	0	1	0.003	4	6
40	脱力	ダツリョク	1	0	1	0.003	2	4
41	テレビ	テレビ	1	0	1	0.003	3	3
42	棟梁	トウリョウ	1	0	1	0.003	2	4
43	膝	ヒザ	1	0	1	0.003	1	2
44	人	ヒト	1	0	1	0.003	1	2
45	仏教	ブッキョウ	1	0	1	0.003	2	4
46	無礼	ブレイ	1	0	1	0.003	2	3
47	モグラ	モグラ	1	0	1	0.003	3	3
48	お坊さん	オボウサン	1	0	1	0.003	4	5
49	おじさん	オジサン	0	1	1	0.003	4	4
50	傲慢	ゴウマン	0	1	1	0.003	2	4
51	股関節	コカンセツ	0	1	1	0.003	3	5
52	ゴザ	ゴザ	0	1	1	0.003	2	2
53	じいちゃん	ジイチャン	0	1	1	0.003	5	4
54	しぐさ	シグサ	0	1	1	0.003	3	3
55	地面	ジメン	0	1	1	0.003	2	3
56	新聞	シンブン	0	1	1	0.003	2	4
57	睡眠	スイミン	0	1	1	0.003	2	4
58	体勢	タイセイ	0	1	1	0.003	2	4
59	態度	タイド	0	1	1	0.003	2	3
60	たこ	タコ	0	1	1	0.003	2	2
61	生意気	ナマイキ	0	1	1	0.003	3	4
62	なまけもの	ナマケモノ	0	1	1	0.003	5	5
63	寝かた	ネカタ	0	1	1	0.003	3	3
64	ポーズ	ポーズ	0	1	1	0.003	3	3
65	ヨガ	ヨガ	0	1	1	0.003	2	2
66	和室	ワシツ	0	1	1	0.003	2	3
	合計		156	152	308			

3	あそび	フリガナ	男性	女性	全体	連想強度	文字数	モーラ数
1	こども	コドモ	29	37	66	0.206	3	3
	子供		29	36	65	0.203	2	3
	子ども		0	1	1	0.003	3	3
2	ともだち	トモダチ	13	14	27	0.084	4	4
	友達		13	13	26	0.081	2	4
	ともだち		0	1	1	0.003	4	4
3	ゲーム	ゲーム	15	11	26	0.081	3	3
4	遊具	ユウグ	7	12	19	0.059	2	3
5	公園	コウエン	7	5	12	0.038	2	4
6	外	ソト	7	3	10	0.031	1	2
7	おにごっこ	オニゴッコ	6	3	9	0.028	5	5
	鬼ごっこ		4	3	7	0.022	4	5
	おにごっこ		2	0	2	0.006	5	5
8	遊園地	ユウエンチ	4	3	7	0.022	3	5
9	ゆうぎ	ユウギ	4	3	7	0.022	3	3
	遊戯		3	2	5	0.016	2	3
	ゆうぎ		1	0	1	0.003	3	3
	お遊技		0	1	1	0.003	3	4
10	友人	ユウジン	4	2	6	0.019	2	4
11	娯楽	ゴラク	5	0	5	0.016	2	3
12	砂	スナ	2	3	5	0.016	1	2
13	夜	ヨル	1	4	5	0.016	1	2
14	なわとび	ナワトビ	3	1	4	0.013	4	4
	縄跳び		3	0	3	0.009	3	4
	なわとび		0	1	1	0.003	4	4
15	じゃんけん	ジャンケン	2	2	4	0.013	5	4
16	カラオケ	カラオケ	1	3	4	0.013	4	4
17	息抜き	イキヌキ	3	0	3	0.009	3	4
18	お金	オカネ	2	1	3	0.009	2	3
19	おもちゃ	オモチャ	2	1	3	0.009	4	3
20	火	ヒ	2	1	3	0.009	1	1
21	ボール	ボール	1	2	3	0.009	3	3
22	てあそび	テアソビ	2	0	2	0.006	4	4
	手遊び		1	0	1	0.003	3	4
	手あそび		1	0	1	0.003	4	4
23	ボーリング	ボーリング	2	0	2	0.006	5	5
24	運動	ウンドウ	1	1	2	0.006	2	4
25	砂場	スナバ	1	1	2	0.006	2	3
26	暇	ヒマ	1	1	2	0.006	1	2
27	かくれんぼ	カクレンボ	0	2	2	0.006	5	5
28	玩具	ガング	0	2	2	0.006	2	3
29	けんだま	ケンダマ	0	2	2	0.006	4	4
	けん玉		0	1	1	0.003	3	4
	けんだま		0	1	1	0.003	4	4
30	小学生	ショウガクセイ	0	2	2	0.006	3	6
31	トランプ	トランプ	0	2	2	0.006	4	4
32	一人	ヒトリ	0	2	2	0.006	2	3
33	ままごと	ママゴト	0	2	2	0.006	4	4
	ままごと		0	1	1	0.003	4	4
	おままごと		0	1	1	0.003	5	5
34	屋外	オクガイ	1	0	1	0.003	2	4
35	大人	オトナ	1	0	1	0.003	2	3
36	鬼	オニ	1	0	1	0.003	1	2
37	カードゲーム	カードゲーム	1	0	1	0.003	6	6
38	危険	キケン	1	0	1	0.003	2	3
39	ギャンブル	ギャンブル	1	0	1	0.003	5	4
40	クラブ	クラブ	1	0	1	0.003	3	3
41	ゲーセン	ゲーセン	1	0	1	0.003	4	4
42	コンパ	コンパ	1	0	1	0.003	3	3
43	サッカー	サッカー	1	0	1	0.003	4	4
44	自由	ジユウ	1	0	1	0.003	2	3
45	趣味	シュミ	1	0	1	0.003	2	2
46	砂遊び	スナアソビ	1	0	1	0.003	3	5
47	スポーツ	スポーツ	1	0	1	0.003	4	4
48	世界	セカイ	1	0	1	0.003	2	3
49	団地	ダンチ	1	0	1	0.003	2	3
50	積み木	ツミキ	1	0	1	0.003	3	3
51	積み木遊び	ツミキアソビ	1	0	1	0.003	5	6
52	釣り	ツリ	1	0	1	0.003	2	2
53	手加減	テカゲン	1	0	1	0.003	3	4
54	テレビゲーム	テレビゲーム	1	0	1	0.003	6	6
55	泥	ドロ	1	0	1	0.003	1	2
56	なわ	ナワ	1	0	1	0.003	2	2
57	パチンコ	パチンコ	1	0	1	0.003	4	4
58	人	ヒト	1	0	1	0.003	1	2
59	ブランコ	ブランコ	1	0	1	0.003	4	4
60	皆	ミナ	1	0	1	0.003	1	2
61	野球	ヤキュウ	1	0	1	0.003	2	3
62	休み	ヤスミ	1	0	1	0.003	2	3
63	やんちゃ	ヤンチャ	1	0	1	0.003	4	3
64	夜遊び	ヨアソビ	0	1	1	0.003	3	4
65	アウトドア	アウトドア	0	1	1	0.003	5	5
66	家	イエ	0	1	1	0.003	1	2
67	田舎	イナカ	0	1	1	0.003	2	3
68	運動場	ウンドウジョウ	0	1	1	0.003	3	6
69	おいかけっこ	オイカケッコ	0	1	1	0.003	6	6
70	おりがみ	オリガミ	0	1	1	0.003	4	4
71	女	オンナ	0	1	1	0.003	1	3
72	外出	ガイシュツ	0	1	1	0.003	2	4
73	買い物	カイモノ	0	1	1	0.003	3	4
74	小学校	ショウガッコウ	0	1	1	0.003	3	6
75	ショッピング	ショッピング	0	1	1	0.003	6	5
76	世代	セダイ	0	1	1	0.003	2	3
77	竹馬	タケウマ	0	1	1	0.003	2	4
78	楽しさ	タノシサ	0	1	1	0.003	3	4
79	手品	テジナ	0	1	1	0.003	2	3
80	テレビ	テレビ	0	1	1	0.003	3	3
81	読書	ドクショ	0	1	1	0.003	2	3
82	水	ミズ	0	1	1	0.003	1	2
83	水遊び	ミズアソビ	0	1	1	0.003	3	5
84	昔	ムカシ	0	1	1	0.003	1	3
85	愉快	ユカイ	0	1	1	0.003	2	3
86	指	ユビ	0	1	1	0.003	1	2
87	指遊び	ユビアソビ	0	1	1	0.003	3	5
88	幼稚園	ヨウチエン	0	1	1	0.003	3	5
	合計		157	153	310			

4	あたま	フリガナ	男性	女性	全体	連想強度	文字数	モーラ数
1	脳	ノウ	30	21	51	0.159	1	2
2	髪	カミ	20	23	43	0.134	1	2
3	髪の毛	カミノケ	14	20	34	0.106	3	4
4	からだ	カラダ	12	9	21	0.066	3	3
	体		*11*	*7*	*18*	*0.056*	*1*	*3*
	からだ		*1*	*2*	*3*	*0.009*	*3*	*3*
5	頭痛	ズツウ	13	5	18	0.056	2	3
6	頭脳	ズノウ	2	8	10	0.031	2	3
7	人	ヒト	4	3	7	0.022	1	2
8	人間	ニンゲン	2	3	5	0.016	2	4
9	のうみそ	ノウミソ	2	3	5	0.016	4	4
	脳みそ		*2*	*2*	*4*	*0.013*	*3*	*4*
	のうみそ		*0*	*1*	*1*	*0.003*	*4*	*4*
10	はげ	ハゲ	1	4	5	0.016	2	2
	はげ		*1*	*3*	*4*	*0.013*	*2*	*2*
	ハゲ		*0*	*1*	*1*	*0.003*	*2*	*2*
11	勉強	ベンキョウ	0	5	5	0.016	2	4
12	毛	ケ	4	0	4	0.013	1	1
13	動物	ドウブツ	4	0	4	0.013	2	4
14	帽子	ボウシ	2	2	4	0.013	2	3
15	石	イシ	3	0	3	0.009	1	2
16	頭突き	ズツキ	2	1	3	0.009	3	3
17	成績	セイセキ	1	2	3	0.009	2	4
18	大事	ダイジ	1	2	3	0.009	2	3
19	急所	キュウショ	2	0	2	0.006	2	3
20	天才	テンサイ	2	0	2	0.006	2	4
21	足	アシ	1	1	2	0.006	1	2
22	顔	カオ	1	1	2	0.006	1	2
23	髪型	カミガタ	1	1	2	0.006	2	4
24	てっぺん	テッペン	1	1	2	0.006	4	4
25	頭部	トウブ	1	1	2	0.006	2	3
26	回転	カイテン	0	2	2	0.006	2	4
27	おしり	オシリ	0	2	2	0.006	3	3
28	身体	シンタイ	0	2	2	0.006	2	4
29	頭皮	トウヒ	0	2	2	0.006	2	3
30	馬鹿	バカ	0	2	2	0.006	2	2
31	上	ウエ	1	0	1	0.003	1	2
32	うみ	ウミ	1	0	1	0.003	2	2
33	核	カク	1	0	1	0.003	1	2
34	学力	ガクリョク	1	0	1	0.003	2	4
35	血管	ケッカン	1	0	1	0.003	2	4
36	講義	コウギ	1	0	1	0.003	2	3
37	子供	コドモ	1	0	1	0.003	2	3
38	細胞	サイボウ	1	0	1	0.003	2	4
39	サッカー	サッカー	1	0	1	0.003	4	4
40	思考	シコウ	1	0	1	0.003	2	3
41	秀才	シュウサイ	1	0	1	0.003	2	4
42	柔術	ジュウジュツ	1	0	1	0.003	2	4
43	重要	ジュウヨウ	1	0	1	0.003	2	4
44	頭蓋	ズガイ	1	0	1	0.003	2	3
45	頭蓋骨	ズガイコツ	1	0	1	0.003	3	5
46	生命	セイメイ	1	0	1	0.003	2	4
47	先頭	セントウ	1	0	1	0.003	2	4
48	ダルマ	ダルマ	1	0	1	0.003	3	3
49	知恵	チエ	1	0	1	0.003	2	2
50	知能	チノウ	1	0	1	0.003	2	3
51	中二病	チュウニビョウ	1	0	1	0.003	3	5
52	頂点	チョウテン	1	0	1	0.003	2	4
53	手	テ	1	0	1	0.003	1	1
54	トップ	トップ	1	0	1	0.003	3	3
55	抜け毛	ヌケゲ	1	0	1	0.003	3	3
56	脳腫瘍	ノウシュヨウ	1	0	1	0.003	3	5
57	へでぃんぐ	ヘディング	1	0	1	0.003	5	4
58	坊主	ボウズ	1	0	1	0.003	2	3
59	目	メ	1	0	1	0.003	1	1
60	リーダー	リーダー	1	0	1	0.003	4	4
61	痛み	イタミ	0	1	1	0.003	2	3
62	おたまじゃくし	オタマジャクシ	0	1	1	0.003	7	6
63	黒	クロ	0	1	1	0.003	1	2
64	げんこつ	ゲンコツ	0	1	1	0.003	4	4
65	こころ	ココロ	0	1	1	0.003	3	3
66	シャンプー	シャンプー	0	1	1	0.003	5	4
67	聡明	ソウメイ	0	1	1	0.003	2	4
68	鯛	タイ	0	1	1	0.003	1	2
69	たんこぶ	タンコブ	0	1	1	0.003	4	4
70	知識	チシキ	0	1	1	0.003	2	3
71	知的	チテキ	0	1	1	0.003	2	3
72	頂上	チョウジョウ	0	1	1	0.003	2	4
73	破壊	ハカイ	0	1	1	0.003	2	3
74	皮膚	ヒフ	0	1	1	0.003	2	2
75	ヘルメット	ヘルメット	0	1	1	0.003	5	5
76	ボール	ボール	0	1	1	0.003	3	3
77	面	メン	0	1	1	0.003	1	2
78	柔らかさ	ヤワラカサ	0	1	1	0.003	4	5
	合計		160	146	306			

5	いかだ	フリガナ	男性	女性	全体	連想強度	文字数	モーラ数
1	海	ウミ	33	44	77	0.241	1	2
2	船	フネ	24	25	49	0.153	1	2
3	木	キ	24	13	37	0.116	1	1
4	川	カワ	17	15	32	0.100	1	2
5	無人島	ムジントウ	16	7	23	0.072	3	5
6	遭難	ソウナン	9	6	15	0.047	2	4
7	まるた	マルタ	6	8	14	0.044	3	3
	丸太		*5*	*6*	*11*	*0.034*	*2*	*3*
	まるた		*1*	*1*	*2*	*0.006*	*3*	*3*
	マルタ		*0*	*1*	*1*	*0.003*	*3*	*3*
8	冒険	ボウケン	4	4	8	0.025	2	4
9	漂流	ヒョウリュウ	3	5	8	0.025	2	4
10	島	シマ	4	1	5	0.016	1	2
11	ボート	ボート	1	4	5	0.016	3	3
12	乗り物	ノリモノ	3	0	3	0.009	3	4
13	池	イケ	0	2	2	0.006	1	2
14	いか	イカ	2	0	2	0.006	2	2
	いか		*1*	*0*	*1*	*0.003*	*2*	*2*
	イカ		*1*	*0*	*1*	*0.003*	*2*	*2*
15	脱走	ダッソウ	2	0	2	0.006	2	4
16	探検	タンケン	2	0	2	0.006	2	4
17	トム・ソーヤ	トム・ソーヤ	1	1	2	0.006	6	6
18	オール	オール	1	0	1	0.003	3	3
19	お菓子	オカシ	1	0	1	0.003	3	3
20	危険	キケン	1	0	1	0.003	2	3
21	作成	サクセイ	1	0	1	0.003	2	4
22	打開策	ダカイサク	1	0	1	0.003	3	5
23	脱出	ダッシュツ	1	0	1	0.003	2	4
24	湖	ミズウミ	1	0	1	0.003	1	4
25	昔話	ムカシバナシ	1	0	1	0.003	2	6
26	渡し船	ワタシブネ	1	0	1	0.003	3	5
27	板	イタ	0	1	1	0.003	1	2
28	海賊	カイゾク	0	1	1	0.003	2	4
29	川遊び	カワアソビ	0	1	1	0.003	3	5
30	川下り	カワクダリ	0	1	1	0.003	3	5
31	救出	キュウシュツ	0	1	1	0.003	2	4
32	航海	コウカイ	0	1	1	0.003	2	4
33	漕ぎ手	コギテ	0	1	1	0.003	3	3
34	ジャングル	ジャングル	0	1	1	0.003	5	4
35	15少年漂流記	ジュウゴショウネンヒョウリュウキ	0	1	1	0.003	7	12
36	制作	セイサク	0	1	1	0.003	2	4
37	渡船	トセン	0	1	1	0.003	2	3
38	流れ	ナガレ	0	1	1	0.003	2	3
39	不明	フメイ	0	1	1	0.003	2	3
40	木製	モクセイ	0	1	1	0.003	2	4
41	レース	レース	0	1	1	0.003	3	3
	合計		160	150	310			

6	いとこ	フリガナ	男性	女性	全体	連想強度	文字数	モーラ数
1	親戚	シンセキ	55	49	104	0.325	2	4
2	はとこ	ハトコ	23	18	41	0.128	3	3
3	兄弟	キョウダイ	12	10	22	0.069	2	4
4	親族	シンゾク	9	2	11	0.034	2	4
5	家族	カゾク	5	6	11	0.034	2	3
6	男	オトコ	5	3	8	0.025	1	3
7	親	オヤ	1	5	6	0.019	1	2
8	子供	コドモ	1	5	6	0.019	2	3
9	しょうがつ	ショウガツ	2	3	5	0.016	5	4
	正月		*2*	*1*	*3*	*0.009*	*2*	*4*
	お正月		*0*	*2*	*2*	*0.006*	*3*	*5*
10	友達	トモダチ	4	0	4	0.013	2	4
11	知り合い	シリアイ	3	0	3	0.009	4	4
12	女	オンナ	2	1	3	0.009	1	3
13	結婚	ケッコン	1	2	3	0.009	2	4
14	年上	トシウエ	1	2	3	0.009	2	4
15	年下	トシシタ	1	2	3	0.009	2	4
16	人	ヒト	1	2	3	0.009	1	2
17	身内	ミウチ	1	2	3	0.009	2	3
18	姉	アネ	0	3	3	0.009	1	2
19	お年玉	オトシダマ	1	1	2	0.006	3	5
20	疎遠	ソエン	1	1	2	0.006	2	3
21	おばさん	オバサン	0	2	2	0.006	4	4
	叔母さん		*0*	*1*	*1*	*0.003*	*4*	*4*
	おばさん		*0*	*1*	*1*	*0.003*	*4*	*4*
22	近所	キンジョ	0	2	2	0.006	2	3
23	血	チ	0	2	2	0.006	1	1
24	仲良し	ナカヨシ	0	2	2	0.006	3	4
25	家	イエ	1	0	1	0.003	1	2
26	妹	イモウト	1	0	1	0.003	1	4
27	遠距離	エンキョリ	1	0	1	0.003	3	4
28	同い年	オナイドシ	1	0	1	0.003	3	5
29	おば	オバ	1	0	1	0.003	2	2
30	親兄弟	オヤキョウダイ	1	0	1	0.003	3	6
31	血縁	ケツエン	1	0	1	0.003	2	4
32	血縁者	ケツエンシャ	1	0	1	0.003	3	5
33	血統	ケットウ	1	0	1	0.003	2	4
34	親類	シンルイ	1	0	1	0.003	2	4
35	成長	セイチョウ	1	0	1	0.003	2	4
36	葬儀	ソウギ	1	0	1	0.003	2	3
37	手加減	テカゲン	1	0	1	0.003	3	4
38	友	トモ	1	0	1	0.003	1	2
39	友達感覚	トモダチカンカク	1	0	1	0.003	4	8
40	兄ちゃん	ニイチャン	1	0	1	0.003	4	4
41	肉親	ニクシン	1	0	1	0.003	2	4
42	二人	フタリ	1	0	1	0.003	2	3
43	不仲	フナカ	1	0	1	0.003	2	3
44	友人	ユウジン	1	0	1	0.003	2	4
45	嫁	ヨメ	1	0	1	0.003	1	2
46	両親	リョウシン	1	0	1	0.003	2	4
47	叔父	オジ	0	1	1	0.003	2	2
48	おじさん	オジサン	0	1	1	0.003	4	4
49	男の子	オトコノコ	0	1	1	0.003	3	5
50	お姉ちゃん	オネエチャン	0	1	1	0.003	5	5
51	おばあちゃん	オバアチャン	0	1	1	0.003	6	5
52	キャンプ	キャンプ	0	1	1	0.003	4	3
53	九州	キュウシュウ	0	1	1	0.003	2	4
54	結婚式	ケッコンシキ	0	1	1	0.003	3	6
55	高校	コウコウ	0	1	1	0.003	2	4
56	実家	ジッカ	0	1	1	0.003	2	3
57	葬式	ソウシキ	0	1	1	0.003	2	4
58	知人	チジン	0	1	1	0.003	2	3
59	同年代	ドウネンダイ	0	1	1	0.003	3	6
60	人間	ニンゲン	0	1	1	0.003	2	4
61	母	ハハ	0	1	1	0.003	1	2
62	母親	ハハオヤ	0	1	1	0.003	2	4
63	僻地	ヘキチ	0	1	1	0.003	2	3
64	未知	ミチ	0	1	1	0.003	2	2
	合計		151	143	294			

7	いのち	フリガナ	男性	女性	全体	連想強度	文字数	モーラ数
1	大切	タイセツ	19	27	46	0.144	2	4
2	生命	セイメイ	20	12	32	0.100	2	4
3	赤ちゃん	アカチャン	7	11	18	0.056	4	4
4	人間	ニンゲン	6	11	17	0.053	2	4
5	人	ヒト	13	3	16	0.050	1	2
6	大事	ダイジ	8	4	12	0.038	2	3
7	死	シ	7	3	10	0.031	1	1
8	生物	セイブツ	5	5	10	0.031	2	4
9	心臓	シンゾウ	4	5	9	0.028	2	4
10	病院	ビョウイン	3	5	8	0.025	2	4
11	こころ	ココロ	3	4	7	0.022	3	3
	心		*1*	*4*	*5*	*0.016*	*1*	*3*
	こころ		*2*	*0*	*2*	*0.006*	*3*	*3*
12	ひとつ	ヒトツ	3	4	7	0.022	3	3
	一つ		*2*	*2*	*4*	*0.013*	*2*	*3*
	ひとつ		*1*	*2*	*3*	*0.009*	*3*	*3*
13	生き物	イキモノ	3	2	5	0.016	3	4
14	せい	セイ	2	3	5	0.016	2	2
	生		*1*	*3*	*4*	*0.013*	*1*	*2*
	せい		*1*	*0*	*1*	*0.003*	*2*	*2*
15	人生	ジンセイ	3	1	4	0.013	2	4
16	動物	ドウブツ	3	1	4	0.013	2	4
17	体	カラダ	2	2	4	0.013	1	3
18	子供	コドモ	2	2	4	0.013	2	3
19	誕生	タンジョウ	1	3	4	0.013	2	4
20	赤ん坊	アカンボウ	1	2	3	0.009	3	5
21	病気	ビョウキ	0	3	3	0.009	2	3
22	貴重	キチョウ	2	0	2	0.006	2	3
23	魂	タマシイ	2	0	2	0.006	1	4
24	灯	ヒ	2	0	2	0.006	1	1
25	炎	ホノオ	2	0	2	0.006	1	3
26	虫	ムシ	2	0	2	0.006	1	2
27	出産	シュッサン	1	1	2	0.006	2	4
28	血	チ	1	1	2	0.006	1	1
29	地球	チキュウ	1	1	2	0.006	2	3
30	母	ハハ	1	1	2	0.006	1	2
31	神秘	シンピ	0	2	2	0.006	2	3
32	戦争	センソウ	0	2	2	0.006	2	4
33	胎児	タイジ	0	2	2	0.006	2	3
34	道徳	ドウトク	0	2	2	0.006	2	4
35	かけがえ	カケガエ	1	0	1	0.003	4	4
36	形	カタチ	1	0	1	0.003	1	3
37	樹	キ	1	0	1	0.003	1	1
38	救命	キュウメイ	1	0	1	0.003	2	4
39	草	クサ	1	0	1	0.003	1	2
40	軽蔑	ケイベツ	1	0	1	0.003	2	4
41	重要	ジュウヨウ	1	0	1	0.003	2	4
42	寿命	ジュミョウ	1	0	1	0.003	2	3
43	生死	セイシ	1	0	1	0.003	2	3
44	喪失	ソウシツ	1	0	1	0.003	2	4
45	尊厳	ソンゲン	1	0	1	0.003	2	4
46	代償	ダイショウ	1	0	1	0.003	2	4
47	宝	タカラ	1	0	1	0.003	1	3
48	玉	タマ	1	0	1	0.003	1	2
49	力	チカラ	1	0	1	0.003	1	3
50	ドナー	ドナー	1	0	1	0.003	3	3
51	ハート	ハート	1	0	1	0.003	3	3
52	不思議	フシギ	1	0	1	0.003	3	3
53	平和	ヘイワ	1	0	1	0.003	2	3
54	水	ミズ	1	0	1	0.003	1	2
55	森	モリ	1	0	1	0.003	1	2
56	赤	アカ	0	1	1	0.003	1	2
57	エイズ	エイズ	0	1	1	0.003	3	3
58	お母さん	オカアサン	0	1	1	0.003	4	5
59	期限	キゲン	0	1	1	0.003	2	3
60	ギネス	ギネス	0	1	1	0.003	3	3
61	限定	ゲンテイ	0	1	1	0.003	2	4
62	権利	ケンリ	0	1	1	0.003	2	3
63	殺人	サツジン	0	1	1	0.003	2	4
64	自殺	ジサツ	0	1	1	0.003	2	3
65	白	シロ	0	1	1	0.003	1	2
66	身体	シンタイ	0	1	1	0.003	2	4
67	生活	セイカツ	0	1	1	0.003	2	4
68	綱	ツナ	0	1	1	0.003	1	2
69	妊娠	ニンシン	0	1	1	0.003	2	4
70	光	ヒカリ	0	1	1	0.003	1	3
71	本	ホン	0	1	1	0.003	1	2
72	モノ	モノ	0	1	1	0.003	2	2
73	有限	ユウゲン	0	1	1	0.003	2	4
74	蝋燭	ロウソク	0	1	1	0.003	2	4
	合計		150	144	294			

8	いるか	フリガナ	男性	女性	全体	連想強度	文字数	モーラ数
1	うみ	ウミ	74	77	151	0.472	2	2
	海		*72*	*77*	*149*	*0.466*	*1*	*2*
	うみ		*2*	*0*	*2*	*0.006*	*2*	*2*
2	水族館	スイゾクカン	21	27	48	0.150	3	6
3	哺乳類	ホニュウルイ	16	22	38	0.119	3	5
4	ショー	ショー	5	5	10	0.031	3	2
5	動物	ドウブツ	7	2	9	0.028	2	4
6	魚	サカナ	5	2	7	0.022	1	3
7	くじら	クジラ	4	1	5	0.016	3	3
	クジラ		*2*	*1*	*3*	*0.009*	*3*	*3*
	くじら		*2*	*0*	*2*	*0.006*	*3*	*3*
8	シャチ	シャチ	3	0	3	0.009	3	2
9	超音波	チョウオンパ	3	0	3	0.009	3	5
10	なごり雪	ナゴリユキ	3	0	3	0.009	4	5
11	少年	ショウネン	2	1	3	0.009	2	4
12	青	アオ	1	2	3	0.009	1	2
13	イルカショー	イルカショー	2	0	2	0.006	6	5
14	かもめ	カモメ	2	0	2	0.006	3	3
	かもめ		*1*	*0*	*1*	*0.003*	*3*	*3*
	カモメ		*1*	*0*	*1*	*0.003*	*3*	*3*
15	豚	ブタ	2	0	2	0.006	1	2
16	水	ミズ	1	1	2	0.006	1	2
17	入鹿池	イルカイケ	1	0	1	0.003	3	5
18	かえる	カエル	1	0	1	0.003	3	3
19	賢さ	カシコサ	1	0	1	0.003	2	4
20	綺麗	キレイ	1	0	1	0.003	2	3
21	高等	コウトウ	1	0	1	0.003	2	4
22	生物	セイブツ	1	0	1	0.003	2	4
23	人気者	ニンキモノ	1	0	1	0.003	3	5
24	脳	ノウ	1	0	1	0.003	1	2
25	乗り物	ノリモノ	1	0	1	0.003	3	4
26	プール	プール	1	0	1	0.003	3	3
27	漫画	マンガ	1	0	1	0.003	2	3
28	弟	オトウト	0	1	1	0.003	1	4
29	オルカ	オルカ	0	1	1	0.003	3	3
30	心	ココロ	0	1	1	0.003	1	3
31	ゴム	ゴム	0	1	1	0.003	2	2
32	ジャンプ	ジャンプ	0	1	1	0.003	4	3
33	頭脳	ズノウ	0	1	1	0.003	2	3
34	ピンク	ピンク	0	1	1	0.003	3	3
35	フォルム	フォルム	0	1	1	0.003	4	3
36	無	ム	0	1	1	0.003	1	1
	合計		162	149	311			

9	いろり	フリガナ	男性	女性	全体	連想強度	文字数	モーラ数
1	火	ヒ	41	38	79	0.247	1	1
2	昔	ムカシ	13	15	28	0.088	1	3
3	暖炉	ダンロ	11	9	20	0.063	2	3
4	冬	フユ	5	6	11	0.034	1	2
5	日本	ニホン	4	7	11	0.034	2	3
6	田舎	イナカ	5	5	10	0.031	2	3
7	色	イロ	5	2	7	0.022	1	2
8	魚	サカナ	3	4	7	0.022	1	3
9	和風	ワフウ	2	5	7	0.022	2	3
10	家	イエ	4	2	6	0.019	1	2
11	和	ワ	4	2	6	0.019	1	1
12	暖房	ダンボウ	1	4	5	0.016	2	4
13	和室	ワシツ	3	1	4	0.013	2	3
14	熱	ネツ	2	2	4	0.013	1	2
15	日本家屋	ニホンカオク	1	3	4	0.013	4	6
16	炭	スミ	2	1	3	0.009	1	2
17	こたつ	コタツ	1	2	3	0.009	3	3
	こたつ		*0*	*2*	*2*	*0.006*	*3*	*3*
	炬燵		*1*	*0*	*1*	*0.003*	*2*	*3*
18	炎	ホノオ	1	2	3	0.009	1	3
19	だんらん	ダンラン	2	0	2	0.006	4	4
	団欒		*1*	*0*	*1*	*0.003*	*2*	*4*
	団らん		*1*	*0*	*1*	*0.003*	*3*	*4*
20	風流	フウリュウ	2	0	2	0.006	2	4
21	雪	ユキ	2	0	2	0.006	1	2
22	暖	ダン	1	1	2	0.006	1	2
23	灰	ハイ	1	1	2	0.006	1	2
24	部屋	ヘヤ	1	1	2	0.006	2	2
25	昔話	ムカシバナシ	1	1	2	0.006	2	6
26	やかん	ヤカン	1	1	2	0.006	3	3
27	焼き魚	ヤキザカナ	1	1	2	0.006	3	5
28	昭和	ショウワ	0	2	2	0.006	2	3
29	光	ヒカリ	0	2	2	0.006	1	3
30	炉端	ロバタ	0	2	2	0.006	2	3
31	鮮やか	アザヤカ	1	0	1	0.003	3	4
32	囲い	カコイ	1	0	1	0.003	2	3
33	家族	カゾク	1	0	1	0.003	2	3
34	季節	キセツ	1	0	1	0.003	2	3
35	子供	コドモ	1	0	1	0.003	2	3
36	五平餅	ゴヘイモチ	1	0	1	0.003	3	5
37	駒	コマ	1	0	1	0.003	1	2
38	じいさん	ジイサン	1	0	1	0.003	4	4
39	塩焼き	シオヤキ	1	0	1	0.003	3	4
40	実況	ジッキョウ	1	0	1	0.003	2	4
41	辞典	ジテン	1	0	1	0.003	2	3
42	遭難	ソウナン	1	0	1	0.003	2	4
43	土	ツチ	1	0	1	0.003	1	2
44	年寄り	トシヨリ	1	0	1	0.003	3	4
45	におい	ニオイ	1	0	1	0.003	3	3
46	ぬくもり	ヌクモリ	1	0	1	0.003	4	4
47	端	ハシ	1	0	1	0.003	1	2
48	派手	ハデ	1	0	1	0.003	2	2
49	飛騨	ヒダ	1	0	1	0.003	2	2
50	火鉢	ヒバチ	1	0	1	0.003	2	3
51	掘りごたつ	ホリゴタツ	1	0	1	0.003	5	5
52	祭り	マツリ	1	0	1	0.003	2	3
53	民家	ミンカ	1	0	1	0.003	2	3
54	村	ムラ	1	0	1	0.003	1	2
55	飯	メシ	1	0	1	0.003	1	2
56	火傷	ヤケド	1	0	1	0.003	2	3
57	旅館	リョカン	1	0	1	0.003	2	3
58	和式	ワシキ	1	0	1	0.003	2	3
59	赤	アカ	0	1	1	0.003	1	2
60	明り	アカリ	0	1	1	0.003	2	3
61	おばあちゃん	オバアチャン	0	1	1	0.003	6	5
62	囲み	カコミ	0	1	1	0.003	2	3
63	家庭	カテイ	0	1	1	0.003	2	3
64	紙	カミ	0	1	1	0.003	1	2
65	黒	クロ	0	1	1	0.003	1	2
66	ゲーム	ゲーム	0	1	1	0.003	3	3
67	煙	ケムリ	0	1	1	0.003	1	3
68	ごはん	ゴハン	0	1	1	0.003	3	3
69	コンロ	コンロ	0	1	1	0.003	3	3
70	タイ焼き	タイヤキ	0	1	1	0.003	4	4
71	伝統的	デントウテキ	0	1	1	0.003	3	6
72	鍋	ナベ	0	1	1	0.003	1	2
73	風情	フゼイ	0	1	1	0.003	2	3
74	水色	ミズイロ	0	1	1	0.003	2	4
75	餅	モチ	0	1	1	0.003	1	2
76	料理	リョウリ	0	1	1	0.003	2	3
	合計		148	140	288			

10	いわし	フリガナ	男性	女性	全体	連想強度	文字数	モーラ数
1	さかな	サカナ	135	125	260	0.813	3	3
	魚		*133*	*124*	*257*	*0.803*	*1*	*3*
	さかな		*2*	*1*	*3*	*0.009*	*3*	*3*
2	海	ウミ	5	4	9	0.028	1	2
3	つみれ	ツミレ	3	1	4	0.013	3	3
4	群れ	ムレ	2	1	3	0.009	2	2
5	節分	セツブン	0	3	3	0.009	2	4
6	さんま	サンマ	2	0	2	0.006	3	3
7	青魚	アオザカナ	0	2	2	0.006	2	5
8	缶詰	カンヅメ	0	2	2	0.006	2	4
9	焼き魚	ヤキザカナ	0	2	2	0.006	3	5
10	青	アオ	1	0	1	0.003	1	2
11	あじ	アジ	1	0	1	0.003	2	2
12	海魚	カイギョ	1	0	1	0.003	2	3
13	唐揚げ	カラアゲ	1	0	1	0.003	3	4
14	カルシウム	カルシウム	1	0	1	0.003	5	5
15	靴下	クツシタ	1	0	1	0.003	2	4
16	産卵	サンラン	1	0	1	0.003	2	4
17	匂い	ニオイ	1	0	1	0.003	2	3
18	はんぺん	ハンペン	1	0	1	0.003	4	4
19	光りもの	ヒカリモノ	1	0	1	0.003	4	5
20	めざし	メザシ	1	0	1	0.003	3	3
21	ワラサ	ワラサ	1	0	1	0.003	3	3
22	頭	アタマ	0	1	1	0.003	1	3
23	栄養	エイヨウ	0	1	1	0.003	2	4
24	柿	カキ	0	1	1	0.003	1	2
25	かたくちイワシ	カタクチイワシ	0	1	1	0.003	7	7
26	川	カワ	0	1	1	0.003	1	2
27	銀色	ギンイロ	0	1	1	0.003	2	4
28	鯖	サバ	0	1	1	0.003	1	2
29	寿司	スシ	0	1	1	0.003	2	2
30	天ぷら	テンプラ	0	1	1	0.003	3	4
31	煮干し	ニボシ	0	1	1	0.003	3	3
32	丸焼き	マルヤキ	0	1	1	0.003	3	4
33	水	ミズ	0	1	1	0.003	1	2
	合計		159	152	311			

11	うどん	フリガナ	男性	女性	全体	連想強度	文字数	モーラ数
1	めん	メン	22	23	45	0.141	2	2
	麺		21	22	43	0.134	1	2
	めん		1	1	2	0.006	2	2
2	さぬき	サヌキ	21	14	35	0.109	3	3
	讃岐		19	14	33	0.103	2	3
	さぬき		2	0	2	0.006	3	3
3	そば	ソバ	12	11	23	0.072	2	2
	そば		11	9	20	0.063	2	2
	蕎麦		0	2	2	0.006	2	2
	ソバ		1	0	1	0.003	2	2
4	香川	カガワ	9	12	21	0.066	2	3
5	白	シロ	5	14	19	0.059	1	2
6	きつね	キツネ	7	10	17	0.053	3	3
	きつね		7	8	15	0.047	3	3
	キツネ		0	2	2	0.006	3	3
7	こし	コシ	8	1	9	0.028	2	2
	コシ		4	1	5	0.016	2	2
	こし		4	0	4	0.013	2	2
8	麺類	メンルイ	3	6	9	0.028	2	4
9	小麦粉	コムギコ	4	4	8	0.025	3	4
10	きしめん	キシメン	3	3	6	0.019	4	4
11	食べ物	タベモノ	3	3	6	0.019	3	4
12	日本	ニホン	3	3	6	0.019	2	3
13	香川県	カガワケン	3	2	5	0.016	3	5
14	四国	シコク	3	1	4	0.013	2	3
15	つゆ	ツユ	3	1	4	0.013	2	2
16	みせ	ミセ	2	2	4	0.013	2	2
	店		1	1	2	0.006	1	2
	お店		1	1	2	0.006	2	3
17	みそにこみ	ミソニコミ	2	2	4	0.013	5	5
	味噌煮込み		1	2	3	0.009	5	5
	みそ煮込み		1	0	1	0.003	5	5
18	ご飯	ゴハン	2	1	3	0.009	2	3
19	さぬきうどん	サヌキウドン	1	2	3	0.009	6	6
	讃岐うどん		1	1	2	0.006	5	6
	さぬきうどん		0	1	1	0.003	6	6
20	どんべい	ドンベイ	1	2	3	0.009	4	4
	どんべい		0	2	2	0.006	4	4
	どんべえ		1	0	1	0.003	4	4
21	小麦	コムギ	2	0	2	0.006	2	3
22	たぬき	タヌキ	2	0	2	0.006	3	3
23	炭水化物	タンスイカブツ	2	0	2	0.006	4	7
24	月見	ツキミ	2	0	2	0.006	2	3
25	丼	ドンブリ	2	0	2	0.006	1	4
26	飯	メシ	2	0	2	0.006	1	2
27	和風	ワフウ	2	0	2	0.006	2	3
28	映画	エイガ	1	1	2	0.006	2	3
29	鰹節	カツオブシ	1	1	2	0.006	2	5
30	金山	カナヤマ	1	1	2	0.006	2	4
31	白玉	シラタマ	1	1	2	0.006	2	4
32	味噌	ミソ	1	1	2	0.006	2	2
33	ラーメン	ラーメン	1	1	2	0.006	4	4
34	和食	ワショク	1	1	2	0.006	2	3
35	関西	カンサイ	0	2	2	0.006	2	4
36	だし	ダシ	0	2	2	0.006	2	2
	だし		0	1	1	0.003	2	2
	ダシ		0	1	1	0.003	2	2
37	ねぎ	ネギ	0	2	2	0.006	2	2
	ねぎ		0	1	1	0.003	2	2
	ネギ		0	1	1	0.003	2	2
38	名物	メイブツ	0	2	2	0.006	2	4
39	稲庭	イナニワ	1	0	1	0.003	2	4
40	インスタント	インスタント	1	0	1	0.003	6	6
41	かき揚げ	カキアゲ	1	0	1	0.003	4	4
42	学食	ガクショク	1	0	1	0.003	2	4
43	かけ	カケ	1	0	1	0.003	2	2
44	コンビニ	コンビニ	1	0	1	0.003	4	4
45	しゃぶしゃぶ	シャブシャブ	1	0	1	0.003	6	4
46	生姜	ショウガ	1	0	1	0.003	2	3
47	そうめん	ソウメン	1	0	1	0.003	4	4
48	大好き	ダイスキ	1	0	1	0.003	3	4
49	匠	タクミ	1	0	1	0.003	1	3
50	卵	タマゴ	1	0	1	0.003	1	3
51	天ぷら	テンプラ	1	0	1	0.003	3	4
52	年越し	トシコシ	1	0	1	0.003	3	4
53	友達	トモダチ	1	0	1	0.003	2	4
54	西	ニシ	1	0	1	0.003	1	2
55	箸	ハシ	1	0	1	0.003	1	2
56	パスタ	パスタ	1	0	1	0.003	3	3
57	細めん	ホソメン	1	0	1	0.003	3	4
58	焼き	ヤキ	1	0	1	0.003	2	2
59	一味	イチミ	0	1	1	0.003	2	3
60	かまぼこ	カマボコ	0	1	1	0.003	4	4
61	汁	シル	0	1	1	0.003	1	2
62	体操	タイソウ	0	1	1	0.003	2	4
63	鍋	ナベ	0	1	1	0.003	1	2
64	鍋焼き	ナベヤキ	0	1	1	0.003	3	4
65	喉ごし	ノドゴシ	0	1	1	0.003	3	4
66	バイト	バイト	0	1	1	0.003	3	3
67	昼ごはん	ヒルゴハン	0	1	1	0.003	4	5
68	料理	リョウリ	0	1	1	0.003	2	3
	合計		158	142	300			

12	うろこ	フリガナ	男性	女性	全体	連想強度	文字数	モーラ数
1	さかな	サカナ	134	124	258	0.806	3	3
	魚		*134*	*122*	*256*	*0.800*	*1*	*3*
	さかな		*0*	*2*	*2*	*0.006*	*3*	*3*
2	目	メ	5	11	16	0.050	1	1
3	りゅう	リュウ	9	3	12	0.038	3	2
	竜		*5*	*2*	*7*	*0.022*	*1*	*2*
	龍		*4*	*1*	*5*	*0.016*	*1*	*2*
4	鯉	コイ	1	3	4	0.013	1	2
5	わに	ワニ	3	0	3	0.009	2	2
	ワニ		*2*	*0*	*2*	*0.006*	*2*	*2*
	鰐		*1*	*0*	*1*	*0.003*	*1*	*2*
6	鯛	タイ	2	0	2	0.006	1	2
7	蛇	ヘビ	2	0	2	0.006	1	2
8	魚類	ギョルイ	0	2	2	0.006	2	3
9	人魚	ニンギョ	0	2	2	0.006	2	3
10	カメ	カメ	1	0	1	0.003	2	2
11	獣	ケモノ	1	0	1	0.003	1	3
12	こしょう	コショウ	1	0	1	0.003	4	3
13	盾	タテ	1	0	1	0.003	1	2
14	爬虫類	ハチュウルイ	1	0	1	0.003	3	5
15	皮膚	ヒフ	1	0	1	0.003	2	2
16	鎧	ヨロイ	1	0	1	0.003	1	3
17	金	キン	0	1	1	0.003	1	2
18	銀	ギン	0	1	1	0.003	1	2
19	ことわざ	コトワザ	0	1	1	0.003	4	4
20	魚屋	サカナヤ	0	1	1	0.003	2	4
21	刺身	サシミ	0	1	1	0.003	2	3
	合計		163	150	313			

13	うわさ	フリガナ	男性	女性	全体	連想強度	文字数	モーラ数
1	ひと	ヒト	28	22	50	0.156	2	2
	人		27	22	49	0.153	1	2
	ひと		1	0	1	0.003	2	2
2	話	ハナシ	18	16	34	0.106	1	3
3	うそ	ウソ	8	10	18	0.056	2	2
	嘘		7	10	17	0.053	1	2
	うそ		1	0	1	0.003	2	2
4	風	カゼ	6	6	12	0.038	1	2
5	悪口	ワルクチ	3	8	11	0.034	2	4
6	しちじゅうごにち	シチジュウゴニチ	3	7	10	0.031	8	7
	75日		2	6	8	0.025	3	7
	七十五日		1	1	2	0.006	4	7
7	がっこう	ガッコウ	4	5	9	0.028	4	4
	学校		3	5	8	0.025	2	4
	がっこう		1	0	1	0.003	4	4
8	人間	ニンゲン	2	5	7	0.022	2	4
9	女	オンナ	1	6	7	0.022	1	3
10	女の子	オンナノコ	2	4	6	0.019	3	5
11	おばさん	オバサン	4	1	5	0.016	4	4
12	陰口	カゲグチ	1	4	5	0.016	2	4
13	近所	キンジョ	3	1	4	0.013	2	3
14	友達	トモダチ	1	3	4	0.013	2	4
15	言葉	コトバ	3	0	3	0.009	2	3
16	女子	ジョシ	3	0	3	0.009	2	2
17	伝説	デンセツ	3	0	3	0.009	2	4
18	主婦	シュフ	2	1	3	0.009	2	2
19	噂話	ウワサバナシ	1	2	3	0.009	2	6
20	かげ	カゲ	1	2	3	0.009	2	2
	影		1	1	2	0.006	1	2
	陰		0	1	1	0.003	1	2
21	世間話	セケンバナシ	1	2	3	0.009	3	6
22	口	クチ	0	3	3	0.009	1	2
23	いじめ	イジメ	2	0	2	0.006	3	3
24	都市伝説	トシデンセツ	2	0	2	0.006	4	6
25	評判	ヒョウバン	2	0	2	0.006	2	4
26	風評	フウヒョウ	2	0	2	0.006	2	4
27	友人	ユウジン	2	0	2	0.006	2	4
28	会話	カイワ	1	1	2	0.006	2	3
29	傷	キズ	1	1	2	0.006	1	2
30	デマ	デマ	1	1	2	0.006	2	2
31	耳	ミミ	1	1	2	0.006	1	2
32	無根拠	ムコンキョ	1	1	2	0.006	3	4
33	悪	アク	0	2	2	0.006	1	2
34	印象	インショウ	1	0	1	0.003	2	4
35	言い伝え	イイツタエ	1	0	1	0.003	4	5
36	鬱	ウツ	1	0	1	0.003	1	2
37	裏	ウラ	1	0	1	0.003	1	2
38	奥さん	オクサン	1	0	1	0.003	3	4
39	音	オト	1	0	1	0.003	1	2
40	仮面	カメン	1	0	1	0.003	2	3
41	関係	カンケイ	1	0	1	0.003	2	4
42	危険	キケン	1	0	1	0.003	2	3
43	記事	キジ	1	0	1	0.003	2	2
44	気分	キブン	1	0	1	0.003	2	3
45	空想	クウソウ	1	0	1	0.003	2	4
46	高校生	コウコウセイ	1	0	1	0.003	3	6
47	ゴシップ	ゴシップ	1	0	1	0.003	4	4
48	ことわざ	コトワザ	1	0	1	0.003	4	4
49	根拠	コンキョ	1	0	1	0.003	2	3
50	雑誌	ザッシ	1	0	1	0.003	2	3
51	戯言	ザレゴト	1	0	1	0.003	2	4
52	45	シジュウゴ	1	0	1	0.003	2	4
53	自分	ジブン	1	0	1	0.003	2	3
54	弱者	ジャクシャ	1	0	1	0.003	2	3
55	他人	タニン	1	0	1	0.003	2	3
56	巷	チマタ	1	0	1	0.003	1	3
57	連れ	ツレ	1	0	1	0.003	2	2
58	伝達	デンタツ	1	0	1	0.003	2	4
59	人間関係	ニンゲンカンケイ	1	0	1	0.003	4	8
60	85日	ハチジュウゴニチ	1	0	1	0.003	3	7
61	八十八日	ハチジュウハチニチ	1	0	1	0.003	4	8
62	独り歩き	ヒトリアルキ	1	0	1	0.003	4	6
63	広まり	ヒロマリ	1	0	1	0.003	3	4
64	不吉	フキツ	1	0	1	0.003	2	3
65	３日	ミッカ	1	0	1	0.003	2	3
66	無意味	ムイミ	1	0	1	0.003	3	3
67	予想	ヨソウ	1	0	1	0.003	2	3
68	与太話	ヨタバナシ	1	0	1	0.003	3	5
69	井戸端会議	イドバタカイギ	0	1	1	0.003	5	7
70	怪談	カイダン	0	1	1	0.003	2	4
71	学生	ガクセイ	0	1	1	0.003	2	4
72	カメラ	カメラ	0	1	1	0.003	3	3
73	脚色	キャクショク	0	1	1	0.003	2	4
74	恐怖	キョウフ	0	1	1	0.003	2	3
75	嫌い	キライ	0	1	1	0.003	2	3
76	くしゃみ	クシャミ	0	1	1	0.003	4	3
77	クチコミ	クチコミ	0	1	1	0.003	4	4
78	黒	クロ	0	1	1	0.003	1	2
79	75	シチジュウゴ	0	1	1	0.003	2	5
80	小学生	ショウガクセイ	0	1	1	0.003	3	6
81	他人事	タニンゴト	0	1	1	0.003	3	5
82	適当	テキトウ	0	1	1	0.003	2	4
83	内緒	ナイショ	0	1	1	0.003	2	3
84	内緒話	ナイショバナシ	0	1	1	0.003	3	6
85	ニュース	ニュース	0	1	1	0.003	4	3
86	速さ	ハヤサ	0	1	1	0.003	2	3
87	不愉快	フユカイ	0	1	1	0.003	3	4
88	不要	フヨウ	0	1	1	0.003	2	3
89	変化	ヘンカ	0	1	1	0.003	2	3
90	厄介	ヤッカイ	0	1	1	0.003	2	4
91	恋愛	レンアイ	0	1	1	0.003	2	4
	合計		148	138	286			

14	えくぼ	フリガナ	男性	女性	全体	連想強度	文字数	モーラ数
1	笑顔	エガオ	51	71	122	0.381	2	3
2	顔	カオ	41	22	63	0.197	1	2
3	頬	ホオ	6	9	15	0.047	1	2
4	ほっぺ	ホッペ	5	5	10	0.031	3	3
5	女の子	オンナノコ	3	6	9	0.028	3	5
6	あばた	アバタ	4	2	6	0.019	3	3
	あばた		*3*	*2*	*5*	*0.016*	*3*	*3*
	痘痕		*1*	*0*	*1*	*0.003*	*2*	*3*
7	笑み	エミ	3	2	5	0.016	2	2
8	子供	コドモ	1	4	5	0.016	2	3
9	チャームポイント	チャームポイント	4	0	4	0.013	8	7
10	わらい	ワライ	4	0	4	0.013	3	3
	笑		*2*	*0*	*2*	*0.006*	*1*	*3*
	笑い		*2*	*0*	*2*	*0.006*	*2*	*3*
11	女性	ジョセイ	1	3	4	0.013	2	3
12	女	オンナ	3	0	3	0.009	1	3
13	くぼみ	クボミ	2	1	3	0.009	3	3
	窪み		*2*	*0*	*2*	*0.006*	*2*	*3*
	くぼみ		*0*	*1*	*1*	*0.003*	*3*	*3*
14	人	ヒト	2	1	3	0.009	1	2
15	へこみ	ヘコミ	2	1	3	0.009	3	3
	凹み		*1*	*1*	*2*	*0.006*	*2*	*3*
	へこみ		*1*	*0*	*1*	*0.003*	*3*	*3*
16	ほっぺた	ホッペタ	1	2	3	0.009	4	4
17	表情	ヒョウジョウ	2	0	2	0.006	2	4
18	赤ちゃん	アカチャン	1	1	2	0.006	4	4
19	体	カラダ	1	1	2	0.006	1	3
20	かわいさ	カワイサ	1	1	2	0.006	4	4
	可愛さ		*1*	*0*	*1*	*0.003*	*3*	*4*
	かわいさ		*0*	*1*	*1*	*0.003*	*4*	*4*
21	特徴	トクチョウ	1	1	2	0.006	2	4
22	穴	アナ	1	0	1	0.003	1	2
23	熊	クマ	1	0	1	0.003	1	2
24	個性	コセイ	1	0	1	0.003	2	3
25	ことわざ	コトワザ	1	0	1	0.003	4	4
26	宗教	シュウキョウ	1	0	1	0.003	2	4
27	身体	シンタイ	1	0	1	0.003	2	4
28	太陽	タイヨウ	1	0	1	0.003	2	4
29	タンク	タンク	1	0	1	0.003	3	3
30	ばあちゃん	バアチャン	1	0	1	0.003	5	4
31	美点	ビテン	1	0	1	0.003	2	3
32	秘密	ヒミツ	1	0	1	0.003	2	3
33	腐女子	フジョシ	1	0	1	0.003	3	3
34	暴行	ボウコウ	1	0	1	0.003	2	4
35	微笑み	ホホエミ	1	0	1	0.003	3	4
36	笑えくぼ	ワライエクボ	1	0	1	0.003	4	6
37	アイドル	アイドル	0	1	1	0.003	4	4
38	彼氏	カレシ	0	1	1	0.003	2	3
39	口元	クチモト	0	1	1	0.003	2	4
40	欠点	ケッテン	0	1	1	0.003	2	4
41	嫌悪	ケンオ	0	1	1	0.003	2	3
42	自分	ジブン	0	1	1	0.003	2	3
43	天使	テンシ	0	1	1	0.003	2	3
44	歯	ハ	0	1	1	0.003	1	1
45	ほくろ	ホクロ	0	1	1	0.003	3	3
46	八重歯	ヤエバ	0	1	1	0.003	3	3
	合計		154	143	297			

15	えほん	フリガナ	男性	女性	全体	連想強度	文字数	モーラ数
1	こども	コドモ	89	92	181	0.566	3	3
	子供		*87*	*86*	*173*	*0.541*	*2*	*3*
	こども		*2*	*3*	*5*	*0.016*	*3*	*3*
	子ども		*0*	*2*	*2*	*0.006*	*3*	*3*
	子共		*0*	*1*	*1*	*0.003*	*2*	*3*
2	童話	ドウワ	10	8	18	0.056	2	3
3	絵	エ	6	8	14	0.044	1	1
4	幼稚園	ヨウチエン	4	5	9	0.028	3	5
5	ほん	ホン	7	1	8	0.025	2	2
	本		*6*	*1*	*7*	*0.022*	*1*	*2*
	ほん		*1*	*0*	*1*	*0.003*	*2*	*2*
6	幼児	ヨウジ	4	4	8	0.025	2	3
7	読み聞かせ	ヨミキカセ	1	5	6	0.019	5	5
8	児童	ジドウ	4	1	5	0.016	2	3
9	マンガ	マンガ	3	0	3	0.009	3	3
10	赤ちゃん	アカチャン	2	1	3	0.009	4	4
11	物語	モノガタリ	2	1	3	0.009	2	5
12	夜	ヨル	1	2	3	0.009	1	2
13	園児	エンジ	2	0	2	0.006	2	3
14	動物	ドウブツ	1	1	2	0.006	2	4
15	お母さん	オカアサン	0	2	2	0.006	4	5
16	赤ずきん	アカズキン	1	0	1	0.003	4	5
17	命	イノチ	1	0	1	0.003	1	3
18	おとぎ話	オトギバナシ	1	0	1	0.003	4	6
19	音読	オンドク	1	0	1	0.003	2	4
20	絵画	カイガ	1	0	1	0.003	2	3
21	紙	カミ	1	0	1	0.003	1	2
22	カラー	カラー	1	0	1	0.003	3	3
23	子	コ	1	0	1	0.003	1	1
24	作家	サッカ	1	0	1	0.003	2	3
25	睡眠	スイミン	1	0	1	0.003	2	4
26	読書	ドクショ	1	0	1	0.003	2	3
27	図書館	トショカン	1	0	1	0.003	3	4
28	万人	バンニン	1	0	1	0.003	2	4
29	ファンタジー	ファンタジー	1	0	1	0.003	6	5
30	保育園	ホイクエン	1	0	1	0.003	3	5
31	本屋	ホンヤ	1	0	1	0.003	2	3
32	昔話	ムカシバナシ	1	0	1	0.003	2	6
33	メルヘン	メルヘン	1	0	1	0.003	4	4
34	幼少期	ヨウショウキ	1	0	1	0.003	3	5
35	ようちえんじ	ヨウチエンジ	1	0	1	0.003	6	6
36	遊び	アソビ	0	1	1	0.003	2	3
37	アニメ	アニメ	0	1	1	0.003	3	3
38	甥	オイ	0	1	1	0.003	1	2
39	王様	オウサマ	0	1	1	0.003	2	4
40	おとぎの国	オトギノクニ	0	1	1	0.003	5	6
41	親	オヤ	0	1	1	0.003	1	2
42	くまさん	クマサン	0	1	1	0.003	4	4
43	グリム	グリム	0	1	1	0.003	3	3
44	グリム童話	グリムドウワ	0	1	1	0.003	5	6
45	挿絵	サシエ	0	1	1	0.003	2	3
46	児童書	ジドウショ	0	1	1	0.003	3	4
47	先生	センセイ	0	1	1	0.003	2	4
48	メレンゲ	メレンゲ	0	1	1	0.003	4	4
49	文字	モジ	0	1	1	0.003	2	2
50	朗読	ロウドク	0	1	1	0.003	2	4
	合計		156	146	302			

16	おかず	フリガナ	男性	女性	全体	連想強度	文字数	モーラ数
1	ごはん	ゴハン	68	72	140	0.438	3	3
	ご飯		*59*	*55*	*114*	*0.356*	*2*	*3*
	ごはん		*9*	*17*	*26*	*0.081*	*3*	*3*
2	食事	ショクジ	6	8	14	0.044	2	3
3	べんとう	ベントウ	2	12	14	0.044	4	4
	弁当		*2*	*7*	*9*	*0.028*	*2*	*4*
	お弁当		*0*	*5*	*5*	*0.016*	*3*	*5*
4	夕飯	ユウハン	4	6	10	0.031	2	4
5	料理	リョウリ	6	3	9	0.028	2	3
6	晩御飯	バンゴハン	5	4	9	0.028	3	5
7	からあげ	カラアゲ	7	1	8	0.025	4	4
	から揚げ		*4*	*1*	*5*	*0.016*	*4*	*4*
	唐揚げ		*3*	*0*	*3*	*0.009*	*3*	*4*
8	ハンバーグ	ハンバーグ	1	7	8	0.025	5	5
9	野菜	ヤサイ	3	3	6	0.019	2	3
10	魚	サカナ	1	4	5	0.016	1	3
11	食べ物	タベモノ	4	0	4	0.013	3	4
12	飯	メシ	4	0	4	0.013	1	2
13	にく	ニク	3	1	4	0.013	2	2
	肉		*2*	*1*	*3*	*0.009*	*1*	*2*
	お肉		*1*	*0*	*1*	*0.003*	*2*	*3*
14	肉じゃが	ニクジャガ	1	3	4	0.013	4	4
15	煮物	ニモノ	1	3	4	0.013	2	3
16	主食	シュショク	2	1	3	0.009	2	3
17	たくあん	タクアン	2	0	2	0.006	4	4
	沢庵		*1*	*0*	*1*	*0.003*	*2*	*4*
	たくあん		*1*	*0*	*1*	*0.003*	*4*	*4*
18	たまごやき	タマゴヤキ	2	0	2	0.006	5	5
	卵焼き		*1*	*0*	*1*	*0.003*	*3*	*5*
	たまご焼き		*1*	*0*	*1*	*0.003*	*5*	*5*
19	女	オンナ	2	0	2	0.006	1	3
20	朝食	チョウショク	2	0	2	0.006	2	4
21	晩飯	バンメシ	2	0	2	0.006	2	4
22	メイン	メイン	2	0	2	0.006	3	3
23	おから	オカラ	1	1	2	0.006	3	3
24	食卓	ショクタク	1	1	2	0.006	2	4
25	夜	ヨル	1	1	2	0.006	1	2
26	鮭	サケ	0	2	2	0.006	1	2
27	母	ハハ	0	2	2	0.006	1	2
28	夕食	ユウショク	0	2	2	0.006	2	4
29	AV	エーブイ	1	0	1	0.003	2	4
30	海老	エビ	1	0	1	0.003	2	2
31	お惣菜	オソウザイ	1	0	1	0.003	3	5
32	胡瓜	キュウリ	1	0	1	0.003	2	3
33	賢者	ケンジャ	1	0	1	0.003	2	3
34	米	コメ	1	0	1	0.003	1	2
35	昆布	コンブ	1	0	1	0.003	2	3
36	今夜	コンヤ	1	0	1	0.003	2	3
37	さんま	サンマ	1	0	1	0.003	3	3
38	しゃけ	シャケ	1	0	1	0.003	3	2
39	性欲	セイヨク	1	0	1	0.003	2	4
40	前菜	ゼンサイ	1	0	1	0.003	2	4
41	動画	ドウガ	1	0	1	0.003	2	3
42	鶏肉	トリニク	1	0	1	0.003	2	4
43	とんかつ	トンカツ	1	0	1	0.003	4	4
44	白米	ハクマイ	1	0	1	0.003	2	4
45	晩	バン	1	0	1	0.003	1	2
46	美味	ビミ	1	0	1	0.003	2	2
47	みそしる	ミソシル	1	0	1	0.003	4	4
48	メニュー	メニュー	1	0	1	0.003	4	3
49	ゆで卵	ユデタマゴ	1	0	1	0.003	3	5
50	ラーメン	ラーメン	1	0	1	0.003	4	4
51	わん	ワン	1	0	1	0.003	2	2
52	朝ご飯	アサゴハン	0	1	1	0.003	3	5
53	栄養	エイヨウ	0	1	1	0.003	2	4
54	おでん	オデン	0	1	1	0.003	3	3
55	家族	カゾク	0	1	1	0.003	2	3
56	きんぴら	キンピラ	0	1	1	0.003	4	4
57	きんぴらごぼう	キンピラゴボウ	0	1	1	0.003	7	7
58	皿	サラ	0	1	1	0.003	1	2
59	醤油	ショウユ	0	1	1	0.003	2	3
60	スーパー	スーパー	0	1	1	0.003	4	4
61	副食	フクショク	0	1	1	0.003	2	4
62	豆	マメ	0	1	1	0.003	1	2
63	冷蔵庫	レイゾウコ	0	1	1	0.003	3	5
	合計		156	149	305			

17	おじぎ	フリガナ	男性	女性	全体	連想強度	文字数	モーラ数
1	礼儀	レイギ	56	55	111	0.347	2	3
2	あいさつ	アイサツ	20	34	54	0.169	4	4
	挨拶		13	26	39	0.122	2	4
	あいさつ		7	8	15	0.047	4	4
3	れい	レイ	36	15	51	0.159	2	2
	礼		29	14	43	0.134	1	2
	お礼		7	1	8	0.025	2	3
4	会釈	エシャク	8	3	11	0.034	2	3
5	日本	ニホン	2	5	7	0.022	2	3
6	丁寧	テイネイ	2	3	5	0.016	2	4
7	感謝	カンシャ	4	0	4	0.013	2	3
8	頭	アタマ	3	1	4	0.013	1	3
9	草	クサ	2	2	4	0.013	1	2
10	礼節	レイセツ	2	1	3	0.009	2	4
11	日本人	ニホンジン	0	3	3	0.009	3	5
12	マナー	マナー	0	3	3	0.009	3	3
13	人	ヒト	2	0	2	0.006	1	2
14	礼儀作法	レイギサホウ	2	0	2	0.006	4	6
15	文化	ブンカ	1	1	2	0.006	2	3
16	面接	メンセツ	1	1	2	0.006	2	4
17	朝	アサ	0	2	2	0.006	1	2
18	角度	カクド	0	2	2	0.006	2	3
19	30度	サンジュウド	0	2	2	0.006	3	5
20	45度	ヨンジュウゴド	0	2	2	0.006	3	6
21	あやまり	アヤマリ	1	0	1	0.003	4	4
22	オジギソウ	オジギソウ	1	0	1	0.003	5	5
23	おはじき	オハジキ	1	0	1	0.003	4	4
24	剣道	ケンドウ	1	0	1	0.003	2	4
25	サラリーマン	サラリーマン	1	0	1	0.003	6	6
26	姿勢	シセイ	1	0	1	0.003	2	3
27	しつけ	シツケ	1	0	1	0.003	3	3
28	社交	シャコウ	1	0	1	0.003	2	3
29	社交辞令	シャコウジレイ	1	0	1	0.003	4	6
30	謝礼	シャレイ	1	0	1	0.003	2	3
31	集会	シュウカイ	1	0	1	0.003	2	4
32	上司	ジョウシ	1	0	1	0.003	2	3
33	神社	ジンジャ	1	0	1	0.003	2	3
34	スーツ	スーツ	1	0	1	0.003	3	3
35	対人	タイジン	1	0	1	0.003	2	4
36	土下座	ドゲザ	1	0	1	0.003	3	3
37	バイト	バイト	1	0	1	0.003	3	3
38	会議	カイギ	0	1	1	0.003	2	3
39	会社	カイシャ	0	1	1	0.003	2	3
40	儀式	ギシキ	0	1	1	0.003	2	3
41	起立	キリツ	0	1	1	0.003	2	3
42	座布団	ザブトン	0	1	1	0.003	3	4
43	式	シキ	0	1	1	0.003	1	2
44	社会人	シャカイジン	0	1	1	0.003	3	5
45	先生	センセイ	0	1	1	0.003	2	4
46	卒業式	ソツギョウシキ	0	1	1	0.003	3	6
47	発表会	ハッピョウカイ	0	1	1	0.003	3	6
48	話	ハナシ	0	1	1	0.003	1	3
49	平社員	ヒラシャイン	0	1	1	0.003	3	5
50	ヤクザ	ヤクザ	0	1	1	0.003	3	3
	合計		158	148	306			

18	おとこ	フリガナ	男性	女性	全体	連想強度	文字数	モーラ数
1	おんな	オンナ	55	58	113	0.353	3	3
	女		*50*	*52*	*102*	*0.319*	*1*	*3*
	おんな		*5*	*6*	*11*	*0.034*	*3*	*3*
2	筋肉	キンニク	13	3	16	0.050	2	4
3	性別	セイベツ	9	5	14	0.044	2	4
4	力	チカラ	7	7	14	0.044	1	3
5	ひげ	ヒゲ	6	4	10	0.031	2	2
	髭		*4*	*3*	*7*	*0.022*	*1*	*2*
	ひげ		*2*	*1*	*3*	*0.009*	*2*	*2*
6	男性	ダンセイ	2	5	7	0.022	2	4
7	人	ヒト	5	1	6	0.019	1	2
8	おす	オス	4	1	5	0.016	2	2
	雄		*3*	*1*	*4*	*0.013*	*1*	*2*
	オス		*1*	*0*	*1*	*0.003*	*2*	*2*
9	スポーツ	スポーツ	3	1	4	0.013	4	4
10	人間	ニンゲン	1	3	4	0.013	2	4
11	ズボン	ズボン	0	4	4	0.013	3	3
12	力持ち	チカラモチ	3	0	3	0.009	3	5
13	けんか	ケンカ	2	1	3	0.009	3	3
	喧嘩		*1*	*1*	*2*	*0.006*	*2*	*3*
	けんか		*1*	*0*	*1*	*0.003*	*3*	*3*
14	祭り	マツリ	1	2	3	0.009	2	3
15	異性	イセイ	0	3	3	0.009	2	3
16	黒	クロ	0	3	3	0.009	1	2
17	さけ	サケ	2	0	2	0.006	2	2
	酒		*1*	*0*	*1*	*0.003*	*1*	*2*
	お酒		*1*	*0*	*1*	*0.003*	*2*	*3*
18	イケメン	イケメン	2	0	2	0.006	4	4
19	自分	ジブン	2	0	2	0.006	2	3
20	同性	ドウセイ	2	0	2	0.006	2	4
21	青	アオ	1	1	2	0.006	1	2
22	野球	ヤキュウ	1	1	2	0.006	2	3
23	勇敢	ユウカン	1	1	2	0.006	2	4
24	お父さん	オトウサン	0	2	2	0.006	4	5
25	車	クルマ	0	2	2	0.006	1	3
26	ワイルド	ワイルド	0	2	2	0.006	4	4
27	愛	アイ	1	0	1	0.003	1	2
28	H	エッチ	1	0	1	0.003	1	3
29	AV	エーブイ	1	0	1	0.003	2	4
30	エロ	エロ	1	0	1	0.003	2	2
31	弟	オトウト	1	0	1	0.003	1	4
32	歌舞伎	カブキ	1	0	1	0.003	3	3
33	髪型	カミガタ	1	0	1	0.003	2	4
34	気質	キシツ	1	0	1	0.003	2	3
35	勲章	クンショウ	1	0	1	0.003	2	4
36	けだもの	ケダモノ	1	0	1	0.003	4	4
37	最強	サイキョウ	1	0	1	0.003	2	4
38	サムライ	サムライ	1	0	1	0.003	4	4
39	性	セイ	1	0	1	0.003	1	2
40	性衝動	セイショウドウ	1	0	1	0.003	3	6
41	性欲	セイヨク	1	0	1	0.003	2	4
42	タフ	タフ	1	0	1	0.003	2	2
43	ちんこ	チンコ	1	0	1	0.003	3	3
44	強さ	ツヨサ	1	0	1	0.003	2	3
45	トイレ	トイレ	1	0	1	0.003	3	3
46	友達	トモダチ	1	0	1	0.003	2	4
47	肉食	ニクショク	1	0	1	0.003	2	4
48	俳優	ハイユウ	1	0	1	0.003	2	4
49	裸	ハダカ	1	0	1	0.003	1	3
50	ホモ	ホモ	1	0	1	0.003	2	2
51	マッチョ	マッチョ	1	0	1	0.003	4	3
52	ヤクザ	ヤクザ	1	0	1	0.003	3	3
53	約束	ヤクソク	1	0	1	0.003	2	4
54	野獣	ヤジュウ	1	0	1	0.003	2	3
55	ルックス	ルックス	1	0	1	0.003	4	4
56	兄	アニ	0	1	1	0.003	1	2
57	エロ本	エロホン	0	1	1	0.003	3	4
58	男の子	オトコノコ	0	1	1	0.003	3	5
59	男前	オトコマエ	0	1	1	0.003	2	5
60	男祭り	オトコマツリ	0	1	1	0.003	3	6
61	顔	カオ	0	1	1	0.003	1	2
62	肩幅	カタハバ	0	1	1	0.003	2	4
63	彼氏	カレシ	0	1	1	0.003	2	3
64	元気	ゲンキ	0	1	1	0.003	2	3
65	こぶし	コブシ	0	1	1	0.003	3	3
66	サラリーマン	サラリーマン	0	1	1	0.003	6	6
67	自分勝手	ジブンカッテ	0	1	1	0.003	4	6
68	スーツ	スーツ	0	1	1	0.003	3	3
69	草食男子	ソウショクダンシ	0	1	1	0.003	4	7
70	体型	タイケイ	0	1	1	0.003	2	4
71	男子校	ダンシコウ	0	1	1	0.003	3	5
72	父	チチ	0	1	1	0.003	1	2
73	ネクタイ	ネクタイ	0	1	1	0.003	4	4
74	パパ	パパ	0	1	1	0.003	2	2
75	犯罪者	ハンザイシャ	0	1	1	0.003	3	5
76	服装	フクソウ	0	1	1	0.003	2	4
77	変態	ヘンタイ	0	1	1	0.003	2	4
78	包容力	ホウヨウリョク	0	1	1	0.003	3	6
79	洋服	ヨウフク	0	1	1	0.003	2	4
80	ワックス	ワックス	0	1	1	0.003	4	4
	合計		151	135	286			

19	おどり	フリガナ	男性	女性	全体	連想強度	文字数	モーラ数
1	まつり	マツリ	48	28	76	0.238	3	3
	祭り		*46*	*27*	*73*	*0.228*	*2*	*3*
	祭		*1*	*1*	*2*	*0.006*	*1*	*3*
	まつり		*1*	*0*	*1*	*0.003*	*3*	*3*
2	ダンス	ダンス	37	32	69	0.216	3	3
3	盆踊り	ボンオドリ	15	13	28	0.088	3	5
4	ぼん	ボン	6	9	15	0.047	2	2
	盆		*6*	*7*	*13*	*0.041*	*1*	*2*
	お盆		*0*	*2*	*2*	*0.006*	*2*	*3*
5	阿波踊り	アワオドリ	4	6	10	0.031	4	5
6	阿波	アワ	2	2	4	0.013	2	2
7	まいこ	マイコ	2	2	4	0.013	3	3
	舞子		*1*	*1*	*2*	*0.006*	*2*	*3*
	舞妓		*1*	*1*	*2*	*0.006*	*2*	*3*
8	女	オンナ	3	0	3	0.009	1	3
9	舞踊	ブヨウ	3	0	3	0.009	2	3
10	ブレイクダンス	ブレイクダンス	3	0	3	0.009	7	7
11	夏	ナツ	2	1	3	0.009	1	2
12	文化祭	ブンカサイ	1	2	3	0.009	3	5
13	タンゴ	タンゴ	2	0	2	0.006	3	3
14	踊り子	オドリコ	1	1	2	0.006	3	4
15	伝統	デントウ	1	1	2	0.006	2	4
16	徳島	トクシマ	1	1	2	0.006	2	4
17	夏祭り	ナツマツリ	1	1	2	0.006	3	5
18	日本舞踊	ニホンブヨウ	1	1	2	0.006	4	6
19	舞台	ブタイ	1	1	2	0.006	2	3
20	民謡	ミンヨウ	1	1	2	0.006	2	4
21	音楽	オンガク	0	2	2	0.006	2	4
22	体育	タイイク	0	2	2	0.006	2	4
23	バレエ	バレエ	0	2	2	0.006	3	3
24	ヒップホップ	ヒップホップ	0	2	2	0.006	6	6
25	ワルツ	ワルツ	0	2	2	0.006	3	3
26	泡	アワ	1	0	1	0.003	1	2
27	歌	ウタ	1	0	1	0.003	1	2
28	演武	エンブ	1	0	1	0.003	2	3
29	踊り場	オドリバ	1	0	1	0.003	3	4
30	おばさん	オバサン	1	0	1	0.003	4	4
31	カーニバル	カーニバル	1	0	1	0.003	5	5
32	体	カラダ	1	0	1	0.003	1	3
33	儀式	ギシキ	1	0	1	0.003	2	3
34	気分	キブン	1	0	1	0.003	2	3
35	着物	キモノ	1	0	1	0.003	2	3
36	ゲイ	ゲイ	1	0	1	0.003	2	2
37	興奮	コウフン	1	0	1	0.003	2	4
38	社交	シャコウ	1	0	1	0.003	2	3
39	スポーツ	スポーツ	1	0	1	0.003	4	4
40	ソーラン節	ソーランブシ	1	0	1	0.003	5	6
41	大会	タイカイ	1	0	1	0.003	2	4
42	ディスコ	ディスコ	1	0	1	0.003	4	3
43	南米	ナンベイ	1	0	1	0.003	2	4
44	ブレイク	ブレイク	1	0	1	0.003	4	4
45	浴衣	ユカタ	1	0	1	0.003	2	3
46	余興	ヨキョウ	1	0	1	0.003	2	3
47	乱舞	ランブ	1	0	1	0.003	2	3
48	汗	アセ	0	1	1	0.003	1	2
49	嵐	アラシ	0	1	1	0.003	1	3
50	衣装	イショウ	0	1	1	0.003	2	3
51	動き	ウゴキ	0	1	1	0.003	2	3
52	お遊戯	オユウギ	0	1	1	0.003	3	4
53	階段	カイダン	0	1	1	0.003	2	4
54	キャンプファイアー	キャンプファイアー	0	1	1	0.003	9	7
55	クラブ	クラブ	0	1	1	0.003	3	3
56	娯楽	ゴラク	0	1	1	0.003	2	3
57	ジャズ	ジャズ	0	1	1	0.003	3	2
58	シューズ	シューズ	0	1	1	0.003	4	3
59	女性	ジョセイ	0	1	1	0.003	2	3
60	ターン	ターン	0	1	1	0.003	3	3
61	太鼓	タイコ	0	1	1	0.003	2	3
62	ダンサー	ダンサー	0	1	1	0.003	4	4
63	仲間	ナカマ	0	1	1	0.003	2	3
64	仲良し	ナカヨシ	0	1	1	0.003	3	4
65	裸	ハダカ	0	1	1	0.003	1	3
66	裸足	ハダシ	0	1	1	0.003	2	3
67	バック	バック	0	1	1	0.003	3	3
68	臍	ヘソ	0	1	1	0.003	1	2
69	舞い	マイ	0	1	1	0.003	2	2
70	ミュージカル	ミュージカル	0	1	1	0.003	6	5
71	優雅	ユウガ	0	1	1	0.003	2	3
72	愉快	ユカイ	0	1	1	0.003	2	3
73	幼稚園	ヨウチエン	0	1	1	0.003	3	5
74	夜	ヨル	0	1	1	0.003	1	2
75	練習	レンシュウ	0	1	1	0.003	2	4
76	和	ワ	0	1	1	0.003	1	1
77	若者	ワカモノ	0	1	1	0.003	2	4
	合計		157	142	299			

20	おなか	フリガナ	男性	女性	全体	連想強度	文字数	モーラ数
1	腹痛	フクツウ	12	20	32	0.100	2	4
2	空腹	クウフク	14	16	30	0.094	2	4
3	体	カラダ	13	9	22	0.069	1	3
4	へそ	ヘソ	9	9	18	0.056	2	2
	へそ		*8*	*4*	*12*	*0.038*	*2*	*2*
	おへそ		*0*	*3*	*3*	*0.009*	*3*	*3*
	ヘソ		*1*	*1*	*2*	*0.006*	*2*	*2*
	臍		*0*	*1*	*1*	*0.003*	*1*	*2*
5	胃	イ	10	5	15	0.047	1	1
6	せなか	セナカ	7	8	15	0.047	3	3
	背中		*6*	*7*	*13*	*0.041*	*2*	*3*
	せなか		*1*	*1*	*2*	*0.006*	*3*	*3*
7	食べ物	タベモノ	7	4	11	0.034	3	4
8	でぶ	デブ	5	5	10	0.031	2	2
	デブ		*3*	*5*	*8*	*0.025*	*2*	*2*
	でぶ		*2*	*0*	*2*	*0.006*	*2*	*2*
9	腹	ハラ	6	3	9	0.028	1	2
10	脂肪	シボウ	4	4	8	0.025	2	3
11	めたぼ	メタボ	4	4	8	0.025	3	3
	メタボ		*3*	*4*	*7*	*0.022*	*3*	*3*
	メタぼ		*1*	*0*	*1*	*0.003*	*3*	*3*
12	ご飯	ゴハン	2	6	8	0.025	2	3
13	腹筋	フッキン	6	1	7	0.022	2	4
14	赤ちゃん	アカチャン	3	3	6	0.019	4	4
15	にく	ニク	2	3	5	0.016	2	2
	肉		*1*	*3*	*4*	*0.013*	*1*	*2*
	お肉		*1*	*0*	*1*	*0.003*	*2*	*3*
16	食事	ショクジ	1	4	5	0.016	2	3
17	内臓	ナイゾウ	4	0	4	0.013	2	4
18	妊娠	ニンシン	2	2	4	0.013	2	4
19	人体	ジンタイ	3	0	3	0.009	2	4
20	腸	チョウ	2	1	3	0.009	1	2
21	ダイエット	ダイエット	1	2	3	0.009	5	5
22	盲腸	モウチョウ	1	2	3	0.009	2	4
23	妊婦	ニンプ	0	3	3	0.009	2	3
24	赤子	アカゴ	2	0	2	0.006	2	3
25	弱点	ジャクテン	2	0	2	0.006	2	4
26	小腸	ショウチョウ	2	0	2	0.006	2	4
27	人	ヒト	2	0	2	0.006	1	2
28	メタボリック	メタボリック	2	0	2	0.006	6	6
29	食欲	ショクヨク	1	1	2	0.006	2	4
30	人間	ニンゲン	1	1	2	0.006	2	4
31	おやつ	オヤツ	0	2	2	0.006	3	3
32	痛み	イタミ	1	0	1	0.003	2	3
33	おじさん	オジサン	1	0	1	0.003	4	4
34	筋肉	キンニク	1	0	1	0.003	2	4
35	下痢	ゲリ	1	0	1	0.003	2	2
36	健康	ケンコウ	1	0	1	0.003	2	4
37	減量	ゲンリョウ	1	0	1	0.003	2	4
38	食あたり	ショクアタリ	1	0	1	0.003	4	5
39	体重	タイジュウ	1	0	1	0.003	2	4
40	中心	チュウシン	1	0	1	0.003	2	4
41	中性脂肪	チュウセイシボウ	1	0	1	0.003	4	7
42	痛覚	ツウカク	1	0	1	0.003	2	4
43	でべそ	デベソ	1	0	1	0.003	3	3
44	トイレ	トイレ	1	0	1	0.003	3	3
45	動物	ドウブツ	1	0	1	0.003	2	4
46	肥満	ヒマン	1	0	1	0.003	2	3
47	病院	ビョウイン	1	0	1	0.003	2	4
48	プール	プール	1	0	1	0.003	3	3
49	母体	ボタイ	1	0	1	0.003	2	3
50	飯	メシ	1	0	1	0.003	1	2
51	メタボリック シンドローム	メタボリック シンドローム	1	0	1	0.003	12	12
52	冷却	レイキャク	1	0	1	0.003	2	4
53	胃潰瘍	イカイヨウ	0	1	1	0.003	3	5
54	胃腸	イチョウ	0	1	1	0.003	2	3
55	腕	ウデ	0	1	1	0.003	1	2
56	くびれ	クビレ	0	1	1	0.003	3	3
57	身体	シンタイ	0	1	1	0.003	2	4
58	贅肉	ゼイニク	0	1	1	0.003	2	4
59	たぬき	タヌキ	0	1	1	0.003	3	3
60	皮下脂肪	ヒカシボウ	0	1	1	0.003	4	5
61	病気	ビョウキ	0	1	1	0.003	2	3
62	腹部	フクブ	0	1	1	0.003	2	3
63	ペットボトル	ペットボトル	0	1	1	0.003	6	6
64	便秘	ベンピ	0	1	1	0.003	2	3
65	虫	ムシ	0	1	1	0.003	1	2
	合計		151	131	282			

21	おばけ	フリガナ	男性	女性	全体	連想強度	文字数	モーラ数
1	ゆうれい	ユウレイ	39	39	78	0.244	4	4
	幽霊		*39*	*37*	*76*	*0.238*	*2*	*4*
	ゆうれい		*0*	*2*	*2*	*0.006*	*4*	*4*
2	夜	ヨル	16	13	29	0.091	1	2
3	おばけやしき	オバケヤシキ	10	15	25	0.078	6	6
	お化け屋敷		*10*	*12*	*22*	*0.069*	*5*	*6*
	おばけ屋敷		*0*	*2*	*2*	*0.006*	*5*	*6*
	おばけやしき		*0*	*1*	*1*	*0.003*	*6*	*6*
4	恐怖	キョウフ	12	7	19	0.059	2	3
5	遊園地	ユウエンチ	6	10	16	0.050	3	5
6	屋敷	ヤシキ	9	6	15	0.047	2	3
7	はか	ハカ	5	4	9	0.028	2	2
	お墓		*2*	*3*	*5*	*0.016*	*2*	*3*
	墓		*3*	*1*	*4*	*0.013*	*1*	*2*
8	妖怪	ヨウカイ	6	0	6	0.019	2	4
9	白	シロ	0	6	6	0.019	1	2
10	ホラー	ホラー	2	3	5	0.016	3	3
11	霊	レイ	4	0	4	0.013	1	2
12	透明	トウメイ	3	1	4	0.013	2	4
13	夏	ナツ	2	2	4	0.013	1	2
14	心霊写真	シンレイシャシン	1	2	3	0.009	4	7
15	怪奇	カイキ	2	0	2	0.006	2	3
16	学校	ガッコウ	1	1	2	0.006	2	4
17	きゅうたろう	キュータロウ	1	1	2	0.006	4	5
	Q太郎		*1*	*0*	*1*	*0.003*	*3*	*5*
	きゅうたろう		*0*	*1*	*1*	*0.003*	*6*	*5*
18	Qちゃん	キューチャン	1	1	2	0.006	4	4
19	空想	クウソウ	1	1	2	0.006	2	4
20	肝試し	キモダメシ	0	2	2	0.006	3	5
21	墓地	ボチ	0	2	2	0.006	2	2
22	ホラー映画	ホラーエイガ	0	2	2	0.006	5	6
23	井戸	イド	1	0	1	0.003	2	2
24	映画	エイガ	1	0	1	0.003	2	3
25	女	オンナ	1	0	1	0.003	1	3
26	怪奇現象	カイキゲンショウ	1	0	1	0.003	4	7
27	怪談	カイダン	1	0	1	0.003	2	4
28	過去	カコ	1	0	1	0.003	2	2
29	金縛り	カナシバリ	1	0	1	0.003	3	5
30	口	クチ	1	0	1	0.003	1	2
31	ゴースト	ゴースト	1	0	1	0.003	4	4
32	ゴーストシップ	ゴーストシップ	1	0	1	0.003	7	7
33	子供	コドモ	1	0	1	0.003	2	3
34	爺	ジイ	1	0	1	0.003	1	2
35	自縛霊	ジバクレイ	1	0	1	0.003	3	5
36	死亡	シボウ	1	0	1	0.003	2	3
37	心霊	シンレイ	1	0	1	0.003	2	4
38	心霊現象	シンレイゲンショウ	1	0	1	0.003	4	8
39	超常現象	チョウジョウゲンショウ	1	0	1	0.003	4	8
40	廃墟	ハイキョ	1	0	1	0.003	2	3
41	病院	ビョウイン	1	0	1	0.003	2	4
42	夜中	ヨナカ	1	0	1	0.003	2	3
43	霊感	レイカン	1	0	1	0.003	2	4
44	霊魂	レイコン	1	0	1	0.003	2	4
45	レギュラー	レギュラー	1	0	1	0.003	5	4
46	悪霊	アクリョウ	0	1	1	0.003	2	4
47	嘘	ウソ	0	1	1	0.003	1	2
48	絵本	エホン	0	1	1	0.003	2	3
49	おじいちゃん	オジイチャン	0	1	1	0.003	6	5
50	奇怪	キカイ	0	1	1	0.003	2	3
51	暗闇	クラヤミ	0	1	1	0.003	2	4
52	こころ	ココロ	0	1	1	0.003	3	3
53	舌	シタ	0	1	1	0.003	1	2
54	神社	ジンジャ	0	1	1	0.003	2	3
55	重複	チョウフク	0	1	1	0.003	2	4
56	トイレ	トイレ	0	1	1	0.003	3	3
57	墓場	ハカバ	0	1	1	0.003	2	3
58	半透明	ハントウメイ	0	1	1	0.003	3	6
59	非科学	ヒカガク	0	1	1	0.003	3	4
60	不確か	フタシカ	0	1	1	0.003	3	4
61	森	モリ	0	1	1	0.003	1	2
	合計		144	134	278			

22	おまけ	フリガナ	男性	女性	全体	連想強度	文字数	モーラ数
1	かし	カシ	59	48	107	0.334	2	2
	お菓子		50	42	92	0.288	3	3
	菓子		6	2	8	0.025	2	2
	おかし		3	3	6	0.019	3	3
	御菓子		0	1	1	0.003	3	3
2	おもちゃ	オモチャ	8	21	29	0.091	4	3
3	ふろく	フロク	9	9	18	0.056	3	3
	ふろく		4	6	10	0.031	3	3
	付録		5	3	8	0.025	2	3
4	グリコ	グリコ	6	8	14	0.044	3	3
5	あたり	アタリ	7	5	12	0.038	3	3
	あたり		4	3	7	0.022	3	3
	当たり		3	2	5	0.016	3	3
6	くじ	クジ	6	5	11	0.034	2	2
	くじ		5	5	10	0.031	2	2
	クジ		1	0	1	0.003	2	2
7	ラッキー	ラッキー	2	9	11	0.034	4	4
8	とく	トク	4	6	10	0.031	2	2
	得		2	4	6	0.019	1	2
	お得		2	2	4	0.013	2	3
9	駄菓子	ダガシ	6	3	9	0.028	3	3
10	子供	コドモ	2	5	7	0.022	2	3
11	玩具	ガングﾞ	2	3	5	0.016	2	3
12	景品	ケイヒン	1	4	5	0.016	2	4
13	商品	ショウヒン	4	0	4	0.013	2	4
14	サービス	サービス	3	1	4	0.013	4	4
15	ガム	ガム	2	2	4	0.013	2	2
16	本	ホン	2	2	4	0.013	1	2
17	付属	フゾク	3	0	3	0.009	2	3
18	雑誌	ザッシ	2	1	3	0.009	2	3
19	しょくがん	ショクガン	2	1	3	0.009	5	4
	食玩		2	0	2	0.006	2	4
	食頑		0	1	1	0.003	2	4
20	特典	トクテン	1	2	3	0.009	2	4
21	幸運	コウウン	2	0	2	0.006	2	4
22	ごほうび	ゴホウビ	1	1	2	0.006	4	4
	ご褒美		1	0	1	0.003	3	4
	ごほうび		0	1	1	0.003	4	4
23	まんが	マンガ	1	1	2	0.006	3	3
	マンガ		1	0	1	0.003	3	3
	漫画		0	1	1	0.003	2	3
24	お子様ランチ	オコサマランチ	1	0	1	0.003	6	7
25	カード	カード	1	0	1	0.003	3	3
26	歓喜	カンキ	1	0	1	0.003	2	3
27	かんづめ	カンヅメ	1	0	1	0.003	4	4
28	貴重	キチョウ	1	0	1	0.003	2	3
29	気持ち	キモチ	1	0	1	0.003	3	3
30	ゲーム	ゲーム	1	0	1	0.003	3	3
31	ケツ	ケツ	1	0	1	0.003	2	2
32	ゴミ	ゴミ	1	0	1	0.003	2	2
33	サブ	サブ	1	0	1	0.003	2	2
34	シール	シール	1	0	1	0.003	3	3
35	商売	ショウバイ	1	0	1	0.003	2	4
36	ばあさん	バアサン	1	0	1	0.003	4	4
37	副賞	フクショウ	1	0	1	0.003	2	4
38	付属品	フゾクヒン	1	0	1	0.003	3	5
39	ポテチ	ポテチ	1	0	1	0.003	3	3
40	本命	ホンメイ	1	0	1	0.003	2	4
41	無料	ムリョウ	1	0	1	0.003	2	3
42	もの	モノ	1	0	1	0.003	2	2
43	飴	アメ	0	1	1	0.003	1	2
44	お得感	オトクカン	0	1	1	0.003	3	5
45	おばけ	オバケ	0	1	1	0.003	3	3
46	おみくじ	オミクジ	0	1	1	0.003	4	4
47	クイズ	クイズ	0	1	1	0.003	3	3
48	ストラップ	ストラップ	0	1	1	0.003	5	5
49	追加	ツイカ	0	1	1	0.003	2	3
50	プリクラ	プリクラ	0	1	1	0.003	4	4
51	プレゼント	プレゼント	0	1	1	0.003	5	5
52	店	ミセ	0	1	1	0.003	1	2
53	もうけ	モウケ	0	1	1	0.003	3	3
54	八百屋	ヤオヤ	0	1	1	0.003	3	3
55	屋台	ヤタイ	0	1	1	0.003	2	3
56	喜び	ヨロコビ	0	1	1	0.003	2	4
57	割引	ワリビキ	0	1	1	0.003	2	4
	合計		154	152	306			

23	おむつ	フリガナ	男性	女性	全体	連想強度	文字数	モーラ数
1	あかちゃん	アカチャン	92	107	199	0.622	5	4
	赤ちゃん		*89*	*104*	*193*	*0.603*	*4*	*4*
	あかちゃん		*3*	*3*	*6*	*0.019*	*5*	*4*
2	赤ん坊	アカンボウ	20	21	41	0.128	3	5
3	子供	コドモ	12	5	17	0.053	2	3
4	幼児	ヨウジ	11	2	13	0.041	2	3
5	紙	カミ	7	5	12	0.038	1	2
6	赤子	アカゴ	5	0	5	0.016	2	3
7	乳児	ニュウジ	4	0	4	0.013	2	3
8	おしっこ	オシッコ	3	0	3	0.009	4	4
9	頭	アタマ	1	1	2	0.006	1	3
10	白	シロ	0	2	2	0.006	1	2
11	おしめ	オシメ	1	0	1	0.003	3	3
12	おつむ	オツム	1	0	1	0.003	3	3
13	おねしょ	オネショ	1	0	1	0.003	4	3
14	おもらし	オモラシ	1	0	1	0.003	4	4
15	紙おむつ	カミオムツ	1	0	1	0.003	4	5
16	小便	ショウベン	1	0	1	0.003	2	4
17	尻	シリ	1	0	1	0.003	1	2
18	パンツ	パンツ	1	0	1	0.003	3	3
19	老人	ロウジン	1	0	1	0.003	2	4
20	お母さん	オカアサン	0	1	1	0.003	4	5
21	介護	カイゴ	0	1	1	0.003	2	3
22	子育て	コソダテ	0	1	1	0.003	3	4
23	新生児	シンセイジ	0	1	1	0.003	3	5
24	テッシュ	テッシュ	0	1	1	0.003	4	3
	合計		164	148	312			

24	おやつ	フリガナ	男性	女性	全体	連想強度	文字数	モーラ数
1	さんじ	サンジ	74	76	150	0.469	3	3
	三時		44	34	78	0.244	2	3
	3時		30	42	72	0.225	2	3
2	かし	カシ	28	27	55	0.172	2	2
	お菓子		24	25	49	0.153	3	3
	菓子		4	2	6	0.019	2	2
3	子供	コドモ	14	7	21	0.066	2	3
4	間食	カンショク	5	2	7	0.022	2	4
5	クッキー	クッキー	2	4	6	0.019	4	4
6	ケーキ	ケーキ	2	4	6	0.019	3	3
7	チョコレート	チョコレート	1	4	5	0.016	6	5
8	ポテトチップス	ポテトチップス	3	1	4	0.013	7	7
9	カンパニー	カンパニー	2	2	4	0.013	5	5
10	時間	ジカン	2	2	4	0.013	2	3
11	チョコ	チョコ	2	2	4	0.013	3	2
12	食べ物	タベモノ	3	0	3	0.009	3	4
13	ひる	ヒル	2	1	3	0.009	2	2
	昼		2	0	2	0.006	1	2
	お昼		0	1	1	0.003	2	3
14	遠足	エンソク	1	1	2	0.006	2	4
15	ぽてち	ポテチ	1	1	2	0.006	3	3
	ポテチ		1	0	1	0.003	3	3
	ぽてち		0	1	1	0.003	3	3
16	休憩	キュウケイ	1	1	2	0.006	2	4
17	夕方	ユウガタ	1	1	2	0.006	2	4
18	アイス	アイス	1	0	1	0.003	3	3
19	子	コ	1	0	1	0.003	1	1
20	脂肪	シボウ	1	0	1	0.003	2	3
21	食後	ショクゴ	1	0	1	0.003	2	3
22	人生	ジンセイ	1	0	1	0.003	2	4
23	スナック菓子	スナックガシ	1	0	1	0.003	6	6
24	駄菓子屋	ダガシヤ	1	0	1	0.003	4	4
25	バナナ	バナナ	1	0	1	0.003	3	3
26	避難訓練	ヒナンクンレン	1	0	1	0.003	4	7
27	プリン	プリン	1	0	1	0.003	3	3
28	まんじゅう	マンジュウ	1	0	1	0.003	5	4
29	余分	ヨブン	1	0	1	0.003	2	3
30	らーめん	ラーメン	1	0	1	0.003	4	4
31	甘味	アマミ	0	1	1	0.003	2	3
32	カステラ	カステラ	0	1	1	0.003	4	4
33	ごはん	ゴハン	0	1	1	0.003	3	3
34	コンビニ	コンビニ	0	1	1	0.003	4	4
35	砂糖	サトウ	0	1	1	0.003	2	3
36	幸せ	シアワセ	0	1	1	0.003	2	4
37	食物	ショクモツ	0	1	1	0.003	2	4
38	センベイ	センベイ	0	1	1	0.003	4	4
39	楽しみ	タノシミ	0	1	1	0.003	3	4
40	ティータイム	ティータイム	0	1	1	0.003	6	5
41	ドーナツ	ドーナツ	0	1	1	0.003	4	4
42	時計	トケイ	0	1	1	0.003	2	3
43	ホットケーキ	ホットケーキ	0	1	1	0.003	6	6
44	みかん	ミカン	0	1	1	0.003	3	3
45	ワッフル	ワッフル	0	1	1	0.003	4	4
	合計		157	151	308			

25	おんな	フリガナ	男性	女性	全体	連想強度	文字数	モーラ数
1	おとこ	オトコ	46	52	98	0.306	3	3
	男		*41*	*47*	*88*	*0.275*	*1*	*3*
	おとこ		*5*	*5*	*10*	*0.031*	*3*	*3*
2	化粧	ケショウ	4	11	15	0.047	2	3
3	性別	セイベツ	6	6	12	0.038	2	4
4	女性	ジョセイ	4	6	10	0.031	2	3
5	異性	イセイ	8	0	8	0.025	2	3
6	胸	ムネ	4	3	7	0.022	1	2
7	スカート	スカート	1	6	7	0.022	4	4
8	人間	ニンゲン	2	4	6	0.019	2	4
9	人	ヒト	5	0	5	0.016	1	2
10	子供	コドモ	1	4	5	0.016	2	3
11	赤	アカ	0	4	4	0.013	1	2
12	めす	メス	3	0	3	0.009	2	2
	雌		*2*	*0*	*2*	*0.006*	*1*	*2*
	メス		*1*	*0*	*1*	*0.003*	*2*	*2*
13	美人	ビジン	3	0	3	0.009	2	3
14	色気	イロケ	2	1	3	0.009	2	3
15	きれい	キレイ	2	1	3	0.009	3	3
	綺麗		*2*	*0*	*2*	*0.006*	*2*	*3*
	きれい		*0*	*1*	*1*	*0.003*	*3*	*3*
16	トイレ	トイレ	2	1	3	0.009	3	3
17	長髪	チョウハツ	1	2	3	0.009	2	4
18	おしゃれ	オシャレ	0	3	3	0.009	4	3
	おしゃれ		*0*	*2*	*2*	*0.006*	*4*	*3*
	オシャレ		*0*	*1*	*1*	*0.003*	*4*	*3*
19	髪	カミ	0	3	3	0.009	1	2
20	自分	ジブン	0	3	3	0.009	2	3
21	かね	カネ	2	0	2	0.006	2	2
	金		*1*	*0*	*1*	*0.003*	*1*	*2*
	お金		*1*	*0*	*1*	*0.003*	*2*	*3*
22	動物	ドウブツ	2	0	2	0.006	2	4
23	わがまま	ワガママ	2	0	2	0.006	4	4
24	大人	オトナ	1	1	2	0.006	2	3
25	女の子	オンナノコ	1	1	2	0.006	3	5
26	ピンク	ピンク	1	1	2	0.006	3	3
27	服	フク	1	1	2	0.006	1	2
28	ゆかた	ユカタ	0	2	2	0.006	3	3
	浴衣		*0*	*1*	*1*	*0.003*	*2*	*3*
	ゆかた		*0*	*1*	*1*	*0.003*	*3*	*3*
29	愛	アイ	1	0	1	0.003	1	2
30	愛情	アイジョウ	1	0	1	0.003	2	4
31	艶やか	アデヤカ	1	0	1	0.003	3	4
32	生き物	イキモノ	1	0	1	0.003	3	4
33	妹	イモウト	1	0	1	0.003	1	4
34	嘘つき	ウソツキ	1	0	1	0.003	3	4
35	うなじ	ウナジ	1	0	1	0.003	3	3
36	おっぱい	オッパイ	1	0	1	0.003	4	4
37	鏡	カガミ	1	0	1	0.003	1	3
38	体	カラダ	1	0	1	0.003	1	3
39	かわいさ	カワイサ	1	0	1	0.003	4	4
40	着物	キモノ	1	0	1	0.003	2	3
41	きゃしゃ	キャシャ	1	0	1	0.003	4	2
42	ギャル	ギャル	1	0	1	0.003	3	2
43	恐怖	キョウフ	1	0	1	0.003	2	3
44	子	コ	1	0	1	0.003	1	1
45	慈愛	ジアイ	1	0	1	0.003	2	3
46	ジェンダー	ジェンダー	1	0	1	0.003	5	4
47	しぐさ	シグサ	1	0	1	0.003	3	3
48	集団	シュウダン	1	0	1	0.003	2	4
49	手芸	シュゲイ	1	0	1	0.003	2	3
50	女子	ジョシ	1	0	1	0.003	2	2
51	女優	ジョユウ	1	0	1	0.003	2	3
52	人生	ジンセイ	1	0	1	0.003	2	4
53	だるま	ダルマ	1	0	1	0.003	3	3
54	妊娠	ニンシン	1	0	1	0.003	2	4
55	話	ハナシ	1	0	1	0.003	1	3
56	美	ビ	1	0	1	0.003	1	1
57	ヒロイン	ヒロイン	1	0	1	0.003	4	4
58	卑猥	ヒワイ	1	0	1	0.003	2	3
59	ブランド	ブランド	1	0	1	0.003	4	4
60	保守的	ホシュテキ	1	0	1	0.003	3	4
61	母性	ボセイ	1	0	1	0.003	2	3
62	負けず嫌い	マケズギライ	1	0	1	0.003	5	6
63	身だしなみ	ミダシナミ	1	0	1	0.003	5	5
64	未知	ミチ	1	0	1	0.003	2	2
65	目	メ	1	0	1	0.003	1	1
66	めがね	メガネ	1	0	1	0.003	3	3
67	約束	ヤクソク	1	0	1	0.003	2	4
68	大和なでしこ	ヤマトナデシコ	1	0	1	0.003	6	7
69	欲望	ヨクボウ	1	0	1	0.003	2	4
70	恋愛	レンアイ	1	0	1	0.003	2	4
71	愛嬌	アイキョウ	0	1	1	0.003	2	4
72	いじめ	イジメ	0	1	1	0.003	3	3
73	お母さん	オカアサン	0	1	1	0.003	4	5
74	おしゃべり	オシャベリ	0	1	1	0.003	5	4
75	乙女	オトメ	0	1	1	0.003	2	3
76	おみな	オミナ	0	1	1	0.003	3	3
77	髪型	カミガタ	0	1	1	0.003	2	4
78	可憐	カレン	0	1	1	0.003	2	3
79	靴	クツ	0	1	1	0.003	1	2
80	小悪魔	コアクマ	0	1	1	0.003	3	4
81	裁縫	サイホウ	0	1	1	0.003	2	4
82	脂肪	シボウ	0	1	1	0.003	2	3
83	出産	シュッサン	0	1	1	0.003	2	4
84	主婦	シュフ	0	1	1	0.003	2	2
85	上品	ジョウヒン	0	1	1	0.003	2	4
86	生理	セイリ	0	1	1	0.003	2	3
87	太陽	タイヨウ	0	1	1	0.003	2	4
88	同性	ドウセイ	0	1	1	0.003	2	4
89	涙	ナミダ	0	1	1	0.003	1	3
90	母	ハハ	0	1	1	0.003	1	2
91	変態	ヘンタイ	0	1	1	0.003	2	4
92	面倒	メンドウ	0	1	1	0.003	2	4
93	めんどくさがり屋	メンドクサガリヤ	0	1	1	0.003	8	8
94	洋服	ヨウフク	0	1	1	0.003	2	4
95	リボン	リボン	0	1	1	0.003	3	3
	合計		146	141	287			

26	おんぶ	フリガナ	男性	女性	全体	連想強度	文字数	モーラ数
1	こども	コドモ	44	43	87	0.272	3	3
	子供		*44*	*41*	*85*	*0.266*	*2*	*3*
	こども		*0*	*2*	*2*	*0.006*	*3*	*3*
2	だっこ	ダッコ	29	29	58	0.181	3	3
	抱っこ		*16*	*16*	*32*	*0.100*	*3*	*3*
	だっこ		*13*	*13*	*26*	*0.081*	*3*	*3*
3	赤ちゃん	アカチャン	18	16	34	0.106	4	4
4	背中	セナカ	16	12	28	0.088	2	3
5	親子	オヤコ	10	4	14	0.044	2	3
6	お母さん	オカアサン	2	10	12	0.038	4	5
7	親	オヤ	5	3	8	0.025	1	2
8	母	ハハ	5	2	7	0.022	1	2
9	おとうさん	オトウサン	0	6	6	0.019	5	5
	お父さん		*0*	*5*	*5*	*0.016*	*4*	*5*
	おとうさん		*0*	*1*	*1*	*0.003*	*5*	*5*
10	母親	ハハオヤ	2	3	5	0.016	2	4
11	赤ん坊	アカンボウ	1	3	4	0.013	3	5
12	おばけ	オバケ	2	1	3	0.009	3	3
	お化け		*1*	*1*	*2*	*0.006*	*3*	*3*
	おばけ		*1*	*0*	*1*	*0.003*	*3*	*3*
13	おばあちゃん	オバアチャン	1	2	3	0.009	6	5
14	怪我	ケガ	1	2	3	0.009	2	2
15	お兄さん	オニイサン	1	1	2	0.006	4	5
16	家族	カゾク	1	1	2	0.006	2	3
17	兄弟	キョウダイ	1	1	2	0.006	2	4
18	人	ヒト	1	0	1	0.003	1	2
19	赤子	アカゴ	1	0	1	0.003	2	3
20	赤さん	アカサン	1	0	1	0.003	3	4
21	憧れ	アコガレ	1	0	1	0.003	2	4
22	おかん	オカン	1	0	1	0.003	3	3
23	おじいさん	オジイサン	1	0	1	0.003	5	5
24	お年寄り	オトシヨリ	1	0	1	0.003	4	5
25	音楽	オンガク	1	0	1	0.003	2	4
26	子育て	コソダテ	1	0	1	0.003	3	4
27	酒	サケ	1	0	1	0.003	1	2
28	世話	セワ	1	0	1	0.003	2	2
29	夫婦	フウフ	1	0	1	0.003	2	3
30	夕焼け	ユウヤケ	1	0	1	0.003	3	4
31	幼少期	ヨウショウキ	1	0	1	0.003	3	5
32	幼稚園	ヨウチエン	1	0	1	0.003	3	5
33	兄	アニ	0	1	1	0.003	1	2
34	姉	アネ	0	1	1	0.003	1	2
35	父	チチ	0	1	1	0.003	1	2
36	父親	チチオヤ	0	1	1	0.003	2	4
37	ねんねこ	ネンネコ	0	1	1	0.003	4	4
38	二人	フタリ	0	1	1	0.003	2	3
39	幼稚園児	ヨウチエンジ	0	1	1	0.003	4	6
	合計		154	146	300			

27	かかと	フリガナ	男性	女性	全体	連想強度	文字数	モーラ数
1	あし	アシ	92	92	184	0.575	2	2
	足		89	87	176	0.550	1	2
	あし		3	5	8	0.025	2	2
2	くつ	クツ	6	10	16	0.050	2	2
	靴		6	9	15	0.047	1	2
	くつ		0	1	1	0.003	2	2
3	かかとおとし	カカトオトシ	15	0	15	0.047	6	6
	かかと落とし		12	0	12	0.038	6	6
	かかとおとし		2	0	2	0.006	6	6
	踵落とし		1	0	1	0.003	4	6
4	くつした	クツシタ	4	3	7	0.022	4	4
	靴下		3	3	6	0.019	2	4
	くつした		1	0	1	0.003	4	4
5	ヒール	ヒール	1	6	7	0.022	3	3
6	おとし	オトシ	4	2	6	0.019	3	3
	落とし		4	1	5	0.016	3	3
	おとし		0	1	1	0.003	3	3
7	空手	カラテ	3	2	5	0.016	2	3
8	つまさき	ツマサキ	3	2	5	0.016	4	4
	つま先		2	2	4	0.013	3	4
	つまさき		1	0	1	0.003	4	4
9	体	カラダ	2	2	4	0.013	1	3
10	ひび割れ	ヒビワレ	1	3	4	0.013	4	4
11	角質	カクシツ	1	2	3	0.009	2	4
12	くるぶし	クルブシ	1	2	3	0.009	4	4
	踝		1	1	2	0.006	1	4
	くるぶし		0	1	1	0.003	4	4
13	蹴り	ケリ	2	0	2	0.006	2	2
14	アキレス	アキレス	1	1	2	0.006	4	4
15	ひび	ヒビ	1	1	2	0.006	2	2
16	皮膚	ヒフ	1	1	2	0.006	2	2
17	冬	フユ	0	2	2	0.006	1	2
18	魚の目	ウオノメ	1	0	1	0.003	3	4
19	カカシ	カカシ	1	0	1	0.003	3	3
20	格闘技	カクトウギ	1	0	1	0.003	3	5
21	かぶれ	カブレ	1	0	1	0.003	3	3
22	軽石	カルイシ	1	0	1	0.003	2	4
23	乾燥	カンソウ	1	0	1	0.003	2	4
24	靴ずれ	クツズレ	1	0	1	0.003	3	4
25	攻撃	コウゲキ	1	0	1	0.003	2	4
26	重心	ジュウシン	1	0	1	0.003	2	4
27	人体	ジンタイ	1	0	1	0.003	2	4
28	す足	スアシ	1	0	1	0.003	2	3
29	擦り傷	スリキズ	1	0	1	0.003	3	4
30	タンス	タンス	1	0	1	0.003	3	3
31	テコンドー	テコンドー	1	0	1	0.003	5	5
32	肌荒れ	ハダアレ	1	0	1	0.003	3	4
33	ボール	ボール	1	0	1	0.003	3	3
34	陸上	リクジョウ	1	0	1	0.003	2	4
35	技	ワザ	1	0	1	0.003	1	2
36	格闘	カクトウ	0	1	1	0.003	2	4
37	ケア	ケア	0	1	1	0.003	2	2
38	けんけんぱ	ケンケンパ	0	1	1	0.003	5	5
39	持病	ジビョウ	0	1	1	0.003	2	3
40	柔道	ジュウドウ	0	1	1	0.003	2	4
41	ピンヒール	ピンヒール	0	1	1	0.003	5	5
42	プロレス	プロレス	0	1	1	0.003	4	4
43	骨	ホネ	0	1	1	0.003	1	2
44	落下	ラッカ	0	1	1	0.003	2	3
	合計		156	140	296			

28	かたち	フリガナ	男性	女性	全体	連想強度	文字数	モーラ数
1	まる	マル	13	27	40	0.125	2	2
	丸		*13*	*23*	*36*	*0.113*	*1*	*2*
	まる		*0*	*4*	*4*	*0.013*	*2*	*2*
2	もの	モノ	24	13	37	0.116	2	2
	物		*16*	*9*	*25*	*0.078*	*1*	*2*
	もの		*7*	*4*	*11*	*0.034*	*2*	*2*
	モノ		*1*	*0*	*1*	*0.003*	*2*	*2*
3	しかく	シカク	17	12	29	0.091	3	3
	四角		*16*	*12*	*28*	*0.088*	*2*	*3*
	四画		*1*	*0*	*1*	*0.003*	*2*	*3*
4	つみき	ツミキ	3	11	14	0.044	3	3
	積み木		*3*	*9*	*12*	*0.038*	*3*	*3*
	つみき		*0*	*2*	*2*	*0.006*	*3*	*3*
5	さんかく	サンカク	5	6	11	0.034	4	4
	三角		*5*	*5*	*10*	*0.031*	*2*	*4*
	さんかく		*0*	*1*	*1*	*0.003*	*4*	*4*
6	姿	スガタ	5	3	8	0.025	1	3
7	形状	ケイジョウ	6	1	7	0.022	2	4
8	図形	ズケイ	2	5	7	0.022	2	3
9	存在	ソンザイ	4	2	6	0.019	2	4
10	物体	ブッタイ	4	2	6	0.019	2	4
11	色	イロ	2	4	6	0.019	1	2
12	造形	ゾウケイ	5	0	5	0.016	2	4
13	粘土	ネンド	4	0	4	0.013	2	3
14	三角形	サンカッケイ	3	1	4	0.013	3	6
15	固形	コケイ	2	2	4	0.013	2	3
16	数学	スウガク	1	3	4	0.013	2	4
17	形式	ケイシキ	0	4	4	0.013	2	4
18	人	ヒト	2	1	3	0.009	1	2
19	正方形	セイホウケイ	1	2	3	0.009	3	6
20	人形	ニンギョウ	1	2	3	0.009	2	4
21	容姿	ヨウシ	1	2	3	0.009	2	3
22	破壊	ハカイ	0	3	3	0.009	2	3
23	形成	ケイセイ	2	0	2	0.006	2	4
24	心	ココロ	2	0	2	0.006	1	3
25	無形	ムケイ	2	0	2	0.006	2	3
26	愛	アイ	1	1	2	0.006	1	2
27	クッキー	クッキー	1	1	2	0.006	4	4
28	個体	コタイ	1	1	2	0.006	2	3
29	視覚	シカク	1	1	2	0.006	2	3
30	世界	セカイ	1	1	2	0.006	2	3
31	物質	ブッシツ	1	1	2	0.006	2	4
32	大きさ	オオキサ	0	2	2	0.006	3	4
33	見た目	ミタメ	0	2	2	0.006	3	3
34	鋭角	エイカク	1	0	1	0.003	2	4
35	おにぎり	オニギリ	1	0	1	0.003	4	4
36	折り紙	オリガミ	1	0	1	0.003	3	4
37	外観	ガイカン	1	0	1	0.003	2	4
38	可視	カシ	1	0	1	0.003	2	2
39	歌詞	カシ	1	0	1	0.003	2	2
40	型	カタ	1	0	1	0.003	1	2
41	漢字	カンジ	1	0	1	0.003	2	3
42	球	キュウ	1	0	1	0.003	1	2
43	強度	キョウド	1	0	1	0.003	2	3
44	崩れ	クズレ	1	0	1	0.003	2	3
45	車	クルマ	1	0	1	0.003	1	3
46	結晶	ケッショウ	1	0	1	0.003	2	4
47	固体	コタイ	1	0	1	0.003	2	3
48	視界	シカイ	1	0	1	0.003	2	3
49	実存	ジツゾン	1	0	1	0.003	2	4
50	成果	セイカ	1	0	1	0.003	2	3
51	外	ソト	1	0	1	0.003	1	2
52	名	ナ	1	0	1	0.003	1	1
53	内容	ナイヨウ	1	0	1	0.003	2	4
54	パズル	パズル	1	0	1	0.003	3	3
55	パソコン	パソコン	1	0	1	0.003	4	4
56	美術	ビジュツ	1	0	1	0.003	2	3
57	プレゼント	プレゼント	1	0	1	0.003	5	5
58	変化	ヘンカ	1	0	1	0.003	2	3
59	変形	ヘンケイ	1	0	1	0.003	2	4
60	崩壊	ホウカイ	1	0	1	0.003	2	4
61	保険	ホケン	1	0	1	0.003	2	3
62	星形	ホシガタ	1	0	1	0.003	2	4
63	模型	モケイ	1	0	1	0.003	2	3
64	有限	ユウゲン	1	0	1	0.003	2	4
65	友情	ユウジョウ	1	0	1	0.003	2	4
66	家	イエ	0	1	1	0.003	1	2
67	入れ物	イレモノ	0	1	1	0.003	3	4
68	顔	カオ	0	1	1	0.003	1	2
69	花瓶	カビン	0	1	1	0.003	2	3
70	曲	キョク	0	1	1	0.003	1	2
71	形状記憶合金	ケイジョウキオクゴウキン	0	1	1	0.003	6	11
72	形状組織	ケイジョウソシキ	0	1	1	0.003	4	7
73	ケース	ケース	0	1	1	0.003	3	3
74	原型	ゲンケイ	0	1	1	0.003	2	4
75	現実	ゲンジツ	0	1	1	0.003	2	4
76	工作	コウサク	0	1	1	0.003	2	4
77	個性的	コセイテキ	0	1	1	0.003	3	5
78	コップ	コップ	0	1	1	0.003	3	3
79	痕跡	コンセキ	0	1	1	0.003	2	4
80	さまざま	サマザマ	0	1	1	0.003	4	4
81	参画	サンカク	0	1	1	0.003	2	4
82	実物	ジツブツ	0	1	1	0.003	2	4
83	証拠	ショウコ	0	1	1	0.003	2	3
84	図画工作	ズガコウサク	0	1	1	0.003	4	6
85	机	ツクエ	0	1	1	0.003	1	3
86	なり	ナリ	0	1	1	0.003	2	2
87	ハート	ハート	0	1	1	0.003	3	3
88	バスト	バスト	0	1	1	0.003	3	3
89	星	ホシ	0	1	1	0.003	1	2
90	見本	ミホン	0	1	1	0.003	2	3
	合計		149	141	290			

29	かばん	フリガナ	男性	女性	全体	連想強度	文字数	モーラ数
1	学校	ガッコウ	28	22	50	0.156	2	4
2	学生	ガクセイ	11	19	30	0.094	2	4
3	荷物	ニモツ	12	11	23	0.072	2	3
4	かわ	カワ	13	9	22	0.069	2	2
	革		*7*	*6*	*13*	*0.041*	*1*	*2*
	皮		*6*	*3*	*9*	*0.028*	*1*	*2*
5	通学	ツウガク	8	8	16	0.050	2	4
6	らんどせる	ランドセル	8	4	12	0.038	5	5
	ランドセル		*7*	*4*	*11*	*0.034*	*5*	*5*
	らんどせる		*1*	*0*	*1*	*0.003*	*5*	*5*
7	入れ物	イレモノ	5	6	11	0.034	3	4
8	ブランド	ブランド	5	4	9	0.028	4	4
9	リュック	リュック	4	4	8	0.025	4	3
10	教科書	キョウカショ	5	2	7	0.022	3	4
11	てさげ	テサゲ	3	3	6	0.019	3	3
	手提げ		*3*	*2*	*5*	*0.016*	*3*	*3*
	手さげ		*0*	*1*	*1*	*0.003*	*3*	*3*
12	持ち物	モチモノ	3	3	6	0.019	3	4
13	りゅっくさっく	リュックサック	4	1	5	0.016	7	6
	リュックサック		*3*	*1*	*4*	*0.013*	*7*	*6*
	リックサック		*1*	*0*	*1*	*0.003*	*6*	*6*
14	財布	サイフ	0	5	5	0.016	2	3
15	収納	シュウノウ	4	0	4	0.013	2	4
16	ばっぐ	バッグ	4	0	4	0.013	3	3
	バック		*3*	*0*	*3*	*0.009*	*3*	*3*
	バッグ		*1*	*0*	*1*	*0.003*	*3*	*3*
17	黒	クロ	3	1	4	0.013	1	2
18	便利	ベンリ	1	3	4	0.013	2	3
19	物	モノ	1	3	4	0.013	1	2
20	旅行	リョコウ	2	1	3	0.009	2	3
21	おしゃれ	オシャレ	1	2	3	0.009	4	3
	おしゃれ		*1*	*1*	*2*	*0.006*	*4*	*3*
	お洒落		*0*	*1*	*1*	*0.003*	*3*	*3*
22	四角	シカク	1	2	3	0.009	2	3
23	茶色	チャイロ	0	3	3	0.009	2	3
24	小学生	ショウガクセイ	2	0	2	0.006	3	6
25	本	ホン	2	0	2	0.006	1	2
26	肩	カタ	1	1	2	0.006	1	2
27	通勤	ツウキン	1	1	2	0.006	2	4
28	服	フク	1	1	2	0.006	1	2
29	布	ヌノ	0	2	2	0.006	1	2
30	必需品	ヒツジュヒン	0	2	2	0.006	3	5
31	ポーチ	ポーチ	0	2	2	0.006	3	3
32	角	カド	1	0	1	0.003	1	2
33	体	カラダ	1	0	1	0.003	1	3
34	仕事	シゴト	1	0	1	0.003	2	3
35	ショルダーバッグ	ショルダーバッグ	1	0	1	0.003	8	7
36	中学生	チュウガクセイ	1	0	1	0.003	3	6
37	釣り	ツリ	1	0	1	0.003	2	2
38	登校	トウコウ	1	0	1	0.003	2	4
39	トート	トート	1	0	1	0.003	3	3
40	都会	トカイ	1	0	1	0.003	2	3
41	なし	ナシ	1	0	1	0.003	2	2
42	ノート	ノート	1	0	1	0.003	3	3
43	引ったくり	ヒッタクリ	1	0	1	0.003	5	5
44	ファッション	ファッション	1	0	1	0.003	6	4
45	袋	フクロ	1	0	1	0.003	1	3
46	プリント	プリント	1	0	1	0.003	4	4
47	プレゼント	プレゼント	1	0	1	0.003	5	5
48	文具	ブング	1	0	1	0.003	2	3
49	ポーター	ポーター	1	0	1	0.003	4	4
50	持ち運び	モチハコビ	1	0	1	0.003	4	5
51	旅行鞄	リョコウカバン	1	0	1	0.003	3	6
52	赤	アカ	0	1	1	0.003	1	2
53	色	イロ	0	1	1	0.003	1	2
54	重さ	オモサ	0	1	1	0.003	2	3
55	女の子	オンナノコ	0	1	1	0.003	3	5
56	会社	カイシャ	0	1	1	0.003	2	3
57	学生鞄	ガクセイカバン	0	1	1	0.003	3	7
58	肩掛け	カタカケ	0	1	1	0.003	3	4
59	金	キン	0	1	1	0.003	1	2
60	靴	クツ	0	1	1	0.003	1	2
61	高校生	コウコウセイ	0	1	1	0.003	3	6
62	サラリーマン	サラリーマン	0	1	1	0.003	6	6
63	女性	ジョセイ	0	1	1	0.003	2	3
64	書類	ショルイ	0	1	1	0.003	2	3
65	ショルダー	ショルダー	0	1	1	0.003	5	4
66	宣伝	センデン	0	1	1	0.003	2	4
67	道具	ドウグ	0	1	1	0.003	2	3
68	斜めがけ	ナナメガケ	0	1	1	0.003	4	5
69	必要	ヒツヨウ	0	1	1	0.003	2	4
70	ブーツ	ブーツ	0	1	1	0.003	3	3
71	風呂敷	フロシキ	0	1	1	0.003	3	4
72	勉強	ベンキョウ	0	1	1	0.003	2	4
	合計		153	146	299			

30	からす	フリガナ	男性	女性	全体	連想強度	文字数	モーラ数
1	黒	クロ	66	80	146	0.456	1	2
2	とり	トリ	45	28	73	0.228	2	2
	鳥		*37*	*24*	*61*	*0.191*	*1*	*2*
	トリ		*5*	*4*	*9*	*0.028*	*2*	*2*
	とり		*3*	*0*	*3*	*0.009*	*2*	*2*
3	ごみ	ゴミ	14	10	24	0.075	2	2
	ゴミ		*12*	*8*	*20*	*0.063*	*2*	*2*
	ごみ		*2*	*2*	*4*	*0.013*	*2*	*2*
4	夕方	ユウガタ	4	3	7	0.022	2	4
5	不吉	フキツ	2	2	4	0.013	2	3
6	鳴き声	ナキゴエ	3	0	3	0.009	3	4
7	黒色	コクショク	1	2	3	0.009	2	4
8	ゴミ捨て場	ゴミステバ	1	1	2	0.006	5	5
9	すずめ	スズメ	1	1	2	0.006	3	3
	すずめ		*1*	*0*	*1*	*0.003*	*3*	*3*
	スズメ		*0*	*1*	*1*	*0.003*	*3*	*3*
10	カラス天狗	カラステング	1	0	1	0.003	5	6
11	行水	ギョウズイ	1	0	1	0.003	2	4
12	死骸	シガイ	1	0	1	0.003	2	3
13	電線	デンセン	1	0	1	0.003	2	4
14	鶏	ニワトリ	1	0	1	0.003	1	4
15	飛行	ヒコウ	1	0	1	0.003	2	3
16	不良	フリョウ	1	0	1	0.003	2	3
17	群れ	ムレ	1	0	1	0.003	2	2
18	目	メ	1	0	1	0.003	1	1
19	ヤタガラス	ヤタガラス	1	0	1	0.003	5	5
20	ラジオ体操	ラジオタイソウ	1	0	1	0.003	5	7
21	歌	ウタ	0	1	1	0.003	1	2
22	大声	オオゴエ	0	1	1	0.003	2	4
23	神	カミ	0	1	1	0.003	1	2
24	曲	キョク	0	1	1	0.003	1	2
25	ゴミ収集所	ゴミシュウシュウジョ	0	1	1	0.003	5	7
26	ごみ袋	ゴミブクロ	0	1	1	0.003	3	5
27	ゴミ問題	ゴミモンダイ	0	1	1	0.003	4	6
28	邪魔	ジャマ	0	1	1	0.003	2	2
29	自由	ジユウ	0	1	1	0.003	2	3
30	鳩	ハト	0	1	1	0.003	1	2
31	バンド	バンド	0	1	1	0.003	3	3
32	森	モリ	0	1	1	0.003	1	2
33	夕焼け	ユウヤケ	0	1	1	0.003	3	4
	合計		148	140	288			

31	からだ	フリガナ	男性	女性	全体	連想強度	文字数	モーラ数
1	手	テ	11	14	25	0.078	1	1
2	人間	ニンゲン	6	14	20	0.063	2	4
3	こころ	ココロ	9	9	18	0.056	3	3
	心		*6*	*7*	*13*	*0.041*	*1*	*3*
	こころ		*3*	*2*	*5*	*0.016*	*3*	*3*
4	筋肉	キンニク	12	3	15	0.047	2	4
5	頭	アタマ	8	7	15	0.047	1	3
6	健康	ケンコウ	6	9	15	0.047	2	4
7	あし	アシ	6	7	13	0.041	2	2
	足		*5*	*5*	*10*	*0.031*	*1*	*2*
	あし		*1*	*2*	*3*	*0.009*	*2*	*2*
8	身体	シンタイ	5	7	12	0.038	2	4
9	人	ヒト	9	2	11	0.034	1	2
10	肉体	ニクタイ	7	2	9	0.028	2	4
11	腕	ウデ	4	5	9	0.028	1	2
12	動物	ドウブツ	5	2	7	0.022	2	4
13	顔	カオ	4	3	7	0.022	1	2
14	運動	ウンドウ	3	4	7	0.022	2	4
15	目	メ	5	0	5	0.016	1	1
16	大切	タイセツ	3	2	5	0.016	2	4
17	成長	セイチョウ	2	3	5	0.016	2	4
18	はだか	ハダカ	2	3	5	0.016	3	3
	裸		*1*	*3*	*4*	*0.013*	*1*	*3*
	はだか		*1*	*0*	*1*	*0.003*	*3*	*3*
19	人体	ジンタイ	4	0	4	0.013	2	4
20	体調	タイチョウ	2	2	4	0.013	2	4
21	肌	ハダ	1	3	4	0.013	1	2
22	男	オトコ	2	1	3	0.009	1	3
23	心臓	シンゾウ	2	1	3	0.009	2	4
24	五体満足	ゴタイマンゾク	1	2	3	0.009	4	7
25	体重	タイジュウ	1	2	3	0.009	2	4
26	手足	テアシ	1	2	3	0.009	2	3
27	胴体	ドウタイ	1	2	3	0.009	2	4
28	自分	ジブン	1	1	2	0.006	2	3
29	資本	シホン	1	1	2	0.006	2	3
30	生物	セイブツ	1	1	2	0.006	2	4
31	大事	ダイジ	1	1	2	0.006	2	3
32	体力	タイリョク	1	1	2	0.006	2	4
33	肌色	ハダイロ	1	1	2	0.006	2	4
34	ひとつ	ヒトツ	1	1	2	0.006	3	3
35	皮膚	ヒフ	1	1	2	0.006	2	2
36	病院	ビョウイン	1	1	2	0.006	2	4
37	服	フク	1	1	2	0.006	1	2
38	保健体育	ホケンタイイク	1	1	2	0.006	4	7
39	女	オンナ	0	2	2	0.006	1	3
40	神経	シンケイ	0	2	2	0.006	2	4
41	病気	ビョウキ	0	2	2	0.006	2	3
42	生き物	イキモノ	1	0	1	0.003	3	4
43	命	イノチ	1	0	1	0.003	1	3
44	艶美	エンビ	1	0	1	0.003	2	3
45	肩	カタ	1	0	1	0.003	1	2
46	髪	カミ	1	0	1	0.003	1	2
47	基礎	キソ	1	0	1	0.003	2	2
48	毛	ケ	1	0	1	0.003	1	1
49	怪我	ケガ	1	0	1	0.003	2	2
50	検査	ケンサ	1	0	1	0.003	2	3
51	五体	ゴタイ	1	0	1	0.003	2	3
52	骨折	コッセツ	1	0	1	0.003	2	4
53	さかな	サカナ	1	0	1	0.003	3	3
54	丈夫	ジョウブ	1	0	1	0.003	2	3
55	神秘	シンピ	1	0	1	0.003	2	3
56	図	ズ	1	0	1	0.003	1	1
57	臓器	ゾウキ	1	0	1	0.003	2	3
58	体育	タイイク	1	0	1	0.003	2	4
59	体系	タイケイ	1	0	1	0.003	2	4
60	血	チ	1	0	1	0.003	1	1
61	中心	チュウシン	1	0	1	0.003	2	4
62	動作	ドウサ	1	0	1	0.003	2	3
63	発達	ハッタツ	1	0	1	0.003	2	4
64	卑猥	ヒワイ	1	0	1	0.003	2	3
65	部位	ブイ	1	0	1	0.003	2	2
66	不潔	フケツ	1	0	1	0.003	2	3
67	腹筋	フッキン	1	0	1	0.003	2	4
68	風呂	フロ	1	0	1	0.003	2	2
69	本能	ホンノウ	1	0	1	0.003	2	4
70	目的	モクテキ	1	0	1	0.003	2	4
71	洋服	ヨウフク	1	0	1	0.003	2	4
72	一部	イチブ	0	1	1	0.003	2	3
73	傷	キズ	0	1	1	0.003	1	2
74	行動	コウドウ	0	1	1	0.003	2	4
75	これから	コレカラ	0	1	1	0.003	4	4
76	持病	ジビョウ	0	1	1	0.003	2	3
77	自由	ジユウ	0	1	1	0.003	2	3
78	女性	ジョセイ	0	1	1	0.003	2	3
79	身体測定	シンタイソクテイ	0	1	1	0.003	4	8
80	頭蓋骨	ズガイコツ	0	1	1	0.003	3	5
81	スタイル	スタイル	0	1	1	0.003	4	4
82	素肌	スハダ	0	1	1	0.003	2	3
83	生長	セイチョウ	0	1	1	0.003	2	4
84	背中	セナカ	0	1	1	0.003	2	3
85	測定	ソクテイ	0	1	1	0.003	2	4
86	ダイエット	ダイエット	0	1	1	0.003	5	5
87	腸	チョウ	0	1	1	0.003	1	2
88	肉	ニク	0	1	1	0.003	1	2
89	満足	マンゾク	0	1	1	0.003	2	4
90	見た目	ミタメ	0	1	1	0.003	3	3
91	耳	ミミ	0	1	1	0.003	1	2
92	指	ユビ	0	1	1	0.003	1	2
	合計		163	149	312			

32	きずな	フリガナ	男性	女性	全体	連想強度	文字数	モーラ数
1	ともだち	トモダチ	30	67	97	0.303	4	4
	友達		*30*	*66*	*96*	*0.300*	*2*	*4*
	ともだち		*0*	*1*	*1*	*0.003*	*4*	*4*
2	友情	ユウジョウ	44	37	81	0.253	2	4
3	仲間	ナカマ	9	7	16	0.050	2	3
4	友人	ユウジン	8	4	12	0.038	2	4
5	心	ココロ	5	2	7	0.022	1	3
6	家族	カゾク	4	2	6	0.019	2	3
7	歌	ウタ	3	2	5	0.016	1	2
8	信頼	シンライ	2	3	5	0.016	2	4
9	オレンジレンジ	オレンジレンジ	4	0	4	0.013	7	7
10	人	ヒト	3	1	4	0.013	1	2
11	大切	タイセツ	2	2	4	0.013	2	4
12	つながり	ツナガリ	1	3	4	0.013	4	4
	つながり		*1*	*2*	*3*	*0.009*	*4*	*4*
	繫がり		*0*	*1*	*1*	*0.003*	*3*	*4*
13	親友	シンユウ	3	0	3	0.009	2	4
14	青春	セイシュン	1	2	3	0.009	2	4
15	友	トモ	1	2	3	0.009	1	2
16	親子	オヤコ	2	0	2	0.006	2	3
17	カトゥーン	カトゥーン	2	0	2	0.006	5	4
18	銀	ギン	2	0	2	0.006	1	2
19	団結	ダンケツ	2	0	2	0.006	2	4
20	運動会	ウンドウカイ	1	1	2	0.006	3	6
21	糸	イト	0	2	2	0.006	1	2
22	チーム	チーム	0	2	2	0.006	3	3
23	握手	アクシュ	1	0	1	0.003	2	3
24	学級目標	ガッキュウモクヒョウ	1	0	1	0.003	4	8
25	希望	キボウ	1	0	1	0.003	2	3
26	軽薄	ケイハク	1	0	1	0.003	2	4
27	サークル	サークル	1	0	1	0.003	4	4
28	重要	ジュウヨウ	1	0	1	0.003	2	4
29	大事	ダイジ	1	0	1	0.003	2	3
30	対人関係	タイジンカンケイ	1	0	1	0.003	4	8
31	誓い	チカイ	1	0	1	0.003	2	3
32	テレビ	テレビ	1	0	1	0.003	3	3
33	野球	ヤキュウ	1	0	1	0.003	2	3
34	証	アカシ	0	1	1	0.003	1	3
35	永遠	エイエン	0	1	1	0.003	2	4
36	江戸	エド	0	1	1	0.003	2	2
37	歌詞	カシ	0	1	1	0.003	2	2
38	漢字	カンジ	0	1	1	0.003	2	3
39	強固	キョウコ	0	1	1	0.003	2	3
40	強さ	ツヨサ	0	1	1	0.003	2	3
41	ナルト	ナルト	0	1	1	0.003	3	3
42	部活	ブカツ	0	1	1	0.003	2	3
43	文化祭	ブンカサイ	0	1	1	0.003	3	5
44	本物	ホンモノ	0	1	1	0.003	2	4
45	結びつき	ムスビツキ	0	1	1	0.003	4	5
46	連帯感	レンタイカン	0	1	1	0.003	3	6
	合計		140	152	292			

33	きのこ	フリガナ	男性	女性	全体	連想強度	文字数	モーラ数
1	山	ヤマ	25	36	61	0.191	1	2
2	毒	ドク	34	24	58	0.181	1	2
3	森	モリ	11	10	21	0.066	1	2
4	しいたけ	シイタケ	8	6	14	0.044	4	4
	しいたけ		4	4	8	0.025	4	4
	椎茸		3	1	4	0.013	2	4
	シイタケ		1	1	2	0.006	4	4
5	まつたけ	マツタケ	9	3	12	0.038	4	4
	松茸		5	1	6	0.019	2	4
	マツタケ		3	0	3	0.009	4	4
	まつたけ		1	2	3	0.009	4	4
6	秋	アキ	3	8	11	0.034	1	2
7	菌	キン	5	5	10	0.031	1	2
8	胞子	ホウシ	6	2	8	0.025	2	3
9	しめじ	シメジ	3	5	8	0.025	3	3
	しめじ		2	3	5	0.016	3	3
	シメジ		1	2	3	0.009	3	3
10	食べ物	タベモノ	3	4	7	0.022	3	4
11	えりんぎ	エリンギ	2	5	7	0.022	4	4
	エリンギ		1	5	6	0.019	4	4
	えりんぎ		1	0	1	0.003	4	4
12	マリオ	マリオ	4	2	6	0.019	3	3
13	えのき	エノキ	5	0	5	0.016	3	3
	榎		2	0	2	0.006	1	3
	えのき		2	0	2	0.006	3	3
	エノキ		1	0	1	0.003	3	3
14	山菜	サンサイ	4	1	5	0.016	2	4
15	木	キ	2	3	5	0.016	1	1
16	植物	ショクブツ	2	2	4	0.013	2	4
17	料理	リョウリ	2	2	4	0.013	2	3
18	おかし	オカシ	1	3	4	0.013	3	3
	お菓子		0	3	3	0.009	3	3
	おかし		1	0	1	0.003	3	3
19	菌類	キンルイ	3	0	3	0.009	2	4
20	たけのこ	タケノコ	3	0	3	0.009	4	4
	筍		1	0	1	0.003	1	4
	たけのこ		1	0	1	0.003	4	4
	タケノコ		1	0	1	0.003	4	4
21	食物	ショクモツ	2	1	3	0.009	2	4
22	鍋	ナベ	1	2	3	0.009	1	2
23	パスタ	パスタ	1	2	3	0.009	3	3
24	すぱげってぃ	スパゲッティ	0	3	3	0.009	6	5
	スパゲッティ		0	2	2	0.006	6	5
	スパゲティ		0	1	1	0.003	5	4
25	野菜	ヤサイ	0	3	3	0.009	2	3
26	里	サト	1	1	2	0.006	1	2
27	毒キノコ	ドクキノコ	1	1	2	0.006	4	5
28	きのこの山	キノコノヤマ	0	2	2	0.006	5	6
29	茶色	チャイロ	0	2	2	0.006	2	3
30	マッシュルーム	マッシュルーム	0	2	2	0.006	7	6
31	ういろううり	ウイロウウリ	1	0	1	0.003	6	6
32	菌糸	キンシ	1	0	1	0.003	2	3
33	クリームパスタ	クリームパスタ	1	0	1	0.003	7	7
34	シチュー	シチュー	1	0	1	0.003	4	3
35	食糧	ショクリョウ	1	0	1	0.003	2	4
36	造形	ゾウケイ	1	0	1	0.003	2	4
37	調理	チョウリ	1	0	1	0.003	2	3
38	土	ツチ	1	0	1	0.003	1	2
39	特産物	トクサンブツ	1	0	1	0.003	3	6
40	友達	トモダチ	1	0	1	0.003	2	4
41	なす	ナス	1	0	1	0.003	2	2
42	まいたけ	マイタケ	1	0	1	0.003	4	4
43	味噌汁	ミソシル	1	0	1	0.003	3	4
44	猛禽類	モウキンルイ	1	0	1	0.003	3	6
45	赤	アカ	0	1	1	0.003	1	2
46	栄養	エイヨウ	0	1	1	0.003	2	4
47	えのきだけ	エノキダケ	0	1	1	0.003	5	5
48	ゲーム	ゲーム	0	1	1	0.003	3	3
49	ご飯	ゴハン	0	1	1	0.003	2	3
50	栽培	サイバイ	0	1	1	0.003	2	4
51	食用	ショクヨウ	0	1	1	0.003	2	4
52	スーパー	スーパー	0	1	1	0.003	4	4
53	スープ	スープ	0	1	1	0.003	3	3
54	特産	トクサン	0	1	1	0.003	2	4
55	なめこ	ナメコ	0	1	1	0.003	3	3
	合計		155	151	306			

34	くさり	フリガナ	男性	女性	全体	連想強度	文字数	モーラ数
1	鉄	テツ	39	26	65	0.203	1	2
2	金属	キンゾク	13	12	25	0.078	2	4
3	束縛	ソクバク	7	7	14	0.044	2	4
4	いぬ	イヌ	5	9	14	0.044	2	2
	犬		*5*	*8*	*13*	*0.041*	*1*	*2*
	いぬ		*0*	*1*	*1*	*0.003*	*2*	*2*
5	かま	カマ	10	1	11	0.034	2	2
	鎌		*9*	*1*	*10*	*0.031*	*1*	*2*
	カマ		*1*	*0*	*1*	*0.003*	*2*	*2*
6	ろうや	ロウヤ	5	6	11	0.034	3	3
	牢屋		*5*	*5*	*10*	*0.031*	*2*	*3*
	ろうや		*0*	*1*	*1*	*0.003*	*3*	*3*
7	手錠	テジョウ	4	5	9	0.028	2	3
8	牢獄	ロウゴク	4	5	9	0.028	2	4
9	拘束	コウソク	7	1	8	0.025	2	4
10	チェーン	チェーン	6	2	8	0.025	4	3
11	船	フネ	6	1	7	0.022	1	2
12	銀	ギン	1	6	7	0.022	1	2
13	錆	サビ	1	4	5	0.016	1	2
14	囚人	シュウジン	3	1	4	0.013	2	4
15	海	ウミ	1	3	4	0.013	1	2
16	警察	ケイサツ	0	4	4	0.013	2	4
17	SM	エスエム	3	0	3	0.009	2	4
18	くらぴか	クラピカ	1	2	3	0.009	4	4
	くらぴか		*1*	*1*	*2*	*0.006*	*4*	*4*
	クラピカ		*0*	*1*	*1*	*0.003*	*4*	*4*
19	金具	カナグ	0	3	3	0.009	2	3
20	連鎖	レンサ	0	3	3	0.009	2	3
21	かたびら	カタビラ	2	0	2	0.006	4	4
22	監禁	カンキン	2	0	2	0.006	2	4
23	がんじょう	ガンジョウ	2	0	2	0.006	5	4
	頑丈		*1*	*0*	*1*	*0.003*	*2*	*4*
	がんじょう		*1*	*0*	*1*	*0.003*	*5*	*4*
24	くさりかたびら	クサリカタビラ	2	0	2	0.006	7	7
25	奴隷	ドレイ	2	0	2	0.006	2	3
26	武器	ブキ	2	0	2	0.006	2	2
27	檻	オリ	1	1	2	0.006	1	2
28	絆	キズナ	1	1	2	0.006	1	3
29	禁止	キンシ	1	1	2	0.006	2	3
30	鎖国	サコク	1	1	2	0.006	2	3
31	呪縛	ジュバク	1	1	2	0.006	2	3
32	鋼	ハガネ	1	1	2	0.006	1	3
33	銀色	ギンイロ	0	2	2	0.006	2	4
34	駐車場	チュウシャジョウ	0	2	2	0.006	3	5
35	不自由	フジユウ	0	2	2	0.006	3	4
36	思い	オモイ	1	0	1	0.003	2	3
37	おもり	オモリ	1	0	1	0.003	3	3
38	規制	キセイ	1	0	1	0.003	2	3
39	凶器	キョウキ	1	0	1	0.003	2	3
40	金	キン	1	0	1	0.003	1	2
41	現場	ゲンバ	1	0	1	0.003	2	3
42	縛り	シバリ	1	0	1	0.003	2	3
43	象形文字	ショウケイモジ	1	0	1	0.003	4	6
44	戦国	センゴク	1	0	1	0.003	2	4
45	つながり	ツナガリ	1	0	1	0.003	4	4
46	犯罪者	ハンザイシャ	1	0	1	0.003	3	5
47	ブーメラン	ブーメラン	1	0	1	0.003	5	5
48	星	ホシ	1	0	1	0.003	1	2
49	拉致	ラチ	1	0	1	0.003	2	2
50	連結	レンケツ	1	0	1	0.003	2	4
51	アクセサリー	アクセサリー	0	1	1	0.003	6	6
52	映画	エイガ	0	1	1	0.003	2	3
53	縁	エン	0	1	1	0.003	1	2
54	音楽	オンガク	0	1	1	0.003	2	4
55	刑務所	ケイムショ	0	1	1	0.003	3	4
56	厳重	ゲンジュウ	0	1	1	0.003	2	4
57	鋼鉄	コウテツ	0	1	1	0.003	2	4
58	ゴスロリ	ゴスロリ	0	1	1	0.003	4	4
59	殺人	サツジン	0	1	1	0.003	2	4
60	食べ物	タベモノ	0	1	1	0.003	3	4
61	繋ぎ	ツナギ	0	1	1	0.003	2	3
62	罪びと	ツミビト	0	1	1	0.003	3	4
63	動物	ドウブツ	0	1	1	0.003	2	4
64	鉛	ナマリ	0	1	1	0.003	1	3
65	縄	ナワ	0	1	1	0.003	1	2
66	南京錠	ナンキンジョウ	0	1	1	0.003	3	6
67	臭い	ニオイ	0	1	1	0.003	2	3
68	罰	バツ	0	1	1	0.003	1	2
69	犯人	ハンニン	0	1	1	0.003	2	4
70	ビジュアル系	ビジュアルケイ	0	1	1	0.003	6	6
71	ブランコ	ブランコ	0	1	1	0.003	4	4
72	防犯	ボウハン	0	1	1	0.003	2	4
73	捕虜	ホリョ	0	1	1	0.003	2	2
74	漫画	マンガ	0	1	1	0.003	2	3
75	身動き	ミウゴキ	0	1	1	0.003	3	4
76	約束	ヤクソク	0	1	1	0.003	2	4
77	闇	ヤミ	0	1	1	0.003	1	2
78	鎧	ヨロイ	0	1	1	0.003	1	3
79	冷酷	レイコク	0	1	1	0.003	2	4
80	牢	ロウ	0	1	1	0.003	1	2
	合計		149	143	292			

35	くじら	フリガナ	男性	女性	全体	連想強度	文字数	モーラ数
1	海	ウミ	61	63	124	0.388	1	2
2	哺乳類	ホニュウルイ	22	23	45	0.141	3	5
3	しお	シオ	14	17	31	0.097	2	2
	潮		11	14	25	0.078	1	2
	塩		2	3	5	0.016	1	2
	汐		1	0	1	0.003	1	2
4	捕鯨	ホゲイ	9	3	12	0.038	2	3
5	巨大	キョダイ	6	4	10	0.031	2	3
6	いるか	イルカ	3	7	10	0.031	3	3
	イルカ		3	6	9	0.028	3	3
	いるか		0	1	1	0.003	3	3
7	さかな	サカナ	6	3	9	0.028	3	3
	魚		6	2	8	0.025	1	3
	さかな		0	1	1	0.003	3	3
8	潮吹き	シオフキ	6	2	8	0.025	3	4
9	肉	ニク	4	3	7	0.022	1	2
10	刺身	サシミ	2	1	3	0.009	2	3
11	噴射	フンシャ	2	0	2	0.006	2	3
12	しゃち	シャチ	0	2	2	0.006	3	2
	しゃち		0	1	1	0.003	3	2
	シャチ		0	1	1	0.003	3	2
13	12号	ジュウニゴウ	0	2	2	0.006	3	5
14	噴水	フンスイ	0	2	2	0.006	2	4
15	偉大	イダイ	1	0	1	0.003	2	3
16	1年生	イチネンセイ	1	0	1	0.003	3	6
17	歌	ウタ	1	0	1	0.003	1	2
18	オホーツク海	オホーツクカイ	1	0	1	0.003	6	7
19	唐揚げ	カラアゲ	1	0	1	0.003	3	4
20	給食	キュウショク	1	0	1	0.003	2	4
21	九時	クジ	1	0	1	0.003	2	2
22	ゲーム	ゲーム	1	0	1	0.003	3	3
23	最終試験	サイシュウシケン	1	0	1	0.003	4	7
24	島	シマ	1	0	1	0.003	1	2
25	食糧	ショクリョウ	1	0	1	0.003	2	4
26	シロナガスクジラ	シロナガスクジラ	1	0	1	0.003	8	8
27	水族館	スイゾクカン	1	0	1	0.003	3	6
28	壮大	ソウダイ	1	0	1	0.003	2	4
29	空	ソラ	1	0	1	0.003	1	2
30	竜田揚げ	タツタアゲ	1	0	1	0.003	4	5
31	動物	ドウブツ	1	0	1	0.003	2	4
32	ベーコン	ベーコン	1	0	1	0.003	4	4
33	捕獲禁止	ホカクキンシ	1	0	1	0.003	4	6
34	目	メ	1	0	1	0.003	1	1
35	目くじら	メクジラ	1	0	1	0.003	4	4
36	禁止	キンシ	0	1	1	0.003	2	3
37	雲	クモ	0	1	1	0.003	1	2
38	縞	シマ	0	1	1	0.003	1	2
39	食事	ショクジ	0	1	1	0.003	2	3
40	体育館	タイイクカン	0	1	1	0.003	3	6
41	ピノキオ	ピノキオ	0	1	1	0.003	4	4
42	捕鯨船	ホゲイセン	0	1	1	0.003	3	5
43	水	ミズ	0	1	1	0.003	1	2
44	夢	ユメ	0	1	1	0.003	1	2
45	漁	リョウ	0	1	1	0.003	1	2
	合計		156	142	298			

36	くるま	フリガナ	男性	女性	全体	連想強度	文字数	モーラ数
1	タイヤ	タイヤ	12	17	29	0.091	3	3
2	とよた	トヨタ	15	6	21	0.066	3	3
	トヨタ		*11*	*4*	*15*	*0.047*	*3*	*3*
	豊田		*4*	*1*	*5*	*0.016*	*2*	*3*
	TOYOTA		*0*	*1*	*1*	*0.003*	*6*	*3*
3	免許	メンキョ	5	12	17	0.053	2	3
4	便利	ベンリ	7	8	15	0.047	2	3
5	運転	ウンテン	6	9	15	0.047	2	4
6	排気ガス	ハイキガス	9	5	14	0.044	4	5
7	道路	ドウロ	7	7	14	0.044	2	3
8	エンジン	エンジン	5	6	11	0.034	4	4
9	鉄	テツ	4	5	9	0.028	1	2
10	自動車	ジドウシャ	3	6	9	0.028	3	4
11	事故	ジコ	6	2	8	0.025	2	2
12	乗り物	ノリモノ	6	2	8	0.025	3	4
13	赤	アカ	0	7	7	0.022	1	2
14	ガソリン	ガソリン	3	3	6	0.019	4	4
15	走行	ソウコウ	4	1	5	0.016	2	4
16	外車	ガイシャ	1	4	5	0.016	2	3
17	バイク	バイク	3	1	4	0.013	3	3
18	ベンツ	ベンツ	2	2	4	0.013	3	3
19	道	ミチ	2	2	4	0.013	1	2
20	高速	コウソク	1	3	4	0.013	2	4
21	ドライブ	ドライブ	1	3	4	0.013	4	4
22	機械	キカイ	2	1	3	0.009	2	3
23	高級	コウキュウ	1	2	3	0.009	2	4
24	移動	イドウ	0	3	3	0.009	2	3
25	クラウン	クラウン	2	0	2	0.006	4	4
26	しゃこう	シャコウ	2	0	2	0.006	4	3
	車校		*1*	*0*	*1*	*0.003*	*2*	*3*
	社校		*1*	*0*	*1*	*0.003*	*2*	*3*
27	轟	トドロキ	2	0	2	0.006	1	4
28	BMW	ビーエムダブリュ	2	0	2	0.006	3	7
29	プリウス	プリウス	2	0	2	0.006	4	4
30	軽	ケイ	1	1	2	0.006	1	2
31	高速道路	コウソクドウロ	1	1	2	0.006	4	7
32	車検	シャケン	1	1	2	0.006	2	3
33	新車	シンシャ	1	1	2	0.006	2	3
34	セダン	セダン	1	1	2	0.006	3	3
35	ホンダ	ホンダ	1	1	2	0.006	3	3
36	旅行	リョコウ	1	1	2	0.006	2	3
37	黒	クロ	0	2	2	0.006	1	2
38	遠出	トオデ	0	2	2	0.006	2	3
39	お金	オカネ	1	0	1	0.003	2	3
40	家計	カケイ	1	0	1	0.003	2	3
41	金持ち	カネモチ	1	0	1	0.003	3	4
42	危険	キケン	1	0	1	0.003	2	3
43	救急車	キュウキュウシャ	1	0	1	0.003	3	5
44	軽自動車	ケイジドウシャ	1	0	1	0.003	4	6
45	煙	ケムリ	1	0	1	0.003	1	3
46	自動	ジドウ	1	0	1	0.003	2	3
47	自動車学校	ジドウシャガッコウ	1	0	1	0.003	5	8
48	車輪	シャリン	1	0	1	0.003	2	3
49	乗車	ジョウシャ	1	0	1	0.003	2	3
50	常用	ジョウヨウ	1	0	1	0.003	2	4
51	洗車	センシャ	1	0	1	0.003	2	3
52	台車	ダイシャ	1	0	1	0.003	2	3
53	中古	チュウコ	1	0	1	0.003	2	3
54	通勤	ツウキン	1	0	1	0.003	2	4
55	日本	ニホン	1	0	1	0.003	2	3
56	燃料	ネンリョウ	1	0	1	0.003	2	4
57	火の車	ヒノクルマ	1	0	1	0.003	3	5
58	ミニカー	ミニカー	1	0	1	0.003	4	4
59	免許証	メンキョショウ	1	0	1	0.003	3	5
60	四輪	ヨンリン	1	0	1	0.003	2	4
61	椅子	イス	0	1	1	0.003	2	2
62	色	イロ	0	1	1	0.003	1	2
63	運転免許	ウンテンメンキョ	0	1	1	0.003	4	7
64	運転免許証	ウンテンメンキョショウ	0	1	1	0.003	5	9
65	エンスト	エンスト	0	1	1	0.003	4	4
66	男の子	オトコノコ	0	1	1	0.003	3	5
67	海外	カイガイ	0	1	1	0.003	2	4
68	交通事故	コウツウジコ	0	1	1	0.003	4	6
69	スピード	スピード	0	1	1	0.003	4	4
70	多彩	タサイ	0	1	1	0.003	2	3
71	峠	トウゲ	0	1	1	0.003	1	3
72	ハイブリッド	ハイブリッド	0	1	1	0.003	6	6
73	火	ヒ	0	1	1	0.003	1	1
74	レース	レース	0	1	1	0.003	3	3
	合計		144	142	286			

37	けじめ	フリガナ	男性	女性	全体	連想強度	文字数	モーラ数
1	やくざ	ヤクザ	12	6	18	0.056	3	3
	ヤクザ		7	4	11	0.034	3	3
	やくざ		5	2	7	0.022	3	3
2	おとこ	オトコ	8	4	12	0.038	3	3
	男		7	4	11	0.034	1	3
	おとこ		1	0	1	0.003	3	3
3	責任	セキニン	7	5	12	0.038	2	4
4	学校	ガッコウ	6	6	12	0.038	2	4
5	約束	ヤクソク	8	3	11	0.034	2	4
6	決意	ケツイ	5	5	10	0.031	2	3
7	区切り	クギリ	5	3	8	0.025	3	3
8	大人	オトナ	4	4	8	0.025	2	3
9	けんか	ケンカ	5	1	6	0.019	3	3
	喧嘩		4	1	5	0.016	2	3
	けんか		1	0	1	0.003	3	3
10	坊主	ボウズ	3	3	6	0.019	2	3
11	教育	キョウイク	2	4	6	0.019	2	4
12	反省	ハンセイ	5	0	5	0.016	2	4
13	決着	ケッチャク	4	1	5	0.016	2	4
14	決心	ケッシン	3	2	5	0.016	2	4
15	大切	タイセツ	3	2	5	0.016	2	4
16	切り替え	キリカエ	2	3	5	0.016	4	4
17	時間	ジカン	2	3	5	0.016	2	3
18	いじめ	イジメ	2	2	4	0.013	3	3
19	心	ココロ	2	2	4	0.013	1	3
20	まじめ	マジメ	2	2	4	0.013	3	3
	まじめ		2	0	2	0.006	3	3
	真面目		0	2	2	0.006	3	3
21	決断	ケツダン	1	3	4	0.013	2	4
22	授業	ジュギョウ	1	3	4	0.013	2	3
23	先生	センセイ	1	3	4	0.013	2	4
24	自分	ジブン	2	1	3	0.009	2	3
25	人生	ジンセイ	2	1	3	0.009	2	4
26	人	ヒト	2	1	3	0.009	1	2
27	終わり	オワリ	1	2	3	0.009	3	3
28	切腹	セップク	1	2	3	0.009	2	4
29	メリハリ	メリハリ	1	2	3	0.009	4	4
30	しつけ	シツケ	0	3	3	0.009	3	3
	しつけ		0	2	2	0.006	3	3
	躾		0	1	1	0.003	1	3
31	指	ユビ	0	3	3	0.009	1	2
32	礼儀	レイギ	0	3	3	0.009	2	3
33	覚悟	カクゴ	2	0	2	0.006	2	3
34	結婚	ケッコン	2	0	2	0.006	2	4
35	ものごと	モノゴト	2	0	2	0.006	4	4
	物事		1	0	1	0.003	2	4
	ものごと		1	0	1	0.003	4	4
36	おとし	オトシ	1	1	2	0.006	3	3
37	おとしまえ	オトシマエ	1	1	2	0.006	5	5
38	学生	ガクセイ	1	1	2	0.006	2	4
39	きもち	キモチ	1	1	2	0.006	3	3
	気持		1	0	1	0.003	2	3
	気持ち		0	1	1	0.003	3	3
40	極道	ゴクドウ	1	1	2	0.006	2	4
41	小学生	ショウガクセイ	1	1	2	0.006	3	6
42	自立	ジリツ	1	1	2	0.006	2	3
43	必要	ヒツヨウ	1	1	2	0.006	2	4
44	プライド	プライド	1	1	2	0.006	4	4
45	関係	カンケイ	0	2	2	0.006	2	4
46	規則	キソク	0	2	2	0.006	2	3
47	罰	バツ	0	2	2	0.006	1	2
48	悪事	アクジ	1	0	1	0.003	2	3
49	後始末	アトシマツ	1	0	1	0.003	3	5
50	生き方	イキカタ	1	0	1	0.003	3	4
51	生き様	イキザマ	1	0	1	0.003	3	4
52	共感	キョウカン	1	0	1	0.003	2	4
53	義理	ギリ	1	0	1	0.003	2	2
54	謹慎	キンシン	1	0	1	0.003	2	4
55	けり	ケリ	1	0	1	0.003	2	2
56	恋	コイ	1	0	1	0.003	1	2
57	高校	コウコウ	1	0	1	0.003	2	4
58	子供	コドモ	1	0	1	0.003	2	3
59	最後	サイゴ	1	0	1	0.003	2	3
60	死	シ	1	0	1	0.003	1	1
61	実直	ジッチョク	1	0	1	0.003	2	4
62	失敗	シッパイ	1	0	1	0.003	2	4
63	締め切り	シメキリ	1	0	1	0.003	4	4
64	終焉	シュウエン	1	0	1	0.003	2	4
65	重要	ジュウヨウ	1	0	1	0.003	2	4
66	趣味	シュミ	1	0	1	0.003	2	2
67	職場	ショクバ	1	0	1	0.003	2	3
68	性格	セイカク	1	0	1	0.003	2	4
69	説教	セッキョウ	1	0	1	0.003	2	4
70	対応	タイオウ	1	0	1	0.003	2	4
71	退職	タイショク	1	0	1	0.003	2	4
72	縦社会	タテシャカイ	1	0	1	0.003	3	5
73	爪	ツメ	1	0	1	0.003	1	2
74	人間関係	ニンゲンカンケイ	1	0	1	0.003	4	8
75	判断	ハンダン	1	0	1	0.003	2	4
76	部活	ブカツ	1	0	1	0.003	2	3
77	不始末	フシマツ	1	0	1	0.003	3	4
78	節目	フシメ	1	0	1	0.003	2	3
79	不真面目	フマジメ	1	0	1	0.003	4	4
80	友人	ユウジン	1	0	1	0.003	2	4
81	リンチ	リンチ	1	0	1	0.003	3	3
82	ルール	ルール	1	0	1	0.003	3	3
83	意思	イシ	0	1	1	0.003	2	2
84	一線	イッセン	0	1	1	0.003	2	4
85	お母さん	オカアサン	0	1	1	0.003	4	5
86	親	オヤ	0	1	1	0.003	1	2
87	カタギ	カタギ	0	1	1	0.003	3	3
88	決まり	キマリ	0	1	1	0.003	3	3
89	決め	キメ	0	1	1	0.003	2	2
90	教師	キョウシ	0	1	1	0.003	2	3
91	規律	キリツ	0	1	1	0.003	2	3
92	黒	クロ	0	1	1	0.003	1	2
93	行動	コウドウ	0	1	1	0.003	2	4
94	志	ココロザシ	0	1	1	0.003	1	5
95	小指	コユビ	0	1	1	0.003	2	3
96	境目	サカイメ	0	1	1	0.003	2	4
97	始末	シマツ	0	1	1	0.003	2	3
98	社会	シャカイ	0	1	1	0.003	2	3
99	社会人	シャカイジン	0	1	1	0.003	3	5
100	スタート	スタート	0	1	1	0.003	4	4
101	生活	セイカツ	0	1	1	0.003	2	4
102	誠実	セイジツ	0	1	1	0.003	2	4
103	ターニングポイント	ターニングポイント	0	1	1	0.003	9	9
104	退学	タイガク	0	1	1	0.003	2	4
105	大事	ダイジ	0	1	1	0.003	2	3
106	退部	タイブ	0	1	1	0.003	2	3
107	男女	ダンジョ	0	1	1	0.003	2	3
108	男性	ダンセイ	0	1	1	0.003	2	4

109	断髪	ダンパツ	0	1	1	0.003	2	4
110	転校	テンコウ	0	1	1	0.003	2	4
111	仲間	ナカマ	0	1	1	0.003	2	3
112	人間	ニンゲン	0	1	1	0.003	2	4
113	節	フシ	0	1	1	0.003	1	2
114	不良	フリョウ	0	1	1	0.003	2	3
115	分岐点	ブンキテン	0	1	1	0.003	3	5
116	踏ん切り	フンギリ	0	1	1	0.003	4	4
117	勉強	ベンキョウ	0	1	1	0.003	2	4
118	暴力団	ボウリョクダン	0	1	1	0.003	3	6
119	目	メ	0	1	1	0.003	1	1
120	有限不実行	ユウゲンフジッコウ	0	1	1	0.003	5	9
121	友情	ユウジョウ	0	1	1	0.003	2	4
122	恋愛	レンアイ	0	1	1	0.003	2	4
123	別れ際	ワカレギワ	0	1	1	0.003	3	5
	合計		152	144	296			

38	けむり	フリガナ	男性	女性	全体	連想強度	文字数	モーラ数
1	たばこ	タバコ	51	36	87	0.272	3	3
	たばこ		*18*	*17*	*35*	*0.109*	*3*	*3*
	タバコ		*23*	*7*	*30*	*0.094*	*3*	*3*
	煙草		*10*	*12*	*22*	*0.069*	*2*	*3*
2	火事	カジ	34	44	78	0.244	2	2
3	火	ヒ	13	12	25	0.078	1	1
4	えんとつ	エントツ	7	16	23	0.072	4	4
	煙突		*5*	*16*	*21*	*0.066*	*2*	*4*
	えんとつ		*2*	*0*	*2*	*0.006*	*4*	*4*
5	工場	コウジョウ	7	5	12	0.038	2	4
6	家事	カジ	4	5	9	0.028	2	2
7	白	シロ	4	2	6	0.019	1	2
8	臭い	ニオイ	3	3	6	0.019	2	3
9	灰色	ハイイロ	3	3	6	0.019	2	4
10	銭湯	セントウ	3	2	5	0.016	2	4
11	炎	ホノオ	2	1	3	0.009	1	3
12	黒	クロ	0	3	3	0.009	1	2
13	ゆ	ユ	2	0	2	0.006	1	1
	湯		*1*	*0*	*1*	*0.003*	*1*	*1*
	お湯		*1*	*0*	*1*	*0.003*	*2*	*2*
14	温泉	オンセン	2	0	2	0.006	2	4
15	雲	クモ	1	1	2	0.006	1	2
16	スカ	スカ	1	1	2	0.006	2	2
17	のやき	ノヤキ	1	1	2	0.006	3	3
	野焼き		*1*	*0*	*1*	*0.003*	*3*	*3*
	野焼		*0*	*1*	*1*	*0.003*	*2*	*3*
18	花火	ハナビ	1	1	2	0.006	2	3
19	湯けむり	ユケムリ	1	1	2	0.006	4	4
20	合図	アイズ	1	0	1	0.003	2	3
21	上	ウエ	1	0	1	0.003	1	2
22	煙幕	エンマク	1	0	1	0.003	2	4
23	ガス	ガス	1	0	1	0.003	2	2
24	曇り	クモリ	1	0	1	0.003	2	3
25	煙玉	ケムリダマ	1	0	1	0.003	2	5
26	災害	サイガイ	1	0	1	0.003	2	4
27	スモーク	スモーク	1	0	1	0.003	4	4
28	たき火	タキビ	1	0	1	0.003	3	3
29	二酸化炭素	ニサンカタンソ	1	0	1	0.003	5	7
30	忍者	ニンジャ	1	0	1	0.003	2	3
31	のろし	ノロシ	1	0	1	0.003	3	3
32	排気ガス	ハイキガス	1	0	1	0.003	4	5
33	爆発	バクハツ	1	0	1	0.003	2	4
34	日	ヒ	1	0	1	0.003	1	1
35	風呂	フロ	1	0	1	0.003	2	2
36	目	メ	1	0	1	0.003	1	1
37	妖怪	ヨウカイ	1	0	1	0.003	2	4
38	噂	ウワサ	0	1	1	0.003	1	3
39	劇	ゲキ	0	1	1	0.003	1	2
40	砂	スナ	0	1	1	0.003	1	2
41	葬儀場	ソウギジョウ	0	1	1	0.003	3	5
42	ダイオキシン	ダイオキシン	0	1	1	0.003	6	6
43	土	ツチ	0	1	1	0.003	1	2
44	灰	ハイ	0	1	1	0.003	1	2
45	ボール	ボール	0	1	1	0.003	3	3
46	やかん	ヤカン	0	1	1	0.003	3	3
47	焼き芋	ヤキイモ	0	1	1	0.003	3	4
	合計		158	147	305			

39	けんか	フリガナ	男性	女性	全体	連想強度	文字数	モーラ数
1	子供	コドモ	15	13	28	0.088	2	3
2	男	オトコ	8	17	25	0.078	1	3
3	友達	トモダチ	11	13	24	0.075	2	4
4	暴力	ボウリョク	13	5	18	0.056	2	4
5	兄弟	キョウダイ	3	11	14	0.044	2	4
6	こぶし	コブシ	5	7	12	0.038	3	3
	拳		*5*	*5*	*10*	*0.031*	*1*	*3*
	こぶし		*0*	*2*	*2*	*0.006*	*3*	*3*
7	殴り合い	ナグリアイ	5	6	11	0.034	4	5
8	不良	フリョウ	3	5	8	0.025	2	3
9	夫婦	フウフ	2	5	7	0.022	2	3
10	両成敗	リョウセイバイ	5	1	6	0.019	3	6
11	けが	ケガ	4	2	6	0.019	2	2
	怪我		*3*	*2*	*5*	*0.016*	*2*	*2*
	けが		*1*	*0*	*1*	*0.003*	*2*	*2*
12	学校	ガッコウ	4	1	5	0.016	2	4
13	親子	オヤコ	2	3	5	0.016	2	3
14	パンチ	パンチ	4	0	4	0.013	3	3
15	人	ヒト	4	0	4	0.013	1	2
16	傷	キズ	3	1	4	0.013	1	2
17	乱闘	ラントウ	3	1	4	0.013	2	4
18	たいまん	タイマン	2	2	4	0.013	4	4
	タイマン		*2*	*1*	*3*	*0.009*	*4*	*4*
	たいまん		*0*	*1*	*1*	*0.003*	*4*	*4*
19	友人	ユウジン	2	2	4	0.013	2	4
20	仲直り	ナカナオリ	1	3	4	0.013	3	5
21	男の子	オトコノコ	0	4	4	0.013	3	5
22	格闘	カクトウ	3	0	3	0.009	2	4
23	番長	バンチョウ	3	0	3	0.009	2	4
24	仲裁	チュウサイ	2	1	3	0.009	2	4
25	言い争い	イイアラソイ	0	3	3	0.009	4	6
26	親	オヤ	2	0	2	0.006	1	2
27	上等	ジョウトウ	2	0	2	0.006	2	4
28	勝負	ショウブ	2	0	2	0.006	2	3
29	中学	チュウガク	2	0	2	0.006	2	4
30	仲良し	ナカヨシ	2	0	2	0.006	3	4
31	人間	ニンゲン	2	0	2	0.006	2	4
32	やんきー	ヤンキー	2	0	2	0.006	4	4
	ヤンキー		*1*	*0*	*1*	*0.003*	*4*	*4*
	やんきー		*1*	*0*	*1*	*0.003*	*4*	*4*
33	相手	アイテ	1	1	2	0.006	2	3
34	江戸	エド	1	1	2	0.006	2	2
35	彼氏	カレシ	1	1	2	0.006	2	3
36	口	クチ	1	1	2	0.006	1	2
37	暴行	ボウコウ	1	1	2	0.006	2	4
38	勝ち負け	カチマケ	0	2	2	0.006	4	4
39	兄弟げんか	キョウダイゲンカ	0	2	2	0.006	5	7
40	男性	ダンセイ	0	2	2	0.006	2	4
41	あざ	アザ	1	0	1	0.003	2	2
42	江戸の華	エドノハナ	1	0	1	0.003	4	5
43	ガキ大将	ガキダイショウ	1	0	1	0.003	4	6
44	決闘	ケットウ	1	0	1	0.003	2	4
45	恋人	コイビト	1	0	1	0.003	2	4
46	高校	コウコウ	1	0	1	0.003	2	4
47	高校生	コウコウセイ	1	0	1	0.003	3	6
48	戦争	センソウ	1	0	1	0.003	2	4
49	戦闘	セントウ	1	0	1	0.003	2	4
50	対立	タイリツ	1	0	1	0.003	2	4
51	戦い	タタカイ	1	0	1	0.003	2	4
52	男女	ダンジョ	1	0	1	0.003	2	3
53	血	チ	1	0	1	0.003	1	1
54	闘争	トウソウ	1	0	1	0.003	2	4
55	棒	ボウ	1	0	1	0.003	1	2
56	無駄	ムダ	1	0	1	0.003	2	2
57	野蛮	ヤバン	1	0	1	0.003	2	3
58	友情	ユウジョウ	1	0	1	0.003	2	4
59	悪口	ワルクチ	1	0	1	0.003	2	4
60	争い	アラソイ	0	1	1	0.003	2	4
61	言い合い	イイアイ	0	1	1	0.003	4	4
62	ガキ	ガキ	0	1	1	0.003	2	2
63	学生	ガクセイ	0	1	1	0.003	2	4
64	家族	カゾク	0	1	1	0.003	2	3
65	カップル	カップル	0	1	1	0.003	4	4
66	亀裂	キレツ	0	1	1	0.003	2	3
67	口喧嘩	クチゲンカ	0	1	1	0.003	3	5
68	後悔	コウカイ	0	1	1	0.003	2	4
69	口論	コウロン	0	1	1	0.003	2	4
70	腰	コシ	0	1	1	0.003	1	2
71	謝罪	シャザイ	0	1	1	0.003	2	3
72	修羅場	シュラバ	0	1	1	0.003	3	3
73	勝敗	ショウハイ	0	1	1	0.003	2	4
74	相撲	スモウ	0	1	1	0.003	2	3
75	大将	タイショウ	0	1	1	0.003	2	4
76	打撲	ダボク	0	1	1	0.003	2	3
77	痴話	チワ	0	1	1	0.003	2	2
78	涙	ナミダ	0	1	1	0.003	1	3
79	華	ハナ	0	1	1	0.003	1	2
80	話し合い	ハナシアイ	0	1	1	0.003	4	5
81	不愉快	フユカイ	0	1	1	0.003	3	4
82	祭り	マツリ	0	1	1	0.003	2	3
83	無視	ムシ	0	1	1	0.003	2	2
84	揉め事	モメゴト	0	1	1	0.003	3	4
85	ヤクザ	ヤクザ	0	1	1	0.003	3	3
86	若者	ワカモノ	0	1	1	0.003	2	4
	合計		145	144	289			

40	こころ	フリガナ	男性	女性	全体	連想強度	文字数	モーラ数
1	心臓	シンゾウ	12	14	26	0.081	2	4
2	心理	シンリ	10	14	24	0.075	2	3
3	ひと	ヒト	17	5	22	0.069	2	2
	人		*16*	*5*	*21*	*0.066*	*1*	*2*
	ひと		*1*	*0*	*1*	*0.003*	*2*	*2*
4	きもち	キモチ	10	10	20	0.063	3	3
	気持ち		*8*	*10*	*18*	*0.056*	*3*	*3*
	気持		*2*	*0*	*2*	*0.006*	*2*	*3*
5	心理学	シンリガク	9	11	20	0.063	3	5
6	ハート	ハート	7	10	17	0.053	3	3
7	からだ	カラダ	8	8	16	0.050	3	3
	体		*6*	*5*	*11*	*0.034*	*1*	*3*
	からだ		*2*	*3*	*5*	*0.016*	*3*	*3*
8	夏目漱石	ナツメソウセキ	7	9	16	0.050	4	7
9	人間	ニンゲン	4	6	10	0.031	2	4
10	あたま	アタマ	4	5	9	0.028	3	3
	頭		*4*	*4*	*8*	*0.025*	*1*	*3*
	あたま		*0*	*1*	*1*	*0.003*	*3*	*3*
11	魂	タマシイ	4	1	5	0.016	1	4
12	精神	セイシン	2	3	5	0.016	2	4
13	胸	ムネ	0	5	5	0.016	1	2
14	道徳	ドウトク	3	1	4	0.013	2	4
15	感情	カンジョウ	2	2	4	0.013	2	4
16	命	イノチ	2	1	3	0.009	1	3
17	きれい	キレイ	1	2	3	0.009	3	3
	きれい		*1*	*1*	*2*	*0.006*	*3*	*3*
	綺麗		*0*	*1*	*1*	*0.003*	*2*	*3*
18	傷	キズ	0	3	3	0.009	1	2
19	心変わり	ココロガワリ	2	0	2	0.006	4	6
20	自分	ジブン	2	0	2	0.006	2	3
21	人格	ジンカク	2	0	2	0.006	2	4
22	内面	ナイメン	2	0	2	0.006	2	4
23	豊か	ユタカ	2	0	2	0.006	2	3
24	おもい	オモイ	1	1	2	0.006	3	3
	思い		*1*	*0*	*1*	*0.003*	*2*	*3*
	想い		*0*	*1*	*1*	*0.003*	*2*	*3*
25	抽象的	チュウショウテキ	1	1	2	0.006	3	6
26	脳	ノウ	1	1	2	0.006	1	2
27	病気	ビョウキ	1	1	2	0.006	2	3
28	本音	ホンネ	1	1	2	0.006	2	3
29	まごころ	マゴコロ	1	1	2	0.006	4	4
30	やさしさ	ヤサシサ	1	1	2	0.006	4	4
	やさしさ		*1*	*0*	*1*	*0.003*	*4*	*4*
	優しさ		*0*	*1*	*1*	*0.003*	*3*	*4*
31	やまい	ヤマイ	1	1	2	0.006	3	3
	病		*1*	*0*	*1*	*0.003*	*1*	*3*
	やまい		*0*	*1*	*1*	*0.003*	*3*	*3*
32	身体	シンタイ	0	2	2	0.006	2	4
33	複雑	フクザツ	0	2	2	0.006	2	4
34	愛	アイ	1	0	1	0.003	1	2
35	悪	アク	1	0	1	0.003	1	2
36	以心伝心	イシンデンシン	1	0	1	0.003	4	7
37	偽り	イツワリ	1	0	1	0.003	2	4
38	嘘	ウソ	1	0	1	0.003	1	2
39	思いやり	オモイヤリ	1	0	1	0.003	4	5
40	形	カタチ	1	0	1	0.003	1	3
41	考え	カンガエ	1	0	1	0.003	2	4
42	声	コエ	1	0	1	0.003	1	2
43	個人	コジン	1	0	1	0.003	2	3
44	言葉	コトバ	1	0	1	0.003	2	3
45	子供	コドモ	1	0	1	0.003	2	3
46	コミュニケーション	コミュニケーション	1	0	1	0.003	9	7
47	自我	ジガ	1	0	1	0.003	2	2
48	深層心理	シンソウシンリ	1	0	1	0.003	4	7
49	心理学科	シンリガッカ	1	0	1	0.003	4	6
50	大事	ダイジ	1	0	1	0.003	2	3
51	大切	タイセツ	1	0	1	0.003	2	4
52	哲学	テツガク	1	0	1	0.003	2	4
53	動物	ドウブツ	1	0	1	0.003	2	4
54	ナイーブ	ナイーブ	1	0	1	0.003	4	4
55	中身	ナカミ	1	0	1	0.003	2	3
56	悩み	ナヤミ	1	0	1	0.003	2	3
57	人間味	ニンゲンミ	1	0	1	0.003	3	5
58	1つ	ヒトツ	1	0	1	0.003	2	3
59	マインド	マインド	1	0	1	0.003	4	4
60	無	ム	1	0	1	0.003	1	1
61	夢	ユメ	1	0	1	0.003	1	2
62	喜	ヨロコビ	1	0	1	0.003	1	4
63	礼儀	レイギ	1	0	1	0.003	2	3
64	あいまい	アイマイ	0	1	1	0.003	4	4
65	赤	アカ	0	1	1	0.003	1	2
66	色	イロ	0	1	1	0.003	1	2
67	科学	カガク	0	1	1	0.003	2	3
68	絆	キズナ	0	1	1	0.003	1	3
69	喜怒哀楽	キドアイラク	0	1	1	0.003	4	6
70	志	ココロザシ	0	1	1	0.003	1	5
71	純粋	ジュンスイ	0	1	1	0.003	2	4
72	小説	ショウセツ	0	1	1	0.003	2	4
73	心情	シンジョウ	0	1	1	0.003	2	4
74	世界	セカイ	0	1	1	0.003	2	3
75	繊細	センサイ	0	1	1	0.003	2	4
76	漱石	ソウセキ	0	1	1	0.003	2	4
77	透明	トウメイ	0	1	1	0.003	2	4
78	謎	ナゾ	0	1	1	0.003	1	2
79	発達	ハッタツ	0	1	1	0.003	2	4
80	ピンク	ピンク	0	1	1	0.003	3	3
81	変化	ヘンカ	0	1	1	0.003	2	3
82	窓	マド	0	1	1	0.003	1	2
83	未知	ミチ	0	1	1	0.003	2	2
84	焼き鳥	ヤキトリ	0	1	1	0.003	3	4
	合計		150	143	293			

41	こたつ	フリガナ	男性	女性	全体	連想強度	文字数	モーラ数
1	冬	フユ	98	97	195	0.609	1	2
2	みかん	ミカン	20	27	47	0.147	3	3
	みかん		*16*	*23*	*39*	*0.122*	*3*	*3*
	ミカン		*3*	*2*	*5*	*0.016*	*3*	*3*
	蜜柑		*1*	*2*	*3*	*0.009*	*2*	*3*
3	ねこ	ネコ	15	14	29	0.091	2	2
	猫		*13*	*13*	*26*	*0.081*	*1*	*2*
	ねこ		*2*	*1*	*3*	*0.009*	*2*	*2*
4	ぬくもり	ヌクモリ	3	2	5	0.016	4	4
	ぬくもり		*3*	*1*	*4*	*0.013*	*4*	*4*
	温もり		*0*	*1*	*1*	*0.003*	*3*	*4*
5	布団	フトン	3	1	4	0.013	2	3
6	温暖	オンダン	2	1	3	0.009	2	4
7	足	アシ	2	0	2	0.006	1	2
8	暖房	ダンボウ	1	1	2	0.006	2	4
9	睡眠	スイミン	0	2	2	0.006	2	4
10	雪	ユキ	0	2	2	0.006	1	2
11	アイス	アイス	1	0	1	0.003	3	3
12	囲炉裏	イロリ	1	0	1	0.003	3	3
13	うち	ウチ	1	0	1	0.003	2	2
14	映画	エイガ	1	0	1	0.003	2	3
15	かたつむり	カタツムリ	1	0	1	0.003	5	5
16	寝具	シング	1	0	1	0.003	2	3
17	だんらん	ダンラン	1	0	1	0.003	4	4
18	机	ツクエ	1	0	1	0.003	1	3
19	電気	デンキ	1	0	1	0.003	2	3
20	熱	ネツ	1	0	1	0.003	1	2
21	餅	モチ	1	0	1	0.003	1	2
22	暖色	ダンショク	0	1	1	0.003	2	4
23	日本	ニホン	0	1	1	0.003	2	3
24	必需品	ヒツジュヒン	0	1	1	0.003	3	5
25	不慣れ	フナレ	0	1	1	0.003	3	3
	合計		155	151	306			

42	ごはん	フリガナ	男性	女性	全体	連想強度	文字数	モーラ数
1	こめ	コメ	31	27	58	0.181	2	2
	米		30	23	54	0.169	1	2
	お米		1	3	4	0.013	2	3
2	白	シロ	17	16	33	0.103	1	2
3	朝	アサ	18	13	31	0.097	1	2
4	白米	ハクマイ	9	13	22	0.069	2	4
5	おかず	オカズ	7	9	16	0.050	3	3
6	食事	ショクジ	6	6	12	0.038	2	3
7	食べ物	タベモノ	5	4	9	0.028	3	4
8	味噌汁	ミソシル	5	2	7	0.022	3	4
9	夕飯	ユウハン	4	2	6	0.019	2	4
10	夜	ヨル	0	6	6	0.019	1	2
11	飯	メシ	5	0	5	0.016	1	2
12	昼	ヒル	0	5	5	0.016	1	2
13	カレー	カレー	3	1	4	0.013	3	3
14	朝食	チョウショク	3	1	4	0.013	2	4
15	のり	ノリ	1	3	4	0.013	2	2
	のり		0	2	2	0.006	2	2
	海苔		1	0	1	0.003	2	2
	ノリ		0	1	1	0.003	2	2
16	しょくりょう	ショクリョウ	3	0	3	0.009	6	4
	食糧		2	0	2	0.006	2	4
	食料		1	0	1	0.003	2	4
17	ドラゴンボール	ドラゴンボール	3	0	3	0.009	7	7
18	家族	カゾク	2	1	3	0.009	2	3
19	炭水化物	タンスイカブツ	2	1	3	0.009	4	7
20	夕食	ユウショク	2	1	3	0.009	2	4
21	家	イエ	1	2	3	0.009	1	2
22	穀物	コクモツ	2	0	2	0.006	2	4
23	栄養	エイヨウ	1	1	2	0.006	2	4
24	三食	サンショク	1	1	2	0.006	2	4
25	箸	ハシ	1	1	2	0.006	1	2
26	晩	バン	1	1	2	0.006	1	2
27	必要	ヒツヨウ	1	1	2	0.006	2	4
28	食	ショク	0	2	2	0.006	1	2
29	食卓	ショクタク	0	2	2	0.006	2	4
30	和食	ワショク	0	2	2	0.006	2	3
31	大盛り	オオモリ	1	0	1	0.003	3	4
32	唐揚げ	カラアゲ	1	0	1	0.003	3	4
33	吸収	キュウシュウ	1	0	1	0.003	2	4
34	牛丼	ギュウドン	1	0	1	0.003	2	4
35	口	クチ	1	0	1	0.003	1	2
36	健康	ケンコウ	1	0	1	0.003	2	4
37	好物	コウブツ	1	0	1	0.003	2	4
38	しぐれ	シグレ	1	0	1	0.003	3	3
39	食欲	ショクヨク	1	0	1	0.003	2	4
40	大切	タイセツ	1	0	1	0.003	2	4
41	炊き込みご飯	タキコミゴハン	1	0	1	0.003	6	7
42	沢庵	タクワン	1	0	1	0.003	2	4
43	茶碗	チャワン	1	0	1	0.003	2	3
44	中華	チュウカ	1	0	1	0.003	2	3
45	調理	チョウリ	1	0	1	0.003	2	3
46	粒	ツブ	1	0	1	0.003	1	2
47	突撃	トツゲキ	1	0	1	0.003	2	4
48	納豆	ナットウ	1	0	1	0.003	2	4
49	マイタケ	マイタケ	1	0	1	0.003	4	4
50	まかない	マカナイ	1	0	1	0.003	4	4
51	明太子	メンタイコ	1	0	1	0.003	3	5
52	ラーメン	ラーメン	1	0	1	0.003	4	4
53	空腹	クウフク	0	1	1	0.003	2	4
54	玄米	ゲンマイ	0	1	1	0.003	2	4
55	3回	サンカイ	0	1	1	0.003	2	4
56	3色	サンショク	0	1	1	0.003	2	4
57	ジャー	ジャー	0	1	1	0.003	3	2
58	重要	ジュウヨウ	0	1	1	0.003	2	4
59	主食	シュショク	0	1	1	0.003	2	3
60	白ごはん	シロゴハン	0	1	1	0.003	4	5
61	炊飯器	スイハンキ	0	1	1	0.003	3	5
62	炊き立て	タキタテ	0	1	1	0.003	4	4
63	卵	タマゴ	0	1	1	0.003	1	3
64	たまごかけご飯	タマゴカケゴハン	0	1	1	0.003	7	8
65	日常	ニチジョウ	0	1	1	0.003	2	4
66	日本	ニホン	0	1	1	0.003	2	3
67	ねこ	ネコ	0	1	1	0.003	2	2
68	母	ハハ	0	1	1	0.003	1	2
69	日替わり	ヒガワリ	0	1	1	0.003	4	4
70	毎日	マイニチ	0	1	1	0.003	2	4
71	満腹	マンプク	0	1	1	0.003	2	4
72	洋食	ヨウショク	0	1	1	0.003	2	4
73	料理	リョウリ	0	1	1	0.003	2	3
	合計		156	145	301			

43	さかな	フリガナ	男性	女性	全体	連想強度	文字数	モーラ数
1	海	ウミ	46	73	119	0.372	1	2
2	うろこ	ウロコ	9	8	17	0.053	3	3
	鱗		8	5	13	0.041	1	3
	うろこ		1	3	4	0.013	3	3
3	まぐろ	マグロ	10	2	12	0.038	3	3
	マグロ		6	2	8	0.025	3	3
	鮪		2	0	2	0.006	1	3
	まぐろ		2	0	2	0.006	3	3
4	さんま	サンマ	7	4	11	0.034	3	3
	さんま		4	3	7	0.022	3	3
	秋刀魚		3	1	4	0.013	3	3
5	さかなくん	サカナクン	6	4	10	0.031	5	5
	さかなクン		3	1	4	0.013	5	5
	さかなくん		2	1	3	0.009	5	5
	魚くん		1	1	2	0.006	3	5
	おさかなくん		0	1	1	0.003	6	6
6	たべもの	タベモノ	6	3	9	0.028	4	4
	食べ物		5	3	8	0.025	3	4
	だべもの		1	0	1	0.003	4	4
7	刺身	サシミ	3	5	8	0.025	2	3
8	川	カワ	6	1	7	0.022	1	2
9	いわし	イワシ	3	2	5	0.016	3	3
	鰯		2	0	2	0.006	1	3
	イワシ		1	1	2	0.006	3	3
	いわし		0	1	1	0.003	3	3
10	鮭	サケ	3	2	5	0.016	1	2
11	さば	サバ	2	3	5	0.016	2	2
	鯖		1	3	4	0.013	1	2
	サバ		1	0	1	0.003	2	2
12	たい	タイ	2	3	5	0.016	2	2
	鯛		2	2	4	0.013	1	2
	タイ		0	1	1	0.003	2	2
13	水	ミズ	2	3	5	0.016	1	2
14	焼き魚	ヤキザカナ	1	4	5	0.016	3	5
15	魚類	ギョルイ	4	0	4	0.013	2	3
16	あじ	アジ	3	1	4	0.013	2	2
	鯵		2	0	2	0.006	1	2
	アジ		1	1	2	0.006	2	2
17	水族館	スイゾクカン	3	1	4	0.013	3	6
18	ほね	ホネ	2	2	4	0.013	2	2
	骨		2	1	3	0.009	1	2
	ほね		0	1	1	0.003	2	2
19	寿司	スシ	1	3	4	0.013	2	2
20	魚介類	ギョカイルイ	1	2	3	0.009	3	5
21	青	アオ	0	3	3	0.009	1	2
22	肉	ニク	2	0	2	0.006	1	2
23	白身	シロミ	1	1	2	0.006	2	3
24	魚の目	ウオノメ	0	2	2	0.006	3	4
25	生き物	イキモノ	1	0	1	0.003	3	4
26	市場	イチバ	1	0	1	0.003	2	3
27	栄養	エイヨウ	1	0	1	0.003	2	4
28	エラ	エラ	1	0	1	0.003	2	2
29	王子	オウジ	1	0	1	0.003	2	3
30	汚染	オセン	1	0	1	0.003	2	3
31	顔	カオ	1	0	1	0.003	1	2
32	カサゴ	カサゴ	1	0	1	0.003	3	3
33	カルシウム	カルシウム	1	0	1	0.003	5	5
34	かわ	カワ	1	0	1	0.003	2	2
35	皮	カワ	1	0	1	0.003	1	2
36	漁港	ギョコウ	1	0	1	0.003	2	3
37	焦げ	コゲ	1	0	1	0.003	2	2
38	肴	サカナ	1	0	1	0.003	1	3
39	魚屋	サカナヤ	1	0	1	0.003	2	4
40	酒	サケ	1	0	1	0.003	1	2
41	サケ	サケ	1	0	1	0.003	2	2
42	鮫	サメ	1	0	1	0.003	1	2
43	塩	シオ	1	0	1	0.003	1	2
44	食物連鎖	ショクモツレンサ	1	0	1	0.003	4	7
45	水泳	スイエイ	1	0	1	0.003	2	4
46	水中	スイチュウ	1	0	1	0.003	2	4
47	絶品	ゼッピン	1	0	1	0.003	2	4
48	タイ焼き	タイヤキ	1	0	1	0.003	4	4
49	卵	タマゴ	1	0	1	0.003	1	3
50	鳥	トリ	1	0	1	0.003	1	2
51	内科	ナイカ	1	0	1	0.003	2	3
52	名前	ナマエ	1	0	1	0.003	2	3
53	におい	ニオイ	1	0	1	0.003	3	3
54	虹鱒	ニジマス	1	0	1	0.003	2	4
55	煮物	ニモノ	1	0	1	0.003	2	3
56	光り物	ヒカリモノ	1	0	1	0.003	3	5
57	ヤマメ	ヤマメ	1	0	1	0.003	3	3
58	漁	リョウ	1	0	1	0.003	1	2
59	頭	アタマ	0	1	1	0.003	1	3
60	魚眼	ギョガン	0	1	1	0.003	2	3
61	漁業	ギョギョウ	0	1	1	0.003	2	3
62	銀	ギン	0	1	1	0.003	1	2
63	健康	ケンコウ	0	1	1	0.003	2	4
64	鯉	コイ	0	1	1	0.003	1	2
65	子供	コドモ	0	1	1	0.003	2	3
66	コラーゲン	コラーゲン	0	1	1	0.003	5	5
67	タレント	タレント	0	1	1	0.003	4	4
68	釣り	ツリ	0	1	1	0.003	2	2
69	天国	テンゴク	0	1	1	0.003	2	4
70	生	ナマ	0	1	1	0.003	1	2
71	にぼし	ニボシ	0	1	1	0.003	3	3
72	ふぐ	フグ	0	1	1	0.003	2	2
73	豊富	ホウフ	0	1	1	0.003	2	3
74	目	メ	0	1	1	0.003	1	1
75	料理	リョウリ	0	1	1	0.003	2	3
	合計		157	149	306			

44	さくら	フリガナ	男性	女性	全体	連想強度	文字数	モーラ数
1	春	ハル	84	94	178	0.556	1	2
2	花	ハナ	6	12	18	0.056	1	2
3	ピンク	ピンク	11	3	14	0.044	3	3
4	木	キ	9	5	14	0.044	1	1
5	日本	ニホン	3	8	11	0.034	2	3
6	花見	ハナミ	4	5	9	0.028	2	3
7	花びら	ハナビラ	1	5	6	0.019	3	4
8	桃色	モモイロ	1	5	6	0.019	2	4
9	入学式	ニュウガクシキ	2	3	5	0.016	3	6
10	うた	ウタ	2	2	4	0.013	2	2
	歌		*1*	*2*	*3*	*0.009*	*1*	*2*
	唄		*1*	*0*	*1*	*0.003*	*1*	*2*
11	しがつ	シガツ	3	0	3	0.009	3	3
	四月		*2*	*0*	*2*	*0.006*	*2*	*3*
	4月		*1*	*0*	*1*	*0.003*	*2*	*3*
12	卒業	ソツギョウ	2	1	3	0.009	2	4
13	コブクロ	コブクロ	2	0	2	0.006	4	4
14	さけ	サケ	2	0	2	0.006	2	2
	酒		*1*	*0*	*1*	*0.003*	*1*	*2*
	お酒		*1*	*0*	*1*	*0.003*	*2*	*3*
15	森山直太郎	モリヤマナオタロウ	2	0	2	0.006	5	9
16	入学	ニュウガク	1	1	2	0.006	2	4
17	犬	イヌ	1	0	1	0.003	1	2
18	命	イノチ	1	0	1	0.003	1	3
19	嘘	ウソ	1	0	1	0.003	1	2
20	梅	ウメ	1	0	1	0.003	1	2
21	カード	カード	1	0	1	0.003	3	3
22	季節	キセツ	1	0	1	0.003	2	3
23	業者	ギョウシャ	1	0	1	0.003	2	3
24	綺麗	キレイ	1	0	1	0.003	2	3
25	果物	クダモノ	1	0	1	0.003	2	4
26	集団	シュウダン	1	0	1	0.003	2	4
27	並木道	ナミキミチ	1	0	1	0.003	3	5
28	薄命	ハクメイ	1	0	1	0.003	2	4
29	病院	ビョウイン	1	0	1	0.003	2	4
30	風流	フウリュウ	1	0	1	0.003	2	4
31	吹雪	フブキ	1	0	1	0.003	2	3
32	もも	モモ	1	0	1	0.003	2	2
33	役者	ヤクシャ	1	0	1	0.003	2	3
34	菊	キク	0	1	1	0.003	1	2
35	曲	キョク	0	1	1	0.003	1	2
36	さくらんぼ	サクランボ	0	1	1	0.003	5	5
37	白	シロ	0	1	1	0.003	1	2
38	卒業式	ソツギョウシキ	0	1	1	0.003	3	6
39	祭り	マツリ	0	1	1	0.003	2	3
40	漫画	マンガ	0	1	1	0.003	2	3
	合計		152	151	303			

45	しぐさ	フリガナ	男性	女性	全体	連想強度	文字数	モーラ数
1	くせ	クセ	32	25	57	0.178	2	2
	癖		*28*	*24*	*52*	*0.163*	*1*	*2*
	くせ		*4*	*1*	*5*	*0.016*	*2*	*2*
2	行動	コウドウ	15	8	23	0.072	2	4
3	女	オンナ	10	13	23	0.072	1	3
4	手	テ	6	10	16	0.050	1	1
5	人	ヒト	9	5	14	0.044	1	2
6	女性	ジョセイ	8	6	14	0.044	2	3
7	動作	ドウサ	9	4	13	0.041	2	3
8	表情	ヒョウジョウ	6	6	12	0.038	2	4
9	髪	カミ	5	7	12	0.038	1	2
10	人間	ニンゲン	6	2	8	0.025	2	4
11	女の子	オンナノコ	2	6	8	0.025	3	5
12	顔	カオ	3	1	4	0.013	1	2
13	体	カラダ	3	0	3	0.009	1	3
14	動き	ウゴキ	2	1	3	0.009	2	3
15	笑顔	エガオ	2	0	2	0.006	2	3
16	まね	マネ	2	0	2	0.006	2	2
	真似		*1*	*0*	*1*	*0.003*	*2*	*2*
	まね		*1*	*0*	*1*	*0.003*	*2*	*2*
17	胸キュン	ムネキュン	2	0	2	0.006	4	4
18	女らしさ	オンナラシサ	1	1	2	0.006	4	6
19	可憐	カレン	1	1	2	0.006	2	3
20	子供	コドモ	1	1	2	0.006	2	3
21	振る舞い	フルマイ	1	1	2	0.006	4	4
22	様子	ヨウス	1	1	2	0.006	2	3
23	赤ちゃん	アカチャン	0	2	2	0.006	4	4
24	行儀	ギョウギ	0	2	2	0.006	2	3
25	個性	コセイ	0	2	2	0.006	2	3
26	性格	セイカク	0	2	2	0.006	2	4
27	性別	セイベツ	0	2	2	0.006	2	4
28	雰囲気	フンイキ	0	2	2	0.006	3	4
29	愛着	アイチャク	1	0	1	0.003	2	4
30	足	アシ	1	0	1	0.003	1	2
31	犬	イヌ	1	0	1	0.003	1	2
32	形	カタチ	1	0	1	0.003	1	3
33	かわいさ	カワイサ	1	0	1	0.003	4	4
34	挙動	キョドウ	1	0	1	0.003	2	3
35	行為	コウイ	1	0	1	0.003	2	3
36	さり気なさ	サリゲナサ	1	0	1	0.003	5	5
37	姿勢	シセイ	1	0	1	0.003	2	3
38	チャームポイント	チャームポイント	1	0	1	0.003	8	7
39	特徴	トクチョウ	1	0	1	0.003	2	4
40	悩殺	ノウサツ	1	0	1	0.003	2	4
41	ハムスター	ハムスター	1	0	1	0.003	5	5
42	一目ぼれ	ヒトメボレ	1	0	1	0.003	4	5
43	ポイント	ポイント	1	0	1	0.003	4	4
44	本性	ホンショウ	1	0	1	0.003	2	4
45	瞬き	マタタキ	1	0	1	0.003	2	4
46	魅力	ミリョク	1	0	1	0.003	2	3
47	無意識	ムイシキ	1	0	1	0.003	3	4
48	油断	ユダン	1	0	1	0.003	2	3
49	甘え	アマエ	0	1	1	0.003	2	3
50	色気	イロケ	0	1	1	0.003	2	3
51	腕組	ウデグミ	0	1	1	0.003	2	4
52	乙女	オトメ	0	1	1	0.003	2	3
53	鏡	カガミ	0	1	1	0.003	1	3
54	格好	カッコウ	0	1	1	0.003	2	4
55	髪の毛	カミノケ	0	1	1	0.003	3	4
56	感覚	カンカク	0	1	1	0.003	2	4
57	記憶	キオク	0	1	1	0.003	2	3
58	車	クルマ	0	1	1	0.003	1	3
59	恋人	コイビト	0	1	1	0.003	2	4
60	個人差	コジンサ	0	1	1	0.003	3	4
61	好み	コノミ	0	1	1	0.003	2	3
62	上品	ジョウヒン	0	1	1	0.003	2	4
63	女子	ジョシ	0	1	1	0.003	2	2
64	茶華道	サカドウ	0	1	1	0.003	3	4
65	手あいず	テアイズ	0	1	1	0.003	4	4
66	動物	ドウブツ	0	1	1	0.003	2	4
67	慣れ	ナレ	0	1	1	0.003	2	2
68	猫	ネコ	0	1	1	0.003	1	2
69	派手	ハデ	0	1	1	0.003	2	2
70	ブリッコ	ブリッコ	0	1	1	0.003	4	4
71	ポーズ	ポーズ	0	1	1	0.003	3	3
72	身振り	ミブリ	0	1	1	0.003	3	3
73	魅了	ミリョウ	0	1	1	0.003	2	3
74	目	メ	0	1	1	0.003	1	1
75	物臭	モノグサ	0	1	1	0.003	2	4
76	指	ユビ	0	1	1	0.003	1	2
	合計		147	139	286			

46	しつけ	フリガナ	男性	女性	全体	連想強度	文字数	モーラ数
1	親	オヤ	49	46	95	0.297	1	2
2	こども	コドモ	35	26	61	0.191	3	3
	子供		*33*	*23*	*56*	*0.175*	*2*	*3*
	子ども		*1*	*2*	*3*	*0.009*	*3*	*3*
	こども		*1*	*1*	*2*	*0.006*	*3*	*3*
3	犬	イヌ	31	29	60	0.188	1	2
4	教育	キョウイク	24	19	43	0.134	2	4
5	ペット	ペット	3	5	8	0.025	3	3
6	親子	オヤコ	1	3	4	0.013	2	3
7	動物	ドウブツ	1	3	4	0.013	2	4
8	説教	セッキョウ	1	2	3	0.009	2	4
9	赤ちゃん	アカチャン	1	1	2	0.006	4	4
10	大人	オトナ	1	1	2	0.006	2	3
11	体罰	タイバツ	1	1	2	0.006	2	4
12	お母さん	オカアサン	0	2	2	0.006	4	5
13	母親	ハハオヤ	0	2	2	0.006	2	4
14	愛	アイ	1	0	1	0.003	1	2
15	育児	イクジ	1	0	1	0.003	2	3
16	親父	オヤジ	1	0	1	0.003	2	3
17	学習	ガクシュウ	1	0	1	0.003	2	4
18	虐待	ギャクタイ	1	0	1	0.003	2	4
19	行儀	ギョウギ	1	0	1	0.003	2	3
20	矯正	キョウセイ	1	0	1	0.003	2	4
21	厳禁	ゲンキン	1	0	1	0.003	2	4
22	子	コ	1	0	1	0.003	1	1
23	行動	コウドウ	1	0	1	0.003	2	4
24	子育て	コソダテ	1	0	1	0.003	3	4
25	大事	ダイジ	1	0	1	0.003	2	3
26	調教	チョウキョウ	1	0	1	0.003	2	4
27	継母	ママハハ	1	0	1	0.003	2	4
28	お父さん	オトウサン	0	1	1	0.003	4	5
29	傲慢	ゴウマン	0	1	1	0.003	2	4
30	常識	ジョウシキ	0	1	1	0.003	2	4
31	大切	タイセツ	0	1	1	0.003	2	4
32	父	チチ	0	1	1	0.003	1	2
33	父親	チチオヤ	0	1	1	0.003	2	4
34	罰	バチ	0	1	1	0.003	1	2
	合計		162	147	309			

47	しにせ	フリガナ	男性	女性	全体	連想強度	文字数	モーラ数
1	みせ	ミセ	33	29	62	0.194	2	2
	店		*29*	*22*	*51*	*0.159*	*1*	*2*
	お店		*4*	*7*	*11*	*0.034*	*2*	*3*
2	昔	ムカシ	15	21	36	0.113	1	3
3	旅館	リョカン	8	19	27	0.084	2	3
4	伝統	デントウ	6	4	10	0.031	2	4
5	和菓子	ワガシ	2	7	9	0.028	3	3
6	歴史	レキシ	5	3	8	0.025	2	3
7	料亭	リョウテイ	4	4	8	0.025	2	4
8	有名	ユウメイ	2	4	6	0.019	2	4
9	商店街	ショウテンガイ	2	3	5	0.016	3	6
10	京都	キョウト	3	1	4	0.013	2	3
11	名店	メイテン	3	1	4	0.013	2	4
12	駄菓子屋	ダガシヤ	2	2	4	0.013	4	4
13	古風	コフウ	3	0	3	0.009	2	3
14	食べ物	タベモノ	3	0	3	0.009	3	4
15	店舗	テンポ	3	0	3	0.009	2	3
16	高級	コウキュウ	2	1	3	0.009	2	4
17	古さ	フルサ	1	2	3	0.009	2	3
18	日本	ニホン	0	3	3	0.009	2	3
19	古	イニシエ	2	0	2	0.006	1	4
20	お菓子	オカシ	2	0	2	0.006	3	3
21	古代	コダイ	2	0	2	0.006	2	3
22	骨董品	コットウヒン	2	0	2	0.006	3	6
23	人	ヒト	2	0	2	0.006	1	2
24	江戸	エド	1	1	2	0.006	2	2
25	江戸時代	エドジダイ	1	1	2	0.006	4	5
26	デパート	デパート	1	1	2	0.006	4	4
27	和食	ワショク	1	1	2	0.006	2	3
28	赤福	アカフク	0	2	2	0.006	2	4
29	呉服	ゴフク	0	2	2	0.006	2	3
30	創業	ソウギョウ	0	2	2	0.006	2	4
31	謎	ナゾ	0	2	2	0.006	1	2
32	まんじゅう	マンジュウ	0	2	2	0.006	5	4
	饅頭		*0*	*1*	*1*	*0.003*	*2*	*4*
	おまんじゅう		*0*	*1*	*1*	*0.003*	*6*	*5*
33	和菓子屋	ワガシヤ	0	2	2	0.006	4	4
34	赤	アカ	1	0	1	0.003	1	2
35	居酒屋	イザカヤ	1	0	1	0.003	3	4
36	おばあちゃん	オバアチャン	1	0	1	0.003	6	5
37	過去	カコ	1	0	1	0.003	2	2
38	木	キ	1	0	1	0.003	1	1
39	着物	キモノ	1	0	1	0.003	2	3
40	疑問符	ギモンフ	1	0	1	0.003	3	4
41	近所	キンジョ	1	0	1	0.003	2	3
42	コロッケ	コロッケ	1	0	1	0.003	4	4
43	死	シ	1	0	1	0.003	1	1
44	蕎麦	ソバ	1	0	1	0.003	2	2
45	団子家	ダンゴヤ	1	0	1	0.003	3	4
46	血	チ	1	0	1	0.003	1	1
47	長年	ナガネン	1	0	1	0.003	2	4
48	年季	ネンキ	1	0	1	0.003	2	3
49	ばばあ	ババア	1	0	1	0.003	3	3
50	美味	ビミ	1	0	1	0.003	2	2
51	百貨店	ヒャッカテン	1	0	1	0.003	3	5
52	不明	フメイ	1	0	1	0.003	2	3
53	ブランド	ブランド	1	0	1	0.003	4	4
54	本舗	ホンポ	1	0	1	0.003	2	3
55	まにあ	マニア	1	0	1	0.003	3	3
56	無回答	ムカイトウ	1	0	1	0.003	3	5
57	喪服	モフク	1	0	1	0.003	2	3
58	ラーメン	ラーメン	1	0	1	0.003	4	4
59	老人	ロウジン	1	0	1	0.003	2	4
60	老店舗	ロウテンポ	1	0	1	0.003	3	5
61	和風	ワフウ	1	0	1	0.003	2	3
62	飲食店	インショクテン	0	1	1	0.003	3	6
63	売り物	ウリモノ	0	1	1	0.003	3	4
64	大家	オオヤ	0	1	1	0.003	2	3
65	女将	オカミ	0	1	1	0.003	2	3
66	買い物	カイモノ	0	1	1	0.003	3	4
67	喫茶店	キッサテン	0	1	1	0.003	3	5
68	くに	クニ	0	1	1	0.003	2	2
69	高価	コウカ	0	1	1	0.003	2	3
70	呉服屋	ゴフクヤ	0	1	1	0.003	3	4
71	番頭	バントウ	0	1	1	0.003	2	4
72	服	フク	0	1	1	0.003	1	2
73	祭り	マツリ	0	1	1	0.003	2	3
74	最中	モナカ	0	1	1	0.003	2	3
75	屋台	ヤタイ	0	1	1	0.003	2	3
76	料理	リョウリ	0	1	1	0.003	2	3
77	老朽化	ロウキュウカ	0	1	1	0.003	3	5
	合計		139	136	275			

48	しるし	フリガナ	男性	女性	全体	連想強度	文字数	モーラ数
1	みすちる	ミスチル	20	17	37	0.116	4	4
	ミスチル		*18*	*17*	*35*	*0.109*	*4*	*4*
	みすちる		*2*	*0*	*2*	*0.006*	*4*	*4*
2	目印	メジルシ	17	14	31	0.097	2	4
3	サイン	サイン	11	8	19	0.059	3	3
4	マーク	マーク	8	8	16	0.050	3	3
5	印鑑	インカン	5	11	16	0.050	2	4
6	はんこ	ハンコ	3	12	15	0.047	3	3
	はんこ		*1*	*6*	*7*	*0.022*	*3*	*3*
	判子		*1*	*4*	*5*	*0.016*	*2*	*3*
	ハンコ		*1*	*1*	*2*	*0.006*	*3*	*3*
	はんこう		*0*	*1*	*1*	*0.003*	*4*	*4*
7	地図	チズ	4	5	9	0.028	2	2
8	証明	ショウメイ	6	1	7	0.022	2	4
9	ミスターチルドレン	ミスターチルドレン	4	3	7	0.022	9	9
10	矢印	ヤジルシ	3	4	7	0.022	2	4
11	記号	キゴウ	4	2	6	0.019	2	3
12	しーる	シール	3	3	6	0.019	3	3
	シール		*2*	*3*	*5*	*0.016*	*3*	*3*
	しーる		*1*	*0*	*1*	*0.003*	*3*	*3*
13	道	ミチ	5	0	5	0.016	1	2
14	うた	ウタ	4	1	5	0.016	2	2
	歌		*3*	*1*	*4*	*0.013*	*1*	*2*
	唄		*1*	*0*	*1*	*0.003*	*1*	*2*
15	証	アカシ	3	1	4	0.013	1	3
16	旗	ハタ	3	1	4	0.013	1	2
17	迷子	マイゴ	2	1	3	0.009	2	3
18	跡	アト	1	2	3	0.009	1	2
19	所有物	ショユウブツ	1	2	3	0.009	3	5
20	標識	ヒョウシキ	1	2	3	0.009	2	4
21	丸	マル	1	2	3	0.009	1	2
22	赤	アカ	0	3	3	0.009	1	2
23	マーキング	マーキング	0	3	3	0.009	5	5
24	場所	バショ	2	0	2	0.006	2	2
25	的	マト	2	0	2	0.006	1	2
26	家紋	カモン	1	1	2	0.006	2	3
27	傷	キズ	1	1	2	0.006	1	2
28	自分	ジブン	1	1	2	0.006	2	3
29	証拠	ショウコ	1	1	2	0.006	2	3
30	チェック	チェック	1	1	2	0.006	4	3
31	仲間	ナカマ	1	1	2	0.006	2	3
32	表示	ヒョウジ	1	1	2	0.006	2	3
33	目的	モクテキ	1	1	2	0.006	2	4
34	山	ヤマ	1	1	2	0.006	1	2
35	愛	アイ	0	2	2	0.006	1	2
36	合図	アイズ	0	2	2	0.006	2	3
37	約束	ヤクソク	0	2	2	0.006	2	4
38	愛情	アイジョウ	1	0	1	0.003	2	4
39	印象	インショウ	1	0	1	0.003	2	4
40	音楽	オンガク	1	0	1	0.003	2	4
41	かんばん	カンバン	1	0	1	0.003	4	4
42	ゴール	ゴール	1	0	1	0.003	3	3
43	子供	コドモ	1	0	1	0.003	2	3
44	痕跡	コンセキ	1	0	1	0.003	2	4
45	資格	シカク	1	0	1	0.003	2	3
46	死体	シタイ	1	0	1	0.003	2	3
47	地面	ジメン	1	0	1	0.003	2	3
48	朱印	シュイン	1	0	1	0.003	2	3
49	授業	ジュギョウ	1	0	1	0.003	2	3
50	証明書	ショウメイショ	1	0	1	0.003	3	5
51	宝	タカラ	1	0	1	0.003	1	3
52	血筋	チスジ	1	0	1	0.003	2	3
53	テープ	テープ	1	0	1	0.003	3	3
54	点	テン	1	0	1	0.003	1	2
55	道標	ドウヒョウ	1	0	1	0.003	2	4
56	道路	ドウロ	1	0	1	0.003	2	3
57	特徴	トクチョウ	1	0	1	0.003	2	4
58	ドックイヤー	ドックイヤー	1	0	1	0.003	6	6
59	白線	ハクセン	1	0	1	0.003	2	4
60	秘密	ヒミツ	1	0	1	0.003	2	3
61	表現	ヒョウゲン	1	0	1	0.003	2	4
62	ペン	ペン	1	0	1	0.003	2	2
63	ポイント	ポイント	1	0	1	0.003	4	4
64	方向	ホウコウ	1	0	1	0.003	2	4
65	ミスター	ミスター	1	0	1	0.003	4	4
66	目	メ	1	0	1	0.003	1	1
67	目標	モクヒョウ	1	0	1	0.003	2	4
68	文字	モジ	1	0	1	0.003	2	2
69	優勝	ユウショウ	1	0	1	0.003	2	4
70	レ点	レテン	1	0	1	0.003	2	3
71	腕	ウデ	0	1	1	0.003	1	2
72	確認	カクニン	0	1	1	0.003	2	4
73	絆	キズナ	0	1	1	0.003	1	3
74	決まり	キマリ	0	1	1	0.003	3	3
75	教科書	キョウカショ	0	1	1	0.003	3	4
76	校章	コウショウ	0	1	1	0.003	2	4
77	刻印	コクイン	0	1	1	0.003	2	4
78	刻印付け	コクインヅケ	0	1	1	0.003	4	6
79	個性	コセイ	0	1	1	0.003	2	3
80	さだめ	サダメ	0	1	1	0.003	3	3
81	重要	ジュウヨウ	0	1	1	0.003	2	4
82	スタンプ	スタンプ	0	1	1	0.003	4	4
83	大切	タイセツ	0	1	1	0.003	2	4
84	チョーク	チョーク	0	1	1	0.003	4	3
85	テレビ	テレビ	0	1	1	0.003	3	3
86	独占	ドクセン	0	1	1	0.003	2	4
87	名前	ナマエ	0	1	1	0.003	2	3
88	罰印	バツジルシ	0	1	1	0.003	2	5
89	ばってん	バッテン	0	1	1	0.003	4	4
90	秘密基地	ヒミツキチ	0	1	1	0.003	4	5
91	付せん	フセン	0	1	1	0.003	3	3
92	ペアリング	ペアリング	0	1	1	0.003	5	5
93	本	ホン	0	1	1	0.003	1	2
94	本人	ホンニン	0	1	1	0.003	2	4
95	マークシート	マークシート	0	1	1	0.003	6	6
96	物	モノ	0	1	1	0.003	1	2
97	模様	モヨウ	0	1	1	0.003	2	3
	合計		155	148	303			

49	すいか	フリガナ	男性	女性	全体	連想強度	文字数	モーラ数
1	夏	ナツ	95	96	191	0.597	1	2
2	種	タネ	9	9	18	0.056	1	2
3	海	ウミ	7	9	16	0.050	1	2
4	野菜	ヤサイ	10	5	15	0.047	2	3
5	果物	クダモノ	8	5	13	0.041	2	4
6	赤	アカ	3	7	10	0.031	1	2
7	緑	ミドリ	6	2	8	0.025	1	3
8	メロン	メロン	0	3	3	0.009	3	3
9	しましま	シマシマ	2	0	2	0.006	4	4
10	水分	スイブン	2	0	2	0.006	2	4
11	塩	シオ	1	1	2	0.006	1	2
12	縞模様	シマモヨウ	1	1	2	0.006	3	5
13	電車	デンシャ	1	1	2	0.006	2	3
14	すいかばー	スイカバー	0	2	2	0.006	5	5
	すいかバー		*0*	*1*	*1*	*0.003*	*5*	*5*
	スイカバー		*0*	*1*	*1*	*0.003*	*5*	*5*
15	すいかわり	スイカワリ	0	2	2	0.006	5	5
	すいか割り		*0*	*1*	*1*	*0.003*	*5*	*5*
	スイカ割り		*0*	*1*	*1*	*0.003*	*5*	*5*
16	赤色	アカイロ	1	0	1	0.003	2	4
17	瓜	ウリ	1	0	1	0.003	1	2
18	縁側	エンガワ	1	0	1	0.003	2	4
19	カキ	カキ	1	0	1	0.003	2	2
20	からす	カラス	1	0	1	0.003	3	3
21	川	カワ	1	0	1	0.003	1	2
22	黒	クロ	1	0	1	0.003	1	2
23	縞	シマ	1	0	1	0.003	1	2
24	植物	ショクブツ	1	0	1	0.003	2	4
25	成人式	セイジンシキ	1	0	1	0.003	3	6
26	食べ物	タベモノ	1	0	1	0.003	3	4
27	定期	テイキ	1	0	1	0.003	2	3
28	鉄道	テツドウ	1	0	1	0.003	2	4
29	糖分	トウブン	1	0	1	0.003	2	4
30	カブトムシ	カブトムシ	0	1	1	0.003	5	5
31	シマウマ	シマウマ	0	1	1	0.003	4	4
32	ストライプ	ストライプ	0	1	1	0.003	5	5
33	砂浜	スナハマ	0	1	1	0.003	2	4
34	東方	トウホウ	0	1	1	0.003	2	4
35	夏休み	ナツヤスミ	0	1	1	0.003	3	5
36	木刀	ボクトウ	0	1	1	0.003	2	4
37	丸	マル	0	1	1	0.003	1	2
	合計		159	151	310			

50	せりふ	フリガナ	男性	女性	全体	連想強度	文字数	モーラ数
1	だいほん	ダイホン	41	38	79	0.247	4	4
	台本		*40*	*38*	*78*	*0.244*	*2*	*4*
	ダイホン		*1*	*0*	*1*	*0.003*	*4*	*4*
2	ドラマ	ドラマ	19	23	42	0.131	3	3
3	舞台	ブタイ	13	15	28	0.088	2	3
4	役者	ヤクシャ	15	5	20	0.063	2	3
5	言葉	コトバ	7	10	17	0.053	2	3
6	演劇	エンゲキ	5	12	17	0.053	2	4
7	劇	ゲキ	9	7	16	0.050	1	2
8	映画	エイガ	11	3	14	0.044	2	3
9	俳優	ハイユウ	7	7	14	0.044	2	4
10	演技	エンギ	4	9	13	0.041	2	3
11	芝居	シバイ	5	1	6	0.019	2	3
12	まんが	マンガ	4	0	4	0.013	3	3
	漫画		*3*	*0*	*3*	*0.009*	*2*	*3*
	マンガ		*1*	*0*	*1*	*0.003*	*3*	*3*
13	アニメ	アニメ	2	2	4	0.013	3	3
14	女優	ジョユウ	0	4	4	0.013	2	3
15	声優	セイユウ	3	0	3	0.009	2	4
16	声	コエ	2	1	3	0.009	1	2
17	会話	カイワ	2	0	2	0.006	2	3
18	口	クチ	1	1	2	0.006	1	2
19	決め台詞	キメゼリフ	1	0	1	0.003	4	5
20	悪臭	アクシュウ	1	0	1	0.003	2	4
21	記憶	キオク	1	0	1	0.003	2	3
22	捨て	ステ	1	0	1	0.003	2	2
23	捨て台詞	ステゼリフ	1	0	1	0.003	4	5
24	大切	タイセツ	1	0	1	0.003	2	4
25	ふきだし	フキダシ	1	0	1	0.003	4	4
26	名言	メイゲン	1	0	1	0.003	2	4
27	悪者	ワルモノ	1	0	1	0.003	2	4
28	アドリブ	アドリブ	0	1	1	0.003	4	4
29	暗記	アンキ	0	1	1	0.003	2	3
30	嘘	ウソ	0	1	1	0.003	1	2
31	紙芝居	カミシバイ	0	1	1	0.003	3	5
32	脚本	キャクホン	0	1	1	0.003	2	4
33	二次元	ニジゲン	0	1	1	0.003	3	4
34	ネタ	ネタ	0	1	1	0.003	2	2
35	本	ホン	0	1	1	0.003	1	2
36	喜び	ヨロコビ	0	1	1	0.003	2	4
37	練習	レンシュウ	0	1	1	0.003	2	4
	合計		159	148	307			

51	そうじ	フリガナ	男性	女性	全体	連想強度	文字数	モーラ数
1	ほうき	ホウキ	55	68	123	0.384	3	3
	ほうき		34	42	76	0.238	3	3
	箒		20	25	45	0.141	1	3
	帚		1	0	1	0.003	1	3
	ホウキ		0	1	1	0.003	3	3
2	掃除機	ソウジキ	8	9	17	0.053	3	4
3	学校	ガッコウ	7	7	14	0.044	2	4
4	ごみ	ゴミ	7	7	14	0.044	2	2
	ゴミ		6	6	12	0.038	2	2
	ごみ		1	1	2	0.006	2	2
5	部屋	ヘヤ	5	7	12	0.038	2	2
6	きれい	キレイ	6	4	10	0.031	3	3
	きれい		3	2	5	0.016	3	3
	綺麗		2	2	4	0.013	2	3
	キレイ		1	0	1	0.003	3	3
7	年末	ネンマツ	6	4	10	0.031	2	4
8	洗濯	センタク	8	1	9	0.028	2	4
9	清潔	セイケツ	6	2	8	0.025	2	4
10	教室	キョウシツ	3	5	8	0.025	2	4
11	ちりとり	チリトリ	2	4	6	0.019	4	4
	ちりとり		1	4	5	0.016	4	4
	塵取り		1	0	1	0.003	3	4
12	ぞうきん	ゾウキン	2	3	5	0.016	4	4
	雑巾		2	2	4	0.013	2	4
	ぞうきん		0	1	1	0.003	4	4
13	大掃除	オオソウジ	0	5	5	0.016	3	5
14	清掃	セイソウ	2	2	4	0.013	2	4
15	ほこり	ホコリ	2	2	4	0.013	3	3
	埃		2	0	2	0.006	1	3
	ほこり		0	2	2	0.006	3	3
16	おおみそか	オオミソカ	1	3	4	0.013	5	5
	大みそか		1	2	3	0.009	4	5
	大晦日		0	1	1	0.003	3	5
17	かたづけ	カタヅケ	3	0	3	0.009	4	4
	かたずけ		2	0	2	0.006	4	4
	片づけ		1	0	1	0.003	3	4
18	家事	カジ	1	2	3	0.009	2	2
19	正月	ショウガツ	1	2	3	0.009	2	4
20	トイレ	トイレ	2	0	2	0.006	3	3
21	汚れ	ヨゴレ	2	0	2	0.006	2	3
22	家	イエ	1	1	2	0.006	1	2
23	整理整頓	セイリセイトン	1	1	2	0.006	4	7
24	大切	タイセツ	1	1	2	0.006	2	4
25	ダスキン	ダスキン	1	1	2	0.006	4	4
26	当番	トウバン	1	1	2	0.006	2	4
27	はたき	ハタキ	1	1	2	0.006	3	3
28	アニメ	アニメ	1	0	1	0.003	3	3
29	委員会室	イインカイシツ	1	0	1	0.003	4	7
30	おばちゃん	オバチャン	1	0	1	0.003	5	4
31	親	オヤ	1	0	1	0.003	1	2
32	女	オンナ	1	0	1	0.003	1	3
33	家政婦	カセイフ	1	0	1	0.003	3	4
34	けじめ	ケジメ	1	0	1	0.003	3	3
35	行動	コウドウ	1	0	1	0.003	2	4
36	こまめ	コマメ	1	0	1	0.003	3	3
37	ゴミ捨て	ゴミステ	1	0	1	0.003	4	4
38	自分	ジブン	1	0	1	0.003	2	3
39	重要	ジュウヨウ	1	0	1	0.003	2	4
40	主婦	シュフ	1	0	1	0.003	2	2
41	数学	スウガク	1	0	1	0.003	2	4
42	整頓	セイトン	1	0	1	0.003	2	4
43	タンス	タンス	1	0	1	0.003	3	3
44	塵	チリ	1	0	1	0.003	1	2
45	道具	ドウグ	1	0	1	0.003	2	3
46	日曜日	ニチヨウビ	1	0	1	0.003	3	5
47	廃棄	ハイキ	1	0	1	0.003	2	3
48	昼休み	ヒルヤスミ	1	0	1	0.003	3	5
49	放課後	ホウカゴ	1	0	1	0.003	3	4
50	面倒	メンドウ	1	0	1	0.003	2	4
51	行事	ギョウジ	0	1	1	0.003	2	3
52	小学校	ショウガッコウ	0	1	1	0.003	3	6
53	スポンジ	スポンジ	0	1	1	0.003	4	4
54	選択	センタク	0	1	1	0.003	2	4
55	大事	ダイジ	0	1	1	0.003	2	3
56	叩き	タタキ	0	1	1	0.003	2	3
57	手ぬぐい	テヌグイ	0	1	1	0.003	4	4
58	必要	ヒツヨウ	0	1	1	0.003	2	4
	合計		158	151	309			

52	たすき	フリガナ	男性	女性	全体	連想強度	文字数	モーラ数
1	リレー	リレー	63	70	133	0.416	3	3
2	まらそん	マラソン	19	19	38	0.119	4	4
	マラソン		*18*	*19*	*37*	*0.116*	*4*	*4*
	まらそん		*1*	*0*	*1*	*0.003*	*4*	*4*
3	駅伝	エキデン	26	9	35	0.109	2	4
4	運動会	ウンドウカイ	14	18	32	0.100	3	6
5	布	ヌノ	4	3	7	0.022	1	2
6	バトン	バトン	4	2	6	0.019	3	3
7	着物	キモノ	2	4	6	0.019	2	3
8	かけ	カケ	3	1	4	0.013	2	2
	掛け		*2*	*0*	*2*	*0.006*	*2*	*2*
	がけ		*1*	*1*	*2*	*0.006*	*2*	*2*
9	祭り	マツリ	0	4	4	0.013	2	3
11	運動	ウンドウ	2	1	3	0.009	2	4
10	数学	スウガク	2	1	3	0.009	2	4
12	ランナー	ランナー	2	1	3	0.009	4	4
13	競争	キョウソウ	1	2	3	0.009	2	4
14	アンカー	アンカー	0	3	3	0.009	4	4
15	肩	カタ	1	1	2	0.006	1	2
16	掃除	ソウジ	0	2	2	0.006	2	3
17	委員長	イインチョウ	1	0	1	0.003	3	5
18	帯	オビ	1	0	1	0.003	1	2
19	学校	ガッコウ	1	0	1	0.003	2	4
20	気合い	キアイ	1	0	1	0.003	3	3
21	黄色	キイロ	1	0	1	0.003	2	3
22	絆	キズナ	1	0	1	0.003	1	3
23	キツネ	キツネ	1	0	1	0.003	3	3
24	拘束具	コウソクグ	1	0	1	0.003	3	5
25	算数	サンスウ	1	0	1	0.003	2	4
26	ゼッケン	ゼッケン	1	0	1	0.003	4	4
27	選挙	センキョ	1	0	1	0.003	2	3
28	魂	タマシイ	1	0	1	0.003	1	4
29	伝達	デンタツ	1	0	1	0.003	2	4
30	日本	ニホン	1	0	1	0.003	2	3
31	箱根	ハコネ	1	0	1	0.003	2	3
32	夜光	ヤコウ	1	0	1	0.003	2	3
33	陸上	リクジョウ	1	0	1	0.003	2	4
34	レース	レース	1	0	1	0.003	3	3
35	いなか	イナカ	0	1	1	0.003	3	3
36	駅伝大会	エキデンタイカイ	0	1	1	0.003	4	8
37	計算	ケイサン	0	1	1	0.003	2	4
38	作業	サギョウ	0	1	1	0.003	2	3
39	白	シロ	0	1	1	0.003	1	2
40	タオル	タオル	0	1	1	0.003	3	3
41	ひたい	ヒタイ	0	1	1	0.003	3	3
42	ほこり	ホコリ	0	1	1	0.003	3	3
43	和服	ワフク	0	1	1	0.003	2	3
	合計		161	150	311			

53	たたみ	フリガナ	男性	女性	全体	連想強度	文字数	モーラ数
1	和室	ワシツ	38	47	85	0.266	2	3
2	日本	ニホン	22	19	41	0.128	2	3
3	和風	ワフウ	15	14	29	0.091	2	3
4	わ	ワ	12	10	22	0.069	1	1
	和		12	9	21	0.066	1	1
	わ		0	1	1	0.003	1	1
5	家	イエ	9	5	14	0.044	1	2
6	いぐさ	イグサ	6	7	13	0.041	3	3
	井草		1	4	5	0.016	2	3
	い草		2	0	2	0.006	2	3
	イ草		1	1	2	0.006	2	3
	いぐさ		1	1	2	0.006	3	3
	イグサ		1	1	2	0.006	3	3
7	和式	ワシキ	8	4	12	0.038	2	3
8	におい	ニオイ	4	4	8	0.025	3	3
	におい		3	1	4	0.013	3	3
	匂い		1	3	4	0.013	2	3
9	柔道	ジュウドウ	7	0	7	0.022	2	4
10	床	ユカ	4	2	6	0.019	1	2
11	わら	ワラ	2	4	6	0.019	2	2
	藁		1	4	5	0.016	1	2
	わら		1	0	1	0.003	2	2
12	緑	ミドリ	1	5	6	0.019	1	3
13	へや	ヘヤ	2	3	5	0.016	2	2
	部屋		1	3	4	0.013	2	2
	お部屋		1	0	1	0.003	3	3
14	座敷	ザシキ	2	2	4	0.013	2	3
15	草	クサ	1	3	4	0.013	1	2
16	むかし	ムカシ	0	4	4	0.013	3	3
	昔		0	3	3	0.009	1	3
	むかし		0	1	1	0.003	3	3
17	木	キ	1	2	3	0.009	1	1
18	障子	ショウジ	2	0	2	0.006	2	3
19	昭和	ショウワ	2	0	2	0.006	2	3
20	忍者	ニンジャ	2	0	2	0.006	2	3
21	炬燵	コタツ	1	1	2	0.006	2	3
22	居間	イマ	1	1	2	0.006	2	2
23	イワシ	イワシ	1	0	1	0.003	3	3
24	京間	キョウマ	1	0	1	0.003	2	3
25	芝	シバ	1	0	1	0.003	1	2
26	城	シロ	1	0	1	0.003	1	2
27	正座	セイザ	1	0	1	0.003	2	3
28	竹	タケ	1	0	1	0.003	1	2
29	畳屋	タタミヤ	1	0	1	0.003	2	4
30	道場	ドウジョウ	1	0	1	0.003	2	4
31	夏	ナツ	1	0	1	0.003	1	2
32	日本家屋	ニホンカオク	1	0	1	0.003	4	6
33	寝床	ネドコ	1	0	1	0.003	2	3
34	秘儀	ヒギ	1	0	1	0.003	2	2
35	屋敷	ヤシキ	1	0	1	0.003	2	3
36	和菓子	ワガシ	1	0	1	0.003	3	3
37	田舎	イナカ	0	1	1	0.003	2	3
38	お金	オカネ	0	1	1	0.003	2	3
39	折り紙	オリガミ	0	1	1	0.003	3	4
40	香り	カオリ	0	1	1	0.003	2	3
41	カビ	カビ	0	1	1	0.003	2	2
42	ささくれ	ササクレ	0	1	1	0.003	4	4
43	CM	シーエム	0	1	1	0.003	2	4
44	絨毯	ジュウタン	0	1	1	0.003	2	4
45	ふすま	フスマ	0	1	1	0.003	3	3
46	虫	ムシ	0	1	1	0.003	1	2
47	目	メ	0	1	1	0.003	1	1
48	琉球	リュウキュウ	0	1	1	0.003	2	4
	合計		156	149	305			

54	たばこ	フリガナ	男性	女性	全体	連想強度	文字数	モーラ数
1	けむり	ケムリ	43	47	90	0.281	3	3
	煙		*41*	*46*	*87*	*0.272*	*1*	*3*
	けむり		*2*	*1*	*3*	*0.009*	*3*	*3*
2	害	ガイ	9	7	16	0.050	1	2
3	禁煙	キンエン	8	6	14	0.044	2	4
4	番組	バングミ	7	7	14	0.044	2	4
5	喫煙	キツエン	6	8	14	0.044	2	4
6	におい	ニオイ	5	8	13	0.041	3	3
	臭い		*3*	*7*	*10*	*0.031*	*2*	*3*
	におい		*2*	*1*	*3*	*0.009*	*3*	*3*
7	はたち	ハタチ	10	2	12	0.038	3	3
	二十歳		*6*	*1*	*7*	*0.022*	*3*	*3*
	20歳		*4*	*1*	*5*	*0.016*	*3*	*3*
8	ニコチン	ニコチン	4	8	12	0.038	4	4
9	成人	セイジン	5	4	9	0.028	2	4
10	肺がん	ハイガン	3	6	9	0.028	3	4
11	肺	ハイ	4	4	8	0.025	1	2
12	やに	ヤニ	5	2	7	0.022	2	2
	ヤニ		*4*	*2*	*6*	*0.019*	*2*	*2*
	やに		*1*	*0*	*1*	*0.003*	*2*	*2*
13	有害	ユウガイ	2	5	7	0.022	2	4
14	大人	オトナ	3	3	6	0.019	2	3
15	ライター	ライター	2	3	5	0.016	4	4
16	男	オトコ	2	2	4	0.013	1	3
17	健康	ケンコウ	2	2	4	0.013	2	4
18	毒	ドク	2	2	4	0.013	1	2
19	マルボロ	マルボロ	2	2	4	0.013	4	4
20	癌	ガン	2	1	3	0.009	1	2
21	クール	クール	2	1	3	0.009	3	3
22	税金	ゼイキン	2	1	3	0.009	2	4
23	未成年	ミセイネン	1	2	3	0.009	3	5
24	危険	キケン	0	3	3	0.009	2	3
25	不健康	フケンコウ	0	3	3	0.009	3	5
26	最悪	サイアク	2	0	2	0.006	2	4
27	ふくりゅうえん	フクリュウエン	1	1	2	0.006	7	6
	副流えん		*1*	*0*	*1*	*0.003*	*4*	*6*
	副流煙		*0*	*1*	*1*	*0.003*	*3*	*6*
28	悪	アク	1	0	1	0.003	1	2
29	悪影響	アクエイキョウ	1	0	1	0.003	3	6
30	嫌	イヤ	1	0	1	0.003	1	2
31	外国	ガイコク	1	0	1	0.003	2	4
32	会社	カイシャ	1	0	1	0.003	2	3
33	木	キ	1	0	1	0.003	1	1
34	喫煙所	キツエンジョ	1	0	1	0.003	3	5
35	吸引	キュウイン	1	0	1	0.003	2	4
36	禁煙席	キンエンセキ	1	0	1	0.003	3	6
37	愚者	グシャ	1	0	1	0.003	2	2
38	硬貨	コウカ	1	0	1	0.003	2	3
39	酒	サケ	1	0	1	0.003	1	2
40	嗜好品	シコウヒン	1	0	1	0.003	3	5
41	社会	シャカイ	1	0	1	0.003	2	3
42	税	ゼイ	1	0	1	0.003	1	2
43	増税	ゾウゼイ	1	0	1	0.003	2	4
44	タール	タール	1	0	1	0.003	3	3
45	体調	タイチョウ	1	0	1	0.003	2	4
46	20	ニジュウ	1	0	1	0.003	2	3
47	葉	ハ	1	0	1	0.003	1	1
48	灰	ハイ	1	0	1	0.003	1	2
49	葉巻	ハマキ	1	0	1	0.003	2	3
50	非健康的	ヒケンコウテキ	1	0	1	0.003	4	7
51	不快	フカイ	1	0	1	0.003	2	3
52	歩きたばこ	アルキタバコ	0	1	1	0.003	5	6
53	喫煙者	キツエンシャ	0	1	1	0.003	3	5
54	嫌悪	ケンオ	0	1	1	0.003	2	3
55	公害	コウガイ	0	1	1	0.003	2	4
56	高校生	コウコウセイ	0	1	1	0.003	3	6
57	自動販売機	ジドウハンバイキ	0	1	1	0.003	5	8
58	18歳	ジュウハッサイ	0	1	1	0.003	3	6
59	父親	チチオヤ	0	1	1	0.003	2	4
60	歯	ハ	0	1	1	0.003	1	1
61	箱	ハコ	0	1	1	0.003	1	2
62	不浄	フジョウ	0	1	1	0.003	2	3
63	麻薬	マヤク	0	1	1	0.003	2	3
64	録画	ロクガ	0	1	1	0.003	2	3
	合計		158	153	311			

55	たまご	フリガナ	男性	女性	全体	連想強度	文字数	モーラ数
1	にわとり	ニワトリ	47	42	89	0.278	4	4
	鶏		*39*	*36*	*75*	*0.234*	*1*	*4*
	にわとり		*6*	*5*	*11*	*0.034*	*4*	*4*
	ニワトリ		*2*	*1*	*3*	*0.009*	*4*	*4*
2	とり	トリ	17	7	24	0.075	2	2
	鳥		*15*	*6*	*21*	*0.066*	*1*	*2*
	とり		*1*	*1*	*2*	*0.006*	*2*	*2*
	トリ		*1*	*0*	*1*	*0.003*	*2*	*2*
3	黄身	キミ	9	14	23	0.072	2	2
4	ひよこ	ヒヨコ	11	9	20	0.063	3	3
	ひよこ		*11*	*8*	*19*	*0.059*	*3*	*3*
	ヒヨコ		*0*	*1*	*1*	*0.003*	*3*	*3*
5	ごはん	ゴハン	4	7	11	0.034	3	3
	ご飯		*3*	*5*	*8*	*0.025*	*2*	*3*
	ごはん		*1*	*2*	*3*	*0.009*	*3*	*3*
6	黄色	キイロ	4	6	10	0.031	2	3
7	ゆでたまご	ユデタマゴ	2	7	9	0.028	5	5
	ゆで卵		*1*	*5*	*6*	*0.019*	*3*	*5*
	ゆでたまご		*1*	*2*	*3*	*0.009*	*5*	*5*
8	目玉焼き	メダマヤキ	3	5	8	0.025	4	5
9	白	シロ	4	3	7	0.022	1	2
10	しろみ	シロミ	2	3	5	0.016	3	3
	白身		*1*	*3*	*4*	*0.013*	*2*	*3*
	白味		*1*	*0*	*1*	*0.003*	*2*	*3*
11	卵黄	ランオウ	4	0	4	0.013	2	4
12	たまごっち	タマゴッチ	3	1	4	0.013	5	5
13	ゆで	ユデ	3	1	4	0.013	2	2
	ゆで		*2*	*1*	*3*	*0.009*	*2*	*2*
	茹で		*1*	*0*	*1*	*0.003*	*2*	*2*
14	から	カラ	2	2	4	0.013	2	2
	殻		*1*	*2*	*3*	*0.009*	*1*	*2*
	カラ		*1*	*0*	*1*	*0.003*	*2*	*2*
15	料理	リョウリ	2	2	4	0.013	2	3
16	温泉	オンセン	0	4	4	0.013	2	4
17	卵焼き	タマゴヤキ	2	1	3	0.009	3	5
18	赤ちゃん	アカチャン	1	2	3	0.009	4	4
19	うずら	ウズラ	1	2	3	0.009	3	3
	ウズラ		*1*	*0*	*1*	*0.003*	*3*	*3*
	鶉		*0*	*1*	*1*	*0.003*	*1*	*3*
	うずら		*0*	*1*	*1*	*0.003*	*3*	*3*
20	オムライス	オムライス	1	2	3	0.009	5	5
21	子供	コドモ	1	2	3	0.009	2	3
22	生	ナマ	1	2	3	0.009	1	2
23	タンパク質	タンパクシツ	2	0	2	0.006	5	6
24	丸	マル	2	0	2	0.006	1	2
25	頭	アタマ	1	1	2	0.006	1	3
26	栄養	エイヨウ	1	1	2	0.006	2	4
27	おでん	オデン	1	1	2	0.006	3	3
28	ばんどうえいじ	バンドウエイジ	1	1	2	0.006	7	7
	坂東エイジ		*1*	*0*	*1*	*0.003*	*5*	*7*
	坂東英二		*0*	*1*	*1*	*0.003*	*4*	*7*
29	坂東	バンドウ	0	2	2	0.006	2	4
30	フライパン	フライパン	0	2	2	0.006	5	5
31	目玉	メダマ	0	2	2	0.006	2	3
32	朝	アサ	1	0	1	0.003	1	2
33	オムレツ	オムレツ	1	0	1	0.003	4	4
34	温泉たまご	オンセンタマゴ	1	0	1	0.003	5	7
35	黄	キ	1	0	1	0.003	1	1
36	禁煙	キンエン	1	0	1	0.003	2	4
37	車	クルマ	1	0	1	0.003	1	3
38	健康	ケンコウ	1	0	1	0.003	2	4
39	サラダ	サラダ	1	0	1	0.003	3	3
40	サンドイッチ	サンドイッチ	1	0	1	0.003	6	6
41	食品	ショクヒン	1	0	1	0.003	2	4
42	スクランブルエッグ	スクランブルエッグ	1	0	1	0.003	9	9
43	ダシ巻き	ダシマキ	1	0	1	0.003	4	4
44	食べ物	タベモノ	1	0	1	0.003	3	4
45	たまごかけごはん	タマゴカケゴハン	1	0	1	0.003	8	8
46	丼	ドンブリ	1	0	1	0.003	1	4
47	生卵	ナマタマゴ	1	0	1	0.003	2	5
48	万能	バンノウ	1	0	1	0.003	2	4
49	腐敗	フハイ	1	0	1	0.003	2	3
50	蛍	ホタル	1	0	1	0.003	1	3
51	未熟	ミジュク	1	0	1	0.003	2	3
52	割れ物	ワレモノ	1	0	1	0.003	3	4
53	アレルギー	アレルギー	0	1	1	0.003	5	5
54	硫黄	イオウ	0	1	1	0.003	2	3
55	お菓子	オカシ	0	1	1	0.003	3	3
56	黒	クロ	0	1	1	0.003	1	2
57	小鳥	コトリ	0	1	1	0.003	2	3
58	ダチョウ	ダチョウ	0	1	1	0.003	4	3
59	トリック	トリック	0	1	1	0.003	4	4
60	パック	パック	0	1	1	0.003	3	3
61	半熟	ハンジュク	0	1	1	0.003	2	4
62	雛	ヒナ	0	1	1	0.003	1	2
63	プリン	プリン	0	1	1	0.003	3	3
64	弁当	ベントウ	0	1	1	0.003	2	4
	合計		153	146	299			

56	だるま	フリガナ	男性	女性	全体	連想強度	文字数	モーラ数
1	赤	アカ	20	32	52	0.163	1	2
2	め	メ	19	13	32	0.100	1	1
	目		*18*	*13*	*31*	*0.097*	*1*	*1*
	眼		*1*	*0*	*1*	*0.003*	*1*	*1*
3	選挙	センキョ	10	7	17	0.053	2	3
4	しょうがつ	ショウガツ	6	11	17	0.053	5	4
	正月		*6*	*7*	*13*	*0.041*	*2*	*4*
	お正月		*0*	*4*	*4*	*0.013*	*3*	*5*
5	雪	ユキ	7	8	15	0.047	1	2
6	おとし	オトシ	8	3	11	0.034	3	3
	落とし		*8*	*2*	*10*	*0.031*	*3*	*3*
	おとし		*0*	*1*	*1*	*0.003*	*3*	*3*
7	だるまおとし	ダルマオトシ	5	5	10	0.031	6	6
	だるま落とし		*4*	*4*	*8*	*0.025*	*6*	*6*
	ダルマ落とし		*1*	*0*	*1*	*0.003*	*6*	*6*
	だるまおとし		*0*	*1*	*1*	*0.003*	*6*	*6*
8	ゆきだるま	ユキダルマ	2	8	10	0.031	5	5
	雪だるま		*2*	*7*	*9*	*0.028*	*4*	*5*
	ゆきだるま		*0*	*1*	*1*	*0.003*	*5*	*5*
9	いわい	イワイ	4	5	9	0.028	3	3
	祝い		*4*	*2*	*6*	*0.019*	*2*	*3*
	祝		*0*	*2*	*2*	*0.006*	*1*	*3*
	お祝い		*0*	*1*	*1*	*0.003*	*3*	*4*
10	当選	トウセン	5	3	8	0.025	2	4
11	遊び	アソビ	2	6	8	0.025	2	3
12	合格	ゴウカク	2	5	7	0.022	2	4
13	丸	マル	3	3	6	0.019	1	2
14	日本	ニホン	4	1	5	0.016	2	3
15	火	ヒ	3	2	5	0.016	1	1
16	勝利	ショウリ	1	4	5	0.016	2	3
17	祈願	キガン	2	2	4	0.013	2	3
18	ねがい	ネガイ	3	0	3	0.009	3	3
	願		*2*	*0*	*2*	*0.006*	*1*	*3*
	願い		*1*	*0*	*1*	*0.003*	*2*	*3*
19	転倒	テントウ	3	0	3	0.009	2	4
20	政治家	セイジカ	2	1	3	0.009	3	4
21	目玉	メダマ	2	1	3	0.009	2	3
22	受験	ジュケン	1	2	3	0.009	2	3
23	片目	カタメ	0	3	3	0.009	2	3
24	赤色	アカイロ	1	1	2	0.006	2	4
25	成功	セイコウ	1	1	2	0.006	2	4
26	中国	チュウゴク	1	1	2	0.006	2	4
27	必勝祈願	ヒッショウキガン	1	1	2	0.006	4	7
28	縁起	エンギ	0	2	2	0.006	2	3
29	えんぎもの	エンギモノ	0	2	2	0.006	5	5
	縁起物		*0*	*1*	*1*	*0.003*	*3*	*5*
	縁起もの		*0*	*1*	*1*	*0.003*	*4*	*5*
30	おきあがりこぼし	オキアガリコボシ	1	0	1	0.003	8	8
31	イケメン	イケメン	1	0	1	0.003	4	4
32	おもちゃ	オモチャ	1	0	1	0.003	4	3
33	女	オンナ	1	0	1	0.003	1	3
34	掛け軸	カケジク	1	0	1	0.003	3	4
35	黄色	キイロ	1	0	1	0.003	2	3
36	ゲーム	ゲーム	1	0	1	0.003	3	3
37	紅白	コウハク	1	0	1	0.003	2	4
38	拷問	ゴウモン	1	0	1	0.003	2	4
39	子供	コドモ	1	0	1	0.003	2	3
40	産業	サンギョウ	1	0	1	0.003	2	4
41	祝杯	シュクハイ	1	0	1	0.003	2	4
42	選挙当選	センキョトウセン	1	0	1	0.003	4	7
43	僧侶	ソウリョ	1	0	1	0.003	2	3
44	だるま寺	ダルマデラ	1	0	1	0.003	4	5
45	貯金	チョキン	1	0	1	0.003	2	3
46	手	テ	1	0	1	0.003	1	1
47	デブ	デブ	1	0	1	0.003	2	2
48	2段	ニダン	1	0	1	0.003	2	3
49	人形	ニンギョウ	1	0	1	0.003	2	4
50	不屈	フクツ	1	0	1	0.003	2	3
51	豚肉	ブタニク	1	0	1	0.003	2	4
52	筆	フデ	1	0	1	0.003	1	2
53	魔除け	マヨケ	1	0	1	0.003	3	3
54	丸さ	マルサ	1	0	1	0.003	2	3
55	優勝	ユウショウ	1	0	1	0.003	2	4
56	妖怪	ヨウカイ	1	0	1	0.003	2	4
57	祝い事	イワイゴト	0	1	1	0.003	3	5
58	温泉	オンセン	0	1	1	0.003	2	4
59	幸運	コウウン	0	1	1	0.003	2	4
60	滑稽	コッケイ	0	1	1	0.003	2	4
61	神社	ジンジャ	0	1	1	0.003	2	3
62	大使	タイシ	0	1	1	0.003	2	3
63	達成	タッセイ	0	1	1	0.003	2	4
64	バレーボール	バレーボール	0	1	1	0.003	6	6
65	ハンマー	ハンマー	0	1	1	0.003	4	4
	合計		145	142	287			

57	だんご	フリガナ	男性	女性	全体	連想強度	文字数	モーラ数
1	さんきょうだい	サンキョウダイ	37	13	50	0.156	7	6
	三兄弟		26	5	31	0.097	3	6
	3兄弟		10	7	17	0.053	3	6
	さん兄弟		1	1	2	0.006	4	6
2	さんしょく	サンショク	12	10	22	0.069	5	4
	三色		10	5	15	0.047	2	4
	3色		2	5	7	0.022	2	4
3	はなみ	ハナミ	5	17	22	0.069	3	3
	花見		3	17	20	0.063	2	3
	お花見		1	0	1	0.003	3	4
	花み		1	0	1	0.003	2	3
4	みたらし	ミタラシ	8	10	18	0.056	4	4
	みたらし		8	9	17	0.053	4	4
	御手洗		0	1	1	0.003	3	4
5	くし	クシ	11	4	15	0.047	2	2
	串		10	4	14	0.044	1	2
	くし		1	0	1	0.003	2	2
6	食べ物	タベモノ	13	1	14	0.044	3	4
7	和菓子	ワガシ	2	12	14	0.044	3	3
8	花	ハナ	0	10	10	0.031	1	2
9	かし	カシ	6	3	9	0.028	2	2
	お菓子		4	1	5	0.016	3	3
	菓子		2	2	4	0.013	2	2
10	ちゃ	チャ	7	1	8	0.025	2	1
	お茶		6	1	7	0.022	2	2
	茶		1	0	1	0.003	1	1
11	つきみ	ツキミ	2	5	7	0.022	3	3
	月見		2	3	5	0.016	2	3
	お月見		0	2	2	0.006	3	4
12	あんこ	アンコ	5	1	6	0.019	3	3
	あんこ		4	1	5	0.016	3	3
	餡子		1	0	1	0.003	2	3
13	丸	マル	4	2	6	0.019	1	2
14	もち	モチ	4	2	6	0.019	2	2
	餅		3	0	3	0.009	1	2
	もち		1	0	1	0.003	2	2
	お餅		0	1	1	0.003	2	3
	モチ		0	1	1	0.003	2	2
15	だんごさん きょうだい	ダンゴサン キョウダイ	1	5	6	0.019	10	9
	だんご三兄弟		1	1	2	0.006	6	9
	だんご3兄弟		0	2	2	0.006	6	9
	団子三兄弟		0	1	1	0.003	5	9
	団子3きょうだい		0	1	1	0.003	8	9
16	兄弟	キョウダイ	4	1	5	0.016	2	4
17	甘味	カンミ	3	1	4	0.013	2	3
18	みっつ	ミッツ	3	1	4	0.013	3	3
	みっつ		2	0	2	0.006	3	3
	三つ		1	0	1	0.003	2	3
	3つ		0	1	1	0.003	2	3
19	みたらし団子	ミタラシダンゴ	1	3	4	0.013	6	7
20	さんしょくだんご	サンショクダンゴ	0	4	4	0.013	8	7
	三色団子		0	2	2	0.006	4	7
	3色団子		0	1	1	0.003	4	7
	三色だんご		0	1	1	0.003	5	7
21	春	ハル	0	4	4	0.013	1	2
22	歌	ウタ	3	0	3	0.009	1	2
23	おやつ	オヤツ	2	1	3	0.009	3	3
24	みせ	ミセ	2	1	3	0.009	2	2
	店		1	1	2	0.006	1	2
	お店		1	0	1	0.003	2	3
25	さんこ	サンコ	1	2	3	0.009	3	3
	三個		1	1	2	0.006	2	3
	3個		0	1	1	0.003	2	3
26	醤油	ショウユ	1	2	3	0.009	2	3
27	和	ワ	1	2	3	0.009	1	1
28	髪型	カミガタ	2	0	2	0.006	2	4
29	大家族	ダイカゾク	2	0	2	0.006	3	5
30	日本	ニホン	1	1	2	0.006	2	3
31	茶色	チャイロ	0	2	2	0.006	2	3
32	月	ツキ	0	2	2	0.006	1	2
33	鼻	ハナ	0	2	2	0.006	1	2
34	昔	ムカシ	0	2	2	0.006	1	3
35	江戸	エド	1	0	1	0.003	2	2
36	ゴリラ	ゴリラ	1	0	1	0.003	3	3
37	三	サン	1	0	1	0.003	1	2
38	老舗	シニセ	1	0	1	0.003	2	3
39	スーパー	スーパー	1	0	1	0.003	4	4
40	球	タマ	1	0	1	0.003	1	2
41	たれ	タレ	1	0	1	0.003	2	2
42	団子坂	ダンゴザカ	1	0	1	0.003	3	5
43	デザート	デザート	1	0	1	0.003	4	4
44	年寄り	トシヨリ	1	0	1	0.003	3	4
45	棒	ボウ	1	0	1	0.003	1	2
46	もも太郎	モモタロウ	1	0	1	0.003	4	5
47	秋	アキ	0	1	1	0.003	1	2
48	頭	アタマ	0	1	1	0.003	1	3
49	アニメ	アニメ	0	1	1	0.003	3	3
50	色	イロ	0	1	1	0.003	1	2
51	お茶屋さん	オチャヤサン	0	1	1	0.003	5	5
52	髪	カミ	0	1	1	0.003	1	2
53	髪の毛	カミノケ	0	1	1	0.003	3	4
54	きびだんご	キビダンゴ	0	1	1	0.003	5	5
55	米	コメ	0	1	1	0.003	1	2
56	桜	サクラ	0	1	1	0.003	1	3
57	三食	サンショク	0	1	1	0.003	2	4
58	3本	サンボン	0	1	1	0.003	2	4
59	だんご虫	ダンゴムシ	0	1	1	0.003	4	5
60	テレビ	テレビ	0	1	1	0.003	3	3
61	肉	ニク	0	1	1	0.003	1	2
62	味噌	ミソ	0	1	1	0.003	2	2
63	虫	ムシ	0	1	1	0.003	1	2
64	屋台	ヤタイ	0	1	1	0.003	2	3
65	和風	ワフウ	0	1	1	0.003	2	3
	合計		155	146	301			

58	たんす	フリガナ	男性	女性	全体	連想強度	文字数	モーラ数
1	服	フク	45	37	82	0.256	1	2
2	家具	カグ	16	8	24	0.075	2	2
3	洋服	ヨウフク	8	13	21	0.066	2	4
4	桐	キリ	5	13	18	0.056	1	2
5	収納	シュウノウ	10	6	16	0.050	2	4
6	木	キ	8	8	16	0.050	1	1
7	ひきだし	ヒキダシ	9	6	15	0.047	4	4
	引き出し		4	3	7	0.022	4	4
	引出		3	1	4	0.013	2	4
	ひきだし		2	0	2	0.006	4	4
	引出し		0	2	2	0.006	3	4
8	ごん	ゴン	8	1	9	0.028	2	2
	ゴン		5	1	6	0.019	2	2
	ごん		3	0	3	0.009	2	2
9	小指	コユビ	4	1	5	0.016	2	3
10	かど	カド	3	1	4	0.013	2	2
	角		2	1	3	0.009	1	2
	カド		1	0	1	0.003	2	2
11	へそくり	ヘソクリ	3	1	4	0.013	4	4
	へそくり		2	0	2	0.006	4	4
	ヘソクリ		1	1	2	0.006	4	4
12	部屋	ヘヤ	2	2	4	0.013	2	2
13	押入れ	オシイレ	0	4	4	0.013	3	4
14	衣類	イルイ	3	0	3	0.009	2	3
15	物入れ	モノイレ	3	0	3	0.009	3	4
16	貯金	チョキン	2	1	3	0.009	2	3
17	ごんごん	ゴンゴン	1	2	3	0.009	4	4
	ゴンゴン		1	1	2	0.006	4	4
	ごんごん		0	1	1	0.003	4	4
18	茶色	チャイロ	0	3	3	0.009	2	3
19	におい	ニオイ	0	3	3	0.009	3	3
	匂い		0	1	1	0.003	2	3
	臭い		0	1	1	0.003	2	3
	におい		0	1	1	0.003	3	3
20	和室	ワシツ	0	3	3	0.009	2	3
21	家	イエ	2	0	2	0.006	1	2
22	布団	フトン	2	0	2	0.006	2	3
23	防虫剤	ボウチュウザイ	2	0	2	0.006	3	6
24	衣服	イフク	1	1	2	0.006	2	3
25	入れ物	イレモノ	1	1	2	0.006	3	4
26	クローゼット	クローゼット	1	1	2	0.006	6	6
27	畳	タタミ	1	1	2	0.006	1	3
28	ダニ	ダニ	1	1	2	0.006	2	2
29	日本	ニホン	1	1	2	0.006	2	3
30	ふすま	フスマ	1	1	2	0.006	3	3
31	衣装	イショウ	0	2	2	0.006	2	3
32	おばあちゃん	オバアチャン	0	2	2	0.006	6	5
33	木材	モクザイ	0	2	2	0.006	2	4
34	あし	アシ	1	0	1	0.003	2	2
35	着物	キモノ	1	0	1	0.003	2	3
36	凶器	キョウキ	1	0	1	0.003	2	3
37	桐ダンス	キリダンス	1	0	1	0.003	4	5
38	サオ	サオ	1	0	1	0.003	2	2
39	四角	シカク	1	0	1	0.003	2	3
40	整頓	セイトン	1	0	1	0.003	2	4
41	棚	タナ	1	0	1	0.003	1	2
42	ダンス	ダンス	1	0	1	0.003	3	3
43	泥棒	ドロボウ	1	0	1	0.003	2	4
44	ババア	ババア	1	0	1	0.003	3	3
45	ハンガー	ハンガー	1	0	1	0.003	4	4
46	檜	ヒノキ	1	0	1	0.003	1	3
47	牡丹餅	ボタモチ	1	0	1	0.003	3	4
48	物置	モノオキ	1	0	1	0.003	2	4
49	和	ワ	1	0	1	0.003	1	1
50	和式	ワシキ	1	0	1	0.003	2	3
51	赤	アカ	0	1	1	0.003	1	2
52	映画	エイガ	0	1	1	0.003	2	3
53	思い出	オモイデ	0	1	1	0.003	3	4
54	隠し事	カクシゴト	0	1	1	0.003	3	5
55	かたずけ	カタズケ	0	1	1	0.003	4	4
56	貴重品	キチョウヒン	0	1	1	0.003	3	5
57	こやし	コヤシ	0	1	1	0.003	3	3
58	財布	サイフ	0	1	1	0.003	2	3
59	座敷	ザシキ	0	1	1	0.003	2	3
60	地震	ジシン	0	1	1	0.003	2	3
61	机	ツクエ	0	1	1	0.003	1	3
62	年期	ネンキ	0	1	1	0.003	2	3
63	引っ越し	ヒッコシ	0	1	1	0.003	4	4
64	便利	ベンリ	0	1	1	0.003	2	3
65	防臭剤	ボウシュウザイ	0	1	1	0.003	3	6
66	洋風	ヨウフウ	0	1	1	0.003	2	4
67	嫁入り	ヨメイリ	0	1	1	0.003	3	4
68	嫁入り道具	ヨメイリドウグ	0	1	1	0.003	5	7
	合計		160	144	304			

59	たんぼ	フリガナ	男性	女性	全体	連想強度	文字数	モーラ数
1	田舎	イナカ	48	57	105	0.328	2	3
2	こめ	コメ	27	25	52	0.163	2	2
	米		*25*	*21*	*46*	*0.144*	*1*	*2*
	お米		*1*	*4*	*5*	*0.016*	*2*	*3*
	コメ		*1*	*0*	*1*	*0.003*	*2*	*2*
3	いね	イネ	21	17	38	0.119	2	2
	稲		*20*	*17*	*37*	*0.116*	*1*	*2*
	イネ		*1*	*0*	*1*	*0.003*	*2*	*2*
4	畑	ハタケ	16	9	25	0.078	1	3
5	かかし	カカシ	3	6	9	0.028	3	3
	かかし		*3*	*4*	*7*	*0.022*	*3*	*3*
	案山子		*0*	*2*	*2*	*0.006*	*3*	*3*
6	農家	ノウカ	6	1	7	0.022	2	3
7	かえる	カエル	3	4	7	0.022	3	3
	カエル		*2*	*3*	*5*	*0.016*	*3*	*3*
	蛙		*1*	*1*	*2*	*0.006*	*1*	*3*
8	田植え	タウエ	3	2	5	0.016	3	3
9	稲作	イナサク	3	0	3	0.009	2	4
10	地元	ジモト	3	0	3	0.009	2	3
11	おたまじゃくし	オタマジャクシ	2	1	3	0.009	7	6
	オタマジャクシ		*1*	*1*	*2*	*0.006*	*7*	*6*
	おたまじゃくし		*1*	*0*	*1*	*0.003*	*7*	*6*
12	緑	ミドリ	1	2	3	0.009	1	3
13	あぜみち	アゼミチ	0	3	3	0.009	4	4
	あぜ道		*0*	*2*	*2*	*0.006*	*3*	*4*
	畦道		*0*	*1*	*1*	*0.003*	*2*	*4*
14	水田	スイデン	0	3	3	0.009	2	4
15	家	イエ	2	0	2	0.006	1	2
16	トンボ	トンボ	2	0	2	0.006	3	3
17	あめんぼ	アメンボ	1	1	2	0.006	4	4
	アメンボ		*1*	*0*	*1*	*0.003*	*4*	*4*
	あめんぼ		*0*	*1*	*1*	*0.003*	*4*	*4*
18	機械	キカイ	1	1	2	0.006	2	3
19	たんぽぽ	タンポポ	1	1	2	0.006	4	4
20	泥	ドロ	1	1	2	0.006	1	2
21	おばあちゃん	オバアチャン	0	2	2	0.006	6	5
22	苗	ナエ	0	2	2	0.006	1	2
23	山	ヤマ	0	2	2	0.006	1	2
24	田	タ	1	0	1	0.003	1	1
25	草	クサ	1	0	1	0.003	1	2
26	ザリガニ	ザリガニ	1	0	1	0.003	4	4
27	銃撃	ジュウゲキ	1	0	1	0.003	2	4
28	少数	ショウスウ	1	0	1	0.003	2	4
29	治癒	チユ	1	0	1	0.003	2	2
30	つくし	ツクシ	1	0	1	0.003	3	3
31	田園	デンエン	1	0	1	0.003	2	4
32	農作業	ノウサギョウ	1	0	1	0.003	3	5
33	農場	ノウジョウ	1	0	1	0.003	2	4
34	農民	ノウミン	1	0	1	0.003	2	4
35	百姓	ヒャクショウ	1	0	1	0.003	2	4
36	水	ミズ	1	0	1	0.003	1	2
37	耳	ミミ	1	0	1	0.003	1	2
38	麦	ムギ	1	0	1	0.003	1	2
39	村	ムラ	1	0	1	0.003	1	2
40	メダカ	メダカ	1	0	1	0.003	3	3
41	穏やかさ	オダヤカサ	0	1	1	0.003	4	5
42	黄緑	キミドリ	0	1	1	0.003	2	4
43	実家	ジッカ	0	1	1	0.003	2	3
44	水稲	スイトウ	0	1	1	0.003	2	4
45	沼	ヌマ	0	1	1	0.003	1	2
46	農村地帯	ノウソンチタイ	0	1	1	0.003	4	7
47	春	ハル	0	1	1	0.003	1	2
48	風景	フウケイ	0	1	1	0.003	2	4
49	道	ミチ	0	1	1	0.003	1	2
50	昔	ムカシ	0	1	1	0.003	1	3
	合計		161	150	311			

60	つくえ	フリガナ	男性	女性	全体	連想強度	文字数	モーラ数
1	勉強	ベンキョウ	52	39	91	0.284	2	4
2	学校	ガッコウ	34	31	65	0.203	2	4
3	いす	イス	25	29	54	0.169	2	2
	椅子		*19*	*15*	*34*	*0.106*	*2*	*2*
	イス		*4*	*12*	*16*	*0.050*	*2*	*2*
	いす		*2*	*2*	*4*	*0.013*	*2*	*2*
4	木	キ	15	17	32	0.100	1	1
5	教室	キョウシツ	3	13	16	0.050	2	4
6	授業	ジュギョウ	2	1	3	0.009	2	3
7	ひきだし	ヒキダシ	2	1	3	0.009	4	4
	引き出し		*1*	*1*	*2*	*0.006*	*4*	*4*
	引出し		*1*	*0*	*1*	*0.003*	*3*	*4*
8	えんぴつ	エンピツ	1	2	3	0.009	4	4
	鉛筆		*0*	*2*	*2*	*0.006*	*2*	*4*
	えんぴつ		*1*	*0*	*1*	*0.003*	*4*	*4*
9	家具	カグ	1	2	3	0.009	2	2
10	茶色	チャイロ	0	3	3	0.009	2	3
11	学生	ガクセイ	2	0	2	0.006	2	4
12	小学校	ショウガッコウ	2	0	2	0.006	3	6
13	デスク	デスク	2	0	2	0.006	3	3
14	角	カド	1	1	2	0.006	1	2
15	勉強机	ベンキョウヅクエ	1	1	2	0.006	3	7
16	パソコン	パソコン	0	2	2	0.006	4	4
17	板	イタ	1	0	1	0.003	1	2
18	絵の具	エノグ	1	0	1	0.003	3	3
19	書き物	カキモノ	1	0	1	0.003	3	4
20	学習	ガクシュウ	1	0	1	0.003	2	4
21	ガラス	ガラス	1	0	1	0.003	3	3
22	凶器	キョウキ	1	0	1	0.003	2	3
23	ご飯	ゴハン	1	0	1	0.003	2	3
24	作業	サギョウ	1	0	1	0.003	2	3
25	タイムマシン	タイムマシン	1	0	1	0.003	6	6
26	テーブル	テーブル	1	0	1	0.003	4	4
27	読書	ドクショ	1	0	1	0.003	2	3
28	ノート	ノート	1	0	1	0.003	3	3
29	パイプ	パイプ	1	0	1	0.003	3	3
30	ペン	ペン	1	0	1	0.003	2	2
31	木材	モクザイ	1	0	1	0.003	2	4
32	四足	ヨツアシ	1	0	1	0.003	2	4
33	落書き	ラクガキ	1	0	1	0.003	3	4
34	ランドセル	ランドセル	1	0	1	0.003	5	5
35	絵	エ	0	1	1	0.003	1	1
36	置場	オキバ	0	1	1	0.003	2	3
37	高校	コウコウ	0	1	1	0.003	2	4
38	四角	シカク	0	1	1	0.003	2	3
39	食事	ショクジ	0	1	1	0.003	2	3
40	食卓	ショクタク	0	1	1	0.003	2	4
41	新学期	シンガッキ	0	1	1	0.003	3	5
42	デスクトップ	デスクトップ	0	1	1	0.003	6	6
43	木製	モクセイ	0	1	1	0.003	2	4
	合計		161	151	312			

61	つばさ	フリガナ	男性	女性	全体	連想強度	文字数	モーラ数
1	とり	トリ	94	84	178	0.556	2	2
	鳥		*88*	*82*	*170*	*0.531*	*1*	*2*
	トリ		*5*	*2*	*7*	*0.022*	*2*	*2*
	とり		*1*	*0*	*1*	*0.003*	*2*	*2*
2	はね	ハネ	25	20	45	0.141	2	2
	羽		*24*	*20*	*44*	*0.138*	*1*	*2*
	はね		*1*	*0*	*1*	*0.003*	*2*	*2*
3	空	ソラ	11	7	18	0.056	1	2
4	天使	テンシ	3	9	12	0.038	2	3
5	つばめ	ツバメ	3	3	6	0.019	3	3
	燕		*2*	*3*	*5*	*0.016*	*1*	*3*
	つばめ		*1*	*0*	*1*	*0.003*	*3*	*3*
6	飛行機	ヒコウキ	4	1	5	0.016	3	4
7	キャプテン	キャプテン	3	1	4	0.013	5	4
8	飛行	ヒコウ	3	1	4	0.013	2	3
9	白	シロ	1	3	4	0.013	1	2
10	歌	ウタ	0	3	3	0.009	1	2
11	希望	キボウ	2	0	2	0.006	2	3
12	アイドル	アイドル	1	1	2	0.006	4	4
13	モデル	モデル	1	1	2	0.006	3	3
14	NHK	エヌエイチケイ	1	0	1	0.003	3	7
15	音楽	オンガク	1	0	1	0.003	2	4
16	風	カゼ	1	0	1	0.003	1	2
17	自分	ジブン	1	0	1	0.003	2	3
18	ドラマ	ドラマ	1	0	1	0.003	3	3
19	鶏	ニワトリ	1	0	1	0.003	1	4
20	合唱	ガッショウ	0	1	1	0.003	2	4
21	彼氏	カレシ	0	1	1	0.003	2	3
22	新幹線	シンカンセン	0	1	1	0.003	3	6
23	卒業式	ソツギョウシキ	0	1	1	0.003	3	6
24	旅立ち	タビダチ	0	1	1	0.003	3	4
25	はと	ハト	0	1	1	0.003	2	2
26	漫画	マンガ	0	1	1	0.003	2	3
27	わし	ワシ	0	1	1	0.003	2	2
	合計		157	142	299			

62	つばめ	フリガナ	男性	女性	全体	連想強度	文字数	モーラ数
1	とり	トリ	76	65	141	0.441	2	2
	鳥		*73*	*61*	*134*	*0.419*	*1*	*2*
	トリ		*3*	*2*	*5*	*0.016*	*2*	*2*
	とり		*0*	*2*	*2*	*0.006*	*2*	*2*
2	巣	ス	23	28	51	0.159	1	1
3	空	ソラ	4	6	10	0.031	1	2
4	ヤクルト	ヤクルト	8	0	8	0.025	4	4
5	雨	アメ	2	6	8	0.025	1	2
6	春	ハル	0	8	8	0.025	1	2
7	佐々木小次郎	ササキコジロウ	5	0	5	0.016	6	7
8	羽	ハネ	5	0	5	0.016	1	2
9	渡り鳥	ワタリドリ	3	2	5	0.016	3	5
10	飛行	ヒコウ	3	1	4	0.013	2	3
11	スワローズ	スワローズ	3	0	3	0.009	5	5
12	野球	ヤキュウ	3	0	3	0.009	2	3
13	すずめ	スズメ	2	1	3	0.009	3	3
	雀		*1*	*1*	*2*	*0.006*	*1*	*3*
	スズメ		*1*	*0*	*1*	*0.003*	*3*	*3*
14	つばさ	ツバサ	2	1	3	0.009	3	3
	つばさ		*1*	*1*	*2*	*0.006*	*3*	*3*
	翼		*1*	*0*	*1*	*0.003*	*1*	*3*
15	つばめがえし	ツバメガエシ	2	1	3	0.009	6	6
	つばめ返し		*2*	*0*	*2*	*0.006*	*5*	*6*
	燕返し		*0*	*1*	*1*	*0.003*	*3*	*6*
16	黒	クロ	0	3	3	0.009	1	2
17	夏	ナツ	0	3	3	0.009	1	2
18	子供	コドモ	1	1	2	0.006	2	3
19	鳥類	チョウルイ	1	1	2	0.006	2	4
20	幸せ	シアワセ	0	2	2	0.006	2	4
21	初夏	ショカ	0	2	2	0.006	2	2
22	低空飛行	テイクウヒコウ	0	2	2	0.006	4	7
23	生き物	イキモノ	1	0	1	0.003	3	4
24	親子	オヤコ	1	0	1	0.003	2	3
25	滑空	カックウ	1	0	1	0.003	2	4
26	剣術	ケンジュツ	1	0	1	0.003	2	4
27	小型	コガタ	1	0	1	0.003	2	3
28	小鳥	コトリ	1	0	1	0.003	2	3
29	地元	ジモト	1	0	1	0.003	2	3
30	新幹線	シンカンセン	1	0	1	0.003	3	6
31	中華	チュウカ	1	0	1	0.003	2	3
32	つば黒	ツバクロ	1	0	1	0.003	3	4
33	動物	ドウブツ	1	0	1	0.003	2	4
34	飛行物体	ヒコウブッタイ	1	0	1	0.003	4	7
35	雲雀	ヒバリ	1	0	1	0.003	2	3
36	絵本	エホン	0	1	1	0.003	2	3
37	おうむ	オウム	0	1	1	0.003	3	3
38	返し	カエシ	0	1	1	0.003	2	3
39	川	カワ	0	1	1	0.003	1	2
40	帰巣	キソウ	0	1	1	0.003	2	3
41	五月	ゴガツ	0	1	1	0.003	2	3
42	白黒	シロクロ	0	1	1	0.003	2	4
43	タクシー	タクシー	0	1	1	0.003	4	4
44	ツバ	ツバ	0	1	1	0.003	2	2
45	銅像	ドウゾウ	0	1	1	0.003	2	4
46	童話	ドウワ	0	1	1	0.003	2	3
47	涙	ナミダ	0	1	1	0.003	1	3
48	雛	ヒナ	0	1	1	0.003	1	2
49	頬	ホオ	0	1	1	0.003	1	2
50	マンション	マンション	0	1	1	0.003	5	4
51	南	ミナミ	0	1	1	0.003	1	3
	合計		156	149	305			

63	つぼみ	フリガナ	男性	女性	全体	連想強度	文字数	モーラ数
1	花	ハナ	124	123	247	0.772	1	2
2	こぶくろ	コブクロ	16	11	27	0.084	4	4
	コブクロ		*13*	*10*	*23*	*0.072*	*4*	*4*
	こぶくろ		*3*	*1*	*4*	*0.013*	*4*	*4*
3	桜	サクラ	6	3	9	0.028	1	3
4	ばら	バラ	0	3	3	0.009	2	2
	薔薇		*0*	*2*	*2*	*0.006*	*2*	*2*
	バラ		*0*	*1*	*1*	*0.003*	*2*	*2*
5	種	タネ	2	0	2	0.006	1	2
6	植物	ショクブツ	2	0	2	0.006	2	4
7	新芽	シンメ	2	0	2	0.006	2	3
8	春	ハル	2	0	2	0.006	1	2
9	はなびら	ハナビラ	1	1	2	0.006	4	4
	花弁		*1*	*0*	*1*	*0.003*	*2*	*4*
	花びら		*0*	*1*	*1*	*0.003*	*3*	*4*
10	歌	ウタ	0	2	2	0.006	1	2
11	未熟	ミジュク	0	2	2	0.006	2	3
12	芽	メ	0	2	2	0.006	1	1
13	雷	カミナリ	1	0	1	0.003	1	4
14	草	クサ	1	0	1	0.003	1	2
15	初春	ショシュン	1	0	1	0.003	2	3
16	チューリップ	チューリップ	1	0	1	0.003	6	5
17	2歳馬	ニサイバ	1	0	1	0.003	3	4
18	赤	アカ	0	1	1	0.003	1	2
19	開花	カイカ	0	1	1	0.003	2	3
20	木	キ	0	1	1	0.003	1	1
21	子供	コドモ	0	1	1	0.003	2	3
22	冬	フユ	0	1	1	0.003	1	2
	合計		165	156	321			

64	とうふ	フリガナ	男性	女性	全体	連想強度	文字数	モーラ数
1	白	シロ	42	56	98	0.306	1	2
2	大豆	ダイズ	31	20	51	0.159	2	3
3	豆	マメ	9	8	17	0.053	1	2
4	もめん	モメン	10	5	15	0.047	3	3
	木綿		*9*	*4*	*13*	*0.041*	*2*	*3*
	もめん		*1*	*1*	*2*	*0.006*	*3*	*3*
5	味噌汁	ミソシル	6	9	15	0.047	3	4
6	角	カド	5	3	8	0.025	1	2
7	ひややっこ	ヒヤヤッコ	2	5	7	0.022	5	5
	冷奴		*1*	*3*	*4*	*0.013*	*2*	*5*
	ひややっこ		*1*	*1*	*2*	*0.006*	*5*	*5*
	冷ややっこ		*0*	*1*	*1*	*0.003*	*5*	*5*
8	湯豆腐	ユドウフ	4	1	5	0.016	3	4
9	鍋	ナベ	2	2	4	0.013	1	2
10	車	クルマ	1	2	3	0.009	1	3
11	食べ物	タベモノ	1	2	3	0.009	3	4
12	日本	ニホン	1	2	3	0.009	2	3
13	まーぼどうふ	マーボドウフ	1	2	3	0.009	6	6
	麻婆豆腐		*1*	*1*	*2*	*0.006*	*4*	*6*
	マーボー豆腐		*0*	*1*	*1*	*0.003*	*6*	*7*
14	白色	ハクショク	0	3	3	0.009	2	4
15	屋台	ヤタイ	2	0	2	0.006	2	3
16	ラッパ	ラッパ	2	0	2	0.006	3	3
17	料理	リョウリ	2	0	2	0.006	2	3
18	鰹節	カツオブシ	1	1	2	0.006	2	5
19	しょうゆ	ショウユ	1	1	2	0.006	4	3
	醤油		*1*	*0*	*1*	*0.003*	*2*	*3*
	しょうゆ		*0*	*1*	*1*	*0.003*	*4*	*3*
20	みせ	ミセ	1	1	2	0.006	2	2
	お店		*1*	*0*	*1*	*0.003*	*2*	*3*
	店		*0*	*1*	*1*	*0.003*	*1*	*2*
21	味噌	ミソ	1	1	2	0.006	2	2
22	ゆ	ユ	1	1	2	0.006	1	1
	お湯		*1*	*0*	*1*	*0.003*	*2*	*2*
	湯		*0*	*1*	*1*	*0.003*	*1*	*1*
23	湯葉	ユバ	0	2	2	0.006	2	2
24	和食	ワショク	0	2	2	0.006	2	3
25	おじさん	オジサン	1	0	1	0.003	4	4
26	おでん	オデン	1	0	1	0.003	3	3
27	絹	キヌ	1	0	1	0.003	1	2
28	絹ごし	キヌゴシ	1	0	1	0.003	3	4
29	京都	キョウト	1	0	1	0.003	2	3
30	健康	ケンコウ	1	0	1	0.003	2	4
31	ご飯	ゴハン	1	0	1	0.003	2	3
32	こんにゃく	コンニャク	1	0	1	0.003	5	4
33	四角	シカク	1	0	1	0.003	2	3
34	自殺	ジサツ	1	0	1	0.003	2	3
35	自転車	ジテンシャ	1	0	1	0.003	3	4
36	食糧	ショクリョウ	1	0	1	0.003	2	4
37	ソフト	ソフト	1	0	1	0.003	3	3
38	たまご	タマゴ	1	0	1	0.003	3	3
39	たんぱく	タンパク	1	0	1	0.003	4	4
40	夏	ナツ	1	0	1	0.003	1	2
41	軟弱	ナンジャク	1	0	1	0.003	2	4
42	軟体	ナンタイ	1	0	1	0.003	2	4
43	ネギ	ネギ	1	0	1	0.003	2	2
44	水	ミズ	1	0	1	0.003	1	2
45	柔らかさ	ヤワラカサ	1	0	1	0.003	4	5
46	料亭	リョウテイ	1	0	1	0.003	2	4
47	朝	アサ	0	1	1	0.003	1	2
48	一丁	イッチョウ	0	1	1	0.003	2	4
49	軽トラック	ケイトラック	0	1	1	0.003	5	6
50	個体	コタイ	0	1	1	0.003	2	3
51	死	シ	0	1	1	0.003	1	1
52	商店街	ショウテンガイ	0	1	1	0.003	3	6
53	食品	ショクヒン	0	1	1	0.003	2	4
54	チャルメラ	チャルメラ	0	1	1	0.003	5	4
55	茶碗	チャワン	0	1	1	0.003	2	3
56	豆乳	トウニュウ	0	1	1	0.003	2	4
57	豆腐売り	トウフウリ	0	1	1	0.003	4	5
58	納豆	ナットウ	0	1	1	0.003	2	4
59	配達	ハイタツ	0	1	1	0.003	2	4
60	包丁	ホウチョウ	0	1	1	0.003	2	4
61	豆豆腐	マメトウフ	0	1	1	0.003	3	5
	合計		148	144	292			

65	となり	フリガナ	男性	女性	全体	連想強度	文字数	モーラ数
1	ととろ	トトロ	36	39	75	0.234	3	3
	トトロ		*36*	*38*	*74*	*0.231*	*3*	*3*
	ととろ		*0*	*1*	*1*	*0.003*	*3*	*3*
2	きんじょ	キンジョ	24	33	57	0.178	4	3
	近所		*24*	*32*	*56*	*0.175*	*2*	*3*
	ご近所		*0*	*1*	*1*	*0.003*	*3*	*4*
3	家	イエ	23	13	36	0.113	1	2
4	席	セキ	14	16	30	0.094	1	2
5	隣人	リンジン	14	7	21	0.066	2	4
6	友達	トモダチ	5	10	15	0.047	2	4
7	人	ヒト	6	5	11	0.034	1	2
8	横	ヨコ	3	1	4	0.013	1	2
9	教室	キョウシツ	2	2	4	0.013	2	4
10	近隣	キンリン	1	3	4	0.013	2	4
11	部屋	ヘヤ	1	2	3	0.009	2	2
12	山田くん	ヤマダクン	1	2	3	0.009	4	5
13	友人	ユウジン	1	2	3	0.009	2	4
14	幼馴染	オサナナジミ	2	0	2	0.006	3	6
15	女の子	オンナノコ	2	0	2	0.006	3	5
16	机	ツクエ	2	0	2	0.006	1	3
17	椅子	イス	0	2	2	0.006	2	2
18	あいだ	アイダ	1	0	1	0.003	3	3
19	アパート	アパート	1	0	1	0.003	4	4
20	位置	イチ	1	0	1	0.003	2	2
21	嫌	イヤ	1	0	1	0.003	1	2
22	おすそ分け	オスソワケ	1	0	1	0.003	5	5
23	女	オンナ	1	0	1	0.003	1	3
24	学校	ガッコウ	1	0	1	0.003	2	4
25	距離	キョリ	1	0	1	0.003	2	2
26	座席	ザセキ	1	0	1	0.003	2	3
27	左右	サユウ	1	0	1	0.003	2	3
28	知り合い	シリアイ	1	0	1	0.003	4	4
29	親戚	シンセキ	1	0	1	0.003	2	4
30	席替え	セキガエ	1	0	1	0.003	3	4
31	電車	デンシャ	1	0	1	0.003	2	3
32	晩御飯	バンゴハン	1	0	1	0.003	3	5
33	左	ヒダリ	1	0	1	0.003	1	3
34	引っ越し	ヒッコシ	1	0	1	0.003	4	4
35	不倫	フリン	1	0	1	0.003	2	3
36	塀	ヘイ	1	0	1	0.003	1	2
37	町	マチ	1	0	1	0.003	1	2
38	右	ミギ	1	0	1	0.003	1	2
39	やま	ヤマ	1	0	1	0.003	2	2
40	安心	アンシン	0	1	1	0.003	2	4
41	映画	エイガ	0	1	1	0.003	2	3
42	顔見知り	カオミシリ	0	1	1	0.003	4	5
43	正面	ショウメン	0	1	1	0.003	2	4
44	親友	シンユウ	0	1	1	0.003	2	4
45	騒音	ソウオン	0	1	1	0.003	2	4
46	中国	チュウゴク	0	1	1	0.003	2	4
47	ドア	ドア	0	1	1	0.003	2	2
48	仲良し	ナカヨシ	0	1	1	0.003	3	4
49	マンション	マンション	0	1	1	0.003	5	4
50	向かい	ムカイ	0	1	1	0.003	3	3
	合計		159	148	307			

66	とんぼ	フリガナ	男性	女性	全体	連想強度	文字数	モーラ数
1	秋	アキ	41	50	91	0.284	1	2
2	虫	ムシ	38	26	64	0.200	1	2
3	赤	アカ	17	24	41	0.128	1	2
4	昆虫	コンチュウ	6	7	13	0.041	2	4
5	たんぼ	タンボ	4	7	11	0.034	3	3
	田んぼ		*3*	*4*	*7*	*0.022*	*3*	*3*
	田圃		*1*	*1*	*2*	*0.006*	*2*	*3*
	たんぼ		*0*	*2*	*2*	*0.006*	*3*	*3*
6	あかとんぼ	アカトンボ	7	3	10	0.031	5	5
	赤とんぼ		*3*	*3*	*6*	*0.019*	*4*	*5*
	赤トンボ		*2*	*0*	*2*	*0.006*	*4*	*5*
	あかとんぼ		*2*	*0*	*2*	*0.006*	*5*	*5*
7	ゆうやけ	ユウヤケ	3	5	8	0.025	4	4
	夕焼け		*3*	*4*	*7*	*0.022*	*3*	*4*
	ゆうやけ		*0*	*1*	*1*	*0.003*	*4*	*4*
8	ながぶち	ナガブチ	4	3	7	0.022	4	4
	長淵		*2*	*3*	*5*	*0.016*	*2*	*4*
	長渕		*2*	*0*	*2*	*0.006*	*2*	*4*
9	ながぶちつよし	ナガブチツヨシ	4	1	5	0.016	7	7
	長渕剛		*3*	*0*	*3*	*0.009*	*3*	*7*
	長淵剛		*1*	*0*	*1*	*0.003*	*3*	*7*
	長渕つよし		*0*	*1*	*1*	*0.003*	*5*	*7*
10	夏	ナツ	4	0	4	0.013	1	2
11	羽	ハネ	4	0	4	0.013	1	2
12	めがね	メガネ	4	0	4	0.013	3	3
	メガネ		*3*	*0*	*3*	*0.009*	*3*	*3*
	めがね		*1*	*0*	*1*	*0.003*	*3*	*3*
13	おにやんま	オニヤンマ	3	0	3	0.009	5	5
	オニヤンマ		*2*	*0*	*2*	*0.006*	*5*	*5*
	おにやんま		*1*	*0*	*1*	*0.003*	*5*	*5*
14	空	ソラ	2	1	3	0.009	1	2
15	田舎	イナカ	0	3	3	0.009	2	3
16	歌	ウタ	2	0	2	0.006	1	2
17	ドラゴン	ドラゴン	2	0	2	0.006	4	4
18	赤色	アカイロ	1	1	2	0.006	2	4
19	畑	ハタケ	1	1	2	0.006	1	3
20	飛行	ヒコウ	1	1	2	0.006	2	3
21	目	メ	1	1	2	0.006	1	1
22	とんぼ返り	トンボガエリ	0	2	2	0.006	5	6
23	茜色	アカネイロ	1	0	1	0.003	2	5
24	極楽とんぼ	ゴクラクトンボ	1	0	1	0.003	5	7
25	田	タ	1	0	1	0.003	1	1
26	動物	ドウブツ	1	0	1	0.003	2	4
27	野原	ノハラ	1	0	1	0.003	2	3
28	はら	ハラ	1	0	1	0.003	2	2
29	飛行物体	ヒコウブッタイ	1	0	1	0.003	4	7
30	複眼	フクガン	1	0	1	0.003	2	4
31	水色メガネ	ミズイロメガネ	1	0	1	0.003	5	7
32	夕暮れ	ユウグレ	1	0	1	0.003	3	4
33	夕日	ユウヒ	1	0	1	0.003	2	3
34	横	ヨコ	1	0	1	0.003	1	2
35	おに	オニ	0	1	1	0.003	2	2
36	蜉蝣	カゲロウ	0	1	1	0.003	2	4
37	極楽	ゴクラク	0	1	1	0.003	2	4
38	子供	コドモ	0	1	1	0.003	2	3
39	竹トンボ	タケトンボ	0	1	1	0.003	4	5
40	日本	ニホン	0	1	1	0.003	2	3
41	虫眼鏡	ムシメガネ	0	1	1	0.003	3	5
42	やご	ヤゴ	0	1	1	0.003	2	2
43	山	ヤマ	0	1	1	0.003	1	2
44	夕方	ユウガタ	0	1	1	0.003	2	4
	合計		161	146	307			

た・な行

67	におい	フリガナ	男性	女性	全体	連想強度	文字数	モーラ数
1	香水	コウスイ	25	37	62	0.194	2	4
2	鼻	ハナ	13	10	23	0.072	1	2
3	花	ハナ	9	8	17	0.053	1	2
4	かおり	カオリ	4	10	14	0.044	3	3
	香り		*3*	*10*	*13*	*0.041*	*2*	*3*
	香		*1*	*0*	*1*	*0.003*	*1*	*3*
5	悪臭	アクシュウ	9	1	10	0.031	2	4
6	たばこ	タバコ	4	6	10	0.031	3	3
	たばこ		*2*	*3*	*5*	*0.016*	*3*	*3*
	タバコ		*2*	*2*	*4*	*0.013*	*3*	*3*
	煙草		*0*	*1*	*1*	*0.003*	*2*	*3*
7	フェチ	フェチ	2	8	10	0.031	3	2
8	ごはん	ゴハン	3	5	8	0.025	3	3
	ご飯		*3*	*3*	*6*	*0.019*	*2*	*3*
	ごはん		*0*	*2*	*2*	*0.006*	*3*	*3*
9	トイレ	トイレ	2	6	8	0.025	3	3
10	料理	リョウリ	3	3	6	0.019	2	3
11	犬	イヌ	2	4	6	0.019	1	2
12	嗅覚	キュウカク	3	2	5	0.016	2	4
13	敏感	ビンカン	2	3	5	0.016	2	4
14	口臭	コウシュウ	2	2	4	0.013	2	4
15	食べ物	タベモノ	2	2	4	0.013	3	4
16	魚	サカナ	1	3	4	0.013	1	3
17	異臭	イシュウ	3	0	3	0.009	2	3
18	アロマ	アロマ	2	1	3	0.009	3	3
19	加齢臭	カレイシュウ	2	1	3	0.009	3	5
20	カレー	カレー	2	1	3	0.009	3	3
21	くさささ	クササ	2	1	3	0.009	3	3
	臭さ		*2*	*0*	*2*	*0.006*	*2*	*3*
	くささ		*0*	*1*	*1*	*0.003*	*3*	*3*
22	煙	ケムリ	2	1	3	0.009	1	3
23	芳香剤	ホウコウザイ	2	1	3	0.009	3	6
24	消臭	ショウシュウ	1	2	3	0.009	2	4
25	おなら	オナラ	2	0	2	0.006	3	3
26	風	カゼ	2	0	2	0.006	1	2
27	五感	ゴカン	2	0	2	0.006	2	3
28	体	カラダ	1	1	2	0.006	1	3
29	ゴミ	ゴミ	1	1	2	0.006	2	2
30	シャンプー	シャンプー	1	1	2	0.006	5	4
31	食事	ショクジ	1	1	2	0.006	2	3
32	納豆	ナットウ	1	1	2	0.006	2	4
33	硫黄	イオウ	0	2	2	0.006	2	3
34	イカ	イカ	1	0	1	0.003	2	2
35	親父	オヤジ	1	0	1	0.003	2	3
36	女	オンナ	1	0	1	0.003	1	3
37	蚊取り線香	カトリセンコウ	1	0	1	0.003	5	7
38	カメムシ	カメムシ	1	0	1	0.003	4	4
39	カレーライス	カレーライス	1	0	1	0.003	6	6
40	強烈	キョウレツ	1	0	1	0.003	2	4
41	酒	サケ	1	0	1	0.003	1	2
42	刺激	シゲキ	1	0	1	0.003	2	3
43	刺激物	シゲキブツ	1	0	1	0.003	3	5
44	周囲	シュウイ	1	0	1	0.003	2	3
45	臭源	シュウゲン	1	0	1	0.003	2	4
46	臭素	シュウソ	1	0	1	0.003	2	3
47	食欲	ショクヨク	1	0	1	0.003	2	4
48	新車	シンシャ	1	0	1	0.003	2	3
49	血	チ	1	0	1	0.003	1	1
50	動物	ドウブツ	1	0	1	0.003	2	4
51	ドリアン	ドリアン	1	0	1	0.003	4	4
52	なま	ナマ	1	0	1	0.003	2	2
53	鼻づまり	ハナヅマリ	1	0	1	0.003	4	5
54	葉巻	ハマキ	1	0	1	0.003	2	3
55	晩御飯	バンゴハン	1	0	1	0.003	3	5
56	ふなずし	フナズシ	1	0	1	0.003	4	4
57	部屋	ヘヤ	1	0	1	0.003	2	2
58	無臭	ムシュウ	1	0	1	0.003	2	3
59	ラーメン	ラーメン	1	0	1	0.003	4	4
60	ワキ	ワキ	1	0	1	0.003	2	2
61	足	アシ	0	1	1	0.003	1	2
62	汗	アセ	0	1	1	0.003	1	2
63	アンモニア	アンモニア	0	1	1	0.003	5	5
64	髪の毛	カミノケ	0	1	1	0.003	3	4
65	空間	クウカン	0	1	1	0.003	2	4
66	香辛料	コウシンリョウ	0	1	1	0.003	3	6
67	ジャスミン	ジャスミン	0	1	1	0.003	5	4
68	消臭剤	ショウシュウザイ	0	1	1	0.003	3	6
69	体臭	タイシュウ	0	1	1	0.003	2	4
70	茶色	チャイロ	0	1	1	0.003	2	3
71	電車	デンシャ	0	1	1	0.003	2	3
72	春	ハル	0	1	1	0.003	1	2
73	人	ヒト	0	1	1	0.003	1	2
74	夕方	ユウガタ	0	1	1	0.003	2	4
	合計		140	139	279			

68	にきび	フリガナ	男性	女性	全体	連想強度	文字数	モーラ数
1	顔	カオ	58	27	85	0.266	1	2
2	思春期	シシュンキ	18	26	44	0.138	3	4
3	肌	ハダ	9	13	22	0.069	1	2
4	青春	セイシュン	8	6	14	0.044	2	4
5	赤	アカ	7	5	12	0.038	1	2
6	ふきでもの	フキデモノ	4	6	10	0.031	5	5
	吹き出物		*4*	*5*	*9*	*0.028*	*4*	*5*
	ふきでもの		*0*	*1*	*1*	*0.003*	*5*	*5*
7	油	アブラ	4	5	9	0.028	1	3
8	できもの	デキモノ	4	5	9	0.028	4	4
	できもの		*1*	*4*	*5*	*0.016*	*4*	*4*
	出来物		*3*	*1*	*4*	*0.013*	*3*	*4*
9	若者	ワカモノ	3	5	8	0.025	2	4
10	中学生	チュウガクセイ	4	2	6	0.019	3	6
11	洗顔	センガン	3	3	6	0.019	2	4
12	嫌	イヤ	2	2	4	0.013	1	2
13	ケア	ケア	3	0	3	0.009	2	2
14	青年	セイネン	1	2	3	0.009	2	4
15	肌荒れ	ハダアレ	1	2	3	0.009	3	4
16	おでこ	オデコ	2	0	2	0.006	3	3
17	子供	コドモ	2	0	2	0.006	2	3
18	ストレス	ストレス	1	1	2	0.006	4	4
19	年頃	トシゴロ	1	1	2	0.006	2	4
20	額	ヒタイ	1	1	2	0.006	1	3
21	人	ヒト	1	1	2	0.006	1	2
22	悩み	ナヤミ	0	2	2	0.006	2	3
23	愛嬌	アイキョウ	1	0	1	0.003	2	4
24	男	オトコ	1	0	1	0.003	1	3
25	汚物	オブツ	1	0	1	0.003	2	3
26	学生	ガクセイ	1	0	1	0.003	2	4
27	体	カラダ	1	0	1	0.003	1	3
28	けが	ケガ	1	0	1	0.003	2	2
29	白	シロ	1	0	1	0.003	1	2
30	成人	セイジン	1	0	1	0.003	2	4
31	成長期	セイチョウキ	1	0	1	0.003	3	5
32	青年期	セイネンキ	1	0	1	0.003	3	5
33	中学	チュウガク	1	0	1	0.003	2	4
34	治療	チリョウ	1	0	1	0.003	2	3
35	歳	トシ	1	0	1	0.003	1	2
36	腫れもの	ハレモノ	1	0	1	0.003	4	4
37	疲労	ヒロウ	1	0	1	0.003	2	3
38	頬	ホオ	1	0	1	0.003	1	2
39	汚れ	ヨゴレ	1	0	1	0.003	2	3
40	赤色	アカイロ	0	1	1	0.003	2	4
41	痛み	イタミ	0	1	1	0.003	2	3
42	今	イマ	0	1	1	0.003	1	2
43	膿み	ウミ	0	1	1	0.003	2	2
44	炎症	エンショウ	0	1	1	0.003	2	4
45	大人	オトナ	0	1	1	0.003	2	3
46	女	オンナ	0	1	1	0.003	1	3
47	黄色	キイロ	0	1	1	0.003	2	3
48	薬	クスリ	0	1	1	0.003	1	3
49	毛穴	ケアナ	0	1	1	0.003	2	3
50	自分	ジブン	0	1	1	0.003	2	3
51	女性	ジョセイ	0	1	1	0.003	2	3
52	試練	シレン	0	1	1	0.003	2	3
53	睡眠不足	スイミンブソク	0	1	1	0.003	4	7
54	チョコレート	チョコレート	0	1	1	0.003	6	5
55	不健康	フケンコウ	0	1	1	0.003	3	5
56	不摂生	フセッセイ	0	1	1	0.003	3	5
57	不愉快	フユカイ	0	1	1	0.003	3	4
58	未成年	ミセイネン	0	1	1	0.003	3	5
	合計		162	145	307			

69	のれん	フリガナ	男性	女性	全体	連想強度	文字数	モーラ数
1	みせ	ミセ	56	47	103	0.322	2	2
	店		*49*	*33*	*82*	*0.256*	*1*	*2*
	お店		*7*	*14*	*21*	*0.066*	*2*	*3*
2	居酒屋	イザカヤ	21	9	30	0.094	3	4
3	布	ヌノ	8	8	16	0.050	1	2
4	腕	ウデ	6	5	11	0.034	1	2
5	銭湯	セントウ	5	6	11	0.034	2	4
6	らーめん	ラーメン	7	2	9	0.028	4	4
	ラーメン		*7*	*1*	*8*	*0.025*	*4*	*4*
	らーめん		*0*	*1*	*1*	*0.003*	*4*	*4*
7	うでおし	ウデオシ	4	5	9	0.028	4	4
	腕押し		*3*	*5*	*8*	*0.025*	*3*	*4*
	うでおし		*1*	*0*	*1*	*0.003*	*4*	*4*
8	屋台	ヤタイ	4	5	9	0.028	2	3
9	夏	ナツ	5	3	8	0.025	1	2
10	赤	アカ	2	3	5	0.016	1	2
11	日本	ニホン	1	4	5	0.016	2	3
12	飲み屋	ノミヤ	1	4	5	0.016	3	3
13	家	イエ	2	2	4	0.013	1	2
14	入口	イリグチ	2	2	4	0.013	2	4
15	うどん	ウドン	2	2	4	0.013	3	3
16	寿司	スシ	1	3	4	0.013	2	2
17	ことわざ	コトワザ	2	1	3	0.009	4	4
	ことわざ		*1*	*1*	*2*	*0.006*	*4*	*4*
	諺		*1*	*0*	*1*	*0.003*	*1*	*4*
18	ラーメン屋	ラーメンヤ	2	1	3	0.009	5	5
19	老舗	シニセ	0	3	3	0.009	2	3
20	和風	ワフウ	0	3	3	0.009	2	3
21	飲食店	インショクテン	2	0	2	0.006	3	6
22	のれん分け	ノレンワケ	2	0	2	0.006	5	5
23	うどん屋	ウドンヤ	1	1	2	0.006	4	4
24	おでん	オデン	1	1	2	0.006	3	3
25	木	キ	1	1	2	0.006	1	1
26	さけ	サケ	1	1	2	0.006	2	2
	酒		*1*	*0*	*1*	*0.003*	*1*	*2*
	お酒		*0*	*1*	*1*	*0.003*	*2*	*3*
27	料亭	リョウテイ	1	1	2	0.006	2	4
28	和	ワ	1	1	2	0.006	1	1
29	そば	ソバ	0	2	2	0.006	2	2
	蕎麦		*0*	*1*	*1*	*0.003*	*2*	*2*
	そば		*0*	*1*	*1*	*0.003*	*2*	*2*
30	上	ウエ	1	0	1	0.003	1	2
31	腕相撲	ウデズモウ	1	0	1	0.003	3	5
32	貴族	キゾク	1	0	1	0.003	2	3
33	邪魔	ジャマ	1	0	1	0.003	2	2
34	18禁	ジュウハチキン	1	0	1	0.003	3	6
35	簾	スダレ	1	0	1	0.003	1	3
36	蕎麦屋	ソバヤ	1	0	1	0.003	3	3
37	食べ物屋	タベモノヤ	1	0	1	0.003	4	5
38	扉	トビラ	1	0	1	0.003	1	3
39	日光	ニッコウ	1	0	1	0.003	2	4
40	日	ヒ	1	0	1	0.003	1	1
41	閉店	ヘイテン	1	0	1	0.003	2	4
42	幕	マク	1	0	1	0.003	1	2
43	昔	ムカシ	1	0	1	0.003	1	3
44	冷房	レイボウ	1	0	1	0.003	2	4
45	青	アオ	0	1	1	0.003	1	2
46	あずき色	アズキイロ	0	1	1	0.003	4	5
47	江戸時代	エドジダイ	0	1	1	0.003	4	5
48	大竹	オオタケ	0	1	1	0.003	2	4
49	温泉	オンセン	0	1	1	0.003	2	4
50	開店	カイテン	0	1	1	0.003	2	4
51	かしわ	カシワ	0	1	1	0.003	3	3
52	風	カゼ	0	1	1	0.003	1	2
53	くぎ打ち	クギウチ	0	1	1	0.003	4	4
54	玄関	ゲンカン	0	1	1	0.003	2	4
55	すし屋	スシヤ	0	1	1	0.003	3	3
56	駄菓子屋	ダガシヤ	0	1	1	0.003	4	4
57	団子	ダンゴ	0	1	1	0.003	2	3
58	ドア	ドア	0	1	1	0.003	2	2
59	ふすま	フスマ	0	1	1	0.003	3	3
60	お風呂	オフロ	0	1	1	0.003	3	3
61	部屋	ヘヤ	0	1	1	0.003	2	2
62	まんじゅう	マンジュウ	0	1	1	0.003	5	4
63	目隠し	メカクシ	0	1	1	0.003	3	4
64	焼き鳥	ヤキトリ	0	1	1	0.003	3	4
65	旅館	リョカン	0	1	1	0.003	2	3
66	和菓子屋	ワガシヤ	0	1	1	0.003	4	4
	合計		156	148	304			

70	はがき	フリガナ	男性	女性	全体	連想強度	文字数	モーラ数
1	年賀状	ネンガジョウ	52	65	117	0.366	3	5
2	手紙	テガミ	20	13	33	0.103	2	3
3	郵便	ユウビン	18	13	31	0.097	2	4
4	切手	キッテ	7	16	23	0.072	2	3
5	紙	カミ	13	7	20	0.063	1	2
6	ポスト	ポスト	11	3	14	0.044	3	3
7	しょうがつ	ショウガツ	10	3	13	0.041	5	4
	正月		*7*	*2*	*9*	*0.028*	*2*	*4*
	お正月		*3*	*1*	*4*	*0.013*	*3*	*5*
8	年賀	ネンガ	1	7	8	0.025	2	3
9	絵葉書	エハガキ	3	2	5	0.016	3	4
10	絵	エ	2	3	5	0.016	1	1
11	郵便局	ユウビンキョク	2	3	5	0.016	3	6
12	懸賞	ケンショウ	2	1	3	0.009	2	4
13	白	シロ	0	3	3	0.009	1	2
14	速達	ソクタツ	2	0	2	0.006	2	4
15	年末年始	ネンマツネンシ	2	0	2	0.006	4	7
16	抽選	チュウセン	1	1	2	0.006	2	4
17	年賀はがき	ネンガハガキ	1	1	2	0.006	5	6
18	封筒	フウトウ	1	1	2	0.006	2	4
19	官製	カンセイ	0	2	2	0.006	2	4
20	応募	オウボ	1	0	1	0.003	2	3
21	贈り物	オクリモノ	1	0	1	0.003	3	5
22	元旦	ガンタン	1	0	1	0.003	2	4
23	懸賞ハガキ	ケンショウハガキ	1	0	1	0.003	5	7
24	50円	ゴジュウエン	1	0	1	0.003	3	4
25	字	ジ	1	0	1	0.003	1	1
26	通達	ツウタツ	1	0	1	0.003	2	4
27	手書き	テガキ	1	0	1	0.003	3	3
28	伝達	デンタツ	1	0	1	0.003	2	4
29	当選	トウセン	1	0	1	0.003	2	4
30	友達	トモダチ	1	0	1	0.003	2	4
31	はがき職人	ハガキショクニン	1	0	1	0.003	5	7
32	文通	ブンツウ	1	0	1	0.003	2	4
33	真っ白	マッシロ	1	0	1	0.003	3	4
34	連絡	レンラク	1	0	1	0.003	2	4
35	絵手紙	エテガミ	0	1	1	0.003	3	4
36	50円切手	ゴジュウエンキッテ	0	1	1	0.003	5	8
37	残暑	ザンショ	0	1	1	0.003	2	3
38	葉	ハ	0	1	1	0.003	1	1
39	喪中	モチュウ	0	1	1	0.003	2	3
40	郵送	ユウソウ	0	1	1	0.003	2	4
	合計		163	150	313			

71	はかま	フリガナ	男性	女性	全体	連想強度	文字数	モーラ数
1	成人式	セイジンシキ	47	24	71	0.222	3	6
2	卒業式	ソツギョウシキ	0	28	28	0.088	3	6
3	剣道	ケンドウ	12	8	20	0.063	2	4
4	男	オトコ	10	5	15	0.047	1	3
5	着物	キモノ	5	10	15	0.047	2	3
6	日本	ニホン	9	5	14	0.044	2	3
7	卒業	ソツギョウ	0	14	14	0.044	2	4
8	成人	セイジン	6	7	13	0.041	2	4
9	弓道	キュウドウ	4	7	11	0.034	2	4
10	和服	ワフク	4	5	9	0.028	2	3
11	服	フク	6	1	7	0.022	1	2
12	正月	ショウガツ	3	3	6	0.019	2	4
13	巫女	ミコ	4	1	5	0.016	2	2
14	和風	ワフウ	4	1	5	0.016	2	3
15	武士	ブシ	4	0	4	0.013	2	2
16	祭り	マツリ	4	0	4	0.013	2	3
17	侍	サムライ	3	1	4	0.013	1	4
18	江戸	エド	3	0	3	0.009	2	2
19	昔	ムカシ	2	1	3	0.009	1	3
20	和	ワ	2	1	3	0.009	1	1
21	女	オンナ	1	2	3	0.009	1	3
22	男性	ダンセイ	1	2	3	0.009	2	4
23	入学式	ニュウガクシキ	0	3	3	0.009	3	6
24	衣類	イルイ	2	0	2	0.006	2	3
25	下半身	カハンシン	2	0	2	0.006	3	5
26	神社	ジンジャ	2	0	2	0.006	2	3
27	合気道	アイキドウ	1	1	2	0.006	3	5
28	浴衣	ユカタ	1	1	2	0.006	2	3
29	着用	チャクヨウ	0	2	2	0.006	2	4
30	衣装	イショウ	1	0	1	0.003	2	3
31	祝い	イワイ	1	0	1	0.003	2	3
32	おやじ	オヤジ	1	0	1	0.003	3	3
33	折り紙	オリガミ	1	0	1	0.003	3	4
34	元旦	ガンタン	1	0	1	0.003	2	4
35	着付け	キツケ	1	0	1	0.003	3	3
36	腰	コシ	1	0	1	0.003	1	2
37	祭事	サイジ	1	0	1	0.003	2	3
38	式	シキ	1	0	1	0.003	1	2
39	時代劇	ジダイゲキ	1	0	1	0.003	3	5
40	柔道	ジュウドウ	1	0	1	0.003	2	4
41	姿	スガタ	1	0	1	0.003	1	3
42	正装	セイソウ	1	0	1	0.003	2	4
43	足袋	タビ	1	0	1	0.003	2	2
44	つくし	ツクシ	1	0	1	0.003	3	3
45	布	ヌノ	1	0	1	0.003	1	2
46	晴着	ハレギ	1	0	1	0.003	2	3
47	武道	ブドウ	1	0	1	0.003	2	3
48	ふんどし	フンドシ	1	0	1	0.003	4	4
49	弓	ユミ	1	0	1	0.003	1	2
50	青	アオ	0	1	1	0.003	1	2
51	田舎	イナカ	0	1	1	0.003	2	3
52	男の人	オトコノヒト	0	1	1	0.003	3	6
53	学生	ガクセイ	0	1	1	0.003	2	4
54	大学生	ダイガクセイ	0	1	1	0.003	3	6
55	殿様	トノサマ	0	1	1	0.003	2	4
56	泥棒	ドロボウ	0	1	1	0.003	2	4
57	なぎなた	ナギナタ	0	1	1	0.003	4	4
58	夏	ナツ	0	1	1	0.003	1	2
59	入学	ニュウガク	0	1	1	0.003	2	4
60	春	ハル	0	1	1	0.003	1	2
61	振袖	フリソデ	0	1	1	0.003	2	4
62	巫女さん	ミコサン	0	1	1	0.003	4	4
63	緑	ミドリ	0	1	1	0.003	1	3
64	紋付	モンツキ	0	1	1	0.003	2	4
65	和装	ワソウ	0	1	1	0.003	2	3
	合計		162	149	311			

72	はかり	フリガナ	男性	女性	全体	連想強度	文字数	モーラ数
1	てんびん	テンビン	24	18	42	0.131	4	4
	天秤		22	18	40	0.125	2	4
	てんびん		2	0	2	0.006	4	4
2	おもり	オモリ	17	13	30	0.094	3	3
	おもり		10	5	15	0.047	3	3
	重り		4	7	11	0.034	2	3
	錘		3	1	4	0.013	1	3
3	料理	リョウリ	9	19	28	0.088	2	3
4	重さ	オモサ	15	10	25	0.078	2	3
5	体重	タイジュウ	14	8	22	0.069	2	4
6	重量	ジュウリョウ	7	4	11	0.034	2	4
7	定規	ジョウギ	9	1	10	0.031	2	3
8	体重計	タイジュウケイ	6	3	9	0.028	3	6
9	計量	ケイリョウ	2	7	9	0.028	2	4
10	かし	カシ	1	6	7	0.022	2	2
	お菓子		1	4	5	0.016	3	3
	菓子		0	1	1	0.003	2	2
	御菓子		0	1	1	0.003	3	3
11	計測	ケイソク	6	0	6	0.019	2	4
12	量	リョウ	4	2	6	0.019	1	2
13	めもり	メモリ	2	3	5	0.016	3	3
	目盛り		1	2	3	0.009	3	3
	目盛		1	0	1	0.003	2	3
	メモリ		0	1	1	0.003	3	3
14	理科	リカ	2	3	5	0.016	2	2
15	ぐらむ	グラム	3	1	4	0.013	3	3
	グラム		2	1	3	0.009	3	3
	G		1	0	1	0.003	1	3
16	計算	ケイサン	3	1	4	0.013	2	4
17	砂糖	サトウ	2	2	4	0.013	2	3
18	分銅	フンドウ	2	2	4	0.013	2	4
19	計量カップ	ケイリョウカップ	1	3	4	0.013	5	7
20	分量	ブンリョウ	1	3	4	0.013	2	4
21	計量器	ケイリョウキ	3	0	3	0.009	3	5
22	実験	ジッケン	3	0	3	0.009	2	4
23	数字	スウジ	1	2	3	0.009	2	3
24	ものさし	モノサシ	1	2	3	0.009	4	4
	ものさし		1	1	2	0.006	4	4
	物差し		0	1	1	0.003	3	4
25	お菓子作り	オカシヅクリ	0	3	3	0.009	5	6
26	測量	ソクリョウ	2	0	2	0.006	2	4
27	時計	トケイ	2	0	2	0.006	2	3
28	軽量	ケイリョウ	1	1	2	0.006	2	4
29	裁判	サイバン	1	1	2	0.006	2	4
30	材料	ザイリョウ	1	1	2	0.006	2	4
31	キッチン	キッチン	0	2	2	0.006	4	4
32	針	ハリ	0	2	2	0.006	1	2
33	かっぷ	カップ	1	0	1	0.003	3	3
34	機械	キカイ	1	0	1	0.003	2	3
35	距離	キョリ	1	0	1	0.003	2	2
36	薬	クスリ	1	0	1	0.003	1	3
37	計画	ケイカク	1	0	1	0.003	2	4
38	ケーキ	ケーキ	1	0	1	0.003	3	3
39	仕事	シゴト	1	0	1	0.003	2	3
40	質量	シツリョウ	1	0	1	0.003	2	4
41	小学校	ショウガッコウ	1	0	1	0.003	3	6
42	寸胴	ズンドウ	1	0	1	0.003	2	4
43	寸法	スンポウ	1	0	1	0.003	2	4
44	台秤	ダイバカリ	1	0	1	0.003	2	5
45	調査	チョウサ	1	0	1	0.003	2	3
46	長さ	ナガサ	1	0	1	0.003	2	3
47	発明品	ハツメイヒン	1	0	1	0.003	3	6
48	バネ	バネ	1	0	1	0.003	2	2
49	病院	ビョウイン	1	0	1	0.003	2	4
50	物理	ブツリ	1	0	1	0.003	2	3
51	文鎮	ブンチン	1	0	1	0.003	2	4
52	理科室	リカシツ	1	0	1	0.003	3	4
53	重し	オモシ	0	1	1	0.003	2	3
54	器具	キグ	0	1	1	0.003	2	2
55	金属	キンゾク	0	1	1	0.003	2	4
56	計測器	ケイソクキ	0	1	1	0.003	3	5
57	コップ	コップ	0	1	1	0.003	3	3
58	粉	コナ	0	1	1	0.003	1	2
59	粉もの	コナモノ	0	1	1	0.003	3	4
60	裁判長	サイバンチョウ	0	1	1	0.003	3	6
61	算数	サンスウ	0	1	1	0.003	2	4
62	時間	ジカン	0	1	1	0.003	2	3
63	昭和	ショウワ	0	1	1	0.003	2	3
64	数学	スウガク	0	1	1	0.003	2	4
65	台所	ダイドコロ	0	1	1	0.003	2	5
66	調理	チョウリ	0	1	1	0.003	2	3
67	肉	ニク	0	1	1	0.003	1	2
68	船	フネ	0	1	1	0.003	1	2
69	粉末	フンマツ	0	1	1	0.003	2	4
70	メジャー	メジャー	0	1	1	0.003	4	3
71	目印	メジルシ	0	1	1	0.003	2	4
72	理科器具	リカキグ	0	1	1	0.003	4	4
73	力量	リキリョウ	0	1	1	0.003	2	4
74	罠	ワナ	0	1	1	0.003	1	2
	合計		165	145	310			

73	はさみ	フリガナ	男性	女性	全体	連想強度	文字数	モーラ数
1	紙	カミ	39	45	84	0.263	1	2
2	切断	セツダン	17	2	19	0.059	2	4
3	工作	コウサク	12	7	19	0.059	2	4
4	文房具	ブンボウグ	6	12	18	0.056	3	5
5	刃物	ハモノ	8	9	17	0.053	2	3
6	道具	ドウグ	7	8	15	0.047	2	3
7	カッター	カッター	3	6	9	0.028	4	4
8	のり	ノリ	2	7	9	0.028	2	2
	のり		*1*	*5*	*6*	*0.019*	*2*	*2*
	ノリ		*1*	*2*	*3*	*0.009*	*2*	*2*
9	かに	カニ	7	1	8	0.025	2	2
	蟹		*5*	*1*	*6*	*0.019*	*1*	*2*
	カニ		*2*	*0*	*2*	*0.006*	*2*	*2*
10	金属	キンゾク	5	1	6	0.019	2	4
11	カット	カット	2	3	5	0.016	3	3
12	危険	キケン	2	3	5	0.016	2	3
13	図工	ズコウ	0	5	5	0.016	2	3
14	凶器	キョウキ	4	0	4	0.013	2	3
15	ばか	バカ	4	0	4	0.013	2	2
	馬鹿		*2*	*0*	*2*	*0.006*	*2*	*2*
	バカ		*2*	*0*	*2*	*0.006*	*2*	*2*
16	髪	カミ	2	2	4	0.013	1	2
17	折り紙	オリガミ	2	1	3	0.009	3	4
18	きりえ	キリエ	2	1	3	0.009	3	3
	きり絵		*2*	*0*	*2*	*0.006*	*3*	*3*
	切り絵		*0*	*1*	*1*	*0.003*	*3*	*3*
19	文具	ブング	1	2	3	0.009	2	3
20	刃	ハ	0	3	3	0.009	1	1
21	けが	ケガ	2	0	2	0.006	2	2
	怪我		*1*	*0*	*1*	*0.003*	*2*	*2*
	けが		*1*	*0*	*1*	*0.003*	*2*	*2*
22	工具	コウグ	2	0	2	0.006	2	3
23	裁縫	サイホウ	2	0	2	0.006	2	4
24	鋭利	エイリ	1	1	2	0.006	2	3
25	切れ味	キレアジ	1	1	2	0.006	3	4
26	鉄	テツ	1	1	2	0.006	1	2
27	便利	ベンリ	1	1	2	0.006	2	3
28	美容院	ビヨウイン	0	2	2	0.006	3	5
29	学校	ガッコウ	1	0	1	0.003	2	4
30	髪の毛	カミノケ	1	0	1	0.003	3	4
31	逆ばさみ	ギャクバサミ	1	0	1	0.003	4	5
32	攻撃	コウゲキ	1	0	1	0.003	2	4
33	三角	サンカク	1	0	1	0.003	2	4
34	じゃんけん	ジャンケン	1	0	1	0.003	5	4
35	台所	ダイドコロ	1	0	1	0.003	2	5
36	段ボール	ダンボール	1	0	1	0.003	4	5
37	美容室	ビヨウシツ	1	0	1	0.003	3	5
38	胸	ムネ	1	0	1	0.003	1	2
39	もの	モノ	1	0	1	0.003	2	2
40	ものさし	モノサシ	1	0	1	0.003	4	4
41	映画	エイガ	0	1	1	0.003	2	3
42	営利	エイリ	0	1	1	0.003	2	3
43	女	オンナ	0	1	1	0.003	1	3
44	神	カミ	0	1	1	0.003	1	2
45	黄色	キイロ	0	1	1	0.003	2	3
46	裁断	サイダン	0	1	1	0.003	2	4
47	手芸	シュゲイ	0	1	1	0.003	2	3
48	図画工作	ズガコウサク	0	1	1	0.003	4	6
49	セロハンテープ	セロハンテープ	0	1	1	0.003	7	7
50	お道具箱	オドウグバコ	0	1	1	0.003	4	6
51	布	ヌノ	0	1	1	0.003	1	2
52	筆記用具	ヒッキヨウグ	0	1	1	0.003	4	6
53	指	ユビ	0	1	1	0.003	1	2
	合計		147	137	284			

74	はしか	フリガナ	男性	女性	全体	連想強度	文字数	モーラ数
1	病気	ビョウキ	104	79	183	0.572	2	3
2	こども	コドモ	12	15	27	0.084	3	3
	子供		*12*	*14*	*26*	*0.081*	*2*	*3*
	こども		*0*	*1*	*1*	*0.003*	*3*	*3*
3	かぜ	カゼ	6	8	14	0.044	2	2
	風邪		*4*	*7*	*11*	*0.034*	*2*	*2*
	風		*2*	*1*	*3*	*0.009*	*1*	*2*
4	病院	ビョウイン	3	10	13	0.041	2	4
5	感染	カンセン	5	3	8	0.025	2	4
6	病	ヤマイ	6	1	7	0.022	1	3
7	熱	ネツ	3	1	4	0.013	1	2
8	予防	ヨボウ	2	2	4	0.013	2	3
9	注射	チュウシャ	2	1	3	0.009	2	3
10	歯	ハ	2	1	3	0.009	1	1
11	風疹	フウシン	1	2	3	0.009	2	4
12	予防接種	ヨボウセッシュ	1	2	3	0.009	4	6
13	赤	アカ	0	3	3	0.009	1	2
14	伝染	デンセン	0	3	3	0.009	2	4
15	医者	イシャ	2	0	2	0.006	2	2
16	歯医者	ハイシャ	2	0	2	0.006	3	3
17	伝染病	デンセンビョウ	1	1	2	0.006	3	6
18	予防注射	ヨボウチュウシャ	1	1	2	0.006	4	6
19	赤ちゃん	アカチャン	0	2	2	0.006	4	4
20	大学	ダイガク	0	2	2	0.006	2	4
21	発疹	ハッシン	0	2	2	0.006	2	4
22	かもめ	カモメ	1	0	1	0.003	3	3
23	口	クチ	1	0	1	0.003	1	2
24	ぜんそく	ゼンソク	1	0	1	0.003	4	4
25	痛感	ツウカン	1	0	1	0.003	2	4
26	動物	ドウブツ	1	0	1	0.003	2	4
27	人	ヒト	1	0	1	0.003	1	2
28	皮膚	ヒフ	1	0	1	0.003	2	2
29	病欠	ビョウケツ	1	0	1	0.003	2	4
30	流行	リュウコウ	1	0	1	0.003	2	4
31	感染病	カンセンビョウ	0	1	1	0.003	3	6
32	危険	キケン	0	1	1	0.003	2	3
33	休講	キュウコウ	0	1	1	0.003	2	4
34	小鹿	コジカ	0	1	1	0.003	2	3
35	小学校	ショウガッコウ	0	1	1	0.003	3	6
36	大学生	ダイガクセイ	0	1	1	0.003	3	6
37	できもの	デキモノ	0	1	1	0.003	4	4
38	2007	ニセンナナ	0	1	1	0.003	4	5
39	病名	ビョウメイ	0	1	1	0.003	2	4
40	水疱瘡	ミズボウソウ	0	1	1	0.003	3	6
41	三日	ミッカ	0	1	1	0.003	2	3
	合計		162	150	312			

75	はしご	フリガナ	男性	女性	全体	連想強度	文字数	モーラ数
1	消防車	ショウボウシャ	34	23	57	0.178	3	5
2	屋根	ヤネ	5	8	13	0.041	2	2
3	階段	カイダン	6	6	12	0.038	2	4
4	居酒屋	イザカヤ	3	8	11	0.034	3	4
5	消防	ショウボウ	7	3	10	0.031	2	4
6	火事	カジ	6	4	10	0.031	2	2
7	救急車	キュウキュウシャ	5	5	10	0.031	3	5
8	木	キ	3	7	10	0.031	1	1
9	大工	ダイク	2	6	8	0.025	2	3
10	車	クルマ	6	1	7	0.022	1	3
11	はしご車	ハシゴシャ	3	2	5	0.016	4	4
12	さけ	サケ	2	3	5	0.016	2	2
	酒		*2*	*2*	*4*	*0.013*	*1*	*2*
	お酒		*0*	*1*	*1*	*0.003*	*2*	*3*
13	消防士	ショウボウシ	2	3	5	0.016	3	5
14	店	ミセ	3	1	4	0.013	1	2
15	工事	コウジ	2	2	4	0.013	2	3
16	きゃたつ	キャタツ	1	3	4	0.013	4	3
	脚立		*0*	*3*	*3*	*0.009*	*2*	*3*
	きゃたつ		*1*	*0*	*1*	*0.003*	*4*	*3*
17	橋	ハシ	0	4	4	0.013	1	2
18	救助	キュウジョ	3	0	3	0.009	2	3
19	金属	キンゾク	3	0	3	0.009	2	4
20	レスキュー	レスキュー	3	0	3	0.009	5	4
21	危険	キケン	2	1	3	0.009	2	3
22	煙突	エントツ	1	2	3	0.009	2	4
23	屋上	オクジョウ	1	2	3	0.009	2	4
24	飲み会	ノミカイ	1	2	3	0.009	3	4
25	避難	ヒナン	1	2	3	0.009	2	3
26	非難	ヒナン	1	2	3	0.009	2	3
27	緊急	キンキュウ	0	3	3	0.009	2	4
28	高所	コウショ	0	3	3	0.009	2	3
29	昇降	ショウコウ	2	0	2	0.006	2	4
30	上昇	ジョウショウ	2	0	2	0.006	2	4
31	上り	アガリ	1	1	2	0.006	2	3
32	上	ウエ	1	1	2	0.006	1	2
33	川	カワ	1	1	2	0.006	1	2
34	家事	カジ	0	2	2	0.006	2	2
35	つりばし	ツリバシ	0	2	2	0.006	4	4
	吊り橋		*0*	*1*	*1*	*0.003*	*3*	*4*
	つり橋		*0*	*1*	*1*	*0.003*	*3*	*4*
36	ビル	ビル	0	2	2	0.006	2	2
37	不安定	フアンテイ	0	2	2	0.006	3	5
38	足	アシ	1	0	1	0.003	1	2
39	天下り	アマクダリ	1	0	1	0.003	3	5
40	映画	エイガ	1	0	1	0.003	2	3
41	壁	カベ	1	0	1	0.003	1	2
42	消防署	ショウボウショ	1	0	1	0.003	3	5
43	脱出	ダッシュツ	1	0	1	0.003	2	4
44	電話	デンワ	1	0	1	0.003	2	3
45	道具	ドウグ	1	0	1	0.003	2	3
46	到達	トウタツ	1	0	1	0.003	2	4
47	縄	ナワ	1	0	1	0.003	1	2
48	２件目	ニケンメ	1	0	1	0.003	3	4
49	二次回	ニジカイ	1	0	1	0.003	3	4
50	飲み屋	ノミヤ	1	0	1	0.003	3	3
51	乗り降り	ノリオリ	1	0	1	0.003	4	4
52	火	ヒ	1	0	1	0.003	1	1
53	非常用	ヒジョウヨウ	1	0	1	0.003	3	5
54	踏み場	フミバ	1	0	1	0.003	3	3
55	ベッド	ベッド	1	0	1	0.003	3	3
56	ペンキ	ペンキ	1	0	1	0.003	3	3
57	防災	ボウサイ	1	0	1	0.003	2	4
58	木造	モクゾウ	1	0	1	0.003	2	4
59	物	モノ	1	0	1	0.003	1	2
60	山	ヤマ	1	0	1	0.003	1	2
61	料理	リョウリ	1	0	1	0.003	2	3
62	レスキュー隊	レスキュータイ	1	0	1	0.003	6	6
63	レンガ	レンガ	1	0	1	0.003	3	3
64	家	イエ	0	1	1	0.003	1	2
65	演劇	エンゲキ	0	1	1	0.003	2	4
66	かけもち	カケモチ	0	1	1	0.003	4	4
67	救急隊員	キュウキュウタイイン	0	1	1	0.003	4	8
68	工事現場	コウジゲンバ	0	1	1	0.003	4	6
69	酒屋	サカヤ	0	1	1	0.003	2	3
70	ジャングルジム	ジャングルジム	0	1	1	0.003	7	6
71	消防隊	ショウボウタイ	0	1	1	0.003	3	6
72	スーパー	スーパー	0	1	1	0.003	4	4
73	空	ソラ	0	1	1	0.003	1	2
74	土下座	ドゲザ	0	1	1	0.003	3	3
75	長さ	ナガサ	0	1	1	0.003	2	3
76	二階	ニカイ	0	1	1	0.003	2	3
77	二段ベット	ニダンベット	0	1	1	0.003	5	6
78	２つめ	フタツメ	0	1	1	0.003	3	4
79	祭り	マツリ	0	1	1	0.003	2	3
80	め組	メグミ	0	1	1	0.003	2	3
81	落下	ラッカ	0	1	1	0.003	2	3
82	連結	レンケツ	0	1	1	0.003	2	4
83	連続	レンゾク	0	1	1	0.003	2	4
	合計		139	137	276			

76	はだし	フリガナ	男性	女性	全体	連想強度	文字数	モーラ数
1	あし	アシ	35	34	69	0.216	2	2
	足		*33*	*31*	*64*	*0.200*	*1*	*2*
	あし		*2*	*3*	*5*	*0.016*	*2*	*2*
2	げん	ゲン	28	27	55	0.172	2	2
	ゲン		*27*	*24*	*51*	*0.159*	*2*	*2*
	げん		*1*	*3*	*4*	*0.013*	*2*	*2*
3	子供	コドモ	11	10	21	0.066	2	3
4	靴	クツ	10	5	15	0.047	1	2
5	素足	スアシ	4	9	13	0.041	2	3
6	靴下	クツシタ	4	7	11	0.034	2	4
7	夏	ナツ	4	7	11	0.034	1	2
8	海	ウミ	2	9	11	0.034	1	2
9	はだしのゲン	ハダシノゲン	7	0	7	0.022	6	6
10	ぞうり	ゾウリ	5	2	7	0.022	3	3
	草履		*4*	*2*	*6*	*0.019*	*2*	*3*
	ぞうり		*1*	*0*	*1*	*0.003*	*3*	*3*
11	サンダル	サンダル	4	2	6	0.019	4	4
12	砂浜	スナハマ	4	0	4	0.013	2	4
13	少年	ショウネン	3	1	4	0.013	2	4
14	肌	ハダ	3	1	4	0.013	1	2
15	プール	プール	3	1	4	0.013	3	3
16	田舎	イナカ	2	2	4	0.013	2	3
17	体	カラダ	2	1	3	0.009	1	3
18	戦争	センソウ	2	1	3	0.009	2	4
19	運動会	ウンドウカイ	1	2	3	0.009	3	6
20	まんが	マンガ	1	2	3	0.009	3	3
	マンガ		*1*	*1*	*2*	*0.006*	*3*	*3*
	漫画		*0*	*1*	*1*	*0.003*	*2*	*3*
21	げた	ゲタ	0	3	3	0.009	2	2
	下駄		*0*	*2*	*2*	*0.006*	*2*	*2*
	ゲタ		*0*	*1*	*1*	*0.003*	*2*	*2*
22	貧乏	ビンボウ	2	0	2	0.006	2	4
23	家	イエ	1	1	2	0.006	1	2
24	危険	キケン	1	1	2	0.006	2	3
25	素肌	スハダ	1	1	2	0.006	2	3
26	アフリカ	アフリカ	1	0	1	0.003	4	4
27	石	イシ	1	0	1	0.003	1	2
28	格闘技	カクトウギ	1	0	1	0.003	3	5
29	季節	キセツ	1	0	1	0.003	2	3
30	競争	キョウソウ	1	0	1	0.003	2	4
31	釘	クギ	1	0	1	0.003	1	2
32	怪我	ケガ	1	0	1	0.003	2	2
33	元気	ゲンキ	1	0	1	0.003	2	3
34	健康的	ケンコウテキ	1	0	1	0.003	3	6
35	生足	ナマアシ	1	0	1	0.003	2	4
36	青春	セイシュン	1	0	1	0.003	2	4
37	戦後	センゴ	1	0	1	0.003	2	3
38	畳	タタミ	1	0	1	0.003	1	3
39	と競争	トキョウソウ	1	0	1	0.003	3	5
40	広島	ヒロシマ	1	0	1	0.003	2	4
41	園児	エンジ	0	1	1	0.003	2	3
42	開放感	カイホウカン	0	1	1	0.003	3	6
43	健康	ケンコウ	0	1	1	0.003	2	4
44	災害	サイガイ	0	1	1	0.003	2	4
45	小学校	ショウガッコウ	0	1	1	0.003	3	6
46	生肌	ナマハダ	0	1	1	0.003	2	4
47	水泳	スイエイ	0	1	1	0.003	2	4
48	砂場	スナバ	0	1	1	0.003	2	3
49	相撲	スモウ	0	1	1	0.003	2	3
50	スリッパ	スリッパ	0	1	1	0.003	4	4
51	草原	ソウゲン	0	1	1	0.003	2	4
52	土ふまず	ツチフマズ	0	1	1	0.003	4	5
53	トットちゃん	トットチャン	0	1	1	0.003	6	5
54	肌色	ハダイロ	0	1	1	0.003	2	4
55	浜辺	ハマベ	0	1	1	0.003	2	3
56	昔	ムカシ	0	1	1	0.003	1	3
57	リラックス	リラックス	0	1	1	0.003	5	5
58	リレー	リレー	0	1	1	0.003	3	3
	合計		155	147	302			

77	はなし	フリガナ	男性	女性	全体	連想強度	文字数	モーラ数
1	会話	カイワ	24	14	38	0.119	2	3
2	昔	ムカシ	17	18	35	0.109	1	3
3	昔話	ムカシバナシ	17	10	27	0.084	2	6
4	物語	モノガタリ	5	14	19	0.059	2	5
5	言葉	コトバ	11	2	13	0.041	2	3
6	童話	ドウワ	5	8	13	0.041	2	3
7	うわさ	ウワサ	6	3	9	0.028	3	3
	噂		*5*	*2*	*7*	*0.022*	*1*	*3*
	うわさ		*1*	*1*	*2*	*0.006*	*3*	*3*
8	おとぎばなし	オトギバナシ	4	4	8	0.025	6	6
	おとぎ話		*2*	*2*	*4*	*0.013*	*4*	*6*
	お伽話		*1*	*2*	*3*	*0.009*	*3*	*6*
	御伽噺		*1*	*0*	*1*	*0.003*	*3*	*6*
9	口	クチ	4	4	8	0.025	1	2
10	人	ヒト	4	2	6	0.019	1	2
11	友達	トモダチ	2	4	6	0.019	2	4
12	本	ホン	2	4	6	0.019	1	2
13	絵本	エホン	1	5	6	0.019	2	3
14	ストーリー	ストーリー	2	2	4	0.013	5	5
15	電話	デンワ	3	0	3	0.009	2	3
16	トーク	トーク	2	1	3	0.009	3	3
17	落語	ラクゴ	2	1	3	0.009	2	3
18	おしゃべり	オシャベリ	0	3	3	0.009	5	4
	おしゃべり		*0*	*2*	*2*	*0.006*	*5*	*4*
	お喋り		*0*	*1*	*1*	*0.003*	*3*	*4*
19	演説	エンゼツ	2	0	2	0.006	2	4
20	おばさん	オバサン	2	0	2	0.006	4	4
21	過去	カコ	2	0	2	0.006	2	2
22	校長	コウチョウ	2	0	2	0.006	2	4
23	長話	ナガバナシ	2	0	2	0.006	2	5
24	学校	ガッコウ	1	1	2	0.006	2	4
25	聞き手	キキテ	1	1	2	0.006	3	3
26	世間話	セケンバナシ	1	1	2	0.006	3	6
27	コミュニケーション	コミュニケーション	0	2	2	0.006	9	7
28	先生	センセイ	0	2	2	0.006	2	4
29	童謡	ドウヨウ	0	2	2	0.006	2	4
30	耳	ミミ	0	2	2	0.006	1	2
31	伯父	オジ	1	0	1	0.003	2	2
32	親	オヤ	1	0	1	0.003	1	2
33	会議	カイギ	1	0	1	0.003	2	3
34	紙芝居	カミシバイ	1	0	1	0.003	3	5
35	教師	キョウシ	1	0	1	0.003	2	3
36	共有	キョウユウ	1	0	1	0.003	2	4
37	寓話	グウワ	1	0	1	0.003	2	3
38	恋	コイ	1	0	1	0.003	1	2
39	子供	コドモ	1	0	1	0.003	2	3
40	ご飯	ゴハン	1	0	1	0.003	2	3
41	雑談	ザツダン	1	0	1	0.003	2	4
42	じきょう	ジキョウ	1	0	1	0.003	4	3
43	相談	ソウダン	1	0	1	0.003	2	4
44	対人	タイジン	1	0	1	0.003	2	4
45	対話	タイワ	1	0	1	0.003	2	3
46	作り話	ツクリバナシ	1	0	1	0.003	3	6
47	人間	ニンゲン	1	0	1	0.003	2	4
48	話し合い	ハナシアイ	1	0	1	0.003	4	5
49	噺家	ハナシカ	1	0	1	0.003	2	4
50	漫談	マンダン	1	0	1	0.003	2	4
51	無視	ムシ	1	0	1	0.003	2	2
52	幽霊	ユウレイ	1	0	1	0.003	2	4
53	夢	ユメ	1	0	1	0.003	1	2
54	落語家	ラクゴカ	1	0	1	0.003	3	4
55	話題	ワダイ	1	0	1	0.003	2	3
56	笑い話	ワライバナシ	1	0	1	0.003	3	6
57	イソップ	イソップ	0	1	1	0.003	4	4
58	犬	イヌ	0	1	1	0.003	1	2
59	噂話	ウワサバナシ	0	1	1	0.003	2	6
60	お伽	オトギ	0	1	1	0.003	2	3
61	御伽草子	オトギゾウシ	0	1	1	0.003	4	6
62	おばあちゃん	オバアチャン	0	1	1	0.003	6	5
63	怪談	カイダン	0	1	1	0.003	2	4
64	語り	カタリ	0	1	1	0.003	2	3
65	語り手	カタリテ	0	1	1	0.003	3	4
66	グリム童話	グリムドウワ	0	1	1	0.003	5	6
67	傾聴	ケイチョウ	0	1	1	0.003	2	4
68	校長先生	コウチョウセンセイ	0	1	1	0.003	4	8
69	小話	コバナシ	0	1	1	0.003	2	4
70	視聴	シチョウ	0	1	1	0.003	2	3
71	神話	シンワ	0	1	1	0.003	2	3
72	世間	セケン	0	1	1	0.003	2	3
73	創作	ソウサク	0	1	1	0.003	2	4
74	祖母	ソボ	0	1	1	0.003	2	2
75	大事	ダイジ	0	1	1	0.003	2	3
76	対談	タイダン	0	1	1	0.003	2	4
77	立ち話	タチバナシ	0	1	1	0.003	3	5
78	テレビ	テレビ	0	1	1	0.003	3	3
79	動物	ドウブツ	0	1	1	0.003	2	4
80	流れ	ナガレ	0	1	1	0.003	2	3
81	日本	ニホン	0	1	1	0.003	2	3
82	裸足	ハダシ	0	1	1	0.003	2	3
83	歯抜け	ハヌケ	0	1	1	0.003	3	3
84	母	ハハ	0	1	1	0.003	1	2
85	暇つぶし	ヒマツブシ	0	1	1	0.003	4	5
86	民話	ミンワ	0	1	1	0.003	2	3
87	寄席	ヨセ	0	1	1	0.003	2	2
88	恋愛	レンアイ	0	1	1	0.003	2	4
89	連想	レンソウ	0	1	1	0.003	2	4
	合計		150	143	293			

78	はんこ	フリガナ	男性	女性	全体	連想強度	文字数	モーラ数
1	印鑑	インカン	35	44	79	0.247	2	4
2	書類	ショルイ	12	16	28	0.088	2	3
3	名前	ナマエ	11	6	17	0.053	2	3
4	証明	ショウメイ	10	8	18	0.056	2	4
5	朱肉	シュニク	7	11	18	0.056	2	3
6	赤	アカ	6	9	15	0.047	1	2
7	印	イン	5	8	13	0.041	1	2
8	契約	ケイヤク	6	3	9	0.028	2	4
9	実印	ジツイン	3	3	6	0.019	2	4
10	注射	チュウシャ	4	1	5	0.016	2	3
11	インク	インク	3	2	5	0.016	3	3
12	銀行	ギンコウ	3	2	5	0.016	2	4
13	名字	ミョウジ	2	3	5	0.016	2	3
14	紙	カミ	4	0	4	0.013	1	2
15	シャチハタ	シャチハタ	3	1	4	0.013	5	4
16	サイン	サイン	2	2	4	0.013	3	3
17	ぽいん	ボイン	1	3	4	0.013	3	3
	拇印		*1*	*2*	*3*	*0.009*	*2*	*3*
	母印		*0*	*1*	*1*	*0.003*	*2*	*3*
18	スタンプ	スタンプ	3	0	3	0.009	4	4
19	証明書	ショウメイショ	2	1	3	0.009	3	5
20	捺印	ナツイン	2	1	3	0.009	2	4
21	たっきゅうびん	タッキュウビン	1	2	3	0.009	7	6
	宅急便		*1*	*1*	*2*	*0.006*	*3*	*6*
	たっきゅうびん		*0*	*1*	*1*	*0.003*	*7*	*6*
22	家	イエ	2	0	2	0.006	1	2
23	しるし	シルシ	2	0	2	0.006	3	3
24	責任	セキニン	2	0	2	0.006	2	4
25	日本	ニホン	2	0	2	0.006	2	3
26	履歴書	リレキショ	2	0	2	0.006	3	4
27	会社	カイシャ	1	1	2	0.006	2	3
28	詐欺	サギ	1	1	2	0.006	2	2
29	象牙	ゾウゲ	1	1	2	0.006	2	3
30	バイト	バイト	1	1	2	0.006	3	3
31	大切	タイセツ	0	2	2	0.006	2	4
32	絵	エ	1	0	1	0.003	1	1
33	円柱	エンチュウ	1	0	1	0.003	2	4
34	家族	カゾク	1	0	1	0.003	2	3
35	家紋	カモン	1	0	1	0.003	2	3
36	消しゴム	ケシゴム	1	0	1	0.003	4	4
37	私印	シイン	1	0	1	0.003	2	3
38	借金	シャッキン	1	0	1	0.003	2	4
39	重要	ジュウヨウ	1	0	1	0.003	2	4
40	象	ゾウ	1	0	1	0.003	1	2
41	調印	チョウイン	1	0	1	0.003	2	4
42	道具	ドウグ	1	0	1	0.003	2	3
43	届け物	トドケモノ	1	0	1	0.003	3	5
44	武器	ブキ	1	0	1	0.003	2	2
45	保証人	ホショウニン	1	0	1	0.003	3	5
46	丸	マル	1	0	1	0.003	1	2
47	身分証明書	ミブンショウメイショ	1	0	1	0.003	5	8
48	面接	メンセツ	1	0	1	0.003	2	4
49	郵便物	ユウビンブツ	1	0	1	0.003	3	6
50	離婚届	リコントドケ	1	0	1	0.003	3	6
51	領収書	リョウシュウショ	1	0	1	0.003	3	5
52	赤色	アカイロ	0	1	1	0.003	2	4
53	印肉	インニク	0	1	1	0.003	2	4
54	受取	ウケトリ	0	1	1	0.003	2	4
55	貴重	キチョウ	0	1	1	0.003	2	3
56	結婚	ケッコン	0	1	1	0.003	2	4
57	朱色	シュイロ	0	1	1	0.003	2	3
58	正月	ショウガツ	0	1	1	0.003	2	4
59	卒業式	ソツギョウシキ	0	1	1	0.003	3	6
60	大事	ダイジ	0	1	1	0.003	2	3
61	宅配	タクハイ	0	1	1	0.003	2	4
62	通帳	ツウチョウ	0	1	1	0.003	2	4
63	同意書	ドウイショ	0	1	1	0.003	3	4
64	反転	ハンテン	0	1	1	0.003	2	4
65	必要	ヒツヨウ	0	1	1	0.003	2	4
66	認め	ミトメ	0	1	1	0.003	2	3
67	免許	メンキョ	0	1	1	0.003	2	3
68	郵便	ユウビン	0	1	1	0.003	2	4
	合計		161	151	312			

79	ひずみ	フリガナ	男性	女性	全体	連想強度	文字数	モーラ数
1	ゆがみ	ユガミ	18	28	46	0.144	3	3
	歪み		*15*	*20*	*35*	*0.109*	*2*	*3*
	ゆがみ		*3*	*8*	*11*	*0.034*	*3*	*3*
2	地震	ジシン	7	9	16	0.050	2	3
3	ひび	ヒビ	8	3	11	0.034	2	2
	ひび		*4*	*2*	*6*	*0.019*	*2*	*2*
	ヒビ		*4*	*1*	*5*	*0.016*	*2*	*2*
4	時空	ジクウ	6	5	11	0.034	2	3
5	溝	ミゾ	5	5	10	0.031	1	2
6	空間	クウカン	4	6	10	0.031	2	4
7	穴	アナ	3	5	8	0.025	1	2
8	家	イエ	3	3	6	0.019	1	2
9	壁	カベ	5	0	5	0.016	1	2
10	ギター	ギター	5	0	5	0.016	3	3
11	亀裂	キレツ	3	2	5	0.016	2	3
12	ずれ	ズレ	3	2	5	0.016	2	2
	ずれ		*2*	*1*	*3*	*0.009*	*2*	*2*
	ズレ		*1*	*1*	*2*	*0.006*	*2*	*2*
13	くぼみ	クボミ	3	1	4	0.013	3	3
	窪み		*2*	*0*	*2*	*0.006*	*2*	*3*
	くぼみ		*1*	*1*	*2*	*0.006*	*3*	*3*
14	時間	ジカン	3	1	4	0.013	2	3
15	人間関係	ニンゲンカンケイ	2	2	4	0.013	4	8
16	地面	ジメン	1	3	4	0.013	2	3
17	物	モノ	3	0	3	0.009	1	2
18	割れ目	ワレメ	3	0	3	0.009	3	3
19	音	オト	2	1	3	0.009	1	2
20	床	ユカ	2	1	3	0.009	1	2
21	馬	ウマ	1	2	3	0.009	1	2
22	海	ウミ	1	2	3	0.009	1	2
23	関係	カンケイ	1	2	3	0.009	2	4
24	隙間	スキマ	1	2	3	0.009	2	3
25	欠陥住宅	ケッカンジュウタク	2	0	2	0.006	4	8
26	じわれ	ジワレ	2	0	2	0.006	3	3
	地割れ		*1*	*0*	*1*	*0.003*	*3*	*3*
	じわれ		*1*	*0*	*1*	*0.003*	*3*	*3*
27	凹み	ヘコミ	2	0	2	0.006	2	3
28	崖	ガケ	1	1	2	0.006	1	2
29	黒	クロ	1	1	2	0.006	1	2
30	心	ココロ	1	1	2	0.006	1	3
31	次元	ジゲン	1	1	2	0.006	2	3
32	断層	ダンソウ	1	1	2	0.006	2	4
33	友達	トモダチ	1	1	2	0.006	2	4
34	花	ハナ	1	1	2	0.006	1	2
35	反動	ハンドウ	1	1	2	0.006	2	4
36	水	ミズ	1	1	2	0.006	1	2
37	歪曲	ワイキョク	1	1	2	0.006	2	4
38	間	アイダ	0	2	2	0.006	1	3
39	危険	キケン	0	2	2	0.006	2	3
40	悪	アク	1	0	1	0.003	1	2
41	アンプ	アンプ	1	0	1	0.003	3	3
42	泉	イズミ	1	0	1	0.003	1	3
43	影響	エイキョウ	1	0	1	0.003	2	4
44	オーバードライブ	オーバードライブ	1	0	1	0.003	8	8
45	重み	オモミ	1	0	1	0.003	2	3
46	音楽	オンガク	1	0	1	0.003	2	4
47	家族	カゾク	1	0	1	0.003	2	3
48	形	カタチ	1	0	1	0.003	1	3
49	記憶	キオク	1	0	1	0.003	2	3
50	機械設計	キカイセッケイ	1	0	1	0.003	4	7
51	癖	クセ	1	0	1	0.003	1	2
52	渓谷	ケイコク	1	0	1	0.003	2	4
53	誤差	ゴサ	1	0	1	0.003	2	2
54	裂け目	サケメ	1	0	1	0.003	3	3
55	次期	ジキ	1	0	1	0.003	2	2
56	辞典	ジテン	1	0	1	0.003	2	3
57	地盤沈下	ジバンチンカ	1	0	1	0.003	4	6
58	瞬間	シュンカン	1	0	1	0.003	2	4
59	情	ジョウ	1	0	1	0.003	1	2
60	スパイラル	スパイラル	1	0	1	0.003	5	5
61	耐震強度	タイシンキョウド	1	0	1	0.003	4	7
62	球	タマ	1	0	1	0.003	1	2
63	地球	チキュウ	1	0	1	0.003	2	3
64	ディストーション	ディストーション	1	0	1	0.003	8	6
65	でこぼこ	デコボコ	1	0	1	0.003	4	4
66	道路	ドウロ	1	0	1	0.003	2	3
67	仲	ナカ	1	0	1	0.003	1	2
68	波	ナミ	1	0	1	0.003	1	2
69	ねずみ	ネズミ	1	0	1	0.003	3	3
70	バーベキュー	バーベキュー	1	0	1	0.003	6	5
71	非現実	ヒゲンジツ	1	0	1	0.003	3	5
72	プレート	プレート	1	0	1	0.003	4	4
73	崩壊	ホウカイ	1	0	1	0.003	2	4
74	マンガ	マンガ	1	0	1	0.003	3	3
75	メビウスの輪	メビウスノワ	1	0	1	0.003	6	6
76	友情	ユウジョウ	1	0	1	0.003	2	4
77	夕焼け	ユウヤケ	1	0	1	0.003	3	4
78	四次元	ヨジゲン	1	0	1	0.003	3	4
79	アリス	アリス	0	1	1	0.003	3	3
80	岩	イワ	0	1	1	0.003	1	2
81	渦	ウズ	0	1	1	0.003	1	2
82	宇宙	ウチュウ	0	1	1	0.003	2	3
83	凹凸	オウトツ	0	1	1	0.003	2	4
84	確執	カクシツ	0	1	1	0.003	2	4
85	体	カラダ	0	1	1	0.003	1	3
86	軋み	キシミ	0	1	1	0.003	2	3
87	曲線	キョクセン	0	1	1	0.003	2	4
88	距離	キョリ	0	1	1	0.003	2	2
89	切れ目	キレメ	0	1	1	0.003	3	3
90	暗闇	クラヤミ	0	1	1	0.003	2	4
91	欠陥	ケッカン	0	1	1	0.003	2	4
92	建築偽装	ケンチクギソウ	0	1	1	0.003	4	7
93	混沌	コントン	0	1	1	0.003	2	4
94	衝撃	ショウゲキ	0	1	1	0.003	2	4
95	すみ	スミ	0	1	1	0.003	2	2
96	すれ違い	スレチガイ	0	1	1	0.003	4	5
97	底	ソコ	0	1	1	0.003	1	2
98	空	ソラ	0	1	1	0.003	1	2
99	沈下	チンカ	0	1	1	0.003	2	3
100	転倒	テントウ	0	1	1	0.003	2	4
101	時	トキ	0	1	1	0.003	1	2
102	咄嗟	トッサ	0	1	1	0.003	2	3
103	中	ナカ	0	1	1	0.003	1	2
104	仲違い	ナカタガイ	0	1	1	0.003	3	5
105	なぞ	ナゾ	0	1	1	0.003	2	2
106	人間	ニンゲン	0	1	1	0.003	2	4
107	灰色	ハイイロ	0	1	1	0.003	2	4
108	爆弾	バクダン	0	1	1	0.003	2	4
109	はずみ	ハズミ	0	1	1	0.003	3	3
110	ビーカー	ビーカー	0	1	1	0.003	4	4
111	人	ヒト	0	1	1	0.003	1	2
112	老朽化	ロウキュウカ	0	1	1	0.003	3	5
113	和風	ワフウ	0	1	1	0.003	2	3
114	彎曲	ワンキョク	0	1	1	0.003	2	4
	合計		148	135	283			

80	ひたい	フリガナ	男性	女性	全体	連想強度	文字数	モーラ数
1	でこ	デコ	34	41	75	0.234	2	2
	おでこ		19	35	54	0.169	3	3
	でこ		12	3	15	0.047	2	2
	デコ		3	3	6	0.019	2	2
2	顔	カオ	32	23	55	0.172	1	2
3	汗	アセ	19	21	40	0.125	1	2
4	頭	アタマ	21	9	30	0.094	1	3
5	猫	ネコ	6	13	19	0.059	1	2
6	熱	ネツ	4	7	11	0.034	1	2
7	からだ	カラダ	3	4	7	0.022	3	3
	体		3	3	6	0.019	1	3
	からだ		0	1	1	0.003	3	3
8	髪	カミ	4	2	6	0.019	1	2
9	しわ	シワ	4	1	5	0.016	2	2
10	でこぴん	デコピン	2	3	5	0.016	4	4
	デコピン		2	1	3	0.009	4	4
	でこぴん		0	1	1	0.003	4	4
	でこピン		0	1	1	0.003	4	4
11	肉	ニク	3	1	4	0.013	1	2
12	傷	キズ	1	3	4	0.013	1	2
13	にきび	ニキビ	1	3	4	0.013	3	3
	にきび		1	1	2	0.006	3	3
	ニキビ		0	2	2	0.006	3	3
14	ひえぴた	ヒエピタ	1	3	4	0.013	4	4
	冷えピタ		1	1	2	0.006	4	4
	冷えぴた		0	1	1	0.003	4	4
	ひえぴた		0	1	1	0.003	4	4
15	前髪	マエガミ	0	4	4	0.013	2	4
16	髪の毛	カミノケ	1	2	3	0.009	3	4
17	頭突き	ズツキ	2	0	2	0.006	3	3
18	血	チ	2	0	2	0.006	1	1
19	ひたいあて	ヒタイアテ	2	0	2	0.006	5	5
20	眉間	ミケン	2	0	2	0.006	2	3
21	目	メ	2	0	2	0.006	1	1
22	はちまき	ハチマキ	1	1	2	0.006	4	4
	はちまき		1	0	1	0.003	4	4
	鉢巻き		0	1	1	0.003	3	4
23	肌	ハダ	0	2	2	0.006	1	2
24	顔面	ガンメン	1	0	1	0.003	2	4
25	拳銃	ケンジュウ	1	0	1	0.003	2	4
26	鋼鉄	コウテツ	1	0	1	0.003	2	4
27	手術痕	シュジュツアト	1	0	1	0.003	3	5
28	衝撃	ショウゲキ	1	0	1	0.003	2	4
29	身体	シンタイ	1	0	1	0.003	2	4
30	中心	チュウシン	1	0	1	0.003	2	4
31	頭部	トウブ	1	0	1	0.003	2	3
32	富士額	フジビタイ	1	0	1	0.003	3	5
33	眉	マユ	1	0	1	0.003	1	2
34	真ん中	マンナカ	1	0	1	0.003	3	4
35	胸	ムネ	1	0	1	0.003	1	2
36	手	テ	0	1	1	0.003	1	1
37	人間	ニンゲン	0	1	1	0.003	2	4
38	生え際	ハエギワ	0	1	1	0.003	3	4
39	肌ダニ	ハダダニ	0	1	1	0.003	3	4
40	鼻	ハナ	0	1	1	0.003	1	2
41	ほくろ	ホクロ	0	1	1	0.003	3	3
42	眉毛	マユゲ	0	1	1	0.003	2	3
	合計		159	150	309			

81	ひよこ	フリガナ	男性	女性	全体	連想強度	文字数	モーラ数
1	にわとり	ニワトリ	57	58	115	0.359	4	4
	鶏		*47*	*36*	*83*	*0.259*	*1*	*4*
	にわとり		*7*	*20*	*27*	*0.084*	*4*	*4*
	ニワトリ		*3*	*2*	*5*	*0.016*	*4*	*4*
2	黄色	キイロ	29	45	74	0.231	2	3
3	とり	トリ	34	16	50	0.156	2	2
	鳥		*31*	*15*	*46*	*0.144*	*1*	*2*
	トリ		*2*	*1*	*3*	*0.009*	*2*	*2*
	とり		*1*	*0*	*1*	*0.003*	*2*	*2*
4	こども	コドモ	13	7	20	0.063	3	3
	子供		*12*	*7*	*19*	*0.059*	*2*	*3*
	こども		*1*	*0*	*1*	*0.003*	*3*	*3*
5	たまご	タマゴ	6	7	13	0.041	3	3
	卵		*6*	*6*	*12*	*0.038*	*1*	*3*
	たまご		*0*	*1*	*1*	*0.003*	*3*	*3*
6	ひな	ヒナ	8	4	12	0.038	2	2
	雛		*6*	*1*	*7*	*0.022*	*1*	*2*
	ひな		*2*	*3*	*5*	*0.016*	*2*	*2*
7	赤ちゃん	アカチャン	1	2	3	0.009	4	4
8	危険	キケン	2	0	2	0.006	2	3
9	未熟	ミジュク	2	0	2	0.006	2	3
10	アヒル	アヒル	1	1	2	0.006	3	3
11	動物	ドウブツ	1	1	2	0.006	2	4
12	クラブ	クラブ	1	0	1	0.003	3	3
13	子	コ	1	0	1	0.003	1	1
14	小鳥	コトリ	1	0	1	0.003	2	3
15	めんどり	メンドリ	1	0	1	0.003	4	4
16	黄	キ	0	1	1	0.003	1	1
17	孤独	コドク	0	1	1	0.003	2	3
18	死	シ	0	1	1	0.003	1	1
19	鳴き声	ナキゴエ	0	1	1	0.003	3	4
20	屋台	ヤタイ	0	1	1	0.003	2	3
21	山盛飯	ヤマモリメシ	0	1	1	0.003	3	6
	合計		161	150	311			

82	ふすま	フリガナ	男性	女性	全体	連想強度	文字数	モーラ数
1	和室	ワシツ	22	27	49	0.153	2	3
2	しょうじ	ショウジ	16	22	38	0.119	4	3
	障子		14	21	35	0.109	2	3
	しょうじ		2	1	3	0.009	4	3
3	にほん	ニホン	8	13	21	0.066	3	3
	日本		8	12	20	0.063	2	3
	ニホン		0	1	1	0.003	3	3
4	和風	ワフウ	10	5	15	0.047	2	3
5	たたみ	タタミ	5	10	15	0.047	3	3
	畳		5	9	14	0.044	1	3
	タタミ		0	1	1	0.003	3	3
6	家	イエ	7	5	12	0.038	1	2
7	部屋	ヘヤ	7	5	12	0.038	2	2
8	和	ワ	7	4	11	0.034	1	1
9	穴	アナ	4	5	9	0.028	1	2
10	紙	カミ	7	1	8	0.025	1	2
11	和式	ワシキ	4	4	8	0.025	2	3
12	扉	トビラ	6	1	7	0.022	1	3
13	押入れ	オシイレ	5	2	7	0.022	3	4
14	ドア	ドア	4	3	7	0.022	2	2
15	布団	フトン	1	6	7	0.022	2	3
16	戸	ト	4	2	6	0.019	1	1
17	たんす	タンス	4	1	5	0.016	3	3
	たんす		2	0	2	0.006	3	3
	箪笥		1	1	2	0.006	2	3
	タンス		1	0	1	0.003	3	3
18	むかし	ムカシ	1	4	5	0.016	3	3
	昔		1	3	4	0.013	1	3
	むかし		0	1	1	0.003	3	3
19	しきり	シキリ	2	2	4	0.013	3	3
	仕切り		1	2	3	0.009	3	3
	しきり		1	0	1	0.003	3	3
20	幽霊	ユウレイ	1	2	3	0.009	2	4
21	開閉	カイヘイ	2	0	2	0.006	2	4
22	和紙	ワシ	2	0	2	0.006	2	2
23	座敷	ザシキ	1	1	2	0.006	2	3
24	隙間	スキマ	1	1	2	0.006	2	3
25	猫	ネコ	1	1	2	0.006	1	2
26	引き戸	ヒキド	1	1	2	0.006	3	3
27	田舎	イナカ	0	2	2	0.006	2	3
28	おばけ	オバケ	0	2	2	0.006	3	3
	お化け		0	1	1	0.003	3	3
	おばけ		0	1	1	0.003	3	3
29	居間	イマ	1	0	1	0.003	2	2
30	奥	オク	1	0	1	0.003	1	2
31	金色	コンジキ	1	0	1	0.003	2	4
32	手動	シュドウ	1	0	1	0.003	2	3
33	隙間風	スキマカゼ	1	0	1	0.003	3	5
34	お茶	オチャ	1	0	1	0.003	2	2
35	殿	トノ	1	0	1	0.003	1	2
36	覗き	ノゾキ	1	0	1	0.003	2	3
37	破壊	ハカイ	1	0	1	0.003	2	3
38	平屋	ヒラヤ	1	0	1	0.003	2	3
39	服	フク	1	0	1	0.003	1	2
40	埃	ホコリ	1	0	1	0.003	1	3
41	窓	マド	1	0	1	0.003	1	2
42	店	ミセ	1	0	1	0.003	1	2
43	目	メ	1	0	1	0.003	1	1
44	指	ユビ	1	0	1	0.003	1	2
45	横	ヨコ	1	0	1	0.003	1	2
46	欄間	ランマ	1	0	1	0.003	2	3
47	旅館	リョカン	1	0	1	0.003	2	3
48	いたずら	イタズラ	0	1	1	0.003	4	4
49	おばあちゃん	オバアチャン	0	1	1	0.003	6	5
50	壁	カベ	0	1	1	0.003	1	2
51	髪	カミ	0	1	1	0.003	1	2
52	恐怖	キョウフ	0	1	1	0.003	2	3
53	区切り	クギリ	0	1	1	0.003	3	3
54	白	シロ	0	1	1	0.003	1	2
55	雀	スズメ	0	1	1	0.003	1	3
56	テレビ	テレビ	0	1	1	0.003	3	3
57	戸棚	トダナ	0	1	1	0.003	2	3
58	屏風	ビョウブ	0	1	1	0.003	2	3
59	闇	ヤミ	0	1	1	0.003	1	2
	合計		152	144	296			

83	ふとん	フリガナ	男性	女性	全体	連想強度	文字数	モーラ数
1	睡眠	スイミン	42	23	65	0.203	2	4
2	まくら	マクラ	19	20	39	0.122	3	3
	枕		*15*	*12*	*27*	*0.084*	*1*	*3*
	まくら		*4*	*8*	*12*	*0.038*	*3*	*3*
3	羽毛	ウモウ	8	9	17	0.053	2	3
4	毛布	モウフ	5	12	17	0.053	2	3
5	夜	ヨル	5	11	16	0.050	1	2
6	寝具	シング	8	4	12	0.038	2	3
7	べっど	ベッド	6	5	11	0.034	3	3
	ベッド		*4*	*3*	*7*	*0.022*	*3*	*3*
	ベット		*2*	*2*	*4*	*0.013*	*3*	*3*
8	冬	フユ	4	4	8	0.025	1	2
9	就寝	シュウシン	6	1	7	0.022	2	4
10	布	ヌノ	5	1	6	0.019	1	2
11	たたみ	タタミ	1	3	4	0.013	3	3
	畳		*1*	*2*	*3*	*0.009*	*1*	*3*
	たたみ		*0*	*1*	*1*	*0.003*	*3*	*3*
12	寝床	ネドコ	2	1	3	0.009	2	3
13	日本	ニホン	1	2	3	0.009	2	3
14	朝	アサ	0	3	3	0.009	1	2
15	おひさま	オヒサマ	0	3	3	0.009	4	4
	お日様		*0*	*2*	*2*	*0.006*	*3*	*4*
	おひさま		*0*	*1*	*1*	*0.003*	*4*	*4*
16	白	シロ	0	3	3	0.009	1	2
17	セックス	セックス	2	0	2	0.006	4	4
18	ダニ	ダニ	2	0	2	0.006	2	2
19	家	イエ	1	1	2	0.006	1	2
20	寝室	シンシツ	1	1	2	0.006	2	4
21	ダジャレ	ダジャレ	1	1	2	0.006	4	3
22	暖	ダン	1	1	2	0.006	1	2
23	天気	テンキ	1	1	2	0.006	2	3
24	部屋	ヘヤ	1	1	2	0.006	2	2
25	和室	ワシツ	1	1	2	0.006	2	3
26	羽毛布団	ウモウブトン	0	2	2	0.006	4	6
27	布団たたき	フトンタタキ	0	2	2	0.006	5	6
28	安心	アンシン	1	0	1	0.003	2	4
29	田舎	イナカ	1	0	1	0.003	2	3
30	押入れ	オシイレ	1	0	1	0.003	3	4
31	お天道様	オテントサマ	1	0	1	0.003	4	6
32	お昼寝	オヒルネ	1	0	1	0.003	3	4
33	快眠	カイミン	1	0	1	0.003	2	4
34	かけ	カケ	1	0	1	0.003	2	2
35	カバー	カバー	1	0	1	0.003	3	3
36	ギャグ	ギャグ	1	0	1	0.003	3	2
37	こたつ	コタツ	1	0	1	0.003	3	3
38	幸せ	シアワセ	1	0	1	0.003	2	4
39	商品	ショウヒン	1	0	1	0.003	2	4
40	低反発	テイハンパツ	1	0	1	0.003	3	6
41	日本文化	ニホンブンカ	1	0	1	0.003	4	6
42	昼	ヒル	1	0	1	0.003	1	2
43	誘惑	ユウワク	1	0	1	0.003	2	4
44	旅館	リョカン	1	0	1	0.003	2	3
45	安心感	アンシンカン	0	1	1	0.003	3	6
46	掛け布団	カケブトン	0	1	1	0.003	4	5
47	シーツ	シーツ	0	1	1	0.003	3	3
48	太鼓	タイコ	0	1	1	0.003	2	3
49	大事	ダイジ	0	1	1	0.003	2	3
50	太陽	タイヨウ	0	1	1	0.003	2	4
51	寝巻	ネマキ	0	1	1	0.003	2	3
52	眠り	ネムリ	0	1	1	0.003	2	3
53	ネル	ネル	0	1	1	0.003	2	2
54	晴れ	ハレ	0	1	1	0.003	2	2
55	日干し	ヒボシ	0	1	1	0.003	3	3
56	ベランダ	ベランダ	0	1	1	0.003	4	4
57	ほこり	ホコリ	0	1	1	0.003	3	3
58	虫	ムシ	0	1	1	0.003	1	2
59	綿	ワタ	0	1	1	0.003	1	2
	合計		140	131	271			

84	ふもと	フリガナ	男性	女性	全体	連想強度	文字数	モーラ数
1	やま	ヤマ	119	112	231	0.722	2	2
	山		*118*	*112*	*230*	*0.719*	*1*	*2*
	やま		*1*	*0*	*1*	*0.003*	*2*	*2*
2	山頂	サンチョウ	3	7	10	0.031	2	4
3	村	ムラ	6	2	8	0.025	1	2
4	富士山	フジサン	4	3	7	0.022	3	4
5	田舎	イナカ	2	5	7	0.022	2	3
6	峠	トウゲ	5	1	6	0.019	1	3
7	下	シタ	2	4	6	0.019	1	2
8	まち	マチ	5	0	5	0.016	2	2
	町		*4*	*0*	*4*	*0.013*	*1*	*2*
	街		*1*	*0*	*1*	*0.003*	*1*	*2*
9	故郷	コキョウ	1	2	3	0.009	2	4
10	丘	オカ	2	0	2	0.006	1	2
11	川	カワ	1	1	2	0.006	1	2
12	里	サト	1	1	2	0.006	1	2
13	登山	トザン	1	1	2	0.006	2	3
14	民家	ミンカ	1	1	2	0.006	2	3
15	あし	アシ	1	0	1	0.003	2	2
16	駅	エキ	1	0	1	0.003	1	2
17	先	サキ	1	0	1	0.003	1	2
18	頂上	チョウジョウ	1	0	1	0.003	2	4
19	場所	バショ	1	0	1	0.003	2	2
20	平屋	ヒラヤ	1	0	1	0.003	2	3
21	富士	フジ	1	0	1	0.003	2	2
22	港	ミナト	1	0	1	0.003	1	3
23	足元	アシモト	0	1	1	0.003	2	4
24	アルプス	アルプス	0	1	1	0.003	4	4
25	上	ウエ	0	1	1	0.003	1	2
26	岸	キシ	0	1	1	0.003	1	2
27	信頼	シンライ	0	1	1	0.003	2	4
28	谷	タニ	0	1	1	0.003	1	2
29	虹	ニジ	0	1	1	0.003	1	2
30	昔話	ムカシバナシ	0	1	1	0.003	2	6
31	腿	モモ	0	1	1	0.003	1	2
	合計		161	149	310			

85	ほたる	フリガナ	男性	女性	全体	連想強度	文字数	モーラ数
1	ひかり	ヒカリ	44	39	83	0.259	3	3
	光		*43*	*39*	*82*	*0.256*	*1*	*3*
	ひかり		*1*	*0*	*1*	*0.003*	*3*	*3*
2	夏	ナツ	17	36	53	0.166	1	2
3	墓	ハカ	19	18	37	0.116	1	2
4	虫	ムシ	24	12	36	0.113	1	2
5	夜	ヨル	11	9	20	0.063	1	2
6	川	カワ	11	5	16	0.050	1	2
7	きれい	キレイ	9	2	11	0.034	3	3
	綺麗		*6*	*1*	*7*	*0.022*	*2*	*3*
	きれい		*3*	*1*	*4*	*0.013*	*3*	*3*
8	ほたるのはか	ホタルノハカ	5	2	7	0.022	6	6
	ホタルの墓		*3*	*1*	*4*	*0.013*	*5*	*6*
	蛍の墓		*1*	*1*	*2*	*0.006*	*3*	*6*
	ほたるの墓		*1*	*0*	*1*	*0.003*	*5*	*6*
9	映画	エイガ	0	4	4	0.013	2	3
10	蛍の光	ホタルノヒカリ	2	1	3	0.009	3	7
11	明かり	アカリ	1	2	3	0.009	3	3
12	山	ヤマ	0	3	3	0.009	1	2
13	いか	イカ	2	0	2	0.006	2	2
	いか		*1*	*0*	*1*	*0.003*	*2*	*2*
	イカ		*1*	*0*	*1*	*0.003*	*2*	*2*
14	田舎	イナカ	2	0	2	0.006	2	3
15	清流	セイリュウ	2	0	2	0.006	2	4
16	秋	アキ	1	1	2	0.006	1	2
17	蛍光	ケイコウ	1	1	2	0.006	2	4
18	水	ミズ	0	2	2	0.006	1	2
19	緑	ミドリ	0	2	2	0.006	1	3
20	篝火	カガリビ	1	0	1	0.003	2	4
21	河原	カワラ	1	0	1	0.003	2	3
22	原子爆弾	ゲンシバクダン	1	0	1	0.003	4	7
23	地元	ジモト	1	0	1	0.003	2	3
24	戦場	センジョウ	1	0	1	0.003	2	4
25	戦争	センソウ	1	0	1	0.003	2	4
26	夏休み	ナツヤスミ	1	0	1	0.003	3	5
27	なばな	ナバナ	1	0	1	0.003	3	3
28	発光	ハッコウ	1	0	1	0.003	2	4
29	飛行	ヒコウ	1	0	1	0.003	2	3
30	6月	ロクガツ	1	0	1	0.003	2	4
31	海	ウミ	0	1	1	0.003	1	2
32	黄色	キイロ	0	1	1	0.003	2	3
33	蛍光灯	ケイコウトウ	0	1	1	0.003	3	6
34	国家	コッカ	0	1	1	0.003	2	3
35	昆虫	コンチュウ	0	1	1	0.003	2	4
36	日本	ニホン	0	1	1	0.003	2	3
37	森	モリ	0	1	1	0.003	1	2
38	闇	ヤミ	0	1	1	0.003	1	2
39	ロマンチック	ロマンチック	0	1	1	0.003	6	6
	合計		168	154	322			

86	まくら	フリガナ	男性	女性	全体	連想強度	文字数	モーラ数
1	ふとん	フトン	36	39	75	0.234	3	3
	布団		*35*	*36*	*71*	*0.222*	*2*	*3*
	ふとん		*1*	*3*	*4*	*0.013*	*3*	*3*
2	睡眠	スイミン	33	33	66	0.206	2	4
3	べっど	ベッド	9	10	19	0.059	3	3
	ベッド		*7*	*8*	*15*	*0.047*	*3*	*3*
	ベット		*2*	*2*	*4*	*0.013*	*3*	*3*
4	寝具	シング	10	4	14	0.044	2	3
5	就寝	シュウシン	6	4	10	0.031	2	4
6	頭	アタマ	5	4	9	0.028	1	3
7	夢	ユメ	6	2	8	0.025	1	2
8	夜	ヨル	2	5	7	0.022	1	2
9	修学旅行	シュウガクリョコウ	3	3	6	0.019	4	7
10	安眠	アンミン	2	4	6	0.019	2	4
11	まくらなげ	マクラナゲ	3	1	4	0.013	5	5
	まくら投げ		*3*	*0*	*3*	*0.009*	*5*	*5*
	枕投げ		*0*	*1*	*1*	*0.003*	*3*	*5*
12	低反発	テイハンパツ	1	3	4	0.013	3	6
13	寝床	ネドコ	3	0	3	0.009	2	3
14	ひるね	ヒルネ	2	0	2	0.006	3	3
	昼寝		*1*	*0*	*1*	*0.003*	*2*	*3*
	お昼寝		*1*	*0*	*1*	*0.003*	*3*	*4*
15	布	ヌノ	2	0	2	0.006	1	2
16	枕草子	マクラノソウシ	2	0	2	0.006	3	7
17	羽毛	ウモウ	1	1	2	0.006	2	3
18	快眠	カイミン	1	1	2	0.006	2	4
19	北まくら	キタマクラ	1	1	2	0.006	4	5
20	クッション	クッション	1	1	2	0.006	5	4
21	必要	ヒツヨウ	1	1	2	0.006	2	4
22	枕がえし	マクラガエシ	1	1	2	0.006	4	6
23	腕	ウデ	0	2	2	0.006	1	2
24	汗	アセ	1	0	1	0.003	1	2
25	安眠枕	アンミンマクラ	1	0	1	0.003	3	7
26	現枕	ウツツマクラ	1	0	1	0.003	2	6
27	北	キタ	1	0	1	0.003	1	2
28	くま	クマ	1	0	1	0.003	2	2
29	尻	シリ	1	0	1	0.003	1	2
30	白	シロ	1	0	1	0.003	1	2
31	寝室	シンシツ	1	0	1	0.003	2	4
32	清少納言	セイショウナゴン	1	0	1	0.003	4	7
33	縄張り	ナワバリ	1	0	1	0.003	3	4
34	眠り	ネムリ	1	0	1	0.003	2	3
35	膝枕	ヒザマクラ	1	0	1	0.003	2	5
36	二人	フタリ	1	0	1	0.003	2	3
37	部屋	ヘヤ	1	0	1	0.003	2	2
38	真白	マッシロ	1	0	1	0.003	2	4
39	妖怪	ヨウカイ	1	0	1	0.003	2	4
40	お気に入り	オキニイリ	0	1	1	0.003	5	5
41	お化け	オバケ	0	1	1	0.003	3	3
42	形	カタチ	0	1	1	0.003	1	3
43	首	クビ	0	1	1	0.003	1	2
44	言葉	コトバ	0	1	1	0.003	2	3
45	邪魔	ジャマ	0	1	1	0.003	2	2
46	熟睡	ジュクスイ	0	1	1	0.003	2	4
47	そばがら	ソバガラ	0	1	1	0.003	4	4
48	抱き枕	ダキマクラ	0	1	1	0.003	3	5
49	猫	ネコ	0	1	1	0.003	1	2
50	パイプ	パイプ	0	1	1	0.003	3	3
51	膝	ヒザ	0	1	1	0.003	1	2
52	枕カバー	マクラカバー	0	1	1	0.003	4	6
53	枕詞	マクラコトバ	0	1	1	0.003	2	6
54	幽霊	ユウレイ	0	1	1	0.003	2	4
55	横	ヨコ	0	1	1	0.003	1	2
56	よだれ	ヨダレ	0	1	1	0.003	3	3
	合計		147	137	284			

87	まつげ	フリガナ	男性	女性	全体	連想強度	文字数	モーラ数
1	め	メ	50	27	77	0.241	1	1
	目		*47*	*27*	*74*	*0.231*	*1*	*1*
	め		*2*	*0*	*2*	*0.006*	*1*	*1*
	眼		*1*	*0*	*1*	*0.003*	*1*	*1*
2	マスカラ	マスカラ	6	43	49	0.153	4	4
3	顔	カオ	22	6	28	0.088	1	2
4	毛	ケ	20	3	23	0.072	1	1
5	つけまつげ	ツケマツゲ	6	14	20	0.063	5	5
6	黒	クロ	10	7	17	0.053	1	2
7	化粧	ケショウ	6	10	16	0.050	2	3
8	まゆげ	マユゲ	5	1	6	0.019	3	3
	眉毛		*3*	*1*	*4*	*0.013*	*2*	*3*
	まゆげ		*2*	*0*	*2*	*0.006*	*3*	*3*
9	女性	ジョセイ	4	2	6	0.019	2	3
10	ビューラー	ビューラー	1	5	6	0.019	5	4
11	女	オンナ	3	2	5	0.016	1	3
12	カール	カール	3	1	4	0.013	3	3
13	エクステ	エクステ	0	4	4	0.013	4	4
14	女の子	オンナノコ	1	2	3	0.009	3	5
15	つけま	ツケマ	1	2	3	0.009	3	3
16	メイク	メイク	1	2	3	0.009	3	3
17	邪魔	ジャマ	2	0	2	0.006	2	2
18	ラクダ	ラクダ	2	0	2	0.006	3	3
19	体	カラダ	1	1	2	0.006	1	3
20	長さ	ナガサ	0	2	2	0.006	2	3
21	パーマ	パーマ	0	2	2	0.006	3	3
22	皆無	カイム	1	0	1	0.003	2	3
23	劇	ゲキ	1	0	1	0.003	1	2
24	逆さまつげ	サカサマツゲ	1	0	1	0.003	5	6
25	女子	ジョシ	1	0	1	0.003	2	2
26	身体	シンタイ	1	0	1	0.003	2	4
27	体毛	タイモウ	1	0	1	0.003	2	4
28	抜け毛	ヌケゲ	1	0	1	0.003	3	3
29	人	ヒト	1	0	1	0.003	1	2
30	ガード	ガード	0	1	1	0.003	3	3
31	カーラー	カーラー	0	1	1	0.003	4	4
32	化粧品	ケショウヒン	0	1	1	0.003	3	5
33	装飾	ソウショク	0	1	1	0.003	2	4
34	電話	デンワ	0	1	1	0.003	2	3
35	涙	ナミダ	0	1	1	0.003	1	3
36	必須	ヒッス	0	1	1	0.003	2	3
37	マッチ棒	マッチボウ	0	1	1	0.003	4	5
38	まぶた	マブタ	0	1	1	0.003	3	3
39	目力	メヂカラ	0	1	1	0.003	2	4
	合計		152	146	298			

88	まつり	フリガナ	男性	女性	全体	連想強度	文字数	モーラ数
1	夏	ナツ	58	58	116	0.363	1	2
2	花火	ハナビ	10	5	15	0.047	2	3
3	おどり	オドリ	10	4	14	0.044	3	3
	踊り		8	4	12	0.038	2	3
	おどり		2	0	2	0.006	3	3
4	浴衣	ユカタ	6	5	11	0.034	2	3
5	みこし	ミコシ	5	6	11	0.034	3	3
	神輿		4	5	9	0.028	2	3
	おみこし		1	0	1	0.003	4	4
	お神輿		0	1	1	0.003	3	4
6	はっぴ	ハッピ	2	5	7	0.022	3	3
	はっぴ		0	4	4	0.013	3	3
	法被		1	1	2	0.006	2	3
	ハッピ		1	0	1	0.003	3	3
7	太鼓	タイコ	4	2	6	0.019	2	3
8	盆踊り	ボンオドリ	3	3	6	0.019	3	5
9	りんごあめ	リンゴアメ	1	5	6	0.019	5	5
	りんご飴		0	5	5	0.016	4	5
	リンゴ飴		1	0	1	0.003	4	5
10	夜	ヨル	3	2	5	0.016	1	2
11	屋台	ヤタイ	2	3	5	0.016	2	3
12	うちわ	ウチワ	1	4	5	0.016	3	3
	うちわ		1	2	3	0.009	3	3
	団扇		0	2	2	0.006	2	3
13	夜店	ヨミセ	1	4	5	0.016	2	3
14	地元	ジモト	2	2	4	0.013	2	3
15	にぎやか	ニギヤカ	2	2	4	0.013	4	4
	賑やか		2	0	2	0.006	3	4
	にぎやか		0	2	2	0.006	4	4
16	なつまつり	ナツマツリ	3	0	3	0.009	5	5
	夏祭り		2	0	2	0.006	3	5
	夏まつり		1	0	1	0.003	4	5
17	北島三郎	キタジマサブロウ	3	0	3	0.009	4	8
18	出店	シュッテン	2	1	3	0.009	2	4
19	春	ハル	2	1	3	0.009	1	2
20	神社	ジンジャ	1	2	3	0.009	2	3
21	日本	ニホン	1	2	3	0.009	2	3
22	だんじり	ダンジリ	0	3	3	0.009	4	4
	だんぢり		0	2	2	0.006	4	4
	だんじり		0	1	1	0.003	4	4
23	行事	ギョウジ	2	0	2	0.006	2	3
24	だし	ダシ	2	0	2	0.006	2	2
	山車		1	0	1	0.003	2	2
	だし		1	0	1	0.003	2	2
25	歌	ウタ	1	1	2	0.006	1	2
26	伝統	デントウ	1	1	2	0.006	2	4
27	夏休み	ナツヤスミ	1	1	2	0.006	3	5
28	浜松	ハママツ	1	1	2	0.006	2	4
29	縁日	エンニチ	0	2	2	0.006	2	4
30	男	オトコ	0	2	2	0.006	1	3
31	火	ヒ	0	2	2	0.006	1	1
32	人混み	ヒトゴミ	0	2	2	0.006	3	4
33	秋	アキ	1	0	1	0.003	1	2
34	あめ	アメ	1	0	1	0.003	2	2
35	伊勢	イセ	1	0	1	0.003	2	2
36	祝い	イワイ	1	0	1	0.003	2	3
37	縁起	エンギ	1	0	1	0.003	2	3
38	大人数	オオニンズウ	1	0	1	0.003	3	6
39	神	カミ	1	0	1	0.003	1	2
40	感謝祭	カンシャサイ	1	0	1	0.003	3	5
41	祇園	ギオン	1	0	1	0.003	2	3
42	気持ち	キモチ	1	0	1	0.003	3	3
43	京都	キョウト	1	0	1	0.003	2	3
44	喧嘩	ケンカ	1	0	1	0.003	2	3
45	騒ぎ	サワギ	1	0	1	0.003	2	3
46	四月	シガツ	1	0	1	0.003	2	3
47	集団	シュウダン	1	0	1	0.003	2	4
48	集落	シュウラク	1	0	1	0.003	2	4
49	政治	セイジ	1	0	1	0.003	2	3
50	たこ焼き	タコヤキ	1	0	1	0.003	4	4
51	七夕	タナバタ	1	0	1	0.003	2	4
52	地方	チホウ	1	0	1	0.003	2	3
53	デート	デート	1	0	1	0.003	3	3
54	ナンパ	ナンパ	1	0	1	0.003	3	3
55	ねぶた	ネブタ	1	0	1	0.003	3	3
56	フェスタ	フェスタ	1	0	1	0.003	4	3
57	舞踏	ブトウ	1	0	1	0.003	2	3
58	催し物	モヨオシモノ	1	0	1	0.003	3	6
59	櫓	ヤグラ	1	0	1	0.003	1	3
60	やし	ヤシ	1	0	1	0.003	2	2
61	りんご	リンゴ	1	0	1	0.003	3	3
62	イベント	イベント	0	1	1	0.003	4	4
63	宴	ウタゲ	0	1	1	0.003	1	3
64	演歌	エンカ	0	1	1	0.003	2	3
65	おもちゃ	オモチャ	0	1	1	0.003	4	3
66	女	オンナ	0	1	1	0.003	1	3
67	お菓子	オカシ	0	1	1	0.003	3	3
68	コミケ	コミケ	0	1	1	0.003	3	3
69	桜	サクラ	0	1	1	0.003	1	3
70	世界	セカイ	0	1	1	0.003	2	3
71	名古屋	ナゴヤ	0	1	1	0.003	3	3
72	日本各地	ニッポンカクチ	0	1	1	0.003	4	7
73	お囃子	オハヤシ	0	1	1	0.003	3	4
74	ハレ	ハレ	0	1	1	0.003	2	2
75	雛人形	ヒナニンギョウ	0	1	1	0.003	3	6
76	店	ミセ	0	1	1	0.003	1	2
77	綿あめ	ワタアメ	0	1	1	0.003	3	4
78	綿菓子	ワタガシ	0	1	1	0.003	3	4
	合計		160	148	308			

89	まぶた	フリガナ	男性	女性	全体	連想強度	文字数	モーラ数
1	め	メ	91	85	176	0.550	1	1
	目		*89*	*84*	*173*	*0.541*	*1*	*1*
	眼		*1*	*1*	*2*	*0.006*	*1*	*1*
	め		*1*	*0*	*1*	*0.003*	*1*	*1*
2	瞳	ヒトミ	11	6	17	0.053	1	3
3	二重	フタエ	6	8	14	0.044	2	3
4	まつげ	マツゲ	2	8	10	0.031	3	3
	まつ毛		*2*	*4*	*6*	*0.019*	*3*	*3*
	まつげ		*0*	*4*	*4*	*0.013*	*3*	*3*
5	一重	ヒトエ	5	2	7	0.022	2	3
6	顔	カオ	5	0	5	0.016	1	2
7	涙	ナミダ	2	3	5	0.016	1	3
8	まばたき	マバタキ	2	3	5	0.016	4	4
	瞬き		*2*	*2*	*4*	*0.013*	*2*	*4*
	まばたき		*0*	*1*	*1*	*0.003*	*4*	*4*
9	あいしゃどう	アイシャドウ	1	4	5	0.016	6	5
	アイシャドウ		*1*	*3*	*4*	*0.013*	*6*	*5*
	アイシャドー		*0*	*1*	*1*	*0.003*	*6*	*5*
10	睡眠	スイミン	2	2	4	0.013	2	4
11	眠気	ネムケ	2	2	4	0.013	2	3
12	整形	セイケイ	1	3	4	0.013	2	4
13	皮膚	ヒフ	1	3	4	0.013	2	2
14	人	ヒト	2	1	3	0.009	1	2
15	化粧	ケショウ	0	3	3	0.009	2	3
16	裏	ウラ	2	0	2	0.006	1	2
17	思い出	オモイデ	2	0	2	0.006	3	4
18	闇	ヤミ	2	0	2	0.006	1	2
19	睡魔	スイマ	1	1	2	0.006	2	3
20	はは	ハハ	1	1	2	0.006	2	2
	はは		*1*	*0*	*1*	*0.003*	*2*	*2*
	母		*0*	*1*	*1*	*0.003*	*1*	*2*
21	アイライン	アイライン	1	0	1	0.003	5	5
22	裏側	ウラガワ	1	0	1	0.003	2	4
23	おもい	オモイ	1	0	1	0.003	3	3
24	紙一重	カミヒトエ	1	0	1	0.003	3	5
25	皮	カワ	1	0	1	0.003	1	2
26	眼球	ガンキュウ	1	0	1	0.003	2	4
27	キス	キス	1	0	1	0.003	2	2
28	恋人	コイビト	1	0	1	0.003	2	4
29	睡眠不足	スイミンブソク	1	0	1	0.003	4	7
30	腫れ	ハレ	1	0	1	0.003	2	2
31	光	ヒカリ	1	0	1	0.003	1	3
32	二重まぶた	フタエマブタ	1	0	1	0.003	5	6
33	保護	ホゴ	1	0	1	0.003	2	2
34	目元	メモト	1	0	1	0.003	2	3
35	ものもらい	モノモライ	1	0	1	0.003	5	5
36	アイカラー	アイカラー	0	1	1	0.003	5	5
37	奥	オク	0	1	1	0.003	1	2
38	奥ぶたえ	オクブタエ	0	1	1	0.003	4	5
39	体	カラダ	0	1	1	0.003	1	3
40	脂肪	シボウ	0	1	1	0.003	2	3
41	就寝	シュウシン	0	1	1	0.003	2	4
42	前髪	マエガミ	0	1	1	0.003	2	4
43	メイク	メイク	0	1	1	0.003	3	3
	合計		156	143	299			

90	まわし	フリガナ	男性	女性	全体	連想強度	文字数	モーラ数
1	すもう	スモウ	111	96	207	0.647	3	3
	相撲		110	91	201	0.628	2	3
	すもう		1	4	5	0.016	3	3
	お相撲		0	1	1	0.003	3	4
2	おすもうさん	オスモウサン	2	8	10	0.031	6	6
	お相撲さん		2	7	9	0.028	5	6
	おすもうさん		0	1	1	0.003	6	6
3	まつり	マツリ	1	8	9	0.028	3	3
	祭り		1	7	8	0.025	2	3
	まつり		0	1	1	0.003	3	3
4	力士	リキシ	8	0	8	0.025	2	3
5	蹴り	ケリ	6	2	8	0.025	2	2
6	ふんどし	フンドシ	3	3	6	0.019	4	4
	ふんどし		2	3	5	0.016	4	4
	フンドシ		1	0	1	0.003	4	4
7	さる	サル	3	2	5	0.016	2	2
	猿		2	1	3	0.009	1	2
	さる		1	1	2	0.006	2	2
8	こま	コマ	2	3	5	0.016	2	2
	コマ		2	2	4	0.013	2	2
	こま		0	1	1	0.003	2	2
9	日本	ニホン	3	1	4	0.013	2	3
10	したく	シタク	2	1	3	0.009	3	3
	仕度		2	0	2	0.006	2	3
	支度		0	1	1	0.003	2	3
11	準備	ジュンビ	2	1	3	0.009	2	3
12	せきとり	セキトリ	1	2	3	0.009	4	4
	関取		0	2	2	0.006	2	4
	関取り		1	0	1	0.003	3	4
13	たらい	タライ	1	2	3	0.009	3	3
14	男	オトコ	1	1	2	0.006	1	3
15	回転	カイテン	1	1	2	0.006	2	4
16	皿	サラ	1	1	2	0.006	1	2
17	白	シロ	1	1	2	0.006	1	2
18	縄	ナワ	1	1	2	0.006	1	2
19	布	ヌノ	0	2	2	0.006	1	2
20	洗い物	アライモノ	1	0	1	0.003	3	5
21	大須	オオス	1	0	1	0.003	2	3
22	帯	オビ	1	0	1	0.003	1	2
23	格闘	カクトウ	1	0	1	0.003	2	4
24	シマウマ	シマウマ	1	0	1	0.003	4	4
25	土俵	ドヒョウ	1	0	1	0.003	2	3
26	犯罪	ハンザイ	1	0	1	0.003	2	4
27	ペットボトル	ペットボトル	1	0	1	0.003	6	6
28	まわし蹴り	マワシゲリ	1	0	1	0.003	5	5
29	者	モノ	1	0	1	0.003	1	2
30	遊び	アソビ	0	1	1	0.003	2	3
31	絵	エ	0	1	1	0.003	1	1
32	着物	キモノ	0	1	1	0.003	2	3
33	車	クルマ	0	1	1	0.003	1	3
34	芸	ゲイ	0	1	1	0.003	1	2
35	腰	コシ	0	1	1	0.003	1	2
36	言葉	コトバ	0	1	1	0.003	2	3
37	さらし	サラシ	0	1	1	0.003	3	3
38	相撲取り	スモウトリ	0	1	1	0.003	4	5
39	土佐犬	トサイヌ	0	1	1	0.003	3	4
40	紐	ヒモ	0	1	1	0.003	1	2
41	メール	メール	0	1	1	0.003	3	3
42	ヤンキー	ヤンキー	0	1	1	0.003	4	4
43	横綱	ヨコヅナ	0	1	1	0.003	2	4
	合計		160	150	310			

91	むかし	フリガナ	男性	女性	全体	連想強度	文字数	モーラ数
1	はなし	ハナシ	31	39	70	0.219	3	3
	話		*29*	*39*	*68*	*0.213*	*1*	*3*
	お話		*1*	*0*	*1*	*0.003*	*2*	*4*
	おはなし		*1*	*0*	*1*	*0.003*	*4*	*4*
2	昔話	ムカシバナシ	22	28	50	0.156	2	6
3	過去	カコ	16	10	26	0.081	2	2
4	今	イマ	7	8	15	0.047	1	2
5	おじいさん	オジイサン	5	6	11	0.034	5	5
6	ももたろう	モモタロウ	8	2	10	0.031	5	5
	桃太郎		*6*	*2*	*8*	*0.025*	*3*	*5*
	もも太郎		*2*	*0*	*2*	*0.006*	*4*	*5*
7	絵本	エホン	6	3	9	0.028	2	3
8	戦争	センソウ	6	3	9	0.028	2	4
9	昭和	ショウワ	2	7	9	0.028	2	3
10	物語	モノガタリ	3	5	8	0.025	2	5
11	歴史	レキシ	4	3	7	0.022	2	3
12	日本昔話	ニホンムカシバナシ	2	5	7	0.022	4	9
13	江戸	エド	4	1	5	0.016	2	2
14	江戸時代	エドジダイ	3	2	5	0.016	4	5
15	現在	ゲンザイ	3	2	5	0.016	2	4
16	思い出	オモイデ	2	3	5	0.016	3	4
17	童話	ドウワ	2	3	5	0.016	2	3
18	時代	ジダイ	4	0	4	0.013	2	3
19	おとぎばなし	オトギバナシ	1	2	3	0.009	6	6
	おとぎ話		*1*	*1*	*2*	*0.006*	*4*	*6*
	おとぎばなし		*0*	*1*	*1*	*0.003*	*6*	*6*
20	子供	コドモ	0	3	3	0.009	2	3
21	田舎	イナカ	2	0	2	0.006	2	3
22	桃	モモ	2	0	2	0.006	1	2
23	おじいちゃん	オジイチャン	1	1	2	0.006	6	5
24	日本	ニホン	1	1	2	0.006	2	3
25	ばあさん	バアサン	1	1	2	0.006	4	4
	ばあさん		*1*	*0*	*1*	*0.003*	*4*	*4*
	おばあさん		*0*	*1*	*1*	*0.003*	*5*	*5*
26	古	イニシエ	1	0	1	0.003	1	4
27	恐竜	キョウリュウ	1	0	1	0.003	2	4
28	源氏物語	ゲンジモノガタリ	1	0	1	0.003	4	8
29	高校サッカー	コウコウサッカー	1	0	1	0.003	6	8
30	古代	コダイ	1	0	1	0.003	2	3
31	子供時代	コドモジダイ	1	0	1	0.003	4	6
32	差別	サベツ	1	0	1	0.003	2	3
33	写真	シャシン	1	0	1	0.003	2	3
34	小学校	ショウガッコウ	1	0	1	0.003	3	6
35	神秘	シンピ	1	0	1	0.003	2	3
36	竹	タケ	1	0	1	0.003	1	2
37	竹取物語	タケトリモノガタリ	1	0	1	0.003	4	9
38	脱脂粉乳	ダッシフンニュウ	1	0	1	0.003	4	7
39	田んぼ	タンボ	1	0	1	0.003	3	3
40	作り話	ツクリバナシ	1	0	1	0.003	3	6
41	伝統	デントウ	1	0	1	0.003	2	4
42	氷河期	ヒョウガキ	1	0	1	0.003	3	4
43	不便	フベン	1	0	1	0.003	2	3
44	メトロ	メトロ	1	0	1	0.003	3	3
45	老人	ロウジン	1	0	1	0.003	2	4
46	ロマン	ロマン	1	0	1	0.003	3	3
47	おばあちゃん	オバアチャン	0	1	1	0.003	6	5
48	記憶	キオク	0	1	1	0.003	2	3
49	昨日	キノウ	0	1	1	0.003	2	3
50	現代	ゲンダイ	0	1	1	0.003	2	4
51	神話	シンワ	0	1	1	0.003	2	3
52	祖父母	ソフボ	0	1	1	0.003	3	3
53	茶色	チャイロ	0	1	1	0.003	2	3
54	卑弥呼	ヒミコ	0	1	1	0.003	3	3
55	平安時代	ヘイアンジダイ	0	1	1	0.003	4	7
56	ヨーロッパ	ヨーロッパ	0	1	1	0.003	5	5
57	藁	ワラ	0	1	1	0.003	1	2
	合計		159	149	308			

92	めがね	フリガナ	男性	女性	全体	連想強度	文字数	モーラ数
1	視力	シリョク	24	24	48	0.150	2	3
2	目	メ	22	17	39	0.122	1	1
3	レンズ	レンズ	24	14	38	0.119	3	3
4	だて	ダテ	5	7	12	0.038	2	2
	伊達		*3*	*4*	*7*	*0.022*	*2*	*2*
	ダテ		*1*	*2*	*3*	*0.009*	*2*	*2*
	だて		*1*	*1*	*2*	*0.006*	*2*	*2*
5	コンタクト	コンタクト	4	7	11	0.034	5	5
6	くろぶち	クロブチ	1	9	10	0.031	4	4
	黒ぶち		*1*	*8*	*9*	*0.028*	*3*	*4*
	黒ブチ		*0*	*1*	*1*	*0.003*	*3*	*4*
7	近眼	キンガン	5	2	7	0.022	2	4
8	フレーム	フレーム	4	3	7	0.022	4	4
9	ガラス	ガラス	5	1	6	0.019	3	3
10	サングラス	サングラス	3	2	5	0.016	5	5
11	インテリ	インテリ	1	4	5	0.016	4	4
12	眼科	ガンカ	1	3	4	0.013	2	3
13	秀才	シュウサイ	1	3	4	0.013	2	4
14	黒	クロ	3	0	3	0.009	1	2
15	近視	キンシ	2	1	3	0.009	2	3
16	だてめがね	ダテメガネ	2	1	3	0.009	5	5
	だてメガネ		*1*	*0*	*1*	*0.003*	*5*	*5*
	ダテメガネ		*1*	*0*	*1*	*0.003*	*5*	*5*
	だてめがね		*0*	*1*	*1*	*0.003*	*5*	*5*
17	老眼	ロウガン	2	1	3	0.009	2	4
18	赤	アカ	1	2	3	0.009	1	2
19	おしゃれ	オシャレ	1	2	3	0.009	4	3
	おしゃれ		*1*	*1*	*2*	*0.006*	*4*	*3*
	オシャレ		*0*	*1*	*1*	*0.003*	*4*	*3*
20	コンタクトレンズ	コンタクトレンズ	1	2	3	0.009	8	8
21	まじめ	マジメ	1	2	3	0.009	3	3
	まじめ		*1*	*1*	*2*	*0.006*	*3*	*3*
	真面目		*0*	*1*	*1*	*0.003*	*3*	*3*
22	凹凸	オウトツ	2	0	2	0.006	2	4
23	顔	カオ	2	0	2	0.006	1	2
24	老眼鏡	ロウガンキョウ	2	0	2	0.006	3	6
25	色眼鏡	イロメガネ	1	1	2	0.006	3	5
26	矯正	キョウセイ	1	1	2	0.006	2	4
27	勤勉	キンベン	1	1	2	0.006	2	4
28	知的	チテキ	1	1	2	0.006	2	3
29	ぶち	ブチ	1	1	2	0.006	2	2
	ぶち		*1*	*0*	*1*	*0.003*	*2*	*2*
	ブチ		*0*	*1*	*1*	*0.003*	*2*	*2*
30	勉強	ベンキョウ	1	1	2	0.006	2	4
31	男	オトコ	0	2	2	0.006	1	3
32	男子	ダンシ	0	2	2	0.006	2	3
33	二つ	フタツ	0	2	2	0.006	2	3
34	アイテム	アイテム	1	0	1	0.003	4	4
35	オタク	オタク	1	0	1	0.003	3	3
36	学校	ガッコウ	1	0	1	0.003	2	4
37	鬼畜	キチク	1	0	1	0.003	2	3
38	強制	キョウセイ	1	0	1	0.003	2	4
39	銀縁	ギンブチ	1	0	1	0.003	2	4
40	猿	サル	1	0	1	0.003	1	2
41	自分	ジブン	1	0	1	0.003	2	3
42	視力検査	シリョクケンサ	1	0	1	0.003	4	6
43	紳士	シンシ	1	0	1	0.003	2	3
44	好き	スキ	1	0	1	0.003	2	2
45	頭脳	ズノウ	1	0	1	0.003	2	3
46	太陽	タイヨウ	1	0	1	0.003	2	4
47	天才	テンサイ	1	0	1	0.003	2	4
48	度入り	ドイリ	1	0	1	0.003	3	3
49	ネクタイ	ネクタイ	1	0	1	0.003	4	4
50	病院	ビョウイン	1	0	1	0.003	2	4
51	ファッション	ファッション	1	0	1	0.003	6	4
52	ブリッジ	ブリッジ	1	0	1	0.003	4	4
53	保養	ホヨウ	1	0	1	0.003	2	3
54	丸眼鏡	マルメガネ	1	0	1	0.003	3	5
55	ライト	ライト	1	0	1	0.003	3	3
56	乱視	ランシ	1	0	1	0.003	2	3
57	老化	ロウカ	1	0	1	0.003	2	3
58	雨	アメ	0	1	1	0.003	1	2
59	色	イロ	0	1	1	0.003	1	2
60	遠視	エンシ	0	1	1	0.003	2	3
61	置き場	オキバ	0	1	1	0.003	3	3
62	おじさん	オジサン	0	1	1	0.003	4	4
63	女の子	オンナノコ	0	1	1	0.003	3	5
64	眼下	ガンカ	0	1	1	0.003	2	3
65	教授	キョウジュ	0	1	1	0.003	2	3
66	景気	ケイキ	0	1	1	0.003	2	3
67	コーチ	コーチ	0	1	1	0.003	3	3
68	授業	ジュギョウ	0	1	1	0.003	2	3
69	視力低下	シリョクテイカ	0	1	1	0.003	4	6
70	先生	センセイ	0	1	1	0.003	2	4
71	装着	ソウチャク	0	1	1	0.003	2	4
72	友達	トモダチ	0	1	1	0.003	2	4
73	とんぼ	トンボ	0	1	1	0.003	3	3
74	必要不可欠	ヒツヨウフカケツ	0	1	1	0.003	5	8
75	ブーム	ブーム	0	1	1	0.003	3	3
76	便利	ベンリ	0	1	1	0.003	2	3
77	本	ホン	0	1	1	0.003	1	2
78	ミラー	ミラー	0	1	1	0.003	3	3
79	メガネっこ	メガネッコ	0	1	1	0.003	5	5
80	優等生	ユウトウセイ	0	1	1	0.003	3	6
81	裸眼	ラガン	0	1	1	0.003	2	3
	合計		149	143	292			

93	もうけ	フリガナ	男性	女性	全体	連想強度	文字数	モーラ数
1	かね	カネ	80	82	162	0.506	2	2
	金		*58*	*39*	*97*	*0.303*	*1*	*2*
	お金		*22*	*43*	*65*	*0.203*	*2*	*3*
2	商売	ショウバイ	16	12	28	0.088	2	4
3	利益	リエキ	11	14	25	0.078	2	3
4	話	ハナシ	6	8	14	0.044	1	3
5	株	カブ	5	4	9	0.028	1	2
6	会社	カイシャ	3	5	8	0.025	2	3
7	仕事	シゴト	3	3	6	0.019	2	3
8	ギャンブル	ギャンブル	2	4	6	0.019	5	4
9	ぱちんこ	パチンコ	5	0	5	0.016	4	4
	パチンコ		*4*	*0*	*4*	*0.013*	*4*	*4*
	パちんこ		*1*	*0*	*1*	*0.003*	*4*	*4*
10	黒字	クロジ	4	1	5	0.016	2	3
11	ラッキー	ラッキー	3	0	3	0.009	4	4
12	給料	キュウリョウ	2	0	2	0.006	2	4
13	金銭	キンセン	2	0	2	0.006	2	4
14	アルバイト	アルバイト	1	1	2	0.006	5	5
15	大阪	オオサカ	0	2	2	0.006	2	4
16	経営	ケイエイ	0	2	2	0.006	2	4
17	店	ミセ	0	2	2	0.006	1	2
18	景気	ケイキ	1	0	1	0.003	2	3
19	アガリ	アガリ	1	0	1	0.003	3	3
20	商い	アキナイ	1	0	1	0.003	2	4
21	悪徳業者	アクトクギョウシャ	1	0	1	0.003	4	7
22	売上	ウリアゲ	1	0	1	0.003	2	4
23	掛け	カケ	1	0	1	0.003	2	2
24	稼ぎ	カセギ	1	0	1	0.003	2	3
25	企業	キギョウ	1	0	1	0.003	2	3
26	くじ	クジ	1	0	1	0.003	2	2
27	競馬	ケイバ	1	0	1	0.003	2	3
28	現金	ゲンキン	1	0	1	0.003	2	4
29	収益	シュウエキ	1	0	1	0.003	2	4
30	商業	ショウギョウ	1	0	1	0.003	2	4
31	損失	ソンシツ	1	0	1	0.003	2	4
32	博打	バクチ	1	0	1	0.003	2	3
33	不潔	フケツ	1	0	1	0.003	2	3
34	プラス	プラス	1	0	1	0.003	3	3
35	ボーナス	ボーナス	1	0	1	0.003	4	4
36	マージン	マージン	1	0	1	0.003	4	4
37	利潤	リジュン	1	0	1	0.003	2	3
38	裏	ウラ	0	1	1	0.003	1	2
39	賭け	カケ	0	1	1	0.003	2	2
40	賭け事	カケゴト	0	1	1	0.003	3	4
41	関西	カンサイ	0	1	1	0.003	2	4
42	ケチ	ケチ	0	1	1	0.003	2	2
43	商人	ショウニン	0	1	1	0.003	2	4
44	宝くじ	タカラクジ	0	1	1	0.003	3	5
45	努力	ドリョク	0	1	1	0.003	2	3
46	バイト	バイト	0	1	1	0.003	3	3
47	ぼろ儲け	ボロモウケ	0	1	1	0.003	4	5
48	まる	マル	0	1	1	0.003	2	2
49	夜店	ヨミセ	0	1	1	0.003	2	3
	合計		163	152	315			

94	やかん	フリガナ	男性	女性	全体	連想強度	文字数	モーラ数
1	ゆ	ユ	46	57	103	0.322	1	1
	お湯		37	48	85	0.266	2	2
	湯		9	9	18	0.056	1	1
2	沸騰	フットウ	16	10	26	0.081	2	4
3	ちゃ	チャ	10	15	25	0.078	2	1
	お茶		10	14	24	0.075	2	2
	茶		0	1	1	0.003	1	1
4	なべ	ナベ	16	6	22	0.069	2	2
	鍋		9	5	14	0.044	1	2
	なべ		6	1	7	0.022	2	2
	お鍋		1	0	1	0.003	2	3
5	熱湯	ネットウ	10	8	18	0.056	2	4
6	火	ヒ	5	12	17	0.053	1	1
7	やけど	ヤケド	6	6	12	0.038	3	3
	火傷		3	3	6	0.019	2	3
	やけど		3	3	6	0.019	3	3
8	水	ミズ	6	2	8	0.025	1	2
9	金属	キンゾク	6	1	7	0.022	2	4
10	熱	ネツ	4	2	6	0.019	1	2
11	ストーブ	ストーブ	4	1	5	0.016	4	4
12	湯気	ユゲ	1	4	5	0.016	2	2
13	金色	キンイロ	2	1	3	0.009	2	4
14	鉄	テツ	2	1	3	0.009	1	2
15	かん	カン	2	0	2	0.006	2	2
16	コンロ	コンロ	2	0	2	0.006	3	3
17	道具	ドウグ	2	0	2	0.006	2	3
18	音	オト	1	1	2	0.006	1	2
19	台所	ダイドコロ	1	1	2	0.006	2	5
20	冬	フユ	1	1	2	0.006	1	2
21	ポット	ポット	1	1	2	0.006	3	3
22	夜	ヨル	1	1	2	0.006	1	2
23	料理	リョウリ	1	1	2	0.006	2	3
24	金物	カナモノ	0	2	2	0.006	2	4
25	家	イエ	1	0	1	0.003	1	2
26	黄土色	オウドイロ	1	0	1	0.003	3	5
27	カップラーメン	カップラーメン	1	0	1	0.003	7	7
28	球	キュウ	1	0	1	0.003	1	2
29	紅茶	コウチャ	1	0	1	0.003	2	3
30	蒸気	ジョウキ	1	0	1	0.003	2	3
31	病院	ビョウイン	1	0	1	0.003	2	4
32	マネージャー	マネージャー	1	0	1	0.003	6	5
33	ラーメン	ラーメン	1	0	1	0.003	4	4
34	加湿	カシツ	0	1	1	0.003	2	3
35	加熱	カネツ	0	1	1	0.003	2	3
36	金	キン	0	1	1	0.003	1	2
37	芸人	ゲイニン	0	1	1	0.003	2	4
38	コーヒー	コーヒー	0	1	1	0.003	4	4
39	石灰石	セッカイセキ	0	1	1	0.003	3	6
40	暖房	ダンボウ	0	1	1	0.003	2	4
41	部活	ブカツ	0	1	1	0.003	2	3
42	へそ	ヘソ	0	1	1	0.003	2	2
43	眉毛	マユゲ	0	1	1	0.003	2	3
	合計		155	144	299			

95	やけど	フリガナ	男性	女性	全体	連想強度	文字数	モーラ数
1	火	ヒ	63	43	106	0.331	1	1
2	けが	ケガ	17	16	33	0.103	2	2
	怪我		*11*	*13*	*24*	*0.075*	*2*	*2*
	けが		*6*	*3*	*9*	*0.028*	*2*	*2*
3	かじ	カジ	17	15	32	0.100	2	2
	火事		*17*	*14*	*31*	*0.097*	*2*	*2*
	かじ		*0*	*1*	*1*	*0.003*	*2*	*2*
4	熱	ネツ	6	5	11	0.034	1	2
5	やかん	ヤカン	3	7	10	0.031	3	3
	やかん		*3*	*6*	*9*	*0.028*	*3*	*3*
	ヤカン		*0*	*1*	*1*	*0.003*	*3*	*3*
6	傷	キズ	4	4	8	0.025	1	2
7	熱湯	ネットウ	3	3	6	0.019	2	4
8	水	ミズ	3	3	6	0.019	1	2
9	皮膚	ヒフ	2	3	5	0.016	2	2
10	赤	アカ	1	4	5	0.016	1	2
11	危険	キケン	2	2	4	0.013	2	3
12	炎	ホノオ	2	2	4	0.013	1	3
13	料理	リョウリ	1	3	4	0.013	2	3
14	ゆ	ユ	0	4	4	0.013	1	1
	お湯		*0*	*3*	*3*	*0.009*	*2*	*2*
	湯		*0*	*1*	*1*	*0.003*	*1*	*1*
15	家事	カジ	2	1	3	0.009	2	2
16	氷	コオリ	0	3	3	0.009	1	3
17	低温	テイオン	2	0	2	0.006	2	4
18	肌	ハダ	2	0	2	0.006	1	2
19	病院	ビョウイン	1	1	2	0.006	2	4
20	痕	アト	0	2	2	0.006	1	2
21	痛み	イタミ	0	2	2	0.006	2	3
22	傷跡	キズアト	0	2	2	0.006	2	4
23	薬	クスリ	0	2	2	0.006	1	3
24	ストーブ	ストーブ	0	2	2	0.006	4	4
25	赤色	アカイロ	1	0	1	0.003	2	4
26	家	イエ	1	0	1	0.003	1	2
27	浮気	ウワキ	1	0	1	0.003	2	3
28	ガス	ガス	1	0	1	0.003	2	2
29	苦痛	クツウ	1	0	1	0.003	2	3
30	高温	コウオン	1	0	1	0.003	2	4
31	口内炎	コウナイエン	1	0	1	0.003	3	6
32	高熱	コウネツ	1	0	1	0.003	2	4
33	障害	ショウガイ	1	0	1	0.003	2	4
34	全身火傷	ゼンシンヤケド	1	0	1	0.003	4	7
35	致命傷	チメイショウ	1	0	1	0.003	3	5
36	痛覚	ツウカク	1	0	1	0.003	2	4
37	手首	テクビ	1	0	1	0.003	2	3
38	病気	ビョウキ	1	0	1	0.003	2	3
39	フライパン	フライパン	1	0	1	0.003	5	5
40	冷水	レイスイ	1	0	1	0.003	2	4
41	裂傷	レッショウ	1	0	1	0.003	2	4
42	アイロン	アイロン	0	1	1	0.003	4	4
43	熱さ	アツサ	0	1	1	0.003	2	3
44	アロエ	アロエ	0	1	1	0.003	3	3
45	ケロイド	ケロイド	0	1	1	0.003	4	4
46	全身	ゼンシン	0	1	1	0.003	2	4
47	血	チ	0	1	1	0.003	1	1
48	治療	チリョウ	0	1	1	0.003	2	3
49	日	ヒ	0	1	1	0.003	1	1
50	不快	フカイ	0	1	1	0.003	2	3
51	湯たんぽ	ユタンポ	0	1	1	0.003	4	4
	合計		148	139	287			

96	ゆかた	フリガナ	男性	女性	全体	連想強度	文字数	モーラ数
1	夏	ナツ	70	97	167	0.522	1	2
2	まつり	マツリ	43	27	70	0.219	3	3
	祭り		*40*	*24*	*64*	*0.200*	*2*	*3*
	お祭り		*1*	*2*	*3*	*0.009*	*3*	*4*
	祭		*1*	*1*	*2*	*0.006*	*1*	*3*
	まつり		*1*	*0*	*1*	*0.003*	*3*	*3*
3	夏祭り	ナツマツリ	5	9	14	0.044	3	5
4	花火	ハナビ	9	4	13	0.041	2	3
5	着物	キモノ	6	3	9	0.028	2	3
6	女性	ジョセイ	4	2	6	0.019	2	3
7	和風	ワフウ	4	1	5	0.016	2	3
8	女	オンナ	3	2	5	0.016	1	3
9	温泉	オンセン	4	0	4	0.013	2	4
10	旅館	リョカン	3	1	4	0.013	2	3
11	和服	ワフク	2	2	4	0.013	2	3
12	花火大会	ハナビタイカイ	2	0	2	0.006	4	7
13	服	フク	2	0	2	0.006	1	2
14	きれい	キレイ	1	1	2	0.006	3	3
	きれい		*1*	*0*	*1*	*0.003*	*3*	*3*
	綺麗		*0*	*1*	*1*	*0.003*	*2*	*3*
15	日本	ニホン	0	2	2	0.006	2	3
16	赤	アカ	1	0	1	0.003	1	2
17	衣装	イショウ	1	0	1	0.003	2	3
18	エロス	エロス	1	0	1	0.003	3	3
19	女の子	オンナノコ	1	0	1	0.003	3	5
20	時代	ジダイ	1	0	1	0.003	2	3
21	女子	ジョシ	1	0	1	0.003	2	2
22	布	ヌノ	1	0	1	0.003	1	2
23	袴	ハカマ	1	0	1	0.003	1	3
24	振袖	フリソデ	1	0	1	0.003	2	4
25	色	イロ	0	1	1	0.003	1	2
26	薄着	ウスギ	0	1	1	0.003	2	3
27	出店	デミセ	0	1	1	0.003	2	3
28	夜	ヨル	0	1	1	0.003	1	2
	合計		167	155	322			

97	ゆとり	フリガナ	男性	女性	全体	連想強度	文字数	モーラ数
1	教育	キョウイク	97	95	192	0.600	2	4
2	余裕	ヨユウ	3	8	11	0.034	2	3
3	ゆとり教育	ユトリキョウイク	4	5	9	0.028	5	7
4	世代	セダイ	5	2	7	0.022	2	3
5	学校	ガッコウ	5	1	6	0.019	2	4
6	生活	セイカツ	5	1	6	0.019	2	4
7	楽	ラク	3	3	6	0.019	1	2
8	こころ	ココロ	1	5	6	0.019	3	3
	心		*1*	*4*	*5*	*0.016*	*1*	*3*
	こころ		*0*	*1*	*1*	*0.003*	*3*	*3*
9	時間	ジカン	1	5	6	0.019	2	3
10	ゆとり世代	ユトリセダイ	3	1	4	0.013	5	6
11	にーと	ニート	3	0	3	0.009	3	3
	ニート		*2*	*0*	*2*	*0.006*	*3*	*3*
	ニーと		*1*	*0*	*1*	*0.003*	*3*	*3*
12	遊び	アソビ	1	1	2	0.006	2	3
13	空間	クウカン	1	1	2	0.006	2	4
14	自分	ジブン	1	1	2	0.006	2	3
15	暇	ヒマ	1	1	2	0.006	1	2
16	勉強	ベンキョウ	1	1	2	0.006	2	4
17	お金	オカネ	0	2	2	0.006	2	3
18	糸	イト	1	0	1	0.003	1	2
19	癒し	イヤシ	1	0	1	0.003	2	3
20	皆無	カイム	1	0	1	0.003	2	3
21	学力	ガクリョク	1	0	1	0.003	2	4
22	家族	カゾク	1	0	1	0.003	2	3
23	気持ち	キモチ	1	0	1	0.003	3	3
24	休日	キュウジツ	1	0	1	0.003	2	4
25	空気	クウキ	1	0	1	0.003	2	3
26	子供	コドモ	1	0	1	0.003	2	3
27	困難	コンナン	1	0	1	0.003	2	4
28	残念	ザンネン	1	0	1	0.003	2	4
29	借金	シャッキン	1	0	1	0.003	2	4
30	小学生	ショウガクセイ	1	0	1	0.003	3	6
31	隙間	スキマ	1	0	1	0.003	2	3
32	大丈夫	ダイジョウブ	1	0	1	0.003	3	5
33	幅	ハバ	1	0	1	0.003	1	2
34	腹	ハラ	1	0	1	0.003	1	2
35	平成	ヘイセイ	1	0	1	0.003	2	4
36	平和	ヘイワ	1	0	1	0.003	2	3
37	無責任	ムセキニン	1	0	1	0.003	3	5
38	休み	ヤスミ	1	0	1	0.003	2	3
39	安らぎ	ヤスラギ	1	0	1	0.003	3	4
40	リラックス	リラックス	1	0	1	0.003	5	5
41	劣化	レッカ	1	0	1	0.003	2	3
42	若者	ワカモノ	1	0	1	0.003	2	4
43	家	イエ	0	1	1	0.003	1	2
44	学習	ガクシュウ	0	1	1	0.003	2	4
45	学生	ガクセイ	0	1	1	0.003	2	4
46	かご	カゴ	0	1	1	0.003	2	2
47	学級活動	ガッキュウカツドウ	0	1	1	0.003	4	8
48	休憩	キュウケイ	0	1	1	0.003	2	4
49	教育方針	キョウイクホウシン	0	1	1	0.003	4	8
50	暮らし	クラシ	0	1	1	0.003	3	3
51	現代	ゲンダイ	0	1	1	0.003	2	4
52	小学校	ショウガッコウ	0	1	1	0.003	3	6
53	ともだち	トモダチ	0	1	1	0.003	4	4
54	土曜日	ドヨウビ	0	1	1	0.003	3	4
55	部屋	ヘヤ	0	1	1	0.003	2	2
56	間取り	マドリ	0	1	1	0.003	3	3
57	目標	モクヒョウ	0	1	1	0.003	2	4
58	緩やか	ユルヤカ	0	1	1	0.003	3	4
59	余暇	ヨカ	0	1	1	0.003	2	2
60	老人	ロウジン	0	1	1	0.003	2	4
	合計		160	151	311			

98	りんご	フリガナ	男性	女性	全体	連想強度	文字数	モーラ数
1	赤	アカ	51	58	109	0.341	1	2
2	果物	クダモノ	32	20	52	0.163	2	4
3	青森	アオモリ	10	6	16	0.050	2	4
4	木	キ	9	3	12	0.038	1	1
5	赤色	アカイロ	4	3	7	0.022	2	4
6	果実	カジツ	2	4	6	0.019	2	3
7	白雪姫	シラユキヒメ	1	5	6	0.019	3	6
8	ニュートン	ニュートン	3	1	4	0.013	5	4
9	ごりら	ゴリラ	3	1	4	0.013	3	3
	ゴリラ		*2*	*0*	*2*	*0.006*	*3*	*3*
	ごりら		*1*	*1*	*2*	*0.006*	*3*	*3*
10	椎名林檎	シイナリンゴ	3	1	4	0.013	4	6
11	重力	ジュウリョク	2	2	4	0.013	2	4
12	飴	アメ	1	3	4	0.013	1	2
13	ジュース	ジュース	2	1	3	0.009	4	3
14	食べ物	タベモノ	1	2	3	0.009	3	4
15	魔女	マジョ	1	2	3	0.009	2	2
16	歌手	カシュ	2	0	2	0.006	2	2
17	椎名	シイナ	2	0	2	0.006	2	3
18	梨	ナシ	1	1	2	0.006	1	2
19	フルーツ	フルーツ	1	1	2	0.006	4	4
20	みかん	ミカン	1	1	2	0.006	3	3
	みかん		*1*	*0*	*1*	*0.003*	*3*	*3*
	蜜柑		*0*	*1*	*1*	*0.003*	*2*	*3*
21	りんご飴	リンゴアメ	1	1	2	0.006	4	5
22	秋	アキ	0	2	2	0.006	1	2
23	パイ	パイ	0	2	2	0.006	2	2
24	秋田	アキタ	1	0	1	0.003	2	3
25	甘味	アマミ	1	0	1	0.003	2	3
26	英語	エイゴ	1	0	1	0.003	2	3
27	おやつ	オヤツ	1	0	1	0.003	3	3
28	オレンジ	オレンジ	1	0	1	0.003	4	4
29	カレー	カレー	1	0	1	0.003	3	3
30	禁断	キンダン	1	0	1	0.003	2	4
31	自然	シゼン	1	0	1	0.003	2	3
32	死神	シニガミ	1	0	1	0.003	2	4
33	しりとり	シリトリ	1	0	1	0.003	4	4
34	誕生	タンジョウ	1	0	1	0.003	2	4
35	山	ヤマ	1	0	1	0.003	1	2
36	赤ずきん	アカズキン	0	1	1	0.003	4	5
37	アップルパイ	アップルパイ	0	1	1	0.003	6	6
38	うさぎ	ウサギ	0	1	1	0.003	3	3
39	酢	ス	0	1	1	0.003	1	1
40	大好物	ダイコウブツ	0	1	1	0.003	3	6
41	病気	ビョウキ	0	1	1	0.003	2	3
42	フジリンゴ	フジリンゴ	0	1	1	0.003	5	5
43	冬	フユ	0	1	1	0.003	1	2
44	祭り	マツリ	0	1	1	0.003	2	3
45	丸	マル	0	1	1	0.003	1	2
46	実	ミ	0	1	1	0.003	1	2
47	模写	モシャ	0	1	1	0.003	2	2
48	洋ナシ	ヨウナシ	0	1	1	0.003	3	4
	合計		145	133	278			

99	わいろ	フリガナ	男性	女性	全体	連想強度	文字数	モーラ数
1	かね	カネ	55	45	100	0.313	2	2
	金		*30*	*21*	*51*	*0.159*	*1*	*2*
	お金		*25*	*24*	*49*	*0.153*	*2*	*3*
2	政治家	セイジカ	19	19	38	0.119	3	4
3	政治	セイジ	8	13	21	0.066	2	3
4	悪	アク	4	11	15	0.047	1	2
5	犯罪	ハンザイ	8	5	13	0.041	2	4
6	不正	フセイ	7	5	12	0.038	2	3
7	会社	カイシャ	4	4	8	0.025	2	3
8	悪事	アクジ	3	3	6	0.019	2	3
9	悪代官	アクダイカン	2	3	5	0.016	3	6
10	汚職	オショク	4	0	4	0.013	2	3
11	社会	シャカイ	3	1	4	0.013	2	3
12	政府	セイフ	3	1	4	0.013	2	3
13	卑怯	ヒキョウ	3	1	4	0.013	2	3
14	裏	ウラ	1	3	4	0.013	1	2
15	時代劇	ジダイゲキ	2	1	3	0.009	3	5
16	罪	ツミ	2	1	3	0.009	1	2
17	裏金	ウラガネ	1	2	3	0.009	2	4
18	闇	ヤミ	1	2	3	0.009	1	2
19	大人	オトナ	0	3	3	0.009	2	3
20	違法	イホウ	2	0	2	0.006	2	3
21	危険	キケン	2	0	2	0.006	2	3
22	収賄	シュウワイ	2	0	2	0.006	2	4
23	ずる	ズル	2	0	2	0.006	2	2
24	上司	ジョウシ	1	1	2	0.006	2	3
25	闇組織	ヤミソシキ	1	1	2	0.006	3	5
26	悪党	アクトウ	1	0	1	0.003	2	4
27	裏取引	ウラトリヒキ	1	0	1	0.003	3	6
28	企業	キギョウ	1	0	1	0.003	2	3
29	禁止	キンシ	1	0	1	0.003	2	3
30	金銭	キンセン	1	0	1	0.003	2	4
31	黒	クロ	1	0	1	0.003	1	2
32	警察	ケイサツ	1	0	1	0.003	2	4
33	最低	サイテイ	1	0	1	0.003	2	4
34	下	シタ	1	0	1	0.003	1	2
35	社長	シャチョウ	1	0	1	0.003	2	3
36	銭	ゼニ	1	0	1	0.003	1	2
37	テロ	テロ	1	0	1	0.003	2	2
38	電気	デンキ	1	0	1	0.003	2	3
39	殿様	トノサマ	1	0	1	0.003	2	4
40	取引	トリヒキ	1	0	1	0.003	2	4
41	根回し	ネマワシ	1	0	1	0.003	3	4
42	マネーロンダリング	マネーロンダリング	1	0	1	0.003	9	9
43	麻薬	マヤク	1	0	1	0.003	2	3
44	やらせ	ヤラセ	1	0	1	0.003	3	3
45	悪質	アクシツ	0	1	1	0.003	2	4
46	悪徳	アクトク	0	1	1	0.003	2	4
47	嘘	ウソ	0	1	1	0.003	1	2
48	横領	オウリョウ	0	1	1	0.003	2	4
49	おじさん	オジサン	0	1	1	0.003	4	4
50	汚職事件	オショクジケン	0	1	1	0.003	4	6
51	影	カゲ	0	1	1	0.003	1	2
52	金持ち	カネモチ	0	1	1	0.003	3	4
53	芸能人	ゲイノウジン	0	1	1	0.003	3	6
54	黄金色	コガネイロ	0	1	1	0.003	3	5
55	訴訟	ソショウ	0	1	1	0.003	2	3
56	袖	ソデ	0	1	1	0.003	1	2
57	病院	ビョウイン	0	1	1	0.003	2	4
58	報酬	ホウシュウ	0	1	1	0.003	2	4
59	問題	モンダイ	0	1	1	0.003	2	4
60	闇社会	ヤミシャカイ	0	1	1	0.003	3	5
61	融資	ユウシ	0	1	1	0.003	2	3
62	悪者	ワルモノ	0	1	1	0.003	2	4
	合計		159	143	302			

100	わさび	フリガナ	男性	女性	全体	連想強度	文字数	モーラ数
1	すし	スシ	56	46	102	0.319	2	2
	寿司		*41*	*33*	*74*	*0.231*	*2*	*2*
	すし		*13*	*7*	*20*	*0.063*	*2*	*2*
	お寿司		*2*	*6*	*8*	*0.025*	*3*	*3*
2	みどり	ミドリ	23	23	46	0.144	3	3
	緑		*22*	*23*	*45*	*0.141*	*1*	*3*
	みどり		*1*	*0*	*1*	*0.003*	*3*	*3*
3	さしみ	サシミ	9	13	22	0.069	3	3
	刺身		*9*	*10*	*19*	*0.059*	*2*	*3*
	さしみ		*0*	*2*	*2*	*0.006*	*3*	*3*
	お刺身		*0*	*1*	*1*	*0.003*	*3*	*4*
4	しょうゆ	ショウユ	2	8	10	0.031	4	3
	醤油		*0*	*7*	*7*	*0.022*	*2*	*3*
	しょうゆ		*2*	*1*	*3*	*0.009*	*4*	*3*
5	鼻	ハナ	5	4	9	0.028	1	2
6	そば	ソバ	4	1	5	0.016	2	2
	蕎麦		*2*	*0*	*2*	*0.006*	*2*	*2*
	そば		*1*	*1*	*2*	*0.006*	*2*	*2*
	ソバ		*1*	*0*	*1*	*0.003*	*2*	*2*
7	かわ	カワ	1	4	5	0.016	2	2
	川		*1*	*3*	*4*	*0.013*	*1*	*2*
	河		*0*	*1*	*1*	*0.003*	*1*	*2*
8	からし	カラシ	2	2	4	0.013	3	3
9	野菜	ヤサイ	1	3	4	0.013	2	3
10	山	ヤマ	1	3	4	0.013	1	2
11	香辛料	コウシンリョウ	3	0	3	0.009	3	6
12	静岡	シズオカ	2	1	3	0.009	2	4
13	なみだ	ナミダ	2	1	3	0.009	3	3
	涙		*2*	*0*	*2*	*0.006*	*1*	*3*
	なみだ		*0*	*1*	*1*	*0.003*	*3*	*3*
14	水	ミズ	1	2	3	0.009	1	2
15	薬味	ヤクミ	1	2	3	0.009	2	3
16	山菜	サンサイ	2	0	2	0.006	2	4
17	調味料	チョウミリョウ	2	0	2	0.006	3	5
18	痛覚	ツウカク	2	0	2	0.006	2	4
19	食べ物	タベモノ	1	1	2	0.006	3	4
20	日本	ニホン	1	1	2	0.006	2	3
21	マグロ	マグロ	1	1	2	0.006	3	3
22	辛味	カラミ	0	2	2	0.006	2	3
23	辛さ	カラサ	1	0	1	0.003	2	3
24	ざるそば	ザルソバ	1	0	1	0.003	4	4
25	刺激	シゲキ	1	0	1	0.003	2	3
26	食品	ショクヒン	1	0	1	0.003	2	4
27	茶	チャ	1	0	1	0.003	1	1
28	天然	テンネン	1	0	1	0.003	2	4
29	長野県	ナガノケン	1	0	1	0.003	3	5
30	苦手	ニガテ	1	0	1	0.003	2	3
31	握り	ニギリ	1	0	1	0.003	2	3
32	練りワサビ	ネリワサビ	1	0	1	0.003	5	5
33	必要	ヒツヨウ	1	0	1	0.003	2	4
34	琵琶湖	ビワコ	1	0	1	0.003	3	3
35	緑色	ミドリイロ	1	0	1	0.003	2	5
36	料理	リョウリ	1	0	1	0.003	2	3
37	伊豆	イズ	0	1	1	0.003	2	2
38	黄緑	キミドリ	0	1	1	0.003	2	4
39	嫌い	キライ	0	1	1	0.003	2	3
40	激痛	ゲキツウ	0	1	1	0.003	2	4
41	静岡県	シズオカケン	0	1	1	0.003	3	6
42	自然	シゼン	0	1	1	0.003	2	3
43	好き	スキ	0	1	1	0.003	2	2
44	素麺	ソウメン	0	1	1	0.003	2	4
45	つくね	ツクネ	0	1	1	0.003	3	3
46	唐辛子	トウガラシ	0	1	1	0.003	3	5
47	長野	ナガノ	0	1	1	0.003	2	3
48	ねぎとろ	ネギトロ	0	1	1	0.003	4	4
49	抹茶	マッチャ	0	1	1	0.003	2	3
50	茗荷	ミョウガ	0	1	1	0.003	2	3
51	森	モリ	0	1	1	0.003	1	2
52	和食	ワショク	0	1	1	0.003	2	3
	合計		136	134	270			

III カタカナ編

1	アニメ	フリガナ	男性	女性	全体	連想強度	文字数	モーラ数
1	てれび	テレビ	34	33	67	0.223	3	3
	テレビ		*33*	*33*	*66*	*0.219*	*3*	*3*
	TV		*1*	*0*	*1*	*0.003*	*2*	*3*
2	まんが	マンガ	21	23	44	0.146	3	3
	漫画		*11*	*14*	*25*	*0.083*	*2*	*3*
	マンガ		*9*	*9*	*18*	*0.060*	*3*	*3*
	まんが		*1*	*0*	*1*	*0.003*	*3*	*3*
3	おたく	オタク	19	17	36	0.120	3	3
	オタク		*16*	*17*	*33*	*0.110*	*3*	*3*
	お宅		*2*	*0*	*2*	*0.007*	*2*	*3*
	ヲタク		*1*	*0*	*1*	*0.003*	*3*	*3*
4	こども	コドモ	6	7	13	0.043	3	3
	子供		*5*	*7*	*12*	*0.040*	*2*	*3*
	コドモ		*1*	*0*	*1*	*0.003*	*3*	*3*
5	日本	ニホン	9	3	12	0.040	2	3
6	たく	タク	6	6	12	0.040	2	2
7	映像	エイゾウ	5	2	7	0.023	2	4
8	動画	ドウガ	5	2	7	0.023	2	3
9	声優	セイユウ	3	4	7	0.023	2	4
10	ガンダム	ガンダム	5	1	6	0.020	4	4
11	ドラゴンボール	ドラゴンボール	5	0	5	0.017	7	7
12	深夜	シンヤ	3	1	4	0.013	2	3
13	どらえもん	ドラエモン	3	1	4	0.013	5	5
	ドラえもん		*2*	*1*	*3*	*0.010*	*5*	*5*
	どらえもん		*1*	*0*	*1*	*0.003*	*5*	*5*
14	なると	ナルト	3	1	4	0.013	3	3
	ナルト		*2*	*0*	*2*	*0.007*	*3*	*3*
	なると		*1*	*1*	*2*	*0.007*	*3*	*3*
15	文化	ブンカ	3	0	3	0.010	2	3
16	映画	エイガ	0	3	3	0.010	2	3
17	娯楽	ゴラク	2	0	2	0.007	2	3
18	セル画	セルガ	2	0	2	0.007	3	3
19	らきすた	ラキスタ	2	0	2	0.007	4	4
	らきすた		*1*	*0*	*1*	*0.003*	*4*	*4*
	らき☆すた		*1*	*0*	*1*	*0.003*	*5*	*4*
20	キャラクター	キャラクター	1	1	2	0.007	6	5
21	じぶり	ジブリ	1	1	2	0.007	3	3
	ジブリ		*1*	*0*	*1*	*0.003*	*3*	*3*
	じぶり		*0*	*1*	*1*	*0.003*	*3*	*3*
22	二次元	ニジゲン	1	1	2	0.007	3	4
23	夕方	ユウガタ	1	1	2	0.007	2	4
24	絵	エ	0	2	2	0.007	1	1
25	コスプレ	コスプレ	0	2	2	0.007	4	4
26	コナン	コナン	0	2	2	0.007	3	3
27	Aボーイ	エーボーイ	1	0	1	0.003	4	5
28	OP	オープニング	1	0	1	0.003	2	6
29	紙	カミ	1	0	1	0.003	1	2
30	空想	クウソウ	1	0	1	0.003	2	4
31	国民的	コクミンテキ	1	0	1	0.003	3	6
32	最高	サイコウ	1	0	1	0.003	2	4
33	サブカルチャー	サブカルチャー	1	0	1	0.003	7	6
34	7時	シチジ	1	0	1	0.003	2	3
35	視聴	シチョウ	1	0	1	0.003	2	3
36	趣味	シュミ	1	0	1	0.003	2	2
37	セル	セル	1	0	1	0.003	2	2
38	戦隊	センタイ	1	0	1	0.003	2	4
39	2D	ツーディー	1	0	1	0.003	2	4
40	DVD	ディーブイディー	1	0	1	0.003	3	6
41	パソコン	パソコン	1	0	1	0.003	4	4
42	ヒーロー	ヒーロー	1	0	1	0.003	4	4
43	ビデオ	ビデオ	1	0	1	0.003	3	3
44	6時	ロクジ	1	0	1	0.003	2	3
45	ロボット	ロボット	1	0	1	0.003	4	4
46	アニメーション	アニメーション	0	1	1	0.003	7	6
47	歌	ウタ	0	1	1	0.003	1	2
48	実写	ジッシャ	0	1	1	0.003	2	3
49	少年	ショウネン	0	1	1	0.003	2	4
50	ソング	ソング	0	1	1	0.003	3	3
51	特撮	トクサツ	0	1	1	0.003	2	4
52	ドラマ	ドラマ	0	1	1	0.003	3	3
53	人気	ニンキ	0	1	1	0.003	2	3
54	放送	ホウソウ	0	1	1	0.003	2	4
55	夕方6時	ユウガタロクジ	0	1	1	0.003	4	7
56	夢	ユメ	0	1	1	0.003	1	2
	合計		159	125	284			

2	アルミ	フリガナ	男性	女性	全体	連想強度	文字数	モーラ数
1	缶	カン	32	30	62	0.206	1	2
2	銀	ギン	12	23	35	0.116	1	2
3	きんぞく	キンゾク	23	8	31	0.103	4	4
	金属		*22*	*8*	*30*	*0.100*	*2*	*4*
	きんぞく		*1*	*0*	*1*	*0.003*	*4*	*4*
4	ホイル	ホイル	15	12	27	0.090	3	3
5	ぎんいろ	ギンイロ	3	12	15	0.050	4	4
	銀色		*3*	*11*	*14*	*0.047*	*2*	*4*
	銀いろ		*0*	*1*	*1*	*0.003*	*3*	*4*
6	アルミホイル	アルミホイル	3	8	11	0.037	6	6
7	鉄	テツ	8	1	9	0.030	1	2
8	いちえんだま	イチエンダマ	6	2	8	0.027	6	6
	一円玉		*5*	*1*	*6*	*0.020*	*3*	*6*
	1円玉		*1*	*1*	*2*	*0.007*	*3*	*6*
9	料理	リョウリ	5	3	8	0.027	2	3
10	ホイール	ホイール	6	1	7	0.023	4	4
11	カン	カン	2	4	6	0.020	2	2
12	アルミ缶	アルミカン	3	1	4	0.013	4	5
13	いちえん	イチエン	3	1	4	0.013	4	4
	1円		*3*	*0*	*3*	*0.010*	*2*	*4*
	一円		*0*	*1*	*1*	*0.003*	*2*	*4*
14	軽量	ケイリョウ	3	0	3	0.010	2	4
15	箔	ハク	1	2	3	0.010	1	2
16	化学	カガク	2	0	2	0.007	2	3
17	かん	カン	2	0	2	0.007	2	2
	疳		*1*	*0*	*1*	*0.003*	*1*	*2*
	癇		*1*	*0*	*1*	*0.003*	*1*	*2*
18	ジュース	ジュース	2	0	2	0.007	4	3
19	スチール	スチール	2	0	2	0.007	4	4
20	台所	ダイドコロ	2	0	2	0.007	2	5
21	みかん	ミカン	2	0	2	0.007	3	3
22	リサイクル	リサイクル	2	0	2	0.007	5	5
23	空き缶	アキカン	1	1	2	0.007	3	4
24	管	カン	1	1	2	0.007	1	2
25	銀紙	ギンガミ	1	1	2	0.007	2	4
26	アルミニウム	アルミニウム	0	2	2	0.007	6	6
27	ゴミ	ゴミ	0	2	2	0.007	2	2
28	シルバー	シルバー	0	2	2	0.007	4	4
29	アルミ箔	アルミハク	1	0	1	0.003	4	5
30	アルミホイール	アルミホイール	1	0	1	0.003	7	7
31	飲料	インリョウ	1	0	1	0.003	2	4
32	科学	カガク	1	0	1	0.003	2	3
33	灌	カン	1	0	1	0.003	1	2
34	機械	キカイ	1	0	1	0.003	2	3
35	キッチン	キッチン	1	0	1	0.003	4	4
36	金	キン	1	0	1	0.003	1	2
37	硬貨	コウカ	1	0	1	0.003	2	3
38	合金	ゴウキン	1	0	1	0.003	2	4
39	刺激	シゲキ	1	0	1	0.003	2	3
40	資源	シゲン	1	0	1	0.003	2	3
41	自転車	ジテンシャ	1	0	1	0.003	3	4
42	白	シロ	1	0	1	0.003	1	2
43	掃除	ソウジ	1	0	1	0.003	2	3
44	タイヤ	タイヤ	1	0	1	0.003	3	3
45	熱	ネツ	1	0	1	0.003	1	2
46	熱伝導	ネツデンドウ	1	0	1	0.003	3	6
47	飲み物	ノミモノ	1	0	1	0.003	3	4
48	反射	ハンシャ	1	0	1	0.003	2	3
49	物質	ブッシツ	1	0	1	0.003	2	4
50	分別	ブンベツ	1	0	1	0.003	2	4
51	アルミサッシ	アルミサッシ	0	1	1	0.003	6	6
52	オーブン	オーブン	0	1	1	0.003	4	4
53	お弁当	オベントウ	0	1	1	0.003	3	5
54	工場	コウジョウ	0	1	1	0.003	2	4
55	鉱物	コウブツ	0	1	1	0.003	2	4
56	魚	サカナ	0	1	1	0.003	1	3
57	サッシ	サッシ	0	1	1	0.003	3	3
58	トースター	トースター	0	1	1	0.003	5	5
59	鉛	ナマリ	0	1	1	0.003	1	3
60	不燃	フネン	0	1	1	0.003	2	3
61	ホームレス	ホームレス	0	1	1	0.003	5	5
62	ラップ	ラップ	0	1	1	0.003	3	3
63	レンジ	レンジ	0	1	1	0.003	3	3
	合計		164	130	294			

3	イチゴ	フリガナ	男性	女性	全体	連想強度	文字数	モーラ数
1	赤	アカ	46	27	73	0.243	1	2
2	くだもの	クダモノ	43	29	72	0.239	4	4
	果物		42	28	70	0.233	2	4
	くだもの		1	1	2	0.007	4	4
3	春	ハル	4	4	8	0.027	1	2
4	かり	カリ	5	1	6	0.020	2	2
	狩り		4	1	5	0.017	2	2
	狩		1	0	1	0.003	1	2
5	赤色	アカイロ	3	3	6	0.020	2	4
6	果実	カジツ	3	2	5	0.017	2	3
7	種	タネ	3	2	5	0.017	1	2
8	大福	ダイフク	3	0	3	0.010	2	4
9	ジャム	ジャム	2	1	3	0.010	3	2
10	練乳	レンニュウ	2	1	3	0.010	2	4
11	イチゴ狩り	イチゴガリ	1	2	3	0.010	5	5
12	食べ物	タベモノ	1	2	3	0.010	3	4
13	ケーキ	ケーキ	2	0	2	0.007	3	3
14	農園	ノウエン	2	0	2	0.007	2	4
15	ミルク	ミルク	2	0	2	0.007	3	3
16	ごがつ	ゴガツ	1	1	2	0.007	3	3
	5月		1	0	1	0.003	2	3
	五月		0	1	1	0.003	2	3
17	畑	ハタケ	1	1	2	0.007	1	3
18	フルーツ	フルーツ	1	1	2	0.007	4	4
19	蛇	ヘビ	1	1	2	0.007	1	2
20	15	イチゴ	1	0	1	0.003	2	3
21	イチゴオレ	イチゴオレ	1	0	1	0.003	5	5
22	イチゴミルク	イチゴミルク	1	0	1	0.003	6	6
23	牛乳	ギュウニュウ	1	0	1	0.003	2	4
24	クリスマス	クリスマス	1	0	1	0.003	5	5
25	黒	クロ	1	0	1	0.003	1	2
26	酸味	サンミ	1	0	1	0.003	2	3
27	ジュース	ジュース	1	0	1	0.003	4	3
28	ショートケーキ	ショートケーキ	1	0	1	0.003	7	6
29	シロップ	シロップ	1	0	1	0.003	4	4
30	栃木	トチギ	1	0	1	0.003	2	3
31	取り放題	トリホウダイ	1	0	1	0.003	4	6
32	野	ノ	1	0	1	0.003	1	1
33	雛いちご	ヒナイチゴ	1	0	1	0.003	4	5
34	ビニールハウス	ビニールハウス	1	0	1	0.003	7	7
35	ヘタ	ヘタ	1	0	1	0.003	2	2
36	味覚	ミカク	1	0	1	0.003	2	3
37	森	モリ	1	0	1	0.003	1	2
38	野菜	ヤサイ	1	0	1	0.003	2	3
39	アイドル	アイドル	0	1	1	0.003	4	4
40	石垣	イシガキ	0	1	1	0.003	2	4
41	愛媛	エヒメ	0	1	1	0.003	2	3
42	温室	オンシツ	0	1	1	0.003	2	4
43	女の子	オンナノコ	0	1	1	0.003	3	5
44	好物	コウブツ	0	1	1	0.003	2	4
45	ストロベリ	ストロベリ	0	1	1	0.003	5	5
46	食べ放題	タベホウダイ	0	1	1	0.003	4	6
47	土	ツチ	0	1	1	0.003	1	2
48	つぶ	ツブ	0	1	1	0.003	2	2
49	ドライブ	ドライブ	0	1	1	0.003	4	4
50	葉っぱ	ハッパ	0	1	1	0.003	3	3
51	ブドウ	ブドウ	0	1	1	0.003	3	3
52	冬	フユ	0	1	1	0.003	1	2
53	模様	モヨウ	0	1	1	0.003	2	3
	合計		145	93	238			

4	インク	フリガナ	男性	女性	全体	連想強度	文字数	モーラ数
1	くろ	クロ	42	30	72	0.239	2	2
	黒		42	29	71	0.236	1	2
	くろ		0	1	1	0.003	2	2
2	ぺん	ペン	22	21	43	0.143	2	2
	ペン		21	21	42	0.140	2	2
	ぺん		1	0	1	0.003	2	2
3	ぷりんたー	プリンター	15	5	20	0.066	5	5
	プリンター		12	4	16	0.053	5	5
	プリンタ		3	1	4	0.013	4	4
4	色	イロ	10	7	17	0.056	1	2
5	印刷	インサツ	8	9	17	0.056	2	4
6	赤	アカ	6	5	11	0.037	1	2
7	紙	カミ	3	3	6	0.020	1	2
8	パソコン	パソコン	2	4	6	0.020	4	4
9	コピー	コピー	3	2	5	0.017	3	3
10	しみ	シミ	1	4	5	0.017	2	2
	染み		0	3	3	0.010	2	2
	シミ		1	1	2	0.007	2	2
11	塗料	トリョウ	4	0	4	0.013	2	3
12	液	エキ	3	1	4	0.013	1	2
13	マジック	マジック	3	1	4	0.013	4	4
14	印刷機	インサツキ	2	2	4	0.013	3	5
15	絵	エ	1	3	4	0.013	1	1
16	ジェット	ジェット	1	3	4	0.013	4	3
17	万年筆	マンネンヒツ	1	3	4	0.013	3	6
18	液体	エキタイ	0	4	4	0.013	2	4
19	コピー機	コピーキ	2	1	3	0.010	4	4
20	黒色	コクショク	1	2	3	0.010	2	4
21	まんが	マンガ	1	2	3	0.010	3	3
	漫画		1	1	2	0.007	2	3
	マンガ		0	1	1	0.003	3	3
22	書類	ショルイ	2	0	2	0.007	2	3
23	墨	スミ	2	0	2	0.007	1	2
24	ボールペン	ボールペン	2	0	2	0.007	5	5
25	筆	フデ	1	1	2	0.007	1	2
26	リボン	リボン	1	1	2	0.007	3	3
27	赤色	アカイロ	1	0	1	0.003	2	4
28	印	イン	1	0	1	0.003	1	2
29	インクリボン	インクリボン	1	0	1	0.003	6	6
30	インコ	インコ	1	0	1	0.003	3	3
31	絵画	カイガ	1	0	1	0.003	2	3
32	壁	カベ	1	0	1	0.003	1	2
33	顔料	ガンリョウ	1	0	1	0.003	2	4
34	黄色	キイロ	1	0	1	0.003	2	3
35	原稿	ゲンコウ	1	0	1	0.003	2	4
36	小説	ショウセツ	1	0	1	0.003	2	4
37	書斎	ショサイ	1	0	1	0.003	2	3
38	白	シロ	1	0	1	0.003	1	2
39	西洋	セイヨウ	1	0	1	0.003	2	4
40	染料	センリョウ	1	0	1	0.003	2	4
41	年賀状	ネンガジョウ	1	0	1	0.003	3	5
42	プリント	プリント	1	0	1	0.003	4	4
43	ペイント	ペイント	1	0	1	0.003	4	4
44	マジックペン	マジックペン	1	0	1	0.003	6	6
45	用紙	ヨウシ	1	0	1	0.003	2	3
46	カラー	カラー	0	1	1	0.003	3	3
47	スタンプ	スタンプ	0	1	1	0.003	4	4
48	ドロー	ドロー	0	1	1	0.003	3	3
49	臭い	ニオイ	0	1	1	0.003	2	3
50	羽ペン	ハネペン	0	1	1	0.003	3	4
51	ファックス	ファックス	0	1	1	0.003	5	4
52	漫画家	マンガカ	0	1	1	0.003	3	4
53	汚れ	ヨゴレ	0	1	1	0.003	2	3
	合計		158	122	280			

5	オイル	フリガナ	男性	女性	全体	連想強度	文字数	モーラ数
1	あぶら	アブラ	63	57	120	0.399	3	3
	油		60	56	116	0.385	1	3
	あぶら		2	1	3	0.010	3	3
	アブラ		1	0	1	0.003	3	3
2	車	クルマ	26	11	37	0.123	1	3
3	ガソリン	ガソリン	13	6	19	0.063	4	4
4	ショック	ショック	5	6	11	0.037	4	3
5	石油	セキユ	7	3	10	0.033	2	3
6	日焼け	ヒヤケ	2	6	8	0.027	3	3
7	オリーブ	オリーブ	3	3	6	0.020	4	4
8	交換	コウカン	2	4	6	0.020	2	4
9	エンジン	エンジン	4	0	4	0.013	4	4
10	オイルショック	オイルショック	3	0	3	0.010	7	6
11	自動車	ジドウシャ	3	0	3	0.010	3	4
12	がそりんすたんど	ガソリンスタンド	2	1	3	0.010	8	8
	ガソリンスタンド		1	1	2	0.007	8	8
	ガソリンすたんど		1	0	1	0.003	8	8
13	サンオイル	サンオイル	2	0	2	0.007	5	5
14	油田	ユデン	2	0	2	0.007	2	3
15	海	ウミ	1	1	2	0.007	1	2
16	エステ	エステ	1	1	2	0.007	3	3
17	海水浴	カイスイヨク	1	1	2	0.007	3	6
18	夏	ナツ	1	1	2	0.007	1	2
19	臭い	ニオイ	1	1	2	0.007	2	3
20	ライター	ライター	1	1	2	0.007	4	4
21	揚げ物	アゲモノ	1	0	1	0.003	3	4
22	アラブ	アラブ	1	0	1	0.003	3	3
23	エンジンオイル	エンジンオイル	1	0	1	0.003	7	7
24	オイルパン	オイルパン	1	0	1	0.003	5	5
25	体	カラダ	1	0	1	0.003	1	3
26	機械	キカイ	1	0	1	0.003	2	3
27	サイボーグ	サイボーグ	1	0	1	0.003	5	5
28	サラダ	サラダ	1	0	1	0.003	3	3
29	タンカー	タンカー	1	0	1	0.003	4	4
30	タンクローリー	タンクローリー	1	0	1	0.003	7	7
31	中東	チュウトウ	1	0	1	0.003	2	4
32	透明	トウメイ	1	0	1	0.003	2	4
33	バイク	バイク	1	0	1	0.003	3	3
34	風俗	フウゾク	1	0	1	0.003	2	4
35	ボウリング	ボウリング	1	0	1	0.003	5	5
36	癒着	ユチャク	1	0	1	0.003	2	3
37	ロボット	ロボット	1	0	1	0.003	4	4
38	修理	シュウリ	1	0	1	0.003	2	3
39	アロマ	アロマ	0	1	1	0.003	3	3
40	アロマオイル	アロマオイル	0	1	1	0.003	6	6
41	液	エキ	0	1	1	0.003	1	2
42	オイル交換	オイルコウカン	0	1	1	0.003	5	7
43	ガス	ガス	0	1	1	0.003	2	2
44	髪の毛	カミノケ	0	1	1	0.003	3	4
45	缶	カン	0	1	1	0.003	1	2
46	クレンジング	クレンジング	0	1	1	0.003	6	6
47	原料	ゲンリョウ	0	1	1	0.003	2	4
48	高騰	コウトウ	0	1	1	0.003	2	4
49	スパナ	スパナ	0	1	1	0.003	3	3
50	タイヤ	タイヤ	0	1	1	0.003	3	3
51	食べ物	タベモノ	0	1	1	0.003	3	4
52	茶色	チャイロ	0	1	1	0.003	2	3
53	椿油	ツバキアブラ	0	1	1	0.003	2	6
54	ネイル	ネイル	0	1	1	0.003	3	3
55	日焼け止め	ヒヤケドメ	0	1	1	0.003	5	5
56	プール	プール	0	1	1	0.003	3	3
57	船	フネ	0	1	1	0.003	1	2
58	マッサージ	マッサージ	0	1	1	0.003	5	5
59	有害	ユウガイ	0	1	1	0.003	2	4
60	リラクゼーション	リラクゼーション	0	1	1	0.003	8	7
	合計		161	125	286			

6	オゾン	フリガナ	男性	女性	全体	連想強度	文字数	モーラ数
1	破壊	ハカイ	20	33	53	0.176	2	3
2	地球	チキュウ	26	23	49	0.163	2	3
3	層	ソウ	23	20	43	0.143	1	2
4	環境	カンキョウ	14	11	25	0.083	2	4
5	オゾン層	オゾンソウ	7	8	15	0.050	4	5
6	大気	タイキ	10	2	12	0.040	2	3
7	酸素	サンソ	4	6	10	0.033	2	3
8	空気	クウキ	5	2	7	0.023	2	3
9	環境破壊	カンキョウハカイ	4	2	6	0.020	4	7
10	クラブ	クラブ	4	2	6	0.020	3	3
11	宇宙	ウチュウ	2	4	6	0.020	2	3
12	O3	オースリー	4	1	5	0.017	2	5
13	温暖化	オンダンカ	4	1	5	0.017	3	5
14	フロン	フロン	4	0	4	0.013	3	3
15	二酸化炭素	ニサンカタンソ	3	1	4	0.013	5	7
16	ホール	ホール	3	1	4	0.013	3	3
17	自然	シゼン	2	1	3	0.010	2	3
18	地球温暖化	チキュウオンダンカ	2	1	3	0.010	5	8
19	紫外線	シガイセン	1	2	3	0.010	3	5
20	太陽	タイヨウ	1	2	3	0.010	2	4
21	フロンガス	フロンガス	1	2	3	0.010	5	5
22	穴	アナ	2	0	2	0.007	1	2
23	オゾンホール	オゾンホール	1	1	2	0.007	6	6
24	北極	ホッキョク	1	1	2	0.007	2	4
25	歌	ウタ	1	0	1	0.003	1	2
26	H2O	エイチツーオー	1	0	1	0.003	3	7
27	化学	カガク	1	0	1	0.003	2	3
28	歌手	カシュ	1	0	1	0.003	2	2
29	ガス	ガス	1	0	1	0.003	2	2
30	環境問題	カンキョウモンダイ	1	0	1	0.003	4	8
31	空中	クウチュウ	1	0	1	0.003	2	4
32	元素記号	ゲンソキゴウ	1	0	1	0.003	4	6
33	削減	サクゲン	1	0	1	0.003	2	4
34	CO2	シーオーツー	1	0	1	0.003	3	6
35	自然破壊	シゼンハカイ	1	0	1	0.003	4	6
36	空	ソラ	1	0	1	0.003	1	2
37	大気汚染	タイキオセン	1	0	1	0.003	4	6
38	大気圏	タイキケン	1	0	1	0.003	3	5
39	多重結合	タジュウケツゴウ	1	0	1	0.003	4	7
40	南極	ナンキョク	1	0	1	0.003	2	4
41	酸素原子	サンソゲンシ	0	1	1	0.003	4	6
42	地球環境	チキュウカンキョウ	0	1	1	0.003	4	7
43	地球規模	チキュウキボ	0	1	1	0.003	4	5
44	必要	ヒツヨウ	0	1	1	0.003	2	4
45	マイナスイオン	マイナスイオン	0	1	1	0.003	7	7
	合計		164	132	296			

7	カエル	フリガナ	男性	女性	全体	連想強度	文字数	モーラ数
1	みどり	ミドリ	38	52	90	0.299	3	3
	緑		37	50	87	0.289	1	3
	みどり		1	2	3	0.010	3	3
2	おたまじゃくし	オタマジャクシ	23	13	36	0.120	7	6
	おたまじゃくし		16	10	26	0.086	7	6
	オタマジャクシ		7	2	9	0.030	7	6
	御玉杓子		0	1	1	0.003	4	6
3	りょうせいるい	リョウセイルイ	26	9	35	0.116	7	6
	両生類		24	7	31	0.103	3	6
	両性類		2	2	4	0.013	3	6
4	動物	ドウブツ	8	11	19	0.063	2	4
5	雨	アメ	8	8	16	0.053	1	2
6	池	イケ	7	4	11	0.037	1	2
7	たんぼ	タンボ	4	2	6	0.020	3	3
	田んぼ		3	0	3	0.010	3	3
	たんぼ		1	0	1	0.003	3	3
	田圃		0	1	1	0.003	2	3
	田ぼ		0	1	1	0.003	2	3
8	生き物	イキモノ	3	3	6	0.020	3	4
9	爬虫類	ハチュウルイ	3	3	6	0.020	3	5
10	水	ミズ	4	1	5	0.017	1	2
11	卵	タマゴ	2	3	5	0.017	1	3
12	生物	セイブツ	4	0	4	0.013	2	4
13	合唱	ガッショウ	1	2	3	0.010	2	4
14	虫	ムシ	0	3	3	0.010	1	2
15	解剖	カイボウ	2	0	2	0.007	2	4
16	殿様	トノサマ	2	0	2	0.007	2	4
17	歌	ウタ	1	1	2	0.007	1	2
18	川	カワ	1	1	2	0.007	1	2
19	鳴き声	ナキゴエ	1	1	2	0.007	3	4
20	蛇	ヘビ	1	1	2	0.007	1	2
21	井戸	イド	1	0	1	0.003	2	2
22	田舎	イナカ	1	0	1	0.003	2	3
23	牛	ウシ	1	0	1	0.003	1	2
24	大人	オトナ	1	0	1	0.003	2	3
25	親子	オヤコ	1	0	1	0.003	2	3
26	ガマ	ガマ	1	0	1	0.003	2	2
27	帰宅	キタク	1	0	1	0.003	2	3
28	ゲーム	ゲーム	1	0	1	0.003	3	3
29	子	コ	1	0	1	0.003	1	1
30	舌	シタ	1	0	1	0.003	1	2
31	成長	セイチョウ	1	0	1	0.003	2	4
32	淡水	タンスイ	1	0	1	0.003	2	4
33	梅雨	ツユ	1	0	1	0.003	2	2
34	毒	ドク	1	0	1	0.003	1	2
35	トノサマガエル	トノサマガエル	1	0	1	0.003	7	7
36	めだか	メダカ	1	0	1	0.003	3	3
37	料理	リョウリ	1	0	1	0.003	2	3
38	黄緑	キミドリ	0	1	1	0.003	2	4
39	きらい	キライ	0	1	1	0.003	3	3
40	実験	ジッケン	0	1	1	0.003	2	4
41	土手	ドテ	0	1	1	0.003	2	2
42	不思議色	フシギイロ	0	1	1	0.003	4	5
43	湖	ミズウミ	0	1	1	0.003	1	4
44	緑色	ミドリイロ	0	1	1	0.003	2	5
45	目	メ	0	1	1	0.003	1	1
46	6月	ロクガツ	0	1	1	0.003	2	4
	合計		156	127	283			

8	カジノ	フリガナ	男性	女性	全体	連想強度	文字数	モーラ数
1	ぎゃんぶる	ギャンブル	34	32	66	0.219	5	4
	ギャンブル		*33*	*32*	*65*	*0.216*	*5*	*4*
	ぎゃんぶる		*1*	*0*	*1*	*0.003*	*5*	*4*
2	かね	カネ	28	25	53	0.176	2	2
	お金		*14*	*20*	*34*	*0.113*	*2*	*3*
	金		*14*	*5*	*19*	*0.063*	*1*	*2*
3	ラスベガス	ラスベガス	15	12	27	0.090	5	5
4	かけ	カケ	13	12	25	0.083	2	2
	賭け		*13*	*11*	*24*	*0.080*	*2*	*2*
	かけ		*0*	*1*	*1*	*0.003*	*2*	*2*
5	とばく	トバク	14	5	19	0.063	3	3
	賭博		*14*	*4*	*18*	*0.060*	*2*	*3*
	とばく		*0*	*1*	*1*	*0.003*	*3*	*3*
6	あめりか	アメリカ	10	5	15	0.050	4	4
	アメリカ		*9*	*5*	*14*	*0.047*	*4*	*4*
	あめりか		*1*	*0*	*1*	*0.003*	*4*	*4*
7	コイン	コイン	5	4	9	0.030	3	3
8	すろっと	スロット	7	1	8	0.027	4	4
	スロット		*6*	*1*	*7*	*0.023*	*4*	*4*
	すろっと		*1*	*0*	*1*	*0.003*	*4*	*4*
9	ルーレット	ルーレット	3	3	6	0.020	5	5
10	ポーカー	ポーカー	5	0	5	0.017	4	4
11	かけごと	カケゴト	3	2	5	0.017	4	4
	賭け事		*3*	*1*	*4*	*0.013*	*3*	*4*
	賭けごと		*0*	*1*	*1*	*0.003*	*4*	*4*
12	ロサンゼルス	ロサンゼルス	3	2	5	0.017	6	6
13	豪遊	ゴウユウ	2	1	3	0.010	2	4
14	博打	バクチ	2	1	3	0.010	2	3
15	ゲーム	ゲーム	1	2	3	0.010	3	3
16	バー	バー	1	2	3	0.010	2	2
17	シカゴ	シカゴ	1	1	2	0.007	3	3
18	ミラノ	ミラノ	1	1	2	0.007	3	3
19	映画	エイガ	0	2	2	0.007	2	3
20	違法	イホウ	1	0	1	0.003	2	3
21	大もうけ	オオモウケ	1	0	1	0.003	4	5
22	金持ち	カネモチ	1	0	1	0.003	3	4
23	韓国	カンコク	1	0	1	0.003	2	4
24	豪華	ゴウカ	1	0	1	0.003	2	3
25	地獄	ジゴク	1	0	1	0.003	2	3
26	チップ	チップ	1	0	1	0.003	3	3
27	バカラ	バカラ	1	0	1	0.003	3	3
28	バカンス	バカンス	1	0	1	0.003	4	4
29	博徒	バクト	1	0	1	0.003	2	3
30	パチンコ	パチンコ	1	0	1	0.003	4	4
31	リスク	リスク	1	0	1	0.003	3	3
32	遊び	アソビ	0	1	1	0.003	2	3
33	一獲千金	イッカクセンキン	0	1	1	0.003	4	8
34	カード	カード	0	1	1	0.003	3	3
35	外国	ガイコク	0	1	1	0.003	2	4
36	木	キ	0	1	1	0.003	1	1
37	ゲームセンター	ゲームセンター	0	1	1	0.003	7	7
38	高級	コウキュウ	0	1	1	0.003	2	4
39	娯楽	ゴラク	0	1	1	0.003	2	3
40	7	セブン	0	1	1	0.003	1	3
41	友達	トモダチ	0	1	1	0.003	2	4
42	トランプ	トランプ	0	1	1	0.003	4	4
43	ぼろ儲け	ボロモウケ	0	1	1	0.003	4	5
44	麻雀	マージャン	0	1	1	0.003	2	4
45	マフィア	マフィア	0	1	1	0.003	4	3
46	麻薬	マヤク	0	1	1	0.003	2	3
47	儲け	モウケ	0	1	1	0.003	2	3
	合計		160	129	289			

9	カメラ	フリガナ	男性	女性	全体	連想強度	文字数	モーラ数
1	写真	シャシン	44	43	87	0.289	2	3
2	レンズ	レンズ	16	11	27	0.090	3	3
3	撮影	サツエイ	14	8	22	0.073	2	4
4	デジタル	デジタル	6	6	12	0.040	4	4
5	シャッター	シャッター	3	6	9	0.030	5	4
6	盗撮	トウサツ	5	2	7	0.023	2	4
7	機械	キカイ	4	3	7	0.023	2	3
8	一眼レフ	イチガンレフ	5	1	6	0.020	4	6
9	びっく	ビック	3	3	6	0.020	3	3
	ビッグ		*2*	*1*	*3*	*0.010*	*3*	*3*
	ビック		*1*	*2*	*3*	*0.010*	*3*	*3*
10	くろ	クロ	3	2	5	0.017	2	2
	黒		*3*	*1*	*4*	*0.013*	*1*	*2*
	くろ		*0*	*1*	*1*	*0.003*	*2*	*2*
11	小僧	コゾウ	1	4	5	0.017	2	3
12	携帯	ケイタイ	4	0	4	0.013	2	4
13	ビックカメラ	ビックカメラ	4	0	4	0.013	6	6
14	ふぃるむ	フィルム	3	1	4	0.013	4	3
	フィルム		*2*	*1*	*3*	*0.010*	*4*	*3*
	フイルム		*1*	*0*	*1*	*0.003*	*4*	*4*
15	趣味	シュミ	2	2	4	0.013	2	2
16	デジカメ	デジカメ	2	2	4	0.013	4	4
17	映像	エイゾウ	3	0	3	0.010	2	4
18	監視	カンシ	3	0	3	0.010	2	3
19	電化製品	デンカセイヒン	3	0	3	0.010	4	7
20	キャノン	キャノン	2	1	3	0.010	4	3
21	記録	キロク	2	1	3	0.010	2	3
22	ライカ	ライカ	1	2	3	0.010	3	3
23	記念	キネン	0	3	3	0.010	2	3
24	アマノ	アマノ	2	0	2	0.007	3	3
25	家電	カデン	2	0	2	0.007	2	3
26	きたむら	キタムラ	2	0	2	0.007	4	4
	きたむら		*1*	*0*	*1*	*0.003*	*4*	*4*
	キタムラ		*1*	*0*	*1*	*0.003*	*4*	*4*
27	デジタルカメラ	デジタルカメラ	2	0	2	0.007	7	7
28	景色	ケシキ	1	1	2	0.007	2	3
29	現像	ゲンゾウ	1	1	2	0.007	2	4
30	被写体	ヒシャタイ	1	1	2	0.007	3	4
31	旅行	リョコウ	1	1	2	0.007	2	3
32	ポラロイド	ポラロイド	0	2	2	0.007	5	5
33	アイドル	アイドル	1	0	1	0.003	4	4
34	カメラ小僧	カメラコゾウ	1	0	1	0.003	5	6
35	激写	ゲキシャ	1	0	1	0.003	2	3
36	実家	ジッカ	1	0	1	0.003	2	3
37	使い捨て	ツカイステ	1	0	1	0.003	4	5
38	犯罪	ハンザイ	1	0	1	0.003	2	4
39	ビデオカメラ	ビデオカメラ	1	0	1	0.003	6	6
40	フラッシュ	フラッシュ	1	0	1	0.003	5	4
41	フレーム	フレーム	1	0	1	0.003	4	4
42	むら	ムラ	1	0	1	0.003	2	2
43	目線	メセン	1	0	1	0.003	2	3
44	写真家	シャシンカ	1	0	1	0.003	3	4
45	一眼	イチガン	0	1	1	0.003	2	4
46	色	イロ	0	1	1	0.003	1	2
47	インスタント	インスタント	0	1	1	0.003	6	6
48	運動会	ウンドウカイ	0	1	1	0.003	3	6
49	画素数	ガソスウ	0	1	1	0.003	3	4
50	観光地	カンコウチ	0	1	1	0.003	3	5
51	機能	キノウ	0	1	1	0.003	2	3
52	白黒	シロクロ	0	1	1	0.003	2	4
53	心霊	シンレイ	0	1	1	0.003	2	4
54	外	ソト	0	1	1	0.003	1	2
55	祖父	ソフ	0	1	1	0.003	2	2
56	テレビ	テレビ	0	1	1	0.003	3	3
57	日本人	ニホンジン	0	1	1	0.003	3	5
58	ビデオ	ビデオ	0	1	1	0.003	3	3
59	風景	フウケイ	0	1	1	0.003	2	4
60	メディア	メディア	0	1	1	0.003	4	3
61	モデル	モデル	0	1	1	0.003	3	3
	合計		157	124	281			

10	ガラス	フリガナ	男性	女性	全体	連想強度	文字数	モーラ数
1	透明	トウメイ	46	46	92	0.306	2	4
2	窓	マド	37	22	59	0.196	1	2
3	破片	ハヘン	4	5	9	0.030	2	3
4	細工	サイク	4	2	6	0.020	2	3
5	心	ココロ	3	2	5	0.017	1	3
6	危険	キケン	1	4	5	0.017	2	3
7	仮面	カメン	3	1	4	0.013	2	3
8	びん	ビン	3	1	4	0.013	2	2
	ビン		*2*	*0*	*2*	*0.007*	*2*	*2*
	瓶		*1*	*1*	*2*	*0.007*	*1*	*2*
9	少年	ショウネン	2	2	4	0.013	2	4
10	カラス	カラス	2	1	3	0.010	3	3
11	コップ	コップ	1	2	3	0.010	3	3
12	鏡	カガミ	2	0	2	0.007	1	3
13	学校	ガッコウ	2	0	2	0.007	2	4
14	靴	クツ	2	0	2	0.007	1	2
15	車	クルマ	2	0	2	0.007	1	3
16	破壊	ハカイ	2	0	2	0.007	2	3
17	ひび	ヒビ	2	0	2	0.007	2	2
18	ガラス細工	ガラスザイク	1	1	2	0.007	5	6
19	怪我	ケガ	1	1	2	0.007	2	2
20	繊細	センサイ	1	1	2	0.007	2	4
21	耐熱	タイネツ	1	1	2	0.007	2	4
22	ハート	ハート	1	1	2	0.007	3	3
23	刃物	ハモノ	1	1	2	0.007	2	3
24	ビー玉	ビーダマ	1	1	2	0.007	3	4
25	ブルース	ブルース	1	1	2	0.007	4	4
26	割れ物	ワレモノ	1	1	2	0.007	3	4
27	雨	アメ	1	0	1	0.003	1	2
28	家	イエ	1	0	1	0.003	1	2
29	液体	エキタイ	1	0	1	0.003	2	4
30	女心	オンナゴコロ	1	0	1	0.003	2	6
31	ギヤマン	ギヤマン	1	0	1	0.003	4	4
32	巨人	キョジン	1	0	1	0.003	2	3
33	グラス	グラス	1	0	1	0.003	3	3
34	ケース	ケース	1	0	1	0.003	3	3
35	工芸	コウゲイ	1	0	1	0.003	2	4
36	少年時代	ショウネンジダイ	1	0	1	0.003	4	7
37	職人	ショクニン	1	0	1	0.003	2	4
38	ステンド	ステンド	1	0	1	0.003	4	4
39	掃除	ソウジ	1	0	1	0.003	2	3
40	内装	ナイソウ	1	0	1	0.003	2	4
41	反射	ハンシャ	1	0	1	0.003	2	3
42	物質	ブッシツ	1	0	1	0.003	2	4
43	部屋	ヘヤ	1	0	1	0.003	2	2
44	ボール	ボール	1	0	1	0.003	3	3
45	窓ガラス	マドガラス	1	0	1	0.003	4	5
46	焼き物	ヤキモノ	1	0	1	0.003	3	4
47	石	イシ	0	1	1	0.003	1	2
48	色	イロ	0	1	1	0.003	1	2
49	オヤジ	オヤジ	0	1	1	0.003	3	3
50	火事	カジ	0	1	1	0.003	2	2
51	花瓶	カビン	0	1	1	0.003	2	3
52	強化	キョウカ	0	1	1	0.003	2	3
53	教会	キョウカイ	0	1	1	0.003	2	4
54	きれい	キレイ	0	1	1	0.003	3	3
55	曇り	クモリ	0	1	1	0.003	2	3
56	里	サト	0	1	1	0.003	1	2
57	天窓	テンマド	0	1	1	0.003	2	4
58	陶器	トウキ	0	1	1	0.003	2	3
59	破損	ハソン	0	1	1	0.003	2	3
60	粉砕	フンサイ	0	1	1	0.003	2	4
61	防犯	ボウハン	0	1	1	0.003	2	4
62	無色	ムショク	0	1	1	0.003	2	3
63	夜	ヨル	0	1	1	0.003	1	2
	合計		147	114	261			

11	カルタ	フリガナ	男性	女性	全体	連想強度	文字数	モーラ数
1	しょうがつ	ショウガツ	86	78	164	0.545	5	4
	正月		*77*	*56*	*133*	*0.442*	*2*	*4*
	お正月		*9*	*22*	*31*	*0.103*	*3*	*5*
2	遊び	アソビ	13	1	14	0.047	2	3
3	百人一首	ヒャクニンイッシュ	7	7	14	0.047	4	7
4	日本	ニホン	4	8	12	0.040	2	3
5	大会	タイカイ	5	4	9	0.030	2	4
6	紙	カミ	5	3	8	0.027	1	2
7	カード	カード	4	2	6	0.020	3	3
8	昔	ムカシ	0	6	6	0.020	1	3
9	オランダ	オランダ	2	1	3	0.010	4	4
10	子供	コドモ	1	2	3	0.010	2	3
11	花札	ハナフダ	0	3	3	0.010	2	4
12	絵	エ	2	0	2	0.007	1	1
13	絵札	エフダ	2	0	2	0.007	2	3
14	おてつき	オテツキ	2	0	2	0.007	4	4
	お手付き		*1*	*0*	*1*	*0.003*	*4*	*4*
	おてつき		*1*	*0*	*1*	*0.003*	*4*	*4*
15	着物	キモノ	2	0	2	0.007	2	3
16	ゲーム	ゲーム	2	0	2	0.007	3	3
17	四角	シカク	2	0	2	0.007	2	3
18	札	フダ	2	0	2	0.007	1	2
19	ポルトガル	ポルトガル	2	0	2	0.007	5	5
20	いろは	イロハ	1	1	2	0.007	3	3
21	国語	コクゴ	1	1	2	0.007	2	3
22	絵合わせ	エアワセ	1	0	1	0.003	4	4
23	外来語	ガイライゴ	1	0	1	0.003	3	5
24	頭文字	カシラモジ	1	0	1	0.003	3	5
25	元旦	ガンタン	1	0	1	0.003	2	4
26	行事	ギョウジ	1	0	1	0.003	2	3
27	クイズ	クイズ	1	0	1	0.003	3	3
28	言葉	コトバ	1	0	1	0.003	2	3
29	詩	シ	1	0	1	0.003	1	1
30	西洋	セイヨウ	1	0	1	0.003	2	4
31	トランプ	トランプ	1	0	1	0.003	4	4
32	日本人	ニホンジン	1	0	1	0.003	3	5
33	俳句	ハイク	1	0	1	0.003	2	3
34	早押し	ハヤオシ	1	0	1	0.003	3	4
35	遊戯	ユウギ	1	0	1	0.003	2	3
36	連語	レンゴ	1	0	1	0.003	2	3
37	おもちゃ	オモチャ	0	1	1	0.003	4	3
38	家族	カゾク	0	1	1	0.003	2	3
39	娯楽	ゴラク	0	1	1	0.003	2	3
40	小学生	ショウガクセイ	0	1	1	0.003	3	6
41	手	テ	0	1	1	0.003	1	1
42	名人	メイジン	0	1	1	0.003	2	4
43	文字	モジ	0	1	1	0.003	2	2
	合計		160	124	284			

12	カルテ	フリガナ	男性	女性	全体	連想強度	文字数	モーラ数
1	病院	ビョウイン	59	81	140	0.465	2	4
2	医者	イシャ	72	27	99	0.329	2	2
3	診断	シンダン	3	4	7	0.023	2	4
4	医療	イリョウ	4	2	6	0.020	2	3
5	患者	カンジャ	4	2	6	0.020	2	3
6	医師	イシ	3	3	6	0.020	2	2
7	診察	シンサツ	3	3	6	0.020	2	4
8	診断書	シンダンショ	4	0	4	0.013	3	5
9	ドイツ語	ドイツゴ	2	1	3	0.010	4	4
10	看護婦	カンゴフ	0	3	3	0.010	3	4
11	医学	イガク	2	0	2	0.007	2	3
12	ドイツ	ドイツ	2	0	2	0.007	3	3
13	病気	ビョウキ	1	1	2	0.007	2	3
14	紙	カミ	0	2	2	0.007	1	2
15	違法	イホウ	1	0	1	0.003	2	3
16	絵	エ	1	0	1	0.003	1	1
17	カウンセラー	カウンセラー	1	0	1	0.003	6	6
18	酒	サケ	1	0	1	0.003	1	2
19	診察表	シンサツヒョウ	1	0	1	0.003	3	6
20	心臓	シンゾウ	1	0	1	0.003	2	4
21	治療	チリョウ	1	0	1	0.003	2	3
22	電子	デンシ	1	0	1	0.003	2	3
23	料理	リョウリ	1	0	1	0.003	2	3
24	資料	シリョウ	0	1	1	0.003	2	3
25	秘密	ヒミツ	0	1	1	0.003	2	3
26	めも	メモ	0	1	1	0.003	2	2
	合計		168	132	300			

13	カレー	フリガナ	男性	女性	全体	連想強度	文字数	モーラ数
1	インド	インド	58	36	94	0.312	3	3
2	ごはん	ゴハン	1	10	11	0.037	3	3
	ご飯		*1*	*7*	*8*	*0.027*	*2*	*3*
	ごはん		*0*	*3*	*3*	*0.010*	*3*	*3*
3	香辛料	コウシンリョウ	5	5	10	0.033	3	6
4	ライス	ライス	5	5	10	0.033	3	3
5	黄色	キイロ	6	3	9	0.030	2	3
6	食べ物	タベモノ	5	4	9	0.030	3	4
7	ルー	ルー	2	5	7	0.023	2	2
8	じゃがいも	ジャガイモ	1	6	7	0.023	5	4
	ジャガイモ		*1*	*4*	*5*	*0.017*	*5*	*4*
	じゃが芋		*0*	*1*	*1*	*0.003*	*4*	*4*
	じゃがいも		*0*	*1*	*1*	*0.003*	*5*	*4*
9	野菜	ヤサイ	5	1	6	0.020	2	3
10	米	コメ	4	2	6	0.020	1	2
11	にんじん	ニンジン	1	5	6	0.020	4	4
	にんじん		*0*	*5*	*5*	*0.017*	*4*	*4*
	人参		*1*	*0*	*1*	*0.003*	*2*	*4*
12	ここいち	ココイチ	2	3	5	0.017	4	4
	ここいち		*2*	*2*	*4*	*0.013*	*4*	*4*
	ココイチ		*0*	*1*	*1*	*0.003*	*4*	*4*
13	料理	リョウリ	2	3	5	0.017	2	3
14	いち	イチ	2	2	4	0.013	2	2
15	食事	ショクジ	2	2	4	0.013	2	3
16	給食	キュウショク	2	1	3	0.010	2	4
17	スパイス	スパイス	2	1	3	0.010	4	4
18	茶色	チャイロ	1	2	3	0.010	2	3
19	激辛	ゲキカラ	2	0	2	0.007	2	4
20	家庭	カテイ	1	1	2	0.007	2	3
21	具	グ	1	1	2	0.007	1	1
22	ふくじんづけ	フクジンヅケ	1	1	2	0.007	6	6
	福神漬		*1*	*0*	*1*	*0.003*	*3*	*6*
	ふくじんずけ		*0*	*1*	*1*	*0.003*	*6*	*6*
23	インドカレー	インドカレー	1	0	1	0.003	6	6
24	うどん	ウドン	1	0	1	0.003	3	3
25	お母さん	オカアサン	1	0	1	0.003	4	5
26	お子様	オコサマ	1	0	1	0.003	3	4
27	海軍	カイグン	1	0	1	0.003	2	4
28	学食	ガクショク	1	0	1	0.003	2	4
29	家庭料理	カテイリョウリ	1	0	1	0.003	4	6
30	辛口	カラクチ	1	0	1	0.003	2	4
31	カレーまん	カレーマン	1	0	1	0.003	5	5
32	黒	クロ	1	0	1	0.003	1	2
33	香料	コウリョウ	1	0	1	0.003	2	4
34	子供	コドモ	1	0	1	0.003	2	3
35	シーフード	シーフード	1	0	1	0.003	5	5
36	自家製	ジカセイ	1	0	1	0.003	3	4
37	シチュー	シチュー	1	0	1	0.003	4	3
38	スプーン	スプーン	1	0	1	0.003	4	4
39	たまねぎ	タマネギ	1	0	1	0.003	4	4
40	手軽	テガル	1	0	1	0.003	2	3
41	手作り	テヅクリ	1	0	1	0.003	3	4
42	鉄板	テッパン	1	0	1	0.003	2	4
43	ナス	ナス	1	0	1	0.003	2	2
44	日本	ニホン	1	0	1	0.003	2	3
45	飯盒炊爨	ハンゴウスイサン	1	0	1	0.003	4	8
46	店	ミセ	1	0	1	0.003	1	2
47	飯	メシ	1	0	1	0.003	1	2
48	味	アジ	0	1	1	0.003	1	2
49	甘口	アマクチ	0	1	1	0.003	2	4
50	家	イエ	0	1	1	0.003	1	2
51	大盛	オオモリ	0	1	1	0.003	2	4
52	キャンプ	キャンプ	0	1	1	0.003	4	3
53	今夜	コンヤ	0	1	1	0.003	2	3
54	食堂	ショクドウ	0	1	1	0.003	2	4
55	毒	ドク	0	1	1	0.003	1	2
56	夏	ナツ	0	1	1	0.003	1	2
57	肉	ニク	0	1	1	0.003	1	2
58	晩御飯	バンゴハン	0	1	1	0.003	3	5
59	夕ごはん	ユウゴハン	0	1	1	0.003	4	5
60	夕飯	ユウハン	0	1	1	0.003	2	4
61	夜ごはん	ヨルゴハン	0	1	1	0.003	4	5
	合計		136	113	249			

14	ギフト	フリガナ	男性	女性	全体	連想強度	文字数	モーラ数
1	おくりもの	オクリモノ	68	57	125	0.415	5	5
	贈り物		*65*	*56*	*121*	*0.402*	*3*	*5*
	送り物		*1*	*0*	*1*	*0.003*	*3*	*5*
	送りもの		*1*	*0*	*1*	*0.003*	*4*	*5*
	おくりもの		*1*	*0*	*1*	*0.003*	*5*	*5*
	贈物		*0*	*1*	*1*	*0.003*	*2*	*5*
2	プレゼント	プレゼント	20	27	47	0.156	5	5
3	せいぼ	セイボ	13	4	17	0.056	3	3
	お歳暮		*12*	*4*	*16*	*0.053*	*3*	*4*
	歳暮		*1*	*0*	*1*	*0.003*	*2*	*3*
4	券	ケン	9	3	12	0.040	1	2
5	りぼん	リボン	1	6	7	0.023	3	3
	リボン		*1*	*5*	*6*	*0.020*	*3*	*3*
	りぼん		*0*	*1*	*1*	*0.003*	*3*	*3*
6	ちゅうげん	チュウゲン	3	4	7	0.023	5	4
	お中元		*1*	*3*	*4*	*0.013*	*3*	*5*
	中元		*1*	*1*	*2*	*0.007*	*2*	*4*
	御中元		*1*	*0*	*1*	*0.004*	*3*	*5*
7	かね	カネ	4	0	4	0.013	2	2
	お金		*3*	*0*	*3*	*0.010*	*2*	*3*
	金		*1*	*0*	*1*	*0.003*	*1*	*2*
8	ミスチル	ミスチル	4	0	4	0.013	4	4
9	感謝	カンシャ	2	2	4	0.013	2	3
10	母の日	ハハノヒ	1	3	4	0.013	3	4
11	カード	カード	3	0	3	0.010	3	3
12	クリスマス	クリスマス	2	1	3	0.010	5	5
13	誕生日	タンジョウビ	2	1	3	0.010	3	5
14	ミスターチルドレン	ミスターチルドレン	1	2	3	0.010	9	9
15	ハム	ハム	2	0	2	0.007	2	2
16	金券	キンケン	1	1	2	0.007	2	4
17	ドラマ	ドラマ	1	1	2	0.007	3	3
18	友人	ユウジン	1	1	2	0.007	2	4
19	アニメ	アニメ	1	0	1	0.003	3	3
20	油	アブラ	1	0	1	0.003	1	3
21	ET	イーティー	1	0	1	0.003	2	4
22	歌	ウタ	1	0	1	0.003	1	2
23	笑顔	エガオ	1	0	1	0.003	2	3
24	買い物	カイモノ	1	0	1	0.003	3	4
25	コーヒー	コーヒー	1	0	1	0.003	4	4
26	財布	サイフ	1	0	1	0.003	2	3
27	ジュース	ジュース	1	0	1	0.003	4	3
28	暑中見舞	ショチュウミマイ	1	0	1	0.003	4	6
29	セール	セール	1	0	1	0.003	3	3
30	送信	ソウシン	1	0	1	0.003	2	4
31	贈答品	ゾウトウヒン	1	0	1	0.003	3	6
32	粗品	ソシナ	1	0	1	0.003	2	3
33	デパート	デパート	1	0	1	0.003	4	4
34	天才	テンサイ	1	0	1	0.003	2	4
35	お届け	オトドケ	1	0	1	0.003	3	4
36	年末	ネンマツ	1	0	1	0.003	2	4
37	百貨店	ヒャッカテン	1	0	1	0.003	3	5
38	店	ミセ	1	0	1	0.003	1	2
39	メロン	メロン	1	0	1	0.003	3	3
40	渡し物	ワタシモノ	1	0	1	0.003	3	5
41	大みそか	オオミソカ	0	1	1	0.003	4	5
42	カタログ	カタログ	0	1	1	0.003	4	4
43	記念	キネン	0	1	1	0.003	2	3
44	心	ココロ	0	1	1	0.003	1	3
45	サロン	サロン	0	1	1	0.003	3	3
46	四角	シカク	0	1	1	0.003	2	3
47	商品券	ショウヒンケン	0	1	1	0.003	3	6
48	贈答	ゾウトウ	0	1	1	0.003	2	4
49	贈与	ゾウヨ	0	1	1	0.003	2	3
50	包み	ツツミ	0	1	1	0.003	2	3
51	夏	ナツ	0	1	1	0.003	1	2
52	ラッピング	ラッピング	0	1	1	0.003	5	5
	合計		160	125	285			

15	キムチ	フリガナ	男性	女性	全体	連想強度	文字数	モーラ数
1	韓国	カンコク	102	83	185	0.615	2	4
2	赤	アカ	8	8	16	0.053	1	2
3	鍋	ナベ	4	5	9	0.030	1	2
4	食べ物	タベモノ	3	3	6	0.020	3	4
5	白菜	ハクサイ	2	1	3	0.010	2	4
6	ちゃーはん	チャーハン	2	0	2	0.007	5	4
	炒飯		*1*	*0*	*1*	*0.003*	*2*	*4*
	チャーハン		*1*	*0*	*1*	*0.003*	*5*	*4*
7	中国	チュウゴク	2	0	2	0.007	2	4
8	朝鮮	チョウセン	2	0	2	0.007	2	4
9	野菜	ヤサイ	2	0	2	0.007	2	3
10	汗	アセ	1	0	1	0.003	1	2
11	コリア	コリア	1	0	1	0.003	3	3
12	刺激物	シゲキブツ	1	0	1	0.003	3	5
13	食	ショク	1	0	1	0.003	1	2
14	大根	ダイコン	1	0	1	0.003	2	4
15	チゲ	チゲ	1	0	1	0.003	2	2
16	漬物	ツケモノ	1	0	1	0.003	2	4
17	辛味	カラミ	0	1	1	0.003	2	3
18	好物	コウブツ	0	1	1	0.003	2	4
19	中華	チュウカ	0	1	1	0.003	2	3
	合計		134	103	237			

16	クイズ	フリガナ	男性	女性	全体	連想強度	文字数	モーラ数
1	もんだい	モンダイ	39	26	65	0.216	4	4
	問題		*38*	*26*	*64*	*0.213*	*2*	*4*
	もんだい		*1*	*0*	*1*	*0.003*	*4*	*4*
2	ばんぐみ	バングミ	21	26	47	0.156	4	4
	番組		*21*	*25*	*46*	*0.153*	*2*	*4*
	番組み		*0*	*1*	*1*	*0.003*	*3*	*4*
3	テレビ	テレビ	18	15	33	0.110	3	3
4	正解	セイカイ	16	8	24	0.080	2	4
5	へきさごん	ヘキサゴン	7	7	14	0.047	5	5
	ヘキサゴン		*7*	*5*	*12*	*0.040*	*5*	*5*
	へきさごん		*0*	*2*	*2*	*0.007*	*5*	*5*
6	質問	シツモン	5	4	9	0.030	2	4
7	ミリオネア	ミリオネア	5	1	6	0.020	5	5
8	答え	コタエ	3	2	5	0.017	2	3
9	回答	カイトウ	2	3	5	0.017	2	4
10	難問	ナンモン	1	3	4	0.013	2	4
11	雑学	ザツガク	3	0	3	0.010	2	4
12	賞金	ショウキン	3	0	3	0.010	2	4
13	丸	マル	3	0	3	0.010	1	2
14	高校生	コウコウセイ	2	1	3	0.010	3	6
15	司会	シカイ	2	1	3	0.010	2	3
16	謎解き	ナゾトキ	1	2	3	0.010	3	4
17	早押し	ハヤオシ	0	3	3	0.010	3	4
18	頭	アタマ	1	1	2	0.007	1	3
19	司会者	シカイシャ	1	1	2	0.007	3	4
20	大会	タイカイ	1	1	2	0.007	2	4
21	テレビ番組	テレビバングミ	1	1	2	0.007	5	7
22	謎	ナゾ	1	1	2	0.007	1	2
23	パズル	パズル	0	2	2	0.007	3	3
24	赤	アカ	1	0	1	0.003	1	2
25	アメリカ	アメリカ	1	0	1	0.003	4	4
26	王	オウ	1	0	1	0.003	1	2
27	勝ち	カチ	1	0	1	0.003	2	2
28	嫌い	キライ	1	0	1	0.003	2	3
29	Q	キュー	1	0	1	0.003	1	2
30	緊張	キンチョウ	1	0	1	0.003	2	4
31	芸能人	ゲイノウジン	1	0	1	0.003	3	6
32	ゲーム	ゲーム	1	0	1	0.003	3	3
33	娯楽	ゴラク	1	0	1	0.003	2	3
34	時間	ジカン	1	0	1	0.003	2	3
35	思考回路	シコウカイロ	1	0	1	0.003	4	6
36	正解率	セイカイリツ	1	0	1	0.003	3	6
37	なぞなぞ	ナゾナゾ	1	0	1	0.003	4	4
38	人間	ニンゲン	1	0	1	0.003	2	4
39	不正解	フセイカイ	1	0	1	0.003	3	5
40	ぺけ	ペケ	1	0	1	0.003	2	2
41	八百長	ヤオチョウ	1	0	1	0.003	3	4
42	六角形	ロッカクケイ	1	0	1	0.003	3	6
43	解答	カイトウ	0	1	1	0.003	2	4
44	車	クルマ	0	1	1	0.003	1	3
45	懸賞	ケンショウ	0	1	1	0.003	2	4
46	三択	サンタク	0	1	1	0.003	2	4
47	商品	ショウヒン	0	1	1	0.003	2	4
48	チャンピオン	チャンピオン	0	1	1	0.003	6	5
49	難関	ナンカン	0	1	1	0.003	2	4
50	発見	ハッケン	0	1	1	0.003	2	4
51	ひっかけ	ヒッカケ	0	1	1	0.003	4	4
52	昼	ヒル	0	1	1	0.003	1	2
53	ブーム	ブーム	0	1	1	0.003	3	3
54	マルバツ	マルバツ	0	1	1	0.003	4	4
55	流行	リュウコウ	0	1	1	0.003	2	4
	合計		155	122	277			

17	グラム	フリガナ	男性	女性	全体	連想強度	文字数	モーラ数
1	おもさ	オモサ	50	29	79	0.262	3	3
	重さ		*49*	*29*	*78*	*0.259*	*2*	*3*
	おもさ		*1*	*0*	*1*	*0.003*	*3*	*3*
2	単位	タンイ	18	9	27	0.090	2	3
3	はかり	ハカリ	8	15	23	0.076	3	3
	秤		*3*	*5*	*8*	*0.027*	*1*	*3*
	はかり		*2*	*6*	*8*	*0.027*	*3*	*3*
	測り		*2*	*1*	*3*	*0.010*	*2*	*3*
	量り		*1*	*2*	*3*	*0.010*	*2*	*3*
	計り		*0*	*1*	*1*	*0.003*	*2*	*3*
4	重量	ジュウリョウ	9	2	11	0.037	2	4
5	量	リョウ	7	4	11	0.037	1	2
6	肉	ニク	9	1	10	0.033	1	2
7	おもり	オモリ	4	5	9	0.030	3	3
	重り		*3*	*3*	*6*	*0.020*	*2*	*3*
	おもり		*0*	*2*	*2*	*0.007*	*3*	*3*
	錘		*1*	*0*	*1*	*0.003*	*1*	*3*
8	体重	タイジュウ	4	5	9	0.030	2	4
9	料理	リョウリ	1	8	9	0.030	2	3
10	キロ	キロ	5	3	8	0.027	2	2
11	さとう	サトウ	3	4	7	0.023	3	3
	砂糖		*2*	*4*	*6*	*0.020*	*2*	*3*
	お砂糖		*1*	*0*	*1*	*0.003*	*3*	*4*
12	キログラム	キログラム	3	2	5	0.017	5	5
13	実験	ジッケン	4	0	4	0.013	2	4
14	ミリ	ミリ	3	1	4	0.013	2	2
15	計量	ケイリョウ	1	3	4	0.013	2	4
16	理科	リカ	1	3	4	0.013	2	2
17	計測	ケイソク	3	0	3	0.010	2	4
18	数字	スウジ	3	0	3	0.010	2	3
19	お菓子	オカシ	2	1	3	0.010	3	3
20	質量	シツリョウ	2	1	3	0.010	2	4
21	算数	サンスウ	2	0	2	0.007	2	4
22	数量	スウリョウ	2	0	2	0.007	2	4
23	ふんどう	フンドウ	2	0	2	0.007	4	4
	分銅		*1*	*0*	*1*	*0.003*	*2*	*4*
	ブンドウ		*1*	*0*	*1*	*0.003*	*4*	*4*
24	一円玉	イチエンダマ	0	2	2	0.007	3	6
25	小麦粉	コムギコ	0	2	2	0.007	3	4
26	測定	ソクテイ	0	2	2	0.007	2	4
27	売り方	ウリカタ	1	0	1	0.003	3	4
28	科学	カガク	1	0	1	0.003	2	3
29	記号	キゴウ	1	0	1	0.003	2	3
30	金	キン	1	0	1	0.003	1	2
31	グラハム	グラハム	1	0	1	0.003	4	4
32	グラムロック	グラムロック	1	0	1	0.003	6	6
33	軽量	ケイリョウ	1	0	1	0.003	2	4
34	ケーキ	ケーキ	1	0	1	0.003	3	3
35	米	コメ	1	0	1	0.003	1	2
36	てつ	テツ	1	0	1	0.003	2	2
37	統計	トウケイ	1	0	1	0.003	2	4
38	売店	バイテン	1	0	1	0.003	2	4
39	ミリグラム	ミリグラム	1	0	1	0.003	5	5
40	メジャー	メジャー	1	0	1	0.003	4	3
41	リットル	リットル	1	0	1	0.003	4	4
42	量目	リョウモク	1	0	1	0.003	2	4
43	赤ちゃん	アカチャン	0	1	1	0.003	4	4
44	お菓子作り	オカシヅクリ	0	1	1	0.003	5	6
45	グアム	グアム	0	1	1	0.003	3	3
46	くすり	クスリ	0	1	1	0.003	3	3
47	計量カップ	ケイリョウカップ	0	1	1	0.003	5	7
48	重量過多	ジュウリョウカタ	0	1	1	0.003	4	6
49	数値	スウチ	0	1	1	0.003	2	3
50	測量器	ソクリョウキ	0	1	1	0.003	3	5
51	体重計	タイジュウケイ	0	1	1	0.003	3	6
52	食べ物	タベモノ	0	1	1	0.003	3	4
53	デブ	デブ	0	1	1	0.003	2	2
54	天秤	テンビン	0	1	1	0.003	2	4
55	測り売り	ハカリウリ	0	1	1	0.003	4	5
56	測り機	ハカリキ	0	1	1	0.003	3	4
57	バター	バター	0	1	1	0.003	3	3
58	ヒストグラム	ヒストグラム	0	1	1	0.003	6	6
59	豆	マメ	0	1	1	0.003	1	2
60	水	ミズ	0	1	1	0.003	1	2
61	物	モノ	0	1	1	0.003	1	2
62	旅行	リョコウ	0	1	1	0.003	2	3
	合計		162	122	284			

18	グルメ	フリガナ	男性	女性	全体	連想強度	文字数	モーラ数
1	料理	リョウリ	38	29	67	0.223	2	3
2	たべもの	タベモノ	18	20	38	0.126	4	4
	食べ物		*18*	*19*	*37*	*0.123*	*3*	*4*
	食べもの		*0*	*1*	*1*	*0.003*	*4*	*4*
3	食事	ショクジ	18	11	29	0.096	2	3
4	美食家	ビショクカ	6	2	8	0.027	3	4
5	レストラン	レストラン	4	3	7	0.023	5	5
6	美食	ビショク	4	2	6	0.020	2	3
7	番組	バングミ	2	4	6	0.020	2	4
8	雑誌	ザッシ	3	2	5	0.017	2	3
9	肉	ニク	2	3	5	0.017	1	2
10	りぽーたー	リポーター	1	4	5	0.017	5	5
	リポーター		*1*	*3*	*4*	*0.013*	*5*	*5*
	レポーター		*0*	*1*	*1*	*0.003*	*5*	*5*
11	めし	メシ	4	0	4	0.013	2	2
	飯		*3*	*0*	*3*	*0.010*	*1*	*2*
	めし		*1*	*0*	*1*	*0.003*	*2*	*2*
12	食	ショク	2	2	4	0.013	1	2
13	食通	ショクツウ	2	2	4	0.013	2	4
14	レース	レース	3	0	3	0.010	3	3
15	味	アジ	1	2	3	0.010	1	2
16	ご飯	ゴハン	1	2	3	0.010	2	3
17	ランチ	ランチ	2	0	2	0.007	3	3
18	旅行	リョコウ	2	0	2	0.007	2	3
19	イタリア	イタリア	1	1	2	0.007	4	4
20	高級	コウキュウ	1	1	2	0.007	2	4
21	舌	シタ	1	1	2	0.007	1	2
22	食材	ショクザイ	1	1	2	0.007	2	4
23	旅	タビ	1	1	2	0.007	1	2
24	テレビ	テレビ	1	1	2	0.007	3	3
25	人	ヒト	1	1	2	0.007	1	2
26	ラーメン	ラーメン	1	1	2	0.007	4	4
27	石塚	イシヅカ	0	2	2	0.007	2	4
28	シェフ	シェフ	0	2	2	0.007	3	2
29	餌	エサ	1	0	1	0.003	1	2
30	大人	オトナ	1	0	1	0.003	2	3
31	食いもん	クイモン	1	0	1	0.003	4	4
32	軽食	ケイショク	1	0	1	0.003	2	4
33	ゴチ	ゴチ	1	0	1	0.003	2	2
34	下町	シタマチ	1	0	1	0.003	2	4
35	情報	ジョウホウ	1	0	1	0.003	2	4
36	情報雑誌	ジョウホウザッシ	1	0	1	0.003	4	7
37	食文化	ショクブンカ	1	0	1	0.003	3	5
38	食料	ショクリョウ	1	0	1	0.003	2	4
39	タウン	タウン	1	0	1	0.003	3	3
40	食べ放題	タベホウダイ	1	0	1	0.003	4	6
41	地図	チズ	1	0	1	0.003	2	2
42	珍味	チンミ	1	0	1	0.003	2	3
43	デブ	デブ	1	0	1	0.003	2	2
44	ナイフ	ナイフ	1	0	1	0.003	3	3
45	値段	ネダン	1	0	1	0.003	2	3
46	ハンバーグ	ハンバーグ	1	0	1	0.003	5	5
47	肥満	ヒマン	1	0	1	0.003	2	3
48	フランス料理	フランスリョウリ	1	0	1	0.003	6	7
49	飽食	ホウショク	1	0	1	0.003	2	4
50	店	ミセ	1	0	1	0.003	1	2
51	裕福	ユウフク	1	0	1	0.003	2	4
52	リポート	リポート	1	0	1	0.003	4	4
53	おばさん	オバサン	0	1	1	0.003	4	4
54	金	カネ	0	1	1	0.003	1	2
55	観光	カンコウ	0	1	1	0.003	2	4
56	貴族	キゾク	0	1	1	0.003	2	3
57	芸能人	ゲイノウジン	0	1	1	0.003	3	6
58	ご馳走	ゴチソウ	0	1	1	0.003	3	4
59	魚	サカナ	0	1	1	0.003	1	3
60	皿	サラ	0	1	1	0.003	1	2
61	中華	チュウカ	0	1	1	0.003	2	3
62	ツアー	ツアー	0	1	1	0.003	3	3
63	テレビ番組	テレビバングミ	0	1	1	0.003	5	7
64	道楽	ドウラク	0	1	1	0.003	2	4
65	評論家	ヒョウロンカ	0	1	1	0.003	3	5
66	フレンチ	フレンチ	0	1	1	0.003	4	4
67	メタボリック	メタボリック	0	1	1	0.003	6	6
68	夜	ヨル	0	1	1	0.003	1	2
69	料理番組	リョウリバングミ	0	1	1	0.003	4	7
	合計		145	117	262			

19	ゲスト	フリガナ	男性	女性	全体	連想強度	文字数	モーラ数
1	きゃく	キャク	40	28	68	0.226	3	2
	客		34	23	57	0.189	1	2
	お客		6	5	11	0.037	2	3
2	てれび	テレビ	26	14	40	0.133	3	3
	テレビ		25	14	39	0.130	3	3
	TV		1	0	1	0.003	2	3
3	番組	バングミ	12	12	24	0.080	2	4
4	招待	ショウタイ	9	6	15	0.050	2	4
5	有名人	ユウメイジン	10	1	11	0.037	3	6
6	げいのうじん	ゲイノウジン	6	5	11	0.037	6	6
	芸能人		6	4	10	0.033	3	6
	芸脳人		0	1	1	0.003	3	6
7	人	ヒト	3	6	9	0.030	1	2
8	ぱーてぃー	パーティー	3	4	7	0.023	5	4
	パーティー		2	4	6	0.020	5	4
	パーティ		1	0	1	0.003	4	3
9	司会	シカイ	2	4	6	0.020	2	3
10	出演	シュツエン	3	2	5	0.017	2	4
11	びっぷ	ビップ	4	0	4	0.013	3	3
	VIP		3	0	3	0.010	3	3
	ビップ		1	0	1	0.003	3	3
12	来客	ライキャク	2	2	4	0.013	2	4
13	お客さん	オキャクサン	1	3	4	0.013	4	5
14	いいとも	イイトモ	2	1	3	0.010	4	4
15	大物	オオモノ	2	1	3	0.010	2	4
16	客人	キャクジン	2	1	3	0.010	2	4
17	招待客	ショウタイキャク	2	0	2	0.007	3	6
18	タモリ	タモリ	2	0	2	0.007	3	3
19	豪華	ゴウカ	1	1	2	0.007	2	3
20	俳優	ハイユウ	1	1	2	0.007	2	4
21	ばらえてぃ	バラエティ	1	1	2	0.007	5	4
	バラエティ		1	0	1	0.003	5	4
	バライティー		0	1	1	0.003	6	5
22	ライブ	ライブ	1	1	2	0.007	3	3
23	レギュラー	レギュラー	1	1	2	0.007	5	4
24	お客様	オキャクサマ	0	2	2	0.007	3	5
25	コーナー	コーナー	0	2	2	0.007	4	4
26	ショー	ショー	0	2	2	0.007	3	2
27	お茶	オチャ	1	0	1	0.003	2	2
28	金	カネ	1	0	1	0.003	1	2
29	今日	キョウ	1	0	1	0.003	2	2
30	芸能	ゲイノウ	1	0	1	0.003	2	4
31	出演者	シュツエンシャ	1	0	1	0.003	3	5
32	紹介	ショウカイ	1	0	1	0.003	2	4
33	タレント	タレント	1	0	1	0.003	4	4
34	ダンサー	ダンサー	1	0	1	0.003	4	4
35	ドラマ	ドラマ	1	0	1	0.003	3	3
36	訪問者	ホウモンシャ	1	0	1	0.003	3	5
37	ホスト	ホスト	1	0	1	0.003	3	3
38	祭り	マツリ	1	0	1	0.003	2	3
39	友情出演	ユウジョウシュツエン	1	0	1	0.003	4	8
40	優先	ユウセン	1	0	1	0.003	2	4
41	オファー	オファー	0	1	1	0.003	4	3
42	学際	ガクサイ	0	1	1	0.003	2	4
43	ギャラ	ギャラ	0	1	1	0.003	3	2
44	協力者	キョウリョクシャ	0	1	1	0.003	3	5
45	サプライズ	サプライズ	0	1	1	0.003	5	5
46	司会者	シカイシャ	0	1	1	0.003	3	4
47	重要	ジュウヨウ	0	1	1	0.003	2	4
48	主人	シュジン	0	1	1	0.003	2	3
49	スペシャル	スペシャル	0	1	1	0.003	5	4
50	著名人	チョメイジン	0	1	1	0.003	3	5
51	テレビ番組	テレビバングミ	0	1	1	0.003	5	7
52	ハウス	ハウス	0	1	1	0.003	3	3
53	日替わり	ヒガワリ	0	1	1	0.003	4	4
54	部屋	ヘヤ	0	1	1	0.003	2	2
55	来場	ライジョウ	0	1	1	0.003	2	4
56	来賓	ライヒン	0	1	1	0.003	2	4
57	ルーム	ルーム	0	1	1	0.003	3	3
	合計		150	118	268			

20	コアラ	フリガナ	男性	女性	全体	連想強度	文字数	モーラ数
1	おーすとらりあ	オーストラリア	47	44	91	0.302	7	7
	オーストラリア		*46*	*44*	*90*	*0.299*	*7*	*7*
	オーストらりあ		*1*	*0*	*1*	*0.003*	*7*	*7*
2	動物	ドウブツ	41	30	71	0.236	2	4
3	動物園	ドウブツエン	16	9	25	0.083	3	6
4	ユーカリ	ユーカリ	15	5	20	0.066	4	4
5	マーチ	マーチ	7	8	15	0.050	3	3
6	木	キ	4	7	11	0.037	1	1
7	菓子	カシ	8	2	10	0.033	2	2
8	どあら	ドアラ	4	2	6	0.020	3	3
	ドアラ		*3*	*2*	*5*	*0.017*	*3*	*3*
	どあら		*1*	*0*	*1*	*0.003*	*3*	*3*
9	笹	ササ	3	3	6	0.020	1	2
10	東山動物園	ヒガシヤマドウブツエン	1	3	4	0.013	5	11
11	らっこ	ラッコ	2	1	3	0.010	3	3
	ラッコ		*1*	*1*	*2*	*0.007*	*3*	*3*
	らっこ		*1*	*0*	*1*	*0.003*	*3*	*3*
12	おさる	オサル	2	0	2	0.007	3	3
13	爪	ツメ	2	0	2	0.007	1	2
14	アフリカ	アフリカ	1	1	2	0.007	4	4
15	睡眠	スイミン	0	2	2	0.007	2	4
16	凶暴	キョウボウ	1	0	1	0.003	2	4
17	草食	ソウショク	1	0	1	0.003	2	4
18	中国	チュウゴク	1	0	1	0.003	2	4
19	チョコ	チョコ	1	0	1	0.003	3	2
20	葉	ハ	1	0	1	0.003	1	1
21	有袋類	ユウタイルイ	1	0	1	0.003	3	6
22	ラッパ	ラッパ	1	0	1	0.003	3	3
23	生き物	イキモノ	0	1	1	0.003	3	4
24	親子	オヤコ	0	1	1	0.003	2	3
25	サバンナ	サバンナ	0	1	1	0.003	4	4
26	小動物	ショウドウブツ	0	1	1	0.003	3	6
27	チョコレート菓子	チョコレートガシ	0	1	1	0.003	8	7
28	鼻	ハナ	0	1	1	0.003	1	2
29	パンダ	パンダ	0	1	1	0.003	3	3
30	ポケット	ポケット	0	1	1	0.003	4	4
31	耳	ミミ	0	1	1	0.003	1	2
32	森	モリ	0	1	1	0.003	1	2
	合計		160	127	287			

21	コイン	フリガナ	男性	女性	全体	連想強度	文字数	モーラ数
1	かね	カネ	52	59	111	0.369	2	2
	お金		*33*	*45*	*78*	*0.259*	*2*	*3*
	金		*19*	*13*	*32*	*0.106*	*1*	*2*
	おかね		*0*	*1*	*1*	*0.003*	*3*	*3*
2	硬貨	コウカ	15	7	22	0.073	2	3
3	ゲーム	ゲーム	7	13	20	0.066	3	3
4	スロット	スロット	15	1	16	0.053	4	4
5	金貨	キンカ	6	4	10	0.033	2	3
6	裏表	ウラオモテ	2	6	8	0.027	2	5
7	トス	トス	6	1	7	0.023	2	2
8	げーむせんたー	ゲームセンター	3	3	6	0.020	7	7
	ゲームセンター		*2*	*3*	*5*	*0.017*	*7*	*7*
	げーむせんたー		*1*	*0*	*1*	*0.003*	*7*	*7*
9	カジノ	カジノ	4	1	5	0.017	3	3
10	表裏	オモテウラ	2	3	5	0.017	2	5
11	金色	キンイロ	1	4	5	0.017	2	4
12	マリオ	マリオ	3	1	4	0.013	3	3
13	パチンコ	パチンコ	2	2	4	0.013	4	4
14	外国	ガイコク	1	3	4	0.013	2	4
15	円	エン	3	0	3	0.010	1	2
16	表	オモテ	3	0	3	0.010	1	3
17	貨幣	カヘイ	3	0	3	0.010	2	3
18	金属	キンゾク	3	0	3	0.010	2	4
19	裏	ウラ	2	1	3	0.010	1	2
20	賭け	カケ	1	2	3	0.010	2	2
21	硬化	コウカ	1	2	3	0.010	2	3
22	メダル	メダル	2	0	2	0.007	3	3
23	歌	ウタ	1	1	2	0.007	1	2
24	カウンター	カウンター	1	0	1	0.003	5	5
25	カプセル	カプセル	1	0	1	0.003	4	4
26	記念	キネン	1	0	1	0.003	2	3
27	銀行	ギンコウ	1	0	1	0.003	2	4
28	コインランドリー	コインランドリー	1	0	1	0.003	8	8
29	50	ゴジュウ	1	0	1	0.003	2	3
30	小銭	コゼニ	1	0	1	0.003	2	3
31	古銭	コセン	1	0	1	0.003	2	3
32	代価	ダイカ	1	0	1	0.003	2	3
33	チップ	チップ	1	0	1	0.003	3	3
34	通貨	ツウカ	1	0	1	0.003	2	3
35	手品	テジナ	1	0	1	0.003	2	3
36	鉄	テツ	1	0	1	0.003	1	2
37	銅	ドウ	1	0	1	0.003	1	2
38	ドル	ドル	1	0	1	0.003	2	2
39	博打	バクチ	1	0	1	0.003	2	3
40	はな	ハナ	1	0	1	0.003	2	2
41	100	ヒャク	1	0	1	0.003	3	2
42	100円玉	ヒャクエンダマ	1	0	1	0.003	5	6
43	ペイン	ペイン	1	0	1	0.003	3	3
44	マジック	マジック	1	0	1	0.003	4	4
45	両面	リョウメン	1	0	1	0.003	2	4
46	ワンコイン	ワンコイン	1	0	1	0.003	5	5
47	ワンピース	ワンピース	1	0	1	0.003	5	5
48	欧米	オウベイ	0	1	1	0.003	2	4
49	外貨	ガイカ	0	1	1	0.003	2	3
50	賭け事	カケゴト	0	1	1	0.003	3	4
51	ギャンブル	ギャンブル	0	1	1	0.003	5	4
52	銀	ギン	0	1	1	0.003	1	2
53	銀貨	ギンカ	0	1	1	0.003	2	3
54	ケース	ケース	0	1	1	0.003	3	3
55	コカイン	コカイン	0	1	1	0.003	4	4
56	500円	ゴヒャクエン	0	1	1	0.003	4	5
57	自動販売機	ジドウハンバイキ	0	1	1	0.003	5	8
58	10円	ジュウエン	0	1	1	0.003	3	4
59	通り	トオリ	0	1	1	0.003	2	3
60	20セント	ニジュッセント	0	1	1	0.003	5	6
61	真赤	マッカ	0	1	1	0.003	2	3
62	丸	マル	0	1	1	0.003	1	2
63	ランドリー	ランドリー	0	1	1	0.003	5	5
	合計		162	130	292			

22	コスト	フリガナ	男性	女性	全体	連想強度	文字数	モーラ数
1	削減	サクゲン	34	26	60	0.199	2	4
2	かね	カネ	22	32	54	0.179	2	2
	お金		*10*	*25*	*35*	*0.116*	*2*	*3*
	金		*12*	*7*	*19*	*0.063*	*1*	*2*
3	費用	ヒヨウ	23	11	34	0.113	2	3
4	会社	カイシャ	7	4	11	0.037	2	3
5	経費	ケイヒ	8	2	10	0.033	2	3
6	値段	ネダン	5	5	10	0.033	2	3
7	価格	カカク	7	1	8	0.027	2	3
8	予算	ヨサン	6	1	7	0.023	2	3
9	企業	キギョウ	1	6	7	0.023	2	3
10	ふたん	フタン	4	1	5	0.017	3	3
	負担		*3*	*1*	*4*	*0.013*	*2*	*3*
	ふたん		*1*	*0*	*1*	*0.003*	*3*	*3*
11	パフォーマンス	パフォーマンス	2	3	5	0.017	7	6
12	仕事	シゴト	3	1	4	0.013	2	3
13	利益	リエキ	2	2	4	0.013	2	3
14	製品	セイヒン	3	0	3	0.010	2	4
15	生産	セイサン	2	1	3	0.010	2	4
16	ダウン	ダウン	1	2	3	0.010	3	3
17	資源	シゲン	2	0	2	0.007	2	3
18	人件費	ジンケンヒ	2	0	2	0.007	3	5
19	リスク	リスク	2	0	2	0.007	3	3
20	経営	ケイエイ	1	1	2	0.007	2	4
21	消費	ショウヒ	1	1	2	0.007	2	3
22	出費	シュッピ	0	2	2	0.007	2	3
23	運送業	ウンソウギョウ	1	0	1	0.003	3	6
24	買い物	カイモノ	1	0	1	0.003	3	4
25	価値	カチ	1	0	1	0.003	2	2
26	経理	ケイリ	1	0	1	0.003	2	3
27	工場	コウジョウ	1	0	1	0.003	2	4
28	コストパフォーマンス	コストパフォーマンス	1	0	1	0.003	10	9
29	事業	ジギョウ	1	0	1	0.003	2	3
30	資金	シキン	1	0	1	0.003	2	3
31	税金	ゼイキン	1	0	1	0.003	2	4
32	節約	セツヤク	1	0	1	0.003	2	4
33	損害	ソンガイ	1	0	1	0.003	2	4
34	代償	ダイショウ	1	0	1	0.003	2	4
35	低価格	テイカカク	1	0	1	0.003	3	5
36	低減	テイゲン	1	0	1	0.003	2	4
37	導入	ドウニュウ	1	0	1	0.003	2	4
38	燃料	ネンリョウ	1	0	1	0.003	2	4
39	不利益	フリエキ	1	0	1	0.003	3	4
40	店	ミセ	1	0	1	0.003	1	2
41	輸出入	ユシュツニュウ	1	0	1	0.003	3	5
42	世の中	ヨノナカ	1	0	1	0.003	3	4
43	リストラ	リストラ	1	0	1	0.003	4	4
44	料金	リョウキン	1	0	1	0.003	2	4
45	旅行	リョコウ	1	0	1	0.003	2	3
46	赤字	アカジ	0	1	1	0.003	2	3
47	売上	ウリアゲ	0	1	1	0.003	2	4
48	営業	エイギョウ	0	1	1	0.003	2	4
49	ガソリン	ガソリン	0	1	1	0.003	4	4
50	金額	キンガク	0	1	1	0.003	2	4
51	経済	ケイザイ	0	1	1	0.003	2	4
52	ゲーム	ゲーム	0	1	1	0.003	3	3
53	減少	ゲンショウ	0	1	1	0.003	2	4
54	コスト削減	コストサクゲン	0	1	1	0.003	5	7
55	削減案	サクゲンアン	0	1	1	0.003	3	6
56	収入	シュウニュウ	0	1	1	0.003	2	4
57	消費者	ショウヒシャ	0	1	1	0.003	3	4
58	商品	ショウヒン	0	1	1	0.003	2	4
59	数字	スウジ	0	1	1	0.003	2	3
60	政治	セイジ	0	1	1	0.003	2	3
61	損	ソン	0	1	1	0.003	1	2
62	賃金	チンギン	0	1	1	0.003	2	4
63	低予算	テイヨサン	0	1	1	0.003	3	5
64	半減	ハンゲン	0	1	1	0.003	2	4
	合計		161	121	282			

23	コラム	フリガナ	男性	女性	全体	連想強度	文字数	モーラ数
1	新聞	シンブン	41	39	80	0.266	2	4
2	雑誌	ザッシ	18	15	33	0.110	2	3
3	本	ホン	7	9	16	0.053	1	2
4	記事	キジ	11	4	15	0.050	2	2
5	詩	シ	5	3	8	0.027	1	1
6	文章	ブンショウ	3	5	8	0.027	2	4
7	小説	ショウセツ	4	3	7	0.023	2	4
8	エッセイ	エッセイ	3	4	7	0.023	4	4
9	日記	ニッキ	2	4	6	0.020	2	3
10	読み物	ヨミモノ	4	0	4	0.013	3	4
11	はなし	ハナシ	3	1	4	0.013	3	3
	話		*2*	*1*	*3*	*0.010*	*1*	*3*
	はなし		*1*	*0*	*1*	*0.003*	*3*	*3*
12	見出し	ミダシ	3	1	4	0.013	3	3
13	情報	ジョウホウ	2	1	3	0.010	2	4
14	学校	ガッコウ	1	2	3	0.010	2	4
15	授業	ジュギョウ	0	3	3	0.010	2	3
16	記者	キシャ	2	0	2	0.007	2	2
17	コアラ	コアラ	2	0	2	0.007	3	3
18	ブログ	ブログ	2	0	2	0.007	3	3
19	文字	モジ	2	0	2	0.007	2	2
20	広告	コウコク	1	1	2	0.007	2	4
21	パソコン	パソコン	1	1	2	0.007	4	4
22	文	ブン	1	1	2	0.007	1	2
23	連載	レンサイ	0	2	2	0.007	2	4
24	あらすじ	アラスジ	1	0	1	0.003	4	4
25	意味	イミ	1	0	1	0.003	2	2
26	オートマ	オートマ	1	0	1	0.003	4	4
27	音楽	オンガク	1	0	1	0.003	2	4
28	会議	カイギ	1	0	1	0.003	2	3
29	紙	カミ	1	0	1	0.003	1	2
30	掲載	ケイサイ	1	0	1	0.003	2	4
31	講義	コウギ	1	0	1	0.003	2	3
32	項目	コウモク	1	0	1	0.003	2	4
33	コメント	コメント	1	0	1	0.003	4	4
34	作家	サッカ	1	0	1	0.003	2	3
35	雑談	ザツダン	1	0	1	0.003	2	4
36	実践	ジッセン	1	0	1	0.003	2	4
37	自伝	ジデン	1	0	1	0.003	2	3
38	社説	シャセツ	1	0	1	0.003	2	3
39	手記	シュキ	1	0	1	0.003	2	2
40	種類	シュルイ	1	0	1	0.003	2	3
41	駄文	ダブン	1	0	1	0.003	2	3
42	知識	チシキ	1	0	1	0.003	2	3
43	著者	チョシャ	1	0	1	0.003	2	2
44	テキスト	テキスト	1	0	1	0.003	4	4
45	特集	トクシュウ	1	0	1	0.003	2	4
46	トピック	トピック	1	0	1	0.003	4	4
47	肉	ニク	1	0	1	0.003	1	2
48	ニュース	ニュース	1	0	1	0.003	4	3
49	ネット	ネット	1	0	1	0.003	3	3
50	端	ハシ	1	0	1	0.003	1	2
51	発言者	ハツゲンシャ	1	0	1	0.003	3	5
52	発表	ハッピョウ	1	0	1	0.003	2	4
53	ピック	ピック	1	0	1	0.003	3	3
54	二人	フタリ	1	0	1	0.003	2	3
55	ポエム	ポエム	1	0	1	0.003	3	3
56	ホームページ	ホームページ	1	0	1	0.003	6	6
57	星	ホシ	1	0	1	0.003	1	2
58	豆知識	マメチシキ	1	0	1	0.003	3	5
59	要素	ヨウソ	1	0	1	0.003	2	3
60	欄	ラン	1	0	1	0.003	1	2
61	論文	ロンブン	1	0	1	0.003	2	4
62	意見	イケン	0	1	1	0.003	2	3
63	インターネット	インターネット	0	1	1	0.003	7	7
64	英語	エイゴ	0	1	1	0.003	2	3
65	学者	ガクシャ	0	1	1	0.003	2	3
66	興味	キョウミ	0	1	1	0.003	2	3
67	くみたて	クミタテ	0	1	1	0.003	4	4
68	研究	ケンキュウ	0	1	1	0.003	2	4
69	言葉	コトバ	0	1	1	0.003	2	3
70	小話	コバナシ	0	1	1	0.003	2	4
71	辞典	ジテン	0	1	1	0.003	2	3
72	社会学	シャカイガク	0	1	1	0.003	3	5
73	自由	ジユウ	0	1	1	0.003	2	3
74	出版	シュッパン	0	1	1	0.003	2	4
75	題名	ダイメイ	0	1	1	0.003	2	4
76	つぶやき	ツブヤキ	0	1	1	0.003	4	4
77	討論	トウロン	0	1	1	0.003	2	4
78	評論	ヒョウロン	0	1	1	0.003	2	4
79	無	ム	0	1	1	0.003	1	1
80	朗読	ロウドク	0	1	1	0.003	2	4
81	話題	ワダイ	0	1	1	0.003	2	3
	合計		156	119	275			

24	コント	フリガナ	男性	女性	全体	連想強度	文字数	モーラ数
1	わらい	ワライ	72	52	124	0.412	3	3
	お笑い		*64*	*47*	*111*	*0.369*	*3*	*4*
	笑		*4*	*2*	*6*	*0.020*	*1*	*3*
	笑い		*4*	*2*	*6*	*0.020*	*2*	*3*
	おわらい		*0*	*1*	*1*	*0.003*	*4*	*4*
2	まんざい	マンザイ	35	34	69	0.229	4	4
	漫才		*35*	*33*	*68*	*0.226*	*2*	*4*
	まんざい		*0*	*1*	*1*	*0.003*	*4*	*4*
3	芸人	ゲイニン	20	18	38	0.126	2	4
4	てれび	テレビ	5	3	8	0.027	3	3
	テレビ		*4*	*3*	*7*	*0.023*	*3*	*3*
	TV		*1*	*0*	*1*	*0.003*	*2*	*3*
5	お笑い芸人	オワライゲイニン	1	3	4	0.013	5	8
6	芸能人	ゲイノウジン	3	0	3	0.010	3	6
7	爆笑	バクショウ	1	2	3	0.010	2	4
8	二人	フタリ	0	3	3	0.010	2	3
9	芸	ゲイ	2	0	2	0.007	1	2
10	ネタ	ネタ	2	0	2	0.007	2	2
11	ギャグ	ギャグ	1	1	2	0.007	3	2
12	ピン	ピン	1	1	2	0.007	2	2
13	コンビ	コンビ	0	2	2	0.007	3	3
14	笑顔	エガオ	1	0	1	0.003	2	3
15	大阪	オオサカ	1	0	1	0.003	2	4
16	会話	カイワ	1	0	1	0.003	2	3
17	喜劇	キゲキ	1	0	1	0.003	2	3
18	芸能	ゲイノウ	1	0	1	0.003	2	4
19	娯楽	ゴラク	1	0	1	0.003	2	3
20	ショート	ショート	1	0	1	0.003	4	3
21	ステージ	ステージ	1	0	1	0.003	4	4
22	設定	セッテイ	1	0	1	0.003	2	4
23	人間	ニンゲン	1	0	1	0.003	2	4
24	漫談	マンダン	1	0	1	0.003	2	4
25	計画	ケイカク	0	1	1	0.003	2	4
26	集団	シュウダン	0	1	1	0.003	2	4
27	テレビ番組	テレビバングミ	0	1	1	0.003	5	7
28	人	ヒト	0	1	1	0.003	1	2
	合計		154	123	277			

25	コンビ	フリガナ	男性	女性	全体	連想強度	文字数	モーラ数
1	漫才	マンザイ	38	29	67	0.223	2	4
2	おわらい	オワライ	26	30	56	0.186	4	4
	お笑い		*25*	*30*	*55*	*0.183*	*3*	*4*
	おわらい		*1*	*0*	*1*	*0.003*	*4*	*4*
3	ふたり	フタリ	24	24	48	0.159	3	3
	二人		*18*	*15*	*33*	*0.110*	*2*	*3*
	2人		*6*	*7*	*13*	*0.043*	*2*	*3*
	ふたり		*0*	*2*	*2*	*0.007*	*3*	*3*
4	芸人	ゲイニン	24	7	31	0.103	2	4
5	ふたりぐみ	フタリグミ	6	7	13	0.043	5	5
	二人組		*5*	*2*	*7*	*0.023*	*3*	*5*
	2人組		*1*	*5*	*6*	*0.020*	*3*	*5*
6	相方	アイカタ	5	5	10	0.033	2	4
7	ペア	ペア	4	1	5	0.017	2	2
8	解散	カイサン	3	2	5	0.017	2	4
9	相棒	アイボウ	4	0	4	0.013	2	4
10	コンビニ	コンビニ	3	1	4	0.013	4	4
11	お笑い芸人	オワライゲイニン	0	4	4	0.013	5	8
12	友達	トモダチ	2	1	3	0.010	2	4
13	トリオ	トリオ	1	2	3	0.010	3	3
14	人	ヒト	1	2	3	0.010	1	2
15	組	クミ	2	0	2	0.007	1	2
16	コント	コント	2	0	2	0.007	3	3
17	結成	ケッセイ	1	1	2	0.007	2	4
18	名	ナ	1	1	2	0.007	1	1
19	相性	アイショウ	1	0	1	0.003	2	4
20	地獄	ジゴク	1	0	1	0.003	2	3
21	長年	ナガネン	1	0	1	0.003	2	4
22	にんげん	ニンゲン	1	0	1	0.003	4	4
23	バイト	バイト	1	0	1	0.003	3	3
24	ピザ	ピザ	1	0	1	0.003	2	2
25	ひと組	ヒトクミ	1	0	1	0.003	3	4
26	フォーメーション	フォーメーション	1	0	1	0.003	8	6
27	複数	フクスウ	1	0	1	0.003	2	4
28	便利	ベンリ	1	0	1	0.003	2	3
29	活動	カツドウ	0	1	1	0.003	2	4
30	絆	キズナ	0	1	1	0.003	1	3
31	親友	シンユウ	0	1	1	0.003	2	4
32	チーム	チーム	0	1	1	0.003	3	3
33	チャイルドシート	チャイルドシート	0	1	1	0.003	8	7
34	TV	テレビ	0	1	1	0.003	2	3
35	仲違い	ナカタガイ	0	1	1	0.003	3	5
36	仲良し	ナカヨシ	0	1	1	0.003	3	4
37	2	ニ	0	1	1	0.003	1	1
38	2個	ニコ	0	1	1	0.003	2	2
39	24時間	ニジュウヨジカン	0	1	1	0.003	4	7
40	ばか	バカ	0	1	1	0.003	2	2
41	二組	フタクミ	0	1	1	0.003	2	4
42	2つ	フタツ	0	1	1	0.003	2	3
43	漫才師	マンザイシ	0	1	1	0.003	3	5
	合計		157	132	289			

26	コンロ	フリガナ	男性	女性	全体	連想強度	文字数	モーラ数
1	ひ	ヒ	59	56	115	0.382	1	1
	火		*59*	*55*	*114*	*0.379*	*1*	*1*
	ひ		*0*	*1*	*1*	*0.003*	*1*	*1*
2	ガス	ガス	44	34	78	0.259	2	2
3	鍋	ナベ	13	7	20	0.066	1	2
4	料理	リョウリ	6	4	10	0.033	2	3
5	炎	ホノオ	4	3	7	0.023	1	3
6	熱	ネツ	3	2	5	0.017	1	2
7	冬	フユ	4	0	4	0.013	1	2
8	台所	ダイドコロ	1	4	5	0.017	2	5
9	キャンプ	キャンプ	3	0	3	0.010	4	3
10	火事	カジ	2	1	3	0.010	2	2
11	調理	チョウリ	2	1	3	0.010	2	3
12	暖房	ダンボウ	1	2	3	0.010	2	4
13	キッチン	キッチン	0	3	3	0.010	4	4
14	カセット	カセット	2	0	2	0.007	4	4
15	燃焼	ネンショウ	2	0	2	0.007	2	4
16	家電	カデン	1	0	1	0.003	2	3
17	黒	クロ	1	0	1	0.003	1	2
18	香水	コウスイ	1	0	1	0.003	2	4
19	高熱	コウネツ	1	0	1	0.003	2	4
20	コタツ	コタツ	1	0	1	0.003	3	3
21	魚	サカナ	1	0	1	0.003	1	3
22	事故	ジコ	1	0	1	0.003	2	2
23	しゃぶしゃぶ	シャブシャブ	1	0	1	0.003	6	4
24	食事	ショクジ	1	0	1	0.003	2	3
25	ストーブ	ストーブ	1	0	1	0.003	4	4
26	暖房器	ダンボウキ	1	0	1	0.003	3	5
27	爆発	バクハツ	1	0	1	0.003	2	4
28	発熱	ハツネツ	1	0	1	0.003	2	4
29	やかん	ヤカン	1	0	1	0.003	3	3
30	家庭料理	カテイリョウリ	0	1	1	0.003	4	6
31	簡易	カンイ	0	1	1	0.003	2	3
32	危険	キケン	0	1	1	0.003	2	3
33	電気	デンキ	0	1	1	0.003	2	3
34	匂い	ニオイ	0	1	1	0.003	2	3
35	火元	ヒモト	0	1	1	0.003	2	3
36	フライパン	フライパン	0	1	1	0.003	5	5
	合計		160	124	284			

27	サウナ	フリガナ	男性	女性	全体	連想強度	文字数	モーラ数
1	温泉	オンセン	20	21	41	0.136	2	4
2	汗	アセ	17	21	38	0.126	1	2
3	ふろ	フロ	24	12	36	0.120	2	2
	風呂		*23*	*9*	*32*	*0.106*	*2*	*2*
	お風呂		*1*	*3*	*4*	*0.013*	*3*	*3*
4	銭湯	セントウ	23	9	32	0.106	2	4
5	熱	ネツ	9	5	14	0.047	1	2
6	タオル	タオル	1	4	5	0.017	3	3
7	高温	コウオン	4	0	4	0.013	2	4
8	ダイエット	ダイエット	3	1	4	0.013	5	5
9	温度	オンド	2	1	3	0.010	2	3
10	湿気	シッケ	2	1	3	0.010	2	3
11	湿度	シツド	2	1	3	0.010	2	3
12	プール	プール	2	1	3	0.010	3	3
13	蒸し風呂	ムシブロ	2	1	3	0.010	4	4
14	男	オトコ	2	0	2	0.007	1	3
15	密室	ミッシツ	2	0	2	0.007	2	4
16	おっさん	オッサン	1	1	2	0.007	4	4
17	おやじ	オヤジ	1	1	2	0.007	3	3
	オヤジ		*1*	*0*	*1*	*0.003*	*3*	*3*
	おやじ		*0*	*1*	*1*	*0.003*	*3*	*3*
18	夏	ナツ	1	1	2	0.007	1	2
19	フィンランド	フィンランド	1	1	2	0.007	6	5
20	1時間	イチジカン	1	0	1	0.003	3	5
21	温室	オンシツ	1	0	1	0.003	2	4
22	我慢比べ	ガマンクラベ	1	0	1	0.003	4	6
23	木	キ	1	0	1	0.003	1	1
24	個室	コシツ	1	0	1	0.003	2	3
25	塩	シオ	1	0	1	0.003	1	2
26	水蒸気	スイジョウキ	1	0	1	0.003	3	5
27	セット	セット	1	0	1	0.003	3	3
28	熱気	ネッキ	1	0	1	0.003	2	3
29	100度	ヒャクド	1	0	1	0.003	4	3
30	風呂屋	フロヤ	1	0	1	0.003	3	3
31	北欧	ホクオウ	1	0	1	0.003	2	4
32	おじさん	オジサン	0	1	1	0.003	4	4
33	おばあちゃん	オバアチャン	0	1	1	0.003	6	5
34	ジム	ジム	0	1	1	0.003	2	2
35	新陳代謝	シンチンタイシャ	0	1	1	0.003	4	7
36	父	チチ	0	1	1	0.003	1	2
37	父親	チチオヤ	0	1	1	0.003	2	4
38	日サロ	ヒサロ	0	1	1	0.003	3	3
39	水	ミズ	0	1	1	0.003	1	2
40	湯気	ユゲ	0	1	1	0.003	2	2
41	露天風呂	ロテンブロ	0	1	1	0.003	4	5
	合計		131	92	223			

28	サンゴ	フリガナ	男性	女性	全体	連想強度	文字数	モーラ数
1	うみ	ウミ	97	94	191	0.635	2	2
	海		*96*	*93*	*189*	*0.628*	*1*	*2*
	うみ		*1*	*1*	*2*	*0.007*	*2*	*2*
2	沖縄	オキナワ	45	20	65	0.216	2	4
3	さんごしょう	サンゴショウ	7	4	11	0.037	6	5
	サンゴ礁		*5*	*3*	*8*	*0.027*	*4*	*5*
	珊瑚礁		*2*	*1*	*3*	*0.010*	*3*	*5*
4	絶滅	ゼツメツ	3	0	3	0.010	2	4
5	赤	アカ	1	1	2	0.007	1	2
6	きれい	キレイ	1	1	2	0.007	3	3
7	石	イシ	1	0	1	0.003	1	2
8	オニヒトデ	オニヒトデ	1	0	1	0.003	5	5
9	海底	カイテイ	1	0	1	0.003	2	4
10	環境問題	カンキョウモンダイ	1	0	1	0.003	4	8
11	グレートバリアリーフ	グレートバリアリーフ	1	0	1	0.003	10	10
12	植物	ショクブツ	1	0	1	0.003	2	4
13	天然	テンネン	1	0	1	0.003	2	4
14	南米	ナンベイ	1	0	1	0.003	2	4
15	南	ミナミ	1	0	1	0.003	1	3
16	ラグーン	ラグーン	1	0	1	0.003	4	4
17	貝殻	カイガラ	0	1	1	0.003	2	4
18	環境汚染	カンキョウオセン	0	1	1	0.003	4	7
19	自家受精	ジカジュセイ	0	1	1	0.003	4	5
20	水槽	スイソウ	0	1	1	0.003	2	4
21	白色化	ハクショクカ	0	1	1	0.003	3	5
22	ピンク	ピンク	0	1	1	0.003	3	3
23	桃色	モモイロ	0	1	1	0.003	2	4
	合計		164	127	291			

29	ジャズ	フリガナ	男性	女性	全体	連想強度	文字数	モーラ数
1	音楽	オンガク	97	75	172	0.571	2	4
2	ダンス	ダンス	8	12	20	0.066	3	3
3	サックス	サックス	11	4	15	0.050	4	4
4	バー	バー	6	2	8	0.027	2	2
5	くらしっく	クラシック	4	1	5	0.017	5	5
	クラシック		*3*	*1*	*4*	*0.013*	*5*	*5*
	クラッシック		*1*	*0*	*1*	*0.003*	*6*	*6*
6	黒人	コクジン	3	1	4	0.013	2	4
7	アメリカ	アメリカ	2	2	4	0.013	4	4
8	曲	キョク	1	2	3	0.010	1	2
9	ベース	ベース	1	2	3	0.010	3	3
10	すいんぐ	スイング	0	3	3	0.010	4	4
	スイング		*0*	*2*	*2*	*0.007*	*4*	*4*
	スウィング		*0*	*1*	*1*	*0.003*	*5*	*4*
11	ギター	ギター	2	0	2	0.007	3	3
12	バイク	バイク	2	0	2	0.007	3	3
13	バンド	バンド	2	0	2	0.007	3	3
14	歌	ウタ	1	1	2	0.007	1	2
15	演奏	エンソウ	1	1	2	0.007	2	4
16	大人	オトナ	1	1	2	0.007	2	3
17	喫茶店	キッサテン	1	1	2	0.007	3	5
18	シンガー	シンガー	1	1	2	0.007	4	4
19	ピアノ	ピアノ	1	1	2	0.007	3	3
20	ヒップホップ	ヒップホップ	1	1	2	0.007	6	6
21	レコード	レコード	1	1	2	0.007	4	4
22	楽器	ガッキ	0	2	2	0.007	2	3
23	リズム	リズム	0	2	2	0.007	3	3
24	金管楽器	キンカンガッキ	1	0	1	0.003	4	7
25	クラリネット	クラリネット	1	0	1	0.003	6	6
26	軽音	ケイオン	1	0	1	0.003	2	4
27	コンサート	コンサート	1	0	1	0.003	5	5
28	J-POP	ジェーポップ	1	0	1	0.003	5	5
29	ドラム	ドラム	1	0	1	0.003	3	3
30	トランペット	トランペット	1	0	1	0.003	6	6
31	ロック	ロック	1	0	1	0.003	3	3
32	おしゃれ	オシャレ	0	1	1	0.003	4	3
33	踊り	オドリ	0	1	1	0.003	2	3
34	音響分析	オンキョウブンセキ	0	1	1	0.003	4	8
35	管楽器	カンガッキ	0	1	1	0.003	3	5
36	喫茶	キッサ	0	1	1	0.003	2	3
37	クラブ	クラブ	0	1	1	0.003	3	3
38	お酒	オサケ	0	1	1	0.003	2	3
39	神秘	シンピ	0	1	1	0.003	2	3
40	独特	ドクトク	0	1	1	0.003	2	4
41	２拍４拍	ニハクヨンパク	0	1	1	0.003	4	7
42	ミュージック	ミュージック	0	1	1	0.003	6	5
	合計		155	127	282			

30	シャツ	フリガナ	男性	女性	全体	連想強度	文字数	モーラ数
1	白	シロ	27	40	67	0.223	1	2
2	服	フク	18	9	27	0.090	1	2
3	わいしゃつ	ワイシャツ	13	7	20	0.066	5	4
	ワイシャツ		6	5	11	0.037	5	4
	Yシャツ		7	2	9	0.030	4	4
4	てぃー	ティー	11	4	15	0.050	3	2
	T		9	4	13	0.043	1	2
	ティー		2	0	2	0.007	3	2
5	わい	ワイ	11	4	15	0.050	2	2
	Y		9	3	12	0.040	1	2
	ワイ		2	1	3	0.010	2	2
6	衣服	イフク	6	3	9	0.030	2	3
7	Tシャツ	ティーシャツ	4	4	8	0.027	4	4
8	ネクタイ	ネクタイ	6	1	7	0.023	4	4
9	スーツ	スーツ	4	3	7	0.023	3	3
10	せんたく	センタク	5	1	6	0.020	4	4
	洗濯		4	1	5	0.017	2	4
	洗たく		1	0	1	0.003	3	4
11	下着	シタギ	4	2	6	0.020	2	3
12	部屋	ヘヤ	4	2	6	0.020	2	2
13	白色	ハクショク	4	1	5	0.017	2	4
14	布	ヌノ	4	0	4	0.013	1	2
15	サラリーマン	サラリーマン	3	1	4	0.013	6	6
16	制服	セイフク	2	2	4	0.013	2	4
17	夏	ナツ	2	2	4	0.013	1	2
18	ボタン	ボタン	1	3	4	0.013	3	3
19	アイロン	アイロン	0	4	4	0.013	4	4
20	衣類	イルイ	3	0	3	0.010	2	3
21	洋服	ヨウフク	3	0	3	0.010	2	4
22	襟	エリ	1	2	3	0.010	1	2
23	綿	ワタ	1	2	3	0.010	1	2
24	お父さん	オトウサン	0	3	3	0.010	4	5
25	社会人	シャカイジン	0	3	3	0.010	3	5
26	父	チチ	0	3	3	0.010	1	2
27	仕事	シゴト	1	1	2	0.007	2	3
28	しわ	シワ	1	1	2	0.007	2	2
	シワ		1	0	1	0.003	2	2
	しわ		0	1	1	0.003	2	2
29	洗濯物	センタクモノ	1	1	2	0.007	3	6
30	男性	ダンセイ	0	2	2	0.007	2	4
31	アロハ	アロハ	1	0	1	0.003	3	3
32	アンダー	アンダー	1	0	1	0.003	4	4
33	いろ	イロ	1	0	1	0.003	2	2
34	インナー	インナー	1	0	1	0.003	4	4
35	男	オトコ	1	0	1	0.003	1	3
36	女	オンナ	1	0	1	0.003	1	3
37	生地	キジ	1	0	1	0.003	2	2
38	キスマーク	キスマーク	1	0	1	0.003	5	5
39	着物	キモノ	1	0	1	0.003	2	3
40	就職	シュウショク	1	0	1	0.003	2	4
41	着衣	チャクイ	1	0	1	0.003	2	3
42	人間	ニンゲン	1	0	1	0.003	2	4
43	肌着	ハダギ	1	0	1	0.003	2	3
44	歌	ウタ	0	1	1	0.003	1	2
45	カッター	カッター	0	1	1	0.003	4	4
46	清潔	セイケツ	0	1	1	0.003	2	4
47	パジャマ	パジャマ	0	1	1	0.003	4	3
48	ハンガー	ハンガー	0	1	1	0.003	4	4
49	人	ヒト	0	1	1	0.003	1	2
50	プリント	プリント	0	1	1	0.003	4	4
51	部屋着	ヘヤギ	0	1	1	0.003	3	3
52	ポロシャツ	ポロシャツ	0	1	1	0.003	5	4
53	真っ白	マッシロ	0	1	1	0.003	3	4
	合計		153	121	274			

31	シルク	フリガナ	男性	女性	全体	連想強度	文字数	モーラ数
1	絹	キヌ	40	38	78	0.259	1	2
2	布	ヌノ	18	14	32	0.106	1	2
3	ロード	ロード	15	6	21	0.070	3	3
4	高級	コウキュウ	7	9	16	0.053	2	4
5	白	シロ	6	5	11	0.037	1	2
6	蚕	カイコ	6	3	9	0.030	1	3
7	中国	チュウゴク	7	1	8	0.027	2	4
8	シルクロード	シルクロード	5	3	8	0.027	6	6
9	道	ミチ	6	1	7	0.023	1	2
10	高価	コウカ	3	4	7	0.023	2	3
11	素材	ソザイ	3	4	7	0.023	2	3
12	生地	キジ	2	4	6	0.020	2	2
13	パジャマ	パジャマ	1	5	6	0.020	4	3
14	服	フク	3	1	4	0.013	1	2
15	シーツ	シーツ	2	2	4	0.013	3	3
16	シャツ	シャツ	3	0	3	0.010	3	2
17	綿	ワタ	3	0	3	0.010	1	2
18	きれい	キレイ	2	1	3	0.010	3	3
	きれい		*1*	*1*	*2*	*0.007*	*3*	*3*
	綺麗		*1*	*0*	*1*	*0.003*	*2*	*3*
19	柔軟	ジュウナン	2	1	3	0.010	2	4
20	繭	マユ	2	1	3	0.010	1	2
21	滑らか	ナメラカ	0	3	3	0.010	3	4
22	風呂	フロ	2	0	2	0.007	2	2
23	帽子	ボウシ	2	0	2	0.007	2	3
24	糸	イト	1	1	2	0.007	1	2
25	透明	トウメイ	1	1	2	0.007	2	4
26	パンツ	パンツ	1	1	2	0.007	3	3
27	布団	フトン	1	1	2	0.007	2	3
28	光沢	コウタク	1	0	1	0.003	2	4
29	絨毯	ジュウタン	1	0	1	0.003	2	4
30	シルクハット	シルクハット	1	0	1	0.003	6	6
31	スカーフ	スカーフ	1	0	1	0.003	4	4
32	布地	ヌノジ	1	0	1	0.003	2	3
33	ネグリジェ	ネグリジェ	1	0	1	0.003	5	4
34	白衣	ハクイ	1	0	1	0.003	2	3
35	肌触り	ハダザワリ	1	0	1	0.003	3	5
36	非常階段	ヒジョウカイダン	1	0	1	0.003	4	7
37	100均	ヒャッキン	1	0	1	0.003	4	4
38	ホワイト	ホワイト	1	0	1	0.003	4	4
39	木綿	モメン	1	0	1	0.003	2	3
40	衣服	イフク	0	1	1	0.003	2	3
41	インド	インド	0	1	1	0.003	3	3
42	牛	ウシ	0	1	1	0.003	1	2
43	歌	ウタ	0	1	1	0.003	1	2
44	気持ち	キモチ	0	1	1	0.003	3	3
45	豪華	ゴウカ	0	1	1	0.003	2	3
46	セレブ	セレブ	0	1	1	0.003	3	3
47	繊維	センイ	0	1	1	0.003	2	3
48	肌	ハダ	0	1	1	0.003	1	2
49	ハット	ハット	0	1	1	0.003	3	3
50	水	ミズ	0	1	1	0.003	1	2
51	ヨーロッパ	ヨーロッパ	0	1	1	0.003	5	5
52	レース	レース	0	1	1	0.003	3	3
	合計		156	123	279			

32	スコア	フリガナ	男性	女性	全体	連想強度	文字数	モーラ数
1	ぼーりんぐ	ボーリング	22	30	52	0.173	5	5
	ボーリング		*17*	*30*	*47*	*0.156*	*5*	*5*
	ボウリング		*5*	*0*	*5*	*0.017*	*5*	*5*
2	得点	トクテン	33	15	48	0.159	2	4
3	点数	テンスウ	26	17	43	0.143	2	4
4	野球	ヤキュウ	22	3	25	0.083	2	3
5	記録	キロク	4	8	12	0.040	2	3
6	成績	セイセキ	9	2	11	0.037	2	4
7	試合	シアイ	5	6	11	0.037	2	3
8	ゲーム	ゲーム	4	6	10	0.033	3	3
9	楽譜	ガクフ	2	7	9	0.030	2	3
10	すぽーつ	スポーツ	5	5	10	0.033	4	4
	スポーツ		*4*	*5*	*9*	*0.030*	*4*	*4*
	すぽーつ		*1*	*0*	*1*	*0.003*	*4*	*4*
11	結果	ケッカ	5	1	6	0.020	2	3
12	点	テン	5	1	6	0.020	1	2
13	数字	スウジ	1	5	6	0.020	2	3
14	ゴルフ	ゴルフ	5	0	5	0.017	3	3
15	表	オモテ	2	3	5	0.017	1	3
16	バンド	バンド	2	2	4	0.013	3	3
17	はいすこあ	ハイスコア	0	4	4	0.013	5	5
	ハイスコア		*0*	*2*	*2*	*0.007*	*5*	*5*
	はいすこあ		*0*	*1*	*1*	*0.003*	*5*	*5*
	ハイスコアー		*0*	*1*	*1*	*0.003*	*6*	*6*
18	テスト	テスト	1	1	2	0.007	3	3
19	配点	ハイテン	1	1	2	0.007	2	4
20	ボード	ボード	1	1	2	0.007	3	3
21	音楽	オンガク	0	2	2	0.007	2	4
22	バスケ	バスケ	0	2	2	0.007	3	3
23	アタック	アタック	1	0	1	0.003	4	4
24	計算	ケイサン	1	0	1	0.003	2	4
25	ゲーム	ゲーム	1	0	1	0.003	3	3
26	サッカー	サッカー	1	0	1	0.003	4	4
27	シート	シート	1	0	1	0.003	3	3
28	成績表	セイセキヒョウ	1	0	1	0.003	3	6
29	戦い	タタカイ	1	0	1	0.003	2	4
30	人間	ニンゲン	1	0	1	0.003	2	4
31	バンドスコア	バンドスコア	1	0	1	0.003	6	6
32	ブック	ブック	1	0	1	0.003	3	3
33	譜面	フメン	1	0	1	0.003	2	3
34	鉛筆	エンピツ	0	1	1	0.003	2	4
35	ストライク	ストライク	0	1	1	0.003	5	5
36	バスケットボール	バスケットボール	0	1	1	0.003	8	8
37	本	ホン	0	1	1	0.003	1	2
38	ランキング	ランキング	0	1	1	0.003	5	5
	合計		166	127	293			

33	スパイ	フリガナ	男性	女性	全体	連想強度	文字数	モーラ数
1	映画	エイガ	18	20	38	0.126	2	3
2	7	セブン	21	2	23	0.076	1	3
3	敵	テキ	9	4	13	0.043	1	2
4	秘密	ヒミツ	6	6	12	0.040	2	3
5	偵察	テイサツ	7	2	9	0.030	2	4
6	黒	クロ	2	7	9	0.030	1	2
7	北朝鮮	キタチョウセン	5	3	8	0.027	3	6
8	潜入	センニュウ	5	1	6	0.020	2	4
9	探偵	タンテイ	2	4	6	0.020	2	4
10	密告	ミッコク	1	5	6	0.020	2	4
11	女	オンナ	3	2	5	0.017	1	3
12	外国	ガイコク	1	4	5	0.017	2	4
13	国家	コッカ	3	1	4	0.013	2	3
14	銃	ジュウ	3	1	4	0.013	1	2
15	ミッション	ミッション	3	1	4	0.013	5	4
16	人	ヒト	2	2	4	0.013	1	2
17	泥棒	ドロボウ	1	3	4	0.013	2	4
18	暗殺	アンサツ	3	0	3	0.010	2	4
19	隠密	オンミツ	3	0	3	0.010	2	4
20	諜報	チョウホウ	3	0	3	0.010	2	4
21	敵国	テキコク	3	0	3	0.010	2	4
22	ボンド	ボンド	3	0	3	0.010	3	3
23	忍者	ニンジャ	1	2	3	0.010	2	3
24	犯罪	ハンザイ	1	2	3	0.010	2	4
25	悪	アク	0	3	3	0.010	1	2
26	あめりか	アメリカ	0	3	3	0.010	4	4
	アメリカ		*0*	*2*	*2*	*0.007*	4	4
	あめりか		*0*	*1*	*1*	*0.003*	4	4
27	イギリス	イギリス	2	0	2	0.007	4	4
28	情報	ジョウホウ	2	0	2	0.007	2	4
29	密偵	ミッテイ	2	0	2	0.007	2	4
30	ロシア	ロシア	2	0	2	0.007	3	3
31	FBI	エフビーアイ	1	1	2	0.007	3	6
32	国	クニ	1	1	2	0.007	1	2
33	極秘	ゴクヒ	1	1	2	0.007	2	3
34	CIA	シーアイエー	1	1	2	0.007	3	6
35	任務	ニンム	1	1	2	0.007	2	3
36	尾行	ビコウ	1	1	2	0.007	2	3
37	容疑	ヨウギ	1	1	2	0.007	2	3
38	影	カゲ	0	2	2	0.007	1	2
39	警察	ケイサツ	0	2	2	0.007	2	4
40	拳銃	ケンジュウ	0	2	2	0.007	2	4
41	殺人	サツジン	0	2	2	0.007	2	4
42	捜査	ソウサ	0	2	2	0.007	2	3
43	悪者	ワルモノ	0	2	2	0.007	2	4
44	暗躍	アンヤク	1	0	1	0.003	2	4
45	裏切り	ウラギリ	1	0	1	0.003	3	4
46	MI6	エムアイシックス	1	0	1	0.003	3	8
47	隠密行動	オンミツコウドウ	1	0	1	0.003	4	8
48	会社	カイシャ	1	0	1	0.003	2	3
49	活動	カツドウ	1	0	1	0.003	2	4
50	間諜	カンチョウ	1	0	1	0.003	2	4
51	機密情報	キミツジョウホウ	1	0	1	0.003	4	7
52	草	クサ	1	0	1	0.003	1	2
53	ゲーム	ゲーム	1	0	1	0.003	3	3
54	工作	コウサク	1	0	1	0.003	2	4
55	工作員	コウサクイン	1	0	1	0.003	3	6
56	産業	サンギョウ	1	0	1	0.003	2	4
57	サングラス	サングラス	1	0	1	0.003	5	5
58	死	シ	1	0	1	0.003	1	1
59	スーツ	スーツ	1	0	1	0.003	3	3
60	スパイ活動	スパイカツドウ	1	0	1	0.003	5	7
61	戦争	センソウ	1	0	1	0.003	2	4
62	潜入捜査	センニュウソウサ	1	0	1	0.003	4	7
63	戦略	センリャク	1	0	1	0.003	2	4
64	ソ連	ソレン	1	0	1	0.003	2	3
65	大作戦	ダイサクセン	1	0	1	0.003	3	6
66	追跡	ツイセキ	1	0	1	0.003	2	4
67	データ	データ	1	0	1	0.003	3	3
68	盗聴	トウチョウ	1	0	1	0.003	2	4
69	二重	ニジュウ	1	0	1	0.003	2	3
70	犯罪者	ハンザイシャ	1	0	1	0.003	3	5
71	卑怯	ヒキョウ	1	0	1	0.003	2	3
72	ピストル	ピストル	1	0	1	0.003	4	4
73	マスター	マスター	1	0	1	0.003	4	4
74	密者	ミッシャ	1	0	1	0.003	2	3
75	ルパン	ルパン	1	0	1	0.003	3	3
76	アクション	アクション	0	1	1	0.003	5	4
77	悪党	アクトウ	0	1	1	0.003	2	4
78	裏	ウラ	0	1	1	0.003	1	2
79	危険	キケン	0	1	1	0.003	2	3
80	騎士	キシ	0	1	1	0.003	2	2
81	逆スパイ	ギャクスパイ	0	1	1	0.003	4	5
82	蜘蛛	クモ	0	1	1	0.003	2	2
83	刑事	ケイジ	0	1	1	0.003	2	3
84	国家機密	コッカキミツ	0	1	1	0.003	4	6
85	進入	シンニュウ	0	1	1	0.003	2	4
86	スパイス	スパイス	0	1	1	0.003	4	4
87	組織	ソシキ	0	1	1	0.003	2	3
88	調査	チョウサ	0	1	1	0.003	2	3
89	トレンチ	トレンチ	0	1	1	0.003	4	4
90	人間	ニンゲン	0	1	1	0.003	2	4
91	盗み	ヌスミ	0	1	1	0.003	2	3
92	盗み聞き	ヌスミギキ	0	1	1	0.003	4	5
93	ヒットマン	ヒットマン	0	1	1	0.003	5	5
94	プロ	プロ	0	1	1	0.003	2	2
95	変人	ヘンジン	0	1	1	0.003	2	4
96	変装	ヘンソウ	0	1	1	0.003	2	4
97	帽子	ボウシ	0	1	1	0.003	2	3
98	密輸	ミツユ	0	1	1	0.003	2	3
99	闇	ヤミ	0	1	1	0.003	1	2
100	優秀	ユウシュウ	0	1	1	0.003	2	4
101	容疑者	ヨウギシャ	0	1	1	0.003	3	4
	合計		156	123	279			

34	スリル	フリガナ	男性	女性	全体	連想強度	文字数	モーラ数
1	恐怖	キョウフ	28	21	49	0.163	2	3
2	危険	キケン	26	23	49	0.163	2	3
3	じぇっとこーすたー	ジェットコースター	16	17	33	0.110	9	8
	ジェットコースター		*16*	*16*	*32*	*0.106*	*9*	*8*
	ジェツトコースター		*0*	*1*	*1*	*0.003*	*9*	*8*
4	サスペンス	サスペンス	8	11	19	0.063	5	5
5	映画	エイガ	8	8	16	0.053	2	3
6	満点	マンテン	6	3	9	0.030	2	4
7	おばけやしき	オバケヤシキ	4	3	7	0.023	6	6
	お化け屋敷		*3*	*2*	*5*	*0.017*	*5*	*6*
	お化けやしき		*1*	*1*	*2*	*0.007*	*6*	*6*
8	ホラー	ホラー	4	3	7	0.023	3	3
9	布袋	ホテイ	6	0	6	0.020	2	3
10	興奮	コウフン	3	3	6	0.020	2	4
11	遊園地	ユウエンチ	2	4	6	0.020	3	5
12	快感	カイカン	5	0	5	0.017	2	4
13	アトラクション	アトラクション	2	2	4	0.013	7	6
14	お化け	オバケ	2	1	3	0.010	3	3
15	緊張	キンチョウ	2	1	3	0.010	2	4
16	絶叫	ゼッキョウ	1	2	3	0.010	2	4
17	危機	キキ	2	0	2	0.007	2	2
18	車	クルマ	2	0	2	0.007	1	3
19	アクション	アクション	1	1	2	0.007	5	4
20	刺激	シゲキ	1	1	2	0.007	2	3
21	事件	ジケン	1	1	2	0.007	2	3
22	バンジージャンプ	バンジージャンプ	1	1	2	0.007	8	7
23	山	ヤマ	1	1	2	0.007	1	2
24	冒険	ボウケン	0	2	2	0.007	2	4
25	遊び	アソビ	1	0	1	0.003	2	3
26	アドベンチャー	アドベンチャー	1	0	1	0.003	7	6
27	命	イノチ	1	0	1	0.003	1	3
28	感覚	カンカク	1	0	1	0.003	2	4
29	感情	カンジョウ	1	0	1	0.003	2	4
30	恐怖感	キョウフカン	1	0	1	0.003	3	5
31	警察	ケイサツ	1	0	1	0.003	2	4
32	恋	コイ	1	0	1	0.003	1	2
33	娯楽	ゴラク	1	0	1	0.003	2	3
34	ショック	ショック	1	0	1	0.003	4	3
35	心霊	シンレイ	1	0	1	0.003	2	4
36	スタントマン	スタントマン	1	0	1	0.003	6	6
37	体験	タイケン	1	0	1	0.003	2	4
38	ダイビング	ダイビング	1	0	1	0.003	5	5
39	テレビ	テレビ	1	0	1	0.003	3	3
40	峠	トウゲ	1	0	1	0.003	1	3
41	度胸	ドキョウ	1	0	1	0.003	2	3
42	ドライブ	ドライブ	1	0	1	0.003	4	4
43	バイク	バイク	1	0	1	0.003	3	3
44	パチンコ	パチンコ	1	0	1	0.003	4	4
45	抜群	バツグン	1	0	1	0.003	2	4
46	バンジー	バンジー	1	0	1	0.003	4	4
47	万引き	マンビキ	1	0	1	0.003	3	4
48	迷路	メイロ	1	0	1	0.003	2	3
49	崖	ガケ	0	1	1	0.003	1	2
50	緊張感	キンチョウカン	0	1	1	0.003	3	6
51	推理小説	スイリショウセツ	0	1	1	0.003	4	7
52	絶叫系	ゼッキョウケイ	0	1	1	0.003	3	6
53	爽快感	ソウカイカン	0	1	1	0.003	3	6
54	吊り橋	ツリバシ	0	1	1	0.003	3	4
55	ドラマ	ドラマ	0	1	1	0.003	3	3
56	迫力	ハクリョク	0	1	1	0.003	2	4
57	ホラー映画	ホラーエイガ	0	1	1	0.003	5	6
	合計		156	118	274			

35	ソファ	フリガナ	男性	女性	全体	連想強度	文字数	モーラ数
1	いす	イス	49	40	89	0.296	2	2
	イス		24	27	51	0.169	2	2
	椅子		24	7	31	0.103	2	2
	いす		1	6	7	0.023	2	2
2	リビング	リビング	15	13	28	0.093	4	4
3	家具	カグ	13	14	27	0.090	2	2
4	家	イエ	5	5	10	0.033	1	2
5	居間	イマ	7	2	9	0.030	2	2
6	べっど	ベッド	6	2	8	0.027	3	3
	ベッド		5	1	6	0.020	3	3
	ベット		1	1	2	0.007	3	3
7	部屋	ヘヤ	4	2	6	0.020	2	2
8	休憩	キュウケイ	3	2	5	0.017	2	4
9	クッション	クッション	4	0	4	0.013	5	4
10	赤	アカ	2	2	4	0.013	1	2
11	くつろぎ	クツロギ	1	3	4	0.013	4	4
	くつろぎ		1	2	3	0.010	4	4
	寛ぎ		0	1	1	0.003	2	4
12	ニトリ	ニトリ	3	0	3	0.010	3	3
13	皮	カワ	2	1	3	0.010	1	2
14	癒し	イヤシ	2	0	2	0.007	2	3
15	テレビ	テレビ	2	0	2	0.007	3	3
16	寝床	ネドコ	2	0	2	0.007	2	3
17	洋室	ヨウシツ	2	0	2	0.007	2	4
18	家族	カゾク	1	1	2	0.007	2	3
19	家庭	カテイ	1	1	2	0.007	2	3
20	睡眠	スイミン	1	1	2	0.007	2	4
21	ロビー	ロビー	1	1	2	0.007	3	3
22	わた	ワタ	1	1	2	0.007	2	2
	わた		1	0	1	0.003	2	2
	綿		0	1	1	0.003	1	2
23	白	シロ	0	2	2	0.007	1	2
24	昼寝	ヒルネ	0	2	2	0.007	2	3
25	安楽椅子	アンラクイス	1	0	1	0.003	4	6
26	憩い	イコイ	1	0	1	0.003	2	3
27	金	キン	1	0	1	0.003	1	2
28	高級	コウキュウ	1	0	1	0.003	2	4
29	室内	シツナイ	1	0	1	0.003	2	4
30	ダイニング	ダイニング	1	0	1	0.003	5	5
31	団らん	ダンラン	1	0	1	0.003	3	4
32	調度品	チョウドヒン	1	0	1	0.003	3	5
33	場	バ	1	0	1	0.003	1	1
34	人	ヒト	1	0	1	0.003	1	2
35	部室	ブシツ	1	0	1	0.003	2	3
36	二人	フタリ	1	0	1	0.003	2	3
37	便利	ベンリ	1	0	1	0.003	2	3
38	楽	ラク	1	0	1	0.003	1	2
39	ラブ	ラブ	1	0	1	0.003	2	2
40	レザー	レザー	1	0	1	0.003	3	3
41	犬	イヌ	0	1	1	0.003	1	2
42	快眠	カイミン	0	1	1	0.003	2	4
43	金持ち	カネモチ	0	1	1	0.003	3	4
44	心地	ココチ	0	1	1	0.003	2	3
45	セレブ	セレブ	0	1	1	0.003	3	3
46	布団	フトン	0	1	1	0.003	2	3
47	ホテル	ホテル	0	1	1	0.003	3	3
48	柔らか	ヤワラカ	0	1	1	0.003	3	4
	合計		143	103	246			

36	タイヤ	フリガナ	男性	女性	全体	連想強度	文字数	モーラ数
1	車	クルマ	80	74	154	0.512	1	3
2	黒	クロ	18	15	33	0.110	1	2
3	ゴム	ゴム	18	6	24	0.080	2	2
4	ほいーる	ホイール	6	4	10	0.033	4	4
	ホイール		*5*	*4*	*9*	*0.030*	*4*	*4*
	ホイル		*1*	*0*	*1*	*0.003*	*3*	*3*
5	パンク	パンク	2	5	7	0.023	3	3
6	丸	マル	2	4	6	0.020	1	2
7	スタッドレス	スタッドレス	3	1	4	0.013	6	6
8	自動車	ジドウシャ	3	0	3	0.010	3	4
9	回転	カイテン	2	1	3	0.010	2	4
10	交換	コウカン	1	2	3	0.010	2	4
11	車輪	シャリン	2	0	2	0.007	2	3
12	バイク	バイク	2	0	2	0.007	3	3
13	ブリジストン	ブリジストン	2	0	2	0.007	6	6
14	跡	アト	1	1	2	0.007	1	2
15	円	エン	1	1	2	0.007	1	2
16	みしゅらん	ミシュラン	1	1	2	0.007	5	4
	ミシュラン		*1*	*0*	*1*	*0.003*	*5*	*4*
	みしゅらん		*0*	*1*	*1*	*0.003*	*5*	*4*
17	轍	ワダチ	0	2	2	0.007	1	3
18	青	アオ	1	0	1	0.003	1	2
19	F1	エフワン	1	0	1	0.003	2	4
20	大型	オオガタ	1	0	1	0.003	2	4
21	グリップ	グリップ	1	0	1	0.003	4	4
22	進行	シンコウ	1	0	1	0.003	2	4
23	スタッドレスタイヤ	スタッドレスタイヤ	1	0	1	0.003	9	9
24	線	セン	1	0	1	0.003	1	2
25	ドリフト	ドリフト	1	0	1	0.003	4	4
26	引き	ヒキ	1	0	1	0.003	2	2
27	路面	ロメン	1	0	1	0.003	2	3
28	４輪	ヨンリン	0	1	1	0.003	2	4
29	くるま屋さん	クルマヤサン	0	1	1	0.003	6	6
30	パンダ	パンダ	0	1	1	0.003	3	3
31	輪っか	ワッカ	0	1	1	0.003	3	3
	合計		154	121	275			

37	タイル	フリガナ	男性	女性	全体	連想強度	文字数	モーラ数
1	ふろ	フロ	53	46	99	0.329	2	2
	風呂		44	16	60	0.199	2	2
	お風呂		9	30	39	0.130	3	3
2	床	ユカ	25	16	41	0.136	1	2
3	ふろば	フロバ	12	10	22	0.073	3	3
	風呂場		11	6	17	0.056	3	3
	お風呂場		1	4	5	0.017	4	4
4	四角	シカク	3	11	14	0.047	2	3
5	トイレ	トイレ	7	3	10	0.033	3	3
6	壁	カベ	6	4	10	0.033	1	2
7	石	イシ	4	2	6	0.020	1	2
8	レンガ	レンガ	3	3	6	0.020	3	3
9	家	イエ	4	1	5	0.017	1	2
10	地面	ジメン	3	1	4	0.013	2	3
11	温泉	オンセン	2	0	2	0.007	2	4
12	銭湯	セントウ	2	0	2	0.007	2	4
13	大理石	ダイリセキ	2	0	2	0.007	3	5
14	布	ヌノ	2	0	2	0.007	1	2
15	道	ミチ	2	0	2	0.007	1	2
16	コンクリート	コンクリート	1	1	2	0.007	6	6
17	ビル	ビル	1	1	2	0.007	2	2
18	茶色	チャイロ	0	2	2	0.007	2	3
19	赤	アカ	1	0	1	0.003	1	2
20	板	イタ	1	0	1	0.003	1	2
21	映画	エイガ	1	0	1	0.003	2	3
22	木	キ	1	0	1	0.003	1	1
23	きれい	キレイ	1	0	1	0.003	3	3
24	建築	ケンチク	1	0	1	0.003	2	4
25	硬質	コウシツ	1	0	1	0.003	2	4
26	古代	コダイ	1	0	1	0.003	2	3
27	左官	サカン	1	0	1	0.003	2	3
28	修理	シュウリ	1	0	1	0.003	2	3
29	滑り止め	スベリドメ	1	0	1	0.003	4	5
30	すべりやすさ	スベリヤスサ	1	0	1	0.003	6	6
31	清掃	セイソウ	1	0	1	0.003	2	4
32	石材	セキザイ	1	0	1	0.003	2	4
33	洗面台	センメンダイ	1	0	1	0.003	3	6
34	多数	タスウ	1	0	1	0.003	2	3
35	建物	タテモノ	1	0	1	0.003	2	4
36	土	ツチ	1	0	1	0.003	1	2
37	艶	ツヤ	1	0	1	0.003	1	2
38	陶器	トウキ	1	0	1	0.003	2	3
39	ドライ	ドライ	1	0	1	0.003	3	3
40	火	ヒ	1	0	1	0.003	1	1
41	面	メン	1	0	1	0.003	1	2
42	焼き物	ヤキモノ	1	0	1	0.003	3	4
43	屋根	ヤネ	1	0	1	0.003	2	2
44	浴槽	ヨクソウ	1	0	1	0.003	2	4
45	青	アオ	0	1	1	0.003	1	2
46	インテリア	インテリア	0	1	1	0.003	5	5
47	絵	エ	0	1	1	0.003	1	1
48	ガラス	ガラス	0	1	1	0.003	3	3
49	川	カワ	0	1	1	0.003	1	2
50	工場	コウジョウ	0	1	1	0.003	2	4
51	仕事	シゴト	0	1	1	0.003	2	3
52	室内	シツナイ	0	1	1	0.003	2	4
53	白	シロ	0	1	1	0.003	1	2
54	セメント	セメント	0	1	1	0.003	4	4
55	洗面所	センメンジョ	0	1	1	0.003	3	5
56	台所	ダイドコロ	0	1	1	0.003	2	5
57	水	ミズ	0	1	1	0.003	1	2
58	目	メ	0	1	1	0.003	1	1
59	モザイク	モザイク	0	1	1	0.003	4	4
60	浴室	ヨクシツ	0	1	1	0.003	2	4
61	わに	ワニ	0	1	1	0.003	2	2
	合計		158	118	276			

38	タオル	フリガナ	男性	女性	全体	連想強度	文字数	モーラ数
1	ふろ	フロ	31	21	52	0.173	2	2
	風呂		*25*	*9*	*34*	*0.113*	*2*	*2*
	お風呂		*6*	*12*	*18*	*0.060*	*3*	*3*
2	布	ヌノ	27	19	46	0.153	1	2
3	汗	アセ	28	14	42	0.140	1	2
4	白	シロ	7	9	16	0.053	1	2
5	洗濯	センタク	4	6	10	0.033	2	4
6	水	ミズ	4	5	9	0.030	1	2
7	綿	ワタ	1	5	6	0.020	1	2
8	スポーツ	スポーツ	3	2	5	0.017	4	4
9	洗剤	センザイ	3	2	5	0.017	2	4
10	バスタオル	バスタオル	2	3	5	0.017	5	5
11	清潔	セイケツ	4	0	4	0.013	2	4
12	ボクシング	ボクシング	4	0	4	0.013	5	5
13	生地	キジ	2	2	4	0.013	2	2
14	ハンカチ	ハンカチ	2	2	4	0.013	4	4
15	柔軟剤	ジュウナンザイ	1	3	4	0.013	3	6
16	洗面所	センメンジョ	1	3	4	0.013	3	5
17	ライブ	ライブ	1	2	3	0.010	3	3
18	温泉	オンセン	2	0	2	0.007	2	4
19	バス	バス	2	0	2	0.007	2	2
20	ボールド	ボールド	2	0	2	0.007	4	4
21	洗顔	センガン	0	2	2	0.007	2	4
22	部活	ブカツ	0	2	2	0.007	2	3
23	青	アオ	1	0	1	0.003	1	2
24	洗いたて	アライタテ	1	0	1	0.003	4	5
25	衣類	イルイ	1	0	1	0.003	2	3
26	運動	ウンドウ	1	0	1	0.003	2	4
27	贈り物	オクリモノ	1	0	1	0.003	3	5
28	乾燥	カンソウ	1	0	1	0.003	2	4
29	休憩	キュウケイ	1	0	1	0.003	2	4
30	K.O.	ケイオー	1	0	1	0.003	4	4
31	柔軟	ジュウナン	1	0	1	0.003	2	4
32	白黒	シロクロ	1	0	1	0.003	2	4
33	水泳	スイエイ	1	0	1	0.003	2	4
34	水分	スイブン	1	0	1	0.003	2	4
35	粗品	ソシナ	1	0	1	0.003	2	3
36	入浴	ニュウヨク	1	0	1	0.003	2	4
37	風呂上がり	フロアガリ	1	0	1	0.003	5	5
38	木綿	モメン	1	0	1	0.003	2	3
39	青色	アオイロ	0	1	1	0.003	2	4
40	家	イエ	0	1	1	0.003	1	2
41	首	クビ	0	1	1	0.003	1	2
42	CM	シーエム	0	1	1	0.003	2	4
43	生活	セイカツ	0	1	1	0.003	2	4
44	青春	セイシュン	0	1	1	0.003	2	4
45	夏	ナツ	0	1	1	0.003	1	2
46	パイル	パイル	0	1	1	0.003	3	3
47	ハンガー	ハンガー	0	1	1	0.003	4	4
48	風呂場	フロバ	0	1	1	0.003	3	3
49	無地	ムジ	0	1	1	0.003	2	2
	合計		147	113	260			

39	ダンス	フリガナ	男性	女性	全体	連想強度	文字数	モーラ数
1	おどり	オドリ	32	21	53	0.176	3	3
	踊り		*31*	*21*	*52*	*0.173*	*2*	*3*
	おどり		*1*	*0*	*1*	*0.003*	*3*	*3*
2	社交	シャコウ	13	7	20	0.066	2	3
3	音楽	オンガク	9	10	19	0.063	2	4
4	ヒップホップ	ヒップホップ	4	7	11	0.037	6	6
5	社交ダンス	シャコウダンス	4	6	10	0.033	5	6
6	ぱーてぃー	パーティー	4	6	10	0.033	5	4
	パーティー		*3*	*3*	*6*	*0.020*	*5*	*4*
	パーティ		*1*	*3*	*4*	*0.013*	*4*	*3*
7	ワルツ	ワルツ	6	2	8	0.027	3	3
8	ブレイク	ブレイク	5	1	6	0.020	4	4
9	舞踏会	ブトウカイ	4	0	4	0.013	3	5
10	ロック	ロック	4	0	4	0.013	3	3
11	サークル	サークル	2	2	4	0.013	4	4
12	ドレス	ドレス	2	2	4	0.013	3	3
13	ペア	ペア	2	2	4	0.013	2	2
14	フォーク	フォーク	3	0	3	0.010	4	3
15	フラダンス	フラダンス	3	0	3	0.010	5	5
16	ストリート	ストリート	2	1	3	0.010	5	5
17	男女	ダンジョ	2	1	3	0.010	2	3
18	舞台	ブタイ	1	2	3	0.010	2	3
19	ホール	ホール	1	2	3	0.010	3	3
20	衣装	イショウ	0	3	3	0.010	2	3
21	靴	クツ	0	3	3	0.010	1	2
22	タンゴ	タンゴ	0	3	3	0.010	3	3
23	動き	ウゴキ	2	0	2	0.007	2	3
24	運動	ウンドウ	2	0	2	0.007	2	4
25	学際	ガクサイ	2	0	2	0.007	2	4
26	軽快	ケイカイ	2	0	2	0.007	2	4
27	タップ	タップ	2	0	2	0.007	3	3
28	蜂	ハチ	2	0	2	0.007	1	2
29	ばれえ	バレエ	2	0	2	0.007	3	3
	バレエ		*1*	*0*	*1*	*0.003*	*3*	*3*
	バレー		*1*	*0*	*1*	*0.003*	*3*	*3*
30	舞	マイ	2	0	2	0.007	1	2
31	歌	ウタ	1	1	2	0.007	1	2
32	華麗	カレイ	1	1	2	0.007	2	3
33	クラブ	クラブ	1	1	2	0.007	3	3
34	情熱	ジョウネツ	1	1	2	0.007	2	4
35	部活	ブカツ	1	1	2	0.007	2	3
36	フラメンコ	フラメンコ	1	1	2	0.007	5	5
37	ラテン	ラテン	1	1	2	0.007	3	3
38	リズム	リズム	1	1	2	0.007	3	3
39	若者	ワカモノ	1	1	2	0.007	2	4
40	ジャズ	ジャズ	0	2	2	0.007	3	2
41	創作	ソウサク	0	2	2	0.007	2	4
42	体育	タイイク	0	2	2	0.007	2	4
43	人	ヒト	0	2	2	0.007	1	2
44	フロア	フロア	0	2	2	0.007	3	3
45	アイドル	アイドル	1	0	1	0.003	4	4
46	映画	エイガ	1	0	1	0.003	2	3
47	音	オト	1	0	1	0.003	1	2
48	おばさん	オバサン	1	0	1	0.003	4	4
49	オペラ	オペラ	1	0	1	0.003	3	3
50	着物	キモノ	1	0	1	0.003	2	3
51	教室	キョウシツ	1	0	1	0.003	2	4
52	劇団	ゲキダン	1	0	1	0.003	2	4
53	黒人	コクジン	1	0	1	0.003	2	4
54	趣味	シュミ	1	0	1	0.003	2	2
55	ストリートダンス	ストリートダンス	1	0	1	0.003	8	8
56	西洋	セイヨウ	1	0	1	0.003	2	4
57	ダンスパーティー	ダンスパーティー	1	0	1	0.003	8	7
58	ダンス部	ダンスブ	1	0	1	0.003	4	4
59	中世	チュウセイ	1	0	1	0.003	2	4
60	道化	ドウケ	1	0	1	0.003	2	3
61	披露	ヒロウ	1	0	1	0.003	2	3
62	舞踏	ブトウ	1	0	1	0.003	2	3
63	舞踊	ブヨウ	1	0	1	0.003	2	3
64	振り	フリ	1	0	1	0.003	2	2
65	躍動感	ヤクドウカン	1	0	1	0.003	3	6
66	レゲエ	レゲエ	1	0	1	0.003	3	3
67	老後	ロウゴ	1	0	1	0.003	2	3
68	足	アシ	0	1	1	0.003	1	2
69	汗	アセ	0	1	1	0.003	1	2
70	会場	カイジョウ	0	1	1	0.003	2	4
71	貴族	キゾク	0	1	1	0.003	2	3
72	競技	キョウギ	0	1	1	0.003	2	3
73	コンテスト	コンテスト	0	1	1	0.003	5	5
74	自己満	ジコマン	0	1	1	0.003	3	4
75	スタジオ	スタジオ	0	1	1	0.003	4	4
76	ストレス発散	ストレスハッサン	0	1	1	0.003	6	8
77	ストローク	ストローク	0	1	1	0.003	5	5
78	体育祭	タイイクサイ	0	1	1	0.003	3	6
79	ハワイ	ハワイ	0	1	1	0.003	3	3
80	二人	フタリ	0	1	1	0.003	2	3
81	フラ	フラ	0	1	1	0.003	2	2
82	ブレイクダンス	ブレイクダンス	0	1	1	0.003	7	7
83	優雅	ユウガ	0	1	1	0.003	2	3
	合計		151	116	267			

40	チーズ	フリガナ	男性	女性	全体	連想強度	文字数	モーラ数
1	ねずみ	ネズミ	41	31	72	0.239	3	3
	ネズミ		25	17	42	0.140	3	3
	ねずみ		12	12	24	0.080	3	3
	鼠		4	2	6	0.020	1	3
2	牛乳	ギュウニュウ	14	14	28	0.093	2	4
3	乳製品	ニュウセイヒン	14	9	23	0.076	3	6
4	ピザ	ピザ	6	8	14	0.047	2	2
5	きいろ	キイロ	7	6	13	0.043	3	3
	黄色		7	5	12	0.040	2	3
	きいろ		0	1	1	0.003	3	3
6	食べ物	タベモノ	6	6	12	0.040	3	4
7	はっこう	ハッコウ	6	3	9	0.030	4	4
	発酵		6	2	8	0.027	2	4
	醗酵		0	1	1	0.003	2	4
8	ワイン	ワイン	5	2	7	0.023	3	3
9	におい	ニオイ	4	3	7	0.023	3	3
	臭い		2	2	4	0.013	2	3
	におい		1	1	2	0.007	3	3
	匂い		1	0	1	0.003	2	3
10	うし	ウシ	4	2	6	0.020	2	2
	牛		4	1	5	0.017	1	2
	うし		0	1	1	0.003	2	2
11	アンパンマン	アンパンマン	4	1	5	0.017	6	6
12	イタリア	イタリア	4	1	5	0.017	4	4
13	ブルー	ブルー	4	1	5	0.017	3	3
14	穴	アナ	3	1	4	0.013	1	2
15	カビ	カビ	2	1	3	0.010	2	2
16	バター	バター	2	1	3	0.010	3	3
17	パン	パン	1	2	3	0.010	2	2
18	犬	イヌ	2	0	2	0.007	1	2
19	グラタン	グラタン	2	0	2	0.007	4	4
20	ケーキ	ケーキ	2	0	2	0.007	3	3
21	食物	ショクモツ	2	0	2	0.007	2	4
22	発行	ハッコウ	2	0	2	0.007	2	4
23	カマンベール	カマンベール	1	1	2	0.007	6	6
24	粉	コナ	1	1	2	0.007	1	2
25	写真	シャシン	1	1	2	0.007	2	3
26	パスタ	パスタ	1	1	2	0.007	3	3
27	スイス	スイス	0	2	2	0.007	3	3
28	青カビ	アオカビ	1	0	1	0.003	3	4
29	イギリス	イギリス	1	0	1	0.003	4	4
30	オランダ	オランダ	1	0	1	0.003	4	4
31	加工食品	カコウショクヒン	1	0	1	0.003	4	7
32	カマンベールチーズ	カマンベールチーズ	1	0	1	0.003	9	9
33	気	キ	1	0	1	0.003	1	1
34	菌	キン	1	0	1	0.003	1	2
35	高価	コウカ	1	0	1	0.003	2	3
36	食糧	ショクリョウ	1	0	1	0.003	2	4
37	スモーク	スモーク	1	0	1	0.003	4	4
38	トースト	トースト	1	0	1	0.003	4	4
39	値上げ	ネアゲ	1	0	1	0.003	3	3
40	熱	ネツ	1	0	1	0.003	1	2
41	ブルガリア	ブルガリア	1	0	1	0.003	5	5
42	北海道	ホッカイドウ	1	0	1	0.003	3	6
43	マルガリータ	マルガリータ	1	0	1	0.003	6	6
44	名犬	メイケン	1	0	1	0.003	2	4
45	レア	レア	1	0	1	0.003	2	2
46	おつまみ	オツマミ	0	1	1	0.003	4	4
47	カメラ	カメラ	0	1	1	0.003	3	3
48	チェダー	チェダー	0	1	1	0.003	4	3
49	乳	チチ	0	1	1	0.003	1	2
50	調味料	チョウミリョウ	0	1	1	0.003	3	5
51	十勝	トカチ	0	1	1	0.003	2	3
52	はむ	ハム	0	1	1	0.003	2	2
53	ハンバーガー	ハンバーガー	0	1	1	0.003	6	6
54	羊	ヒツジ	0	1	1	0.003	1	3
55	腐食	フショク	0	1	1	0.003	2	3
56	腐敗	フハイ	0	1	1	0.003	2	3
57	ブルーベリーレアチーズ	ブルーベリーレアチーズ	0	1	1	0.003	11	11
58	マルチーズ	マルチーズ	0	1	1	0.003	5	5
59	モッツァレラ	モッツァレラ	0	1	1	0.003	6	5
60	焼き	ヤキ	0	1	1	0.003	2	2
61	ヨーロッパ	ヨーロッパ	0	1	1	0.003	5	5
62	ラクレット	ラクレット	0	1	1	0.003	5	5
	合計		159	115	274			

41	チラシ	フリガナ	男性	女性	全体	連想強度	文字数	モーラ数
1	広告	コウコク	76	66	142	0.472	2	4
2	しんぶん	シンブン	20	19	39	0.130	4	4
	新聞		*20*	*18*	*38*	*0.126*	*2*	*4*
	しんぶん		*0*	*1*	*1*	*0.003*	*4*	*4*
3	紙	カミ	20	16	36	0.120	1	2
4	スーパー	スーパー	5	2	7	0.023	4	4
5	配布	ハイフ	4	2	6	0.020	2	3
6	宣伝	センデン	3	3	6	0.020	2	4
7	ビラ	ビラ	4	0	4	0.013	2	2
8	裏	ウラ	3	1	4	0.013	1	2
9	寿司	スシ	3	1	4	0.013	2	2
10	安売り	ヤスウリ	2	1	3	0.010	3	4
11	商品	ショウヒン	2	0	2	0.007	2	4
12	ポスト	ポスト	1	1	2	0.007	3	3
13	折込	オリコミ	0	2	2	0.007	2	4
14	アルバイト	アルバイト	1	0	1	0.003	5	5
15	劇	ゲキ	1	0	1	0.003	1	2
16	CM	シーエム	1	0	1	0.003	2	4
17	邪魔	ジャマ	1	0	1	0.003	2	2
18	商店街	ショウテンガイ	1	0	1	0.003	3	6
19	スーパーマーケット	スーパーマーケット	1	0	1	0.003	9	9
20	ティッシュ	ティッシュ	1	0	1	0.003	5	3
21	手配り	テクバリ	1	0	1	0.003	3	4
22	特売	トクバイ	1	0	1	0.003	2	4
23	バーゲンセール	バーゲンセール	1	0	1	0.003	7	7
24	配達	ハイタツ	1	0	1	0.003	2	4
25	パチンコ	パチンコ	1	0	1	0.003	4	4
26	ピザ	ピザ	1	0	1	0.003	2	2
27	ピンク	ピンク	1	0	1	0.003	3	3
28	ポップ	ポップ	1	0	1	0.003	3	3
29	店	ミセ	1	0	1	0.003	1	2
30	路上	ロジョウ	1	0	1	0.003	2	3
31	お買い得	オカイドク	0	1	1	0.003	4	5
32	街頭	ガイトウ	0	1	1	0.003	2	4
33	買い物	カイモノ	0	1	1	0.003	3	4
34	広告代理店	コウコクダイリテン	0	1	1	0.003	5	9
35	ごみ	ゴミ	0	1	1	0.003	2	2
36	じょうほう	ジョウホウ	0	1	1	0.003	5	4
37	新聞紙	シンブンシ	0	1	1	0.003	3	5
38	名古屋	ナゴヤ	0	1	1	0.003	3	3
39	販売	ハンバイ	0	1	1	0.003	2	4
40	ポスター	ポスター	0	1	1	0.003	4	4
	合計		160	124	284			

42	ツアー	フリガナ	男性	女性	全体	連想強度	文字数	モーラ数
1	旅行	リョコウ	111	75	186	0.618	2	3
2	バス	バス	7	12	19	0.063	2	2
3	ガイド	ガイド	5	7	12	0.040	3	3
4	海外	カイガイ	5	6	11	0.037	2	4
5	たび	タビ	7	3	10	0.033	2	2
	旅		*6*	*3*	*9*	*0.030*	*1*	*2*
	たび		*1*	*0*	*1*	*0.003*	*2*	*2*
6	らいぶ	ライブ	3	5	8	0.027	3	3
	ライブ		*2*	*5*	*7*	*0.023*	*3*	*3*
	ライヴ		*1*	*0*	*1*	*0.003*	*3*	*3*
7	コンダクター	コンダクター	3	4	7	0.023	6	6
8	コンサート	コンサート	3	2	5	0.017	5	5
9	観光	カンコウ	2	3	5	0.017	2	4
10	音楽	オンガク	2	0	2	0.007	2	4
11	海外旅行	カイガイリョコウ	2	0	2	0.007	4	7
12	格安	カクヤス	2	0	2	0.007	2	4
13	韓国	カンコク	0	2	2	0.007	2	4
14	沖縄	オキナワ	1	0	1	0.003	2	4
15	外国	ガイコク	1	0	1	0.003	2	4
16	企画	キカク	1	0	1	0.003	2	3
17	コンタクト	コンタクト	1	0	1	0.003	5	5
18	スキー	スキー	1	0	1	0.003	3	3
19	世界	セカイ	1	0	1	0.003	2	3
20	バンド	バンド	1	0	1	0.003	3	3
21	日帰り	ヒガエリ	1	0	1	0.003	3	4
22	日帰り旅行	ヒガエリリョコウ	1	0	1	0.003	5	7
23	船	フネ	1	0	1	0.003	1	2
24	ミステリーツアー	ミステリーツアー	1	0	1	0.003	8	8
25	音楽グループ	オンガクグループ	0	1	1	0.003	6	8
26	グルメ	グルメ	0	1	1	0.003	3	3
27	ゴルフ	ゴルフ	0	1	1	0.003	3	3
28	コンダクト	コンダクト	0	1	1	0.003	5	5
29	参加	サンカ	0	1	1	0.003	2	3
30	全国	ゼンコク	0	1	1	0.003	2	4
31	楽しみ	タノシミ	0	1	1	0.003	3	4
32	団体	ダンタイ	0	1	1	0.003	2	4
33	団体旅行	ダンタイリョコウ	0	1	1	0.003	4	7
34	日本	ニホン	0	1	1	0.003	2	3
35	ホラー	ホラー	0	1	1	0.003	3	3
36	夜行バス	ヤコウバス	0	1	1	0.003	4	5
37	旅行会社	リョコウガイシャ	0	1	1	0.003	4	6
	合計		163	132	295			

43	テスト	フリガナ	男性	女性	全体	連想強度	文字数	モーラ数
1	試験	シケン	32	31	63	0.209	2	3
2	がっこう	ガッコウ	20	16	36	0.120	4	4
	学校		19	16	35	0.116	2	4
	がっこう		1	0	1	0.003	4	4
3	勉強	ベンキョウ	8	20	28	0.093	2	4
4	期末	キマツ	9	7	16	0.053	2	3
5	点数	テンスウ	12	1	13	0.043	2	4
6	紙	カミ	8	5	13	0.043	1	2
7	問題	モンダイ	6	6	12	0.040	2	4
8	あかてん	アカテン	6	2	8	0.027	4	4
	赤点		5	2	7	0.023	2	4
	赤テン		1	0	1	0.003	3	4
9	きらい	キライ	2	4	6	0.020	3	3
	嫌い		2	3	5	0.017	2	3
	きらい		0	1	1	0.003	3	3
10	せいせき	セイセキ	5	0	5	0.017	4	4
	成績		4	0	4	0.013	2	4
	せいせき		1	0	1	0.003	4	4
11	満点	マンテン	3	2	5	0.017	2	4
12	数学	スウガク	3	1	4	0.013	2	4
13	実力	ジツリョク	3	0	3	0.010	2	4
14	うつ	ウツ	2	1	3	0.010	2	2
	鬱		2	0	2	0.007	1	2
	欝		0	1	1	0.003	1	2
15	合格	ゴウカク	2	1	3	0.010	2	4
16	受験	ジュケン	2	1	3	0.010	2	3
17	定期	テイキ	2	1	3	0.010	2	3
18	得点	トクテン	2	1	3	0.010	2	4
19	筆記	ヒッキ	2	1	3	0.010	2	3
20	100点	ヒャクテン	2	1	3	0.010	4	4
21	嫌	イヤ	1	2	3	0.010	1	2
22	こたえ	コタエ	2	0	2	0.007	3	3
	答え		1	0	1	0.003	2	3
	こたえ		1	0	1	0.003	3	3
23	抜き打ち	ヌキウチ	2	0	2	0.007	4	4
24	評価	ヒョウカ	2	0	2	0.007	2	3
25	えんぴつ	エンピツ	1	1	2	0.007	4	4
	えんぴつ		1	0	1	0.003	4	4
	鉛筆		0	1	1	0.003	2	4
26	緊張	キンチョウ	1	1	2	0.007	2	4
27	心理	シンリ	1	1	2	0.007	2	3
28	徹夜	テツヤ	1	1	2	0.007	2	3
29	答案	トウアン	1	1	2	0.007	2	4
30	入試	ニュウシ	1	1	2	0.007	2	3
31	用紙	ヨウシ	1	1	2	0.007	2	3
32	落第	ラクダイ	1	1	2	0.007	2	4
33	赤ペン	アカペン	0	2	2	0.007	3	4
34	学生	ガクセイ	0	2	2	0.007	2	4
35	回答	カイトウ	1	0	1	0.003	2	4
36	学力テスト	ガクリョクテスト	1	0	1	0.003	5	7
37	課題	カダイ	1	0	1	0.003	2	3
38	期間	キカン	1	0	1	0.003	2	3
39	検査	ケンサ	1	0	1	0.003	2	3
40	高校	コウコウ	1	0	1	0.003	2	4
41	高校生	コウコウセイ	1	0	1	0.003	3	6
42	国語	コクゴ	1	0	1	0.003	2	3
43	採点	サイテン	1	0	1	0.003	2	4
44	実力テスト	ジツリョクテスト	1	0	1	0.003	5	7
45	シャーペン	シャーペン	1	0	1	0.003	5	4
46	週間	シュウカン	1	0	1	0.003	2	4
47	小学校	ショウガッコウ	1	0	1	0.003	3	6
48	中間	チュウカン	1	0	1	0.003	2	4
49	難関	ナンカン	1	0	1	0.003	2	4
50	面接	メンセツ	1	0	1	0.003	2	4
51	厄介	ヤッカイ	1	0	1	0.003	2	4
52	レポート	レポート	1	0	1	0.003	4	4
53	紙切れ	カミキレ	0	1	1	0.003	3	4
54	カンニング	カンニング	0	1	1	0.003	5	5
55	期末試験	キマツシケン	0	1	1	0.003	4	6
56	結果	ケッカ	0	1	1	0.003	2	3
57	嫌悪	ケンオ	0	1	1	0.003	2	3
58	算数	サンスウ	0	1	1	0.003	2	4
59	定期試験	テイキシケン	0	1	1	0.003	4	6
60	答案用紙	トウアンヨウシ	0	1	1	0.003	4	7
61	ノート	ノート	0	1	1	0.003	3	3
62	筆記用具	ヒッキヨウグ	0	1	1	0.003	4	6
	合計		164	126	290			

44	テニス	フリガナ	男性	女性	全体	連想強度	文字数	モーラ数
1	ボール	ボール	23	31	54	0.179	3	3
2	スポーツ	スポーツ	31	21	52	0.173	4	4
3	ラケット	ラケット	22	11	33	0.110	4	4
4	コート	コート	11	9	20	0.066	3	3
5	王子様	オウジサマ	6	9	15	0.050	3	5
6	運動	ウンドウ	6	8	14	0.047	2	4
7	球技	キュウギ	7	0	7	0.023	2	3
8	たま	タマ	2	3	5	0.017	2	2
	球		0	3	3	0.010	1	2
	玉		2	0	2	0.007	1	2
9	庭球	テイキュウ	3	1	4	0.013	2	4
10	黄色	キイロ	2	2	4	0.013	2	3
11	サークル	サークル	0	4	4	0.013	4	4
12	部活	ブカツ	0	4	4	0.013	2	3
13	硬式	コウシキ	3	0	3	0.010	2	4
14	王子	オウジ	2	1	3	0.010	2	3
15	ふたり	フタリ	2	1	3	0.010	3	3
	二人		2	0	2	0.007	2	3
	2人		0	1	1	0.003	2	3
16	松岡修造	マツオカシュウゾウ	2	1	3	0.010	4	8
17	まんが	マンガ	2	1	3	0.010	3	3
	漫画		1	1	2	0.007	2	3
	マンガ		1	0	1	0.003	3	3
18	野外	ヤガイ	2	1	3	0.010	2	3
19	クルム伊達	クルムダテ	2	0	2	0.007	5	5
20	公式	コウシキ	2	0	2	0.007	2	4
21	しこり	シコリ	2	0	2	0.007	3	3
22	スカート	スカート	2	0	2	0.007	4	4
23	ウィンブルドン	ウィンブルドン	1	1	2	0.007	7	6
24	軟式	ナンシキ	1	1	2	0.007	2	4
25	庭	ニワ	1	1	2	0.007	1	2
26	ラリー	ラリー	1	1	2	0.007	3	3
27	ソフト	ソフト	0	2	2	0.007	3	3
28	打ち合い	ウチアイ	1	0	1	0.003	4	4
29	エース	エース	1	0	1	0.003	3	3
30	屋外	オクガイ	1	0	1	0.003	2	4
31	過去	カコ	1	0	1	0.003	2	2
32	ガット	ガット	1	0	1	0.003	3	3
33	壁	カベ	1	0	1	0.003	1	2
34	軽井沢	カルイザワ	1	0	1	0.003	3	5
35	観客	カンキャク	1	0	1	0.003	2	4
36	ゲーム	ゲーム	1	0	1	0.003	3	3
37	芝	シバ	1	0	1	0.003	1	2
38	情熱	ジョウネツ	1	0	1	0.003	2	4
39	外	ソト	1	0	1	0.003	1	2
40	大会	タイカイ	1	0	1	0.003	2	4
41	ダブルス	ダブルス	1	0	1	0.003	4	4
42	ツイストサーブ	ツイストサーブ	1	0	1	0.003	7	7
43	テーブル	テーブル	1	0	1	0.003	4	4
44	デュース	デュース	1	0	1	0.003	4	3
45	バドミントン	バドミントン	1	0	1	0.003	6	6
46	ヨーロッパ	ヨーロッパ	1	0	1	0.003	5	5
47	汗	アセ	0	1	1	0.003	1	2
48	アニメ	アニメ	0	1	1	0.003	3	3
49	学校	ガッコウ	0	1	1	0.003	2	4
50	級	キュウ	0	1	1	0.003	1	2
51	クラブ	クラブ	0	1	1	0.003	3	3
52	サッカー	サッカー	0	1	1	0.003	4	4
53	爽やか	サワヤカ	0	1	1	0.003	3	4
54	授業	ジュギョウ	0	1	1	0.003	2	3
55	選手	センシュ	0	1	1	0.003	2	3
56	体育	タイイク	0	1	1	0.003	2	4
57	体力	タイリョク	0	1	1	0.003	2	4
58	人	ヒト	0	1	1	0.003	1	2
59	プリンス	プリンス	0	1	1	0.003	4	4
60	プレーヤー	プレーヤー	0	1	1	0.003	5	5
61	緑	ミドリ	0	1	1	0.003	1	3
	合計		157	129	286			

45	テラス	フリガナ	男性	女性	全体	連想強度	文字数	モーラ数
1	庭	ニワ	22	15	37	0.123	1	2
2	外	ソト	17	11	28	0.093	1	2
3	カフェ	カフェ	9	13	22	0.073	3	2
4	ベランダ	ベランダ	10	11	21	0.070	4	4
5	家	イエ	9	5	14	0.047	1	2
6	おしゃれ	オシャレ	6	4	10	0.033	4	3
7	まど	マド	5	1	6	0.020	2	2
	窓		*5*	*0*	*5*	*0.017*	*1*	*2*
	まど		*0*	*1*	*1*	*0.003*	*2*	*2*
8	喫茶店	キッサテン	4	2	6	0.020	3	5
9	景色	ケシキ	3	3	6	0.020	2	3
10	お茶	オチャ	3	2	5	0.017	2	2
11	日光	ニッコウ	3	2	5	0.017	2	4
12	屋外	オクガイ	4	0	4	0.013	2	4
13	木	キ	2	2	4	0.013	1	1
14	太陽	タイヨウ	1	3	4	0.013	2	4
15	テーブル	テーブル	1	3	4	0.013	4	4
16	紅茶	コウチャ	3	0	3	0.010	2	3
17	白	シロ	2	1	3	0.010	1	2
18	ランチ	ランチ	2	1	3	0.010	3	3
19	オープン	オープン	1	2	3	0.010	4	4
20	ガラス	ガラス	1	2	3	0.010	3	3
21	ホテル	ホテル	1	2	3	0.010	3	3
22	窓辺	マドベ	1	2	3	0.010	2	3
23	マンション	マンション	1	2	3	0.010	5	4
24	優雅	ユウガ	1	2	3	0.010	2	3
25	バルコニー	バルコニー	0	3	3	0.010	5	5
26	ガーデン	ガーデン	2	0	2	0.007	4	4
27	豪華	ゴウカ	2	0	2	0.007	2	3
28	せんたく	センタク	2	0	2	0.007	4	4
	洗濯		*1*	*0*	*1*	*0.003*	*2*	*4*
	洗たく		*1*	*0*	*1*	*0.003*	*3*	*4*
29	洗濯物	センタクモノ	2	0	2	0.007	3	6
30	二階	ニカイ	2	0	2	0.007	2	3
31	日差し	ヒザシ	2	0	2	0.007	3	3
32	別荘	ベッソウ	2	0	2	0.007	2	4
33	カップル	カップル	1	1	2	0.007	4	4
34	コーヒー	コーヒー	1	1	2	0.007	4	4
35	夏	ナツ	1	1	2	0.007	1	2
36	風	カゼ	0	2	2	0.007	1	2
37	明かり	アカリ	1	0	1	0.003	3	3
38	椅子	イス	1	0	1	0.003	2	2
39	おやつ	オヤツ	1	0	1	0.003	3	3
40	かすてら	カステラ	1	0	1	0.003	4	4
41	学校	ガッコウ	1	0	1	0.003	2	4
42	高級住宅	コウキュウジュウタク	1	0	1	0.003	4	8
43	校舎	コウシャ	1	0	1	0.003	2	3
44	豪邸	ゴウテイ	1	0	1	0.003	2	4
45	ごはん	ゴハン	1	0	1	0.003	3	3
46	最上階	サイジョウカイ	1	0	1	0.003	3	6
47	山荘	サンソウ	1	0	1	0.003	2	4
48	自然	シゼン	1	0	1	0.003	2	3
49	食事	ショクジ	1	0	1	0.003	2	3
50	植物	ショクブツ	1	0	1	0.003	2	4
51	茶色	チャイロ	1	0	1	0.003	2	3
52	ティータイム	ティータイム	1	0	1	0.003	6	5
53	展望	テンボウ	1	0	1	0.003	2	4
54	日曜日	ニチヨウビ	1	0	1	0.003	3	5
55	日光浴	ニッコウヨク	1	0	1	0.003	3	6
56	人間	ニンゲン	1	0	1	0.003	2	4
57	場所	バショ	1	0	1	0.003	2	2
58	ビアガーデン	ビアガーデン	1	0	1	0.003	6	6
59	美景	ビケイ	1	0	1	0.003	2	3
60	窓際	マドギワ	1	0	1	0.003	2	4
61	間取り	マドリ	1	0	1	0.003	3	3
62	木造	モクゾウ	1	0	1	0.003	2	4
63	野外	ヤガイ	1	0	1	0.003	2	3
64	夜景	ヤケイ	1	0	1	0.003	2	3
65	夜	ヨル	1	0	1	0.003	1	2
66	ラテン	ラテン	1	0	1	0.003	3	3
67	赤坂	アカサカ	0	1	1	0.003	2	4
68	暖か	アタタカ	0	1	1	0.003	2	4
69	海	ウミ	0	1	1	0.003	1	2
70	解放感	カイホウカン	0	1	1	0.003	3	6
71	お金持ち	オカネモチ	0	1	1	0.003	4	5
72	外国	ガイコク	0	1	1	0.003	2	4
73	カラス	カラス	0	1	1	0.003	3	3
74	公園	コウエン	0	1	1	0.003	2	4
75	酒	サケ	0	1	1	0.003	1	2
76	ジュリエット	ジュリエット	0	1	1	0.003	6	5
77	素敵	ステキ	0	1	1	0.003	2	3
78	セレブ	セレブ	0	1	1	0.003	3	3
79	建物	タテモノ	0	1	1	0.003	2	4
80	机	ツクエ	0	1	1	0.003	1	3
81	天気	テンキ	0	1	1	0.003	2	3
82	夏休み	ナツヤスミ	0	1	1	0.003	3	5
83	人魚姫	ニンギョヒメ	0	1	1	0.003	3	5
84	白色	ハクショク	0	1	1	0.003	2	4
85	箱庭	ハコニワ	0	1	1	0.003	2	4
86	パラソル	パラソル	0	1	1	0.003	4	4
87	日	ヒ	0	1	1	0.003	1	1
88	光	ヒカリ	0	1	1	0.003	1	3
89	日向ぼっこ	ヒナタボッコ	0	1	1	0.003	5	6
90	昼	ヒル	0	1	1	0.003	1	2
91	布団	フトン	0	1	1	0.003	2	3
92	噴水	フンスイ	0	1	1	0.003	2	4
93	ベンチ	ベンチ	0	1	1	0.003	3	3
94	モーニング	モーニング	0	1	1	0.003	5	5
95	屋根	ヤネ	0	1	1	0.003	2	2
96	ロビー	ロビー	0	1	1	0.003	3	3
	合計		159	129	288			

46	テレビ	フリガナ	男性	女性	全体	連想強度	文字数	モーラ数
1	番組	バングミ	13	15	28	0.093	2	4
2	映像	エイゾウ	14	5	19	0.063	2	4
3	どらま	ドラマ	6	6	12	0.040	3	3
	ドラマ		5	6	11	0.037	3	3
	どらま		1	0	1	0.003	3	3
4	画面	ガメン	5	7	12	0.040	2	3
5	電化製品	デンカセイヒン	8	0	8	0.027	4	7
6	電波	デンパ	8	0	8	0.027	2	3
7	液晶	エキショウ	5	3	8	0.027	2	4
8	ブラウン管	ブラウンカン	5	2	7	0.023	5	6
9	プラズマ	プラズマ	4	3	7	0.023	4	4
10	機械	キカイ	3	4	7	0.023	2	3
11	家電	カデン	4	2	6	0.020	2	3
12	地デジ	チデジ	4	2	6	0.020	3	3
13	ラジオ	ラジオ	4	2	6	0.020	3	3
14	カラー	カラー	3	3	6	0.020	3	3
15	芸能人	ゲイノウジン	2	4	6	0.020	3	6
16	ニュース	ニュース	5	0	5	0.017	4	3
17	お笑い	オワライ	3	2	5	0.017	3	4
18	電気	デンキ	3	2	5	0.017	2	3
19	メディア	メディア	2	3	5	0.017	4	3
20	ゲーム	ゲーム	4	0	4	0.013	3	3
21	放送	ホウソウ	4	0	4	0.013	2	4
22	ビデオ	ビデオ	3	1	4	0.013	3	3
23	白黒	シロクロ	2	2	4	0.013	2	4
24	地上デジタル	チジョウデジタル	2	2	4	0.013	6	7
25	あなろぐ	アナログ	1	3	4	0.013	4	4
	アナログ		0	3	3	0.010	4	4
	あなろぐ		1	0	1	0.003	4	4
26	アニメ	アニメ	2	1	3	0.010	3	3
27	ばらえてぃー	バラエティー	2	1	3	0.010	6	5
	バラエティ		1	1	2	0.007	5	4
	バラエティー		1	0	1	0.003	6	5
28	情報	ジョウホウ	1	2	3	0.010	2	4
29	デジタル	デジタル	1	2	3	0.010	4	4
30	人	ヒト	1	2	3	0.010	1	2
31	報道	ホウドウ	1	2	3	0.010	2	4
32	リモコン	リモコン	1	2	3	0.010	4	4
33	音	オト	0	3	3	0.010	1	2
34	四角	シカク	0	3	3	0.010	2	3
35	芸人	ゲイニン	2	0	2	0.007	2	4
36	箱	ハコ	2	0	2	0.007	1	2
37	びえら	ビエラ	2	0	2	0.007	3	3
	びえら		1	0	1	0.003	3	3
	ビエラ		1	0	1	0.003	3	3
38	居間	イマ	1	1	2	0.007	2	2
39	娯楽	ゴラク	1	1	2	0.007	2	3
40	CM	シーエム	0	2	2	0.007	2	4
41	チャンネル	チャンネル	0	2	2	0.007	5	4
42	ブラウン	ブラウン	0	2	2	0.007	4	4
43	映画	エイガ	1	0	1	0.003	2	3
44	衛星	エイセイ	1	0	1	0.003	2	4
45	大型	オオガタ	1	0	1	0.003	2	4
46	画像	ガゾウ	1	0	1	0.003	2	3
47	現代人	ゲンダイジン	1	0	1	0.003	3	6
48	高校生	コウコウセイ	1	0	1	0.003	3	6
49	コマーシャル	コマーシャル	1	0	1	0.003	6	5
50	視聴	シチョウ	1	0	1	0.003	2	3
51	視聴率	シチョウリツ	1	0	1	0.003	3	5
52	昭和	ショウワ	1	0	1	0.003	2	3
53	白黒テレビ	シロクロテレビ	1	0	1	0.003	5	7
54	深夜	シンヤ	1	0	1	0.003	2	3
55	DVD	ディーブイディー	1	0	1	0.003	3	6
56	電子機器	デンシキキ	1	0	1	0.003	4	5
57	電話	デンワ	1	0	1	0.003	2	3
58	東海	トウカイ	1	0	1	0.003	2	4
59	24時間	ニジュウヨジカン	1	0	1	0.003	4	7
60	プラズマテレビ	プラズマテレビ	1	0	1	0.003	7	7
61	ホラー	ホラー	1	0	1	0.003	3	3
62	民法	ミンポウ	1	0	1	0.003	2	4
63	モニター	モニター	1	0	1	0.003	4	4
64	有料放送	ユウリョウホウソウ	1	0	1	0.003	4	8
65	朝	アサ	0	1	1	0.003	1	2
66	家	イエ	0	1	1	0.003	1	2
67	エンタメ	エンタメ	0	1	1	0.003	4	4
68	買換え	カイカエ	0	1	1	0.003	3	4
69	観戦	カンセン	0	1	1	0.003	2	4
70	黒	クロ	0	1	1	0.003	1	2
71	月9	ゲツク	0	1	1	0.003	2	3
72	こたつ	コタツ	0	1	1	0.003	3	3
73	新聞	シンブン	0	1	1	0.003	2	4
74	団らん	ダンラン	0	1	1	0.003	3	4
75	地上	チジョウ	0	1	1	0.003	2	3
76	電源	デンゲン	0	1	1	0.003	2	4
77	ハイビジョン	ハイビジョン	0	1	1	0.003	6	5
78	8チャン	ハッチャン	0	1	1	0.003	4	4
79	普及	フキュウ	0	1	1	0.003	2	3
80	マスメディア	マスメディア	0	1	1	0.003	6	5
81	マンガ	マンガ	0	1	1	0.003	3	3
	合計		156	116	272			

47	テント	フリガナ	男性	女性	全体	連想強度	文字数	モーラ数
1	きゃんぷ	キャンプ	109	93	202	0.671	4	3
	キャンプ		*108*	*93*	*201*	*0.668*	*4*	*3*
	きゃんぷ		*1*	*0*	*1*	*0.003*	*4*	*3*
2	山	ヤマ	7	3	10	0.033	1	2
3	三角	サンカク	4	4	8	0.027	2	4
4	外	ソト	4	3	7	0.023	1	2
5	野外	ヤガイ	4	2	6	0.020	2	3
6	アウトドア	アウトドア	5	0	5	0.017	5	5
7	野宿	ノジュク	3	1	4	0.013	2	3
8	宿泊	シュクハク	2	2	4	0.013	2	4
9	夏	ナツ	3	0	3	0.010	1	2
10	屋外	オクガイ	2	1	3	0.010	2	4
11	布	ヌノ	2	1	3	0.010	1	2
12	寝袋	ネブクロ	2	0	2	0.007	2	4
13	合宿	ガッシュク	1	1	2	0.007	2	4
14	野外活動	ヤガイカツドウ	1	1	2	0.007	4	7
15	青	アオ	0	2	2	0.007	1	2
16	キャンプファイアー	キャンプファイアー	1	0	1	0.003	9	7
17	休憩	キュウケイ	1	0	1	0.003	2	4
18	クマ	クマ	1	0	1	0.003	2	2
19	公園	コウエン	1	0	1	0.003	2	4
20	四角錘	シカクスイ	1	0	1	0.003	3	5
21	睡眠	スイミン	1	0	1	0.003	2	4
22	体育祭	タイイクサイ	1	0	1	0.003	3	6
23	人	ヒト	1	0	1	0.003	1	2
24	ピラミッド	ピラミッド	1	0	1	0.003	5	5
25	虫	ムシ	1	0	1	0.003	1	2
26	野営	ヤエイ	1	0	1	0.003	2	3
27	やね	ヤネ	1	0	1	0.003	2	2
28	お父さん	オトウサン	0	1	1	0.003	4	5
29	外泊	ガイハク	0	1	1	0.003	2	4
30	黄色	キイロ	0	1	1	0.003	2	3
31	小屋	コヤ	0	1	1	0.003	2	2
32	テナント	テナント	0	1	1	0.003	4	4
33	バーベキュー	バーベキュー	0	1	1	0.003	6	5
34	ピクニック	ピクニック	0	1	1	0.003	5	5
35	避難	ヒナン	0	1	1	0.003	2	3
36	避難所	ヒナンジョ	0	1	1	0.003	3	4
37	祭り	マツリ	0	1	1	0.003	2	3
38	旅行	リョコウ	0	1	1	0.003	2	3
	合計		161	125	286			

48	トマト	フリガナ	男性	女性	全体	連想強度	文字数	モーラ数
1	赤	アカ	71	51	122	0.405	1	2
2	やさい	ヤサイ	48	26	74	0.246	3	3
	野菜		*47*	*26*	*73*	*0.243*	*2*	*3*
	やさい		*1*	*0*	*1*	*0.003*	*3*	*3*
3	赤色	アカイロ	5	3	8	0.027	2	4
4	サラダ	サラダ	3	4	7	0.023	3	3
5	畑	ハタケ	3	1	4	0.013	1	3
6	夏	ナツ	1	3	4	0.013	1	2
7	完熟	カンジュク	2	1	3	0.010	2	4
8	逆	ギャク	2	0	2	0.007	1	2
9	リコピン	リコピン	2	0	2	0.007	4	4
10	きゅうり	キュウリ	1	1	2	0.007	4	3
	きゅうり		*1*	*0*	*1*	*0.003*	*4*	*3*
	胡瓜		*0*	*1*	*1*	*0.003*	*2*	*3*
11	食べ物	タベモノ	0	2	2	0.007	3	4
12	アメリカ	アメリカ	1	0	1	0.003	4	4
13	果実	カジツ	1	0	1	0.003	2	3
14	栽培	サイバイ	1	0	1	0.003	2	4
15	逆さ言葉	サカサコトバ	1	0	1	0.003	4	6
16	しんぶんし	シンブンシ	1	0	1	0.003	5	5
17	スペイン	スペイン	1	0	1	0.003	4	4
18	パスタ	パスタ	1	0	1	0.003	3	3
19	ビニールハウス	ビニールハウス	1	0	1	0.003	7	7
20	丸	マル	1	0	1	0.003	1	2
21	ミニトマト	ミニトマト	1	0	1	0.003	5	5
22	カット	カット	0	1	1	0.003	3	3
23	果物	クダモノ	0	1	1	0.003	2	4
24	ケチャップ	ケチャップ	0	1	1	0.003	5	4
25	ジュース	ジュース	0	1	1	0.003	4	3
26	スパゲティ	スパゲティ	0	1	1	0.003	5	4
27	ナス科	ナスカ	0	1	1	0.003	3	3
28	日光	ニッコウ	0	1	1	0.003	2	4
29	農園	ノウエン	0	1	1	0.003	2	4
	合計		148	100	248			

49	ドラマ	フリガナ	男性	女性	全体	連想強度	文字数	モーラ数
1	てれび	テレビ	56	43	99	0.329	3	3
	テレビ		*55*	*42*	*97*	*0.322*	*3*	*3*
	TV		*1*	*0*	*1*	*0.003*	*2*	*3*
	てれび		*0*	*1*	*1*	*0.003*	*3*	*3*
2	月９	ゲツク	9	10	19	0.063	2	3
3	連続	レンゾク	7	10	17	0.056	2	4
4	俳優	ハイユウ	12	4	16	0.053	2	4
5	恋愛	レンアイ	7	4	11	0.037	2	4
6	月曜日	ゲツヨウビ	7	2	9	0.030	3	5
7	月曜	ゲツヨウ	4	1	5	0.017	2	4
8	番組	バングミ	4	1	5	0.017	2	4
9	映画	エイガ	2	3	5	0.017	2	3
10	脚本	キャクホン	3	1	4	0.013	2	4
11	女優	ジョユウ	2	2	4	0.013	2	3
12	役者	ヤクシャ	2	2	4	0.013	2	3
13	海外	カイガイ	1	3	4	0.013	2	4
14	夜	ヨル	1	3	4	0.013	1	2
15	刑事	ケイジ	3	0	3	0.010	2	3
16	昼	ヒル	2	1	3	0.010	1	2
17	韓国	カンコク	1	2	3	0.010	2	4
18	海外ドラマ	カイガイドラマ	2	0	2	0.007	5	7
19	サスペンス	サスペンス	2	0	2	0.007	5	5
20	フィクション	フィクション	2	0	2	0.007	6	4
21	映像	エイゾウ	1	1	2	0.007	2	4
22	ゴールデン	ゴールデン	1	1	2	0.007	5	5
23	最終回	サイシュウカイ	1	1	2	0.007	3	6
24	撮影	サツエイ	1	1	2	0.007	2	4
25	感動	カンドウ	0	2	2	0.007	2	4
26	芸能人	ゲイノウジン	0	2	2	0.007	3	6
27	主役	シュヤク	0	2	2	0.007	2	3
28	にじかん	ニジカン	0	2	2	0.007	4	4
	二時間		*0*	*1*	*1*	*0.003*	*3*	*4*
	２時間		*0*	*1*	*1*	*0.003*	*3*	*4*
29	昼ドラ	ヒルドラ	0	2	2	0.007	3	4
30	１時間	イチジカン	1	0	1	0.003	3	5
31	うみ	ウミ	1	0	1	0.003	2	2
32	監督	カントク	1	0	1	0.003	2	4
33	空想	クウソウ	1	0	1	0.003	2	4
34	月曜９時	ゲツヨウクジ	1	0	1	0.003	4	6
35	原作	ゲンサク	1	0	1	0.003	2	4
36	再放送	サイホウソウ	1	0	1	0.003	3	6
37	殺人	サツジン	1	0	1	0.003	2	4
38	ＣＭ	シーエム	1	0	1	0.003	2	4
39	主演	シュエン	1	0	1	0.003	2	3
40	主人公	シュジンコウ	1	0	1	0.003	3	5
41	状況	ジョウキョウ	1	0	1	0.003	2	4
42	スタッフ	スタッフ	1	0	1	0.003	4	4
43	月	ツキ	1	0	1	0.003	1	2
44	テレビドラマ	テレビドラマ	1	0	1	0.003	6	6
45	ドラマチック	ドラマチック	1	0	1	0.003	6	6
46	トレンディー	トレンディー	1	0	1	0.003	6	5
47	日本	ニホン	1	0	1	0.003	2	3
48	ノンフィクション	ノンフィクション	1	0	1	0.003	8	6
49	波乱	ハラン	1	0	1	0.003	2	3
50	非現実的	ヒゲンジツテキ	1	0	1	0.003	4	7
51	人	ヒト	1	0	1	0.003	1	2
52	メイク	メイク	1	0	1	0.003	3	3
53	録画	ロクガ	1	0	1	0.003	2	3
54	愛	アイ	0	1	1	0.003	1	2
55	演出	エンシュツ	0	1	1	0.003	2	4
56	劇的	ゲキテキ	0	1	1	0.003	2	4
57	現実	ゲンジツ	0	1	1	0.003	2	4
58	作品	サクヒン	0	1	1	0.003	2	4
59	実写化	ジッシャカ	0	1	1	0.003	3	4
60	12話	ジュウニワ	0	1	1	0.003	3	4
61	新年	シンネン	0	1	1	0.003	2	4
62	ストーリー	ストーリー	0	1	1	0.003	5	5
63	制作	セイサク	0	1	1	0.003	2	4
64	トレンド	トレンド	0	1	1	0.003	4	4
65	涙	ナミダ	0	1	1	0.003	1	3
66	場面	バメン	0	1	1	0.003	2	3
67	放送	ホウソウ	0	1	1	0.003	2	4
68	マンガ	マンガ	0	1	1	0.003	3	3
69	メロドラマ	メロドラマ	0	1	1	0.003	5	5
70	物語	モノガタリ	0	1	1	0.003	2	5
71	夢	ユメ	0	1	1	0.003	1	2
72	ワンクール	ワンクール	0	1	1	0.003	5	5
	合計		157	125	282			

50	ドレス	フリガナ	男性	女性	全体	連想強度	文字数	モーラ数
1	ぱーてぃー	パーティー	25	32	57	0.189	5	4
	パーティー		*19*	*22*	*41*	*0.136*	*5*	*4*
	パーティ		*6*	*9*	*15*	*0.050*	*4*	*3*
	パーてぃー		*0*	*1*	*1*	*0.003*	*5*	*4*
2	服	フク	14	5	19	0.063	1	2
3	結婚式	ケッコンシキ	9	10	19	0.063	3	6
4	きれい	キレイ	10	8	18	0.060	3	3
	綺麗		*7*	*4*	*11*	*0.037*	*2*	*3*
	きれい		*3*	*4*	*7*	*0.023*	*3*	*3*
5	女性	ジョセイ	9	5	14	0.047	2	3
6	シンデレラ	シンデレラ	8	4	12	0.040	5	5
7	だんす	ダンス	5	6	11	0.037	3	3
	ダンス		*4*	*6*	*10*	*0.033*	*3*	*3*
	だんす		*1*	*0*	*1*	*0.003*	*3*	*3*
8	衣装	イショウ	7	3	10	0.033	2	3
9	結婚	ケッコン	4	5	9	0.030	2	4
10	舞踏会	ブトウカイ	4	4	8	0.027	3	5
11	女	オンナ	2	4	6	0.020	1	3
12	衣服	イフク	4	1	5	0.017	2	3
13	布	ヌノ	4	1	5	0.017	1	2
14	赤	アカ	3	2	5	0.017	1	2
15	うえでぃんぐ	ウエディング	3	2	5	0.017	6	5
	ウエディング		*1*	*2*	*3*	*0.010*	*6*	*5*
	ウェディング		*2*	*0*	*2*	*0.007*	*6*	*4*
16	白	シロ	2	3	5	0.017	1	2
17	姫	ヒメ	2	2	4	0.013	1	2
18	着物	キモノ	3	0	3	0.010	2	3
19	ひめさま	ヒメサマ	3	0	3	0.010	4	4
	お姫様		*2*	*0*	*2*	*0.007*	*3*	*5*
	姫様		*1*	*0*	*1*	*0.003*	*2*	*4*
20	貴族	キゾク	2	1	3	0.010	2	3
21	おしゃれ	オシャレ	1	2	3	0.010	4	3
	おしゃれ		*0*	*2*	*2*	*0.007*	*4*	*3*
	オシャレ		*1*	*0*	*1*	*0.003*	*4*	*3*
22	社交界	シャコウカイ	1	2	3	0.010	3	5
23	衣類	イルイ	2	0	2	0.007	2	3
24	貴婦人	キフジン	2	0	2	0.007	3	4
25	きゃばくら	キャバクラ	2	0	2	0.007	5	4
	きゃばくら		*1*	*0*	*1*	*0.003*	*5*	*4*
	キャバクラ		*1*	*0*	*1*	*0.003*	*5*	*4*
26	社交	シャコウ	2	0	2	0.007	2	3
27	正装	セイソウ	2	0	2	0.007	2	4
28	派手	ハデ	2	0	2	0.007	2	2
29	女の子	オンナノコ	1	1	2	0.007	3	5
30	式	シキ	1	1	2	0.007	1	2
31	ピンク	ピンク	1	1	2	0.007	3	3
32	洋服	ヨウフク	1	1	2	0.007	2	4
33	レース	レース	0	2	2	0.007	3	3
34	踊り	オドリ	1	0	1	0.003	2	3
35	華麗	カレイ	1	0	1	0.003	2	3
36	カレン	カレン	1	0	1	0.003	3	3
37	キャバ嬢	キャバジョウ	1	0	1	0.003	4	4
38	豪華	ゴウカ	1	0	1	0.003	2	3
39	コード	コード	1	0	1	0.003	3	3
40	シャンデリア	シャンデリア	1	0	1	0.003	6	5
41	ダンスパーティー	ダンスパーティー	1	0	1	0.003	8	7
42	着衣	チャクイ	1	0	1	0.003	2	3
43	童話	ドウワ	1	0	1	0.003	2	3
44	花嫁	ハナヨメ	1	0	1	0.003	2	4
45	晩餐会	バンサンカイ	1	0	1	0.003	3	6
46	光	ヒカリ	1	0	1	0.003	1	3
47	人	ヒト	1	0	1	0.003	1	2
48	卑猥	ヒワイ	1	0	1	0.003	2	3
49	ブーケ	ブーケ	1	0	1	0.003	3	3
50	フリル	フリル	1	0	1	0.003	3	3
51	プリンセス	プリンセス	1	0	1	0.003	5	5
52	祭り	マツリ	1	0	1	0.003	2	3
53	水	ミズ	1	0	1	0.003	1	2
54	ワンピース	ワンピース	1	0	1	0.003	5	5
55	アクセサリー	アクセサリー	0	1	1	0.003	6	6
56	アップ	アップ	0	1	1	0.003	3	3
57	お嫁さん	オヨメサン	0	1	1	0.003	4	5
58	きらびやか	キラビヤカ	0	1	1	0.003	5	5
59	黒	クロ	0	1	1	0.003	1	2
60	高級	コウキュウ	0	1	1	0.003	2	4
61	ゴージャス	ゴージャス	0	1	1	0.003	5	4
62	謝恩会	シャオンカイ	0	1	1	0.003	3	5
63	シルク	シルク	0	1	1	0.003	3	3
64	セレブ	セレブ	0	1	1	0.003	3	3
65	装飾	ソウショク	0	1	1	0.003	2	4
66	デザイン	デザイン	0	1	1	0.003	4	4
67	華やか	ハナヤカ	0	1	1	0.003	3	4
68	ファッション	ファッション	0	1	1	0.003	6	4
69	優雅	ユウガ	0	1	1	0.003	2	3
70	リボン	リボン	0	1	1	0.003	3	3
	合計		162	124	286			

51	ナイフ	フリガナ	男性	女性	全体	連想強度	文字数	モーラ数
1	刃物	ハモノ	36	21	57	0.189	2	3
2	殺人	サツジン	13	6	19	0.063	2	4
3	凶器	キョウキ	11	8	19	0.063	2	3
4	包丁	ホウチョウ	7	6	13	0.043	2	4
5	果物	クダモノ	8	4	12	0.040	2	4
6	鋭利	エイリ	7	2	9	0.030	2	3
7	犯罪	ハンザイ	5	3	8	0.027	2	4
8	血	チ	6	1	7	0.023	1	1
9	金属	キンゾク	5	2	7	0.023	2	4
10	料理	リョウリ	5	2	7	0.023	2	3
11	サバイバル	サバイバル	4	3	7	0.023	5	5
12	事件	ジケン	3	3	6	0.020	2	3
13	切断	セツダン	3	2	5	0.017	2	4
14	刃	ハ	2	3	5	0.017	1	1
15	銀	ギン	2	2	4	0.013	1	2
16	フォーク	フォーク	2	2	4	0.013	4	3
17	ダガー	ダガー	3	0	3	0.010	3	3
18	危険	キケン	2	1	3	0.010	2	3
19	鉄	テツ	2	1	3	0.010	1	2
20	少年	ショウネン	2	0	2	0.007	2	4
21	傷	キズ	1	1	2	0.007	1	2
22	バタフライ	バタフライ	1	1	2	0.007	5	5
23	りんご	リンゴ	1	1	2	0.007	3	3
	リンゴ		*1*	*0*	*1*	*0.003*	*3*	*3*
	りんご		*0*	*1*	*1*	*0.003*	*3*	*3*
24	銀色	ギンイロ	0	2	2	0.007	2	4
25	金物	カナモノ	1	0	1	0.003	2	4
26	切れ味	キレアジ	1	0	1	0.003	3	4
27	軍隊	グンタイ	1	0	1	0.003	2	4
28	携帯	ケイタイ	1	0	1	0.003	2	4
29	強盗	ゴウトウ	1	0	1	0.003	2	4
30	殺人事件	サツジンジケン	1	0	1	0.003	4	7
31	自殺	ジサツ	1	0	1	0.003	2	3
32	七夜	シチヤ	1	0	1	0.003	2	3
33	ジャックナイフ	ジャックナイフ	1	0	1	0.003	7	6
34	十代	ジュウダイ	1	0	1	0.003	2	4
35	10センチ	ジュッセンチ	1	0	1	0.003	5	5
36	所持	ショジ	1	0	1	0.003	2	2
37	楯	タテ	1	0	1	0.003	1	2
38	道具	ドウグ	1	0	1	0.003	2	3
39	投擲	トウテキ	1	0	1	0.003	2	4
40	なた	ナタ	1	0	1	0.003	2	2
41	ハム	ハム	1	0	1	0.003	2	2
42	被害者	ヒガイシャ	1	0	1	0.003	3	4
43	人殺し	ヒトゴロシ	1	0	1	0.003	3	5
44	ミリタリー	ミリタリー	1	0	1	0.003	5	5
45	陸軍	リクグン	1	0	1	0.003	2	4
46	男	オトコ	0	1	1	0.003	1	3
47	刀	カタナ	0	1	1	0.003	1	3
48	カッター	カッター	0	1	1	0.003	4	4
49	仮面	カメン	0	1	1	0.003	2	3
50	恐怖	キョウフ	0	1	1	0.003	2	3
51	果物ナイフ	クダモノナイフ	0	1	1	0.003	5	7
52	護身用	ゴシンヨウ	0	1	1	0.003	3	5
53	惨殺	ザンサツ	0	1	1	0.003	2	4
54	ダガーナイフ	ダガーナイフ	0	1	1	0.003	6	6
55	とげ	トゲ	0	1	1	0.003	2	2
56	肉	ニク	0	1	1	0.003	1	2
57	のこぎり	ノコギリ	0	1	1	0.003	4	4
58	鋼	ハガネ	0	1	1	0.003	1	3
59	犯人	ハンニン	0	1	1	0.003	2	4
60	フルーツナイフ	フルーツナイフ	0	1	1	0.003	7	7
61	まな板	マナイタ	0	1	1	0.003	3	4
62	レストラン	レストラン	0	1	1	0.003	5	5
	合計		152	94	246			

52	ネオン	フリガナ	男性	女性	全体	連想強度	文字数	モーラ数
1	光	ヒカリ	28	26	54	0.179	1	3
2	夜	ヨル	24	23	47	0.156	1	2
3	まち	マチ	15	11	26	0.086	2	2
	街		*11*	*10*	*21*	*0.070*	*1*	*2*
	町		*4*	*1*	*5*	*0.017*	*1*	*2*
4	あかり	アカリ	13	6	19	0.063	3	3
	明かり		*11*	*4*	*15*	*0.050*	*3*	*3*
	灯り		*2*	*0*	*2*	*0.007*	*2*	*3*
	あかり		*0*	*2*	*2*	*0.007*	*3*	*3*
5	夜景	ヤケイ	8	7	15	0.050	2	3
6	繁華街	ハンカガイ	6	3	9	0.030	3	5
7	ライト	ライト	6	1	7	0.023	3	3
8	電気	デンキ	5	2	7	0.023	2	3
9	サイン	サイン	2	5	7	0.023	3	3
10	都会	トカイ	2	4	6	0.020	2	3
11	きれい	キレイ	2	3	5	0.017	3	3
	きれい		*1*	*3*	*4*	*0.013*	*3*	*3*
	綺麗		*1*	*0*	*1*	*0.003*	*2*	*3*
12	イルミネーション	イルミネーション	1	4	5	0.017	8	7
13	クリスマス	クリスマス	2	2	4	0.013	5	5
14	街頭	ガイトウ	3	0	3	0.010	2	4
15	色	イロ	2	1	3	0.010	1	2
16	化学	カガク	2	1	3	0.010	2	3
17	東京	トウキョウ	2	1	3	0.010	2	4
18	歌舞伎町	カブキチョウ	2	0	2	0.007	4	5
19	銀座	ギンザ	2	0	2	0.007	2	3
20	電飾	デンショク	2	0	2	0.007	2	4
21	風俗街	フウゾクガイ	2	0	2	0.007	3	6
22	新宿	シンジュク	1	1	2	0.007	2	4
23	ネオン街	ネオンガイ	1	1	2	0.007	4	5
24	香港	ホンコン	1	1	2	0.007	2	4
25	電球	デンキュウ	0	2	2	0.007	2	4
26	名古屋	ナゴヤ	0	2	2	0.007	3	3
27	青	アオ	1	0	1	0.003	1	2
28	居酒屋	イザカヤ	1	0	1	0.003	3	4
29	街灯	ガイトウ	1	0	1	0.003	2	4
30	化学式	カガクシキ	1	0	1	0.003	3	5
31	ガス	ガス	1	0	1	0.003	2	2
32	記号	キゴウ	1	0	1	0.003	2	3
33	蛍光灯	ケイコウトウ	1	0	1	0.003	3	6
34	健康	ケンコウ	1	0	1	0.003	2	4
35	元素記号	ゲンソキゴウ	1	0	1	0.003	4	6
36	色彩	シキサイ	1	0	1	0.003	2	4
37	ダンス	ダンス	1	0	1	0.003	3	3
38	ディスコ	ディスコ	1	0	1	0.003	4	3
39	電灯	デントウ	1	0	1	0.003	2	4
40	都市	トシ	1	0	1	0.003	2	2
41	ネオンアート	ネオンアート	1	0	1	0.003	6	6
42	ネオンサイン	ネオンサイン	1	0	1	0.003	6	6
43	ネオン灯	ネオントウ	1	0	1	0.003	4	5
44	パチンコ	パチンコ	1	0	1	0.003	4	4
45	発光	ハッコウ	1	0	1	0.003	2	4
46	ビル街	ビルガイ	1	0	1	0.003	3	4
47	ピンク	ピンク	1	0	1	0.003	3	3
48	物質	ブッシツ	1	0	1	0.003	2	4
49	雰囲気	フンイキ	1	0	1	0.003	3	4
50	星	ホシ	1	0	1	0.003	1	2
51	ホテル	ホテル	1	0	1	0.003	3	3
52	漫画	マンガ	1	0	1	0.003	2	3
53	昔	ムカシ	1	0	1	0.003	1	3
54	横浜	ヨコハマ	1	0	1	0.003	2	4
55	大人	オトナ	0	1	1	0.003	2	3
56	カジノ	カジノ	0	1	1	0.003	3	3
57	かん	カン	0	1	1	0.003	2	2
58	環境破壊	カンキョウハカイ	0	1	1	0.003	4	7
59	韓国	カンコク	0	1	1	0.003	2	4
60	煌びやか	キラビヤカ	0	1	1	0.003	4	5
61	空気	クウキ	0	1	1	0.003	2	3
62	蛍光	ケイコウ	0	1	1	0.003	2	4
63	照明	ショウメイ	0	1	1	0.003	2	4
64	電光掲示板	デンコウケイジバン	0	1	1	0.003	5	9
65	ねいろ	ネイロ	0	1	1	0.003	3	3
66	ネオン管	ネオンカン	0	1	1	0.003	4	5
67	華やか	ハナヤカ	0	1	1	0.003	3	4
68	ムード	ムード	0	1	1	0.003	3	3
69	闇	ヤミ	0	1	1	0.003	1	2
70	遊園地	ユウエンチ	0	1	1	0.003	3	5
71	レインボー	レインボー	0	1	1	0.003	5	5
	合計		162	124	286			

53	ノイズ	フリガナ	男性	女性	全体	連想強度	文字数	モーラ数
1	雑音	ザツオン	47	30	77	0.256	2	4
2	おと	オト	37	34	71	0.236	2	2
	音		37	33	70	0.233	1	2
	おと		0	1	1	0.003	2	2
3	騒音	ソウオン	23	24	47	0.156	2	4
4	音楽	オンガク	7	2	9	0.030	2	4
5	ラジオ	ラジオ	7	1	8	0.027	3	3
6	テレビ	テレビ	4	4	8	0.027	3	3
7	声	コエ	1	3	4	0.013	1	2
8	耳	ミミ	2	1	3	0.010	1	2
9	邪魔	ジャマ	2	0	2	0.007	2	2
10	電波	デンパ	2	0	2	0.007	2	3
11	不快	フカイ	2	0	2	0.007	2	3
12	迷惑	メイワク	2	0	2	0.007	2	4
13	スピーカー	スピーカー	1	1	2	0.007	5	5
14	不協和音	フキョウワオン	1	1	2	0.007	4	6
15	耳障り	ミミザワリ	1	1	2	0.007	3	5
16	耳鳴り	ミミナリ	1	1	2	0.007	3	4
17	音声	オンセイ	0	2	2	0.007	2	4
18	携帯電話	ケイタイデンワ	0	2	2	0.007	4	7
19	電話	デンワ	0	2	2	0.007	2	3
20	マイク	マイク	0	2	2	0.007	3	3
21	イアフォン	イアフォン	1	0	1	0.003	5	4
22	ウイルス	ウイルス	1	0	1	0.003	4	4
23	音割れ	オトワレ	1	0	1	0.003	3	4
24	カット	カット	1	0	1	0.003	3	3
25	カラオケ	カラオケ	1	0	1	0.003	4	4
26	気象	キショウ	1	0	1	0.003	2	3
27	車	クルマ	1	0	1	0.003	1	3
28	公害	コウガイ	1	0	1	0.003	2	4
29	叫び	サケビ	1	0	1	0.003	2	3
30	ジャミング	ジャミング	1	0	1	0.003	5	4
31	ステレオ	ステレオ	1	0	1	0.003	4	4
32	電子機器	デンシキキ	1	0	1	0.003	4	5
33	電車	デンシャ	1	0	1	0.003	2	3
34	バイク	バイク	1	0	1	0.003	3	3
35	発生音	ハッセイオン	1	0	1	0.003	3	6
36	鼻	ハナ	1	0	1	0.003	1	2
37	鼻息	ハナイキ	1	0	1	0.003	2	4
38	バンド	バンド	1	0	1	0.003	3	3
39	不愉快	フユカイ	1	0	1	0.003	3	4
40	乱れ	ミダレ	1	0	1	0.003	2	3
41	レコーディング	レコーディング	1	0	1	0.003	7	6
42	歌	ウタ	0	1	1	0.003	1	2
43	映像	エイゾウ	0	1	1	0.003	2	4
44	環境	カンキョウ	0	1	1	0.003	2	4
45	轟音	ゴウオン	0	1	1	0.003	2	4
46	工場	コウジョウ	0	1	1	0.003	2	4
47	鼓動	コドウ	0	1	1	0.003	2	3
48	混入	コンニュウ	0	1	1	0.003	2	4
49	線	セン	0	1	1	0.003	1	2
50	夏	ナツ	0	1	1	0.003	1	2
51	名前	ナマエ	0	1	1	0.003	2	3
52	パソコン	パソコン	0	1	1	0.003	4	4
53	病気	ビョウキ	0	1	1	0.003	2	3
54	町	マチ	0	1	1	0.003	1	2
	合計		161	124	285			

54	ノルマ	フリガナ	男性	女性	全体	連想強度	文字数	モーラ数
1	達成	タッセイ	34	42	76	0.252	2	4
2	仕事	シゴト	26	16	42	0.140	2	3
3	課題	カダイ	22	7	29	0.096	2	3
4	会社	カイシャ	16	12	28	0.093	2	3
5	もくひょう	モクヒョウ	15	11	26	0.086	5	4
	目標		*14*	*11*	*25*	*0.083*	*2*	*4*
	もくひょう		*1*	*0*	*1*	*0.003*	*5*	*4*
6	営業	エイギョウ	6	4	10	0.033	2	4
7	義務	ギム	3	1	4	0.013	2	2
8	最低限	サイテイゲン	3	1	4	0.013	3	6
9	成績	セイセキ	3	1	4	0.013	2	4
10	チケット	チケット	2	2	4	0.013	4	4
11	契約	ケイヤク	3	0	3	0.010	2	4
12	宿題	シュクダイ	3	0	3	0.010	2	4
13	企業	キギョウ	2	1	3	0.010	2	3
14	期限	キゲン	1	2	3	0.010	2	3
15	業績	ギョウセキ	1	2	3	0.010	2	4
16	計画	ケイカク	2	0	2	0.007	2	4
17	目安	メヤス	2	0	2	0.007	2	3
18	うりあげ	ウリアゲ	1	1	2	0.007	4	4
	売上		*1*	*0*	*1*	*0.003*	*2*	*4*
	売り上げ		*0*	*1*	*1*	*0.003*	*4*	*4*
19	制限	セイゲン	1	1	2	0.007	2	4
20	きまり	キマリ	0	2	2	0.007	3	3
	決まり		*0*	*1*	*1*	*0.003*	*3*	*3*
	きまり		*0*	*1*	*1*	*0.003*	*3*	*3*
21	残業	ザンギョウ	0	2	2	0.007	2	4
22	時間	ジカン	0	2	2	0.007	2	3
23	営業マン	エイギョウマン	1	0	1	0.003	4	6
24	カンパニー	カンパニー	1	0	1	0.003	5	5
25	嫌い	キライ	1	0	1	0.003	2	3
26	銀行	ギンコウ	1	0	1	0.003	2	4
27	減俸	ゲンポウ	1	0	1	0.003	2	4
28	最低	サイテイ	1	0	1	0.003	2	4
29	サラリーマン	サラリーマン	1	0	1	0.003	6	6
30	車両	シャリョウ	1	0	1	0.003	2	3
31	新人	シンジン	1	0	1	0.003	2	4
32	スポーツ	スポーツ	1	0	1	0.003	4	4
33	設定	セッテイ	1	0	1	0.003	2	4
34	ティッシュ	ティッシュ	1	0	1	0.003	5	3
35	罰	バツ	1	0	1	0.003	1	2
36	勉強	ベンキョウ	1	0	1	0.003	2	4
37	万歩計	マンポケイ	1	0	1	0.003	3	5
38	店	ミセ	1	0	1	0.003	1	2
39	役割	ヤクワリ	1	0	1	0.003	2	4
40	量	リョウ	1	0	1	0.003	1	2
41	1日	イチニチ	0	1	1	0.003	2	4
42	一定	イッテイ	0	1	1	0.003	2	4
43	基準	キジュン	0	1	1	0.003	2	3
44	規制	キセイ	0	1	1	0.003	2	3
45	キャバクラ	キャバクラ	0	1	1	0.003	5	4
46	クリア	クリア	0	1	1	0.003	3	3
47	上限	ジョウゲン	0	1	1	0.003	2	4
48	数字	スウジ	0	1	1	0.003	2	3
49	成果	セイカ	0	1	1	0.003	2	3
50	責任	セキニン	0	1	1	0.003	2	4
51	達成手段	タッセイシュダン	0	1	1	0.003	4	7
52	トマト	トマト	0	1	1	0.003	3	3
53	バイト	バイト	0	1	1	0.003	3	3
54	販売	ハンバイ	0	1	1	0.003	2	4
55	持分	モチブン	0	1	1	0.003	2	4
56	割り当て	ワリアテ	0	1	1	0.003	4	4
	合計		164	126	290			

55	パーマ	フリガナ	男性	女性	全体	連想強度	文字数	モーラ数
1	髪	カミ	42	18	60	0.199	1	2
2	美容院	ビヨウイン	17	42	59	0.196	3	5
3	天然	テンネン	15	6	21	0.070	2	4
4	かみがた	カミガタ	10	6	16	0.053	4	4
	髪型		*9*	*6*	*15*	*0.050*	*2*	*4*
	髪形		*1*	*0*	*1*	*0.003*	*2*	*4*
5	髪の毛	カミノケ	9	6	15	0.050	3	4
6	アフロ	アフロ	10	1	11	0.037	3	3
7	パンチ	パンチ	9	1	10	0.033	3	3
8	頭	アタマ	8	2	10	0.033	1	3
9	床屋	トコヤ	5	1	6	0.020	2	3
10	ストレート	ストレート	3	3	6	0.020	5	5
11	おしゃれ	オシャレ	2	4	6	0.020	4	3
	おしゃれ		*0*	*4*	*4*	*0.013*	*4*	*3*
	お洒落		*1*	*0*	*1*	*0.003*	*3*	*3*
	オシャレ		*1*	*0*	*1*	*0.003*	*4*	*3*
12	美容室	ビヨウシツ	3	2	5	0.017	3	5
13	おばさん	オバサン	3	1	4	0.013	4	4
14	女	オンナ	2	2	4	0.013	1	3
15	美容	ビヨウ	2	1	3	0.010	2	3
16	紙	カミ	2	0	2	0.007	1	2
17	デジタル	デジタル	2	0	2	0.007	4	4
18	天然パーマ	テンネンパーマ	2	0	2	0.007	5	7
19	不良	フリョウ	1	1	2	0.007	2	3
20	へあー	ヘアー	1	1	2	0.007	3	3
	ヘアー		*1*	*0*	*1*	*0.003*	*3*	*3*
	ヘア		*0*	*1*	*1*	*0.003*	*2*	*2*
21	カール	カール	0	2	2	0.007	3	3
22	アイロン	アイロン	1	0	1	0.003	4	4
23	カット	カット	1	0	1	0.003	3	3
24	仮面	カメン	1	0	1	0.003	2	3
25	黒髪	クロカミ	1	0	1	0.003	2	4
26	毛	ケ	1	0	1	0.003	1	1
27	散発	サンパツ	1	0	1	0.003	2	4
28	自分	ジブン	1	0	1	0.003	2	3
29	整髪	セイハツ	1	0	1	0.003	2	4
30	頭髪	トウハツ	1	0	1	0.003	2	4
31	パーマネント	パーマネント	1	0	1	0.003	6	6
32	パンチパーマ	パンチパーマ	1	0	1	0.003	6	6
33	美容師	ビヨウシ	1	0	1	0.003	3	4
34	ピンパーマ	ピンパーマ	1	0	1	0.003	5	5
35	理髪店	リハツテン	1	0	1	0.003	3	5
36	ウェーブ	ウェーブ	0	1	1	0.003	4	3
37	永遠	エイエン	0	1	1	0.003	2	4
38	液	エキ	0	1	1	0.003	1	2
39	お年寄り	オトシヨリ	0	1	1	0.003	4	5
40	おばちゃん	オバチャン	0	1	1	0.003	5	4
41	かみ	カミ	0	1	1	0.003	2	2
42	キューティクル	キューティクル	0	1	1	0.003	7	5
43	強制	キョウセイ	0	1	1	0.003	2	4
44	きれい	キレイ	0	1	1	0.003	3	3
45	金	キン	0	1	1	0.003	1	2
46	高価	コウカ	0	1	1	0.003	2	3
47	高額	コウガク	0	1	1	0.003	2	4
48	コテ	コテ	0	1	1	0.003	2	2
49	スパイラル	スパイラル	0	1	1	0.003	5	5
50	ヘアスタイル	ヘアスタイル	0	1	1	0.003	6	6
51	巻き髪	マキガミ	0	1	1	0.003	3	4
52	理容室	リヨウシツ	0	1	1	0.003	3	5
53	ロッド	ロッド	0	1	1	0.003	3	3
	合計		162	118	280			

56	バイク	フリガナ	男性	女性	全体	連想強度	文字数	モーラ数
1	のりもの	ノリモノ	24	16	40	0.133	4	4
	乗り物		*24*	*15*	*39*	*0.130*	*3*	*4*
	乗りもの		*0*	*1*	*1*	*0.003*	*4*	*4*
2	にりん	ニリン	23	9	32	0.106	3	3
	二輪		*20*	*7*	*27*	*0.090*	*2*	*3*
	2輪		*3*	*2*	*5*	*0.017*	*2*	*3*
3	事故	ジコ	9	9	18	0.060	2	2
4	車	クルマ	7	9	16	0.053	1	3
5	タイヤ	タイヤ	6	10	16	0.053	3	3
6	原付	ゲンツキ	13	2	15	0.050	2	4
7	二輪車	ニリンシャ	6	4	10	0.033	3	4
8	男	オトコ	5	4	9	0.030	1	3
9	免許	メンキョ	4	5	9	0.030	2	3
10	エンジン	エンジン	5	2	7	0.023	4	4
11	ツーリング	ツーリング	1	6	7	0.023	5	5
12	単車	タンシャ	5	1	6	0.020	2	3
13	危険	キケン	2	4	6	0.020	2	3
14	ほんだ	ホンダ	3	1	4	0.013	3	3
	ホンダ		*3*	*0*	*3*	*0.010*	*3*	*3*
	ほんだ		*0*	*1*	*1*	*0.003*	*3*	*3*
15	ガソリン	ガソリン	2	2	4	0.013	4	4
16	道路	ドウロ	2	2	4	0.013	2	3
17	ヘルメット	ヘルメット	1	3	4	0.013	5	5
18	大型	オオガタ	0	4	4	0.013	2	4
19	自転車	ジテンシャ	2	1	3	0.010	3	4
20	騒音	ソウオン	2	1	3	0.010	2	4
21	アメリカン	アメリカン	1	2	3	0.010	5	5
22	運転	ウンテン	0	3	3	0.010	2	4
23	買取	カイトリ	2	0	2	0.007	2	4
24	自動二輪	ジドウニリン	2	0	2	0.007	4	6
25	暴走族	ボウソウゾク	1	1	2	0.007	3	6
26	通学	ツウガク	0	2	2	0.007	2	4
27	レース	レース	0	2	2	0.007	3	3
28	オート	オート	1	0	1	0.003	3	3
29	オートマ	オートマ	1	0	1	0.003	4	4
30	風	カゼ	1	0	1	0.003	1	2
31	カブ	カブ	1	0	1	0.003	2	2
32	機械	キカイ	1	0	1	0.003	2	3
33	金属	キンゾク	1	0	1	0.003	2	4
34	げんちゃ	ゲンチャ	1	0	1	0.003	4	3
35	小回り	コマワリ	1	0	1	0.003	3	4
36	CC	シーシー	1	0	1	0.003	2	4
37	失踪	シッソウ	1	0	1	0.003	2	4
38	ジャズ	ジャズ	1	0	1	0.003	3	2
39	乗車	ジョウシャ	1	0	1	0.003	2	3
40	外	ソト	1	0	1	0.003	1	2
41	峠	トウゲ	1	0	1	0.003	1	3
42	二輪免許	ニリンメンキョ	1	0	1	0.003	4	6
43	ハンドル	ハンドル	1	0	1	0.003	4	4
44	人	ヒト	1	0	1	0.003	1	2
45	一人	ヒトリ	1	0	1	0.003	2	3
46	便	ビン	1	0	1	0.003	1	2
47	二人	フタリ	1	0	1	0.003	2	3
48	暴走	ボウソウ	1	0	1	0.003	2	4
49	マフラー	マフラー	1	0	1	0.003	4	4
50	理想	リソウ	1	0	1	0.003	2	3
51	改造	カイゾウ	0	1	1	0.003	2	4
52	川崎	カワサキ	0	1	1	0.003	2	4
53	気持ち	キモチ	0	1	1	0.003	3	3
54	故障	コショウ	0	1	1	0.003	2	3
55	サイクリング	サイクリング	0	1	1	0.003	6	6
56	自動車	ジドウシャ	0	1	1	0.003	3	4
57	白	シロ	0	1	1	0.003	1	2
58	旅	タビ	0	1	1	0.003	1	2
59	父	チチ	0	1	1	0.003	1	2
60	中古	チュウコ	0	1	1	0.003	2	3
61	ビッグスクーター	ビッグスクーター	0	1	1	0.003	8	8
62	一人乗り	ヒトリノリ	0	1	1	0.003	4	5
63	二人乗り	フタリノリ	0	1	1	0.003	4	5
64	道	ミチ	0	1	1	0.003	1	2
65	紫	ムラサキ	0	1	1	0.003	1	4
66	四輪	ヨンリン	0	1	1	0.003	2	4
67	立派	リッパ	0	1	1	0.003	2	3
	合計		151	122	273			

57	バイト	フリガナ	男性	女性	全体	連想強度	文字数	モーラ数
1	かね	カネ	50	34	84	0.279	2	3
	お金		*26*	*25*	*51*	*0.169*	*2*	*3*
	金		*23*	*8*	*31*	*0.103*	*1*	*2*
	かね		*1*	*1*	*2*	*0.007*	*2*	*2*
2	給料	キュウリョウ	24	15	39	0.130	2	4
3	仕事	シゴト	24	12	36	0.120	2	3
4	学生	ガクセイ	8	9	17	0.056	2	4
5	時給	ジキュウ	5	9	14	0.047	2	3
6	自給	ジキュウ	7	3	10	0.033	2	3
7	アルバイト	アルバイト	4	6	10	0.033	5	5
8	労働	ロウドウ	2	4	6	0.020	2	4
9	コンビニ	コンビニ	5	0	5	0.017	4	4
10	居酒屋	イザカヤ	1	2	3	0.010	3	4
11	夜	ヨル	1	2	3	0.010	1	2
12	小遣い稼ぎ	コヅカイカセギ	2	0	2	0.007	5	7
13	高校生	コウコウセイ	1	1	2	0.007	3	6
14	時間	ジカン	1	1	2	0.007	2	3
15	収入	シュウニュウ	1	1	2	0.007	2	4
16	面接	メンセツ	1	1	2	0.007	2	4
17	シフト	シフト	0	2	2	0.007	3	3
18	飲食店	インショクテン	1	0	1	0.003	3	6
19	ガソリンスタンド	ガソリンスタンド	1	0	1	0.003	8	8
20	給与	キュウヨ	1	0	1	0.003	2	3
21	高収入	コウシュウニュウ	1	0	1	0.003	3	6
22	収入稼ぎ	シュウニュウカセギ	1	0	1	0.003	4	7
23	上司	ジョウシ	1	0	1	0.003	2	3
24	自立	ジリツ	1	0	1	0.003	2	3
25	大学生	ダイガクセイ	1	0	1	0.003	3	6
26	大福	ダイフク	1	0	1	0.003	2	4
27	短期	タンキ	1	0	1	0.003	2	3
28	賃金	チンギン	1	0	1	0.003	2	4
29	適当	テキトウ	1	0	1	0.003	2	4
30	店長	テンチョウ	1	0	1	0.003	2	4
31	道路	ドウロ	1	0	1	0.003	2	3
32	ニート	ニート	1	0	1	0.003	3	3
33	派遣	ハケン	1	0	1	0.003	2	3
34	バスケット	バスケット	1	0	1	0.003	5	5
35	販売	ハンバイ	1	0	1	0.003	2	4
36	ピザ	ピザ	1	0	1	0.003	2	2
37	店	ミセ	1	0	1	0.003	1	2
38	無駄	ムダ	1	0	1	0.003	2	2
39	夜勤	ヤキン	1	0	1	0.003	2	3
40	薬局	ヤッキョク	1	0	1	0.003	2	4
41	歌	ウタ	0	1	1	0.003	1	2
42	映画館	エイガカン	0	1	1	0.003	3	5
43	オーナー	オーナー	0	1	1	0.003	4	4
44	カフェ	カフェ	0	1	1	0.003	3	2
45	企業	キギョウ	0	1	1	0.003	2	3
46	求人	キュウジン	0	1	1	0.003	2	4
47	キロバイト	キロバイト	0	1	1	0.003	5	5
48	持久	ジキュウ	0	1	1	0.003	2	3
49	資金	シキン	0	1	1	0.003	2	3
50	従業員	ジュウギョウイン	0	1	1	0.003	3	6
51	新人	シンジン	0	1	1	0.003	2	4
52	接客	セッキャク	0	1	1	0.003	2	4
53	貯蓄	チョチク	0	1	1	0.003	2	3
54	低賃金	テイチンギン	0	1	1	0.003	3	6
55	土日	ドニチ	0	1	1	0.003	2	3
56	仲間	ナカマ	0	1	1	0.003	2	3
57	パート	パート	0	1	1	0.003	3	3
58	パチンコ	パチンコ	0	1	1	0.003	4	4
59	毎日	マイニチ	0	1	1	0.003	2	4
60	目的	モクテキ	0	1	1	0.003	2	4
61	憂鬱	ユウウツ	0	1	1	0.003	2	4
	合計		160	123	283			

58	パイプ	フリガナ	男性	女性	全体	連想強度	文字数	モーラ数
1	てつ	テツ	28	14	42	0.140	2	2
	鉄		*27*	*14*	*41*	*0.136*	*1*	*2*
	てつ		*1*	*0*	*1*	*0.003*	*2*	*2*
2	オルガン	オルガン	7	17	24	0.080	4	4
3	管	カン	14	9	23	0.076	1	2
4	いす	イス	14	8	22	0.073	2	2
	イス		*9*	*5*	*14*	*0.047*	*2*	*2*
	椅子		*5*	*3*	*8*	*0.027*	*2*	*2*
5	たばこ	タバコ	11	7	18	0.060	3	3
	たばこ		*6*	*3*	*9*	*0.030*	*3*	*3*
	タバコ		*3*	*4*	*7*	*0.023*	*3*	*3*
	煙草		*2*	*0*	*2*	*0.007*	*2*	*3*
6	水道	スイドウ	7	8	15	0.050	2	4
7	みず	ミズ	11	3	14	0.047	2	2
	水		*10*	*3*	*13*	*0.043*	*1*	*2*
	ミズ		*1*	*0*	*1*	*0.003*	*2*	*2*
8	筒	ツツ	6	7	13	0.043	1	2
9	工事	コウジ	5	2	7	0.023	2	3
10	下水道	ゲスイドウ	3	4	7	0.023	3	5
11	煙	ケムリ	2	5	7	0.023	1	3
12	水道管	スイドウカン	5	1	6	0.020	3	6
13	灰色	ハイイロ	0	6	6	0.020	2	4
14	金属	キンゾク	2	3	5	0.017	2	4
15	ライン	ライン	2	3	5	0.017	3	3
16	銀	ギン	0	4	4	0.013	1	2
17	下水	ゲスイ	2	1	3	0.010	2	3
18	鉄パイプ	テツパイプ	2	1	3	0.010	4	5
19	ポパイ	ポパイ	2	1	3	0.010	3	3
20	土管	ドカン	1	2	3	0.010	2	3
21	棒	ボウ	1	2	3	0.010	1	2
22	人脈	ジンミャク	2	0	2	0.007	2	4
23	つながり	ツナガリ	2	0	2	0.007	4	4
24	配管	ハイカン	2	0	2	0.007	2	4
25	排水溝	ハイスイコウ	2	0	2	0.007	3	6
26	穴	アナ	1	1	2	0.007	1	2
27	ベッド	ベッド	1	1	2	0.007	3	3
28	殴打	オウダ	1	0	1	0.003	2	3
29	ガス	ガス	1	0	1	0.003	2	2
30	カッター	カッター	1	0	1	0.003	4	4
31	空洞	クウドウ	1	0	1	0.003	2	4
32	下水管	ゲスイカン	1	0	1	0.003	3	5
33	喧嘩	ケンカ	1	0	1	0.003	2	3
34	工場	コウジョウ	1	0	1	0.003	2	4
35	コネ	コネ	1	0	1	0.003	2	2
36	石油	セキユ	1	0	1	0.003	2	3
37	掃除	ソウジ	1	0	1	0.003	2	3
38	道具	ドウグ	1	0	1	0.003	2	3
39	通り道	トオリミチ	1	0	1	0.003	3	5
40	ねずみ色	ネズミイロ	1	0	1	0.003	4	5
41	排気管	ハイキカン	1	0	1	0.003	3	5
42	パイプライン	パイプライン	1	0	1	0.003	6	6
43	バルブ	バルブ	1	0	1	0.003	3	3
44	武器	ブキ	1	0	1	0.003	2	2
45	部品	ブヒン	1	0	1	0.003	2	3
46	不良	フリョウ	1	0	1	0.003	2	3
47	暴走族	ボウソウゾク	1	0	1	0.003	3	6
48	撲殺	ボクサツ	1	0	1	0.003	2	4
49	丸	マル	1	0	1	0.003	1	2
50	汚れ	ヨゴレ	1	0	1	0.003	2	3
51	楽器	ガッキ	0	1	1	0.003	2	3
52	喫煙	キツエン	0	1	1	0.003	2	4
53	銀色	ギンイロ	0	1	1	0.003	2	4
54	黒	クロ	0	1	1	0.003	1	2
55	訓練	クンレン	0	1	1	0.003	2	4
56	工事現場	コウジゲンバ	0	1	1	0.003	4	6
57	接続	セツゾク	0	1	1	0.003	2	4
58	建物	タテモノ	0	1	1	0.003	2	4
59	詰まり	ツマリ	0	1	1	0.003	3	3
60	鉄製	テツセイ	0	1	1	0.003	2	4
61	トイレ	トイレ	0	1	1	0.003	3	3
62	ホース	ホース	0	1	1	0.003	3	3
63	水周り	ミズマワリ	0	1	1	0.003	3	5
	合計		158	123	281			

59	バケツ	フリガナ	男性	女性	全体	連想強度	文字数	モーラ数
1	みず	ミズ	81	66	147	0.488	2	2
	水		*79*	*66*	*145*	*0.482*	*1*	*2*
	みず		*2*	*0*	*2*	*0.007*	*2*	*2*
2	青	アオ	10	13	23	0.076	1	2
3	掃除	ソウジ	11	9	20	0.066	2	3
4	リレー	リレー	6	8	14	0.047	3	3
5	火事	カジ	7	0	7	0.023	2	2
6	青色	アオイロ	3	2	5	0.017	2	4
7	プリン	プリン	3	2	5	0.017	3	3
8	水色	ミズイロ	1	4	5	0.017	2	4
9	ゴミ	ゴミ	2	2	4	0.013	2	2
10	雨	アメ	2	1	3	0.010	1	2
11	ポリバケツ	ポリバケツ	2	1	3	0.010	5	5
12	入れ物	イレモノ	1	2	3	0.010	3	4
13	ゆきだるま	ユキダルマ	1	2	3	0.010	5	5
	雪だるま		*1*	*1*	*2*	*0.007*	*4*	*5*
	ゆきだるま		*0*	*1*	*1*	*0.003*	*5*	*5*
14	消火	ショウカ	2	0	2	0.007	2	3
15	道具	ドウグ	2	0	2	0.007	2	3
16	容器	ヨウキ	2	0	2	0.007	2	3
17	穴	アナ	0	2	2	0.007	1	2
18	花火	ハナビ	0	2	2	0.007	2	3
19	ポリ	ポリ	0	2	2	0.007	2	2
20	イルカ	イルカ	1	0	1	0.003	3	3
21	嘔吐	オウト	1	0	1	0.003	2	3
22	桶	オケ	1	0	1	0.003	1	2
23	オバケ	オバケ	1	0	1	0.003	3	3
24	川	カワ	1	0	1	0.003	1	2
25	金魚	キンギョ	1	0	1	0.003	2	3
26	消火活動	ショウカカツドウ	1	0	1	0.003	4	7
27	雑巾	ゾウキン	1	0	1	0.003	2	4
28	底抜け	ソコヌケ	1	0	1	0.003	3	4
29	鉄	テツ	1	0	1	0.003	1	2
30	長靴	ナガグツ	1	0	1	0.003	2	4
31	残水	ノコリミズ	1	0	1	0.003	2	5
32	バツ	バツ	1	0	1	0.003	2	2
33	パフェ	パフェ	1	0	1	0.003	3	2
34	反省	ハンセイ	1	0	1	0.003	2	4
35	プラスチック	プラスチック	1	0	1	0.003	6	6
36	便利	ベンリ	1	0	1	0.003	2	3
37	ポリエステル	ポリエステル	1	0	1	0.003	6	6
38	ボンド	ボンド	1	0	1	0.003	3	3
39	麦	ムギ	1	0	1	0.003	1	2
40	モップ	モップ	1	0	1	0.003	3	3
41	おもちゃ	オモチャ	0	1	1	0.003	4	3
42	学校	ガッコウ	0	1	1	0.003	2	4
43	黄色	キイロ	0	1	1	0.003	2	3
44	遅刻	チコク	0	1	1	0.003	2	3
45	墓	ハカ	0	1	1	0.003	1	2
46	バケツリレー	バケツリレー	0	1	1	0.003	6	6
47	100均	ヒャッキン	0	1	1	0.003	4	4
48	防災	ボウサイ	0	1	1	0.003	2	4
	合計		157	126	283			

60	パズル	フリガナ	男性	女性	全体	連想強度	文字数	モーラ数
1	ピース	ピース	19	24	43	0.143	3	3
2	ゲーム	ゲーム	10	6	16	0.053	3	3
3	難解	ナンカイ	9	4	13	0.043	2	4
4	ジグソー	ジグソー	7	4	11	0.037	4	4
5	問題	モンダイ	5	4	9	0.030	2	4
6	絵	エ	4	5	9	0.030	1	1
7	頭脳	ズノウ	5	3	8	0.027	2	3
8	じぐそーぱずる	ジグソーパズル	4	4	8	0.027	7	7
	ジグソーパズル		2	3	5	0.017	7	7
	ジグゾーパズル		1	1	2	0.007	7	7
	ジクソーパズル		1	0	1	0.003	7	7
9	子供	コドモ	3	5	8	0.027	2	3
10	くみたて	クミタテ	2	6	8	0.027	4	4
	組み立て		2	5	7	0.023	4	4
	組立		0	1	1	0.003	2	4
11	遊び	アソビ	5	1	6	0.020	2	3
12	おもちゃ	オモチャ	4	2	6	0.020	4	3
13	謎	ナゾ	3	3	6	0.020	1	2
14	組み合わせ	クミアワセ	3	2	5	0.017	5	5
15	迷路	メイロ	2	3	5	0.017	2	3
16	難問	ナンモン	1	4	5	0.017	2	4
17	図形	ズケイ	4	0	4	0.013	2	3
18	クイズ	クイズ	3	1	4	0.013	3	3
19	時間	ジカン	3	1	4	0.013	2	3
20	かみ	カミ	2	2	4	0.013	2	2
	紙		2	1	3	0.010	1	2
	かみ		0	1	1	0.003	2	2
21	思考	シコウ	3	0	3	0.010	2	3
22	難題	ナンダイ	3	0	3	0.010	2	4
23	迷宮	メイキュウ	3	0	3	0.010	2	4
24	頭	アタマ	2	1	3	0.010	1	3
25	解読	カイドク	2	1	3	0.010	2	4
26	四角	シカク	0	3	3	0.010	2	3
27	完成	カンセイ	2	0	2	0.007	2	4
28	困難	コンナン	2	0	2	0.007	2	4
29	ぷよぷよ	プヨプヨ	2	0	2	0.007	4	4
	ぷよぷよ		1	0	1	0.003	4	4
	プヨプヨ		1	0	1	0.003	4	4
30	枠	ワク	2	0	2	0.007	1	2
31	クロスワード	クロスワード	1	1	2	0.007	6	6
32	図	ズ	1	1	2	0.007	1	1
33	ディズニー	ディズニー	0	2	2	0.007	5	4
34	家	イエ	1	0	1	0.003	1	2
35	イラスト	イラスト	1	0	1	0.003	4	4
36	おもちゃ屋	オモチャヤ	1	0	1	0.003	5	4
37	解	カイ	1	0	1	0.003	1	2
38	解決	カイケツ	1	0	1	0.003	2	4
39	解析	カイセキ	1	0	1	0.003	2	4
40	回答	カイトウ	1	0	1	0.003	2	4
41	飾り物	カザリモノ	1	0	1	0.003	3	5
42	課題	カダイ	1	0	1	0.003	2	3
43	娯楽	ゴラク	1	0	1	0.003	2	3
44	殺人	サツジン	1	0	1	0.003	2	4
45	思考回路	シコウカイロ	1	0	1	0.003	4	6
46	15パズル	ジュウゴパズル	1	0	1	0.003	5	6
47	小説	ショウセツ	1	0	1	0.003	2	4
48	真剣	シンケン	1	0	1	0.003	2	4
49	頭痛	ズツウ	1	0	1	0.003	2	3
50	成功	セイコウ	1	0	1	0.003	2	4
51	知育	チイク	1	0	1	0.003	2	3
52	知恵	チエ	1	0	1	0.003	2	2
53	地図	チズ	1	0	1	0.003	2	2
54	知的	チテキ	1	0	1	0.003	2	3
55	知能	チノウ	1	0	1	0.003	2	3
56	T	ティー	1	0	1	0.003	1	2
57	Tパズル	ティーパズル	1	0	1	0.003	4	5
58	ドラマ	ドラマ	1	0	1	0.003	3	3
59	パーツ	パーツ	1	0	1	0.003	3	3
60	暇つぶし	ヒマツブシ	1	0	1	0.003	4	5
61	部活	ブカツ	1	0	1	0.003	2	3
62	複雑	フクザツ	1	0	1	0.003	2	4
63	プラスチック	プラスチック	1	0	1	0.003	6	6
64	遊戯	ユウギ	1	0	1	0.003	2	3
65	立体	リッタイ	1	0	1	0.003	2	4
66	売り物	ウリモノ	0	1	1	0.003	3	4
67	絵画	カイガ	0	1	1	0.003	2	3
68	解明	カイメイ	0	1	1	0.003	2	4
69	額縁	ガクブチ	0	1	1	0.003	2	4
70	玩具	ガング	0	1	1	0.003	2	3
71	木	キ	0	1	1	0.003	1	1
72	記憶	キオク	0	1	1	0.003	2	3
73	競争	キョウソウ	0	1	1	0.003	2	4
74	新聞	シンブン	0	1	1	0.003	2	4
75	数学	スウガク	0	1	1	0.003	2	4
76	数字	スウジ	0	1	1	0.003	2	3
77	頭脳ゲーム	ズノウゲーム	0	1	1	0.003	5	6
78	1000ピース	センピース	0	1	1	0.003	7	5
79	ダンス	ダンス	0	1	1	0.003	3	3
80	謎解き	ナゾトキ	0	1	1	0.003	3	4
81	難	ナン	0	1	1	0.003	1	2
82	難易度	ナンイド	0	1	1	0.003	3	4
83	パソコン	パソコン	0	1	1	0.003	4	4
84	暇	ヒマ	0	1	1	0.003	1	2
85	容易	ヨウイ	0	1	1	0.003	2	3
86	ロジック	ロジック	0	1	1	0.003	4	4
	合計		153	114	267			

61	バトン	フリガナ	男性	女性	全体	連想強度	文字数	モーラ数
1	りれー	リレー	91	56	147	0.488	3	3
	リレー		*88*	*56*	*144*	*0.478*	*3*	*3*
	りれー		*2*	*0*	*2*	*0.007*	*3*	*3*
	りれ		*1*	*0*	*1*	*0.003*	*2*	*2*
2	運動会	ウンドウカイ	14	8	22	0.073	3	6
3	棒	ボウ	4	6	10	0.033	1	2
4	タッチ	タッチ	6	3	9	0.030	3	3
5	陸上	リクジョウ	4	5	9	0.030	2	4
6	競争	キョウソウ	3	1	4	0.013	2	4
7	パス	パス	3	1	4	0.013	2	2
8	競技	キョウギ	2	2	4	0.013	2	3
9	部活	ブカツ	2	2	4	0.013	2	3
10	トワリング	トワリング	1	3	4	0.013	5	5
11	みくしぃ	ミクシィ	1	3	4	0.013	4	3
	MIXI		*0*	*3*	*3*	*0.010*	*4*	*3*
	みくしぃ		*1*	*0*	*1*	*0.003*	*4*	*3*
12	体操	タイソウ	2	1	3	0.010	2	4
13	筒	ツツ	2	1	3	0.010	1	2
14	マラソン	マラソン	2	1	3	0.010	4	4
15	新体操	シンタイソウ	1	2	3	0.010	3	6
16	スポーツ	スポーツ	1	2	3	0.010	4	4
17	ブログ	ブログ	0	3	3	0.010	3	3
18	日記	ニッキ	2	0	2	0.007	2	3
19	運動	ウンドウ	1	1	2	0.007	2	4
20	チア	チア	1	1	2	0.007	2	2
21	ばどみんとん	バドミントン	1	1	2	0.007	6	6
	バドミントン		*1*	*0*	*1*	*0.003*	*6*	*6*
	バトミントン		*0*	*1*	*1*	*0.003*	*6*	*6*
22	バトントワリング	バトントワリング	1	1	2	0.007	8	8
23	徒競争	トキョウソウ	0	2	2	0.007	3	5
24	受け渡し	ウケワタシ	1	0	1	0.003	4	5
25	駅伝	エキデン	1	0	1	0.003	2	4
26	F1	エフワン	1	0	1	0.003	2	4
27	F1レーサー	エフワンレーサー	1	0	1	0.003	6	8
28	踊り	オドリ	1	0	1	0.003	2	3
29	女	オンナ	1	0	1	0.003	1	3
30	回転	カイテン	1	0	1	0.003	2	4
31	柔軟	ジュウナン	1	0	1	0.003	2	4
32	チアガール	チアガール	1	0	1	0.003	5	5
33	チアリーダー	チアリーダー	1	0	1	0.003	6	6
34	杖	ツエ	1	0	1	0.003	1	2
35	道具	ドウグ	1	0	1	0.003	2	3
36	ネタ	ネタ	1	0	1	0.003	2	2
37	バレエ	バレエ	1	0	1	0.003	3	3
38	マーチンぐ	マーチング	1	0	1	0.003	5	5
39	ラケット	ラケット	1	0	1	0.003	4	4
40	レース	レース	1	0	1	0.003	3	3
41	インターネット	インターネット	0	1	1	0.003	7	7
42	応援	オウエン	0	1	1	0.003	2	4
43	女の子	オンナノコ	0	1	1	0.003	3	5
44	回答	カイトウ	0	1	1	0.003	2	4
45	質問	シツモン	0	1	1	0.003	2	4
46	女性	ジョセイ	0	1	1	0.003	2	3
47	白	シロ	0	1	1	0.003	1	2
48	たすき	タスキ	0	1	1	0.003	3	3
49	メール	メール	0	1	1	0.003	3	3
50	レオタード	レオタード	0	1	1	0.003	5	5
	合計		162	116	278			

62	バナナ	フリガナ	男性	女性	全体	連想強度	文字数	モーラ数
1	きいろ	キイロ	56	55	111	0.369	3	3
	黄色		*56*	*53*	*109*	*0.362*	*2*	*3*
	きいろ		*0*	*2*	*2*	*0.007*	*3*	*3*
2	果物	クダモノ	34	17	51	0.169	2	4
3	さる	サル	16	15	31	0.103	2	2
	猿		*7*	*9*	*16*	*0.053*	*1*	*2*
	さる		*6*	*5*	*11*	*0.037*	*2*	*2*
	サル		*3*	*1*	*4*	*0.013*	*2*	*2*
4	ダイエット	ダイエット	10	11	21	0.070	5	5
5	ゴリラ	ゴリラ	8	3	11	0.037	3	3
6	皮	カワ	4	5	9	0.030	1	2
7	朝	アサ	2	7	9	0.030	1	2
8	フィリピン	フィリピン	4	3	7	0.023	5	4
9	南国	ナンゴク	4	0	4	0.013	2	4
10	木	キ	2	1	3	0.010	1	1
11	ジャングル	ジャングル	2	0	2	0.007	5	4
12	朝食	チョウショク	2	0	2	0.007	2	4
13	房	フサ	2	0	2	0.007	1	2
14	おやつ	オヤツ	1	1	2	0.007	3	3
15	食べ物	タベモノ	1	1	2	0.007	3	4
16	南	ミナミ	1	1	2	0.007	1	3
17	インドネシア	インドネシア	1	0	1	0.003	6	6
18	栄養	エイヨウ	1	0	1	0.003	2	4
19	エネルギー減	エネルギーゲン	1	0	1	0.003	6	7
20	果実	カジツ	1	0	1	0.003	2	3
21	玩具	ガング	1	0	1	0.003	2	3
22	健康	ケンコウ	1	0	1	0.003	2	4
23	島	シマ	1	0	1	0.003	1	2
24	ジャケット	ジャケット	1	0	1	0.003	5	4
25	糖分	トウブン	1	0	1	0.003	2	4
26	熱帯	ネッタイ	1	0	1	0.003	2	4
27	棒	ボウ	1	0	1	0.003	1	2
28	色	イロ	0	1	1	0.003	1	2
29	牛乳	ギュウニュウ	0	1	1	0.003	2	4
30	ジュース	ジュース	0	1	1	0.003	4	3
31	熟成	ジュクセイ	0	1	1	0.003	2	4
32	チョコ	チョコ	0	1	1	0.003	3	2
33	フルーツ	フルーツ	0	1	1	0.003	4	4
34	野菜	ヤサイ	0	1	1	0.003	2	3
	合計		160	127	287			

63	パンダ	フリガナ	男性	女性	全体	連想強度	文字数	モーラ数
1	中国	チュウゴク	46	21	67	0.223	2	4
2	しろくろ	シロクロ	36	27	63	0.209	4	4
	白黒		*35*	*27*	*62*	*0.206*	*2*	*4*
	シロクロ		*1*	*0*	*1*	*0.003*	*4*	*4*
3	白	シロ	19	30	49	0.163	1	2
4	どうぶつ	ドウブツ	22	19	41	0.136	4	4
	動物		*21*	*19*	*40*	*0.133*	*2*	*4*
	どうぶつ		*1*	*0*	*1*	*0.003*	*4*	*4*
5	動物園	ドウブツエン	11	10	21	0.070	3	6
6	くろ	クロ	5	7	12	0.040	2	2
	黒		*4*	*7*	*11*	*0.037*	*1*	*2*
	くろ		*1*	*0*	*1*	*0.003*	*2*	*2*
7	くま	クマ	8	1	9	0.030	2	2
	熊		*6*	*1*	*7*	*0.023*	*1*	*2*
	クマ		*2*	*0*	*2*	*0.007*	*2*	*2*
8	笹	ササ	6	2	8	0.027	1	2
9	モノクロ	モノクロ	0	2	2	0.007	4	4
10	毛	ケ	1	0	1	0.003	1	1
11	肉食	ニクショク	1	0	1	0.003	2	4
12	ネコ科	ネコカ	1	0	1	0.003	3	3
13	斑	ブチ	1	0	1	0.003	1	2
14	見世物	ミセモノ	1	0	1	0.003	3	4
15	模様	モヨウ	1	0	1	0.003	2	3
16	レンタル	レンタル	1	0	1	0.003	4	4
17	生き物	イキモノ	0	1	1	0.003	3	4
18	上野	ウエノ	0	1	1	0.003	2	3
19	海外	カイガイ	0	1	1	0.003	2	4
20	客寄せ	キャクヨセ	0	1	1	0.003	3	4
21	黒白	クロシロ	0	1	1	0.003	2	4
22	黒色	コクショク	0	1	1	0.003	2	4
23	四川省	シセンショウ	0	1	1	0.003	3	5
24	ぬいぐるみ	ヌイグルミ	0	1	1	0.003	5	5
25	白色	ハクショク	0	1	1	0.003	2	4
26	目	メ	0	1	1	0.003	1	1
27	モノトーン	モノトーン	0	1	1	0.003	5	5
	合計		160	130	290			

64	ピアノ	フリガナ	男性	女性	全体	連想強度	文字数	モーラ数
1	音楽	オンガク	44	36	80	0.266	2	4
2	けんばん	ケンバン	21	20	41	0.136	4	4
	鍵盤		*20*	*18*	*38*	*0.126*	*2*	*4*
	けん盤		*1*	*1*	*2*	*0.007*	*3*	*4*
	ケンバン		*0*	*1*	*1*	*0.003*	*4*	*4*
3	楽器	ガッキ	21	9	30	0.100	2	3
4	黒	クロ	12	9	21	0.070	1	2
5	演奏	エンソウ	7	4	11	0.037	2	4
6	音	オト	3	4	7	0.023	1	2
7	調律	チョウリツ	4	2	6	0.020	2	4
8	音符	オンプ	1	4	5	0.017	2	3
9	レッスン	レッスン	1	3	4	0.013	4	4
10	オルガン	オルガン	3	0	3	0.010	4	4
11	グランド	グランド	3	0	3	0.010	4	4
12	ヤマハ	ヤマハ	2	1	3	0.010	3	3
13	楽譜	ガクフ	1	2	3	0.010	2	3
14	白黒	シロクロ	1	2	3	0.010	2	4
15	女の子	オンナノコ	0	2	2	0.007	3	5
16	オーケストラ	オーケストラ	2	0	2	0.007	6	6
17	クラシック	クラシック	2	0	2	0.007	5	5
18	コンサート	コンサート	2	0	2	0.007	5	5
19	ショパン	ショパン	2	0	2	0.007	4	3
20	女	オンナ	1	1	2	0.007	1	3
21	子供	コドモ	1	1	2	0.007	2	3
22	旋律	センリツ	1	1	2	0.007	2	4
23	発表会	ハッピョウカイ	1	1	2	0.007	3	6
24	グランドピアノ	グランドピアノ	0	2	2	0.007	7	7
25	練習	レンシュウ	0	2	2	0.007	2	4
26	演奏会	エンソウカイ	1	0	1	0.003	3	6
27	音階	オンカイ	1	0	1	0.003	2	4
28	音楽室	オンガクシツ	1	0	1	0.003	3	6
29	絶対音感	ゼッタイオンカン	1	0	1	0.003	4	8
30	木	キ	1	0	1	0.003	1	1
31	曲	キョク	1	0	1	0.003	1	2
32	芸術	ゲイジュツ	1	0	1	0.003	2	4
33	弦	ゲン	1	0	1	0.003	1	2
34	高価	コウカ	1	0	1	0.003	2	3
35	講師	コウシ	1	0	1	0.003	2	3
36	ジャズ	ジャズ	1	0	1	0.003	3	2
37	白	シロ	1	0	1	0.003	1	2
38	ソロ	ソロ	1	0	1	0.003	2	2
39	体育館	タイイクカン	1	0	1	0.003	3	6
40	電子	デンシ	1	0	1	0.003	2	3
41	バイオリン	バイオリン	1	0	1	0.003	5	5
42	ベートーベン	ベートーベン	1	0	1	0.003	6	6
43	ホール	ホール	1	0	1	0.003	3	3
44	森	モリ	1	0	1	0.003	1	2
45	お嬢様	オジョウサマ	0	1	1	0.003	3	5
46	女の人	オンナノヒト	0	1	1	0.003	3	6
47	教室	キョウシツ	0	1	1	0.003	2	4
48	きれい	キレイ	0	1	1	0.003	3	3
49	黒色	コクショク	0	1	1	0.003	2	4
50	自分	ジブン	0	1	1	0.003	2	3
51	趣味	シュミ	0	1	1	0.003	2	2
52	線	セン	0	1	1	0.003	1	2
53	先生	センセイ	0	1	1	0.003	2	4
54	習い事	ナライゴト	0	1	1	0.003	3	5
55	音色	ネイロ	0	1	1	0.003	2	3
56	ピアノ線	ピアノセン	0	1	1	0.003	4	5
57	人	ヒト	0	1	1	0.003	1	2
58	保育園	ホイクエン	0	1	1	0.003	3	5
59	保育士	ホイクシ	0	1	1	0.003	3	4
60	メロディー	メロディー	0	1	1	0.003	5	4
61	優雅	ユウガ	0	1	1	0.003	2	3
62	指	ユビ	0	1	1	0.003	1	2
	合計		155	124	279			

65	ビール	フリガナ	男性	女性	全体	連想強度	文字数	モーラ数
1	さけ	サケ	39	26	65	0.216	2	2
	酒		*30*	*16*	*46*	*0.153*	*1*	*2*
	お酒		*9*	*10*	*19*	*0.063*	*2*	*3*
2	あわ	アワ	12	21	33	0.110	2	2
	泡		*11*	*21*	*32*	*0.106*	*1*	*2*
	あわ		*1*	*0*	*1*	*0.003*	*2*	*2*
3	飲み物	ノミモノ	13	6	19	0.063	3	4
4	夏	ナツ	7	9	16	0.053	1	2
5	大人	オトナ	7	8	15	0.050	2	3
6	麦	ムギ	10	3	13	0.043	1	2
7	アルコール	アルコール	10	1	11	0.037	5	5
8	生	ナマ	7	4	11	0.037	1	2
9	きりん	キリン	7	2	9	0.030	3	3
	キリン		*6*	*2*	*8*	*0.027*	*3*	*3*
	麒麟		*1*	*0*	*1*	*0.003*	*2*	*3*
10	黄色	キイロ	5	3	8	0.027	2	3
11	お父さん	オトウサン	0	7	7	0.023	4	5
12	はたち	ハタチ	3	2	5	0.017	3	3
	20歳		*1*	*2*	*3*	*0.010*	*3*	*3*
	二十歳		*2*	*0*	*2*	*0.007*	*3*	*3*
13	飲み会	ノミカイ	1	4	5	0.017	3	4
14	居酒屋	イザカヤ	3	1	4	0.013	3	4
15	発泡酒	ハッポウシュ	2	2	4	0.013	3	5
16	ジョッキ	ジョッキ	1	3	4	0.013	4	3
17	かんぱい	カンパイ	0	4	4	0.013	4	4
	乾杯		*0*	*3*	*3*	*0.010*	*2*	*4*
	かんぱい		*0*	*1*	*1*	*0.003*	*4*	*4*
18	優勝	ユウショウ	3	0	3	0.010	2	4
19	アサヒ	アサヒ	2	1	3	0.010	3	3
20	かん	カン	2	1	3	0.010	2	2
	缶		*1*	*1*	*2*	*0.007*	*1*	*2*
	カン		*1*	*0*	*1*	*0.003*	*2*	*2*
21	おやじ	オヤジ	1	2	3	0.010	3	3
	おやじ		*1*	*1*	*2*	*0.007*	*3*	*3*
	オヤジ		*0*	*1*	*1*	*0.003*	*3*	*3*
22	酵母	コウボ	2	0	2	0.007	2	3
23	忘年会	ボウネンカイ	2	0	2	0.007	3	6
24	飲料	インリョウ	1	1	2	0.007	2	4
25	宴会	エンカイ	1	1	2	0.007	2	4
26	おじさん	オジサン	1	1	2	0.007	4	4
27	ホップ	ホップ	1	1	2	0.007	3	3
28	サラリーマン	サラリーマン	0	2	2	0.007	6	6
29	ドイツ	ドイツ	0	2	2	0.007	3	3
30	飲酒	インシュ	1	0	1	0.003	2	3
31	おっさん	オッサン	1	0	1	0.003	4	4
32	仕事	シゴト	1	0	1	0.003	2	3
33	スルメ	スルメ	1	0	1	0.003	3	3
34	成人	セイジン	1	0	1	0.003	2	4
35	痛風	ツウフウ	1	0	1	0.003	2	4
36	生中	ナマチュウ	1	0	1	0.003	2	4
37	麦芽	バクガ	1	0	1	0.003	2	3
38	ビアホール	ビアホール	1	0	1	0.003	5	5
39	水	ミズ	1	0	1	0.003	1	2
40	野球	ヤキュウ	1	0	1	0.003	2	3
41	打ち上げ	ウチアゲ	0	1	1	0.003	4	4
42	仕事終わり	シゴトオワリ	0	1	1	0.003	5	6
43	社会人	シャカイジン	0	1	1	0.003	3	5
44	炭酸	タンサン	0	1	1	0.003	2	4
45	のど	ノド	0	1	1	0.003	2	2
46	ビアガーデン	ビアガーデン	0	1	1	0.003	6	6
47	風呂上がり	フロアガリ	0	1	1	0.003	5	5
48	夜	ヨル	0	1	1	0.003	1	2
	合計		154	126	280			

66	ビデオ	フリガナ	男性	女性	全体	連想強度	文字数	モーラ数
1	録画	ロクガ	21	19	40	0.133	2	3
2	レンタル	レンタル	18	21	39	0.130	4	4
3	テレビ	テレビ	20	17	37	0.123	3	3
4	テープ	テープ	9	15	24	0.080	3	3
5	映像	エイゾウ	11	3	14	0.047	2	4
6	映画	エイガ	9	5	14	0.047	2	3
7	デッキ	デッキ	8	6	14	0.047	3	3
8	DVD	ディーブイディー	5	8	13	0.043	3	6
9	アダルト	アダルト	8	0	8	0.027	4	4
10	AV	エイブイ	6	1	7	0.023	2	4
11	アニメ	アニメ	4	2	6	0.020	3	3
12	再生	サイセイ	2	3	5	0.017	2	4
13	ゲーム	ゲーム	4	0	4	0.013	3	3
14	カメラ	カメラ	2	2	4	0.013	3	3
15	ツタヤ	ツタヤ	2	2	4	0.013	3	3
16	VHS	ブイエッチエス	2	2	4	0.013	3	7
17	撮影	サツエイ	1	3	4	0.013	2	4
18	みせ	ミセ	1	2	3	0.010	2	2
	店		*1*	*1*	*2*	*0.007*	*1*	*2*
	お店		*0*	*1*	*1*	*0.003*	*2*	*3*
19	鑑賞	カンショウ	1	2	3	0.010	2	4
20	視聴	シチョウ	2	0	2	0.007	2	3
21	ビデオデッキ	ビデオデッキ	2	0	2	0.007	6	6
22	機械	キカイ	1	1	2	0.007	2	3
23	どらえもん	ドラエモン	1	1	2	0.007	5	5
	ドラえもん		*1*	*0*	*1*	*0.003*	*5*	*5*
	どらえもん		*0*	*1*	*1*	*0.003*	*5*	*5*
24	エロ	エロ	1	0	1	0.003	2	2
25	旧式	キュウシキ	1	0	1	0.003	2	4
26	個室	コシツ	1	0	1	0.003	2	3
27	情報	ジョウホウ	1	0	1	0.003	2	4
28	デジタル	デジタル	1	0	1	0.003	4	4
29	電化製品	デンカセイヒン	1	0	1	0.003	4	7
30	動画	ドウガ	1	0	1	0.003	2	3
31	返還期限	ヘンカンキゲン	1	0	1	0.003	4	7
32	本	ホン	1	0	1	0.003	1	2
33	洋画	ヨウガ	1	0	1	0.003	2	3
34	ラック	ラック	1	0	1	0.003	3	3
35	レンタルショップ	レンタルショップ	1	0	1	0.003	8	7
36	裏	ウラ	0	1	1	0.003	1	2
37	思い出	オモイデ	0	1	1	0.003	3	4
38	監視	カンシ	0	1	1	0.003	2	3
39	記録	キロク	0	1	1	0.003	2	3
40	ダビング	ダビング	0	1	1	0.003	4	4
41	呪	ノロイ	0	1	1	0.003	1	3
42	ビデオカメラ	ビデオカメラ	0	1	1	0.003	6	6
43	昔	ムカシ	0	1	1	0.003	1	3
44	レター	レター	0	1	1	0.003	3	3
	合計		152	124	276			

67	ピンチ	フリガナ	男性	女性	全体	連想強度	文字数	モーラ数
1	危険	キケン	31	32	63	0.209	2	3
2	チャンス	チャンス	33	23	56	0.186	4	3
3	危機	キキ	27	19	46	0.153	2	2
4	ヒーロー	ヒーロー	6	2	8	0.027	4	4
5	野球	ヤキュウ	6	1	7	0.023	2	3
6	ぜったいぜつめい	ゼッタイゼツメイ	3	4	7	0.023	8	8
	絶体絶命		*1*	*4*	*5*	*0.017*	*4*	*8*
	絶対絶命		*2*	*0*	*2*	*0.007*	*4*	*8*
7	崖	ガケ	1	4	5	0.017	1	2
8	窮地	キュウチ	2	2	4	0.013	2	3
9	脱出	ダッシュツ	2	2	4	0.013	2	4
10	事故	ジコ	2	2	4	0.013	2	2
11	ヒッター	ヒッター	3	0	3	0.010	4	4
12	救出	キュウシュツ	2	1	3	0.010	2	4
13	救助	キュウジョ	2	1	3	0.010	2	3
14	テスト	テスト	2	1	3	0.010	3	3
15	あせり	アセリ	0	3	3	0.010	3	3
	焦り		*0*	*2*	*2*	*0.007*	*2*	*3*
	あせり		*0*	*1*	*1*	*0.003*	*3*	*3*
16	試合	シアイ	2	0	2	0.007	2	3
17	絶命	ゼツメイ	2	0	2	0.007	2	4
18	パンチ	パンチ	2	0	2	0.007	3	3
19	汗	アセ	1	1	2	0.007	1	2
20	逆転	ギャクテン	1	1	2	0.007	2	4
21	困難	コンナン	1	1	2	0.007	2	4
22	スポーツ	スポーツ	1	1	2	0.007	4	4
23	成功	セイコウ	1	1	2	0.007	2	4
24	助け	タスケ	0	2	2	0.007	2	3
25	今	イマ	1	0	1	0.003	1	2
26	英雄	エイユウ	1	0	1	0.003	2	4
27	回避	カイヒ	1	0	1	0.003	2	3
28	救急車	キュウキュウシャ	1	0	1	0.003	3	5
29	緊張	キンチョウ	1	0	1	0.003	2	4
30	後退	コウタイ	1	0	1	0.003	2	4
31	災害	サイガイ	1	0	1	0.003	2	4
32	試験	シケン	1	0	1	0.003	2	3
33	瀬戸際	セトギワ	1	0	1	0.003	3	4
34	単位	タンイ	1	0	1	0.003	2	3
35	遅刻	チコク	1	0	1	0.003	2	3
36	痛恨	ツウコン	1	0	1	0.003	2	4
37	投手	トウシュ	1	0	1	0.003	2	3
38	逃走	トウソウ	1	0	1	0.003	2	4
39	ドラマ	ドラマ	1	0	1	0.003	3	3
40	ネズミ	ネズミ	1	0	1	0.003	3	3
41	背水の陣	ハイスイノジン	1	0	1	0.003	4	7
42	ヘルプ	ヘルプ	1	0	1	0.003	3	3
43	毎日	マイニチ	1	0	1	0.003	2	4
44	マウンド	マウンド	1	0	1	0.003	4	4
45	満塁	マンルイ	1	0	1	0.003	2	4
46	無死満塁	ムシマンルイ	1	0	1	0.003	4	6
47	赤	アカ	0	1	1	0.003	1	2
48	壁	カベ	0	1	1	0.003	1	2
49	緊急事態	キンキュウジタイ	0	1	1	0.003	4	7
50	地震	ジシン	0	1	1	0.003	2	3
51	助っ人	スケット	0	1	1	0.003	3	4
52	出来事	デキゴト	0	1	1	0.003	3	4
53	場面	バメン	0	1	1	0.003	2	3
54	非常	ヒジョウ	0	1	1	0.003	2	3
55	ピンチヒッター	ピンチヒッター	0	1	1	0.003	7	7
56	マフィア	マフィア	0	1	1	0.003	4	3
57	漫画	マンガ	0	1	1	0.003	2	3
58	味方	ミカタ	0	1	1	0.003	2	3
	合計		155	116	271			

68	プール	フリガナ	男性	女性	全体	連想強度	文字数	モーラ数
1	みず	ミズ	44	35	79	0.262	2	2
	水		*43*	*35*	*78*	*0.259*	*1*	*2*
	みず		*1*	*0*	*1*	*0.003*	*2*	*2*
2	夏	ナツ	34	30	64	0.213	1	2
3	水泳	スイエイ	24	11	35	0.116	2	4
4	学校	ガッコウ	8	14	22	0.073	2	4
5	水着	ミズギ	4	7	11	0.037	2	3
6	小学校	ショウガッコウ	4	4	8	0.027	3	6
7	子供	コドモ	4	3	7	0.023	2	3
8	塩素	エンソ	5	1	6	0.020	2	3
9	市民	シミン	4	2	6	0.020	2	3
10	授業	ジュギョウ	3	1	4	0.013	2	3
11	海	ウミ	1	3	4	0.013	1	2
12	夏休み	ナツヤスミ	2	1	3	0.010	3	5
13	にじゅうごめーとる	ニジュウゴメートル	2	0	2	0.007	9	8
	25メートル		*1*	*0*	*1*	*0.003*	*6*	*8*
	25M		*1*	*0*	*1*	*0.003*	*3*	*8*
14	事故	ジコ	1	1	2	0.007	2	2
15	浮き輪	ウキワ	0	2	2	0.007	3	3
16	青	アオ	1	0	1	0.003	1	2
17	温水	オンスイ	1	0	1	0.003	2	4
18	学生	ガクセイ	1	0	1	0.003	2	4
19	監視員	カンシイン	1	0	1	0.003	3	5
20	広大	コウダイ	1	0	1	0.003	2	4
21	50M	ゴジュウメートル	1	0	1	0.003	3	7
22	市営	シエイ	1	0	1	0.003	2	3
23	水難	スイナン	1	0	1	0.003	2	4
24	スク水	スクミズ	1	0	1	0.003	3	4
25	体育	タイイク	1	0	1	0.003	2	4
26	溺死	デキシ	1	0	1	0.003	2	3
27	飛び込み	トビコミ	1	0	1	0.003	4	4
28	25	ニジュウゴ	1	0	1	0.003	2	4
29	バイト	バイト	1	0	1	0.003	3	3
30	平泳ぎ	ヒラオヨギ	1	0	1	0.003	3	5
31	プールサイド	プールサイド	1	0	1	0.003	6	6
32	プール開き	プールビラキ	1	0	1	0.003	5	6
33	あし	アシ	0	1	1	0.003	2	2
34	カルキ	カルキ	0	1	1	0.003	3	3
35	寒中水泳	カンチュウスイエイ	0	1	1	0.003	4	8
36	透明	トウメイ	0	1	1	0.003	2	4
37	鼻	ハナ	0	1	1	0.003	1	2
38	壁画	ヘキガ	0	1	1	0.003	2	3
39	水色	ミズイロ	0	1	1	0.003	2	4
	合計		157	122	279			

69	ブラシ	フリガナ	男性	女性	全体	連想強度	文字数	モーラ数
1	歯	ハ	47	34	81	0.269	1	1
2	はぶらし	ハブラシ	26	19	45	0.150	4	4
	歯ブラシ		24	19	43	0.143	4	4
	はぶらし		1	0	1	0.003	4	4
	ハブラシ		1	0	1	0.003	4	4
3	掃除	ソウジ	29	7	36	0.120	2	3
4	はみがき	ハミガキ	22	12	34	0.113	4	4
	歯磨き		21	10	31	0.103	3	4
	はみがき		0	2	2	0.007	4	4
	ハミガキ		1	0	1	0.003	4	4
5	かみ	カミ	6	15	21	0.070	2	2
	髪		6	14	20	0.066	1	2
	かみ		0	1	1	0.003	2	2
6	髪の毛	カミノケ	1	11	12	0.040	3	4
7	毛	ケ	6	3	9	0.030	1	1
8	くし	クシ	0	6	6	0.020	2	2
	くし		0	5	5	0.017	2	2
	櫛		0	1	1	0.003	1	2
9	ふろ	フロ	3	2	5	0.017	2	2
	お風呂		1	2	3	0.010	3	3
	風呂		2	0	2	0.007	2	2
10	犬	イヌ	2	2	4	0.013	1	2
11	たわし	タワシ	2	0	2	0.007	3	3
	たわし		1	0	1	0.003	3	3
	タワシ		1	0	1	0.003	3	3
12	トイレ	トイレ	2	0	2	0.007	3	3
13	朝	アサ	1	1	2	0.007	1	2
14	セット	セット	0	2	2	0.007	3	3
15	靴	クツ	1	0	1	0.003	1	2
16	化粧台	ケショウダイ	1	0	1	0.003	3	5
17	光沢	コウタク	1	0	1	0.003	2	4
18	洗車	センシャ	1	0	1	0.003	2	3
19	洗車機	センシャキ	1	0	1	0.003	3	4
20	洗浄	センジョウ	1	0	1	0.003	2	4
21	デッキブラシ	デッキブラシ	1	0	1	0.003	6	6
22	電動	デンドウ	1	0	1	0.003	2	4
23	動物	ドウブツ	1	0	1	0.003	2	4
24	日用品	ニチヨウヒン	1	0	1	0.003	3	6
25	猫	ネコ	1	0	1	0.003	1	2
26	筆	フデ	1	0	1	0.003	1	2
27	摩擦	マサツ	1	0	1	0.003	2	3
28	魔女	マジョ	1	0	1	0.003	2	2
29	女	オンナ	0	1	1	0.003	1	3
30	女の子	オンナノコ	0	1	1	0.003	3	5
31	鏡	カガミ	0	1	1	0.003	1	3
32	靴磨き	クツミガキ	0	1	1	0.003	3	5
33	洗剤	センザイ	0	1	1	0.003	2	4
34	象	ゾウ	0	1	1	0.003	1	2
35	装飾	ソウショク	0	1	1	0.003	2	4
36	磨き	ミガキ	0	1	1	0.003	2	3
37	水	ミズ	0	1	1	0.003	1	2
	合計		161	123	284			

70	プラス	フリガナ	男性	女性	全体	連想強度	文字数	モーラ数
1	マイナス	マイナス	64	49	113	0.375	4	4
2	思考	シコウ	10	16	26	0.086	2	3
3	たしざん	タシザン	10	8	18	0.060	4	4
	足し算		*9*	*8*	*17*	*0.056*	*3*	*4*
	足算		*1*	*0*	*1*	*0.003*	*2*	*4*
4	計算	ケイサン	6	5	11	0.037	2	4
5	ドライバー	ドライバー	6	5	11	0.037	5	5
6	数学	スウガク	3	6	9	0.030	2	4
7	算数	サンスウ	4	4	8	0.027	2	4
8	ポジティブ	ポジティブ	3	2	5	0.017	5	4
9	あるふぁ	アルファ	3	4	7	0.023	4	3
	アルファ		*2*	*4*	*6*	*0.020*	*4*	*3*
	アルファー		*1*	*0*	*1*	*0.003*	*5*	*4*
10	電池	デンチ	3	3	6	0.020	2	3
11	電極	デンキョク	3	1	4	0.013	2	4
12	ねじ	ネジ	3	1	4	0.013	2	2
	ねじ		*2*	*1*	*3*	*0.010*	*2*	*2*
	ネジ		*1*	*0*	*1*	*0.003*	*2*	*2*
13	肯定	コウテイ	2	1	3	0.010	2	4
14	利益	リエキ	2	0	2	0.007	2	3
15	加算	カサン	1	1	2	0.007	2	3
16	正	セイ	1	1	2	0.007	1	2
17	積極的	セッキョクテキ	1	1	2	0.007	3	6
18	志向	シコウ	0	2	2	0.007	2	3
19	赤字	アカジ	1	0	1	0.003	2	3
20	イオン	イオン	1	0	1	0.003	3	3
21	稲妻	イナズマ	1	0	1	0.003	2	4
22	価格	カカク	1	0	1	0.003	2	3
23	学校	ガッコウ	1	0	1	0.003	2	4
24	加法	カホウ	1	0	1	0.003	2	3
25	乾電池	カンデンチ	1	0	1	0.003	3	5
26	記号	キゴウ	1	0	1	0.003	2	3
27	景気	ケイキ	1	0	1	0.003	2	3
28	経験	ケイケン	1	0	1	0.003	2	4
29	計算機	ケイサンキ	1	0	1	0.003	3	5
30	計算式	ケイサンシキ	1	0	1	0.003	3	6
31	好機	コウキ	1	0	1	0.003	2	3
32	式	シキ	1	0	1	0.003	1	2
33	磁石	ジシャク	1	0	1	0.003	2	3
34	十字	ジュウジ	1	0	1	0.003	2	3
35	収入	シュウニュウ	1	0	1	0.003	2	4
36	上昇	ジョウショウ	1	0	1	0.003	2	4
37	数式	スウシキ	1	0	1	0.003	2	4
38	性格	セイカク	1	0	1	0.003	2	4
39	積極性	セッキョクセイ	1	0	1	0.003	3	6
40	前進	ゼンシン	1	0	1	0.003	2	4
41	増加	ゾウカ	1	0	1	0.003	2	3
42	増量	ゾウリョウ	1	0	1	0.003	2	4
43	付け足し	ツケタシ	1	0	1	0.003	4	4
44	電荷	デンカ	1	0	1	0.003	2	3
45	得	トク	1	0	1	0.003	1	2
46	プラス思考	プラスシコウ	1	0	1	0.003	5	6
47	良し	ヨシ	1	0	1	0.003	2	2
48	考え方	カンガエカタ	0	1	1	0.003	3	6
49	進行	シンコウ	0	1	1	0.003	2	4
50	数字	スウジ	0	1	1	0.003	2	3
51	成長	セイチョウ	0	1	1	0.003	2	4
52	単位	タンイ	0	1	1	0.003	2	3
53	追加	ツイカ	0	1	1	0.003	2	3
54	電気	デンキ	0	1	1	0.003	2	3
55	電流	デンリュウ	0	1	1	0.003	2	4
56	ビタミン	ビタミン	0	1	1	0.003	4	4
57	評価	ヒョウカ	0	1	1	0.003	2	3
58	利得	リトク	0	1	1	0.003	2	3
	合計		154	121	275			

71	プラン	フリガナ	男性	女性	全体	連想強度	文字数	モーラ数
1	けいかく	ケイカク	93	69	162	0.538	4	4
	計画		*92*	*69*	*161*	*0.535*	*2*	*4*
	けいかく		*1*	*0*	*1*	*0.003*	*4*	*4*
2	旅行	リョコウ	36	43	79	0.262	2	3
3	予定	ヨテイ	6	5	11	0.037	2	3
4	デート	デート	3	0	3	0.010	3	3
5	企画	キカク	2	1	3	0.010	2	3
6	旅	タビ	2	1	3	0.010	1	2
7	仕事	シゴト	2	0	2	0.007	2	3
8	スケジュール	スケジュール	2	0	2	0.007	6	5
9	無計画	ムケイカク	0	2	2	0.007	3	5
10	会議	カイギ	1	0	1	0.003	2	3
11	家庭	カテイ	1	0	1	0.003	2	3
12	結婚式	ケッコンシキ	1	0	1	0.003	3	6
13	作戦	サクセン	1	0	1	0.003	2	4
14	策略	サクリャク	1	0	1	0.003	2	4
15	思考	シコウ	1	0	1	0.003	2	3
16	実行	ジッコウ	1	0	1	0.003	2	4
17	将来	ショウライ	1	0	1	0.003	2	4
18	シンプルプラン	シンプルプラン	1	0	1	0.003	7	7
19	設計	セッケイ	1	0	1	0.003	2	4
20	ツアー	ツアー	1	0	1	0.003	3	3
21	テレビ	テレビ	1	0	1	0.003	3	3
22	内容	ナイヨウ	1	0	1	0.003	2	4
23	発表	ハッピョウ	1	0	1	0.003	2	4
24	飛行機	ヒコウキ	1	0	1	0.003	3	4
25	事業	ジギョウ	1	0	1	0.003	2	3
26	ウエディング	ウエディング	0	1	1	0.003	6	5
27	企画発表	キカクハッピョウ	0	1	1	0.003	4	7
28	計画表	ケイカクヒョウ	0	1	1	0.003	3	6
29	携帯プラン	ケイタイプラン	0	1	1	0.003	5	7
30	結婚	ケッコン	0	1	1	0.003	2	4
31	重要	ジュウヨウ	0	1	1	0.003	2	4
32	ネパール人	ネパールジン	0	1	1	0.003	5	6
33	表	ヒョウ	0	1	1	0.003	1	2
34	ブライダル	ブライダル	0	1	1	0.003	5	5
35	プランター	プランター	0	1	1	0.003	5	5
36	プロジェクト	プロジェクト	0	1	1	0.003	6	5
	合計		162	132	294			

72	ブリキ	フリガナ	男性	女性	全体	連想強度	文字数	モーラ数
1	おもちゃ	オモチャ	90	77	167	0.555	4	3
	おもちゃ		*89*	*74*	*163*	*0.542*	*4*	*3*
	オモチャ		*1*	*2*	*3*	*0.010*	*4*	*3*
	おもちや		*0*	*1*	*1*	*0.003*	*4*	*3*
2	玩具	ガング	17	7	24	0.080	2	3
3	木	キ	12	10	22	0.073	1	1
4	機械	キカイ	5	1	6	0.020	2	3
5	金属	キンゾク	4	2	6	0.020	2	4
6	鉄	テツ	4	2	6	0.020	1	2
7	人形	ニンギョウ	2	4	6	0.020	2	4
8	昔	ムカシ	3	2	5	0.017	1	3
9	ドラえもん	ドラエモン	3	1	4	0.013	5	5
10	ロボット	ロボット	2	1	3	0.010	4	4
11	缶	カン	1	2	3	0.010	1	2
12	オズの魔法使い	オズノマホウツカイ	2	0	2	0.007	7	9
13	鉄人28号	テツジンニジュウハチゴウ	2	0	2	0.007	5	11
14	迷宮	メイキュウ	1	1	2	0.007	2	4
15	おまけ	オマケ	1	0	1	0.003	3	3
16	鐘	カネ	1	0	1	0.003	1	2
17	金	キン	1	0	1	0.003	1	2
18	胡桃	クルミ	1	0	1	0.003	2	3
19	くるみ割り人形	クルミワリニンギョウ	1	0	1	0.003	7	9
20	合金	ゴウキン	1	0	1	0.003	2	4
21	鋼鉄	コウテツ	1	0	1	0.003	2	4
22	古風	コフウ	1	0	1	0.003	2	3
23	スズ	スズ	1	0	1	0.003	2	2
24	時計	トケイ	1	0	1	0.003	2	3
25	バケツ	バケツ	1	0	1	0.003	3	3
26	旗	ハタ	1	0	1	0.003	1	2
27	虫	ムシ	1	0	1	0.003	1	2
28	アニメ	アニメ	0	1	1	0.003	3	3
29	アメリカ	アメリカ	0	1	1	0.003	4	4
30	アンティーク	アンティーク	0	1	1	0.003	6	5
31	オズ	オズ	0	1	1	0.003	2	2
32	オルゴール	オルゴール	0	1	1	0.003	5	5
33	缶詰	カンヅメ	0	1	1	0.003	2	4
34	キコリ	キコリ	0	1	1	0.003	3	3
35	じょうろ	ジョウロ	0	1	1	0.003	4	3
36	力	チカラ	0	1	1	0.003	1	3
37	ピノキオ	ピノキオ	0	1	1	0.003	4	4
38	ブリキ缶	ブリキカン	0	1	1	0.003	4	5
39	兵隊	ヘイタイ	0	1	1	0.003	2	4
40	メッキ	メッキ	0	1	1	0.003	3	3
41	物	モノ	0	1	1	0.003	1	2
42	森	モリ	0	1	1	0.003	1	2
	合計		161	125	286			

73	ベルト	フリガナ	男性	女性	全体	連想強度	文字数	モーラ数
1	ズボン	ズボン	41	35	76	0.252	3	3
2	かわ	カワ	27	12	39	0.130	2	2
	革		17	8	25	0.083	1	2
	皮		10	4	14	0.047	1	2
3	腰	コシ	18	10	28	0.093	1	2
4	車	クルマ	7	4	11	0.037	1	3
5	服	フク	0	10	10	0.033	1	2
6	おしゃれ	オシャレ	4	3	7	0.023	4	3
	おしゃれ		2	1	3	0.010	4	3
	オシャレ		1	2	3	0.010	4	3
	お洒落		1	0	1	0.003	3	3
7	チャンピオン	チャンピオン	4	3	7	0.023	6	5
8	こんべあ	コンベア	2	4	6	0.020	4	4
	コンベア		2	1	3	0.010	4	4
	コンベアー		0	3	3	0.010	5	5
9	ジーパン	ジーパン	3	2	5	0.017	4	4
10	スーツ	スーツ	1	4	5	0.017	3	3
11	シート	シート	4	0	4	0.013	3	3
12	ファッション	ファッション	3	1	4	0.013	6	4
13	ジーンズ	ジーンズ	2	2	4	0.013	4	4
14	装飾品	ソウショクヒン	3	0	3	0.010	3	6
15	バックル	バックル	2	1	3	0.010	4	4
16	ひも	ヒモ	2	1	3	0.010	2	2
17	男	オトコ	1	2	3	0.010	1	3
18	茶色	チャイロ	1	2	3	0.010	2	3
19	べるとこんべあ	ベルトコンベア	1	2	3	0.010	7	7
	ベルトコンベヤー		1	0	1	0.003	8	8
	ベルトコンベア		0	1	1	0.003	7	7
	ベルトコンベアー		0	1	1	0.003	8	8
20	衣類	イルイ	2	0	2	0.007	2	3
21	変身	ヘンシン	2	0	2	0.007	2	4
22	優勝	ユウショウ	2	0	2	0.007	2	4
23	帯	オビ	1	1	2	0.007	1	2
24	金具	カナグ	1	1	2	0.007	2	3
25	金属	キンゾク	1	1	2	0.007	2	4
26	黒	クロ	1	1	2	0.007	1	2
27	紳士	シンシ	1	1	2	0.007	2	3
28	パンツ	パンツ	1	1	2	0.007	3	3
29	穴	アナ	0	2	2	0.007	1	2
30	安全	アンゼン	1	0	1	0.003	2	4
31	衣服	イフク	1	0	1	0.003	2	3
32	ガーター	ガーター	1	0	1	0.003	4	4
33	工場	コウジョウ	1	0	1	0.003	2	4
34	スタッズ	スタッズ	1	0	1	0.003	4	4
35	装飾	ソウショク	1	0	1	0.003	2	4
36	大会	タイカイ	1	0	1	0.003	2	4
37	太平洋	タイヘイヨウ	1	0	1	0.003	3	6
38	タイミングベルト	タイミングベルト	1	0	1	0.003	8	8
39	腹	ハラ	1	0	1	0.003	1	2
40	ボクシング	ボクシング	1	0	1	0.003	5	5
41	ウエスト	ウエスト	0	1	1	0.003	4	4
42	おなか	オナカ	0	1	1	0.003	3	3
43	空港	クウコウ	0	1	1	0.003	2	4
44	固定	コテイ	0	1	1	0.003	2	3
45	サラリーマン	サラリーマン	0	1	1	0.003	6	6
46	装飾物	ソウショクブツ	0	1	1	0.003	3	6
47	茶	チャ	0	1	1	0.003	1	1
48	デニム	デニム	0	1	1	0.003	3	3
49	道化師	ドウケシ	0	1	1	0.003	3	4
50	服飾	フクショク	0	1	1	0.003	2	4
51	洋服	ヨウフク	0	1	1	0.003	2	4
	合計		149	117	266			

74	ベンチ	フリガナ	男性	女性	全体	連想強度	文字数	モーラ数
1	公園	コウエン	59	57	116	0.385	2	4
2	いす	イス	35	23	58	0.193	2	2
	イス		*19*	*16*	*35*	*0.116*	*2*	*2*
	椅子		*13*	*5*	*18*	*0.060*	*2*	*2*
	いす		*3*	*2*	*5*	*0.017*	*2*	*2*
3	青	アオ	7	6	13	0.043	1	2
4	カップル	カップル	4	4	8	0.027	4	4
5	野球	ヤキュウ	6	1	7	0.023	2	3
6	木	キ	3	3	6	0.020	1	1
7	ペンキ	ペンキ	4	1	5	0.017	3	3
8	サスケ	サスケ	3	1	4	0.013	3	3
9	恋人	コイビト	1	3	4	0.013	2	4
10	休憩	キュウケイ	3	0	3	0.010	2	4
11	コーヒー	コーヒー	1	2	3	0.010	4	4
12	白	シロ	2	0	2	0.007	1	2
13	控え	ヒカエ	2	0	2	0.007	2	3
14	老人	ロウジン	2	0	2	0.007	2	4
15	ふたり	フタリ	1	1	2	0.007	3	3
	二人		*1*	*0*	*1*	*0.003*	*2*	*3*
	ふたり		*0*	*1*	*1*	*0.003*	*3*	*3*
16	赤	アカ	1	0	1	0.003	1	2
17	応援	オウエン	1	0	1	0.003	2	4
18	家具	カグ	1	0	1	0.003	2	2
19	休憩所	キュウケイジョ	1	0	1	0.003	3	5
20	球場	キュウジョウ	1	0	1	0.003	2	4
21	試合	シアイ	1	0	1	0.003	2	3
22	シート	シート	1	0	1	0.003	3	3
23	スポーツ	スポーツ	1	0	1	0.003	4	4
24	トイレ	トイレ	1	0	1	0.003	3	3
25	長椅子	ナガイス	1	0	1	0.003	3	4
26	人	ヒト	1	0	1	0.003	1	2
27	ベンチウォーマー	ベンチウォーマー	1	0	1	0.003	8	7
28	ベンチレーター	ベンチレーター	1	0	1	0.003	7	7
29	木製	モクセイ	1	0	1	0.003	2	4
30	秋	アキ	0	1	1	0.003	1	2
31	駅	エキ	0	1	1	0.003	1	2
32	休息	キュウソク	0	1	1	0.003	2	4
33	サッカー	サッカー	0	1	1	0.003	4	4
34	四角	シカク	0	1	1	0.003	2	3
35	外	ソト	0	1	1	0.003	1	2
36	ソファ	ソファ	0	1	1	0.003	3	2
37	体力	タイリョク	0	1	1	0.003	2	4
38	中庭	ナカニワ	0	1	1	0.003	2	4
39	塗りたて	ヌリタテ	0	1	1	0.003	4	4
40	ランチ	ランチ	0	1	1	0.003	3	3
	合計		147	113	260			

75	ボート	フリガナ	男性	女性	全体	連想強度	文字数	モーラ数
1	ふね	フネ	31	25	56	0.186	2	2
	船		*30*	*24*	*54*	*0.179*	*1*	*2*
	ふね		*1*	*0*	*1*	*0.003*	*2*	*2*
	舟		*0*	*1*	*1*	*0.003*	*1*	*2*
2	海	ウミ	27	13	40	0.133	1	2
3	湖	ミズウミ	17	22	39	0.130	1	4
4	池	イケ	18	12	30	0.100	1	2
5	かわ	カワ	11	10	21	0.070	2	2
	川		*10*	*10*	*20*	*0.066*	*1*	*2*
	河		*1*	*0*	*1*	*0.003*	*1*	*2*
6	水	ミズ	10	2	12	0.040	1	2
7	公園	コウエン	3	5	8	0.027	2	4
8	乗り物	ノリモノ	5	1	6	0.020	3	4
9	オール	オール	2	4	6	0.020	3	3
10	競艇	キョウテイ	4	0	4	0.013	2	4
11	雪	ユキ	2	2	4	0.013	1	2
12	デート	デート	2	1	3	0.010	3	3
13	木	キ	1	2	3	0.010	1	1
14	恋人	コイビト	1	2	3	0.010	2	4
15	冬	フユ	1	2	3	0.010	1	2
16	カップル	カップル	0	3	3	0.010	4	4
17	板	イタ	2	0	2	0.007	1	2
18	競技	キョウギ	2	0	2	0.007	2	3
19	モーター	モーター	2	0	2	0.007	4	4
20	あひる	アヒル	1	1	2	0.007	3	3
	アヒル		*1*	*0*	*1*	*0.003*	*3*	*3*
	あひる		*0*	*1*	*1*	*0.003*	*3*	*3*
21	サーフィン	サーフィン	1	1	2	0.007	5	4
22	カヌー	カヌー	0	2	2	0.007	3	3
23	スノー	スノー	0	2	2	0.007	3	3
24	スノーボード	スノーボード	0	2	2	0.007	6	6
25	すのぼ	スノボ	0	2	2	0.007	3	3
	スノボ		*0*	*1*	*1*	*0.003*	*3*	*3*
	スノボー		*0*	*1*	*1*	*0.003*	*4*	*4*
26	アヒルさん	アヒルサン	1	0	1	0.003	5	5
27	櫂	カイ	1	0	1	0.003	1	2
28	救命	キュウメイ	1	0	1	0.003	2	4
29	協議	キョウギ	1	0	1	0.003	2	3
30	小舟	コブネ	1	0	1	0.003	2	3
31	スキー	スキー	1	0	1	0.003	3	3
32	スポーツ	スポーツ	1	0	1	0.003	4	4
33	手漕ぎ	テコギ	1	0	1	0.003	3	3
34	二人	フタリ	1	0	1	0.003	2	3
35	Uボート	ユーボート	1	0	1	0.003	4	5
36	波	ナミ	1	0	1	0.003	1	2
37	筏	イカダ	0	1	1	0.003	1	3
38	救助	キュウジョ	0	1	1	0.003	2	3
39	クルージング	クルージング	0	1	1	0.003	6	6
40	転覆	テンプク	0	1	1	0.003	2	4
41	夏	ナツ	0	1	1	0.003	1	2
42	浮遊	フユウ	0	1	1	0.003	2	3
43	ポール	ポール	0	1	1	0.003	3	3
	合計		154	123	277			

76	ボトル	フリガナ	男性	女性	全体	連想強度	文字数	モーラ数
1	ペットボトル	ペットボトル	35	21	56	0.186	6	6
2	さけ	サケ	15	14	29	0.096	2	2
	酒		*9*	*7*	*16*	*0.053*	*1*	*2*
	お酒		*6*	*7*	*13*	*0.043*	*2*	*3*
3	飲み物	ノミモノ	12	13	25	0.083	3	4
4	びん	ビン	9	13	22	0.073	2	2
	瓶		*5*	*6*	*11*	*0.037*	*1*	*2*
	ビン		*2*	*5*	*7*	*0.023*	*2*	*2*
	びん		*2*	*2*	*4*	*0.013*	*2*	*2*
5	ペット	ペット	12	7	19	0.063	3	3
6	水	ミズ	10	8	18	0.060	1	2
7	ジュース	ジュース	10	7	17	0.056	4	3
8	キープ	キープ	5	4	9	0.030	3	3
9	ワイン	ワイン	4	4	8	0.027	3	3
10	いれもの	イレモノ	2	5	7	0.023	4	4
	入れ物		*2*	*3*	*5*	*0.017*	*3*	*4*
	いれもの		*0*	*2*	*2*	*0.007*	*4*	*4*
11	船	フネ	6	0	6	0.020	1	2
12	飲料	インリョウ	4	2	6	0.020	2	4
13	ねじ	ネジ	3	3	6	0.020	2	2
	ねじ		*2*	*2*	*4*	*0.013*	*2*	*2*
	ネジ		*1*	*1*	*2*	*0.007*	*2*	*2*
14	キャップ	キャップ	3	2	5	0.017	4	3
15	焼酎	ショウチュウ	3	2	5	0.017	2	4
16	海	ウミ	2	2	4	0.013	1	2
17	うぃすきー	ウィスキー	1	3	4	0.013	5	4
	ウイスキー		*0*	*3*	*3*	*0.010*	*5*	*5*
	ウィスキー		*1*	*0*	*1*	*0.003*	*5*	*4*
18	ぷらすちっく	プラスチック	1	3	4	0.013	6	6
	プラスチック		*1*	*2*	*3*	*0.010*	*6*	*6*
	プラスティック		*0*	*1*	*1*	*0.003*	*7*	*6*
19	コーラ	コーラ	3	0	3	0.010	3	3
20	飲料水	インリョウスイ	2	1	3	0.010	3	6
21	液体	エキタイ	2	0	2	0.007	2	4
22	きゃばくら	キャバクラ	2	0	2	0.007	5	4
	きゃばくら		*1*	*0*	*1*	*0.003*	*5*	*4*
	キャバクラ		*1*	*0*	*1*	*0.003*	*5*	*4*
23	ふた	フタ	2	0	2	0.007	2	2
	蓋		*1*	*0*	*1*	*0.003*	*1*	*2*
	ふた		*1*	*0*	*1*	*0.003*	*2*	*2*
24	容器	ヨウキ	2	0	2	0.007	2	3
25	居酒屋	イザカヤ	1	1	2	0.007	3	4
26	シップ	シップ	1	1	2	0.007	3	3
27	手紙	テガミ	1	1	2	0.007	2	3
28	部品	ブヒン	1	1	2	0.007	2	3
29	リサイクル	リサイクル	1	1	2	0.007	5	5
30	お茶	オチャ	1	0	1	0.003	2	2
31	お店	オミセ	1	0	1	0.003	2	3
32	グラス	グラス	1	0	1	0.003	3	3
33	ゴミ	ゴミ	1	0	1	0.003	2	2
34	ナット	ナット	1	0	1	0.003	3	3
35	ネック	ネック	1	0	1	0.003	3	3
36	飲み屋	ノミヤ	1	0	1	0.003	3	3
37	バー	バー	1	0	1	0.003	2	2
38	ビール	ビール	1	0	1	0.003	3	3
39	150円	ヒャクゴジュウエン	1	0	1	0.003	4	7
40	ボトルシップ	ボトルシップ	1	0	1	0.003	6	6
41	器	ウツワ	0	1	1	0.003	1	3
42	機材	キザイ	0	1	1	0.003	2	3
43	銀	ギン	0	1	1	0.003	1	2
44	クラブ	クラブ	0	1	1	0.003	3	3
45	工具	コウグ	0	1	1	0.003	2	3
46	シャンパン	シャンパン	0	1	1	0.003	5	4
47	便利	ベンリ	0	1	1	0.003	2	3
48	ホスト	ホスト	0	1	1	0.003	3	3
49	保存	ホゾン	0	1	1	0.003	2	3
50	ボトルキープ	ボトルキープ	0	1	1	0.003	6	6
51	ボルト	ボルト	0	1	1	0.003	3	3
	合計		166	130	296			

77	ポンプ	フリガナ	男性	女性	全体	連想強度	文字数	モーラ数
1	みず	ミズ	86	64	150	0.498	2	2
	水		*85*	*64*	*149*	*0.495*	*1*	*2*
	みず		*1*	*0*	*1*	*0.003*	*2*	*2*
2	空気	クウキ	10	5	15	0.050	2	3
3	消防車	ショウボウシャ	10	0	10	0.033	3	5
4	灯油	トウユ	3	4	7	0.023	2	3
5	金魚	キンギョ	3	2	5	0.017	2	3
6	水道	スイドウ	3	2	5	0.017	2	4
7	井戸	イド	3	1	4	0.013	2	2
8	消防	ショウボウ	3	1	4	0.013	2	4
9	パイプ	パイプ	3	0	3	0.010	3	3
10	車	クルマ	2	1	3	0.010	1	3
11	ストーブ	ストーブ	2	1	3	0.010	4	4
12	給水	キュウスイ	1	2	3	0.010	2	4
13	シャンプー	シャンプー	1	2	3	0.010	5	4
14	トイレ	トイレ	1	2	3	0.010	3	3
15	圧力	アツリョク	2	0	2	0.007	2	4
16	カメックス	カメックス	2	0	2	0.007	5	5
17	くみあげ	クミアゲ	2	0	2	0.007	4	4
	汲み上げ		*1*	*0*	*1*	*0.003*	*4*	*4*
	くみあげ		*1*	*0*	*1*	*0.003*	*4*	*4*
18	火事	カジ	1	1	2	0.007	2	2
19	機械	キカイ	1	1	2	0.007	2	3
20	給油	キュウユ	1	1	2	0.007	2	3
21	空気入れ	クウキイレ	1	1	2	0.007	4	5
22	心臓	シンゾウ	1	1	2	0.007	2	4
23	水槽	スイソウ	1	1	2	0.007	2	4
24	タンク	タンク	1	1	2	0.007	3	3
25	おす	オス	0	2	2	0.007	2	2
26	管	クダ	0	2	2	0.007	1	2
27	吸い上げ	スイアゲ	0	2	2	0.007	4	4
28	石油	セキユ	0	2	2	0.007	2	3
29	筒	ツツ	0	2	2	0.007	1	2
30	排水	ハイスイ	0	2	2	0.007	2	4
31	液体	エキタイ	1	0	1	0.003	2	4
32	エンジン	エンジン	1	0	1	0.003	4	4
33	黄色	キイロ	1	0	1	0.003	2	3
34	金属	キンゾク	1	0	1	0.003	2	4
35	汲み取り	クミトリ	1	0	1	0.003	4	4
36	芸	ゲイ	1	0	1	0.003	1	2
37	下水	ゲスイ	1	0	1	0.003	2	3
38	工場	コウジョウ	1	0	1	0.003	2	4
39	消化	ショウカ	1	0	1	0.003	2	3
40	浄水器	ジョウスイキ	1	0	1	0.003	3	5
41	醤油	ショウユ	1	0	1	0.003	2	3
42	水道管	スイドウカン	1	0	1	0.003	3	6
43	掃除	ソウジ	1	0	1	0.003	2	3
44	人間	ニンゲン	1	0	1	0.003	2	4
45	プッシュ	プッシュ	1	0	1	0.003	4	3
46	ポンプ場	ポンプジョウ	1	0	1	0.003	4	5
47	移動	イドウ	0	1	1	0.003	2	3
48	入れ物	イレモノ	0	1	1	0.003	3	4
49	お風呂	オフロ	0	1	1	0.003	3	3
50	ガス	ガス	0	1	1	0.003	2	2
51	缶	カン	0	1	1	0.003	1	2
52	機能	キノウ	0	1	1	0.003	2	3
53	空気圧	クウキアツ	0	1	1	0.003	3	5
54	汲み取り式	クミトリシキ	0	1	1	0.003	5	6
55	酸素	サンソ	0	1	1	0.003	2	3
56	仕事	シゴト	0	1	1	0.003	2	3
57	自転車	ジテンシャ	0	1	1	0.003	3	4
58	消火作業	ショウカサギョウ	0	1	1	0.003	4	6
59	スニーカー	スニーカー	0	1	1	0.003	5	5
60	地下水	チカスイ	0	1	1	0.003	3	4
61	肺	ハイ	0	1	1	0.003	1	2
62	灰色	ハイイロ	0	1	1	0.003	2	4
63	ポリタンク	ポリタンク	0	1	1	0.003	5	5
64	ヨーロッパ	ヨーロッパ	0	1	1	0.003	5	5
	合計		160	124	284			

78	マイク	フリガナ	男性	女性	全体	連想強度	文字数	モーラ数
1	カラオケ	カラオケ	33	25	58	0.193	4	4
2	歌	ウタ	18	24	42	0.140	1	2
3	おと	オト	21	8	29	0.096	2	2
	音		*20*	*8*	*28*	*0.093*	*1*	*2*
	おと		*1*	*0*	*1*	*0.003*	*2*	*2*
4	声	コエ	10	10	20	0.066	1	2
5	音声	オンセイ	12	4	16	0.053	2	4
6	音楽	オンガク	4	10	14	0.047	2	4
7	歌手	カシュ	5	5	10	0.033	2	2
8	音響	オンキョウ	2	5	7	0.023	2	4
9	音量	オンリョウ	4	1	5	0.017	2	4
10	黒	クロ	3	2	5	0.017	1	2
11	司会	シカイ	3	2	5	0.017	2	3
12	テスト	テスト	3	2	5	0.017	3	3
13	てれび	テレビ	2	3	5	0.017	3	3
	テレビ		*2*	*2*	*4*	*0.013*	*3*	*3*
	TV		*0*	*1*	*1*	*0.003*	*2*	*3*
14	機械	キカイ	2	2	4	0.013	2	3
15	ボーカル	ボーカル	3	0	3	0.010	4	4
16	タモリ	タモリ	2	1	3	0.010	3	3
17	舞台	ブタイ	1	2	3	0.010	2	3
18	MC	エムシー	2	0	2	0.007	2	4
19	声量	セイリョウ	2	0	2	0.007	2	4
20	たいそん	タイソン	2	0	2	0.007	4	4
	たいそん		*1*	*0*	*1*	*0.003*	*4*	*4*
	タイソン		*1*	*0*	*1*	*0.003*	*4*	*4*
21	ライブ	ライブ	2	0	2	0.007	3	3
22	司会者	シカイシャ	1	1	2	0.007	3	4
23	先生	センセイ	1	1	2	0.007	2	4
24	増音	ゾウオン	1	1	2	0.007	2	4
25	真木	マキ	1	1	2	0.007	2	2
26	タモリさん	タモリサン	0	2	2	0.007	5	5
27	網	アミ	1	0	1	0.003	1	2
28	演歌	エンカ	1	0	1	0.003	2	3
29	男	オトコ	1	0	1	0.003	1	3
30	音響器具	オンキョウキグ	1	0	1	0.003	4	6
31	拡声器	カクセイキ	1	0	1	0.003	3	5
32	拡大	カクダイ	1	0	1	0.003	2	4
33	コード	コード	1	0	1	0.003	3	3
34	指向性	シコウセイ	1	0	1	0.003	3	5
35	集音	シュウオン	1	0	1	0.003	2	4
36	白	シロ	1	0	1	0.003	1	2
37	チェック	チェック	1	0	1	0.003	4	3
38	DJ	ディージェイ	1	0	1	0.003	2	4
39	名前	ナマエ	1	0	1	0.003	2	3
40	パフォーマンス	パフォーマンス	1	0	1	0.003	7	6
41	バンド	バンド	1	0	1	0.003	3	3
42	ピンマイク	ピンマイク	1	0	1	0.003	5	5
43	マイクテスト	マイクテスト	1	0	1	0.003	6	6
44	マイマイク	マイマイク	1	0	1	0.003	5	5
45	漫才	マンザイ	1	0	1	0.003	2	4
46	ミュージシャン	ミュージシャン	1	0	1	0.003	7	5
47	ラップ	ラップ	1	0	1	0.003	3	3
48	録音	ロクオン	1	0	1	0.003	2	4
49	アナウンサー	アナウンサー	0	1	1	0.003	6	6
50	アニメ	アニメ	0	1	1	0.003	3	3
51	拡張	カクチョウ	0	1	1	0.003	2	4
52	楽器	ガッキ	0	1	1	0.003	2	3
53	曲	キョク	0	1	1	0.003	1	2
54	銀	ギン	0	1	1	0.003	1	2
55	黒色	コクショク	0	1	1	0.003	2	4
56	自分	ジブン	0	1	1	0.003	2	3
57	スポンジ	スポンジ	0	1	1	0.003	4	4
58	大音量	ダイオンリョウ	0	1	1	0.003	3	6
59	タレント	タレント	0	1	1	0.003	4	4
60	注目	チュウモク	0	1	1	0.003	2	4
61	電気	デンキ	0	1	1	0.003	2	3
62	ピン	ピン	0	1	1	0.003	2	2
63	放送	ホウソウ	0	1	1	0.003	2	4
	合計		162	127	289			

79	マグマ	フリガナ	男性	女性	全体	連想強度	文字数	モーラ数
1	火山	カザン	53	55	108	0.359	2	3
2	溶岩	ヨウガン	26	4	30	0.100	2	4
3	あか	アカ	16	10	26	0.086	2	2
	赤		*16*	*9*	*25*	*0.083*	*1*	*2*
	あか		*0*	*1*	*1*	*0.003*	*2*	*2*
4	熱	ネツ	10	2	12	0.040	1	2
5	火	ヒ	3	9	12	0.040	1	1
6	噴火	フンカ	5	5	10	0.033	2	3
7	山	ヤマ	5	4	9	0.030	1	2
8	ほのお	ホノオ	5	1	6	0.020	3	3
	炎		*4*	*1*	*5*	*0.017*	*1*	*3*
	ホノウ		*1*	*0*	*1*	*0.003*	*3*	*3*
9	灼熱	シャクネツ	4	1	5	0.017	2	4
10	地球	チキュウ	2	2	4	0.013	2	3
11	大使	タイシ	2	1	3	0.010	2	3
12	富士山	フジサン	2	1	3	0.010	3	4
13	地震	ジシン	1	2	3	0.010	2	3
14	地下	チカ	1	2	3	0.010	2	2
15	地底	チテイ	1	1	2	0.007	2	3
16	岩	イワ	1	0	1	0.003	1	2
17	漁船	ギョセン	1	0	1	0.003	2	3
18	魚類	ギョルイ	1	0	1	0.003	2	3
19	高温	コウオン	1	0	1	0.003	2	4
20	地獄	ジゴク	1	0	1	0.003	2	3
21	ダイバー	ダイバー	1	0	1	0.003	4	4
22	真っ赤	マッカ	1	0	1	0.003	3	3
23	冷凍	レイトウ	1	0	1	0.003	2	4
24	赤色	アカイロ	0	1	1	0.003	2	4
25	火山帯	カザンタイ	0	1	1	0.003	3	5
26	活火山	カツカザン	0	1	1	0.003	3	5
27	高熱	コウネツ	0	1	1	0.003	2	4
28	災害	サイガイ	0	1	1	0.003	2	4
29	刺身	サシミ	0	1	1	0.003	2	3
30	自然	シゼン	0	1	1	0.003	2	3
31	太陽	タイヨウ	0	1	1	0.003	2	4
32	地球内	チキュウナイ	0	1	1	0.003	3	5
33	地中	チチュウ	0	1	1	0.003	2	3
34	爆発	バクハツ	0	1	1	0.003	2	4
35	ハワイ	ハワイ	0	1	1	0.003	3	3
36	フォッサ	フォッサ	0	1	1	0.003	4	3
37	マグロ漁船	マグロギョセン	0	1	1	0.003	5	6
	合計		144	114	258			

80	マスク	フリガナ	男性	女性	全体	連想強度	文字数	モーラ数
1	風邪	カゼ	82	85	167	0.555	2	2
2	白	シロ	5	10	15	0.050	1	2
3	映画	エイガ	9	3	12	0.040	2	3
4	仮面	カメン	10	1	11	0.037	2	3
5	かぜ	カゼ	6	5	11	0.037	2	2
6	風	カゼ	5	2	7	0.023	1	2
7	花粉	カフン	5	2	7	0.023	2	3
8	花粉症	カフンショウ	3	2	5	0.017	3	5
9	顔	カオ	2	2	4	0.013	1	2
10	予防	ヨボウ	1	3	4	0.013	2	3
11	布	ヌノ	2	0	2	0.007	1	2
12	ぷろれす	プロレス	2	0	2	0.007	4	4
	ぷろれす		*1*	*0*	*1*	*0.003*	*4*	*4*
	プロレス		*1*	*0*	*1*	*0.003*	*4*	*4*
13	メロン	メロン	2	0	2	0.007	3	3
14	洋画	ヨウガ	2	0	2	0.007	2	3
15	インフルエンザ	インフルエンザ	1	1	2	0.007	7	7
16	ガス	ガス	1	1	2	0.007	2	2
17	口	クチ	1	1	2	0.007	1	2
18	お面	オメン	1	0	1	0.003	2	3
19	ガスマスク	ガスマスク	1	0	1	0.003	5	5
20	カゼ	カゼ	1	0	1	0.003	2	2
21	声	コエ	1	0	1	0.003	1	2
22	固形物	コケイブツ	1	0	1	0.003	3	5
23	酸素	サンソ	1	0	1	0.003	2	3
24	先生	センセイ	1	0	1	0.003	2	4
25	タイガー	タイガー	1	0	1	0.003	4	4
26	ツタンカーメン	ツタンカーメン	1	0	1	0.003	7	7
27	毒	ドク	1	0	1	0.003	1	2
28	人間	ニンゲン	1	0	1	0.003	2	4
29	病気	ビョウキ	1	0	1	0.003	2	3
30	冬	フユ	1	0	1	0.003	1	2
31	プロレスラー	プロレスラー	1	0	1	0.003	6	6
32	粉塵	フンジン	1	0	1	0.003	2	4
33	変態	ヘンタイ	1	0	1	0.003	2	4
34	帽子	ボウシ	1	0	1	0.003	2	3
35	緑	ミドリ	1	0	1	0.003	1	3
36	レスラー	レスラー	1	0	1	0.003	4	4
37	ヴェネツィア	ヴェネツィア	0	1	1	0.003	6	4
38	オペラ座	オペラザ	0	1	1	0.003	4	4
39	怪人	カイジン	0	1	1	0.003	2	4
40	給食	キュウショク	0	1	1	0.003	2	4
41	工業用マスク	ｺｳｷﾞｮｳﾖｳﾏｽｸ	0	1	1	0.003	6	9
42	声優	セイユウ	0	1	1	0.003	2	4
43	白色	ハクショク	0	1	1	0.003	2	4
44	豚インフル	ブタインフル	0	1	1	0.003	5	6
45	変装	ヘンソウ	0	1	1	0.003	2	4
	合計		158	127	285			

81	マニア	フリガナ	男性	女性	全体	連想強度	文字数	モーラ数
1	おたく	オタク	70	55	125	0.415	3	3
	オタク		*46*	*28*	*74*	*0.246*	*3*	*3*
	おたく		*20*	*26*	*46*	*0.153*	*3*	*3*
	ヲタク		*2*	*1*	*3*	*0.010*	*3*	*3*
	お宅		*2*	*0*	*2*	*0.007*	*2*	*3*
2	アニメ	アニメ	12	11	23	0.076	3	3
3	秋葉原	アキハバラ	8	13	21	0.070	3	5
4	電車	デンシャ	8	2	10	0.033	2	3
5	コレクター	コレクター	6	4	10	0.033	5	5
6	鉄道	テツドウ	7	2	9	0.030	2	4
7	趣味	シュミ	6	1	7	0.023	2	2
8	あきば	アキバ	4	2	6	0.020	3	3
	秋葉		*3*	*1*	*4*	*0.013*	*2*	*3*
	アキバ		*1*	*0*	*1*	*0.003*	*3*	*3*
	あきば		*0*	*1*	*1*	*0.003*	*3*	*3*
9	フィギュア	フィギュア	3	3	6	0.020	5	3
10	収集	シュウシュウ	5	0	5	0.017	2	4
11	ガンダム	ガンダム	3	1	4	0.013	4	4
12	熱中	ネッチュウ	3	1	4	0.013	2	4
13	変態	ヘンタイ	3	1	4	0.013	2	4
14	まんが	マンガ	1	3	4	0.013	3	3
	漫画		*0*	*3*	*3*	*0.010*	*2*	*3*
	マンガ		*1*	*0*	*1*	*0.003*	*3*	*3*
15	ゲーム	ゲーム	1	2	3	0.010	3	3
16	人	ヒト	0	3	3	0.010	1	2
17	アイドル	アイドル	2	0	2	0.007	4	4
18	車	クルマ	2	0	2	0.007	1	3
19	収集家	シュウシュウカ	2	0	2	0.007	3	5
20	好事家	コウズカ	1	1	2	0.007	3	4
21	ネット	ネット	1	1	2	0.007	3	3
22	執着	シュウチャク	0	2	2	0.007	2	4
23	専門	センモン	0	2	2	0.007	2	4
24	物知り	モノシリ	0	2	2	0.007	3	4
25	遺跡	イセキ	1	0	1	0.003	2	3
26	おもちゃ	オモチャ	1	0	1	0.003	4	3
27	カード	カード	1	0	1	0.003	3	3
28	好色	コウショク	1	0	1	0.003	2	4
29	コレクション	コレクション	1	0	1	0.003	6	5
30	精鋭	セイエイ	1	0	1	0.003	2	4
31	知識	チシキ	1	0	1	0.003	2	3
32	爪	ツメ	1	0	1	0.003	1	2
33	鳥	トリ	1	0	1	0.003	1	2
34	パソコン	パソコン	1	0	1	0.003	4	4
35	母	ハハ	1	0	1	0.003	1	2
36	ファン	ファン	1	0	1	0.003	3	2
37	文化	ブンカ	1	0	1	0.003	2	3
38	もの好き	モノズキ	1	0	1	0.003	4	4
39	秋葉系	アキバケイ	0	1	1	0.003	3	5
40	アニムス	アニムス	0	1	1	0.003	4	4
41	一途	イチズ	0	1	1	0.003	2	3
42	切手	キッテ	0	1	1	0.003	2	3
43	国	クニ	0	1	1	0.003	1	2
44	骨董	コットウ	0	1	1	0.003	2	4
45	執念	シュウネン	0	1	1	0.003	2	4
46	爬虫類	ハチュウルイ	0	1	1	0.003	3	5
47	まじめ	マジメ	0	1	1	0.003	3	3
48	優秀	ユウシュウ	0	1	1	0.003	2	4
	合計		162	122	284			

82	ミイラ	フリガナ	男性	女性	全体	連想強度	文字数	モーラ数
1	えじぷと	エジプト	75	43	118	0.392	4	4
	エジプト		*74*	*43*	*117*	*0.389*	*4*	*4*
	えじぷと		*1*	*0*	*1*	*0.003*	*4*	*4*
2	包帯	ホウタイ	16	19	35	0.116	2	4
3	ぴらみっど	ピラミッド	18	10	28	0.093	5	5
	ピラミッド		*18*	*9*	*27*	*0.090*	*5*	*5*
	ピラミッと		*0*	*1*	*1*	*0.003*	*5*	*5*
4	死体	シタイ	8	6	14	0.047	2	3
5	おばけ	オバケ	1	9	10	0.033	3	3
	お化け		*0*	*6*	*6*	*0.020*	*3*	*3*
	おばけ		*1*	*3*	*4*	*0.013*	*3*	*3*
6	古代	コダイ	7	1	8	0.027	2	3
7	がいこつ	ガイコツ	4	4	8	0.027	4	4
	骸骨		*4*	*3*	*7*	*0.023*	*2*	*4*
	がいこつ		*0*	*1*	*1*	*0.003*	*4*	*4*
8	骨	ホネ	3	5	8	0.027	1	2
9	乾燥	カンソウ	1	3	4	0.013	2	4
10	化石	カセキ	3	0	3	0.010	2	3
11	死人	シニン	2	1	3	0.010	2	3
12	死	シ	1	2	3	0.010	1	1
13	ゾンビ	ゾンビ	0	3	3	0.010	3	3
14	死者	シシャ	2	0	2	0.007	2	2
15	墓	ハカ	2	0	2	0.007	1	2
16	映画	エイガ	1	1	2	0.007	2	3
17	干物	ヒモノ	1	1	2	0.007	2	3
18	昔	ムカシ	1	1	2	0.007	1	3
19	砂漠	サバク	0	2	2	0.007	2	3
20	白	シロ	0	2	2	0.007	1	2
21	茶色	チャイロ	0	2	2	0.007	2	3
22	遺跡	イセキ	1	0	1	0.003	2	3
23	逸話	イツワ	1	0	1	0.003	2	3
24	男	オトコ	1	0	1	0.003	1	3
25	怨念	オンネン	1	0	1	0.003	2	4
26	恐怖	キョウフ	1	0	1	0.003	2	3
27	竿	サオ	1	0	1	0.003	1	2
28	太古	タイコ	1	0	1	0.003	2	3
29	炭化	タンカ	1	0	1	0.003	2	3
30	伝説	デンセツ	1	0	1	0.003	2	4
31	年代	ネンダイ	1	0	1	0.003	2	4
32	博物館	ハクブツカン	1	0	1	0.003	3	6
33	発掘	ハックツ	1	0	1	0.003	2	4
34	発見	ハッケン	1	0	1	0.003	2	4
35	バンパイア	バンパイア	1	0	1	0.003	5	5
36	腐食	フショク	1	0	1	0.003	2	3
37	歴史	レキシ	1	0	1	0.003	2	3
38	黒	クロ	0	1	1	0.003	1	2
39	古跡	コセキ	0	1	1	0.003	2	3
40	神秘的	シンピテキ	0	1	1	0.003	3	5
41	呪い	ノロイ	0	1	1	0.003	2	3
42	白骨	ハッコツ	0	1	1	0.003	2	4
43	人	ヒト	0	1	1	0.003	1	2
44	ホラー	ホラー	0	1	1	0.003	3	3
45	ミステリー	ミステリー	0	1	1	0.003	5	5
	合計		162	123	285			

83	ミシン	フリガナ	男性	女性	全体	連想強度	文字数	モーラ数
1	裁縫	サイホウ	39	24	63	0.209	2	4
2	布	ヌノ	15	19	34	0.113	1	2
3	いと	イト	17	15	32	0.106	2	2
	糸		17	14	31	0.103	1	2
	いと		0	1	1	0.003	2	2
4	はり	ハリ	14	9	23	0.076	2	2
	針		11	8	19	0.063	1	2
	ハリ		3	1	4	0.013	2	2
5	ぬいもの	ヌイモノ	7	9	16	0.053	4	4
	縫物		5	7	12	0.040	2	4
	縫い物		2	1	3	0.010	3	4
	ぬいもの		0	1	1	0.003	4	4
6	服	フク	10	4	14	0.047	1	2
7	機械	キカイ	7	7	14	0.047	2	3
8	家庭科	カテイカ	8	4	12	0.040	3	4
9	かあさん	カアサン	1	3	4	0.013	4	5
	お母さん		0	3	3	0.010	4	5
	母さん		1	0	1	0.003	3	4
10	ブラザー	ブラザー	2	1	3	0.010	4	4
11	ボビン	ボビン	2	1	3	0.010	3	3
12	編み物	アミモノ	2	0	2	0.007	3	4
13	家庭	カテイ	2	0	2	0.007	2	3
14	家電	カデン	2	0	2	0.007	2	3
15	着物	キモノ	2	0	2	0.007	2	3
16	母親	ハハオヤ	2	0	2	0.007	2	4
17	衣装	イショウ	1	1	2	0.007	2	3
18	衣服	イフク	1	1	2	0.007	2	3
19	音	オト	1	1	2	0.007	1	2
20	祖母	ソボ	1	1	2	0.007	2	2
21	母	ハハ	1	1	2	0.007	1	2
22	手芸	シュゲイ	0	2	2	0.007	2	3
23	縫製	ホウセイ	0	2	2	0.007	2	4
24	家	イエ	1	0	1	0.003	1	2
25	衣類	イルイ	1	0	1	0.003	2	3
26	親	オヤ	1	0	1	0.003	1	2
27	織物	オリモノ	1	0	1	0.003	2	4
28	コンピュータ	コンピュータ	1	0	1	0.003	6	5
29	裁断	サイダン	1	0	1	0.003	2	4
30	刺繍	シシュウ	1	0	1	0.003	2	3
31	自動	ジドウ	1	0	1	0.003	2	3
32	小学校	ショウガッコウ	1	0	1	0.003	3	6
33	電気	デンキ	1	0	1	0.003	2	3
34	電動	デンドウ	1	0	1	0.003	2	4
35	道具	ドウグ	1	0	1	0.003	2	3
36	縫い目	ヌイメ	1	0	1	0.003	3	3
37	服飾	フクショク	1	0	1	0.003	2	4
38	昔	ムカシ	1	0	1	0.003	1	3
39	ロックンロール	ロックンロール	1	0	1	0.003	7	7
40	足ふみ	アシフミ	0	1	1	0.003	3	4
41	おばあちゃん	オバアチャン	0	1	1	0.003	6	5
42	裁縫道具	サイホウドウグ	0	1	1	0.003	4	7
43	手動	シュドウ	0	1	1	0.003	2	3
44	主婦	シュフ	0	1	1	0.003	2	2
45	昭和	ショウワ	0	1	1	0.003	2	3
46	雑巾	ゾウキン	0	1	1	0.003	2	4
47	手縫い	テヌイ	0	1	1	0.003	3	3
48	縫い糸	ヌイイト	0	1	1	0.003	3	4
49	ピンク	ピンク	0	1	1	0.003	3	3
	合計		153	115	268			

84	ミルク	フリガナ	男性	女性	全体	連想強度	文字数	モーラ数
1	牛	ウシ	55	38	93	0.309	1	2
2	牛乳	ギュウニュウ	52	41	93	0.309	2	4
3	しろ	シロ	15	15	30	0.100	2	2
	白		*14*	*15*	*29*	*0.096*	*1*	*2*
	しろ		*1*	*0*	*1*	*0.003*	*2*	*2*
4	赤ちゃん	アカチャン	5	18	23	0.076	4	4
5	粉	コナ	6	1	7	0.023	1	2
6	乳製品	ニュウセイヒン	3	0	3	0.010	3	6
7	赤ん坊	アカンボウ	1	2	3	0.010	3	5
8	飲み物	ノミモノ	2	0	2	0.007	3	4
9	脱脂粉乳	ダッシフンニュウ	1	1	2	0.007	4	7
10	牧場	ボクジョウ	1	1	2	0.007	2	4
11	母乳	ボニュウ	1	1	2	0.007	2	3
12	アイス	アイス	1	0	1	0.003	3	3
13	イチゴ	イチゴ	1	0	1	0.003	3	3
14	飲料水	インリョウスイ	1	0	1	0.003	3	6
15	映画	エイガ	1	0	1	0.003	2	3
16	おっぱい	オッパイ	1	0	1	0.003	4	4
17	カルア	カルア	1	0	1	0.003	3	3
18	カルシウム	カルシウム	1	0	1	0.003	5	5
19	搾乳	サクニュウ	1	0	1	0.003	2	4
20	セーキ	セーキ	1	0	1	0.003	3	3
21	卵	タマゴ	1	0	1	0.003	1	3
22	乳	チチ	1	0	1	0.003	1	2
23	中国	チュウゴク	1	0	1	0.003	2	4
24	調理	チョウリ	1	0	1	0.003	2	3
25	乳牛	ニュウギュウ	1	0	1	0.003	2	4
26	白色	ハクショク	1	0	1	0.003	2	4
27	白濁	ハクダク	1	0	1	0.003	2	4
28	プリン	プリン	1	0	1	0.003	3	3
29	プロテイン	プロテイン	1	0	1	0.003	5	5
30	哺乳瓶	ホニュウビン	1	0	1	0.003	3	5
31	ママ	ママ	1	0	1	0.003	2	2
32	朝	アサ	0	1	1	0.003	1	2
33	色	イロ	0	1	1	0.003	1	2
34	子ども	コドモ	0	1	1	0.003	3	3
35	乳児	ニュウジ	0	1	1	0.003	2	3
36	ミルクティー	ミルクティー	0	1	1	0.003	6	5
	合計		162	123	285			

85	メダカ	フリガナ	男性	女性	全体	連想強度	文字数	モーラ数
1	さかな	サカナ	57	38	95	0.316	3	3
	魚		*56*	*38*	*94*	*0.312*	*1*	*3*
	さかな		*1*	*0*	*1*	*0.003*	*3*	*3*
2	学校	ガッコウ	49	30	79	0.262	2	4
3	かわ	カワ	13	9	22	0.073	2	2
	川		*12*	*9*	*21*	*0.070*	*1*	*2*
	河		*1*	*0*	*1*	*0.003*	*1*	*2*
4	水槽	スイソウ	5	3	8	0.027	2	4
5	池	イケ	4	4	8	0.027	1	2
6	小学校	ショウガッコウ	1	7	8	0.027	3	6
7	水	ミズ	3	1	4	0.013	1	2
8	絶滅	ゼツメツ	2	1	3	0.010	2	4
9	金魚	キンギョ	0	3	3	0.010	2	3
10	生き物	イキモノ	0	3	3	0.010	3	4
11	理科	リカ	0	3	3	0.010	2	2
12	カエル	カエル	2	0	2	0.007	3	3
13	魚類	ギョルイ	2	0	2	0.007	2	3
14	小魚	コザカナ	2	0	2	0.007	2	4
15	水中	スイチュウ	2	0	2	0.007	2	4
16	小川	オガワ	0	2	2	0.007	2	3
17	実験	ジッケン	0	2	2	0.007	2	4
18	目	メ	0	2	2	0.007	1	1
19	歌	ウタ	1	0	1	0.003	1	2
20	外来種	ガイライシュ	1	0	1	0.003	3	5
21	家族	カゾク	1	0	1	0.003	2	3
22	希少	キショウ	1	0	1	0.003	2	3
23	希少種	キショウシュ	1	0	1	0.003	3	4
24	貴重	キチョウ	1	0	1	0.003	2	3
25	自然	シゼン	1	0	1	0.003	2	3
26	白	シロ	1	0	1	0.003	1	2
27	生物	セイブツ	1	0	1	0.003	2	4
28	タガメ	タガメ	1	0	1	0.003	3	3
29	淡水	タンスイ	1	0	1	0.003	2	4
30	淡水魚	タンスイギョ	1	0	1	0.003	3	5
31	田んぼ	タンボ	1	0	1	0.003	3	3
32	童謡	ドウヨウ	1	0	1	0.003	2	4
33	特別天然記念物	トクベツテンネンキネンブツ	1	0	1	0.003	7	13
34	ヒメダカ	ヒメダカ	1	0	1	0.003	4	4
35	メダカ館	メダカカン	1	0	1	0.003	4	5
36	野生	ヤセイ	1	0	1	0.003	2	3
37	赤	アカ	0	1	1	0.003	1	2
38	アヒル	アヒル	0	1	1	0.003	3	3
39	黄色	キイロ	0	1	1	0.003	2	3
40	こども	コドモ	0	1	1	0.003	3	3
41	飼育	シイク	0	1	1	0.003	2	3
42	植物園	ショクブツエン	0	1	1	0.003	3	6
43	卵	タマゴ	0	1	1	0.003	1	3
44	動物	ドウブツ	0	1	1	0.003	2	4
45	繁殖	ハンショク	0	1	1	0.003	2	4
46	ひがし	ヒガシ	0	1	1	0.003	3	3
47	ペット	ペット	0	1	1	0.003	3	3
48	水草	ミズクサ	0	1	1	0.003	2	4
	合計		160	120	280			

86	メダル	フリガナ	男性	女性	全体	連想強度	文字数	モーラ数
1	金	キン	72	63	135	0.449	1	2
2	オリンピック	オリンピック	40	32	72	0.239	6	6
3	スロット	スロット	12	1	13	0.043	4	4
4	コイン	コイン	7	6	13	0.043	3	3
5	ゲーム	ゲーム	5	5	10	0.033	3	3
6	金メダル	キンメダル	7	1	8	0.027	4	5
7	ゲームセンター	ゲームセンター	2	3	5	0.017	7	7
8	硬貨	コウカ	3	1	4	0.013	2	3
9	銀	ギン	0	4	4	0.013	1	2
10	金属	キンゾク	3	0	3	0.010	2	4
11	獲得	カクトク	0	2	2	0.007	2	4
12	金色	キンイロ	0	2	2	0.007	2	4
13	スポーツ	スポーツ	0	2	2	0.007	4	4
14	円	エン	1	0	1	0.003	1	2
15	王様	オウサマ	1	0	1	0.003	2	4
16	オークション	オークション	1	0	1	0.003	6	5
17	お金	オカネ	1	0	1	0.003	2	3
18	おもちゃ	オモチャ	1	0	1	0.003	4	3
19	記念	キネン	1	0	1	0.003	2	3
20	ギャンブル	ギャンブル	1	0	1	0.003	5	4
21	競技会	キョウギカイ	1	0	1	0.003	3	5
22	五輪	ゴリン	1	0	1	0.003	2	3
23	五輪競技	ゴリンキョウギ	1	0	1	0.003	4	6
24	試合	シアイ	1	0	1	0.003	2	3
25	大会	タイカイ	1	0	1	0.003	2	4
26	パチスロ	パチスロ	1	0	1	0.003	4	4
27	名誉	メイヨ	1	0	1	0.003	2	3
28	１等賞	イットウショウ	0	1	1	0.003	3	6
29	金貨	キンカ	0	1	1	0.003	2	3
30	受賞	ジュショウ	0	1	1	0.003	2	3
31	賞	ショウ	0	1	1	0.003	1	2
32	体操	タイソウ	0	1	1	0.003	2	4
33	丸	マル	0	1	1	0.003	1	2
34	優勝	ユウショウ	0	1	1	0.003	2	4
	合計		165	129	294			

87	メロン	フリガナ	男性	女性	全体	連想強度	文字数	モーラ数
1	くだもの	クダモノ	46	29	75	0.249	4	4
	果物		*45*	*29*	*74*	*0.246*	*2*	*4*
	くだもの		*1*	*0*	*1*	*0.003*	*4*	*4*
2	みどり	ミドリ	17	21	38	0.126	3	3
	緑		*16*	*19*	*35*	*0.116*	*1*	*3*
	みどり		*1*	*2*	*3*	*0.010*	*3*	*3*
3	夕張	ユウバリ	13	5	18	0.060	2	4
4	高級	コウキュウ	12	4	16	0.053	2	4
5	北海道	ホッカイドウ	9	7	16	0.053	3	6
6	マスク	マスク	10	5	15	0.050	3	3
7	パン	パン	4	5	9	0.030	2	2
8	黄緑	キミドリ	2	5	7	0.023	2	4
9	みまい	ミマイ	3	3	6	0.020	3	3
	お見舞い		*2*	*3*	*5*	*0.017*	*4*	*4*
	見舞		*1*	*0*	*1*	*0.003*	*2*	*3*
10	たべもの	タベモノ	2	3	5	0.017	4	4
	食べ物		*2*	*2*	*4*	*0.013*	*3*	*4*
	食べもの		*0*	*1*	*1*	*0.003*	*4*	*4*
11	すいか	スイカ	3	1	4	0.013	3	3
	スイカ		*2*	*0*	*2*	*0.007*	*3*	*3*
	西瓜		*1*	*0*	*1*	*0.003*	*2*	*3*
	すいか		*0*	*1*	*1*	*0.003*	*3*	*3*
12	メロンパン	メロンパン	3	1	4	0.013	5	5
13	網目	アミメ	1	3	4	0.013	2	3
14	野菜	ヤサイ	1	3	4	0.013	2	3
15	丸	マル	0	4	4	0.013	1	2
16	果実	カジツ	3	0	3	0.010	2	3
17	フルーツ	フルーツ	2	1	3	0.010	4	4
18	デザート	デザート	1	2	3	0.010	4	4
19	甘味	アマミ	2	0	2	0.007	2	3
20	アンデス	アンデス	2	0	2	0.007	4	4
21	高価	コウカ	2	0	2	0.007	2	3
22	糖度	トウド	2	0	2	0.007	2	3
23	畑	ハタケ	2	0	2	0.007	1	3
24	入院	ニュウイン	1	1	2	0.007	2	4
25	マスクメロン	マスクメロン	1	1	2	0.007	6	6
26	レモン	レモン	1	1	2	0.007	3	3
27	網	アミ	0	2	2	0.007	1	2
28	お中元	オチュウゲン	0	2	2	0.007	3	5
29	瓜	ウリ	1	0	1	0.003	1	2
30	季節	キセツ	1	0	1	0.003	2	3
31	こども	コドモ	1	0	1	0.003	3	3
32	しわ	シワ	1	0	1	0.003	2	2
33	フォーク	フォーク	1	0	1	0.003	4	3
34	ベリー	ベリー	1	0	1	0.003	3	3
35	アイス	アイス	0	1	1	0.003	3	3
36	飴	アメ	0	1	1	0.003	1	2
37	王様	オウサマ	0	1	1	0.003	2	4
38	贈り物	オクリモノ	0	1	1	0.003	3	5
39	記念日	キネンビ	0	1	1	0.003	3	4
40	種	タネ	0	1	1	0.003	1	2
41	夏	ナツ	0	1	1	0.003	1	2
42	生ハム	ナマハム	0	1	1	0.003	3	4
43	ハム	ハム	0	1	1	0.003	2	2
44	プリンス	プリンス	0	1	1	0.003	4	4
45	緑色	ミドリイロ	0	1	1	0.003	2	5
	合計		151	120	271			

88	モグラ	フリガナ	男性	女性	全体	連想強度	文字数	モーラ数
1	土	ツチ	57	60	117	0.389	1	2
2	どうぶつ	ドウブツ	23	19	42	0.140	4	4
	動物		23	17	40	0.133	2	4
	どうぶつ		0	2	2	0.007	4	4
3	穴	アナ	24	15	39	0.130	1	2
4	地中	チチュウ	11	5	16	0.053	2	3
5	たたき	タタキ	8	3	11	0.037	3	3
	たたき		7	2	9	0.030	3	3
	叩き		1	1	2	0.007	2	3
6	地面	ジメン	7	1	8	0.027	2	3
7	もぐらたたき	モグラタタキ	6	1	7	0.023	6	6
	モグラたたき		3	1	4	0.013	6	6
	モグラ叩き		2	0	2	0.007	5	6
	もぐら叩き		1	0	1	0.003	5	6
8	地下	チカ	5	1	6	0.020	2	2
9	茶色	チャイロ	1	4	5	0.017	2	3
10	ゲーム	ゲーム	1	3	4	0.013	3	3
11	サングラス	サングラス	2	0	2	0.007	5	5
12	爪	ツメ	2	0	2	0.007	1	2
13	穴掘り	アナホリ	1	1	2	0.007	3	4
14	土中	ドチュウ	1	1	2	0.007	2	3
15	畑	ハタケ	1	1	2	0.007	1	3
16	有袋類	ユウタイルイ	1	1	2	0.007	3	6
17	暗闇	クラヤミ	0	2	2	0.007	2	4
18	焼酎	ショウチュウ	1	0	1	0.003	2	4
19	スコップ	スコップ	1	0	1	0.003	4	4
20	生物	セイブツ	1	0	1	0.003	2	4
21	太陽	タイヨウ	1	0	1	0.003	2	4
22	日蔭者	ヒカゲモノ	1	0	1	0.003	3	5
23	鬚	ヒゲ	1	0	1	0.003	1	2
24	虫	ムシ	1	0	1	0.003	1	2
25	盲目	モウモク	1	0	1	0.003	2	4
26	地底	チテイ	0	1	1	0.003	2	3
27	茶	チャ	0	1	1	0.003	1	1
28	洞窟	ドウクツ	0	1	1	0.003	2	4
29	根暗	ネクラ	0	1	1	0.003	2	3
30	ネズミ	ネズミ	0	1	1	0.003	3	3
31	ハンマー	ハンマー	0	1	1	0.003	4	4
32	彼岸花	ヒガンバナ	0	1	1	0.003	3	5
33	豚	ブタ	0	1	1	0.003	1	2
34	名誉市民	メイヨシミン	0	1	1	0.003	4	6
	合計		159	127	286			

89	モデル	フリガナ	男性	女性	全体	連想強度	文字数	モーラ数
1	雑誌	ザッシ	26	30	56	0.186	2	3
2	美人	ビジン	19	13	32	0.106	2	3
3	女性	ジョセイ	18	3	21	0.070	2	3
4	きれい	キレイ	9	10	19	0.063	3	3
	きれい		*7*	*6*	*13*	*0.043*	*3*	*3*
	綺麗		*2*	*3*	*5*	*0.017*	*2*	*3*
	キレイ		*0*	*1*	*1*	*0.003*	*3*	*3*
5	ファッション	ファッション	4	9	13	0.043	6	4
6	スタイル	スタイル	6	5	11	0.037	4	4
7	長身	チョウシン	5	5	10	0.033	2	4
8	人	ヒト	4	2	6	0.020	1	2
9	女	オンナ	3	3	6	0.020	1	3
10	体系	タイケイ	4	1	5	0.017	2	4
11	あし	アシ	2	3	5	0.017	2	2
	足		*2*	*2*	*4*	*0.013*	*1*	*2*
	あし		*0*	*1*	*1*	*0.003*	*2*	*2*
12	服	フク	2	2	4	0.013	1	2
13	身長	シンチョウ	0	4	4	0.013	2	4
14	美女	ビジョ	3	0	3	0.010	2	2
15	女の子	オンナノコ	2	1	3	0.010	3	5
16	女優	ジョユウ	2	1	3	0.010	2	3
17	体型	タイケイ	2	1	3	0.010	2	4
18	読者	ドクシャ	1	2	3	0.010	2	3
19	えびちゃん	エビチャン	4	0	4	0.013	5	4
	えびちゃん		*2*	*0*	*2*	*0.007*	*5*	*4*
	エビちゃん		*2*	*0*	*2*	*0.007*	*5*	*4*
20	職業	ショクギョウ	2	0	2	0.007	2	4
21	プラモデル	プラモデル	2	0	2	0.007	5	5
22	容姿	ヨウシ	2	0	2	0.007	2	3
23	おしゃれ	オシャレ	1	1	2	0.007	4	3
	オシャレ		*1*	*0*	*1*	*0.003*	*4*	*3*
	おしゃれ		*0*	*1*	*1*	*0.003*	*4*	*3*
24	カリスマ	カリスマ	1	1	2	0.007	4	4
25	写真	シャシン	1	1	2	0.007	2	3
26	はっとうしん	ハットウシン	1	1	2	0.007	6	6
	8等身		*1*	*0*	*1*	*0.003*	*3*	*6*
	8頭身		*0*	*1*	*1*	*0.003*	*3*	*6*
27	見本	ミホン	1	1	2	0.007	2	3
28	美術	ビジュツ	0	2	2	0.007	2	3
29	アイドル	アイドル	1	0	1	0.003	4	4
30	アクセサリー	アクセサリー	1	0	1	0.003	6	6
31	外見	ガイケン	1	0	1	0.003	2	4
32	外国人	ガイコクジン	1	0	1	0.003	3	6
33	基本	キホン	1	0	1	0.003	2	3
34	着物	キモノ	1	0	1	0.003	2	3
35	偶像	グウゾウ	1	0	1	0.003	2	4
36	芸能人	ゲイノウジン	1	0	1	0.003	3	6
37	撮影	サツエイ	1	0	1	0.003	2	4
38	仕事	シゴト	1	0	1	0.003	2	3
39	静物	セイブツ	1	0	1	0.003	2	4
40	痩身	ソウシン	1	0	1	0.003	2	4
41	玉	タマ	1	0	1	0.003	1	2
42	テレビ	テレビ	1	0	1	0.003	3	3
43	ドレス	ドレス	1	0	1	0.003	3	3
44	ヌード	ヌード	1	0	1	0.003	3	3
45	ネット	ネット	1	0	1	0.003	3	3
46	パリコレ	パリコレ	1	0	1	0.003	4	4
47	美形	ビケイ	1	0	1	0.003	2	3
48	被写体	ヒシャタイ	1	0	1	0.003	3	4
49	美容	ビヨウ	1	0	1	0.003	2	3
50	プラ	プラ	1	0	1	0.003	2	2
51	本	ホン	1	0	1	0.003	1	2
52	マネキン	マネキン	1	0	1	0.003	4	4
53	模範	モハン	1	0	1	0.003	2	3
54	模倣	モホウ	1	0	1	0.003	2	3
55	歩き	アルキ	0	1	1	0.003	2	3
56	外国	ガイコク	0	1	1	0.003	2	4
57	グラビア	グラビア	0	1	1	0.003	4	4
58	芸能界	ゲイノウカイ	0	1	1	0.003	3	6
59	スーツ	スーツ	0	1	1	0.003	3	3
60	スーパーモデル	スーパーモデル	0	1	1	0.003	7	7
61	スター	スター	0	1	1	0.003	3	3
62	手本	テホン	0	1	1	0.003	2	3
63	人気	ニンキ	0	1	1	0.003	2	3
64	人間	ニンゲン	0	1	1	0.003	2	4
65	美脚	ビキャク	0	1	1	0.003	2	3
66	ピンク	ピンク	0	1	1	0.003	3	3
67	ファッション誌	ファッションシ	0	1	1	0.003	7	5
68	ファッションショー	ファッションショー	0	1	1	0.003	9	6
69	細身	ホソミ	0	1	1	0.003	2	3
70	優雅	ユウガ	0	1	1	0.003	2	3
	合計		153	118	271			

90	モラル	フリガナ	男性	女性	全体	連想強度	文字数	モーラ数
1	常識	ジョウシキ	26	34	60	0.199	2	4
2	道徳	ドウトク	22	23	45	0.150	2	4
3	マナー	マナー	8	7	15	0.050	3	3
4	社会	シャカイ	7	3	10	0.033	2	3
5	ルール	ルール	7	3	10	0.033	3	3
6	規範	キハン	5	5	10	0.033	2	3
7	低下	テイカ	7	2	9	0.030	2	3
8	秩序	チツジョ	5	2	7	0.023	2	3
9	規則	キソク	3	4	7	0.023	2	3
10	電車	デンシャ	5	0	5	0.017	2	3
11	若者	ワカモノ	5	0	5	0.017	2	4
12	人間	ニンゲン	3	2	5	0.017	2	4
13	倫理	リンリ	2	1	3	0.010	2	3
14	きまり	キマリ	2	0	2	0.007	3	3
15	教養	キョウヨウ	2	0	2	0.007	2	4
16	心	ココロ	2	0	2	0.007	1	3
17	人生ゲーム	ジンセイゲーム	2	0	2	0.007	5	7
18	たばこ	タバコ	2	0	2	0.007	3	3
	たばこ		*1*	*0*	*1*	*0.003*	*3*	*3*
	タバコ		*1*	*0*	*1*	*0.003*	*3*	*3*
19	良識	リョウシキ	2	0	2	0.007	2	4
20	会社	カイシャ	1	1	2	0.007	2	3
21	規律	キリツ	1	1	2	0.007	2	3
22	社会規範	シャカイキハン	1	1	2	0.007	4	6
23	人権	ジンケン	1	1	2	0.007	2	4
24	世間	セケン	1	1	2	0.007	2	3
25	大切	タイセツ	1	1	2	0.007	2	4
26	道徳心	ドウトクシン	1	1	2	0.007	3	6
27	人	ヒト	1	1	2	0.007	1	2
28	模範	モハン	1	1	2	0.007	2	3
29	理性	リセイ	1	1	2	0.007	2	3
30	欠如	ケツジョ	0	2	2	0.007	2	3
31	現代	ゲンダイ	0	2	2	0.007	2	4
32	考え方	カンガエカタ	1	0	1	0.003	3	6
33	基本	キホン	1	0	1	0.003	2	3
34	気持ち	キモチ	1	0	1	0.003	3	3
35	客	キャク	1	0	1	0.003	1	2
36	教会	キョウカイ	1	0	1	0.003	2	4
37	携帯電話	ケイタイデンワ	1	0	1	0.003	4	7
38	現実	ゲンジツ	1	0	1	0.003	2	4
39	厳守	ゲンシュ	1	0	1	0.003	2	3
40	こうしゃかいせい	コウシャカイセイ	1	0	1	0.003	8	7
41	定め	サダメ	1	0	1	0.003	2	3
42	士気	シキ	1	0	1	0.003	2	2
43	指揮	シキ	1	0	1	0.003	2	2
44	遵守	ジュンシュ	1	0	1	0.003	2	3
45	少年	ショウネン	1	0	1	0.003	2	4
46	人格	ジンカク	1	0	1	0.003	2	4
47	人生	ジンセイ	1	0	1	0.003	2	4
48	生活	セイカツ	1	0	1	0.003	2	4
49	正義	セイギ	1	0	1	0.003	2	3
50	善	ゼン	1	0	1	0.003	1	2
51	相違	ソウイ	1	0	1	0.003	2	3
52	想像	ソウゾウ	1	0	1	0.003	2	4
53	博識	ハクシキ	1	0	1	0.003	2	4
54	ハザード	ハザード	1	0	1	0.003	4	4
55	人柄	ヒトガラ	1	0	1	0.003	2	4
56	品位	ヒンイ	1	0	1	0.003	2	3
57	品格	ヒンカク	1	0	1	0.003	2	4
58	普通	フツウ	1	0	1	0.003	2	3
59	雰囲気	フンイキ	1	0	1	0.003	3	4
60	礼儀	レイギ	1	0	1	0.003	2	3
61	一般的	イッパンテキ	0	1	1	0.003	3	6
62	教え	オシエ	0	1	1	0.003	2	3
63	大人	オトナ	0	1	1	0.003	2	3
64	学校	ガッコウ	0	1	1	0.003	2	4
65	環境	カンキョウ	0	1	1	0.003	2	4
66	義務	ギム	0	1	1	0.003	2	2
67	グラフ	グラフ	0	1	1	0.003	3	3
68	公共	コウキョウ	0	1	1	0.003	2	4
69	向社会的行動	コウシャカイテキコウドウ	0	1	1	0.003	6	12
70	交通	コウツウ	0	1	1	0.003	2	4
71	躾	シツケ	0	1	1	0.003	1	3
72	社会人	シャカイジン	0	1	1	0.003	3	5
73	情緒	ジョウチョ	0	1	1	0.003	2	3
74	ジレンマ	ジレンマ	0	1	1	0.003	4	4
75	ステイタス	ステイタス	0	1	1	0.003	5	5
76	説明	セツメイ	0	1	1	0.003	2	4
77	束縛	ソクバク	0	1	1	0.003	2	4
78	大事	ダイジ	0	1	1	0.003	2	3
79	人間性	ニンゲンセイ	0	1	1	0.003	3	6
80	パソコン	パソコン	0	1	1	0.003	4	4
81	平均	ヘイキン	0	1	1	0.003	2	4
82	変化	ヘンカ	0	1	1	0.003	2	3
83	偏差値	ヘンサチ	0	1	1	0.003	3	4
84	めもり	メモリ	0	1	1	0.003	3	3
85	世の中	ヨノナカ	0	1	1	0.003	3	4
	合計		156	125	281			

91	ライブ	フリガナ	男性	女性	全体	連想強度	文字数	モーラ数
1	音楽	オンガク	49	42	91	0.302	2	4
2	歌	ウタ	17	10	27	0.090	1	2
3	バンド	バンド	15	2	17	0.056	3	3
4	歌手	カシュ	7	10	17	0.056	2	2
5	コンサート	コンサート	9	4	13	0.043	5	5
6	野外	ヤガイ	5	2	7	0.023	2	3
7	アーティスト	アーティスト	3	4	7	0.023	6	5
8	ツアー	ツアー	1	4	5	0.017	3	3
9	音	オト	4	0	4	0.013	1	2
10	ハウス	ハウス	3	1	4	0.013	3	3
11	ステージ	ステージ	2	2	4	0.013	4	4
12	熱狂	ネッキョウ	0	4	4	0.013	2	4
13	観客	カンキャク	3	0	3	0.010	2	4
14	演奏	エンソウ	2	1	3	0.010	2	4
15	チケット	チケット	2	1	3	0.010	4	4
16	生	ナマ	1	2	3	0.010	1	2
17	生放送	ナマホウソウ	1	2	3	0.010	3	6
18	マイク	マイク	1	2	3	0.010	3	3
19	ライブハウス	ライブハウス	0	3	3	0.010	6	6
20	映像	エイゾウ	2	0	2	0.007	2	4
21	ギター	ギター	2	0	2	0.007	3	3
22	中継	チュウケイ	2	0	2	0.007	2	4
23	ホール	ホール	2	0	2	0.007	3	3
24	ロック	ロック	2	0	2	0.007	3	3
25	騒音	ソウオン	1	1	2	0.007	2	4
26	ダイブ	ダイブ	1	1	2	0.007	3	3
27	らいぶらり	ライブラリ	1	1	2	0.007	5	6
	ライブラリ		*1*	*0*	*1*	*0.003*	*5*	*5*
	ライブラリー		*0*	*1*	*1*	*0.003*	*6*	*6*
28	路上	ロジョウ	1	1	2	0.007	2	3
29	頭	アタマ	1	0	1	0.003	1	3
30	お金	オカネ	1	0	1	0.003	2	3
31	音量	オンリョウ	1	0	1	0.003	2	4
32	歓声	カンセイ	1	0	1	0.003	2	4
33	黒	クロ	1	0	1	0.003	1	2
34	芸能人	ゲイノウジン	1	0	1	0.003	3	6
35	興奮	コウフン	1	0	1	0.003	2	4
36	体育館	タイイクカン	1	0	1	0.003	3	6
37	ドーム	ドーム	1	0	1	0.003	3	3
38	生演奏	ナマエンソウ	1	0	1	0.003	3	6
39	生中継	ナマチュウケイ	1	0	1	0.003	3	6
40	爆音	バクオン	1	0	1	0.003	2	4
41	派遣	ハケン	1	0	1	0.003	2	3
42	パンクバンド	パンクバンド	1	0	1	0.003	6	6
43	武道館	ブドウカン	1	0	1	0.003	3	5
44	放送	ホウソウ	1	0	1	0.003	2	4
45	ミュージシャン	ミュージシャン	1	0	1	0.003	7	5
46	六本木	ロッポンギ	1	0	1	0.003	3	5
47	暗所	アンショ	0	1	1	0.003	2	3
48	大勢	オオゼイ	0	1	1	0.003	2	4
49	大人数	オオニンズウ	0	1	1	0.003	3	6
50	音響	オンキョウ	0	1	1	0.003	2	4
51	会場	カイジョウ	0	1	1	0.003	2	4
52	芸能	ゲイノウ	0	1	1	0.003	2	4
53	元気	ゲンキ	0	1	1	0.003	2	3
54	盛大	セイダイ	0	1	1	0.003	2	4
55	外	ソト	0	1	1	0.003	1	2
56	タオル	タオル	0	1	1	0.003	3	3
57	魂	タマシイ	0	1	1	0.003	1	4
58	テンション	テンション	0	1	1	0.003	5	4
59	ドライブ	ドライブ	0	1	1	0.003	4	4
60	ドラム	ドラム	0	1	1	0.003	3	3
61	振り付け	フリツケ	0	1	1	0.003	4	4
62	ブルーノート	ブルーノート	0	1	1	0.003	6	6
63	モッシュ	モッシュ	0	1	1	0.003	4	3
64	元彼	モトカレ	0	1	1	0.003	2	4
65	ライト	ライト	0	1	1	0.003	3	3
	合計		157	119	276			

92	ラジオ	フリガナ	男性	女性	全体	連想強度	文字数	モーラ数
1	電波	デンパ	25	8	33	0.110	2	3
2	体操	タイソウ	15	10	25	0.083	2	4
3	音楽	オンガク	9	15	24	0.080	2	4
4	放送	ホウソウ	13	7	20	0.066	2	4
5	音	オト	9	8	17	0.056	1	2
6	FM	エフエム	13	3	16	0.053	2	4
7	テレビ	テレビ	6	8	14	0.047	3	3
8	車	クルマ	2	6	8	0.027	1	3
9	DJ	ディージェイ	5	2	7	0.023	2	4
10	情報	ジョウホウ	5	1	6	0.020	2	4
11	AM	エイエム	3	3	6	0.020	2	4
12	声	コエ	3	3	6	0.020	1	2
13	番組	バングミ	3	3	6	0.020	2	4
14	音声	オンセイ	3	2	5	0.017	2	4
15	オリエンタル	オリエンタル	1	4	5	0.017	6	6
16	ニュース	ニュース	2	2	4	0.013	4	3
17	機械	キカイ	1	3	4	0.013	2	3
18	黒	クロ	3	0	3	0.010	1	2
19	災害	サイガイ	3	0	3	0.010	2	4
20	しんや	シンヤ	2	1	3	0.010	3	3
	深夜		*1*	*1*	*2*	*0.007*	*2*	*3*
	しんや		*1*	*0*	*1*	*0.003*	*3*	*3*
21	夜	ヨル	2	1	3	0.010	1	2
22	歌	ウタ	1	2	3	0.010	1	2
23	有線	ユウセン	1	2	3	0.010	2	4
24	耳	ミミ	0	3	3	0.010	1	2
25	家電	カデン	2	0	2	0.007	2	3
26	メディア	メディア	2	0	2	0.007	4	3
27	リスナー	リスナー	2	0	2	0.007	4	4
28	昭和	ショウワ	1	1	2	0.007	2	3
29	アンテナ	アンテナ	0	2	2	0.007	4	4
30	映画	エイガ	1	0	1	0.003	2	3
31	NHK	エヌエイチケイ	1	0	1	0.003	3	7
32	乾電池	カンデンチ	1	0	1	0.003	3	5
33	公園	コウエン	1	0	1	0.003	2	4
34	公共	コウキョウ	1	0	1	0.003	2	4
35	黒色	コクショク	1	0	1	0.003	2	4
36	司会	シカイ	1	0	1	0.003	2	3
37	周波数	シュウハスウ	1	0	1	0.003	3	5
38	早朝	ソウチョウ	1	0	1	0.003	2	4
39	チャンネル	チャンネル	1	0	1	0.003	5	4
40	通信	ツウシン	1	0	1	0.003	2	4
41	電源	デンゲン	1	0	1	0.003	2	4
42	ネーム	ネーム	1	0	1	0.003	3	3
43	ネットラジオ	ネットラジオ	1	0	1	0.003	6	6
44	発明	ハツメイ	1	0	1	0.003	2	4
45	ビデオ	ビデオ	1	0	1	0.003	3	3
46	真夜中	マヨナカ	1	0	1	0.003	3	4
47	野球	ヤキュウ	1	0	1	0.003	2	3
48	ラジオネーム	ラジオネーム	1	0	1	0.003	6	6
49	赤	アカ	0	1	1	0.003	1	2
50	音割れ	オトワレ	0	1	1	0.003	3	4
51	会話	カイワ	0	1	1	0.003	2	3
52	曲	キョク	0	1	1	0.003	1	2
53	鉱石	コウセキ	0	1	1	0.003	2	4
54	交通	コウツウ	0	1	1	0.003	2	4
55	雑音	ザツオン	0	1	1	0.003	2	4
56	視聴者	シチョウシャ	0	1	1	0.003	3	4
57	全国ネット	ゼンコクネット	0	1	1	0.003	5	7
58	戦争	センソウ	0	1	1	0.003	2	4
59	テープ	テープ	0	1	1	0.003	3	3
60	電器	デンキ	0	1	1	0.003	2	3
61	ノイズ	ノイズ	0	1	1	0.003	3	3
62	ハガキ	ハガキ	0	1	1	0.003	3	3
63	ヘルツ	ヘルツ	0	1	1	0.003	3	3
64	ペンネーム	ペンネーム	0	1	1	0.003	5	5
65	マイク	マイク	0	1	1	0.003	3	3
66	夜中	ヨナカ	0	1	1	0.003	2	3
67	ラジカセ	ラジカセ	0	1	1	0.003	4	4
	合計		156	119	275			

93	ラテン	フリガナ	男性	女性	全体	連想強度	文字数	モーラ数
1	音楽	オンガク	22	26	48	0.159	2	4
2	アメリカ	アメリカ	18	20	38	0.126	4	4
3	ダンス	ダンス	9	19	28	0.093	3	3
4	言語	ゲンゴ	15	3	18	0.060	2	3
5	言葉	コトバ	9	9	18	0.060	2	3
6	スペイン	スペイン	8	5	13	0.043	4	4
7	外国	ガイコク	6	5	11	0.037	2	4
8	ラテン語	ラテンゴ	6	3	9	0.030	4	4
9	陽気	ヨウキ	8	0	8	0.027	2	3
10	語	ゴ	5	3	8	0.027	1	1
11	情熱	ジョウネツ	3	5	8	0.027	2	4
12	ブラジル	ブラジル	5	0	5	0.017	4	4
13	南米	ナンベイ	4	1	5	0.017	2	4
14	メキシコ	メキシコ	4	0	4	0.013	4	4
15	海外	カイガイ	3	1	4	0.013	2	4
16	語学	ゴガク	1	3	4	0.013	2	3
17	民族	ミンゾク	2	1	3	0.010	2	4
18	ラテン系	ラテンケイ	2	1	3	0.010	4	5
19	欧州	オウシュウ	2	0	2	0.007	2	4
20	文字	モジ	2	0	2	0.007	2	2
21	外国語	ガイコクゴ	1	1	2	0.007	3	5
22	サンバ	サンバ	1	1	2	0.007	3	3
23	血	チ	1	1	2	0.007	1	1
24	南アメリカ	ミナミアメリカ	1	1	2	0.007	5	7
25	モダン	モダン	1	1	2	0.007	3	3
26	英語	エイゴ	0	2	2	0.007	2	3
27	踊り	オドリ	0	2	2	0.007	2	3
28	リズム	リズム	0	2	2	0.007	3	3
29	異国	イコク	1	0	1	0.003	2	3
30	イタリア	イタリア	1	0	1	0.003	4	4
31	歌	ウタ	1	0	1	0.003	1	2
32	顔	カオ	1	0	1	0.003	1	2
33	キューバ	キューバ	1	0	1	0.003	4	3
34	豪華	ゴウカ	1	0	1	0.003	2	3
35	コーヒー	コーヒー	1	0	1	0.003	4	4
36	黒人	コクジン	1	0	1	0.003	2	4
37	古代	コダイ	1	0	1	0.003	2	3
38	女性	ジョセイ	1	0	1	0.003	2	3
39	人種	ジンシュ	1	0	1	0.003	2	3
40	神話	シンワ	1	0	1	0.003	2	3
41	スパニッシュギター	スパニッシュギター	1	0	1	0.003	9	8
42	西洋	セイヨウ	1	0	1	0.003	2	4
43	セクシー	セクシー	1	0	1	0.003	4	4
44	テンポ	テンポ	1	0	1	0.003	3	3
45	ナンパ	ナンパ	1	0	1	0.003	3	3
46	ペルー	ペルー	1	0	1	0.003	3	3
47	ミュージック	ミュージック	1	0	1	0.003	6	5
48	民謡	ミンヨウ	1	0	1	0.003	2	4
49	ユーロ	ユーロ	1	0	1	0.003	3	3
50	由来	ユライ	1	0	1	0.003	2	3
51	ヨーロッパ	ヨーロッパ	1	0	1	0.003	5	5
52	レゲエ	レゲエ	1	0	1	0.003	3	3
53	外国人	ガイコクジン	0	1	1	0.003	3	6
54	楽器	ガッキ	0	1	1	0.003	2	3
55	ガテン	ガテン	0	1	1	0.003	3	3
56	金	キン	0	1	1	0.003	1	2
57	グレゴリウす聖歌	グレゴリウスセイカ	0	1	1	0.003	8	8
58	情熱的	ジョウネツテキ	0	1	1	0.003	3	6
59	南国	ナンゴク	0	1	1	0.003	2	4
60	翻訳	ホンヤク	0	1	1	0.003	2	4
61	料理	リョウリ	0	1	1	0.003	2	3
	合計		163	125	288			

94	ランチ	フリガナ	男性	女性	全体	連想強度	文字数	モーラ数
1	ひる	ヒル	69	63	132	0.439	2	2
	昼		*57*	*35*	*92*	*0.306*	*1*	*2*
	お昼		*10*	*26*	*36*	*0.120*	*2*	*3*
	ヒル		*2*	*2*	*4*	*0.013*	*2*	*2*
2	昼食	チュウショク	24	11	35	0.116	2	4
3	*ごはん*	*ゴハン*	*9*	*6*	*15*	*0.050*	*3*	*3*
	ご飯		*7*	*4*	*11*	*0.037*	*2*	*3*
	ごはん		*2*	*2*	*4*	*0.013*	*3*	*3*
4	OL	オーエル	2	10	12	0.040	2	4
5	食事	ショクジ	5	2	7	0.023	2	3
6	学食	ガクショク	5	1	6	0.020	2	4
7	昼飯	ヒルメシ	3	2	5	0.017	2	4
8	ひるごはん	ヒルゴハン	2	2	4	0.013	5	5
	昼ごはん		*1*	*1*	*2*	*0.007*	*4*	*5*
	お昼ご飯		*1*	*0*	*1*	*0.003*	*4*	*6*
	お昼ごはん		*0*	*1*	*1*	*0.003*	*5*	*6*
9	飯	メシ	3	0	3	0.010	1	2
10	うどん	ウドン	2	1	3	0.010	3	3
11	休憩	キュウケイ	2	1	3	0.010	2	4
12	べんとう	ベントウ	2	1	3	0.010	4	4
	お弁当		*1*	*1*	*2*	*0.007*	*3*	*5*
	弁当		*1*	*0*	*1*	*0.003*	*2*	*4*
13	さんどいっち	サンドイッチ	0	3	3	0.010	6	6
	サンドイッチ		*0*	*2*	*2*	*0.007*	*6*	*6*
	サンドウィッチ		*0*	*1*	*1*	*0.003*	*7*	*6*
14	ディナー	ディナー	2	0	2	0.007	4	3
15	パスタ	パスタ	2	0	2	0.007	3	3
16	ブランチ	ブランチ	2	0	2	0.007	4	4
17	奥様	オクサマ	1	1	2	0.007	2	4
18	オムライス	オムライス	1	1	2	0.007	5	5
19	会社	カイシャ	1	1	2	0.007	2	3
20	タイム	タイム	1	1	2	0.007	3	3
21	昼間	ヒルマ	1	1	2	0.007	2	3
22	外食	ガイショク	0	2	2	0.007	2	4
23	バイキング	バイキング	0	2	2	0.007	5	5
24	ピクニック	ピクニック	0	2	2	0.007	5	5
25	一緒	イッショ	1	0	1	0.003	2	3
26	Aランチ	エーランチ	1	0	1	0.003	4	5
27	お子様	オコサマ	1	0	1	0.003	3	4
28	オムレツ	オムレツ	1	0	1	0.003	4	4
29	女	オンナ	1	0	1	0.003	1	3
30	会食	カイショク	1	0	1	0.003	2	4
31	カフェ	カフェ	1	0	1	0.003	3	2
32	カレー	カレー	1	0	1	0.003	3	3
33	給食	キュウショク	1	0	1	0.003	2	4
34	くしゃみ	クシャミ	1	0	1	0.003	4	3
35	グルメ	グルメ	1	0	1	0.003	3	3
36	軽食	ケイショク	1	0	1	0.003	2	4
37	紅茶	コウチャ	1	0	1	0.003	2	3
38	コース	コース	1	0	1	0.003	3	3
39	子供	コドモ	1	0	1	0.003	2	3
40	米	コメ	1	0	1	0.003	1	2
41	12時	ジュウニジ	1	0	1	0.003	3	4
42	女性	ジョセイ	1	0	1	0.003	2	3
43	食べ物	タベモノ	1	0	1	0.003	3	4
44	茶	チャ	1	0	1	0.003	1	1
45	定食	テイショク	1	0	1	0.003	2	4
46	天気	テンキ	1	0	1	0.003	2	3
47	時計	トケイ	1	0	1	0.003	2	4
48	日替わり	ヒガワリ	1	0	1	0.003	4	4
49	レストラン	レストラン	1	0	1	0.003	5	5
50	お子様ランチ	オコサマランチ	0	1	1	0.003	6	7
51	大人	オトナ	0	1	1	0.003	2	3
52	学生	ガクセイ	0	1	1	0.003	2	4
53	500円	ゴヒャクエン	0	1	1	0.003	4	5
54	主婦	シュフ	0	1	1	0.003	2	2
55	食	ショク	0	1	1	0.003	1	2
56	食堂	ショクドウ	0	1	1	0.003	2	4
57	女子	ジョシ	0	1	1	0.003	2	2
58	テラス	テラス	0	1	1	0.003	3	3
59	デリカ	デリカ	0	1	1	0.003	3	3
60	バイト	バイト	0	1	1	0.003	3	3
61	パン	パン	0	1	1	0.003	2	2
62	一人	ヒトリ	0	1	1	0.003	2	3
63	フォーク	フォーク	0	1	1	0.003	4	3
64	優雅	ユウガ	0	1	1	0.003	2	3
	合計		164	129	293			

95	ランプ	フリガナ	男性	女性	全体	連想強度	文字数	モーラ数
1	あかり	アカリ	33	31	64	0.213	3	3
	明かり		*23*	*21*	*44*	*0.146*	*3*	*3*
	灯り		*7*	*10*	*17*	*0.056*	*2*	*3*
	あかり		*3*	*0*	*3*	*0.010*	*3*	*3*
2	火	ヒ	31	13	44	0.146	1	1
3	ひかり	ヒカリ	17	13	30	0.100	3	3
	光		*16*	*13*	*29*	*0.096*	*1*	*3*
	ひかり		*1*	*0*	*1*	*0.003*	*3*	*3*
4	魔人	マジン	8	3	11	0.037	2	3
5	アラジン	アラジン	7	3	10	0.033	4	4
6	魔法	マホウ	7	3	10	0.033	2	3
7	電気	デンキ	0	9	9	0.030	2	3
8	アルコール	アルコール	3	3	6	0.020	5	5
9	夜	ヨル	3	2	5	0.017	1	2
10	妖精	ヨウセイ	3	1	4	0.013	2	4
11	照明	ショウメイ	2	2	4	0.013	2	4
12	灯	ヒ	1	3	4	0.013	1	1
13	炎	ホノオ	1	3	4	0.013	1	3
14	ガラス	ガラス	3	0	3	0.010	3	3
15	赤	アカ	2	1	3	0.010	1	2
16	黄色	キイロ	2	1	3	0.010	2	3
17	テント	テント	2	1	3	0.010	3	3
18	キャンプ	キャンプ	2	0	2	0.007	4	3
19	蛍光灯	ケイコウトウ	2	0	2	0.007	3	6
20	でんとう	デントウ	2	0	2	0.007	4	4
	電灯		*1*	*0*	*1*	*0.003*	*2*	*4*
	電燈		*1*	*0*	*1*	*0.003*	*2*	*4*
21	灯油	トウユ	2	0	2	0.007	2	3
22	ろうそく	ロウソク	2	0	2	0.007	4	4
23	精	セイ	1	1	2	0.007	1	2
24	洞窟	ドウクツ	1	1	2	0.007	2	4
25	マッチ	マッチ	1	1	2	0.007	3	3
26	アルコールランプ	アルコールランプ	1	0	1	0.003	8	8
27	ウィンカー	ウィンカー	1	0	1	0.003	5	4
28	車	クルマ	1	0	1	0.003	1	3
29	幻想	ゲンソウ	1	0	1	0.003	2	4
30	幻想的	ゲンソウテキ	1	0	1	0.003	3	6
31	昭和	ショウワ	1	0	1	0.003	2	3
32	神殿	シンデン	1	0	1	0.003	2	4
33	石油	セキユ	1	0	1	0.003	2	3
34	掃除	ソウジ	1	0	1	0.003	2	3
35	橙色	ダイダイイロ	1	0	1	0.003	2	6
36	テールランプ	テールランプ	1	0	1	0.003	6	6
37	点灯	テントウ	1	0	1	0.003	2	4
38	灯火	トウカ	1	0	1	0.003	2	3
39	南国	ナンゴク	1	0	1	0.003	2	4
40	野宿	ノジュク	1	0	1	0.003	2	3
41	魔王	マオウ	1	0	1	0.003	2	3
42	魔神	マジン	1	0	1	0.003	2	3
43	山小屋	ヤマゴヤ	1	0	1	0.003	3	4
44	闇	ヤミ	1	0	1	0.003	1	2
45	油	アブラ	0	1	1	0.003	1	3
46	映画	エイガ	0	1	1	0.003	2	3
47	曲	キョク	0	1	1	0.003	1	2
48	煙	ケムリ	0	1	1	0.003	1	3
49	実験	ジッケン	0	1	1	0.003	2	4
50	戦争	センソウ	0	1	1	0.003	2	4
51	タッチ	タッチ	0	1	1	0.003	3	3
52	暖炉	ダンロ	0	1	1	0.003	2	3
53	提灯	チョウチン	0	1	1	0.003	2	4
54	手	テ	0	1	1	0.003	1	1
55	点滅	テンメツ	0	1	1	0.003	2	4
56	ぬくもり	ヌクモリ	0	1	1	0.003	4	4
57	冬	フユ	0	1	1	0.003	1	2
58	昔	ムカシ	0	1	1	0.003	1	3
59	物語	モノガタリ	0	1	1	0.003	2	5
60	屋敷	ヤシキ	0	1	1	0.003	2	3
61	ライト	ライト	0	1	1	0.003	3	3
62	リラックス	リラックス	0	1	1	0.003	5	5
	合計		157	113	270			

96	リスク	フリガナ	男性	女性	全体	連想強度	文字数	モーラ数
1	危険	キケン	66	52	118	0.392	2	3
2	リターン	リターン	10	0	10	0.033	4	4
3	危機	キキ	5	2	7	0.023	2	2
4	負担	フタン	4	2	6	0.020	2	3
5	責任	セキニン	0	6	6	0.020	2	4
6	勝負	ショウブ	3	2	5	0.017	2	3
7	デメリット	デメリット	3	2	5	0.017	5	5
8	まねーじめんと	マネージメント	2	3	5	0.017	7	7
	マネージメント		*2*	*1*	*3*	*0.010*	*7*	*7*
	マネジメント		*0*	*2*	*2*	*0.007*	*6*	*6*
9	病気	ビョウキ	2	2	4	0.013	2	3
10	ハイリスク	ハイリスク	1	3	4	0.013	5	5
11	課題	カダイ	0	4	4	0.013	2	3
12	賭け	カケ	3	0	3	0.010	2	2
13	薬	クスリ	3	0	3	0.010	1	3
14	代償	ダイショウ	3	0	3	0.010	2	4
15	危険性	キケンセイ	2	1	3	0.010	3	5
16	ギャンブル	ギャンブル	2	1	3	0.010	5	4
17	仕事	シゴト	2	1	3	0.010	2	3
18	手術	シュジュツ	1	2	3	0.010	2	3
19	確率	カクリツ	0	3	3	0.010	2	4
20	株	カブ	2	0	2	0.007	1	2
21	会社	カイシャ	1	1	2	0.007	2	3
22	壁	カベ	1	1	2	0.007	1	2
23	障害	ショウガイ	1	1	2	0.007	2	4
24	冒険	ボウケン	1	1	2	0.007	2	4
25	崖	ガケ	0	2	2	0.007	1	2
26	問題	モンダイ	0	2	2	0.007	2	4
27	あんぱい	アンパイ	1	0	1	0.003	4	4
28	命	イノチ	1	0	1	0.003	1	3
29	お金	オカネ	1	0	1	0.003	2	3
30	重荷	オモニ	1	0	1	0.003	2	3
31	重み	オモミ	1	0	1	0.003	2	3
32	賭け事	カケゴト	1	0	1	0.003	3	4
33	枷	カセ	1	0	1	0.003	1	2
34	管理	カンリ	1	0	1	0.003	2	3
35	機器	キキ	1	0	1	0.003	2	2
36	危機感	キキカン	1	0	1	0.003	3	4
37	企業	キギョウ	1	0	1	0.003	2	3
38	犠牲	ギセイ	1	0	1	0.003	2	3
39	恐怖	キョウフ	1	0	1	0.003	2	3
40	コスト	コスト	1	0	1	0.003	3	3
41	サッカー	サッカー	1	0	1	0.003	4	4
42	時間	ジカン	1	0	1	0.003	2	3
43	失敗	シッパイ	1	0	1	0.003	2	4
44	社会心理学	シャカイシンリガク	1	0	1	0.003	5	8
45	スポーツ	スポーツ	1	0	1	0.003	4	4
46	損害	ソンガイ	1	0	1	0.003	2	4
47	代価	ダイカ	1	0	1	0.003	2	3
48	宝くじ	タカラクジ	1	0	1	0.003	3	5
49	血	チ	1	0	1	0.003	1	1
50	挑戦	チョウセン	1	0	1	0.003	2	4
51	認知	ニンチ	1	0	1	0.003	2	3
52	乗り物	ノリモノ	1	0	1	0.003	3	4
53	博打	バクチ	1	0	1	0.003	2	3
54	パチンコ	パチンコ	1	0	1	0.003	4	4
55	犯罪	ハンザイ	1	0	1	0.003	2	4
56	反面	ハンメン	1	0	1	0.003	2	4
57	病院	ビョウイン	1	0	1	0.003	2	4
58	ファクター	ファクター	1	0	1	0.003	5	4
59	負担額	フタンガク	1	0	1	0.003	3	5
60	不利益	フリエキ	1	0	1	0.003	3	4
61	報酬	ホウシュウ	1	0	1	0.003	2	4
62	事業	ジギョウ	1	0	1	0.003	2	3
63	要因	ヨウイン	1	0	1	0.003	2	4
64	医者	イシャ	0	1	1	0.003	2	2
65	医療現場	イリョウゲンバ	0	1	1	0.003	4	6
66	影響	エイキョウ	0	1	1	0.003	2	4
67	営業	エイギョウ	0	1	1	0.003	2	4
68	重さ	オモサ	0	1	1	0.003	2	3
69	会議	カイギ	0	1	1	0.003	2	3
70	計画	ケイカク	0	1	1	0.003	2	4
71	後悔	コウカイ	0	1	1	0.003	2	4
72	災害	サイガイ	0	1	1	0.003	2	4
73	ジャングル	ジャングル	0	1	1	0.003	5	4
74	ターン	ターン	0	1	1	0.003	3	3
75	ダメージ	ダメージ	0	1	1	0.003	4	4
76	罪	ツミ	0	1	1	0.003	1	2
77	低減	テイゲン	0	1	1	0.003	2	4
78	得	トク	0	1	1	0.003	1	2
79	バンジージャンプ	バンジージャンプ	0	1	1	0.003	8	7
80	負	フ	0	1	1	0.003	1	1
81	不利	フリ	0	1	1	0.003	2	2
82	ラスク	ラスク	0	1	1	0.003	3	3
83	恋愛	レンアイ	0	1	1	0.003	2	4
	合計		155	114	269			

97	レモン	フリガナ	男性	女性	全体	連想強度	文字数	モーラ数
1	きいろ	キイロ	59	54	113	0.375	3	3
	黄色		*58*	*53*	*111*	*0.369*	*2*	*3*
	きいろ		*1*	*0*	*1*	*0.003*	*3*	*3*
	き色		*0*	*1*	*1*	*0.003*	*2*	*3*
2	果物	クダモノ	28	12	40	0.133	2	4
3	酸味	サンミ	16	7	23	0.076	2	3
4	果実	カジツ	6	1	7	0.023	2	3
5	柑橘	カンキツ	4	2	6	0.020	2	4
6	ジュース	ジュース	2	2	4	0.013	4	3
7	果汁	カジュウ	1	2	3	0.010	2	3
8	酸	サン	1	2	3	0.010	1	2
9	食べ物	タベモノ	1	2	3	0.010	3	4
10	ビタミン	ビタミン	1	2	3	0.010	4	4
11	から揚げ	カラアゲ	2	0	2	0.007	4	4
12	ビタミンC	ビタミンシー	2	0	2	0.007	5	6
13	フルーツ	フルーツ	2	0	2	0.007	4	4
14	あめ	アメ	1	1	2	0.007	2	2
	アメ		*1*	*0*	*1*	*0.003*	*2*	*2*
	あめ		*0*	*1*	*1*	*0.003*	*2*	*2*
15	色	イロ	1	1	2	0.007	1	2
16	黄	キ	1	1	2	0.007	1	1
17	紅茶	コウチャ	1	1	2	0.007	2	3
18	汁	シル	1	1	2	0.007	1	2
19	はちみつ	ハチミツ	0	2	2	0.007	4	4
20	レモンティー	レモンティー	0	2	2	0.007	6	5
21	加重	カジュウ	1	0	1	0.003	2	3
22	かんきつ類	カンキツルイ	1	0	1	0.003	5	6
23	酒	サケ	1	0	1	0.003	1	2
24	酸性	サンセイ	1	0	1	0.003	2	4
25	中古	チュウコ	1	0	1	0.003	2	3
26	中ハイ	チュウハイ	1	0	1	0.003	3	4
27	テレビジョン	テレビジョン	1	0	1	0.003	6	5
28	爆弾	バクダン	1	0	1	0.003	2	4
29	焼き魚	ヤキザカナ	1	0	1	0.003	3	5
30	野菜	ヤサイ	1	0	1	0.003	2	3
31	輪切り	ワギリ	1	0	1	0.003	3	3
32	アメリカ	アメリカ	0	1	1	0.003	4	4
33	梅干し	ウメボシ	0	1	1	0.003	3	4
34	オレンジ	オレンジ	0	1	1	0.003	4	4
35	酢	ス	0	1	1	0.003	1	1
36	スカッシュ	スカッシュ	0	1	1	0.003	5	4
37	種	タネ	0	1	1	0.003	1	2
38	テーブル	テーブル	0	1	1	0.003	4	4
39	焼き肉	ヤキニク	0	1	1	0.003	3	4
40	レモネード	レモネード	0	1	1	0.003	5	5
41	輪	ワ	0	1	1	0.003	1	1
	合計		141	105	246			

98	ロビー	フリガナ	男性	女性	全体	連想強度	文字数	モーラ数
1	ホテル	ホテル	52	46	98	0.326	3	3
2	人文	ジンブン	6	8	14	0.047	2	4
3	玄関	ゲンカン	9	3	12	0.040	2	4
4	いす	イス	6	4	10	0.033	2	2
	イス		2	4	6	0.020	2	2
	椅子		4	0	4	0.013	2	2
5	建物	タテモノ	6	2	8	0.027	2	4
6	待合室	マチアイシツ	5	3	8	0.027	3	6
7	広間	ヒロマ	4	4	8	0.027	2	3
8	そふぁ	ソファ	4	3	7	0.023	3	3
	ソファ		3	1	4	0.013	3	2
	ソファー		1	2	3	0.010	4	3
9	パソコン	パソコン	3	3	6	0.020	4	4
10	待ち合わせ	マチアワセ	2	4	6	0.020	5	5
11	集合	シュウゴウ	5	0	5	0.017	2	4
12	人文棟	ジンブントウ	4	1	5	0.017	3	6
13	フロア	フロア	4	1	5	0.017	3	3
14	休憩	キュウケイ	3	2	5	0.017	2	4
15	フロント	フロント	4	0	4	0.013	4	4
16	ホール	ホール	4	0	4	0.013	3	3
17	受付	ウケツケ	2	2	4	0.013	2	4
18	広場	ヒロバ	2	2	4	0.013	2	3
19	学校	ガッコウ	0	4	4	0.013	2	4
20	会社	カイシャ	3	0	3	0.010	2	3
21	大学	ダイガク	1	2	3	0.010	2	4
22	部屋	ヘヤ	0	3	3	0.010	2	2
23	雑談	ザツダン	2	0	2	0.007	2	4
24	ビル	ビル	2	0	2	0.007	2	2
25	集まり	アツマリ	1	1	2	0.007	3	4
26	家	イエ	1	1	2	0.007	1	2
27	空間	クウカン	1	1	2	0.007	2	4
28	病院	ビョウイン	1	1	2	0.007	2	4
29	旅館	リョカン	1	1	2	0.007	2	3
30	廊下	ロウカ	1	1	2	0.007	2	3
31	いっかい	イッカイ	0	2	2	0.007	4	4
	一階		0	1	1	0.003	2	4
	1階		0	1	1	0.003	2	4
32	憩い	イコイ	1	0	1	0.003	2	3
33	居間	イマ	1	0	1	0.003	2	2
34	入口	イリグチ	1	0	1	0.003	2	4
35	受付所	ウケツケジョ	1	0	1	0.003	3	5
36	エントランス	エントランス	1	0	1	0.003	6	6
37	会場	カイジョウ	1	0	1	0.003	2	4
38	カウンター	カウンター	1	0	1	0.003	5	5
39	客	キャク	1	0	1	0.003	1	2
40	求刑	キュウケイ	1	0	1	0.003	2	4
41	休憩所	キュウケイジョ	1	0	1	0.003	3	5
42	豪邸	ゴウテイ	1	0	1	0.003	2	4
43	集合場所	シュウゴウバショ	1	0	1	0.003	4	6
44	心理	シンリ	1	0	1	0.003	2	3
45	清掃	セイソウ	1	0	1	0.003	2	4
46	中央	チュウオウ	1	0	1	0.003	2	4
47	中心	チュウシン	1	0	1	0.003	2	4
48	机	ツクエ	1	0	1	0.003	1	3
49	人	ヒト	1	0	1	0.003	1	2
50	ホビー	ホビー	1	0	1	0.003	3	3
51	待ち合わせ場所	マチアワセバショ	1	0	1	0.003	7	7
52	マンション	マンション	1	0	1	0.003	5	4
53	床	ユカ	1	0	1	0.003	1	2
54	階段	カイダン	0	1	1	0.003	2	4
55	キッチン	キッチン	0	1	1	0.003	4	4
56	玄関先	ゲンカンサキ	0	1	1	0.003	3	6
57	高級	コウキュウ	0	1	1	0.003	2	4
58	コーヒー	コーヒー	0	1	1	0.003	4	4
59	心理学科	シンリガッカ	0	1	1	0.003	4	6
60	団らん	ダンラン	0	1	1	0.003	3	4
61	談話	ダンワ	0	1	1	0.003	2	3
62	茶色	チャイロ	0	1	1	0.003	2	3
63	ホテルマン	ホテルマン	0	1	1	0.003	5	5
64	待合	マチアイ	0	1	1	0.003	2	4
65	館	ヤカタ	0	1	1	0.003	1	3
66	ラウンジ	ラウンジ	0	1	1	0.003	4	4
67	ルビー	ルビー	0	1	1	0.003	3	3
	合計		161	119	280			

99	ワイン	フリガナ	男性	女性	全体	連想強度	文字数	モーラ数
1	赤	アカ	66	48	114	0.379	1	2
2	さけ	サケ	28	11	39	0.130	2	2
	酒		18	6	24	0.080	1	2
	お酒		9	5	14	0.047	2	3
	さけ		1	0	1	0.003	2	2
3	ぶどう	ブドウ	17	12	29	0.096	3	3
	ブドウ		8	9	17	0.056	3	3
	葡萄		5	1	6	0.020	2	3
	ぶどう		4	2	6	0.020	3	3
4	ふらんす	フランス	8	6	14	0.047	4	4
	フランス		7	6	13	0.043	4	4
	おフランス		1	0	1	0.003	5	5
5	高級	コウキュウ	5	2	7	0.023	2	4
6	アルコール	アルコール	5	0	5	0.017	5	5
7	白	シロ	3	2	5	0.017	1	2
8	飲み物	ノミモノ	3	2	5	0.017	3	4
9	赤ワイン	アカワイン	2	3	5	0.017	4	5
10	大人	オトナ	2	3	5	0.017	2	3
11	ボルドー	ボルドー	1	3	4	0.013	4	4
12	貴族	キゾク	2	1	3	0.010	2	3
13	赤色	アカイロ	1	2	3	0.010	2	4
14	チーズ	チーズ	1	2	3	0.010	3	3
15	飲酒	インシュ	2	0	2	0.007	2	3
16	ひげだんしゃく	ヒゲダンシャク	2	0	2	0.007	7	6
	髭男爵		1	0	1	0.003	3	6
	ひげだんしゃく		1	0	1	0.003	7	6
17	ぶどうしゅ	ブドウシュ	2	0	2	0.007	5	4
	葡萄酒		1	0	1	0.003	3	4
	ぶどう酒		1	0	1	0.003	4	4
18	グラス	グラス	1	1	2	0.007	3	3
19	洋食	ヨウショク	1	1	2	0.007	2	4
20	レストラン	レストラン	1	1	2	0.007	5	5
21	ソムリエ	ソムリエ	0	2	2	0.007	4	4
22	ぼじょれーぬーぼー	ボジョレーヌーボー	0	2	2	0.007	9	8
	ボジョレーヌーヴォー		0	1	1	0.003	10	8
	ボジョレヌーヴォ		0	1	1	0.003	8	6
23	果物	クダモノ	1	0	1	0.003	2	4
24	高価	コウカ	1	0	1	0.003	2	3
25	嗜好	シコウ	1	0	1	0.003	2	3
26	熟成	ジュクセイ	1	0	1	0.003	2	4
27	上品	ジョウヒン	1	0	1	0.003	2	4
28	世界	セカイ	1	0	1	0.003	2	3
29	樽	タル	1	0	1	0.003	1	2
30	テイスティング	テイスティング	1	0	1	0.003	7	6
31	テイスト	テイスト	1	0	1	0.003	4	4
32	ディナー	ディナー	1	0	1	0.003	4	3
33	洋酒	ヨウシュ	1	0	1	0.003	2	3
34	洋風	ヨウフウ	1	0	1	0.003	2	4
35	レッド	レッド	1	0	1	0.003	3	3
36	ロゼ	ロゼ	1	0	1	0.003	2	2
37	歌	ウタ	0	1	1	0.003	1	2
38	カラー	カラー	0	1	1	0.003	3	3
39	乾杯	カンパイ	0	1	1	0.003	2	4
40	蔵	クラ	0	1	1	0.003	1	2
41	修道院	シュウドウイン	0	1	1	0.003	3	6
42	セラー	セラー	0	1	1	0.003	3	3
43	畑	ハタケ	0	1	1	0.003	1	3
44	発酵	ハッコウ	0	1	1	0.003	2	4
45	ビン	ビン	0	1	1	0.003	2	2
46	ビンテージ	ビンテージ	0	1	1	0.003	5	5
47	ボジョレ	ボジョレ	0	1	1	0.003	4	3
48	ポリフェノール	ポリフェノール	0	1	1	0.003	7	6
49	紫	ムラサキ	0	1	1	0.003	1	4
50	優雅	ユウガ	0	1	1	0.003	2	3
51	ヨーロッパ	ヨーロッパ	0	1	1	0.003	5	5
52	ワイングラス	ワイングラス	0	1	1	0.003	6	6
	合計		167	120	287			

100	ワルツ	フリガナ	男性	女性	全体	連想強度	文字数	モーラ数
1	音楽	オンガク	61	28	89	0.296	2	4
2	ダンス	ダンス	22	30	52	0.173	3	3
3	踊り	オドリ	18	9	27	0.090	2	3
4	さんびょうし	サンビョウシ	3	11	14	0.047	6	5
	三拍子		*2*	*5*	*7*	*0.023*	*3*	*5*
	3拍子		*1*	*6*	*7*	*0.023*	*3*	*5*
5	ピアノ	ピアノ	2	7	9	0.030	3	3
6	クラシック	クラシック	5	2	7	0.023	5	5
7	こいぬ	コイヌ	3	4	7	0.023	3	3
	子犬		*2*	*4*	*6*	*0.020*	*2*	*3*
	仔犬		*1*	*0*	*1*	*0.003*	*2*	*3*
8	歌	ウタ	2	4	6	0.020	1	2
9	花	ハナ	3	2	5	0.017	1	2
10	春	ハル	4	0	4	0.013	1	2
11	舞踏	ブトウ	3	1	4	0.013	2	3
12	演奏	エンソウ	2	2	4	0.013	2	4
13	リズム	リズム	2	2	4	0.013	3	3
14	白鳥	ハクチョウ	2	1	3	0.010	2	4
15	社交ダンス	シャコウダンス	1	2	3	0.010	5	6
16	西洋	セイヨウ	2	0	2	0.007	2	4
17	フランス	フランス	2	0	2	0.007	4	4
18	曲	キョク	0	2	2	0.007	1	2
19	バレエ	バレエ	0	2	2	0.007	3	3
20	舞踏会	ブトウカイ	0	2	2	0.007	3	5
21	エンドレス	エンドレス	1	0	1	0.003	5	5
22	音	オト	1	0	1	0.003	1	2
23	オペラ	オペラ	1	0	1	0.003	3	3
24	風	カゼ	1	0	1	0.003	1	2
25	楽曲	ガッキョク	1	0	1	0.003	2	4
26	曲種	キョクシュ	1	0	1	0.003	2	3
27	きれい	キレイ	1	0	1	0.003	3	3
28	小鳥	コトリ	1	0	1	0.003	2	3
29	子猫	コネコ	1	0	1	0.003	2	3
30	ステップ	ステップ	1	0	1	0.003	4	4
31	旋律	センリツ	1	0	1	0.003	2	4
32	タンゴ	タンゴ	1	0	1	0.003	3	3
33	男女	ダンジョ	1	0	1	0.003	2	3
34	テンポ	テンポ	1	0	1	0.003	3	3
35	ドイツ	ドイツ	1	0	1	0.003	3	3
36	ハーモニー	ハーモニー	1	0	1	0.003	5	5
37	バイオリン	バイオリン	1	0	1	0.003	5	5
38	ベートーベン	ベートーベン	1	0	1	0.003	6	6
39	ロンド	ロンド	1	0	1	0.003	3	3
40	犬	イヌ	0	1	1	0.003	1	2
41	円舞	エンブ	0	1	1	0.003	2	3
42	女の子	オンナノコ	0	1	1	0.003	3	5
43	軽やか	カロヤカ	0	1	1	0.003	3	4
44	社交界	シャコウカイ	0	1	1	0.003	3	5
45	女性	ジョセイ	0	1	1	0.003	2	3
46	ショパン	ショパン	0	1	1	0.003	4	3
47	ソシアルダンス	ソシアルダンス	0	1	1	0.003	7	7
48	ダンスパーティー	ダンスパーティー	0	1	1	0.003	8	7
49	鶴	ツル	0	1	1	0.003	1	2
50	ヨーロッパ	ヨーロッパ	0	1	1	0.003	5	5
51	和音	ワオン	0	1	1	0.003	2	3
	合計		156	123	279			

執筆者紹介（* は編者）

水野りか*（みずの　りか）
中部大学人文学部心理学科教授

柳谷啓子（やなぎや　けいこ）
中部大学人文学部コミュニケーション学科教授

清河幸子（きよかわ　さちこ）
中部大学人文学部心理学科講師

川上正浩（かわかみ　まさひろ）
大阪樟蔭女子大学心理学部発達教育心理学科教授

連想語頻度表
—3 モーラの漢字・ひらがな・カタカナ表記語—

2011 年 6 月 10 日　初版第 1 刷発行　（定価はカヴァーに表示してあります）

編　者　水野りか
発行者　中西健夫
発行所　株式会社ナカニシヤ出版
〒606-8161　京都市左京区一乗寺木ノ本町 15 番地
Telephone　075-723-0111
Facsimile　075-723-0095
Website　http://www.nakanishiya.co.jp/
E-mail　iihon-ippai@nakanishiya.co.jp
郵便振替　01030-0-13128

装丁＝白沢　正／印刷＝創栄図書印刷／製本＝兼文堂

ISBN978-4-7795-0562-1